변리사시험 2차 대비

신信新
특허법
판례

제2판 변리사 **남솔잎** 편저

PREFACE

THE PATENT LAW

제2판

본 신특허법 판례 제2판은 신특허법 사례와의 연동성 향상을 위해 **신특허법 사례집을 학습하시는데 필요한 모든 판례를 수록**하였습니다.

또한, **2024년 3월 25일까지 선고된 대법원, 특허법원 판례 중 중요 판례를 선별하여 수록**하였으며, **2024년 발표된 2023년 TOP 10 판례까지 표기**하였으니 참고하셔서 학습하시길 바랍니다.

여러분의 효율적인 합격을 기원합니다.

2024년 4월

남출일 배상

CONTENTS

제1편 · 발명

제01장 발명 및 미완성 발명 — 2

001 • 출원발명이 자연법칙을 이용한 것인지 여부 판단기준
대법원 2008. 12. 11. 선고 2007후494 판결 [거절결정(특)] — 2

002 • 발명이 완성되었는지 판단하는 방법
대법원 2019. 1. 17. 선고 2017후523 판결 [등록무효(특)] — 3

003 • 발명의 진보성 판단에 제공되는 대비발명이 반드시 기술적 구성 전체가 명확하여야 하는지 여부
대법원 2013. 2. 14. 선고 2012후146 판결 [등록무효(특)] — 5

004 • 타특허출원서에 첨부한 명세서 또는 도면에 기재된 발명이 완성된 발명이어야 하는지 여부
대법원 1992. 5. 8. 선고 91후1656 판결 [거절사정] — 6

005 • 발명의 미완성과 명세서 기재불비를 거절사유로서 선택적으로 혼용할 수 있는지 여부
특허법원 2001. 7. 20. 선고 2000허7038 판결 [거절사정(특)] — 8

제02장 물건 발명과 방법 발명 — 11

006 • 물건 발명과 방법 발명의 구별 기준
대법원 2002. 8. 13. 선고 2001후492 판결 [등록무효(특)] — 11

007 • 방법 발명의 권리범위 판단 방법
특허법원 2018. 10. 11. 선고 2018허4874 판결 [등록무효(특)] (확정) — 13

제03장 특수한 유형의 발명들 — 14

I. 용도발명 및 의약용도 발명 — 14

008 • 광학이성질체의 용도에 관한 발명이 특허를 받기 위한 요건
대법원 2003. 10. 24. 선고 2002후1935 판결 [거절사정(특)] — 14

009 • 약리효과의 기재가 요구되는 의약의 용도발명에서 특허출원 명세서의 기재 정도
대법원 2021. 4. 29. 선고 2017후1854 판결 [등록무효(특)] — 16

010 • 의약의 투여용법과 투여용량이 발명의 구성요소인지 여부
대법원 2015. 5. 21. 선고 2014후768 전원합의체판결 [권리범위확인(특)] — 18

011 • 의약용도발명의 진보성이 문제된 사건
　　　대법원 2019. 1. 31. 선고 2016후502 판결 [등록무효(특)] ·············· 20

012 • 특정한 투여용법에 관한 의약용도발명의 진보성 판단 기준
　　　대법원 2017. 8. 29. 선고 2014후2702 판결 [등록무효(특)] ·············· 22

013 • 약리효과의 기재가 요구되는 의약의 용도발명에서 특허출원 명세서의 기재 정도
　　　대법원 2015. 4. 23. 선고 2013후730 판결 [등록무효(특)] ·············· 24

014 • 의약의 용도발명에 관한 특허출원 명세서에 있어서 '발명의 상세한 설명'을 위한 약리효과의 기재 정도
　　　대법원 2007. 3. 30. 선고 2005후1417 판결 [거절결정(특)] ·············· 25

015 • 의약용도발명에 있어서 약리기전을 부가하는 정정이 적법한지 여부
　　　대법원 2014. 5. 16. 선고 2012후238,245(공동소송참가) 판결 [등록무효(특)] ·············· 26

016 • 특정 물질의 의약용도가 약리기전만으로 기재된 경우 특허법 제42조 제4항 제2호 요건 충족하는지 여부
　　　대법원 2009. 1. 30. 선고 2006후3564 판결 [거절결정(특)] ·············· 28

II. 선택발명 및 결정형발명 ·············· 29

017 • 선택발명의 신규성을 부정하기 위한 요건
　　　대법원 2010. 3. 25. 선고 2008후3469,3476 판결 [등록무효(특)] ·············· 29

018 • 선택발명의 진보성 판단 기준
　　　대법원 2021. 4. 8. 선고 2019후10609 판결 [등록무효(특)] ·············· 31

019 • 선택발명에 있어서 효과 기재
　　　대법원 2012. 8. 23. 선고 2010후3424 판결 [등록무효(특)] ·············· 34

020 • 결정형 발명의 진보성 부정 여부가 문제된 사건
　　　대법원 2022. 3. 31. 선고 2018후10923 판결 [거절결정(특)] ·············· 35

III. 수치 한정 발명 및 파라미터 발명 ·············· 38

021 • 파라미터 발명의 기재요건과 신규성 및 진보성이 문제된 사건
　　　대법원 2021. 12. 30. 선고 2017후1298 판결 [등록무효(특)] ·············· 38

022 • 수치한정발명의 신규성 판단 기준
　　　대법원 2013. 5. 24. 선고 2011후2015 판결 [거절결정(특)심결취소의소] ·············· 40

023 • 수치한정발명의 진보성 판단기준
　　　대법원 2018. 7. 12. 선고 2016후380 판결 [거절결정(특)] ·············· 41

CONTENTS

024 • 수치한정발명에 있어서 청구범위 및 발명의 설명 기재 방법
대법원 2011. 10. 13. 선고 2010후2582 판결 [등록무효(특)] ··············· 43

025 • 특허발명의 청구범위가 일정한 범위의 수치로 한정한 것을 구성요소의 하나로 하고 있는 경우 확인대상발명이 특정되었다고 하기 위한 요건
대법원 2005. 4. 29. 선고 2003후656 판결 [권리범위확인(특)] ··············· 46

Ⅳ. 컴퓨터 프로그램 발명 및 영업방법 발명 ··············· 47

026 • 컴퓨터 프로그램 자체의 제작, 판매가 물건발명의 실시에 해당 하는지 여부
서울고등법원 2014. 4. 10. 선고 2013나5383 판결 [손해배상(기)] ··············· 47

027 • 영업방법 발명에 해당하기 위한 요건 및 출원발명이 자연법칙을 이용한 것인지 여부의 판단 방법
대법원 2008. 12. 24. 선고 2007후265 판결 [거절결정(특)] ··············· 49

028 • 영업방법 발명에 해당하기 위한 요건 및 영업방법 발명의 진보성 여부를 판단하는 방법
대법원 1992. 5. 8. 선고 91후1656 판결 [거절사정] ··············· 50

029 • BM 발명의 진보성 판단방법
대법원 2018. 12. 27. 선고 2018후10800 판결 [등록무효(특)] ··············· 51

제2편 • 특허명세서

제 01 장 청구범위 ──────────────────── 54

Ⅰ. 청구범위의 해석 방법 ··············· 54

001 • 발명의 내용을 확정하기 위한 해석 방법
대법원 2009. 7. 23. 선고 2007후4977 판결 [거절결정(특)] ··············· 54

Ⅱ. 청구범위 기재 방법 ··············· 56

002 • 청구범위 기재 방법 및 권리범위 해석
대법원 2006. 11. 24. 선고 2003후2072 판결 [등록무효(특)] ··············· 56

003 • 특허법 제42조 제3항 1호 및 제4항 제1호 요건 충족 여부 판단기준
대법원 2016. 5. 26. 선고 2014후2061 판결 [등록무효(특)] ··············· 59

004 ● 특허법 제42조 제4항 제1호의 취지 및 청구항이 발명의 상세한 설명에 의하여 뒷받침되고 있는지 여부의 판단 기준
대법원 2007. 3. 15. 선고 2006후3588 판결 [등록무효(특)] ·············· 62

005 ● 특허법 제42조 제4항 제2호 충족 여부 판단방법
대법원 2021. 12. 30. 선고 2019후10296 판결 [등록무효(특)] ·············· 63

006 ● '바람직하게는'의 표현과 관련하여 청구항에 발명이 명확하게 적혀 있는지 여부
대법원 2017. 4. 7. 선고 2014후1563 판결 [거절결정(특)] ·············· 64

제 02 장 특수한 청구항의 유형들 ——————————————— 66

Ⅰ. 기능식 청구항 ·············· 66

007 ● 기능식 청구항으로 기재된 특허권의 권리범위 확정 방법
대법원 2008. 2. 28. 선고 2005다77350,77367 판결 [특허침해금지등] ·············· 66

Ⅱ. 제조방법이 기재된 물건청구항(Product by Process Claim, PBP 청구항) ·············· 69

008 ● '제조방법이 기재된 물건발명'의 기술적 구성을 특허청구범위의 기재에 의하여 특정되는 구조나 성질 등을 가지는 물건으로 파악하여야 하는지 여부
대법원 2015. 1. 22. 선고 2011후927 전원합의체 판결 [등록무효(특)] ·············· 69

009 ● PBP 청구항으로 기재된 발명의 기재불비 및 진보성 판단이 문제된 사건
대법원 2021. 12. 30. 선고 2019후10296 판결 [등록무효(특)] ·············· 71

010 ● 제조방법이 기재된 물건발명의 권리범위 해석방법
대법원 2015. 2. 12. 선고 2013후1726 판결 [권리범위확인(특)] ·············· 74

011 ● 권리범위 속부 판단에 있어서서 PBP 청구항의 해석 방법
대법원 2021. 1. 28. 선고 2020후11059 판결 [권리범위확인(특)] ·············· 76

Ⅲ. 젭슨(Jepson) 타입 청구항 ·············· 77

012 ● 출원발명이 자연법칙을 이용한 것인지 여부 판단기준
대법원 2008. 12. 11. 선고 2007후494 판결 [거절결정(특)] ·············· 77

제 03 장 발명의 설명 ——————————————— 80

013 ● 명세서에 특허법 제42조 제3항을 위반한 기재불비가 있는지 여부의 판단기준
대법원 2012. 11. 29. 선고 2012후2586 판결 [등록무효(특)] ·············· 80

CONTENTS

제3편 · 제29조의 특허요건

제01장 산업상 이용가능성 ─────────── 84

001 • 특허법이 요구하는 산업상 이용가능성의 요건
대법원 2003. 3. 14. 선고 2001후2801 판결 [거절사정(특)] ············· 84

002 • 치료 효과와 비치료 효과를 동시에 가지는 방법 발명의 산업상 이용가능성
특허법원 2018. 12. 14. 선고 2018허3062 판결 [거절결정(특)] (확정) ············· 86

003 • 비치료적 용도로 한정한 방법 발명의 산업상 이용가능성
특허법원 2017. 11. 17. 선고 2017허4501 판결 [거절결정(특)] ············· 88

004 • 동물에만 한정하여 특허청구함을 명시하고 있는 경우 산업상 이용할 수 있는 발명으로서 특허의 대상이 되는지 여부
대법원 1991. 3. 12. 선고 90후250 판결 [거절사정] ············· 91

제02장 신규성 및 확대된 선출원주의 ─────────── 92

005 • 확대된 선출원 규정 적용시 발명의 동일성 판단
대법원 2021. 9. 16. 선고 2017후2369, 2017후2376(병합) 판결 [등록무효(특)] ············· 92

006 • 특허법 제29조 제1항 제1호에서 말하는 '특허출원 전'의 의미
대법원 2007. 4. 27. 선고 2006후2660 판결 [정정(특)] ············· 94

007 • 등록특허의 공지 시점
특허법원 2020. 2. 14. 선고 2019허4833 판결 [거절결정(특)] (심리불속행 기각) ············· 96

008 • 공지 또는 공연 실시된 발명의 의의
대법원 2012. 4. 26. 선고 2011후4011 판결 [등록무효(특)] ············· 103

009 • 카탈로그의 제작이 인정되면 구체적인 증거 없이도 그것의 반포, 배부를 인정할 수 있는지 여부
대법원 2000. 12. 8. 선고 98후270 판결 [실용신안등록무효] ············· 105

010 • 선행발명에 개시된 물건이 특허발명에서 동일한 구성이나 속성을 갖는 경우 신규성 판단이 문제된 사건
대법원 1992. 5. 8. 선고 91후1656 판결 [거절사정] ············· 107

011 • 특허발명 출원 전 계약에 따라 납품하여 시운전한 제품에 대하여 비밀유지의무가 인정되는지 여부
대법원 2022. 1. 13. 선고 2021후10732 판결 [등록무효(특)] ············· 110

- 012 • 공지 등이 되지 아니한 발명으로 보는 경우의 판단기준
  특허법원 2016. 10. 20. 선고 2015허7308 판결 [등록무효(특) 심결취소의 소] 112
- 013 • 박사학위나 석사학위 논문의 반포 및 공지 시점
  대법원 1996. 6. 14. 선고 95후19 판결 [거절사정] 114
- 014 • 기술이전 교육용 자료에 게재된 사실만으로 공지라고 볼 수 있는지 여부
  특허법원 2010. 6. 11. 선고 2009허9693 판결 [등록무효(특) : 상고] 116

제 03 장 진보성 ─────────────────────────── 117

- 015 • 출원발명이 자연법칙을 이용한 것인지 여부 판단기준
  대법원 2008. 12. 11. 선고 2007후494 판결 [거절결정(특)] 117
- 016 • 서방형 제제에 관한 의약조성물의 진보성이 문제된 사건
  대법원 2021. 4. 8. 선고 2019후11756 판결 [등록무효(특)] 119
- 017 • 여러 선행기술문헌을 인용한 진보성 판단이 문제된 사건
  대법원 2020. 5. 14. 선고 2017후2543 판결 [등록정정(특)] 122
- 018 • 출원발명의 진보성 심리방식 및 주선행발명의 변경이 새로운 거절이유에 해당되는지 문제된 사건
  대법원 2019. 10. 31. 선고 2015후2341 판결 [거절결정(특)] 123
- 019 • 정정고안의 진보성이 문제된 사건
  대법원 2019. 7. 25. 선고 2018후12004 판결 [등록정정(실)] 125
- 020 • 진보성 판단 방법 및 사후적 고찰인지 여부
  대법원 2019. 6. 13. 선고 2018후11681 판결 [등록무효(특)] 127
- 021 • 제시된 선행문헌을 근거로 발명의 진보성이 부정되는지 판단하는 방법
  대법원 2016. 1. 14. 선고 2013후2873, 2013후2880(병합) 판결 [등록무효(특)] 129
- 022 • 발명의 설명의 기재로부터 유리한 효과를 추론할 수 있는지 여부
  대법원 2002. 8. 23. 선고 2000후3234 판결 [등록무효(특)] 131
- 023 • 특허 발명의 진보성 유무의 판단에 있어서 상업적 성공의 고려 여부
  대법원 1996. 10. 11. 선고 96후559 판결 [특허무효] 132
- 024 • 공지공용의 기존 기술과 주지관용의 기술을 수집 종합하여 이루어진 발명의 진보성을 인정하기 위한 요건
  대법원 2008. 5. 29. 선고 2006후3052 판결 [등록무효(특)] 134

025 • 기술분야를 비교하여 비교대상발명을 특허발명의 진보성을 부정하는 선행기술로 삼을 수 있는 경우
대법원 2008. 7. 10. 선고 2006후2059 판결 [등록무효(특)] ················· 136

026 • 부정적 교시와 관련하여 진보성 부정 여부가 문제된 사건
대법원 2021. 12. 10. 선고 2018후11728 판결 [등록무효(특)] ················· 138

제 04 장 불특허발명 ──────── 140

027 • 발명이 공중위생을 해할 우려가 있는지 여부
대법원 1991. 11. 8. 선고 91후110 판결 [거절사정] ················· 140

028 • 공서양속을 문란하게 하는 발명 판단기준
특허법원 2014. 12. 4. 선고 2014허4555 판결 [거절결정(특)] ················· 142

제4편 · 특허를 받을 수 있는 권리

제 01 장 특허를 받을 수 있는 권리 ──────── 148

001 • 무권리자 특허출원의 증명책임이 문제된 사건
대법원 2022. 11. 17. 선고 2019후11268 판결 [등록무효(특)] ················· 148

002 • 발명자 판단 기준
대법원 2005. 3. 25. 선고 2003후373 판결 [등록무효(특)] ················· 150

003 • 공동발명자에 해당하는지에 관한 판단 기준
대법원 2011. 7. 28. 선고 2009다75178 판결 ················· 153

004 • 무권리자 출원으로 등록된 특허인지 여부가 문제된 사건
대법원 2020. 5. 14. 선고 2020후10087 판결 [등록무효(특)] ················· 155

005 • 특허를 받을 수 있는 권리를 이전하기로 하는 계약을 묵시적으로도 할 수 있는지 여부
대법원 2012. 12. 27. 선고 2011다67705,67712 판결 [특허권공유확인등·특허등록명의이전] ·· 157

006 • 무권리자 출원에 있어서 발명의 동일성 판단 기준
대법원 2011. 9. 29. 선고 2009후2463 판결 [등록무효(특)] ················· 161

007 • 무권리자 특허에 대해 정당한 권리자가 직접 특허권의 이전등록을 구할 수 있는지 여부
대법원 2014. 5. 16. 선고 2012다11310 판결 [특허권이전등록절차이행] ················· 163

제5편 · 특허 절차 총칙

001 • 특허출원의 주체 및 특허 심판·소송에서의 권리능력·당사자 능력
대법원 1997. 9. 26. 선고 96후825 판결 [거절사정(특)] ···················· 166

002 • 출원발명의 공동출원인에 대한 공시송달의 요건
대법원 2005. 5. 27. 선고 2003후182 판결 [거절결정(특)] [공2005.7.1.(229),1077] ········· 167

003 • '주소나 영업소가 불분명하여 송달할 수 없는 때'의 의미
대법원 2007. 1. 25. 선고 2004후3508 판결 ···················· 170

제6편 · 특허 출원과 관련한 절차

제01장 출원 — 174

001 • 발명의 동일성 판단기준 및 경합출원으로 인한 하자치유 여부
대법원 2007. 1. 12. 선고 2005후3017 판결 [등록무효(특)] ···················· 174

002 • '동일한 발명'의 의미
대법원 2009. 9. 24. 선고 2007후2797 판결 [등록무효(특)] ···················· 177

제02장 명세서와 도면의 보정 — 179

003 • '최초로 첨부된 명세서 또는 도면에 기재된 사항'의 의미
대법원 2007. 2. 8. 선고 2005후3130 판결 [등록무효(특)] ···················· 179

004 • 새로운 거절이유가 발생했는지를 판단하는 기준
대법원 2014. 7. 10. 선고 2012후3121 판결 [거절결정(특)] ···················· 183

005 • 보정기간 경과 후에 특허출원의 일부 취하 가부 및 출원 일체의 원칙
대법원 2003. 3. 25. 선고 2001후1044 판결 [거절사정(특)] ···················· 185

006 • 보정각하결정이 적법한지 여부
대법원 2014. 7. 10. 선고 2013후2101 판결 [거절결정(특)] ···················· 187

007 • 특허청 심사관이 한 보정각하결정의 적법성에 관한 사건
대법원 2018. 6. 28. 선고 2014후553 판결 [거절결정(특)] ···················· 189

CONTENTS

008 • 청구항을 삭제하는 보정을 하면서 삭제된 청구항과 관련이 없는 부분에서 거절이유가 새롭게 발생한 경우 보정각하결정의 적법성
대법원 2018. 7. 12. 선고 2015후2259 판결 [거절결정(특)] ········· 191

제 03 장 우선권제도 ─────────────────────────── 193

009 • 조약우선권 주장에 따라 특허요건 판단기준일이 우선권 주장일로 소급하는지가 문제된 사건
대법원 2021. 2. 25. 선고 2019후10265 판결 [등록무효(특)] ········· 193

010 • PCT 국제출원인이 선출원을 기초로 한 우선권주장이 적법한지 여부 및 특허발명의 신규성
대법원 2019. 10. 17. 선고 2017후1274 판결 [등록무효(특)] ········· 196

011 • 우선권 주장의 기초가 된 선출원의 출원서에 최초로 첨부된 명세서 등에 기재된 발명과 우선권주장 출원발명과 동일한 발명인지 여부에 관한 판단기준
대법원 2015. 1. 15. 선고 2012후2999 판결 [등록무효(특)] ········· 199

012 • 거절이유 통지에 우선권주장 불인정에 관한 이유가 포함되어야 하는지 여부
대법원 2011. 9. 8. 선고 2009후2371 판결 [거절결정(특)] ········· 202

제 04 장 분할출원(제52조), 분리출원(제52조의2), 변경출원(제53조) ─── 204

013 • 원출원 시에 공지예외주장을 하지 않은 경우 분할출원에서 공지예외주장을 하여 원출원일을 기준으로 한 공지예외의 효과를 인정받을 수 있는지 여부
대법원 2022. 8. 31. 선고 2020후11479 판결 [거절결정(특)] ········· 204

014 • 원출원 발명과 분할출원 발명이 동일한지 여부의 판단 기준
대법원 2004. 3. 12. 선고 2002후2778 판결 [등록무효(특)] ········· 207

제 05 장 심사절차 ─────────────────────────── 209

015 • 특허거절결정의 이유 중에 심사관이 통지하지 않은 거절이유가 일부 포함되어 있는 경우
대법원 2009. 12. 10. 선고 2007후3820 판결 [거절결정(특)] ········· 209

016 • 재심사절차가 무효로 된 경우 거절결정에 대한 불복심판 청구기간의 기산일이 문제가 된 사건
특허법원 2021. 2. 3. 선고 2020허127 판결 [거절결정(특)] 확정 ········· 211

제 06 장 특허취소신청 ————————————————————— 215

017 • 특허취소신청에 관한 심리범위
특허법원 2020. 12. 4. 선고 2019허8118 판결 [취소결정(특)] (심리불속행기각) ········· 215

제7편 • 특허권과 침해

제 01 장 특허권 일반 (등록, 존속기간, 이전, 공유, 소멸) ————————— 218

001 • 특허발명의 존속기간 연장등록에 무효사유가 있는지 여부
대법원 2017. 11. 29. 선고 2017후844, 2017후851(병합), 2017후868(병합), 2017후875(병합) 판결 [존속기간연장무효(특)] ·············· 218

002 • 존속기간이 연장된 특허발명의 효력범위에 관한 사건
대법원 2019. 1. 17. 선고 2017다245798 판결 [특허권 침해금지 등] ················· 222

003 • 특허권이 공유인 경우 각 공유자에게 공유물분할청구권이 인정되는지 여부
대법원 2014. 8. 20. 선고 2013다41578 판결 [공유물분할] ··············· 225

004 • 2인 이상이 공동으로 발명을 하여 특허를 받을 수 있는 권리를 공유하는 경우, 공유자 사이의 지분 비율을 결정하는 기준
대법원 2014. 11. 13. 선고 2011다77313,77320 판결 [특허출원인명의변경・손해배상(지)] [공2014하,2310] ················· 227

005 • 특허권의 공유자 중 일부가 다른 공유자의 지분에 대한 무효심판을 청구할 수 있는지 여부
대법원 2015. 1. 15. 선고 2012후2432 판결 [등록무효(특)] [공2015상,265] ············· 230

006 • 양도인이 영업양도계약에 따라 특허에 관한 권리를 이전하는 경우
대법원 2020. 8. 27. 선고 2019다225255 판결 [특허권침해금지등청구의소] ············ 232

007 • 특허권의 일부 공유지분에 대하여 이전청구권 보전을 위한 가처분등록이 된 사례
대법원 1999. 3. 26. 선고 97다41295 판결 [특허권이전등록말소등] ············ 236

제 02 장 특허권의 구체적 내용 (실시권, 금지권, 손해배상 청구권) ————— 238

008 • 특허권이 공유인 경우, 각 공유자의 공유지분이 다른 공유자의 동의 없이 압류의 대상이 될 수 있는지 여부
대법원 2012. 4. 16.자 2011마2412 결정 [특허권압류명령] ············· 238

CONTENTS

009 • 전용실시권 설정계약상 제한을 등록하지 않은 경우, 그 제한을 위반하여 특허발명을 실시한 전용실시권자에게 특허법 위반죄가 성립하는지 여부
대법원 2013. 1. 24. 선고 2011도4645 판결 [특허법위반] [공2013상,419] ················ 239

010 • 독점적 통상실시권이 인정되는지가 문제된 사건
대법원 2020. 11. 26. 선고 2018다221676 판결 [손해배상(지)] [공2021상,107] ·············· 240

011 • 실용신안권의 존속기간이 만료된 경우, 그에 대한 통상실시권의 소멸 여부
대법원 1996. 5. 10. 선고 95다26735 판결 [실용신안권실시대금] [집44(1)민,491;공1996.7.1. (13),1801] ·············· 243

012 • 실용신안권 침해금지가처분에 의하여 금지되는 침해행위의 범위
대법원 2008. 12. 24. 선고 2006도1819 판결 [공무상표시무효] [공2009상,133] ··········· 244

013 • 침해금지 가처분 신청이 받아들여지기 위한 요건
대법원 1993. 2. 12. 선고 92다40563 판결 [특허권침해금지가처분] [공1993.4.1.(941),971] ··· 246

014 • 전처분의 집행채권자가 본안소송에서 패소·확정된 경우, 그 채권자에게 채무자의 보전처분의 집행으로 인한 손해에 대하여 고의 또는 과실이 있다고 추정되는지 여부
대법원 2002. 9. 24. 선고 2000다46184 판결 [손해배상(기)] [공2002.11.15.(166),2476] ··· 248

제 03 장 특허권의 효력범위 및 침해 ─────────────── 249

I. 직접침해 (문언, 균등, 이용, 선택, 생략 등) ···················· 249

015 • 특허권의 권리범위를 제한 해석할 수 있는 경우
대법원 2003. 7. 11. 선고 2001후2856 판결 [권리범위확인(특)] [공2003.8.15.(184),1731] ·· 249

016 • 권리범위 내지 보호범위의 확정 방법
대법원 2006. 12. 22. 선고 2006후2240 판결 [권리범위확인(실)] ································ 252

017 • 특허청구범위의 '접합'이라는 용어의 해석과 특허침해 여부가 문제가 된 사건
대법원 2019. 7. 10. 선고 2017다209761 판결 [특허권침해금지청구의 소] [공2019하,1531] ·· 253

018 • 부품에 대한 침해여부 판단 및 손해의 발생에 관한 주장·증명의 정도
대법원 2006. 10. 12. 선고 2006다1831 판결 [특허권침해금지등] [공2006.11.15.(262),1889] ·· 254

019 • 특허권침해금지의 소에서 청구의 대상이 되는 제품이나 방법의 특정 정도
대법원 2011. 9. 8. 선고 2011다17090 판결 [특허권침해금지의소] [공2011하,2077] ········ 257

020 • 특허발명의 청구항이 복수의 구성요소로 되어 있는 경우 권리범위 판단
대법원 2001. 6. 15. 선고 2000후617 판결 [권리범위확인(특)] [공2001.8.1.(135),1655] ··· 260

021 • 특허발명의 특허권을 침해한다고 보기 위한 요건
대법원 2011. 9. 29. 선고 2010다65818 판결 [특허권침해금지등] [공2011하,2211] ·········· 262

022 • 균등침해 판단 기준
대법원 2011. 7. 28. 선고 2010후67 판결 [권리범위확인(특)] [공2011하,1853] ············· 265

023 • 특허 균등 판단에서 과제 해결원리의 동일성 사건
대법원 2019. 1. 31. 선고 2017후424 판결 [권리범위확인(특)] ································· 268

024 • 균등침해에 있어서, 작용효과 실질적으로 동일과 관련한 판단기준
대법원 2022. 1. 14. 선고 2021후10589 판결 [권리범위확인(특)] ··························· 271

025 • 특허발명의 출원과정에서 어떤 구성이 청구범위에서 의식적으로 제외된 것인지 판단하는 방법
대법원 2017. 4. 26. 선고 2014후638 판결 [권리범위확인(특)] [공2017상,1205] ············ 273

026 • 분할출원한 발명이 보정된 발명의 보호범위에서 의식적으로 제외한 것에 해당하는지 여부
대법원 2008. 4. 10. 선고 2006다35308 판결 [특허권침해금지] [공2008상,664] ········· 275

027 • 정정과 관련하여 출원경과금반언의 적용 여부가 문제된 사건
대법원 2018. 8. 1. 선고 2015다244517 판결 [특허권침해금지등] ····························· 276

028 • 문언침해 및 균등침해가 문제된 사건
대법원 2022. 10. 14. 선고 2022다223358 판결 [특허침해금지 청구의 소] ················ 277

029 • 이용관계에 있는 경우 권리 대 권리 간 적극적 권리범위확인심판 허용 여부
대법원 2016. 4. 28. 선고 2015후161 판결 [권리범위확인(특)] ································· 279

030 • 특허발명의 균등발명을 이용하는 경우에도 이용발명인지 여부
대법원 2001. 8. 21. 선고 98후522 판결 [권리범위확인(특)] [공2001.10.1.(139),2110] ······ 281

031 • 특허권의 저촉이 문제된 사건
대법원 2021. 3. 18. 선고 2018다253444 전원합의체 판결 [상표권침해금지 등] [공2021상,827] ·· 284

032 • 생략침해 인정 여부
대법원 2005. 9. 30. 선고 2004후3553 판결 [권리범위확인(심)] ······························ 287

033 • 균등론의 제3 및 5 요건
대법원 2023. 2. 2. 선고 2022후10210 판결 [권리범위확인(특)] ······························ 290

034 • 선택침해 인정 여부
대법원 1991. 11. 12. 선고 90후960 판결 [권리범위확인] ··· 292

II. 간접침해 ·· 293

035 • '특허 물건의 생산에만 사용하는 물건'에 해당하기 위한 요건
대법원 2009. 9. 10. 선고 2007후3356 판결 [권리범위확인(특)] [공2009하,1690] ········· 293

CONTENTS

036 • 소모부품이 특허권의 간접침해에서 말하는 '특허 물건의 생산에만 사용하는 물건'에 해당하기 위한 요건
대법원 2001. 1. 30. 선고 98후2580 판결 [권리범위확인(특)] [공2001.3.15.(126),574] ······ 295

037 • 간접침해 성립 여부가 문제된 사건
대법원 2015. 7. 23. 선고 2014다42110 판결 [손해배상(지)] [공2015하,1221] ·············· 296

038 • 특허권 침해금지 및 손해배상을 구하는 사건
대법원 2019. 10. 17. 선고 2019다222782, 2019다222799(병합) 판결 [특허권침해금지 등] ···· 300

039 • 방법 발명에 있어서 간접침해 사건
대법원 2019. 2. 28. 선고 2017다290095 판결 [손해배상(지)] [공2019상,807] ············· 306

040 • 간접침해 행위에 대해 특허법상 침해죄가 성립하는지 여부
대법원 1993. 2. 23. 선고 92도3350 판결 [특허법위반] [공1993.4.15.(942),1116] ·········· 308

041 • 간접침해와 권리범위확인심판
대법원 2005. 7. 15. 선고 2003후1109 판결 [권리범위확인(특)] ······················· 309

제 04 장 침해주장에 대한 항변 ─────────────────────── 311

042 • 선사용권에 있어서 선의 판단 기준
대법원 2015. 6. 11. 선고 2014다79488 판결 [통상실시권확인청구] [공2015하,965] ········ 311

043 • 특허권에 기초한 침해금지 또는 손해배상 등 청구가 권리남용에 해당하는지 여부
대법원 2012. 1. 19. 선고 2010다95390 전원합의체 판결 [특허권침해금지및손해배상(기)] [공2012상,299] ·· 312

044 • 등록된 특허발명 내지 후출원발명이 그 출원 전에 국내에서 공지되었거나 공연히 실시된 발명으로서 신규성이 없는 경우, 그 권리범위를 인정할 수 있는지 여부
대법원 2009. 9. 24. 선고 2007후2827 판결 [권리범위확인(특)] [공2009하,1794] ·········· 315

045 • 특허법 또는 실용신안법이 규정하고 있는 권리범위확인심판에서 특허발명 또는 등록실용신안의 진보성 여부를 심리·판단할 수 있는지 여부
대법원 2014. 3. 20. 선고 2012후4162 전원합의체 판결 [권리범위확인(실)] [공2014상,977] ··· 317

046 • 자유실시기술에 해당하는지 여부
대법원 2011. 1. 27. 선고 2009후832 판결 [권리범위확인(특)] ························ 323

047 • 청구범위의 일부가 불명료하게 표현되어 있거나 오기가 있는 경우에도 그 권리범위를 부정할 수 없는 경우
대법원 2008. 7. 10. 선고 2008후64 판결 [권리범위확인(실)] ························· 324

048 • 간접침해에서 심판청구의 대상이 되는 확인대상발명이 자유실시기술에 해당하는지 여부
특허법원 2009. 1. 23. 선고 2008허4523 판결 [권리범위확인(특)] [각공2009상,439] ···· 326

049 • 확인대상디자인이 이 사건 등록디자인의 권리범위에 속하는지 여부가 문제된 사건
대법원 2023. 2. 23. 선고 2022후10012 판결 [권리범위확인(디)] ················· 329

050 • 특허권의 행사가 권리남용에 해당하는지 여부
서울중앙지방법원 2012. 8. 24. 선고 2011가합39552 판결 [특허침해금지 등] ········· 331

051 • 종전 무효심판청구의 청구사유와 동일한 사유를 들어 심판청구를 한 것이 권리남용에 해당하는지 여부
특허법원 2016. 9. 30. 선고 2016허4405 판결 [등록무효(특)] ················ 336

052 • 방법발명의 특허권 소진 사건
대법원 2019. 1. 31. 선고 2017다289903 판결 [손해배상(지)] [공2019상,622] ········· 337

053 • 특허권 소진과 권리범위확인심판 간 관계
대법원 2010. 12. 9. 선고 2010후289 판결 [권리범위확인(특)] [공2011상,146] ········· 341

054 • 문언 침해와 자유실시기술 사건
대법원 2017. 11. 14. 선고 2016후366 판결 [권리범위확인(특)] [공2017하,2359] ········· 343

제 05 장 특허권 침해로 인한 손해배상 ─────────────────────── 345

055 • 단위수량당 이익액 판단기준
특허법원 2017. 4. 28. 선고 2016나1424 판결 [특허권침해금지등] ················· 345

056 • 기여율을 고려한 손해배상액 산정
특허법원 2019. 8. 29. 선고 2018나1893 판결 [특허권침해금지 등 청구의 소] ········· 347

057 • 부품에 대한 침해여부 판단 및 손해의 발생에 관한 주장·증명의 정도
대법원 2006. 10. 12. 선고 2006다1831 판결 [특허권침해금지등] [공2006.11.15.(262),1889] ··· 351

058 • 특허법 제130조의 규정 취지 및 합리적 실시료 판단 방법
대법원 2006. 4. 27. 선고 2003다15006 판결 [손해배상(기)] [집54(1)민143;공2006.6.1.(251),879] ···· 354

059 • 특허법 제128조 제7항에 의한 구체적 손해액 산정 방법
대법원 2011. 5. 13. 선고 2010다58728 판결 [특허전용실시권침해금지등] [공2011상,1156] ···· 358

060 • 특허법 제128조 제7항이 보충적으로 적용되는지 여부
대법원 2014. 5. 29. 선고 2013다208098 판결 [실용신안권침해금지 등] ················· 362

061 • 증액배상의 대상이 되는 고의적 침해 여부
서울중앙지방법원 2021. 5. 27. 선고 2020가합505891 판결 [손해배상(지)] ················· 364

062 • 침해로 인한 손해배상청구권의 소멸시효 기산점
대법원 1997. 2. 14. 선고 96다36159 판결 [손해배상(기)] ················· 367

063 • 특허권 침해의 고의가 있는지 판단하는 기준
대법원 2010. 1. 14. 선고 2008도639 판결 [특허법위반] ················· 368

제 06 장 복수 주체에 의한 침해 ─────────────────── 369

064 • 복수 주체에 의한 특허 침해 성립 여부
특허법원 2019. 2. 19. 선고 2018나1220, 2018나1237(병합) 판결 [특허권침해금지 등, 특허권침해금지등],
서울고등법원 2017. 8. 21.자 2015라20296 결정 [특허권침해금지가처분] ················· 369

제 07 장 특허권 침해에 대한 그 밖의 구제방법 ─────────── 371

065 • 특허법 위반 사건에서 공소사실이 특정되었다고 하기 위한 요건
대법원 2016. 5. 26. 선고 2015도17674 판결 [특허법위반] [공2016하,905] ················· 371

066 • 특허권침해죄에 해당하는지 여부를 판단함에 있어 정정 전의 특허청구범위를 침해대상 특허발명으로 해야 하는지 여부
대법원 2005. 10. 14. 선고 2005도1262 판결 [특허법위반] [공2005.11.15.(238),1821] ····· 372

067 • 전용실시권 설정계약상 제한을 등록하지 않은 경우, 그 제한을 위반하여 특허발명을 실시한 전용실시권자에게 특허법 위반죄가 성립하는지 여부
대법원 2013. 1. 24. 선고 2011도4645 판결 [특허법위반] [공2013상,419] ················· 373

068 • 특허법 제224조(허위표시의 금지) 위반으로 볼 수 있는지 여부
대법원 2015. 8. 13. 선고 2013도10265 판결 [특허법위반] ················· 374

069 • 특허된 방법을 사용하면서 다른 특허방법을 사용하는 것으로 표시한 경우 특허침해죄의 성부
대법원 1983. 7. 26. 선고 83도1411 판결 [특허법위반] [집31(4)형,59;공1983.10.1.(713),1381] ··· 376

070 • 신규성 위반의 사유를 알고 있었던 경우 사위행위죄에 해당하는지 여부
대법원 2004. 2. 27. 선고 2003도6283 판결 [무고·특허법위반] [공2004.4.1.(199),574] ··· 378

071 • 타인의 시험성적서로써 특허를 취득한 행위의 사위행위 해당 여부
대법원 1983. 12. 27. 선고 82도3238 판결 [특허법위반] [공1984.2.15.(722),280] ·········· 380

제 08 장 특허의 등록무효를 둘러싼 민사상 법률관계 ──── 381

072 • 특허 무효 심결 확정시 실시권자로부터 이미 지급받은 특허실시료를 부당이득으로 반환할 의무가 있는지 여부
대법원 2014. 11. 13. 선고 2012다42666,42673 판결 [주식양도등·계약무효확인] [공2014하,2323] ──── 381

073 • 특허가 무효로 확정된 경우 특허발명 실시계약에 미치는 영향이 쟁점이 된 사안
대법원 2019. 4. 25. 선고 2018다287362 판결 [손해배상(지)] ──── 384

제8편 · 특허심판제도

제 01 장 총 칙 ──── 386

001 • 특허권자가 공동심판청구인 중 일부만을 상대로 제기한 심결취소소송에서 당사자추가신청이 허용되는지 여부
대법원 2009. 5. 28. 선고 2007후1510 판결 [등록무효(특)] [공2009하,1036] ──── 386

002 • 특허법 제159조의 직권심리가 문제된 사건
대법원 2006. 6. 27. 선고 2004후387 판결 [취소결정(특)] [공2006.8.15.(256),1442] ──── 388

003 • 특허법 제157조(증거조사 및 증거보전)의 강행규정성
대법원 1996. 2. 9. 선고 94후241 판결 [권리범위확인] [공1996.4.1.(7),954] ──── 390

제 02 장 심판의 종류와 내용 ──── 391

Ⅰ. 특허거절결정에 대한 불복심판(제132조의17) ──── 391

Ⅱ. 특허등록무효심판(제133조) ──── 391

004 • 특허등록의 무효심판을 청구할 수 있는 이해관계인의 의미 및 이에 해당하는지 여부의 판단 기준 시기(=심결시)
대법원 2009. 9. 10. 선고 2007후4625 판결 [등록무효(특)] ──── 391

005 • 실시권자가 특허무효심판의 이해관계인이 될 수 있는지
대법원 2019. 2. 21. 선고 2017후2819 전원합의체 판결 [등록무효(특)] [공2019상,830] ── 393

CONTENTS

006 • 특허무효심판절차에서 정정청구가 있는 경우 정정의 확정 시기 및 정정의 허용 여부를 일체로 판단하여야 하는지 여부
대법원 2011. 2. 10. 선고 2010후2698 판결 [등록무효(특)] [공2011상,589] ·············· 396

007 • 특허권자에게 의견서 제출 기회를 부여한 바 없는 별개의 사유를 들어 정정청구를 받아들이지 않는 심결을 하거나 심결에 대한 취소청구를 기각할 수 있는지 여부
대법원 2012. 7. 12. 선고 2011후934 판결 [등록무효(특)심결취소의소] [공2012하,1458] ···· 397

Ⅲ. 권리범위확인심판(제135조) ··· 399

008 • 특허권이 소멸된 이후에는 그에 대한 권리범위확인을 구할 이익이 없는지 여부
대법원 2010. 8. 19. 선고 2007후2735 판결 [권리범위확인(특)] ······················· 399

009 • 적극적 권리범위확인심판에서 심판청구인이 특정한 확인대상발명과 피심판청구인이 실시하고 있는 발명 사이에 동일성이 인정되지 않는 경우
대법원 2012. 10. 25. 선고 2011후26266 판결 [권리범위확인(특)] ······················· 402

010 • 특허발명과 대비되는 확인대상발명을 실시하고 있다는 점에 대한 입증책임 및 직권조사사항
특허법원 2014. 5. 8. 선고 2013허5452 판결 [권리범위확인(특)] ······················· 403

011 • 소극적 권리범위확인심판에서의 심판청구의 이익에 관한 사건
대법원 2016. 9. 30. 선고 2014후2849 판결 [권리범위확인(특)] [공2016하,1645] ·········· 404

012 • 심판청구를 취하하기로 약정한 경우, 심판을 유지할 법률상의 이익 유무
대법원 1997. 9. 5. 선고 96후1743 판결 [권리범위확인(특)] [공1997.10.15.(44),3101] ····· 406

013 • 침해가 되는 물품을 생산하지 않겠다는 약속을 한 것만으로 권리범위확인심판을 청구할 이해관계가 소멸하는지 여부
대법원 2002. 4. 12. 선고 99후2853 판결 [권리범위확인(실)] [공2002.6.1.(155),1161] ····· 407

014 • 선등록 특허권자가 후등록 특허권자를 상대로 제기하는 적극적 권리범위확인심판
대법원 2016. 4. 28. 선고 2013후2965 판결 [권리범위확인(특)] ······················· 408

015 • 후등록 특허권자가 선등록 특허권자를 상대로 제기하는 소극적 권리범위확인심판
대법원 2007. 10. 11. 선고 2007후2766 판결 [권리범위확인(특)] ······················· 410

016 • 권리범위확인심판을 청구함에 있어 심판청구의 대상이 되는 확인대상발명의 특정 정도
대법원 2005. 4. 29. 선고 2003후656 판결 [권리범위확인(특)] [공2005.6.1.(227),868] ···· 411

017 • 특허발명의 권리범위확인심판 청구에서 심판청구대상이 되는 확인대상발명의 특정 정도
대법원 2011. 9. 8. 선고 2010후3356 판결 [권리범위확인(특)] [공2011하,2150] ············ 413

018 ● 확인대상 발명이 특허발명의 권리범위에 속하는지 여부에 관한 사건
　　　대법원 2020. 5. 28. 선고 2017후2291 판결 [권리범위확인(특)] ·················· 415

019 ● 발명의 동일성이 유지되는 정도의 심판청구서 보정이 특허법 제140조 제2항에서 정한 요지의 변경에 해당하는지 여부
　　　대법원 2014. 2. 13. 선고 2012후610 판결 [권리범위확인(특)] ·················· 418

020 ● 권리범위 확인심판의 대상인 확인대상 발명의 파악이 문제된 사건
　　　대법원 2022. 1. 14. 선고 2019후11541 판결 [권리범위확인(특)] [공2022상,375] ············ 420

021 ● 권리범위확인심판사건 등의 확정심결에서 인정된 사실의 관련 민사재판에서의 증명력 유무
　　　대법원 2002. 1. 11. 선고 99다59320 판결 [손해배상(지)] [집50(1)민,31;공2002.3.1.(149),454] ··· 422

022 ● 침해소송 계속 중 동일한 확인대상 발명을 심판대상으로 하여 별도로 청구된 권리범위확인심판 사건
　　　대법원 2018. 2. 8. 선고 2016후328 판결 [권리범위확인(특)] [공2018상,581] ·············· 423

023 ● 적극적 권리범위확인심판에서 복수의 확인대상발명 허용 여부
　　　특허법원 2010. 11. 3. 선고 2010허111 판결 [권리범위확인(특)] ·················· 424

024 ● 소극적 권리범위확인심판에서 복수의 확인대상발명 허용 여부
　　　특허법원 2013. 11. 7. 선고 2013허4954 판결 [권리범위확인(특)] ·················· 427

Ⅳ. 정정심판 ··· 429

025 ● 특허무효심판에 대한 심결취소소송의 사실심 변론종결 이후에 정정심결이 확정된 것이 재심사유에 해당하는지 여부
　　　대법원 2020. 1. 22. 선고 2016후2522 전원합의체 판결 [등록무효(특)] [공2020상,483] ···· 429

026 ● 특허무효심판에 대한 심결취소소송의 상고심 계속 중 정정심결이 확정된 경우 상고이유로 주장할 수 있는지 여부
　　　대법원 2022. 6. 16. 선고 2019후10456 판결 [등록무효(특)] ···················· 432

027 ● 원심 변론종결 후 정정심결이 확정된 사안에서 정정 전 청구항을 대상으로 진보성 부정 여부를 판단한 사건
　　　대법원 2020. 11. 26. 선고 2017후2055 판결 [등록무효(특)] ···················· 433

028 ● '오기의 정정'의 의미
　　　대법원 2005. 9. 30. 선고 2004후2451 판결 [정정(특)] [공2005.11.1.(237),1728] ········· 435

029 ● 정정요건인 '분명하지 아니한 기재를 명확하게 하는 경우' 판단기준
　　　대법원 2016. 11. 25. 선고 2014후2184 판결 [등록무효(특)] [공2017상,47] ············· 436

CONTENTS

030 • 의약용도발명의 특허청구범위에 기재되어 있는 '약리기전'의 의미 및 '약리기전'이 발명의 구성요소로 의미를 가지는 경우
대법원 2014. 5. 16. 선고 2012후238,245(공동소송참가) 판결 [등록무효(특)] ·········· 438

031 • 정정에서의 신규사항 추가 금지의 범위
대법원 2014. 2. 27. 선고 2012후3404 판결 [정정무효(특)심결취소의소] [공2014상,778] 판시사항 ·········· 440

032 • 실질적 변경 판단기준
대법원 2011. 12. 13. 선고 2011후2060 판결 [등록무효(특)] ·········· 442

033 • 정정고안의 진보성이 문제된 사건
대법원 2019. 7. 25. 선고 2018후12004 판결 [등록정정(실)] ·········· 444

034 • 정정명세서 등에 관한 보정의 허용 범위
대법원 2013. 2. 28. 선고 2011후3643 판결 [등록무효(특)] [공2013상,595] ·········· 446

035 • 특허법 제130조의 법리는 정정을 전·후하여 그대로 유지되는지 여부
대법원 2009. 10. 15. 선고 2009다19925 판결 [손해배상등] ·········· 447

036 • 정정심결이 확정된 경우 발명의 내용에 영향을 미치는지 여부
대법원 2011. 6. 30. 선고 2011후620 판결 [취소결정(특)심결취소의소] ·········· 448

037 • 동일한 특허발명에 대하여 정정심판 사건이 특허심판원에 계속 중인 경우, 특허무효심결에 대한 취소소송의 심리를 중단하여야 하는지 여부
대법원 2007. 11. 30. 선고 2007후3394 판결 [등록무효(특)] ·········· 450

038 • 무효로 된 특허의 정정을 구하는 심판의 적법 여부
대법원 2005. 3. 11. 선고 2003후2294 판결 [정정(특)] [공2005.4.15.(224),609] ·········· 451

039 • 정정을 구하고 있는 특허발명의 특허청구범위의 일부 항에 대하여 등록무효가 확정된 경우
특허법원 2003. 8. 29. 선고 2002허4989 판결 [정정(특)] [각공2003.10.10.(2),419] ·········· 452

040 • 동일한 특허발명에 대하여 특허무효심판과 정정심판이 특허심판원에 동시에 계속 중에 있는 경우, 심리·판단의 우선 순위 및 그 판단 대상
대법원 2002. 8. 23. 선고 2001후713 판결 [등록무효(특)] [공2002.10.1.(163),2247] ·········· 455

041 • 특허발명이 특허청구범위를 실질적으로 변경한 내용으로 정정된 특허발명을 당연무효라고 할 수 있는지 여부
대법원 2003. 1. 10. 선고 2002후1829 판결 [등록무효(특)] [공2003.3.1.(173),651] ·········· 456

제 03 장 일사부재리, 중복심판의 금지, 및 재심 ──────── 457

042 • 일사부재리 위반을 이유로 한 각하심결이 특허법 제163조의 일사부재리 원칙 적용을 위한 확정 심결에 해당하는지 문제된 사건
대법원 2021. 6. 3. 선고 2021후10077 판결 [등록무효(특)] [공2021하,1258] ········· 457

043 • 등록상표에 대한 적극적 권리범위확인심판의 심결이 확정 등록된 경우, 그 일사부재리의 효력이 소극적 권리범위확인심판 청구에도 그대로 미치는지 여부
대법원 2006. 5. 26. 선고 2003후427 판결 [권리범위확인(상)] [공2006.7.1.(253),1190] ···· 459

044 • 일사부재리 원칙에 있어서 '동일사실'
특허법원 2006. 11. 17. 선고 2006허1513 판결 [권리범위확인(실)] [각공2007.1.10.(41),254] ·· 460

045 • 전에 확정된 심결의 증거를 후행 심판청구의 증거로 들어 판단하는 경우 일사부재리 원칙에 반하는지 여부
대법원 2013. 9. 13. 선고 2012후1057 판결 [등록무효(특)] [공2013하,1851] ········· 464

046 • 특허법 제163조에서 정한 일사부재리의 원칙에 따라 심판청구가 부적법하게 되는지 판단하는 기준 시점(=심판 청구시)
대법원 2012. 1. 19. 선고 2009후2234 전원합의체 판결 [등록무효(특)] [공2012상,387] ···· 466

047 • 일사부재리원칙 위반 여부의 판단 기준시점과 각하심결 취소소송의 심리범위 등이 문제된 사건
대법원 2020. 4. 9. 선고 2018후11360 판결 [등록무효(특)] [공2020상,939] ········· 468

048 • 중복심판청구 금지에 위반되는지의 판단 기준시점이 문제된 사건
대법원 2020. 4. 29. 선고 2016후2317 판결 [등록무효(특)] [공2020상,1025] ········· 470

제9편 • 심결취소소송

I. 심결취소소송의 당사자적격 및 소의 이익 ········· 474

001 • 전속관할이 문제된 사건
대법원 2011. 4. 28. 선고 2009다19093 판결 [특허권이전등록] [공2011상,1007] ········· 474

002 • 특허심판원의 심결에 대한 소의 제소기간 경과 전에 부가기간지정신청을 하였다 하여 당연히 제소기간이 연장되는지 여부
대법원 2008. 9. 11. 선고 2007후4649 판결 [거절결정(상)] [공2008하,1391] ········· 476

CONTENTS

003 ● 근로자의 날을 공휴일로 보는 구 특허법 제14조 제4호 소정의 '특허에 관한 절차'에 심결취소소송도 포함되는지 여부
  대법원 2014. 2. 13. 선고 2013후1573 판결 [등록무효(실)] [공2014상,631] ············· 477

004 ● 특허출원인변경신고를 하지 않은 경우 심결취소의 소의 원고적격
  대법원 2017. 11. 23. 선고 2015후321 판결 [거절결정(특)] [공2018상,97] ············· 478

005 ● 특허를 무효로 한다는 심결에 대한 취소소송의 계속중 다른 사건에서 그 특허를 무효로 하는 심결이 확정된 경우, 위 취소소송이 부적법하게 되는지 여부
  대법원 2009. 8. 20. 선고 2007후289 판결 [등록무효(특)] ································· 480

006 ● 심결취소소송 제기 후 소취하 합의를 한 사건
  대법원 2007. 5. 11. 선고 2005후1202 판결 [권리범위확인(상)] [공2007.6.15.(276),920] ·· 481

007 ● 권리확인심판절차에서 심결을 받은 경우 심결취소소송의 근거와 소의 이익 판단 기준
  대법원 2011. 2. 24. 선고 2008후4486 판결 [권리범위확인(상)] ························· 482

II. 심결취소소송의 심리범위 등 ··· 483

008 ● 심결취소소송의 심리범위 (당사자계, 무제한설)
  대법원 2009. 5. 28. 선고 2007후4410 판결 [권리범위확인(특)] [공2009하,1043] ········ 483

009 ● 심결취소소송의 심리범위 (결정계, 제한설)
  대법원 2003. 12. 26. 선고 2001후2702 판결 [거절사정(특)] ····························· 484

010 ● 거절결정불복심판청구 기각 심결에 대한 취소소송의 심리범위
  대법원 2013. 9. 26. 선고 2013후1054 판결 [거절결정(특)] ······························ 486

011 ● 심결취소소송에서 법원이 자유로운 심증에 의하여 증거 등 기록에 나타난 자료를 통하여 주지관용의 기술을 인정할 수 있는지 여부
  대법원 2013. 4. 11. 선고 2012후436 판결 [등록무효(실)] [공2013상,885] ············· 488

012 ● 심결취소소송에서 법원이 당사자가 주장하지도 않은 법률요건에 관하여 판단하는 것이 변론주의 원칙에 위배되는지 여부
  대법원 2011. 3. 24. 선고 2010후3509 판결 [등록무효(디)심결취소의소] [공2011상,842] ···· 489

013 ● 심결취소소송에서 당사자가 명백하게 주장하지 않은 것을 법원이 직권으로 조사하고 이를 토대로 판단할 수 있는지 여부
  대법원 2010. 1. 28. 선고 2007후3752 판결 [등록무효(특)] ······························ 490

014 ● 특허침해소송에서 상대방이 제조하는 제품이 어떤 구성요소를 가지고 있는지가 재판상 자백의 대상이 될 수 있는지 여부
  대법원 2022. 1. 27. 선고 2019다277751(본소) 판결 [특허권 침해금지 청구의 소] ········· 491

015 ● 행정소송인 심결취소소송에서 자백 대상
대법원 2000. 12. 22. 선고 2000후1542 판결 [등록무효(상)] ················ 494

016 ● 진보성 판단에서 선행발명이 어떤 구성요소를 가지고 있는지가 자백의 대상인지 여부
대법원 2006. 8. 24. 선고 2004후905 판결 [등록무효(특)] ················ 495

Ⅲ. 확정된 판결의 효력 ··· 496

017 ● 제출이 없어 실제로 증거를 제출받지 아니한 채 심결을 한 경우
대법원 2010. 2. 11. 선고 2009후2975 판결 [등록무효(특)] [공2010상,589] ············ 496

018 ● 확정된 심결취소판결의 기속력이 미치는 범위
대법원 2021. 1. 14. 선고 2017후1830 판결 [등록무효(특)] ················ 497

019 ● 심결취소판결의 특허심판원에 대한 기속력 및 심결취소 후 제출된 새로운 증거의 의미
대법원 2002. 12. 26. 선고 2001후96 판결 [등록취소(상)] [공2003.2.15.(172),540] ······ 499

제10편 · 특허협력조약(PCT) 및 그에 따른 국제출원절차

001 ● 국제특허출원 과정에서 제출한 번역문 등을 반려한 처분의 취소를 구하는 사건
대법원 2017. 4. 28. 선고 2014두42490 판결 [반려처분 취소청구] [공2017상,1141] ······ 502

002 ● 국제출원 단계에서 명세서에 대한 정정신청의 적법성이 문제된 사건
대법원 2018. 9. 13. 선고 2016두45745 판결 [기타(명백한잘못의정정신청에대한결정취소)] ····· 504

제11편 · 판례색인

발명

CHAPTER 1 _ 발명 및 미완성 발명
CHAPTER 2 _ 물건 발명과 방법 발명
CHAPTER 3 _ 특수한 유형의 발명들

CHAPTER 01 발명 및 미완성 발명

기출 여부 (48회 이후)	특허법 학회 TOP 10	중요도
–	–	★★

001 출원발명이 자연법칙을 이용한 것인지 여부 판단기준
대법원 2008. 12. 11. 선고 2007후494 판결 [거절결정(특)]

판결요지

특허법 제2조 제1호는 자연법칙을 이용한 기술적 사상의 창작으로서 고도한 것을 '발명'으로 정의하고 있으므로, 출원발명이 자연법칙을 이용한 것이 아닌 때에는 특허법(2006. 3. 3. 법률 제7871호로 개정되기 전의 것, 이하 같다) 제29조 제1항 본문의 '산업상 이용할 수 있는 발명'의 요건을 충족하지 못함을 이유로 그 특허출원이 기절되어야 하는바, 특히 정보 기술을 이용하여 영업방법을 구현하는 이른바 영업방법(business method) 발명에 해당하기 위해서는 컴퓨터상에서 소프트웨어에 의한 정보처리가 하드웨어를 이용하여 구체적으로 실현되고 있어야 하고(대법원 2003. 5. 16. 선고 2001후3149 판결 등 참조), 한편 **출원발명이 자연법칙을 이용한 것인지 여부는 청구항 전체로서 판단하여야 하므로, 청구항에 기재된 발명의 일부에 자연법칙을 이용하고 있는 부분이 있더라도 청구항 전체로서 자연법칙을 이용하고 있지 않다고 판단될 때**에는 특허법상의 발명에 해당하지 않는다.

판결이유

대법원은, 명칭을 "인터넷 커뮤니티상의 개인방 형태의 미니룸 생성 및 관리방법"으로 하는 이 사건 출원발명(출원번호 : 제10-2002-21391호)의 2004. 12. 30.자로 보정된 특허청구범위 제3항 및 위 보정 전 특허청구범위 제1항은 모두 영업방법 발명의 범주에 속하는 것이나, **그 구성요소인 원심 판시 각 단계들이 소프트웨어와 하드웨어의 결합을 이용한 구체적 수단을 내용으로 하고 있지 않을 뿐 아니라, 사용목적에 따른 각 단계별 정보의 연산 또는 가공이 어떻게 실현되는지에 대해 명확하게 기재되어 있지도 않아**, 컴퓨터상에서 소프트웨어에 의한 정보처리가 하드웨어를 이용하여 구체적으로 실현되고 있지 않으므로, 전체적으로 볼 때 특허법 제29조 제1항 본문의 '산업상 이용할 수 있는 발명'이라고 할 수 없다는 취지로 판단한 것은 정당하고, 상고이유로 주장하는 바와 같은 특허법 제2조 제1호, 특허법 제29조 제1항에 관한 법리오해 등의 위법이 없다고 하였음.

기출 여부 (48회 이후)	특허법 학회 TOP 10	중요도
–	–	★★★

002 발명이 완성되었는지 판단하는 방법
대법원 2019. 1. 17. 선고 2017후523 판결 [등록무효(특)]

판결요지

 발명이 속하는 분야에서 통상의 지식을 가진 사람(이하 '**통상의 기술자**'라고 한다) 이 **반복 실시할 수 있고, 발명이 목적하는 기술적 효과의 달성 가능성을 예상할 수 있을 정도로 구체적, 객관적으로 구성**되어 있으면 발명은 완성되었다고 보아야 한다. 발명이 완성되었는지는 **청구범위를 기준으로 출원 당시의 기술수준에 따라 발명의 설명에 기재된 발명의 목적, 구성, 작용효과 등을 전체적으로 고려하여 판단**하여야 하고, 반드시 발명의 설명 중의 **구체적 실시례에 한정되어 인정되는 것은 아니다.**

판결이유

 (1) 피고가 출원하여 등록된 이 사건 특허발명(특허번호 생략)의 이름은 "침수 시 누전방지장치"이다. 청구범위 제1항(이하 "제1항 발명"이라 하고, 나머지 청구항도 같은 방식으로 부른다)은 연결단자에 연결되는 누전방지용 도전성 금속판의 구조적 개선을 통해 연결단자대의 침수 시 누전 및 감전방지와 부하에 대한 정상적인 전원공급을 보장하고, 플러그를 콘센트에 꽂았을 때 언제나 그 **누전방지용 금속판이 교류전원의 중성점단자에 연결되는 것을 보장함으로써 사용자의 실수에 의한 오동작을 예방할 수 있는 침수 시 누전방지장치를 제공하기 위한 발명**이다. 또한 이 사건 제2 내지 제16항 발명은 이 사건 제1항 발명을 직·간접적으로 인용하는 발명이다.

 (2) 이 사건 특허발명의 명세서에는 이 사건 특허발명의 구성요소들에 대한 구조와 작동내용, 구성요소들의 상호관계 등을 비롯하여, 발명의 목적을 달성하기 위한 수단으로 **연결단자대의 주변에 배치된 누전방지 도전체에 대한 여러 가지 실시례와 도면 및 감전 방지 등의 효과가 어떤 경우에 잘 나타날 수 있는지에 대해 구체적으로 기재**되어 있다.

 (3) 이 사건 특허발명은 물건의 발명으로 침수 시 제2 연결단자에서 나온 전류가 물을 통해 누전방지 도전체에 흘러들어가고 다른 곳으로는 감전을 유발시킬 정도 이상의 전류가 흐르지 않도록 함으로써 **누전 및 감전을 방지해주는 것을 특징**으로 하고 있을 뿐, **누설전류의 수치를 한정하고 있지 않다.** 따라서 통상의 기술자는 발명의 설명의 실시례와 도면을 통해 설치 환경이나 장소에 따라 누전과 감전이 방지될 수 있도록 누전방지 도전체의 구조를 적절하게 변경할 수 있다.

 (4) 원심판결 기재 **피고의 검증 시료 1**[1])은 누전방지 도전체가 연결단자대의 하부면, 양 측면 및 상부면을 모두 덮고, 상부면의 평판 도전체는 연결단자대의 앞뒷면의 상단 일부를 추가로 덮으며, 양 측면의 누전방지 도전체 일부와 상부면 평판 도전체 전부를 플라스틱판으로 덮는 구조이다.

 이 사건 제1항 발명은 그 청구범위에 누전방지 도전체의 형태에 대해 '연결단자대의 측방의 적어도 일부, 연결단자대의 상방의 적어도 일부, 연결단자대의 측방 및 상방 각 각의 적어도 일부 중 적어도 어느 한 가지를 포괄하는 형태로 제2연결단자(J2)의 주변에 배치된 누전방지 도전체를 구비하여'라고 기재되어 있다. 발명의 설명에는, "도 5에 기재된 것처럼 두 상부도체부 사이를 비워두는 것도 바람직하나, 그 두 상부도체부의 폭을 약간 좁혀 작업공간이 마련되면 두 상부도체부를 연결하여 몸체부 상부를 전부 덮어도 무방할 것이다"(식별번호 [43]), "누전방지 도전체는 …… 그 형상에 특별한 제한이 없다. 제2연결단자(J2) 주변에 더 넓은 면적의 누전방지 도전체가 배치될수록 누설전류의 방지 효과는 더 커진다"(식별번호 [49]), "도 5의 두 상면도체부를 연결하여 바닥도체부, 측면도체부 그리고 상부도체부가 제2연결단자(J2)를 포위하면서 연결단자를 일주하는 폐고리 구조로 구성할 수도 있다"(식별번호 [50])라고 기재되어 있다.

따라서 **피고의 검증 시료 1은 이 사건 제1항 발명의 누전방지 도전체에 포함된다고 볼 수 있으므로, 그에 대한 실험 결과는 이 사건 제1항 발명의 효과를 판단하는 근거자료가 될 수 있다.** 원심이 실시한 피고의 검증 시료 1에 대한 검증 결과에 나타난 누설전류 수치와 누전차단기가 작동하지 않은 사정 등을 종합하면, **통상의 기술자가 이 사건 제1항 발명의 연결단자대 및 누전방지 도전체가 목적하는 기술적 효과를 달성할 수 있다는 것을 예상할 수 있다.**

(5) 결국 이 사건 제1항 발명은 **통상의 기술자가 출원당시의 기술수준에 따라 그 청구범위에 기재된 구성요소들을 반복 실시할 수 있고, 발명이 목적하는 기술적 효과의 달성 가능성을 예상할 수 있을 정도로 구체적, 객관적으로 구성되어 있으므로 발명**으로 완성되었다고 볼 수 있고, 이 사건 제1항 발명을 인용하는 이 사건 제2 내지 제16항 발명도 마찬가지이다.

그럼에도 원심은 피고의 검증 시료 1이 이 사건 특허발명에 따른 누전방지장치에 해당되지 않고, 이 사건 특허발명이 완성된 발명으로 인정받기 위해서는 이 사건 특허발명의 명세서에 기재된 실시례 중에서 이 사건 특허발명의 기술적 효과 달성이 확인되어야 한다는 전제에서, 이 사건 특허발명의 명세서에 기재된 실시례에 따라 제작된 검증 시료들의 검증 결과에서 이 사건 특허발명의 '연결단자대 및 누전방지 도전체'가 목적하는 기술적 효과 달성이 확인되지 않는다는 등의 이유로, 이 사건 특허발명이 완성된 것이라고 볼 수 없다고 판단하였다. 이러한 원심판결에는 미완성 발명에 관한 법리 등을 오해하여 필요한 심리를 다하지 아니함으로써 판결에 영향을 미친 잘못이 있다. 이를 지적하는 상고이유 주장은 이유 있다.

---

1) 이 사건 특허발명의 어느 실시례에도 해당되지 아니한 구조였음.

기출 여부 (48회 이후)	특허법 학회 TOP 10	중요도
-	-	★★★

003 발명의 진보성 판단에 제공되는 대비발명이 반드시 기술적 구성 전체가 명확하여야 하는지 여부
대법원 2013. 2. 14. 선고 2012후146 판결 [등록무효(특)]

판결요지

발명의 진보성 판단에 제공되는 대비발명은 그 기술적 구성 전체가 명확하게 표현된 것뿐만 아니라, **미완성 발명이라고 하더라도 또는 자료 부족으로 표현이 불충분하거나 일부 내용에 오류가 있다고 하더라도 그 기술분야에서 통상의 지식을 가진 자**(이하 '통상의 기술자'라고 한다)가 발명의 출원 당시 기술상식을 참작하여 기술내용을 용이하게 파악할 수 있다면 선행발명이 될 수 있다.

판결이유

비교대상발명 1은 카탈로그 형태로 되어 있으나 **제품의 개요, 이점, 시스템 구성요소와 사양, 특징 등이 상세히 기재**되어 있고, 비교대상발명 2도 **터미널 및 시스템의 전체적인 구성과 세부적인 측정 방식이 상세히 기재**되어 있으며, 위 각 발명에서 사용된 용어도 모두 그 기술분야에서 일반적으로 사용되는 것들이므로, **통상의 기술자가 비교대상발명들의 구체적인 기술내용을 파악하는데 아무런 어려움이 없다.**

원심은 명칭을 "능동적인 호(呼) 설정을 이용한 VOIP단말기품질측정장치"로 하는 이 사건 특허발명(특허번호 제888401호)의 특허출원 당시 통상의 기술자가 비교대상발명 1의 구체적인 기술내용을 파악하는 데 아무런 어려움이 없어, 비교대상발명 1이 이 사건 특허발명의 진보성을 판단하기 위한 선행발명으로서 대비될 수 있다고 인정하였다. 원심은 이를 토대로 하여, 이 사건 특허발명의 특허청구범위 제2항 내지 제5항의 각 구성은 비교대상발명 1에 개시된 구성이거나 통상의 기술자가 비교대상발명 1의 대응구성으로부터 또는 비교대상발명들의 대응구성과 주지관용기술을 결합하여 용이하게 도출할 수 있는 구성이라고 보고, 비교대상발명들에 의하여 위 제2항 내지 제5항 발명의 진보성이 부정된다는 취지로 판단하였다.

앞서 본 법리와 기록에 비추어 살펴보면, 원심의 이러한 판단은 정당하고, 거기에 상고이유의 주장과 같은 특허발명의 진보성 판단에 관한 법리오해 등의 위법이 없다.

기출 여부 (48회 이후)	특허법 학회 TOP 10	중요도
–	–	★★

004 타특허출원서에 첨부한 명세서 또는 도면에 기재된 발명이 완성된 발명이어야 하는지 여부

대법원 1992. 5. 8. 선고 91후1656 판결 [거절사정]

판결요지

1. 타특허출원서에 첨부한 명세서 또는 도면에 기재된 발명

타특허출원서에 첨부한 명세서 또는 도면에 기재된 발명이란 그 기술내용이 타특허출원서에 첨부한 명세서 또는 도면에 기재되어 있는 것으로서 그 기재정도는 당해 기술분야에 있어서 통상의 지식을 가진 자가 반복실시하여 목적하는 기술적 효과를 얻을 수 있을 정도까지 구체적, 객관적으로 개시되어 있는 완성된 발명을 말한다.

2. 미생물 발명에 있어서 기탁 취지

미생물을 이용한 발명에 대하여 특허출원을 하고자 하는 자는 특허청장이 지정하는 기탁기관에 그 미생물을 기탁하고 그 기탁사실을 증명하는 서면을 출원서에 첨부하여야 하며, 다만 그 미생물이 그 발명이 속하는 기술분야에서 통상의 지식을 가진 자가 용이하게 얻을 수 있는 때에는 기탁을 하지 아니할 수 있고, 같은 시행령 제31조의2 제1항에 의하면, 특허출원을 하려는 자는 명세서에 당해 미생물의 기탁번호, 기탁기관의 명칭 및 기탁 연월일을 기재하여야 하는바, 그 규정취지는 극미의 세계에 존재하는 미생물의 현실적 존재를 확인하여 발명의 완성을 담보하고 그 미생물을 재차 입수하여 산업상 이용할 수 있는 가능성을 확보하기 위한 것이라고 할 것이다.

3. 유전공학관련 발명에 있어서 발명으로서의 완성 여부 판단 기준

유전자의 본체는 DNA이고 그 염기서열의 특성에 따라 개개의 유전자가 규정되므로 재조합 DNA 기술과 같은 유전공학관련 발명에 있어서 외래유전자는 원칙적으로 유전암호인 염기서열로 특정되어야 하고, 염기서열로 특정할 수 없을 때에 한하여 외래유전자의 기능, 이화학적 성질, 기원, 유래, 제조법 등을 조합시켜 특정할 수 있으나, 어느 경우라도 발명으로서 완성되었다고 하려면 기술 기재정도가 그 기술분야에 있어서 통상의 지식을 가진 자가 명세서에 기재된 바에 따라 반복실시하여 목적하는 기술적 효과를 얻을 수 있을 정도로 구체적, 객관적으로 개시되어 있어야 하고, 그 외래유전자의 취득이 가능하여 산업상 이용할 수 있어야 할 것이다.

판결이유

(1) 원심결 이유에 의하면, 원심은 본원발명은 1988.11.29. 특허청 1986년 특허출원 제700525호(최초출원 1985.12.3.)로부터 분할출원된 것으로서 인간 에리트로포이에틴(EPO, 이하 EPO라고 줄여쓴다)을 코오딩하는 게놈 DNA를 함유한 재조합 DNA 벡타에 의해 형질전환된 포유류 세포를 적당한 배지에서 배양하여 EPO활성을 갖는 당단백질을 분리함을 특징으로 하는 EPO의 제조방법 등에 관한 것이고, 인용발명은 1984.12.13. 특허청 1984년 특허출원 제7923호로서 출원된 천연 EPO의 일부 또는 전체 1차구조 및 한가지 이상의 생물적 특성을 가지며 외생 DNA서열을 진핵 또는 원핵 형질발현시킨 생성물임을 특징으로 하는 정제 및 분리된 폴리펩티드에 관한 것인데, 인용발명은 외

래유전자인 인간 EPO 게놈 DNA의 염기서열이 본원발명에 비하여 불명확하다고 하더라도 인간 EPO 게놈 DNA의 취득과정과 이를 이용한 EPO의 제조과정이 명세서에 상세히 기재되어 있고, 인간 EPO 게놈 DNA의 취득과정이나 EPO 생산과정에 관련된 숙주세포, 유전자조합체 등이 지정된 기관에 기탁되어 있지 아니하나 관련 미생물의 기탁은 발명의 성립요건이 아니라 명세서의 기재요건에 불과하므로 이로써 **인용발명을 미완성발명이라 할 수 없고, 본원발명은 인용발명의 출원서에 첨부된 명세서와 특허청구의 범위에 기재된 발명과 동일하므로 특허법(1990.1.13. 법률제4207호로 개정되기 이전의 것) 제6조의2에 의하여 특허를 받을 수 없다고** 판단하였다.

(2) 기록에 의하여 살펴보면, **인용발명에 관한 자료로는 인용발명의 특허청구범위가 기재된 공개특허공보(기록 204-206면)가 있을 뿐**이고 그 출원서에 첨부된 명세서와 도면이 없으므로 위 **공개특허공보의 자료만으로는 인용발명에 이용된 외래유전자와 숙주세포, 재조합 DNA 등이 기탁되어 있는지, 기탁되어 있지 않다면 기탁할 필요가 없는 경우에 해당하는 것인지, 외래유전자인 인간 EPO 게놈 DNA가 염기서열에 의하여 특정된 것인지 또는 그 기능, 이화학적 성질, 기원, 유래 및 제조법에 의하여 특정된 것인지, 나아가 이를 이용하여 인간 EPO를 제조하는 구체적인 기술적 구성이 어떤 것인지 등에 관하여 아무 것도 알 수가 없다.**

그리고, 원심결 이유에 의하더라도 인용발명은 그 명세서에 외래유전자인 인간 EPO 게놈 DNA의 취득과정과 이를 이용한 EPO의 제조과정이 상세히 기재되어 있을 뿐 **외래유전자인 인간 EPO 게놈 DNA의 염기서열이 명확하지 아니하다는 것이고, 거기에다가 외래유전자인 인간 EPO 게놈 DNA가 지정기관에 기탁도 되어 있지 아니하여 용이하게 이를 얻을 수 없다면**, 인용발명은 명세서에 기재된 기술구성이 당해 발명이 속하는 분야에서 통상의 지식을 가진 자가 명세서의 기재에 의하여 반복실시하여 목적하는 기술적 효과를 얻을 수 있을 정도까지 구체적, 객관적으로 개시되어 있다고 할 수 없으므로 **완성된 발명이라 할 수 없을 것이다.**

(3) 그런데도 불구하고 원심이 인용발명의 출원서에 첨부된 명세서에 의하여 인용발명의 완성여부를 심리하지 아니한 채 인용발명을 선원의 지위를 가진 완성된 발명으로 인정하고, 본원발명이 인용발명의 출원서에 첨부된 명세서나 도면에 기재된 발명과 동일하다는 이유로 본원발명의 특허출원을 거절한 원사정을 유지한 것은 인용발명의 완성요건의 관한 심리를 다하지 아니하고, 발명의 완성에 관한 법리를 오해한 위법이 있다고 할 것이므로 이점을 지적하는 논지는 이유 있다.

기출 여부 (48회 이후)	특허법 학회 TOP 10	중요도
-	-	★★

005 발명의 미완성과 명세서 기재불비를 거절사유로서 선택적으로 혼용할 수 있는지 여부

특허법원 2001. 7. 20. 선고 2000허7038 판결 [거절사정(특)]

판결요지

1. 미완성 발명의 개념

발명의 완성 여부는 명세서 기재요건의 충족 여부와는 구별되어야 할 것인바, 완성된 발명에 이르지 못한 이른바 <u>미완성 발명은 발명의 과제를 해결하기 위한 구체적인 수단이 결여되어 있거나, 또는 제시된 과제해결수단만에 의하여는 과제의 해결이 명백하게 불가능한 것</u>으로서, ① 발명이 복수의 구성요건을 필요로 할 경우에는 어느 구성요건을 결여한 경우, ② 해결하고자 하는 문제에 대한 인식은 있으나 그 해결수단을 제시하지 못한 경우, ③ 해결과제·해결수단이 제시되어 있어도 그 수단으로 실행하였을 때 효과가 없는 경우, ④ 용도를 밝히지 못한 경우, ⑤ 발명의 기술적 사상이 실현가능하도록 완성된 것이지만 그 실시의 결과가 사회적으로 용납되지 않는 위험한 상태로 방치되는 경우 등에 해당하면 일반적으로 그 발명은 미완성 발명으로 볼 것이며, 어떤 특허출원이 특허법 제42조 제3항에서 정한 명세서의 기재요건을 충족하지 못하였다고 하여 이를 미완성 발명이라고 단정할 수는 없다.

2. 발명의 미완성과 명세서 기재불비를 거절사유로서 선택적으로 혼용할 수 있는지 여부

미완성 발명과 명세서 기재불비는 법적 근거가 상이한 거절사유일 뿐 아니라, 미완성 발명에 해당되는 경우에는 보정에 의해서도 그 하자를 치유할 수 없고, 그와 같은 이유로 거절된 경우에는 선원으로서의 지위도 인정되지 않는 것임에 반하여, 명세서 기재불비에 해당되는 경우에는 보정에 의하여 그 하자를 치유할 수 있는 경우도 있고 그 출원에 선원으로서의 지위도 인정되는 것이어서 법률적 효과가 상이하므로, 양자의 거절사유를 혼용할 수 없다.

판결이유

(1) 이 사건 제1항 발명이 미완성 발명에 해당하는지 여부

㈎ 이 사건 출원발명의 명세서의 기재 내용

갑 제1호증의 2의 기재에 의하면, 이 사건 출원발명의 명세서에는 발명의 목적·구성·작용효과 등과 관련하여 다음과 같은 기재가 있는 사실을 인정할 수 있다

① '본 발명은 신규 퀴누클리딘 유도체, 이를 함유하는 약학 조성물 및 염증성 및 중추 신경계 질환뿐만 아니라 기타 질환의 예방 및 치료에의 이들의 용도에 관한 것이다. 본 발명의 약학적 활성 화합물은 물질 P 수용체 길항제이다.'(제2면 제7행 내지 제9행)

... (중략)

㈏ 그러므로 위 인정 사실에 터잡아 이 사건 출원발명의 완성 여부를 보건대, 위 ①, ②에는 이 사건 제1항 발명의 화합물이 신규 퀴누클리딘 유도체에 관한 것이고 물질 P 길항제로서 염증성 및 중추신경계 질환뿐만 아니라 기타 질환의 예방 및 치료에 유용한 것이라고 하는 발명의 목적 내지

는 기술 분야가 기재되어 있고, ③에는 이 사건 제1항 발명의 약학 조성물의 활성물질인 화학식 1의 화합물의 구조식 및 구체적인 화합물명이 기재되어 있으며, ⑤에는 화학식 1 화합물의 개괄적 제조방법 등이, ⑩에는 화학식 1 화합물의 구체적 제조방법이 기재되어 있으며, ①, ②, ④, ⑥에는 이 사건 출원발명의 화합물이 물질 P와 관련된 다양한 질환과 질병의 치료에 효과적이며, 이 사건 출원발명의 비펩티드성 길항제가 쉽게 분해되지 않기 때문에 위장관 질환, 염증성 질환, 중추신경계 질환 및 통증 등의 치료에 유용하다는 약리학적 효과가 기재되어 있고, ⑧에는 이 사건 화학식 1의 화합물의 물질 P 길항제로서의 활성 측정 방법을 구체적으로 개시되어 있으며, ⑦, ⑨에는 이 사건 출원발명 화합물을 포함하는 약학 조성물의 투여량, 투여방법, 제제화 및 독성시험 결과가 기재되어 있고, 또한 약리효과를 확인한 이후에 결정되는 내용인 투여량에 대해서 ⑦에서 화학식 1의 화합물의 투여량은 0.5mg 내지 약 500mg의 투여량이 바람직하다고 기재되어 있음을 알 수 있다.

그렇다면 이러한 명세서의 기재로부터 당업자라면 이 사건 제1항 발명의 화학식 1의 퀴누클리딘 유도체를 포함하는 약학 조성물이 물질 P라는 체내물질에 대해서 길항제로서 작용하여 과량의 물질 P로 인하여 야기되는 이 사건 질환의 치료 또는 예방에 효과적이고, **이러한 용도에 적합한 구체적인 활성 화합물이 화학식 1로 표시되는 화합물임을 알 수 있으며, 나아가 그러한 화합물의 제조방법, 환자에게 투여하기 위한 제제화, 투여방법 및 투여량에 관한 기재 내용을 근거로 이 사건 조성물을 반복하여 제조하고 투여함으로써 목적 대상으로 하는 질병에 대하여 치료효과를 얻을 수 있을 것이므로,** 이 사건 출원발명은 발명의 과제를 해결하기 위한 구체적인 수단이 결여되어 있거나 제시된 수단만으로는 과제의 해결이 명백하게 불가능한 것 등에 해당한다고 볼 수 없으니 그 **출원 당시에 완성된 발명이라고 봄이 상당**하다.

(3) 이 사건 제2항 내지 제8항 발명이 미완성 발명에 해당하는지 여부

이 사건 제2항 내지 제8항 발명은 앞서 본 바와 같이 독립항으로서 각각 "치료 또는 예방 방법", "약학 조성물", 길항시키는 방법을 청구하고 있으나, 이들 청구항들은 표현만 달리하였을 뿐 이 사건 제1항 발명과 화학식 및 용도가 동일하여 그 발명의 완성 여부는 이 사건 제1항 발명과 동일한 기준에 의하여 판단되어야 할 것이므로, 이 사건 제1항 발명이 완성된 발명이라고 보는 이상, 이 사건 제2항 내지 제8항 발명도 역시 완성된 발명이라고 봄이 상당하다.

(4) 피고의 주장에 대한 판단

(가) 피고는 의약의 용도발명에 있어서 약리효과에 대한 데이터는 발명의 필수 구성요소인데 이 사건 명세서에는 이에 대한 기재가 없으며, 이 사건 출원발명의 출원 후에 제출된 참고자료인 갑 제6호증은 이와 같은 데이터를 담은 자료이기는 하나 그것이 이 사건 출원발명의 출원일 이전에 만들어진 것이라고 볼 수 없고, 가사 출원일 전에 만들어진 것이라고 하더라도 선출원 주의를 채택하고 있는 우리 법제하에서는 채택할 수 없는 것이므로, 이 사건 출원발명은 미완성 발명이라고 보아야 한다고 주장한다.

보건대, 이 사건 출원발명의 명세서(갑 제1호증의 2)에는 약리효과가 이 사건 출원발명에 속하는 구체적 화합물마다 구체적인 수치로서 기재되어 있지 아니하나, **화합물의 약리효과에 관한 정량적 기재가 발명을 보다 정확하게 이해하는데 도움이 되는 것이라고 하여도, 약리효과에 대한 데이터와 같은 정량적 기재는 발명의 구성으로 볼 것은 아니어서 이러한 정량적 기재가 없다고 하여 이 사건 출원발명이 출원 당시에 미완성된 것이라고 할 수는 없으므로,** 피고의 위 주장은 다른 점에 대하여 더 나아가 볼 필요 없이 이유 없다.

(나) 또한, 피고는 심사실무에 있어서 발명의 미완성과 명세서 기재불비는 구별이 곤란하므로 거절사유로서 양자를 선택적으로 제시하는 것을 위법하다고 할 수 없다는 취지의 주장을 한다.

그러나 **미완성 발명과 명세서 기재불비는 법적 근거가 상이한 거절사유**일 뿐 아니라, 미완성 발명에 해당되는 경우에는 보정에 의해서도 그 하자를 치유할 수 없고, 그와 같은 이유로 거절된 경우에는 선원으로서의 지위도 인정되지 않는 것(대법원 1992. 5. 8. 선고 91후1656 판결 참조)임에 반하여, 명세서 기재불비에 해당되는 경우에는 보정에 의하여 그 하자를 치유할 수 있는 경우도 있고 그 출원에 선원으로서의 지위도 인정되는 것이어서 **법률적 효과가 상이하므로, 양자의 거절사유를 혼용할 수 있다는 취지의 피고의 주장은 이유 없다.**

CHAPTER 02 물건 발명과 방법 발명

기출 여부 (48회 이후)	특허법 학회 TOP 10	중요도
–	–	★★★

006 물건 발명과 방법 발명의 구별 기준
대법원 2002. 8. 13. 선고 2001후492 판결 [등록무효(특)]

판결요지

일반적으로 발명에는 물(物)의 발명과 방법의 발명이 있는바, **물의 발명은 물 자체에 대한 발명이고, 방법의 발명은 일정한 목적을 향하여진 계열적으로 관련 있는 수개의 행위 또는 현상에 의하여 성립한 발명으로 발명의 구성상 '시간의 경과'라는 요소를 요건**으로 한다 할 것이다. 그리고 물의 발명에 해당하는지 방법의 발명에 해당하는지 여부는 발명의 명칭이나 청구범위의 표현에 따라 결정되는 것이 아니고 **발명의 실체에 의하여 정해져야 할 것이다.** 따라서 특허청구의 범위가 비록 물의 제조방법 형식으로 표현되어 있다고 하여도 **그 제조방법을 구체적으로 명시하지 못하고 있는 경우에는 물 그 자체의 발명으로 볼 수밖에 없다.**

판결이유

1. 원심은, 정정허가심판이 청구된(원심의 변론종결 후에 정정이 확정되었다) 이 사건 특허발명의 특허청구범위 제1항 "폴리덱스트로즈(Polydextrose)에 소화가 어렵고 발효가 용이한 올리고 당류(Oligo 糖類)를 1:10 내지 20:1의 비율로 첨가함을 특징으로 하는 유동성 식품의 제조방법"이 음식물의 제조방법에 관한 발명인 것으로 표현되어 있으나, 내용에 있어서는 두 종류의 음식물을 단순 혼합하는 것 이외에 제조방법에 있어서 아무런 특징이 없고 발명의 구성상 '시간의 경과'라는 요소를 가지고 있지 아니하며, '폴리덱스트로즈와 소화가 어렵고 발효가 용이한 올리고 당류를 1:10 내지 20:1의 비율로 혼합한 유동성 식품'이라는 음식물 자체의 발명과 구성이 실질적으로 동일하고 그 특허권의 효력범위도 완전히 동일하므로 특허법(1990. 1. 13. 법률 제4207호로 전문 개정되기 전의 것, 이하 같다) 제4조 제1호2)에서 불특허사유로 규정한 '음식물의 발명'에 해당하고, 이 사건 특허발명의 특허청구범위 제2항 내지 제4항도 제1항의 구성을 단순히 한정하고 있는 것이어서 제1항과 마찬가지로 음식물의 발명에 해당하여, 이 사건 특허발명은 그 등록이 무효로 되어야 한다는 취지로 판단하였다.

2. 그러나 특허법 제4조 제1호는 "음식물 또는 기호물의 발명"만을 불특허사유로 규정하고 있을 뿐 **음식물의 제조방법의 발명은 불특허사유로 따로 규정하지 않고 있으므로, 특허청구범위의 표현 형식이 음식물의 제조방법의 발명으로 되어 있는 것 중에서 그 구성이 제조방법의 발명이 아니라 음식물의 발명으로 보아야 하는 발명만이 위 조항에 규정된 불특허대상에 포함되는 것인데,** 이 사건 특허발명의 특허청구범위 제1항은 '폴리덱스트로즈'라는 원료에 '올리고 당류'를 특정 비율로 첨가한다는 처리수단을 사용하여 두 물질이 혼합된 유동성 식품이라는 목적물을 제조하는 방법으로서, 비록 단일의 공정이지만 **시간적 요소를 포함하는 '첨가'라는 공정을 가지고 있다 할 것이므로** 발명의

> 표현형식 뿐만 아니라 발명의 구성에 있어서도 음식물의 제조방법에 관한 발명으로 봄이 상당하고, 이 사건 특허발명의 나머지 청구항들도 마찬가지이다.
>
> 그렇다면 비록 이 사건 특허발명이 특정 성분을 선택하고 그 성분을 특정비율로 혼합하는 것에 기술적 특징이 있을 뿐 첨가공정 자체에 기술적 특징이 있다고 보기는 어렵다 하더라도 음식물의 제조방법에 관한 이 사건 특허발명을 특허법 제4조 제1호에서 규정하는 음식물의 발명에 포함시킬 수는 없다 할 것이다. 원심은 이 사건 특허발명의 음식물의 제조방법 특허와 그 음식물 자체의 특허의 효력범위가 동일하다고 판단하고 있으나, **물건의 발명과 방법의 발명은 그 특허의 효력범위가 상이할 뿐만 아니라, 이 사건 특허발명의 제조방법 이외에 다른 방법으로 목적하는 음식물을 제조하는 경우가 있음을 배제할 수 없다.**
>
> 그럼에도 불구하고, 원심이 앞서 본 바와 같은 이유를 내세워 이 사건 특허발명의 등록이 무효로 되어야 한다고 판단한 것은 특허법 제4조 제1호 소정의 음식물의 발명에 관한 법리를 오해한 위법을 저질렀다 할 것이고, 이러한 위법은 판결 결과에 영향을 미쳤음이 분명하므로, 이 점을 지적하는 상고이유 주장은 이유 있다.

---

2) 특허법 제4조 (특허를 받을 수 없는 발명) 다음 각호의 1에 해당하는 발명에 대하여는 제6조의 규정에 불구하고 특허를 받을 수 없다.〈개정 1980. 12. 31., 1986. 12. 31.〉
   1. 음식물 또는 기호물의 발명
   2. 원자핵 변환방법에 의하여 제조될 수 있는 물질의 발명
   3. 공공의 질서 또는 선량한 풍속을 문란하게 하거나 공중의 위생을 해할 염려가 있는 발명

기출 여부 (48회 이후)	특허법 학회 TOP 10	중요도
–	–	★★

007 방법 발명의 권리범위 판단 방법
특허법원 2018. 10. 11. 선고 2018허4874 판결 [등록무효(특)] (확정)

판결요지

방법 발명이라 함은 특정한 목적을 달성하기 위한 시간상의 일련의 연속적인 단계들로 이루어진 발명으로서, **방법 발명에서는 개별 구성요소의 배치 순서가 작용효과 등에 중대한 차이를 가져올 수 있으므로, 개별 구성요소의 시계열적인 배치 순서 역시 발명의 중요한 요소로 보아야 한다.**

판결이유

이 사건 제2항 발명과 선행발명 1은 각각 "네일 스티커 제조방법", "손톱 스티커 제조방법"에 관한 것으로서 모두 방법 발명에 해당한다. 그런데 방법 발명이라 함은 특정한 목적을 달성하기 위한 시간상의 일련의 연속적인 단계들로 이루어진 발명으로서, 방법 발명에서는 개별 구성요소의 배치 순서가 작용효과 등에 중대한 차이를 가져올 수 있으므로, 개별 구성요소의 시계열적인 배치 순서 역시 발명의 중요한 요소로 보아야 한다. 따라서 이 사건 제2항 발명과 선행발명 1은 앞서 본 바와 같이 **'압착'과 '건조'의 구성요소의 시계열적인 배치 순서에 차이가 있어 그 구성이 다른 것으로 봄이 상당하다.** 게다가 이 사건 제2항 발명은 압착에 의해 인쇄층에 포함된 기포를 제거하고 표면을 편평하게 하여 평면광을 발생하도록 하며 잉크 등이 묻어나지 않도록 하는 목적을 달성하기 위하여 그 수단으로 **'압착 후 건조' 순서를 구성으로 채택한 데 그 기술사상의 핵심이 있는 것이므로, 양 발명의 '압착'과 '건조'의 구성요소의 시계열적인 배치 순서에 있어서의 차이점을 단순한 순서 변경, 기존 단계의 생략 또는 다른 단계의 대체 등에 불과한 것으로 보기도 어렵다.**

나아가 양 발명의 위와 같은 구성의 차이에 따른 작용효과에 관하여 보건대, 아래와 같은 이 사건 특허발명 명세서의 기재에 의하면 이 사건 제2항 발명은 잉크와 UV코팅액을 순차적으로 도포시킨 후 압착롤러로 압착시켜 줌으로써, 압착에 의해 인쇄층에 포함된 기포를 제거하고 표면을 편평하게 하여 평면광을 발생하도록 하며 잉크 등이 묻어나지 않도록 하는 효과가 있는 것임을 알 수 있다.

반면, 선행발명 1은 잉크와 투명코팅액을 도포한 후 바로 소정의 열처리 건조조건에 따라 열처리 건조시키는 공정을 둠으로써 **인쇄층이 건조된 후에 압착하는 것이어서, 인쇄층에 포함된 기포를 제거하고 표면을 편평하게 하는 공정을 압착에 의하여 수행하는 것이라고 보기는 어렵다.** 오히려 선행발명 1의 "상기 투명잉크층에 투명 점착 필름지를 착상한 후 30kg/cm2의 압력의 로울러로 가압하여 상기 투명잉크층에 투명의 점착필름지를 착상토록 한 점착필름지 착상단계"라는 기재(갑 제8호증의 식별번호 [0010] 참조) 및 선행발명 2의 "종래의 판박이 스티커는 … 다시 그 위에 전사지가 적층된 다음 압착롤러를 거치면서 접착이 이루어지도록 제조한 것이다"라는 기재(갑 제9호증의 1면 참조) 등에 비추어, **선행발명 1, 2의 스티커 제조공정에서 압착롤러로 가압하는 것은 이 사건 제2항 발명과 같이 잉크의 기포를 제거하는 등의 용도가 아닌 단순한 점착(접착)의 용도로 사용되는 것으로 보일 뿐이다.**

결국 이 사건 제2항 발명과 선행발명 1은 **그 구성에 있어 실질적인 차이가 있고, 이에 따른 작용효과에 있어서도 현저한 차이가 존재**하므로, 양 발명의 '압착'과 '건조'의 순서에 있어서의 차이점은 통상의 기술자가 이를 쉽게 극복하기 어려운 것으로 봄이 상당하다.

CHAPTER 03 특수한 유형의 발명들

❶ 용도발명 및 의약용도 발명

기출 여부 (48회 이후)	특허법 학회 TOP 10	중요도
-	-	★★

008 광학이성질체의 용도에 관한 발명이 특허를 받기 위한 요건
대법원 2003. 10. 24. 선고 2002후1935 판결 [거절사정(특)]

판결요지

화학분야의 발명에서 라세미체가 공지된 경우 부제탄소의 개수에 따라 일정한 숫자의 광학이성질체가 존재한다는 것은 널리 알려져 있으므로, 특정 광학이성질체의 용도에 관한 발명은, 첫째 **그 출원일 전에 라세미체 화합물의 용도를 기재하고 있는 간행물 등에 그 광학이성질체 화합물의 용도가 구체적으로 개시되어 있지 아니하고**, 둘째 **그 광학이성질체 화합물의 특유한 물리화학적 성질 등으로 인하여 공지된 라세미체의 용도와 질적으로 다른 효과가 있거나, 질적인 차이가 없더라도 양적으로 현저한 차이가 있는 경우**에 한하여 특허를 받을 수 있다. 그런데 광학이성질체에 그 용도와 관련된 여러 효과가 있는 경우에 효과의 현저함이 있다고 하기 위해서는, 광학이성질체의 효과 모두를 이에 대응하는 공지의 라세미체의 효과와 대비하여 모든 종류의 효과 면에서 현저한 차이가 있어야 하는 것이 아니라, **광학이성질체의 효과 중 일부라도 이에 대응하는 라세미체의 효과에 비하여 현저하다고 인정되면 충분한 것**이고, 그 기술분야에서 통상의 지식을 가진 자가 **단순한 반복 실험으로 광학이성질체의 현저한 효과를 확인할 수 있다는 사정만으로 그 효과의 현저함을 부인할 수는 없다**.

판결이유

(1) 이 사건 제6항 발명의 항당뇨병제는 '2-에톡시-4[N-[1-(2-피페리디노페닐)-3-메틸-1-부틸]아미노카보닐메틸]-벤조산의 (S)-에난티오머'를 유효성분으로 하는 것이고, 위 간행물 기재 발명들은 2-에톡시-4[N-[1-(2-피페리디노페닐)-3-메틸-1-부틸]아미노카보닐메틸]-벤조산을 유효성분으로 하는 것으로서, 양 발명의 화합물은 광학이성질체와 라세미체의 관계에 있으므로, **이 사건 제6항 발명의 (S)-에난티오머에 대한 총괄적 개념의 일반식에 해당하는 화합물이 그 출원 전에 반포된 간행물에 개시되어 있다고 볼 수 있으나**, 이 사건 제6항 발명은 (S)-에난티오머 자체에 관한 것이 아니라, **(S)-에난티오머를 항당뇨병제로 하는 의약적 용도에 관한 것인 데 반하여, 위 간행물 기재 발명들에는 2개의 에난티오머 형태로 분리되지 않은 라세미체의 의약적 용도에 관한 기재만 있을 뿐**이므로, 이 사건 제6항 발명은 위 간행물들에 구체적으로 개시되어 있다고 할 수 없고, 위 간행물 기재 발명들의 명세서에 라세미체와 광학이성질체 상호간에 **약리효과의 차이를 보여**

주는 기재도 없으며, 의약화합물에 광학이성질체가 존재하는 경우 광학이성질체 상호간의 생체 내 작용활성이 달라 약물의 흡수, 분포, 대사 등의 **약물속도론적 특징 및 약효에 차이가 있을 수 있기 때문에,** 어느 특정 광학이성질체가 라세미체 또는 나머지 광학이성질체에 대하여 우수한 약리효과를 가질 수 있다는 것이 널리 알려져 있기는 하지만, 그렇다고 하더라도 **직접 실험을 해 보기 전에는 이 사건 제6항 발명의 (S)-에난티오머가 위 간행물 기재 발명들의 라세미체 또는 나머지 광학이성질체인 (R)-에난티오머보다 우수한 약리효과를 가진다고 예측할 수는 없으므로,** 2개의 에난티오머 형태로 분리되지 않은 위 라세미체의 의약적 용도로부터 그 기술분야에서 통상의 지식을 가진 자가 출원시의 기술상식에 기초하여 어려움 없이 이 사건 제6항 발명의 의약적 용도를 인식할 수 있다고 보기 어렵다.

 (2) 이 사건 제6항 발명의 치료대상인 당뇨병과 같이 장기간에 걸쳐 치료를 요하는 질병에 있어, 투여되는 약물이 소실되지 않고 체내에 축적되면, 약물의 반복투여로 인한 부작용이나 독성이 발현될 우려가 있는데, **이 사건 제6항 발명은 라세미체 및 (R)-에난티오머에 비해 투여량을 반으로 줄이고, 체내의 혈장농도는 훨씬 낮은 농도로 유지하며 단시간에 소실될 수 있다는 것을** 효과로 하는 것으로서, 최종 보정명세서의 기재에 의하면 이 사건 제6항 발명의 유효성분인 (S)-에난티오머는 라세미체에 비해 혈장 최고농도가 1/3이고, 4시간 경과 후에는 1/27, 5시간 경과 후에는 1/43만이 존재하고, 갑 제6호증(이는 독일연방공화국의 공증인이 공증하고, 그 공증인 소재지의 지방법원장이 공증인의 자격을 확인한 후, 프랑크푸르트 주재 한국영사관의 확인을 거쳐 원심법원에 제출한 시험보고서로서 그 방식과 취지에 비추어 볼 때 그 작성명의인에 의하여 작성된 것임을 인정하기에 충분하다)의 기재에 의하면 (S)-에난티오머는 라세미체와 동일하게 투여 후 8시간이 경과할 때까지 혈당저하 효과를 지속하지만, 체내에서의 약물 농도는 약 2시간 경과 후에는 완전히 소실되며, 최초 출원명세서에 첨부된 도면 1, 2에 의하면 (S)-에난티오머의 혈장 농도가 다른 광학이성질체인 (R)-에난티오머에 비해 약 1/2~1/3로서, 그 혈장 농도가 상대적으로 매우 낮고, 또한 (S)-에난티오머는 시간의 경과에 따라 체내에서 신속히 소실되며, 약 4시간 정도에 체내에서 완전히 소실되는 데 비하여, (R)-에난티오머는 6시간 경과 후에도 체내에 잔존함이 각 인정되므로 **이 사건 제6항 발명의 유효성분은 라세미체, (R)-에난티오머에 비해 체내의 혈장농도가 낮고, 체내에서 신속하게 소실되는 효과 면에서 현저한 차이가 있다.**

 (3) 이 사건 출원발명과 그 화합물의 라세미체가 갖고 있는 **다른 효과들, 즉 혈당저하나 독성, 저혈당 발현의 위험 배제 등의 효과를 대비하면 이 사건 출원발명이 라세미체에 비하여 현저한 효과가 있다고 보기는 어렵지만,** 장기복용을 전제로 하는 당뇨병 치료제의 특성 및 약물의 장기간 체내 축적으로 인한 독성발현 등의 부작용을 종합하여 보면, 이 사건 출원발명의 앞서 본 정도의 **신속한 체내 소실의 효과는 위 간행물 기재 발명들에 비하여 현저하다고 보기에 충분하고,** 이와 같이 특정한 효과에 있어서 현저함이 인정되는 이 사건 출원발명은 그 기술분야에서 통상의 지식을 가진 자가 위 간행물 기재 발명들로부터 용이하게 발명해 낼 수 있는 것이라고 할 수 없다.

기출 여부 (48회 이후)	특허법 학회 TOP 10	중요도
-	-	★★★

009 약리효과의 기재가 요구되는 의약의 용도발명에서 특허출원 명세서의 기재 정도

대법원 2021. 4. 29. 선고 2017후1854 판결 [등록무효(특)]

판결요지

약리효과의 기재가 요구되는 의약의 용도발명에서는 그 출원 전에 명세서 기재의 약리효과를 나타내는 **약리기전이 명확히 밝혀진 경우와 같은 특별한 사정**이 없다면 특정 물질에 그와 같은 약리효과가 있다는 것을 **약리데이터 등이 나타난 시험례로 기재하거나 또는 이에 대신할 수 있을 정도로 구체적으로 기재**하여야만 명세서의 기재요건을 충족하였다고 볼 수 있다.

판결이유

1. 판단

(1) 이 사건 특허발명(특허번호 생략)의 명칭은 '5-HT1A 수용체 서브타입 작용물질'이다. 이 사건 특허발명은 청구범위 제1항에 기재된 화학식 1의 카르보스티릴 화합물(이하 '이 사건 화합물'이라고 한다)이 세로토닌 수용체 서브타입(subtype)인 5-HT1A 수용체에 작용물질(agonist) 활성을 갖는다는 성질에 기초하여 5-HT1A 수용체 서브타입과 관련된 중추 신경계의 장애로서 **양극성 장애가 있는 환자의 치료라는 새로운 의약용도를 발명의 대상으로 삼고 있다.**

(2) 그런데 이 사건 특허발명 명세서의 발명의 설명에는 **이 사건 화합물의 강력한 부분적 5-HT1A 수용체 작용물질이 양극성 장애 등을 유도하는 5-HT1A 수용체 서브타입과 관련된 중추 신경계의 다양한 장애에 유용하다고 기재되어 있을 뿐**, 이 사건 화합물에 그와 같은 약리효과가 있다는 것이 약리데이터 등이 나타난 시험례로 기재되어 있지 않고, 그러한 시험례를 대신할 정도의 구체적인 기재도 없다.

(3) 단극성 우울증과 양극성 장애에서의 양극성 우울증은 정신병리학, 병태생리학, 약리학적 반응 등에서 상이한 질환으로 질환의 개념·진단·치료방법 등이 다르다. **이 사건 특허발명의 우선권 주장일(이하 '우선일'이라고 한다) 당시 5-HT1A 수용체 작용물질로서의 활성이 단극성 우울증에 약리효과를 나타낸다는 약리기전이 명확히 밝혀져 있었더라도 5-HT1A 수용체 작용물질 활성이 양극성 우울증에 약리효과를 나타낸다는 약리기전까지 명확하게 밝혀졌다고 볼 수는 없다.** 당시 5-HT1A 수용체 작용물질 활성이 양극성 우울증을 치료한다는 실험결과가 공지되어 있었다고 보기도 어렵다.

(4) 이 사건 특허발명의 우선일 당시 이 사건 화합물에 속하는 물질인 아리피프라졸이 도파민 수용체 중 하나인 D2와 관련하여 시냅스 전 도파민 자가수용체 작용물질 활성, 시냅스 후 D2 수용체 길항물질(antagonist) 활성 및 D2 수용체 부분적 작용물질(partial agonist) 활성을 가진다는 점은 알려져 있었다. 그렇지만 이 사건 특허발명 명세서의 발명의 설명에는 아리피프라졸의 D2 수용체에 대한 위와 같은 활성으로 인해 이 사건 화합물이 양극성 장애에 약리효과를 나타낸다고 기재되어 있지 않다. 당시 D2 수용체 길항물질 등의 활성과 5-HT1A 수용체 작용물질 활성이 함께 발휘되어 양극성 장애에 약리효과를 나타낸다는 약리기전이 명확히 밝혀졌다고 볼만한 자료도 없다.

2. 위와 같은 사정을 앞서 본 법리에 비추어 살펴보면, 이 사건 특허발명 명세서의 발명의 설명에는 이 사건 화합물이 5-HT1A 수용체 작용물질 활성에 따라 **양극성 장애를 치료하는 약리효과를 가진다는 것이 약리데이터 등이 나타난 시험례 등으로 구체적으로 기재되어 있지 않고, 그 우선일 전에 명세서에 기재된 약리효과를 나타내는 약리기전이 명확히 밝혀졌다고 할 수도 없으므로,** 이 사건 특허발명은 특허법(2007. 1. 3. 법률 제8197호로 개정되기 전의 것) 제42조 제3항에 정한 명세서 기재요건을 충족하지 못하였다고 봄이 타당하다.

3. 원심의 이유 설시에 일부 적절하지 않은 부분이 있으나, 이 사건 특허발명의 명세서에 이 사건 화합물의 약리효과에 관한 약리데이터 등의 시험례나 이를 대신할 수 있을 정도의 구체적인 기재가 없고 그 우선일 전에 명세서에 기재된 약리효과를 나타내는 약리기전이 명확히 밝혀진 경우에도 해당하지 않아 명세서 기재요건을 갖추지 못하였다는 원심 판단에 상고이유 주장과 같이 명세서 기재요건에 관한 법리를 오해하는 등으로 판결에 영향을 미친 잘못이 없다. 상고이유에서 들고 있는 대법원 판례는 사안이 달라 이 사건에 원용하기에 적절하지 않다.

기출 여부 (48회 이후)	특허법 학회 TOP 10	중요도
–	–	★★

010 의약의 투여용법과 투여용량이 발명의 구성요소인지 여부
대법원 2015. 5. 21. 선고 2014후768 전원합의체판결 [권리범위확인(특)]

판결요지

1. 의약이라는 물건의 발명에서 대상 질병 또는 약효와 함께 투여용법과 투여용량을 부가하는 경우, 투여용법과 투여용량이 발명의 구성요소인지 여부

의약이 부작용을 최소화하면서 효능을 온전하게 발휘하기 위해서는 약효를 발휘할 수 있는 질병을 대상으로 하여 사용하여야 할 뿐만 아니라 투여주기·투여부위나 투여경로 등과 같은 투여용법과 환자에게 투여되는 용량을 적절하게 설정할 필요가 있는데, 이러한 투여용법과 투여용량은 의약용도가 되는 대상 질병 또는 약효와 더불어 의약이 효능을 온전하게 발휘하도록 하는 요소로서 의미를 가진다. 이러한 투여용법과 투여용량은 의약물질이 가지는 특정의 약리효과라는 미지의 속성의 발견에 기초하여 새로운 쓰임새를 제공한다는 점에서 대상 질병 또는 약효에 관한 의약용도와 본질이 같다.

그리고 동일한 의약이라도 투여용법과 투여용량의 변경에 따라 약효의 향상이나 부작용의 감소 또는 복약 편의성의 증진 등과 같이 질병의 치료나 예방 등에 예상하지 못한 효과를 발휘할 수 있는데, 이와 같은 특정한 투여용법과 투여용량을 개발하는 데에도 의약의 대상 질병 또는 약효 자체의 개발 못지않게 상당한 비용 등이 소요된다. 따라서 이러한 투자의 결과로 완성되어 공공의 이익에 이바지할 수 있는 기술에 대하여 신규성이나 진보성 등의 심사를 거쳐 특허의 부여 여부를 결정하기에 앞서 특허로서의 보호를 원천적으로 부정하는 것은 발명을 보호·장려하고 그 이용을 도모함으로써 기술의 발전을 촉진하여 산업발전에 이바지한다는 특허법의 목적에 부합하지 아니한다.

그렇다면 의약이라는 물건의 발명에서 대상 질병 또는 약효와 함께 투여용법과 투여용량을 부가하는 경우에 이러한 투여용법과 투여용량은 의료행위 자체가 아니라 의약이라는 물건이 효능을 온전하게 발휘하도록 하는 속성을 표현함으로써 의약이라는 물건에 새로운 의미를 부여하는 구성요소가 될 수 있다.

2. 투여용법과 투여용량이라는 새로운 의약용도가 부가되어 신규성과 진보성 등의 특허요건을 갖춘 의약에 대해서 새롭게 특허권이 부여될 수 있는지 여부

이와 같은 투여용법과 투여용량이라는 새로운 의약용도가 부가되어 신규성과 진보성 등의 특허요건을 갖춘 의약에 대해서는 새롭게 특허권이 부여될 수 있다.

3. 이 법리가 권리범위확인심판에서 심판청구인이 심판의 대상으로 삼은 확인대상발명이 공지기술로부터 용이하게 실시할 수 있는지를 판단할 때에도 마찬가지로 적용되는지 여부

이러한 법리는 권리범위확인심판에서 심판청구인이 심판의 대상으로 삼은 확인대상발명이 공지기술로부터 용이하게 실시할 수 있는지를 판단할 때에도 마찬가지로 적용된다.

[대법관 이상훈, 대법관 김소영의 별개의견]

의약물질과 의약용도로서의 대상 질병 또는 약효가 특정되어 있는 이상 거기에 투여용법과 투여용량을 부가한다고 하여 별개의 새로운 의약용도발명이 된다고 볼 수는 없다.

의약물질의 투여용법과 투여용량을 정하는 것은 의약물질 자체에 새로운 기술적 사상을 더하는 것이 아니라 그저 용법을 달리하는 것에 불과하다. 그러한 용법의 변경은 의사에 의한 의약물질의 처방이나 시술 또는 환자의 복용 등 의료행위에 의하여 구현되는 것인데, 의사의 의료행위에 대하여는 누구든지 간섭하지 못하는 것이 원칙임(의료법 제12조 제1항 참조)을 강조할 필요도 없이 의사는 그의 전문지식에 따라 자유롭게 의약물질의 투여용법이나 투여용량을 결정할 수 있어야 할 것이므로, 의약물질의 투여용법이나 투여용량은 특허대상으로 인정할 수 없다.

물건의 발명은 구성상 '시간의 경과'라는 요소를 가지고 있지 아니하다는 점에서 방법의 발명이나 물건을 생산하는 방법의 발명과 구별된다. 투여용법과 투여용량은 '특정 용량의 의약을 일정한 주기로 투여하는 방법'과 같은 '시간의 경과'라는 요소를 포함하고 있어 이를 발명의 구성요소로 보는 것은 물건의 발명으로서의 의약용도발명의 성격과 조화되기 어렵다.

위와 같은 여러 측면에서 볼 때 물건의 발명인 의약용도발명의 청구범위에 투여용법과 투여용량을 기재하더라도 이는 발명의 구성요소로 볼 수 없다. 그리고 이는 권리범위확인심판에서 심판청구인이 심판의 대상으로 삼은 확인대상발명이 공지기술로부터 용이하게 실시할 수 있는지를 판단할 때에도 마찬가지라고 보아야 한다.

판결이유

쟁점이 되는 구성 1 부분이 '<u>엔테카비르 일수화물을 1.065mg(엔테카비르 '1mg'에 해당한다)/1정의 함량으로 포함하는 1일 1회 투여 가능한 B형 간염 바이러스 감염치료제</u>'인 확인대상발명에서 '엔테카비르'라는 화합물이 B형 간염 치료제로 효과가 있음이 공지되어 있음을 전제로 하여 그 투여주기와 투여용량을 발명의 구성요소로 본 다음 비교대상발명들과 주지관용기술로부터 확인대상발명을 용이하게 실시할 수 있다고 판단한 사례.

즉, 확인대상발명이 <u>자유실시기술이라고 판단</u>하였음.

이에 대하여 의약용도발명은 의약물질과 그 의약용도로서의 대상 질병 또는 약효를 구성요소로 할 뿐이고, 의사는 그의 전문지식에 따라 자유롭게 의약물질의 투여용법이나 투여용량을 결정할 수 있어야 할 것이므로, 의약물질의 투여용법이나 투여용량은 특허대상으로 인정할 수 없다는 등의 측면에서 볼 때 물건의 발명인 의약용도발명의 청구범위에 투여용법과 투여용량을 기재하더라도 이는 발명의 구성요소로 볼 수 없다는 대법관 이상훈, 대법관 김소영의 별개의견과, <u>의약이 효능을 발휘하기 위한 쓰임새라는 측면에서 파악되는 의약용도는 대상 질병 또는 약효 뿐만 아니라 투여용법과 투여용량을 포괄하는 개념으로 보아야 하고, 의약용도발명의 물건의 발명으로서의 성격에 비추어 볼 때 의약용도발명에 특허를 부여한다고 하여 의료행위 자체에 특허를 부여하는 것이라고 볼 수는 없으며, 투여용법과 투여용량의 특허대상성을 인정하더라도 현저하거나 이질적인 효과를 발휘하기 때문에 특허로써 보호할 만한 가치가 있다고 인정되는 특정한 투여용법과 투여용량에 대하여만 특허를 주어야 한다는 취지</u>의 대법관 고영한의 다수의견에 대한 <u>보충의견</u>이 있음

기출 여부 (48회 이후)	특허법 학회 TOP 10	중요도
59회 (2022년) 문제3	2019	★★

011 의약용도발명의 진보성이 문제된 사건
대법원 2019. 1. 31. 선고 2016후502 판결 [등록무효(특)]

판결요지

1. 여러 선행기술문헌을 인용하여 특허발명의 진보성을 판단하는 기준

여러 선행기술문헌을 인용하여 특허발명의 진보성을 판단할 때에 그 인용되는 기술을 조합 또는 결합하면 당해 특허발명에 이를 수 있다는 암시, 동기 등이 선행기술문헌에 제시되어 있거나 그렇지 않더라도 당해 특허발명의 출원 당시의 기술수준, 기술상식, 해당 기술분야의 기본적 과제, 발전경향, 해당 업계의 요구 등에 비추어 보아 그 기술분야에서 통상의 지식을 가진 사람(이하 '통상의 기술자'라고 한다)이 쉽게 그와 같은 결합에 이를 수 있다고 인정할 수 있는 경우에는 당해 특허발명의 진보성은 부정된다(대법원 2007. 9. 6. 선고 2005후3284 판결 등 참조).

2. 의약용도발명에서 진보성이 부정되는 경우 및 이러한 경우 선행발명들에서 임상시험 등에 의한 치료효과가 확인될 것까지 요구되는지 여부

의약용도발명에서는 통상의 기술자가 선행발명들로부터 특정 물질의 특정 질병에 대한 치료효과를 쉽게 예측할 수 있는 정도에 불과하다면 그 진보성이 부정되고, 이러한 경우 선행발명들에서 임상시험 등에 의한 치료효과가 확인될 것까지 요구된다고 볼 수 없다.

판결이유

가. 이 사건 특허발명(특허등록번호 생략)의 청구범위 제2항(이하 '이 사건 제2항 발명'이라고 하고, 나머지 청구항에 대하여도 같은 방식으로 부른다)은 '4-(4-메틸피페라진-1-일메틸)-N-[4-메틸-3-(4-피리딘-3-일)피리미딘-2-일-아미노)페닐]-벤즈아미드 또는 그의 약제학적으로 허용되는 염(이하 '이 사건 의약물질'이라고 한다)'을 포함하는 '위장관의 기질 종양(Gastrointestinal Stromal Tumor, GIST) 치료용' 약제학적 조성물에 관한 것으로 의약용도발명이다.

나. 이 사건 특허발명의 기술분야인 GIST 치료에 관하여 아래 기재와 같이 순차적으로 연구가 진행되어 왔다.

(1) 선행발명 2에서 인용하고 있는 선행발명 4에는 '복수의 GIST 환자에게서 5가지 c-kit 유전자 돌연변이가 발견되었고, 이러한 c-kit 유전자 돌연변이를 마우스(mouse)에게 주입하여 동물 실험한 결과 5가지 유형의 c-kit 유전자 돌연변이 모두에게서 정상 마우스와 달리 외부 인자 물질(rmIL-3 또는 rmSCF)이 없이도 Ba/F3 세포의 비정상적인 증식에 따른 종양이 발생하였다'는 내용의 연구결과가 나타나 있다.

(2) 선행발명 2는 선행발명 4를 인용하면서 GIST가 c-kit 이상과 관련이 있다는 점을 언급하고 이와 함께 'GIST와 HMC-1 세포주(Human Mast Cell Leukemia)에서 발견되는 c-kit의 비정상적인 활성이 이 사건 의약물질에 해당하는 STI571에 의하여 억제되었음이 HMC-1 세포주에 의하여 확인이 되었다. STI571이 c-kit의 비정상적 활성의 강력한 억제제이고, 세포증식 또는 생존을 위해 c-kit에 부분적으로 또는 완전히 의존하는 종양들의 치료에 유용할 수도 있다는 결론을 내렸다.'라는 내용의 연구결과가 나타나 있다.

(3) 선행발명 1에는 'GIST에 대해 선택적 티로신 키나제 억제제인 STI571의 시험이 다나-파버 암 연구소에서 다른 세계적인 연구 센터와 협력 하에 막 시작되었고 **매우 초기 결과는 흥미로워 보인다(very early results look exciting)**'라는 내용의 연구결과가 나타나 있다.

다. 위 선행발명 등의 기재로부터 알 수 있는 다음과 같은 사정들에 비추어 보면, 통상의 기술자는 **GIST 환자의 c-kit의 비정상적인 활성화가 STI571에 의하여 억제될 것을 쉽게 예측할 수 있을 것으로 보인다.**

(1) 이 사건 특허발명의 우선일 이전에 GIST 환자에게서 c-kit 유전자 이상이 발견됨에 따라 GIST 발병 기전(mechanism)과 그 치료를 위한 연구와 노력이 계속되어왔다.

(2) GIST 환자의 **c-kit 유전자 이상에 따른 c-kit 키나제의 비정상적 활성이 GIST 발병과 관련**이 있다고 알려져 있었다.

(3) GIST에서 **HMC-1 세포주에서 나타나는 c-kit의 비정상적인 활성이 발견되었고, STI571에 의하여 HMC-1 세포주에서의 c-kit의 비정상적인 활성이 억제**된다는 것이 밝혀짐에 따라 GIST 치료의 가능성을 제시하였다.

(4) 더욱이 GIST 환자를 대상으로 **STI571을 투여한 초기 결과가 흥미롭다**는 연구결과가 나타나 있다.

라. 한편, 이 사건 특허발명의 우선일 이전에 공개된 갑 제12, 13호증의 논문에는 c-kit 유전자 이상이 GIST의 유일한 발병 기전이 아니고 'TGF-α/EGFR 자가분비 루프(autocrine loop)'와 같은 다른 발병 기전도 있다는 것이 나타나 있다. 그러나 c-kit 유전자 이상이 GIST의 발병 기전의 하나이고 더욱이 갑 제13호증에는 'c-kit 돌연변이가 악성 GIST에서 우선적으로 발생한다'고 기재되어 있으므로, **다른 발병 기전이 있을 수 있다고 하여 GIST와 c-kit 유전자 이상의 관련성이 부정된다고 볼 수 없다.**

마. 그렇다면 위 선행발명들에는 STI571이 c-kit의 비정상적인 활성을 억제함으로써 **GIST 치료에 효과가 나타날 수 있다는 암시, 동기 등이 제시되어 있다고 볼 수 있다.** 또한 위 선행발명들은 GIST 치료에 관한 것으로 그 기술분야 및 기술적 과제가 동일하고, 그 결합에 어려움이 없으며, 이 사건 의약물질의 GIST 치료용도에 대한 효과도 위 선행발명들로부터 쉽게 예측할 수 있는 정도에 불과하다.

바. 위와 같이 이 사건 제2항 발명의 치료효과를 선행발명들로부터 쉽게 예측할 수 있는 이상 **선행발명들에서 임상시험 성공 등에 의하여 치료효과가 확인되지 않아도 이 사건 제2항 발명의 진보성은 부정된다.** 그리고 이 사건 제2항 발명의 진보성이 부정되므로, 그 기술적 특징을 그대로 포함하면서 일부 구성요소를 부가·한정하고 있는 이 사건 제4항, 제5항, 제6항 발명의 진보성이 당연히 긍정된다고 할 수는 없고, 그 부가·한정된 구성요소를 포함하여 진보성 여부를 심리·판단해 보아야 한다.

기출 여부 (48회 이후)	특허법 학회 TOP 10	중요도
59회 (2022년) 문제3	2017	★★

012 특정한 투여용법에 관한 의약용도발명의 진보성 판단 기준
대법원 2017. 8. 29. 선고 2014후2702 판결 [등록무효(특)]

판결요지

의약개발 과정에서는 약효증대 및 효율적인 투여방법 등의 기술적 과제를 해결하기 위하여 적절한 투여용법과 투여용량을 찾아내려는 노력이 통상적으로 행하여지고 있으므로 특정한 투여용법과 투여용량에 관한 용도발명의 진보성이 부정되지 않기 위해서는 **출원 당시의 기술수준이나 공지기술 등에 비추어 그 발명이 속하는 기술분야에서 통상의 지식을 가진 사람이 예측할 수 없는 현저하거나 이질적인 효과가 인정**되어야 한다.

판결이유

가. 명칭을 '페닐 카르바메이트의 경피투여용 약학적 조성물'로 하는 이 사건 특허발명(특허등록번호 제121596호)의 청구범위 제1항(이하 '이 사건 제1항 발명'이라 한다)은 항콜린에스터라제 활성을 갖는 페닐 카르바메이트 중 화학식(I)의 구조식을 갖는 RA7에서 분리한 (S) 형태의 광학이성질체인 (S)-N-에틸-3-[(1-디메틸아미노)에틸]-N-메틸-페닐-카르바메이트(일반명: 리바스티그민)를 활성성분으로 한 전신 경피투여용 약학조성물에 관한 것으로, 경피투여라는 투여용법을 제공하는 의약용도발명이다. **명세서의 기재 등에 비추어 볼 때 이 사건 제1항 발명의 화합물은 경피투여를 했을 때 뛰어난 피부 침투성을 갖는 것으로 밝혀졌고, 이러한 경피흡수성을 이용한 전신 경피투여 용법은 뇌 부위에 아세틸콜린에스터라제의 억제 효과가 오랜 시간 일정하게 지속되게 하고, 간편하게 투약할 수 있다는 점**에서 알츠하이머병이나 파킨슨병 등에 적합함을 알 수 있다.

나. 이 사건 제1항 발명과 원심 판시 비교대상발명 1-1 및 1-2의 RA7은 화학식(I)의 구조식을 갖는 화합물이라는 점에서 공통되나, 다만, 이 사건 제1항 발명의 화합물은 RA7에서 분리한 (S) 형태의 광학이성질체인 '리바스티그민' 및 전신 경피투여에 적합한 약학적 담체 또는 희석제를 포함하는 약학조성물임에 반하여, 비교대상발명 1-1 및 1-2의 RA7 화합물은 서로 거울상 관계에 있는 (R) 형태와 (S) 형태의 광학이성질체가 같은 양으로 섞여 있는 라세미체(racemic mixture)이다.

다. 비교대상발명 1-1에는 RA 화합물들의 투여경로와 관련하여 경구 또는 비경구투여가 가능하다는 내용과 함께 약제의 생체 내에서의 큰 효능은 경구투여를 할 때 두드러진다고 기재되어 있을 뿐 **이들 화합물들의 경피흡수와 관련된 효과는 기재되어 있지 않다**. 비교대상발명 1-1에는 '종래의 항콜린에스터라제인 피소스티그민을 경구투여하면 흡수가 변칙적이고 예측할 수 없기 때문에 비경구적으로 투여하는 것이 바람직하다'는 내용과 함께 '매 20~30분마다 반복적으로 투여된다'고 기재되어 있고, '쥐에서의 카르바메이트의 급성독성'에 대한 실험결과를 정리한 [표 3]에도 **경구투여와 피하투여만 조사한 것으로 보아, 비교대상발명 1-1의 '비경구투여'에 경피투여가 포함된다고 보기 어렵다**. 또한 비교대상발명 1-1 및 1-2에 기재된 RA7의 일부 성질, 즉 높은 지질용해도, 낮은 융점, 짧은 반감기, 좁은 치료역을 비롯하여 작은 분자량과 적은 용량 등은 **경피흡수성이 뛰어난 화합물에서 나타나는 성질일 수는 있어도 반대로 이러한 성질들을 갖는 화합물이라는 이유로 곧바로 경피흡수성이 우수하다고 단정할 수는 없으므로** RA7에 위와 같은 성질들이 있다고 하여 곧바로 통상의 기술자가 RA7 또는 그의 광학이성질체의 경피흡수성을 쉽게 예측하기는 어렵다.

라. 한편, 원심 판시 비교대상발명 4-1 내지 4-3은 알츠하이머병, 파킨슨병 등의 치료제인 피소스티그민 등을 경피흡수제로 제공하기 위한 별도의 수단을 제시하기 위한 것일 뿐, 그러한 화합물들 자체의 경피흡수성에 관한 내용을 개시하고 있는 발명이라고 볼 수 없을 뿐만 아니라 비교대상발명 1-1, 1-2의 RA 화합물들의 경피흡수성을 개시하고 있지도 아니하다.

마. 그렇다면 통상의 기술자가 비교대상발명들로부터 이 사건 제1항 발명 약학조성물의 경피투여 용도를 쉽게 도출할 수는 없다고 할 것이다. 또한 1979년경부터는 패치 형태의 경피흡수제가 사용되어 왔고, 1986년에 아세틸콜린에스터라제 억제 활성을 가진 피소스티그민을 활성성분으로 하는 전신 경피흡수제가 공지된 바 있다는 사정만으로 이 사건 제1항 발명 **약학조성물의 경피흡수성 또한 쉽게 예측된다고 볼 수는 없을 뿐만 아니라, 이 사건 특허발명의 우선일 당시 경피투여용 의약품에 대한 출원 내역이나 기술 수준 등에 비추어 보더라도, 통상의 기술자가 이 사건 제1항 발명 약학조성물의 적절한 투여용법과 투여용량을 찾아내려는 통상적인 노력의 과정에서 경피투여 용도를 쉽게 찾아낼 수 있을 것이라고 볼만한 사정도 보이지 아니한다.** 따라서 이 사건 제1항 발명의 경피투여 용도는 출원 당시의 기술수준이나 공지기술 등에 비추어 통상의 기술자가 예측할 수 없는 이질적인 효과라고 보아야 하므로 이 사건 제1항 발명의 진보성이 부정된다고 할 수 없다.

그럼에도 원심은 이와 달리 통상의 기술자가 주지관용기술에 기초하여 비교대상발명 1-1, 1-2로부터 RA7과 리바스티그민의 우수한 경피흡수 효과를 어렵지 않게 인식할 수 있다는 전제에서 비교대상발명 1-1, 1-2 또는 비교대상발명 1-1, 1-2와 비교대상발명 4-1 내지 4-3의 결합에 의해 이 사건 제1항 발명의 진보성이 부정된다고 판단하였으니, 이러한 원심판결에는 발명의 진보성 판단에 관한 법리를 오해하여 필요한 심리를 다하지 아니함으로써 판결에 영향을 미친 잘못이 있다.

기출 여부 (48회 이후)	특허법 학회 TOP 10	중요도
49회 (2012년) 문제 1	2015	★★

013 약리효과의 기재가 요구되는 의약의 용도발명에서 특허출원 명세서의 기재 정도

대법원 2015. 4. 23. 선고 2013후730 판결 [등록무효(특)]

판결요지

 약리효과의 기재가 요구되는 의약의 용도발명에서는 그 출원 전에 명세서 기재의 약리효과를 나타내는 약리기전이 명확히 밝혀진 경우와 같은 특별한 사정이 없다면 특정 물질에 그와 같은 약리효과가 있다는 것을 약리데이터 등이 나타난 시험예로 기재하거나 또는 이에 대신할 수 있을 정도로 구체적으로 기재하여야만 명세서의 기재요건을 충족하였다고 볼 수 있다(대법원 2001. 11. 30. 선고 2001후65 판결, 대법원 2007. 7. 26. 선고 2006후2523 판결 등 참조).
 약리효과의 기재가 요구되는 의약의 용도발명에서 약리데이터 등이 나타난 시험예 또는 이에 대신할 수 있을 정도의 구체적인 사항의 기재가 필요함에도 최초 명세서에 그 기재가 없었다면, 이를 보완하는 보정은 명세서에 기재된 사항의 범위를 벗어나는 것으로 되어 허용되지 아니하므로, 위와 같은 명세서의 기재요건 위반은 보정에 의하여 해소될 수 있는 기재불비 사유가 아니다(대법원 2001. 11. 30. 선고 2001후65 판결 등 참조).

판결이유

 ① 이 사건 발명의 출원 전에 PDE V 억제제가 발기성 기능장해의 치료 또는 예방효과를 나타낸다는 점이 명확하게 밝혀졌다고 보기는 어렵고, ② 이 사건 발명의 명세서에는 이 사건 발명의 '특히 바람직한 각각의 화합물'로서 실데나필을 포함하는 9종의 화합물이 열거되어 있고, 그 약리효과와 관련하여 "본 발명의 화합물은 시험관 내에서 실험되어 cGMP-특이적 PDE V의 강력하고 선택적인 억제제인 것으로 밝혀졌다. 예를 들면 본 발명의 특히 바람직한 화합물 중 하나는 IC50 = 6.8nM v. PDE V 효소를 갖지만, 각각 IC50 = 〉100μM 및 34μM인 PDE Ⅱ 및 PDE Ⅲ 효소에 대해서는 단지 약한 억제활성을 갖는 것으로 입증되었다. 따라서 체내 해면체 조직의 이완 및 이 결과에 따른 발기는 아마도 본 발명 화합물의 PDE 억제 프로필에 의한 조직 중에서의 cGMP 수준이 상승됨으로써 매개되는 것으로 추정된다.", "사람에 있어서 특정의 특히 바람직한 화합물을 단일 투여량 및 다중 투여량으로 자원자 연구를 통하여 경구적으로 시험하였다. 또한 지금까지 수행되었던 환자 연구로부터 특히 바람직한 화합물 중 1종이 임포텐스 사람에 있어서 발기를 유발시킴을 확인하였다."라는 기재가 있을 뿐인데, 이러한 기재만으로는 투여량의 범위, 구체적인 투여방법, 투여대상의 규모, 이 가운데 발기를 유발시켰다고 평가한 비율, 투여 전과 투여 후의 상태를 비교하여 발기부전의 치료효과를 얻었다고 판단한 근거 등을 알 수 없어, 약리데이터 등이 나타난 시험예 또는 이에 대신할 수 있을 정도로 구체적인 기재가 있다고 볼 수 없다고 판단한 사례.

기출 여부 (48회 이후)	특허법 학회 TOP 10	중요도
-	-	★★

014 의약의 용도발명에 관한 특허출원 명세서에 있어서 '발명의 상세한 설명'을 위한 약리효과의 기재 정도

대법원 2007. 3. 30. 선고 2005후1417 판결 [거절결정(특)]

판결요지

특허출원서에 첨부하는 명세서에 기재될 '발명의 상세한 설명'에는 그 발명이 속하는 기술분야에서 통상의 지식을 가진 자가 당해 발명을 명세서 기재에 의하여 출원시의 기술 수준으로 보아 특수한 지식을 부가하지 않고서도 정확하게 이해할 수 있고 동시에 재현할 수 있도록 그 목적·구성 및 효과를 기재하여야 하고, 특히 약리효과의 기재가 요구되는 의약의 용도발명에 있어서는 **그 출원 전에 명세서 기재의 약리효과를 나타내는 약리기전이 명확히 밝혀진 경우와 같은 특별한 사정이 있지 않은 이상 특정 물질에 그와 같은 약리효과가 있다는 것을 약리데이터 등이 나타난 시험예로 기재하거나 또는 이에 대신할 수 있을 정도로 구체적으로 기재하여야만 비로소 발명이 완성되었다고 볼 수 있는 동시에 명세서의 기재요건을 충족하였다고 볼 수 있다**(대법원 2001. 11. 30. 선고 2001후65 판결, 2004. 12. 23. 선고 2003후1550 판결 등 참조).

판결이유

원심판결 이유에 의하면, 원심은 명칭을 '암로디핀 및 아토르바스타틴을 함유하는 치료적 배합물'로 하는 이 사건 출원발명의 청구범위 제1항(이하 '이 사건 제1항 출원발명'이라고 한다)은, 이 사건 출원발명의 **우선일 전에 그 개개 활성성분인 암로디핀의 약리기전과 아토르바스타틴의 약리기전이 개별적으로 공지되었다거나 암로디핀과 로바스타틴을 병용하는 경우 동맥경화증 등의 질환에 효과가 있다는 사실이 공지되었다는 사정만으로는** 이 사건 제1항 출원발명의 암로디핀과 아토르바스타틴의 배합물에 관한 약리기전이 명확하게 밝혀졌다고 할 수 없음에도 불구하고, **명세서에 그 배합물의 약리효과에 관하여 약리데이터 등이 나타난 시험예로 기재하거나 이에 대신할 수 있을 정도로 구체적으로 기재하지 아니하고 있으므로**, 그 약리효과를 그 발명이 속하는 기술분야에서 통상의 지식을 가진 자가 용이하게 이해할 수 있도록 명확하게 기재한 것으로 볼 수 없고, 나아가 약리기전이 명확하게 밝혀지지 아니한 이 사건 제1항 출원발명에 대하여 **그 출원일 후에 약리데이터 등을 제출함으로써 약리효과를 입증하려는 것은 허용될 수 없다는 취지로 판단**하였다.

위 법리와 기록에 비추어 살펴보면, 원심의 위와 같은 판단은 정당한 것으로 수긍할 수 있고, 거기에 상고이유의 주장과 같은 '발명의 상세한 설명의 기재요건'에 관한 법리오해나 심리미진 등의 위법이 없다. 상고이유에서 들고 있는 대법원판례는 이 사건과 사안을 달리하는 것이어서 이 사건에 원용하기에 적절하지 않다.

기출 여부 (48회 이후)	특허법 학회 TOP 10	중요도
59회 (2022년) 문제3	–	★★★

015 의약용도발명에 있어서 약리기전을 부가하는 정정이 적법한지 여부
대법원 2014. 5. 16. 선고 2012후238,245(공동소송참가) 판결 [등록무효(특)]

판결요지

1. 의약용도발명의 특허청구범위에 기재되어 있는 '약리기전'의 의미 및 '약리기전'이 발명의 구성요소로 의미를 가지는 경우

의약용도발명에서는 특정 물질과 그것이 가지고 있는 의약용도가 발명을 구성한다(대법원 2009. 1. 30. 선고 2006후3564 판결 참조). 약리기전은 특정 물질에 불가분적으로 내재된 속성에 불과하므로, 의약용도발명의 특허청구범위에 기재되는 약리기전은 특정 물질이 가지고 있는 의약용도를 특정하는 한도 내에서만 발명의 구성요소로서 의미를 가질 뿐, 약리기전 그 자체가 특허청구범위를 한정하는 구성요소라고 볼 수 없다.

2. 특허발명이 출원 전에 공지된 발명이 가지는 구성요소의 범위를 수치로써 한정하여 표현한 경우, 진보성 판단 방법

특허발명의 보호범위는 특허청구범위에 기재된 사항에 의하여 정하여지는 것이 원칙이며, 특허청구범위의 기재만으로 기술적 범위가 명백한 경우에는 명세서의 다른 기재에 의하여 특허청구범위의 기재를 제한 해석할 수 없다. 다만 그 기재만으로 특허발명의 기술적 구성을 알 수 없거나 기술적 범위를 확정할 수 없는 경우에는 명세서의 다른 기재에 의해 보충할 수 있으나, 그러한 경우에도 명세서의 다른 기재에 의하여 특허청구범위를 확장하여 해석하는 것은 허용되지 아니한다(대법원 2012. 3. 29. 선고 2010후2605 판결 참조). 또한 어떠한 특허발명이 그 출원 전에 공지된 발명이 가지는 구성요소의 범위를 수치로써 한정하여 표현한 경우에, 그 한정한 수치범위 내외에서 이질적이거나 현저한 효과의 차이가 생기지 아니한다면, 이는 그 기술분야에서 통상의 지식을 가진 사람(이하 '통상의 기술자'라고 한다)이 통상적이고 반복적인 실험을 통하여 적절히 선택할 수 있는 정도의 단순한 수치한정에 불과하므로, 그 수치한정을 이유로 진보성이 부정되지 아니한다고 할 수 없다(대법원 1993. 2. 12. 선고 92다40563 판결 참조). 그리고 그 특허발명이 공지된 발명과 과제가 공통되고 수치한정의 유무에서만 차이가 있을 뿐이며 그 특허발명의 명세서에 한정된 수치를 채용함에 따른 현저한 효과 등이 기재되어 있지 않다면, 특별한 사정이 없는 한 그와 같이 한정한 수치범위 내외에서 현저한 효과의 차이가 생긴다고 보기 어렵다(대법원 1994. 5. 13. 선고 93후657 판결, 대법원 2007. 11. 16. 선고 2007후1299 판결 등 참조).

판결이유

1. 약리기전 관련 판단

이 사건 제1항 발명의 유효성분 중 하나인 올로파타딘은 그 고유한 특성으로서 '항히스타민' 약리기전과 '인간 결막 비만세포 안정화' 약리기전을 가지는 것이고, 위 두 가지 약리기전은 모두 올로파타딘에 불가분적으로 내재되어 올로파타딘이 '인간 알레르기성 결막염 치료'의 의약용도로 사용될 수 있도록 하는 속성에 불과하다. 따라서 이 사건 정정청구에서 부가된 '인간 결막 비만세포 안정화'라는 약리기전은 올로파타딘의 '인간 알레르기성 결막염 치료'라는 의약용도를 특정하는 이상의 의미를 갖지 아니한다. 그렇다면 이 사건 정정청구는 전체적으로 특허청구범위에 **'인간 알레르기성 결막염 치료'라는 의약용도를 부가하면서 '인간 결막 비만세포 안정화'라는 약리기전을 덧붙여 동일한 의약용도를 또다시 기재하는 내용**으로 되어 있어, 특허법 제136조 제1항 각 호에서 특허발명의 명세서 등에 대하여 정정심판을 청구할 수 있는 요건으로 정한 특허청구범위를 감축하는 경우, 잘못 기재된 것을 정정하는 경우, 또는 분명하지 아니하게 기재된 것을 명확하게 하는 경우에 해당한다고 볼 수 없다.

또한 정정청구가 특허법 제136조 제1항에 규정된 정정요건에 해당하는지 여부는 **법적 판단의 문제로서 자백의 대상이 되지 아니하므로**, 원고 측이 이 사건 정정청구가 특허청구범위의 감축에 해당함을 인정하였음에도 원심이 이와 달리 판단함으로써 변론주의를 위반하였다는 취지의 피고들의 상고이유 주장은 받아들이지 아니한다.

2. 진보성 관련 판단

㈎ 이 사건 제1항 발명을 인용하는 종속항인 이 사건 제4항 발명, 이 사건 제5항 발명을 인용하는 종속항인 이 사건 제8항 발명에서 각각 한정한 유효성분 함량 역시 비교대상발명 4로부터 통상의 기술자가 용이하게 도출할 수 있으므로, 이 사건 제4항 및 제8항 발명도 그 진보성이 부정된다.

㈏ 또한 이 사건 제9항 발명을 인용하는 종속항인 이 사건 제10항, 제11항 및 제12항 발명에서 각각 한정한 유효성분 함량 역시 비교대상발명 4로부터 통상의 기술자가 용이하게 도출할 수 있으므로, 이 사건 제10항, 제11항 및 제12항 발명도 그 진보성이 부정된다.

㈐ 그리고 기록에 의하면, (1) 이 사건 특허발명의 명세서에는 이 사건 제4항, 제8항, 제10항, 제11항 및 제12항 발명에서 유효성분 함량을 그와 같이 한정함에 따른 현저한 효과를 인정할 만한 기재가 없을 뿐만 아니라 달리 이를 인정할 만한 사정도 발견되지 아니하고, (2) 이 사건 제9항 발명은 이 사건 제1항 발명의 유효성분을 '독세핀-2-아세트산'의 트랜스 이성체로 한정한 종속항 발명인데, **비교대상발명 1의 명세서에 이미 '독세핀-2-아세트산'의 시스 이성체와 트랜스 이성체가 모두 개시되어 있고 트랜스 이성체도 시스 이성체(올로파타딘)에 비해 효과가 약하기는 하지만 항알레르기 활성을 보인다는 점을 확인한 실험결과까지 나타나 있는 사정 등을 알 수 있다.**

따라서 이 사건 제4항, 제8항 발명은 비교대상발명 4로부터, 이 사건 제9항, 제10항, 제11항 및 제12항 발명은 비교대상발명 1, 4로부터 통상의 기술자가 그 구성을 용이하게 도출할 수 있고, 그 효과 역시 예측할 수 있는 정도로서 현저하지 아니하다고 할 것이다.

– 명칭을 "알레르기성 안질환을 치료하기 위한 독세핀 유도체를 함유하는 국소적 안과용 제제"로 하는 甲 외국회사 등의 특허발명에 대해 乙 주식회사가 甲 회사 등을 상대로 위 특허발명이 진보성 등이 부정된다는 이유로 특허무효심판을 청구하였고, 위 심판 계속 중 甲 회사 등이 특허발명의 특허청구범위를 정정하는 정정청구를 하자, 특허심판원이 정정청구를 받아들이면서 위 정정발명이 진보성 등이 부정되지 않는다는 이유로 乙 회사의 무효심판청구를 기각한 사안에서, 위 정정청구가 특허법 제136조 제1항 각 호에 정한 정정요건에 해당하지 아니한다고 본 원심판단을 수긍한 사례

기출 여부 (48회 이후)	특허법 학회 TOP 10	중요도
59회 (2022년) 문제3	–	★★

016 특정 물질의 의약용도가 약리기전만으로 기재된 경우 특허법 제42조 제4항 제2호 요건 충족하는지 여부

대법원 2009. 1. 30. 선고 2006후3564 판결 [거절결정(특)]

판결요지

의약의 용도발명에서는 특정 물질이 가지고 있는 의약의 용도가 발명의 구성요건에 해당하므로, 발명의 특허청구범위에는 특정 물질의 의약용도를 대상 질병 또는 약효로 명확히 기재하는 것이 원칙이나, **특정 물질의 의약용도가 약리기전만으로 기재되어 있다 하더라도 발명의 상세한 설명 등 명세서의 다른 기재나 기술상식에 의하여 의약으로서의 구체적인 용도를 명확하게 파악할 수 있는 경우**에는 특허법 제42조 제4항 제2호에 정해진 청구항의 명확성 요건을 충족하는 것으로 볼 수 있다.

판결이유

의약의 용도발명에 관한 특허청구범위 제2항은, 유효성분인 디티오카르바메이트 함유 질소산화물 스캐빈저의 용도를 구체적인 질병 또는 약효로 기재하지 않고 질소산화물 과생성을 치료한다고 하는 약리기전으로 표현되어 있지만, 발명의 상세한 설명을 참작하여 볼 때 질소산화물의 과생성으로 인해 유도되는 저혈압증, 다중기관부전증을 치료·예방한다고 하는 **구체적인 의약용도를 명확하게 파악할 수 있으므로, 청구항의 명확성 요건을 충족한다고 한 사례.**

⑪ 선택발명 및 결정형발명

기출 여부 (48회 이후)	특허법 학회 TOP 10	중요도
–	–	★★

017 선택발명의 신규성을 부정하기 위한 요건
대법원 2010. 3. 25. 선고 2008후3469,3476 판결 [등록무효(특)]

판결요지

선행 또는 공지의 발명에 구성요건이 상위개념으로 기재되어 있고 위 상위개념에 포함되는 하위개념만을 구성요건 중의 전부 또는 일부로 하는 이른바 선택발명의 신규성을 부정하기 위해서는 **선행발명이 선택발명을 구성하는 하위개념을 구체적으로 개시하고 있어야 하고**(대법원 2002. 12. 26. 선고 2001후2375 판결, 대법원 2007. 9. 6. 선고 2005후3338 판결 등 참조), 이에는 선행발명을 기재한 **선행문헌에 선택발명에 대한 문언적인 기재가 존재하는 경우** 외에도 그 발명이 속하는 기술분야에서 통상의 지식을 가진 자가 **선행문헌의 기재 내용과 출원시의 기술 상식에 기초하여 선행문헌으로부터 직접적으로 선택발명의 존재를 인식할 수 있는 경우**도 포함된다(대법원 2009. 10. 15. 선고 2008후736, 743 판결 참조).

판결이유

위 법리와 기록에 비추어 살펴보면, 원심 판시 비교대상발명의 발명의 상세한 설명에 원심 판시 R-트란스 헵탄산에 대한 <u>문언적 기재가 존재하지 않으나, 그 실시예 2에는 R-트란스 헵탄산과 S-트란스 헵탄산의 라세미체가 개시</u>되어 있는데, 비교대상발명이 구조식 Ⅰ의 카르복스아미드 화합물의 가능한 4개의 이성체를 혼합물의 형태가 아닌 개별적 이성체로 인식하고 있는 이상, 이의 개환된 형태인 R-트란스 헵탄산과 S-트란스 헵탄산의 라세미체의 가능한 2개의 광학이성체도 개별적 이성체로 인식할 수 있다고 할 것이어서, 비교대상발명에는 이 사건 특허발명(특허번호 제167101호)의 특허청구범위 제1, 2항(이하 이 사건 제1, 2항 발명이라 하고, 나머지 청구항도 같은 방법으로 가리킨다)의 화합물인 **R-트란스 헵탄산이 개시**되어 있고, 비교대상발명의 표1에 기재된 화합물 1의 각각의 치환기를 대입하여 구조식으로 나타내면 원심 판시 R-트란스 카르복스아미드 자체이어서, 이 사건 제1, 3항 발명의 **R-트란스 카르복스아미드**도 나와 있다.

한편, 이 사건 제11항 발명은 이 사건 제1항 발명의 화합물의 "혈중 콜레스테롤 저하 내지 과콜레스테롤혈증 치료"라는 의약용도를 대상으로 하고 있는바, 비교대상발명의 발명의 상세한 설명에 이 사건 제1항 발명의 화합물이 개시되어 있음은 위에서 본 바와 같고, **그 화합물이 콜레스테롤 생합성을 억제한다는 이 사건 제11항 발명의 구체적 용도 또한 그대로 개시되어 있다**.

나아가 비교대상발명에 이 사건 제1, 2, 3항 발명의 화합물이 개시되어 있고, 비교대상발명이 이들 화합물을 **혼합물의 형태가 아닌 개별적 이성체로 인식하고 있는 이상**, 라세미체로부터 광학이성체를 분리하는 방법에 관한 발명이 아닌 이 사건 제1, 2, 3항 발명의 신규성을 부정하기 위하여 **비교대상발명에 이에 대한 분리방법 내지 분리가능성이 개시되어 있어야만 하는 것도 아니므로**, 비록 원심에 비교대상발명의 명세서에서 구조식 Ⅰ의 화합물을 제조하는 과정을 설명하면서 기재한 두 개의 이성체가 구조식 Ⅰ의 화합물을 제조하는 합성 과정에서 부산물로 생성되는 구조이성체를 의미하여 이 사건 특허발명의 광학이성체의 분리방법이 나와 있지 않음에도 그 분리방법이 나와 있다고 본 잘못이 있다고 하더라도 이러한 잘못이 이 사건의 결론에 영향을 미칠 수 없고, 그 외 원고의 상고이유에서의 주장은 독자적인 견해에서 원심을 비난하는 것이어서 받아들일 수 없다.

따라서 이 사건 제1, 2, 3항 및 제11항 발명의 신규성이 부정된다고 본 원심은 정당하고, 상고이유에서 주장하는 바와 같은 선택발명의 신규성 판단에 관한 법리오해 및 판례위반 등의 잘못이 없다.

기출 여부 (48회 이후)	특허법 학회 TOP 10	중요도
60회 (2023년) 문제 4	2021	★★★

018 선택발명의 진보성 판단 기준
대법원 2021. 4. 8. 선고 2019후10609 판결 [등록무효(특)]

판결요지

1. 특허발명의 진보성 판단기준

발명의 진보성 유무를 판단할 때에는 선행기술의 범위와 내용, 진보성 판단의 대상이 된 발명과 선행기술의 차이, 그 발명이 속하는 기술분야에서 통상의 지식을 가진 사람(이하 '통상의 기술자'라고 한다)의 기술수준에 대하여 증거 등 기록에 나타난 자료에 기초하여 파악한 다음, 통상의 기술자가 특허출원 당시의 기술수준에 비추어 진보성 판단의 대상이 된 발명이 선행기술과 차이가 있는데도 그러한 차이를 극복하고 선행기술로부터 쉽게 발명할 수 있는지를 살펴보아야 한다(대법원 2016. 11. 25. 선고 2014후2184 판결 등 참조). 특허발명의 청구범위에 기재된 청구항이 복수의 구성요소로 되어 있는 경우에는 각 구성요소가 유기적으로 결합한 전체로서의 기술사상이 진보성 판단의 대상이 되는 것이지 각 구성요소가 독립하여 진보성 판단의 대상이 되는 것은 아니므로, 그 특허발명의 진보성을 판단할 때에는 청구항에 기재된 복수의 구성을 분해한 후 각각 분해된 개별 구성요소들이 공지된 것인지 여부만을 따져서는 아니 되고, 특유의 과제 해결원리에 기초하여 유기적으로 결합된 전체로서의 구성의 곤란성을 따져 보아야 하며, 이 때 결합된 전체 구성으로서의 발명이 갖는 특유한 효과도 함께 고려하여야 한다(대법원 2007. 9. 6. 선고 2005후3284 판결 등 참조).

2. 특허발명의 상위개념이 공지된 경우 구성의 곤란성 고려 여부

위와 같은 진보성 판단기준은 <u>선행 또는 공지의 발명에 상위개념이 기재되어 있고 위 상위개념에 포함되는 하위개념만을 구성요소의 전부 또는 일부로 하는 특허발명(선택발명)의 진보성을 판단할 때에도 마찬가지로 적용</u>되어야 한다.

선행발명에 특허발명의 상위개념이 공지되어 있는 경우에도 구성의 곤란성이 인정되면 진보성이 부정되지 않는다. 선행발명에 발명을 이루는 구성요소 중 일부를 두 개 이상의 치환기로 하나 이상 선택할 수 있도록 기재하는 이른바 마쿠쉬(Markush) 형식으로 기재된 화학식과 그 치환기의 범위 내에 이론상 포함되기만 할 뿐 구체적으로 개시되지 않은 화합물을 청구범위로 하는 특허발명의 경우에도 <u>진보성 판단을 위하여 구성의 곤란성을 따져보아야 한다.</u> 위와 같은 <u>특허발명의 구성의 곤란성을 판단할 때에는 선행발명에 마쿠쉬 형식 등으로 기재된 화학식과 그 치환기의 범위 내에 이론상 포함될 수 있는 화합물의 개수, 통상의 기술자가 선행발명에 마쿠쉬 형식 등으로 기재된 화합물 중에서 특정한 화합물이나 특정 치환기를 우선적으로 또는 쉽게 선택할 사정이나 동기 또는 암시의 유무, 선행발명에 구체적으로 기재된 화합물과 특허발명의 구조적 유사성 등을 종합적으로 고려하여야 한다</u>2008후736, 743 판결 등은 '이른바 선택발명의 진보성이 부정되지 않기 위해서는 선택발명에 포함되는 하위개념들 모두가 선행발명이 갖는 효과와 질적으로 다른 효과를 갖고 있거나, 질적인 차이가 없더라도 양적으로 현저한 차이가 있어야 하고, 이때 선택발명의 발명의 상세한 설명에는 선행발명에 비하여 위와 같은 효과가 있음을 명확히 기재하여야 한다'고 판시하였다. 이는 구성의 곤란성이 인정되기 어려운 사안에서 효과의 현저성이 있다면 진보성이 부정되지 않는다는 취지이므로, 선행발명에 특허발명의 상위개념이 공지되어 있다는 이유만으로 구성의 곤란성을 따져 보지도 아니한 채 효과의 현저성 유무만으로 진보성을 판단하여서는 아니 된다).

3. 선택발명의 진보성 판단에 있어 효과의 고려 방법

특허발명의 진보성을 판단할 때에는 그 발명이 갖는 특유한 효과도 함께 고려하여야 한다. 선행발명에 이론적으로 포함되는 수많은 화합물 중 특정한 화합물을 선택할 동기나 암시 등이 선행발명에 개시되어 있지 않은 경우에도 그것이 아무런 기술적 의의가 없는 임의의 선택에 불과한 경우라면 그와 같은 선택에 어려움이 있다고 볼 수 없는데, 발명의 효과는 선택의 동기가 없어 구성이 곤란한 경우인지 임의의 선택에 불과한 경우인지를 구별할 수 있는 중요한 표지가 될 수 있기 때문이다. 또한 화학, 의약 등의 기술분야에 속하는 발명은 구성만으로 효과의 예측이 쉽지 않으므로, 선행발명으로부터 특허발명의 구성요소들이 쉽게 도출되는지를 판단할 때 발명의 효과를 참작할 필요가 있고, 발명의 효과가 선행발명에 비하여 현저하다면 구성의 곤란성을 추론하는 유력한 자료가 될 것이다. 나아가 구성의 곤란성 여부의 판단이 불분명한 경우라고 하더라도, 특허발명이 선행발명에 비하여 이질적이거나 양적으로 현저한 효과를 가지고 있다면 진보성이 부정되지 않는다. 효과의 현저성은 특허발명의 명세서에 기재되어 통상의 기술자가 인식하거나 추론할 수 있는 효과를 중심으로 판단하여야 하고(대법원 2002. 8. 23. 선고 2000후3234 판결 등 참조), 만일 그 효과가 의심스러울 때에는 그 기재내용의 범위를 넘지 않는 한도에서 출원일 이후에 추가적인 실험 자료를 제출하는 등의 방법으로 그 효과를 구체적으로 주장 증명하는 것이 허용된다(대법원 2003. 4. 25. 선고 2001후2740 판결 참조).

판결이유

가. 원심판결 기재 선행발명은 인자 Xa 억제제로서 유용한 새로운 질소 함유 헤테로비시클릭 화합물 등을 제공하는 것을 목적으로 하고, 이를 달성하기 위해 66개의 질소 함유 헤테로비시클릭 구조를 모핵(母核)으로 갖는 화합물 군이 인자 Xa의 억제제로서 유용하다는 것을 밝혀냈다는 데에 발명의 특징이 있다.

나. 선행발명은 66개의 모핵 구조로부터 선택되는 화합물 및 각 모핵 구조에 적용될 수 있는 치환기들의 종류와 선택 가능한 원자 등을 다양하게 나열하고 있다. 여기서 제시된 화학식은 모핵 구조의 선택과 각 치환기의 조합에 따라 이론상 수억 가지 이상의 화합물을 포함하게 된다.

다. 한편 이 사건 특허발명은 인자 Xa 억제제로서 유용한 새로운 락탐 함유 화합물 및 그의 유도체 등을 제공하기 위한 것으로, 락탐 고리를 가지는 화합물들이 인자 Xa 억제제로서 유용하고 우수한 약동학적 성질을 가진다는 것을 밝혀냈다는 점에 발명의 특징이 있다. 이 사건 특허발명의 청구범위 제1항(이하 '이 사건 제1항 발명'이라고 하고, 다른 청구항도 같은 방식으로 기재한다)은 락탐 고리를 가지는 화합물 중 아픽사반 및 그의 제약상 허용되는 염에 관한 것이다.

라. 선행발명에 일반식으로 기재된 화합물로부터 이 사건 제1항 발명에 이르기 위해서는, 선행발명에 마쿠쉬 타입으로 기재된 화합물 중 1단계 실시태양으로 우선순위 없이 나열된 66개의 모핵 중 제1 모핵을 선택한 후 다시 위 모핵 구조의 모든 치환기들을 특정한 방식으로 동시에 선택하여 조합하여야 한다. 특히 이 사건 제1항 발명의 효과를 나타내는 핵심적인 치환기로 볼 수 있는 락탐 고리는 제1 모핵의 치환기 A에 연결된 치환기 B 부분에 위치하여야 하는데, 선행발명에는 위와 같은 락탐 고리가 구체적으로 개시되어 있지도 않다. 선행발명의 '보다 바람직한 실시태양'으로 기재된 34개의 모핵 구조에서 치환기 B로 가능한 수많은 구조 중 락탐 고리를 우선적으로 고려할 만한 사정도 없다.

마. 선행발명의 '보다 더더욱 바람직한 실시태양'으로 기재된 총 107개의 구체적 화합물들을 살펴보더라도 이 사건 제1항 발명과 전체적으로 유사한 구조를 가지고 있거나 치환기 B로서 락탐 고리를 갖는 화합물을 찾아볼 수 없다.

바. 이 사건 특허발명의 명세서 기재 및 출원일 이후 제출된 실험자료 등에 의하면, 이 사건 제1항 발명은 공지된 인자 Xa 억제제와 비교하여 개선된 Xa 억제활성 및 선택성을 가지고, 혈액 농도 최고-최저 특성을 감소시키는 인자(청정률과 분포용적)와 수용체에서 활성 약물의 농도를 증가시키는 인자(단백질 결합, 분포용적) 등을 조절하여 **약물의 생체 내에서의 흡수, 분포, 비축, 대사, 배설에 관한 약동학적 효과를 개선하였으며, 다른 약물들과 동시에 투여될 수 있는 병용투여 효과를 개선**한 발명임을 알 수 있다.

사. 우수한 약리 효과를 가지는 화합물을 실험 없이 화학 구조에만 기초하여 예측하는 것은 매우 어려우므로, 신규 화합물을 개발하는 통상의 기술자는 이미 알려진 생물학적 활성을 가진 화합물을 기초로 구조적으로 유사한 화합물이나 유도체를 설계하고 합성한 후 그 약효를 평가하는 과정을 거쳐 개선된 약효를 가지는 화합물을 찾게 되고, 보다 우수한 약효를 가지는 화합물을 찾을 때까지 이러한 작업을 반복하게 된다. 그런데 **선행발명과 이 사건 제1항 발명은 주목하고 있는 화합물 및 그 구조가 다르고, 이 사건 제1항 발명의 구조를 우선적으로 또는 쉽게 선택할 사정이나, 동기 또는 암시가 있다고 보기도 어렵기 때문에, 통상의 기술자가 선행발명으로부터 기술적 가치가 있는 최적의 조합을 찾아 이 사건 제1항 발명에 도달하기까지는 수많은 선택지를 조합하면서 거듭된 시행착오를 거쳐야 할 것으로 보인다.**

아. 위와 같은 사정들을 종합하여 보면, 이 사건 제1항 발명은 **통상의 기술자가 그 발명의 내용을 이미 알고 있음을 전제로 사후적으로 판단하지 않는 한** 선행발명으로부터 그 구성을 도출하는 것이 쉽다고 볼 수 없고 개선된 효과도 있으므로, 선행발명에 의하여 진보성이 부정되기는 어려워 보인다. 아픽사반을 청구범위로 하는 이 사건 제1항 발명의 진보성이 부정되지 않는다면, '하기 화학식 1(아픽사반)로 표시되는 화합물'을 청구범위로 하는 이 사건 제2항 발명 역시 진보성이 부정되기는 어렵다.

기출 여부 (48회 이후)	특허법 학회 TOP 10	중요도
–	–	★

019 선택발명에 있어서 효과 기재
대법원 2012. 8. 23. 선고 2010후3424 판결 [등록무효(특)]

판결요지

1. 선택발명의 진보성이 인정되기 위한 요건 및 이 경우 발명의 상세한 설명 기재의 정도

선행 또는 공지의 발명에 구성요소가 상위개념으로 기재되어 있고 위 상위개념에 포함되는 하위개념만을 구성요소 중의 전부 또는 일부로 하는 이른바 선택발명의 진보성이 부정되지 않기 위해서는 선택발명에 포함되는 하위개념들 모두가 선행발명이 갖는 효과와 질적으로 다른 효과를 갖고 있거나, 질적인 차이가 없더라도 양적으로 현저한 차이가 있어야 하고, 이때 선택발명의 발명의 상세한 설명에는 선행발명에 비하여 위와 같은 효과가 있음을 명확히 기재하여야 하며, **위와 같은 효과가 명확히 기재되어 있다고 하기 위해서는 선택발명의 발명의 상세한 설명에 질적인 차이를 확인할 수 있는 구체적인 내용이나, 양적으로 현저한 차이가 있음을 확인할 수 있는 정량적 기재**가 있어야 한다.

2. 선택발명에 여러 효과가 있는 경우 선행발명에 비하여 이질적이거나 양적으로 현저한 효과를 갖는다고 하기 위한 요건

선택발명에 여러 효과가 있는 경우에 선행발명에 비하여 이질적이거나 양적으로 현저한 효과를 갖는다고 하기 위해서는 **선택발명의 모든 종류의 효과가 아니라 그 중 일부라도 선행발명에 비하여 그러한 효과를 갖는다고 인정되면 충분**하다.

판결이유

명칭을 '약제학적 화합물'로 하는 특허발명에 대해 甲 주식회사가 특허권자 乙 외국회사를 상대로 선택발명으로서 진보성 등이 부정된다는 이유로 등록무효심판을 청구한 사안에서, 위 특허발명의 특허청구범위 제2항은 '올란자핀(Olanzapine)'을 특허청구범위로 하는 발명으로서 비교대상발명 1의 선택발명에 해당하고 비교대상발명 1에 구체적으로 개시된 화합물들 중 올란자핀과 가장 유사한 화학구조를 가지는 '에틸올란자핀(Ethyl Olanzapine)'과 비교하여 **정신병 치료 효과면에서 올란자핀이 에틸올란자핀에 비하여 현저히 우수한 효과를 갖는다고 단정하기 어렵지만, 콜레스테롤 증가 부작용 감소라는 이질적인 효과를 가진다고 인정**되므로, 위 특허발명은 비교대상발명 1에 의하여 진보성이 부정되지 아니함에도 이와 달리 본 원심판결에 법리오해의 위법이 있다고 한 사례.

기출 여부 (48회 이후)	특허법 학회 TOP 10	중요도
–	2022	★★

020 결정형 발명의 진보성 부정 여부가 문제된 사건
대법원 2022. 3. 31. 선고 2018후10923 판결 [거절결정(특)]

판결요지

1. 발명의 진보성 유무를 판단하는 방법

발명의 진보성 유무를 판단할 때에는 적어도 선행기술의 범위와 내용, 진보성 판단의 대상이 된 발명과 선행기술의 차이 및 그 발명이 속하는 기술분야에서 통상의 지식을 가진 사람(이하 '통상의 기술자'라고 한다)의 기술수준에 대하여 증거 등 기록에 나타난 자료에 기하여 파악한 다음, 통상의 기술자가 특허출원 당시의 기술수준에 비추어 진보성 판단의 대상이 된 발명이 선행기술과 차이가 있음에도 그러한 차이를 극복하고 선행기술로부터 그 발명을 쉽게 발명할 수 있는지를 살펴보아야 한다. 이 경우 진보성 판단의 대상이 된 발명의 명세서에 개시되어 있는 기술을 알고 있음을 전제로 하여 사후적으로 통상의 기술자가 그 발명을 쉽게 발명할 수 있는지를 판단하여서는 아니 된다(대법원 2009. 11. 12. 선고 2007후3660 판결, 대법원 2016. 11. 25. 선고 2014후2184 판결 등 참조).

2. 결정형 발명의 진보성 판단방법

의약화합물의 제제설계(製劑設計)를 위하여 그 화합물이 다양한 결정 형태 즉 결정다형(polymorph)을 가지는지 등을 검토하는 **다형체 스크리닝(polymorph screening)은 통상 행해지는 일이다**. 의약화합물 분야에서 선행발명에 공지된 화합물과 화학구조는 동일하지만 결정 형태가 다른 특정한 결정형의 화합물을 청구범위로 하는 이른바 결정형 발명의 진보성을 판단할 때에는 이러한 특수성을 고려할 필요가 있다. **하지만 그것만으로 결정형 발명의 구성의 곤란성이 부정된다고 단정할 수는 없다.** 다형체 스크리닝이 통상 행해지는 실험이라는 것과 이를 통해 결정형 발명의 특정한 결정형에 쉽게 도달할 수 있는지는 별개의 문제이기 때문이다. 한편 결정형 발명과 같이 의약화합물 분야에 속하는 발명은 구성만으로 효과의 예측이 쉽지 않으므로 **구성의 곤란성을 판단할 때 발명의 효과를 참작할 필요가 있고, 발명의 효과가 선행발명에 비하여 현저하다면 구성의 곤란성을 추론하는 유력한 자료가 될 수 있다**(대법원 2011. 7. 14. 선고 2010후2865 판결 등에서 특별한 사정이 없는 한 효과의 현저성을 가지고 결정형 발명의 진보성을 판단한 것도 결정형 발명의 위와 같은 특성으로 인해 구성이 곤란한지 불분명한 사안에서 효과의 현저성을 중심으로 진보성을 판단한 것으로 이해할 수 있다).

3. 결정형 발명의 구성의 곤란성을 판단하는 방법

결정형 발명의 구성의 곤란성을 판단할 때에는, **결정형 발명의 기술적 의의와 특유한 효과, 그 발명에서 청구한 특정한 결정형의 구조와 제조방법, 선행발명의 내용과 특징, 통상의 기술자의 기술수준과 출원 당시의 통상적인 다형체 스크리닝 방식 등을 기록에 나타난 자료에 기초하여 파악한 다음, 선행발명 화합물의 결정다형성이 알려졌거나 예상되었는지, 결정형 발명에서 청구하는 특정한 결정형에 이를 수 있다는 가르침이나 암시, 동기 등이 선행발명이나 선행기술문헌에 나타나 있는지, 결정형 발명의 특정한 결정형이 선행발명 화합물에 대한 통상적인 다형체 스크리닝을 통해 검토될 수 있는 결정다형의 범위에 포함되는지, 그 특정한 결정형이 예측할 수 없는 유리한 효과를 가지는지 등을 종합적으로 고려하여**, 통상의 기술자가 선행발명으로부터 결정형 발명의 구성을 쉽게 도출할 수 있는지를 살펴보아야 한다.

4. 결정형 발명의 효과의 현저성을 판단하는 방법

결정형 발명의 효과가 선행발명 화합물의 효과와 질적으로 다르거나 양적으로 현저한 차이가 있는 경우에는 진보성이 부정되지 않는다(대법원 2011. 7. 14. 선고 2010후2865 판결 등 참조). 결정형 발명의 효과의 현저성은 그 발명의 명세서에 기재되어 통상의 기술자가 인식하거나 추론할 수 있는 효과를 중심으로 판단하여야 하고, 만일 그 효과가 의심스러울 때에는 그 기재 내용의 범위를 넘지 않는 한도에서 출원일 이후에 추가적인 실험 자료를 제출하는 등의 방법으로 그 효과를 구체적으로 주장·증명하는 것이 허용된다(대법원 2021. 4. 8. 선고 2019후10609 판결 등 참조).

판결이유

가. 원심판결 기재 선행발명은 마크롤리드(macrolide) 화합물인 20, 23-디피페리디닐-5-O-마이카미노실-타일로놀리드(이하 '타일로신'이라고 한다)이다. 선행발명은 포유류 또는 가금류의 파스튜델라 증의 치료 또는 예방을 위한 항생제로서, 파스튜델라 균에 대해 선택적으로 높은 항균 활성을 가진다는 점에 발명의 특징이 있다.

나. 이 사건 출원발명(출원번호 생략)은 '마크롤리드 고체상 형태'라는 명칭의 발명이다. 이 사건 출원발명의 청구범위 제1항(이하 '이 사건 제1항 발명'이라고 한다)은 선행발명의 화합물인 타일로신과 화학 구조는 동일하지만 5.0, 9.0 및 10.5 2θ의 피크를 포함하는 분말 X선 회절 스펙트럼 값으로 특정된 구성을 갖는 타일로신 제 I 형 결정형에 관한 발명이라는 점에서 선행발명의 구성과 차이가 있다.

다. 이 사건 출원발명의 명세서에 의하면, 이 사건 제1항 발명은 타일로신의 다른 고체상 형태보다 대기 온도에서 높은 안정성을 보유하고 이로운 열역학성을 나타내며 수분 흡수성(흡습성)이 낮게 나타나는 타일로신 제 I 형 결정형을 제공하는 데에 기술적 의의가 있다. 이 사건 출원발명의 명세서와 출원일 이후 제출된 실험자료에 의하면, 타일로신의 결정 형태(용매화물 제외)로 제I 내지 Ⅳ형이 도출되었고, 그중 이 사건 제1항 발명인 제 I 형 결정형은 타일로신의 무정형 또는 제Ⅱ, Ⅲ, Ⅳ형 결정형에 비하여 열역학적으로 안정하고 제Ⅱ, Ⅲ형 결정형보다 흡습성이 낮음을 알 수 있다.

라. 선행발명은 타일로신의 담황색 고체 화합물을 개시하고 있는데 그 형태가 결정형(crystal form)인지 무정형(amorphous form)인지에 대하여는 밝히지 않았고, 이 사건 제1항 발명의 출원 당시 타일로신이 다양한 결정 형태(결정다형성)를 가진다는 점 등이 알려져 있었다고 볼만한 자료도 없다. 선행발명에 개시된 타일로신 담황색 고체 화합물과 이 사건 제1항 발명이 청구하는 제 I 형 결정형은 각각의 형태를 도출하기 위한 출발물질은 물론 용매, 온도, 시간 등의 구체적인 결정화 공정 변수가 상이한데, 피고가 제출한 출원 당시의 통상적인 다형체 스크리닝 방식에 관한 자료만으로는 통상의 기술자가 결정화 공정 변수를 적절히 조절하거나 통상적인 다형체 스크리닝을 통해 선행발명으로부터 위와 같은 특성을 갖는 제 I 형 결정형을 쉽게 도출할 수 있는지 분명하지 않다.

마. 이 사건 출원발명의 명세서에는 타일로신 제 I 내지 Ⅳ형 결정형의 열역학적 안정성, 흡습성 등에 대한 구체적인 실험결과가 기재되어 있다. 그중 열역학적 안정성에 관한 실험 결과에 의하면, 이 사건 제1항 발명인 제I 형 결정형은 약 192~195°C의 융점과 약 57J/g의 용융 엔탈피를 가지고 있어 약 113~119°C의 융점과 약 15J/g의 용융엔탈피를 가지는 제Ⅱ형 결정형에 비해 양적으로 우수한 열역학적 안정성을 보유하고 있음을 알 수 있다. 또한 흡습성에 관한 실험결과에 의하면, 이 사건 제1항 발명인 제I 형 결정형은 상대습도에 대한 무게 변화의 정도가 약 1%에 불과하여 제Ⅱ형 결정형(약 2%)과 제Ⅲ형 결정형(약 6%)보다 낮은 흡습성을 나타냄을 알 수 있다. 그런데 선행발명에 제Ⅱ형 결정형 수준의 열역학적 안정성을 보유하거나 제Ⅱ, Ⅲ형 결정형 수준의 흡습성을 나타내는 타일로신의 결정형조차 공지되어 있지 않다는 점을 고려하면, 피고가 제출한 자료만으로는 위와 같은 정도로 제Ⅱ형 결정형에 비해 우수한 열역학적 안정성을 가지고 제Ⅱ, Ⅲ형 결정형에 비해 낮

은 흡습성을 나타내는 제I 형 결정형의 효과를 선행발명으로부터 예측할 수 있는 정도라고 단정하기는 어려워 보인다.

바. 결국 이 사건 **출원발명의 명세서에 개시된 발명의 내용을 이미 알고 있음을 전제로 하여 사후적으로 판단하지 않는 한**, 피고가 제출한 자료만으로는 통상의 기술자가 선행발명에 의하여 이 사건 제1항 발명을 쉽게 발명할 수 있다고 단정하기는 어렵다.

3. 그럼에도 원심은, 통상의 기술자가 선행발명에 의하여 이 사건 제1항 발명을 쉽게 발명할 수 있으므로 진보성이 부정되어 특허등록을 받을 수 없다는 이유로, 이 사건 제1항 발명을 비롯한 이 사건 출원발명은 특허등록을 받을 수 없다고 판단하였다. 이러한 원심의 판단에는 발명의 진보성 판단에 관한 법리를 오해하여 필요한 심리를 다하지 아니함으로써 판결에 영향을 미친 잘못이 있다. 이를 지적하는 상고이유 주장은 이유 있다.

- 선행발명의 화합물인 타일로신과 화학 구조는 동일하지만 5.0, 9.0 및 10.5° 2θ 의 피크를 포함하는 분말 X선 회절 스펙트럼 값으로 특정된 구성을 갖는 타일로신 제I 형 결정형에 관한 발명이라는 점에서 차이가 있는 '이 사건 제1항 발명'이 선행발명에 의해 진보성이 부정되는지 여부가 쟁점이 된 사안임

- 대법원은, 피고가 제출한 출원 당시의 **통상적인 다형체 스크리닝 방식에 관한 자료만으로는 통상의 기술자가 결정화 공정 변수를 적절히 조절하거나 통상적인 다형체 스크리닝을 통해 선행발명으로부터 위와 같은 특성을 갖는 제I 형 결정형을 쉽게 도출할 수 있는지 분명하지 않다**는 등의 이유로 이 사건 제1항 발명이 선행발명에 의해 진보성이 부정된다고 단정할 수 없다고 보아, 이와 달리 판단한 원심판결을 파기환송하였음

III. 수치 한정 발명 및 파라미터 발명

기출 여부 (48회 이후)	특허법 학회 TOP 10	중요도
-	2022	★★★

021 파라미터 발명의 기재요건과 신규성 및 진보성이 문제된 사건
대법원 2021. 12. 30. 선고 2017후1298 판결 [등록무효(특)]

판결요지

1. 특허법 제42조 제3항 제1호 규정 취지

특허법 제42조 제3항 제1호는 발명의 설명은 그 발명이 속하는 기술분야에서 통상의 지식을 가진 사람(이하 '통상의 기술자'라고 한다)이 그 발명을 쉽1게 실시할 수 있도록 명확하고 상세하게 적어야 한다고 규정하고 있다(이 사건에 적용되는 2014. 6. 11. 법률 제12753호로 개정되기 전의 특허법에도 일부 표현은 다르지만 동일한 취지로 규정되어 있다). 이는 특허출원된 발명의 내용을 제3자가 명세서만으로 쉽게 알 수 있도록 공개하여 특허권으로 보호받고자 하는 기술적 내용과 범위를 명확하게 하기 위한 것이다.

2. 물건의 발명에서 발명의 '실시'의 의미 및 명세서 기재요건 충족 기준

물건의 발명의 경우 그 발명의 '실시'란 그 물건을 생산, 사용하는 등의 행위를 말하므로, 물건의 발명에서 통상의 기술자가 특허출원 당시의 기술수준으로 보아 과도한 실험이나 특수한 지식을 부가하지 않고서도 발명의 설명에 기재된 사항에 의하여 물건 자체를 생산하고 이를 사용할 수 있고, 구체적인 실험 등으로 증명이 되어 있지 않더라도 통상의 기술자가 발명의 효과의 발생을 충분히 예측할 수 있다면, 위 조항에서 정한 기재요건을 충족한다고 볼 수 있다(대법원 2011. 10. 13. 선고 2010후2582 판결, 대법원 2016. 5. 26. 선고 2014후2061 판결 등 참조).

3. 파라미터 발명의 신규성 판단 방법

새롭게 창출한 물리적, 화학적, 생물학적 특성 값을 이용하거나 복수의 변수 사이의 상관관계를 이용하여 발명의 구성요소를 특정한 이른바 '파라미터 발명'과 이와 다른 성질 또는 특성 등에 의해 물건 또는 방법을 특정하고 있는 선행발명을 대비할 때, 특허발명의 청구범위에 기재된 성질 또는 특성이 다른 정의 또는 시험·측정방법에 의한 것으로 환산이 가능하여 환산해 본 결과 선행발명의 대응되는 것과 동일하거나 또는 특허발명의 명세서의 상세한 설명에 기재된 실시형태와 선행발명의 구체적 실시형태가 동일한 경우에는, 달리 특별한 사정이 없는 한 양 발명은 발명에 대한 기술적인 표현만 달리할 뿐 실질적으로는 동일한 것으로 보아야 할 것이므로, 이러한 특허발명은 신규성이 부정된다. 반면, 위와 같은 방법 등을 통하여 양 발명이 실질적으로 동일하다는 점이 증명되지 않으면, 신규성이 부정된다고 할 수 없다.

4. 파라미터 발명의 진보성 판단 방법

파라미터 발명이 공지된 발명과 파라미터에 의해 한정된 구성에서만 차이가 있는 경우, 발명의 명세서 기재 및 출원 당시 통상의 기술자의 기술 수준을 종합하여 보았을 때 파라미터가 공지된 발명과는 상이한 과제를 해결하기 위한 기술수단으로서의 의의를 가지고, 그로 인해 특유한 효과를 갖는다고 인정되는 경우에는 진보성이 부정되지 않는다. 한편, 파라미터의 도입 자체에 대하여는 위와 같은 기술적 의의를 인정할 수 없더라도 발명이 새롭게 도입한 파라미터를 수치로 한정하는 형태를 취하고 있는 경우에는, **한정된 수치범위 내외에서 현저한 효과의 차이가 생기거나, 그 수치한정이 공지된 발명과는 상이한 과제를 달성하기 위한 기술수단으로서의 의의를 가지고 그 효과도 이질적인 경우**라면, 진보성이 부정되지 않는다(대법원 2010. 8. 19. 선고 2008후4998 판결 등 참조).

판결이유

(1) 이 사건 제1항 발명은 앞서 본 듯이 취성재료 미립자를 가스 중에 분사시킨 에어로졸을 기재에 충돌시켜 형성되는 막 형상 구조물에 관한 것으로, 제막 영역의 경계 부근 및 기재의 단부 부근에 가해지는 응력을 완화하여 막 형상 구조물의 박리와 붕괴를 방지하는 것을 해결과제로 하고 있고, 이를 해결하기 위한 수단으로 원심 판시 구성요소 2에서 **'평균 막 두께'와 '단부와 최외부 사이의 거리'**라는 개념을 도입하여 '단부와 최외부 사이의 거리'를 '평균 막 두께의 10배 이상 10,000배 이하인 배율 관계'로 한정하고 있다.

(2) 선행발명들에는 구성요소 2 외의 구성, 즉 취성재료 미립자를 가스 중에 분산된 에어로졸에 의하여 기재의 표면에 막 형상 구조물을 형성하는 것이 개시되어 있으나, 막 형상 구조물의 '평균 막 두께', '단부와 최외부 사이의 거리', '이 거리와 평균 막 두께 사이의 배율'이라는 **개념은 명시적으로 제시되어 있지 않다**. 선행발명 1, 2, 7, 8, 9의 경우 막 구조물의 일부 단면의 프로파일을 제시하고 있기는 하지만, **통상의 기술자가 이와 같은 내용만으로 막 구조물 전체의 두께 평균값을 측정할 수는 없어, 환산을 통해 위 각 선행발명들과 이 사건 제1항 발명이 실질적으로 동일한지는 알 수 없다.**

(3) 나아가, 선행발명들도 이 사건 제1항 발명과 같이 취성재료 미립자를 에어로졸 방식으로 분사하여 기재의 표면에 막 형상 구조물을 형성하는 것으로 막 구조물의 박리 방지라는 공통의 과제를 가지고 있지만, 이 사건 제1항 발명과 같이 **막 형상 구조물에서 제막 영역의 경계나 기재의 모서리부 부근에 가해지는 응력에 주목하여 이를 완화함으로써 박리 방지라는 문제를 해결하고자 하는 인식은 나타나 있지 않다.** 또한, 에어로졸 분사 방식에 의할 경우 에어로졸의 확산 현상에 특별히 신경 쓰지 않는 한 가장자리로 갈수록 미립자의 퇴적 양이 적어져 어느 정도의 경사부가 형성되는 것이 자연스러운 결과일 수는 있으나, **그 경사가 완만히 나타나야 박리가 방지된다는 인식이나 이를 염두에 두고 경사도를 완만히 조절하려는 발명이 제시된 바 없다는 점**에서, 단부의 경사가 완만할수록 박리가 적게 일어난다는 것이 통상의 기술자의 기술상식이라고 단정하기도 어렵다.

(4) 이와 같은 점에서 이 사건 제1항 발명은 '단부와 최외부 사이의 거리'와 '평균 막 두께'라는 개념을 새롭게 도입하여 이들 사이의 배율이라는 **새로운 파라미터를 이용하여 막 형상 구조물의 단부에 축적된 잔류 응력으로 인한 박리 방지라는 과제를 해결할 수 있는 복합 구조물을 제시하였다는 점에서 기술적 의의**가 있다.

(5) 따라서 이 사건 제1항 발명의 구성요소 2가 공지된 발명과 기술적 표현만을 달리하는 것이어서 신규성이 부정된다고 보기 어렵고, 이 사건 제1항 발명의 명세서(도 9, 10)에는 '단부와 최외부 사이의 거리'와 '평균 막 두께' 사이의 배율이 10배 미만이면 막 형상 구조물의 박리가 발생하였으나, **10배 이상에서는 박리가 발생하지 않았다는 실험데이터가 기재되어 있어 구성요소 2로 인해 박리 방지 효과가 발생함을 인정할 수 있으므로**, 그 진보성 역시 부정되지 않는다.

기출 여부 (48회 이후)	특허법 학회 TOP 10	중요도
-	-	★★

022 수치한정발명의 신규성 판단 기준
대법원 2013. 5. 24. 선고 2011후2015 판결 [거절결정(특)심결취소의소]

판결요지

구성요소의 범위를 수치로써 한정하여 표현한 발명이 그 출원 전에 공지된 발명과 사이에 수치한정의 유무 또는 범위에서만 차이가 있는 경우에는, 그 한정된 수치범위가 공지된 발명에 구체적으로 개시되어 있거나, 그렇지 않더라도 그러한 수치한정이 그 발명이 속하는 기술분야에서 통상의 지식을 가진 자(이하 '통상의 기술자'라고 한다)가 적절히 선택할 수 있는 주지·관용의 수단에 불과하고 이에 따른 새로운 효과도 발생하지 않는다면 그 신규성이 부정된다.

그리고 한정된 수치범위가 공지된 발명에 구체적으로 개시되어 있다는 것에는, 그 수치범위 내의 수치가 공지된 발명을 기재한 선행문헌의 실시 예 등에 나타나 있는 경우 등과 같이 문언적인 기재가 존재하는 경우 외에도 통상의 기술자가 선행문헌의 기재 내용과 출원 시의 기술상식에 기초하여 선행문헌으로부터 직접적으로 그 수치범위를 인식할 수 있는 경우도 포함된다.

한편 수치한정이 공지된 발명과는 서로 다른 과제를 달성하기 위한 기술수단으로서의 의의를 가지고 그 효과도 이질적인 경우나 공지된 발명과 비교하여 한정된 수치범위 내외에서 현저한 효과의 차이가 생기는 경우 등에는, 그 수치범위가 공지된 발명에 구체적으로 개시되어 있다고 할 수 없음은 물론, 그 수치한정이 통상의 기술자가 적절히 선택할 수 있는 주지·관용의 수단에 불과하다고 볼 수도 없다.

판결이유

명칭을 "스퍼터링 타깃 및 투명도전막"으로 하는 출원발명의 특허출원에 대하여 특허청 심사관이 출원발명은 비교대상발명에 의하여 신규성이 부정된다는 등의 이유로 거절결정을 한 사안에서, 출원발명의 특허청구범위 제1항은 +4가 이상의 원자가를 갖는 제3원소 산화물의 함유량을 '0.01 내지 0.2원자%'의 수치범위로 한정하여 표현한 발명으로 그 함유량을 '20원자% 이하'로 한정하고 있는 비교대상발명과 이러한 제3원소 산화물 함유량의 수치범위에서만 차이가 있는데, 출원발명의 위와 같은 수치한정은 비교대상발명에서의 수치한정과는 다른 과제를 달성하기 위한 기술수단으로서의 의의를 가지고, 그로 인한 효과도 스퍼터링 타깃의 부피저항률을 낮게 하면서도 투명도전막의 에칭 가공성 역시 우수하도록 한다는 것으로서 비교대상발명과는 구별되는 이질적인 것이어서, 그 수치범위가 비교대상발명에 구체적으로 개시되어 있다고 할 수 없을 뿐만 아니라 위 수치한정이 그 발명이 속하는 기술분야에서 통상의 지식을 가진 자가 적절히 선택할 수 있는 주지·관용의 수단에 불과하다고 볼 수도 없으므로, 출원발명이 비교대상발명에 의하여 신규성이 부정되지 않음에도 이와 달리 비교대상발명과 기술구성이 실질적으로 동일하여 신규성이 부정된다고 본 원심판결에 수치한정발명의 신규성 판단에 관한 법리를 오해한 위법이 있다고 한 사례.

기출 여부 (48회 이후)	특허법 학회 TOP 10	중요도
–	–	★★

023 수치한정발명의 진보성 판단기준
대법원 2018. 7. 12. 선고 2016후380 판결 [거절결정(특)]

판결요지

출원 전에 공지된 발명이 가지는 구성요소의 범위를 수치로써 한정한 특허발명은 그 과제 및 효과가 공지된 발명의 연장선상에 있고 수치한정의 유무에서만 차이가 있을 뿐 <u>그 한정된 수치범위 내외에서 현저한 효과의 차이</u>가 생기지 않는다면, <u>그 기술분야에서 통상의 지식을 가진 사람이 통상적이고 반복적인 실험을 통하여 적절히 선택할 수 있는 정도의 단순한 수치한정에 불과하여 진보성이 부정</u>된다(대법원 2007. 11. 16. 선고 2007후1299 판결 등 참조).

판결이유

1. 원심은, 이 사건 출원발명(출원번호 생략, 명칭 : '광학재료용 수지의 제조방법')의 2014. 6. 12. 보정된 청구범위 제1항(이하 '이 사건 제1항 발명'이라 한다)에 대하여 아래와 같은 이유를 들어 비교대상발명에 의하여 그 진보성이 부정된다고 판단하였다.

가. 이 사건 제1항 발명과 원심 판시 비교대상발명은 광학재료용(플라스틱 렌즈용) 수지의 원료로서 폴리티올 화합물을 폴리이소시아네이트 화합물과 혼합하여 중합성 조성물을 얻고, 이를 중합하는 광학재료용 수지의 제조방법이라는 점에서 같다. 다만 이 사건 제1항 발명은 폴리티올 화합물과 폴리이소시아네이트 화합물을 혼합한 '중합성 조성물'의 수분 함유량을 '10~300ppm'으로 수치한정하고 있는데, 비교대상발명의 대응구성은 '중합성 조성물'의 수분 함유량에 관하여는 명시적으로 한정하지 않고, 중합성 조성물을 혼합할 때의 '분위기(기체상)'의 수분 함유량에 대해 '5g/m³' 이하로 한정하고 있다. 또한 이 사건 제1항 발명은 감압 하에서 질소 유통이나 증류를 통하여 '폴리티올 화합물'의 수분 함유량을 20~600ppm으로 저감하는 공정을 포함하고 있는데, 비교대상발명에는 이에 대응되는 공정이 명시적으로 기재되어 있지 않다.

나. 이 사건 출원발명의 명세서를 보아도 이 사건 제1항 발명에서 밝힌 '중합성 조성물'이나 '폴리티올 화합물'의 수분 함유량이 그 수치범위 내외에서 렌즈의 맥리(脈理 : 광학 유리 등의 내부에 있는 굴절률이 불균일한 부분)나 백탁(白濁 : 뿌옇게 흐려짐) 발생 억제와 관련하여 현저한 효과를 갖는다고 인정할 만한 기재가 없다.

다. 수분에 민감하게 반응하는 이소시아네이트를 포함하는 화합물을 제조할 때 이소시아네이트와 수분의 부반응을 억제하기 위해서 수분이 제거된 반응물, 용매 및 충진 제 등을 사용하고, 반응물로부터 수분을 제거하기 위하여 감압 하에서 질소를 유통하거나 증류하는 방법을 사용하는 것은 이 사건 출원발명의 출원 전부터 널리 실시되던 기술이므로, 이 사건 제1항 발명에서 '질소 유통이나 폴리티올 화합물의 수분 함유량을 20~600ppm으로 저감하는 공정'은 통상의 기술자가 비교대상발명에 주지·관용기술을 적용하여 쉽게 도출할 수 있다.

라. 이 사건 제1항 발명에서 중합성 조성물의 수분 함유량의 수치를 조절하여 달성하고자 하는 렌즈의 맥리나 백탁 발생 억제 효과는 비교대상발명에 동일한 내용이 기재되어 있거나, 비교대상발명의 기술사상에 내재되어 있던 효과를 확인한 것에 불과하다.

2. 원심판결 이유를 위 법리와 기록에 비추어 살펴보면, 원심의 위와 같은 판단에 상고이유 주장과 같이 수치한정발명의 진보성 판단에 관한 법리를 오해하거나 필요한 심리를 다하지 아니하는 등으로 판결에 영향을 미친 잘못이 없다.

- 광학재료용 수지의 제조방법이라는 명칭의 이 사건 제1항 발명은 **폴리티올 화합물과 폴리이소시아네이트 화합물을 혼합한 '중합성 조성물'의 수분 함유량을 '10~300ppm'으로 수치한정하고 있다는 점에서 선행발명과 다르지만**, 이 사건 출원발명 명세서에 '중합성 조성물'이나 '폴리티올 화합물'의 수분 함유량이 그 수치범위 내외에서 렌즈의 맥리(脈理 : 광학 유리 등의 내부에 있는 굴절률이 불균일한 부분)나 백탁(白濁 : 뿌옇게 흐려짐) 발생 억제와 관련하여 **현저한 효과를 갖는다고 인정할 만한 기재가 없고**, 이 사건 제1항 발명에서 중합성 조성물의 수분 함유량의 수치를 조절하여 달성하고자 하는 렌즈의 맥리나 백탁 발생 억제 효과는 비교대상발명에 **동일한 내용이 기재되어 있거나, 비교대상발명의 기술사상에 내재되어 있던 효과를 확인한 것에 불과**하여 선행발명에 의해 제1항 발명의 진보성이 부정된다고 본 원심을 수긍한 사안임

기출 여부 (48회 이후)	특허법 학회 TOP 10	중요도
-	-	★★

024 수치한정발명에 있어서 청구범위 및 발명의 설명 기재 방법
대법원 2011. 10. 13. 선고 2010후2582 판결 [등록무효(특)]

판결요지

1. 특허법 제42조 제3항 제1호[3] 규정 취지

특허법 제42조 제3항 제1호는 발명의 상세한 설명에는 그 발명이 속하는 기술분야에서 통상의 지식을 가진 자(이하 '통상의 기술자'라고 한다)가 용이하게 실시할 수 있을 정도로 그 발명의 목적·구성 및 효과를 기재하여야 한다고 규정하고 있는바, **이는 특허출원된 발명의 내용을 제3자가 명세서만으로 쉽게 알 수 있도록 공개하여 특허권으로 보호받고자 하는 기술적 내용과 범위를 명확하게 하기 위한 것**이므로, 위 조항에서 요구하는 명세서 기재의 정도는 통상의 기술자가 출원 시의 기술수준으로 보아 과도한 실험이나 특수한 지식을 부가하지 않고서도 명세서의 기재에 의하여 당해 발명을 정확하게 이해할 수 있고 동시에 재현할 수 있는 정도를 말한다(대법원 2005. 11. 25. 선고 2004후3362 판결, 대법원 2006. 11. 24. 선고 2003후2072 판결 등 참조).

2. 항상 실시례가 기재되어야만 하는지 여부

그리고 당해 발명의 성격이나 기술내용 등에 따라서는 명세서에 실시례가 기재되어 있지 않다고 하더라도 통상의 기술자가 그 발명을 정확하게 이해하고 재현하는 것이 용이한 경우도 있으므로 **특허법 제42조 제3항 제1호가 정한 명세서 기재요건을 충족하기 위해서 항상 실시례가 기재되어야만 하는 것은 아니다.** 또한 구성요소의 범위를 수치로써 한정하여 표현한 발명에 있어서, 그러한 수치한정이 단순히 발명의 적당한 실시 범위나 형태 등을 제시하기 위한 것으로서 그 자체에 별다른 기술적 특징이 없어 통상의 기술자가 적절히 선택하여 실시할 수 있는 정도의 **단순한 수치한정에 불과하다면, 그러한 수치한정에 대한 이유나 효과의 기재가 없어도 통상의 기술자로서는 과도한 실험이나 특수한 지식의 부가 없이 그 의미를 정확하게 이해하고 이를 재현**할 수 있을 것이므로, 이런 경우에는 명세서에 수치한정의 이유나 효과가 기재되어 있지 않더라도 특허법 제42조 제3항 제1호에 위배된다고 할 수 없다.

3. 제42조 제4항 제1호 규정 취지 및 판단 방법

특허법 제42조 제4항 제1호는 특허청구범위에 보호받고자 하는 사항을 기재한 항(청구항)은 발명의 상세한 설명에 의하여 뒷받침될 것을 규정하고 있는바, 그 취지는 특허출원서에 첨부된 명세서의 발명의 상세한 설명에 기재되지 아니한 사항이 청구항에 기재됨으로써 **출원자가 공개하지 아니한 발명에 대하여 특허권이 부여되는 부당한 결과를 막기 위한 것으로서, 청구항이 발명의 상세한 설명에 의하여 뒷받침되고 있는지 여부는 특허출원 당시의 기술수준을 기준으로 하여 통상의 기술자의 입장에서 특허청구범위에 기재된 사항과 대응되는 사항이 발명의 상세한 설명에 기재되어 있는지 여부**에 의하여 판단하여야 한다 (대법원 2006. 5. 11. 선고 2004후1120 판결, 대법원 2006. 10. 13. 선고 2004후776 판결 등 참조).

판결이유

1. 발명의 설명 기재 요건 관련

 (1) 기록에 의하면, 명칭을 "연소효율을 개선한 연료첨가제"로 하는 이 사건 특허발명(등록번호 제544568호)의 특허청구범위 제1항(이하 '이 사건 제1항 발명'이라고 하고, 다른 청구항도 같은 방식으로 표시한다)은 '에탄올아민, 과산화수소, 수산화나트륨 및 붕사를 446-1944 : 406-1710 : 885-2928 : 562-2543 중량부로 포함하는 연료첨가제'로서 연료첨가제를 이루는 각 성분의 조성비를 수치로써 한정하여 표현한 발명인데, 이 사건 특허발명의 명세서에는 위와 같은 조성비의 수치한정에 대한 구체적인 이유나 효과에 관한 기재는 없고, 다만 이와 관련하여 "연료의 종류와 질, 노(爐)의 운전상황, 시스템과 노후 정도에 따라 조성비를 조정할 수 있다."라고만 기재되어 있을 뿐임을 알 수 있다.

 그러나 이 사건 특허발명의 명세서에 의하면, 이 사건 제1항 발명은 불완전연소를 줄여 오염물질을 감소시키고 연소기관 내에 발생하는 슈트(soot), 슬러지(sludge) 및 클링커(clinker)를 제거하여 열전도율을 높임과 동시에 부식을 방지하기 위해 에탄올아민, 과산화수소, 수산화나트륨 및 붕사의 4가지 물질을 연료첨가제의 조성성분으로 혼합한다는 데에 기술적 특징이 있는 발명으로서, **그 조성비에 대한 수치한정은 그러한 한정이 없으면 발명이 성립되지 않는다는 것이 아니라 단순히 이 사건 제1항 발명을 실시하는 데 적당한 조성비의 범위를 제시한 것으로서 그 자체에 별다른 기술적 특징은 없어 통상의 기술자가 적절히 선택하여 실시할 수 있는 정도의 단순한 수치한정에 불과한 것으로 보인다.** 따라서 위에서 본 바와 같이 이 사건 특허발명의 명세서에 조성비의 수치한정에 대한 구체적인 이유나 효과가 기재되어 있지 않더라도, 그와 관계없이 통상의 기술자라면 과도한 실험이나 특수한 지식의 부가 없이 위 수치한정의 의미를 정확하게 이해하고 이를 재현할 수 있다고 할 것이다.

 (2) 한편 이 사건 제1항 발명의 연료첨가제를 이루는 각 성분 중 하나인 '에탄올아민'은 그 용어의 의미와 함께 이 사건 특허발명의 명세서에 "에탄올아민(TEA 등)으로 붕사의 응고 및 침전과 글리세린의 응고현상을 예방하였다."라고 기재되어 있는 점 등을 참작하면, 모노 에탄올아민(MEA), 디 에탄올아민(DEA) 및 트리 에탄올아민(TEA) 모두를 포함하는 것으로 해석된다.

 그런데 이 사건 특허발명 명세서의 위 기재와 '용해도를 높이고 수산화나트륨의 부식성을 방지하기 위해 에탄올아민을 사용한다', '본 발명은 에탄올아민 등의 아민계열 안정제로 과산화수소를 안정시키며', '수산화나트륨은 pH가 높아 부식성이 크므로 아민계열 안정제로 보완하였으며' 등의 기재 및 기록에 나타난 이 사건 특허발명 출원 당시의 기술상식을 종합해 보면, 이들 3가지 종류의 에탄올아민은 모두 아민계열 안정제의 일종으로서 과산화수소를 안정시키고 수산화나트륨의 부식성을 방지하며 용해도를 높여 붕사 등의 응고를 방지하는 동일한 역할을 하는 것이고, 다만 암모니아(NH_3)의 수소를 치환한 히드록시에틸 라디칼($-CH_2CH_2OH$)의 개수가 1개, 2개 및 3개로 차이가 있는 것일 뿐임을 알 수 있다. 따라서 **이 사건 특허발명의 명세서에 이들 에탄올아민의 전부 또는 일부를 조성성분으로 한 연료첨가제의 구체적인 실시례가 기재되어 있지 않더라도, 통상의 기술자로서는 이들 에탄올아민의 위와 같은 역할 및 히드록시에틸 라디칼의 개수 차이를 감안하여 과도한 실험이나 특수한 지식을 부가하지 않고서도 이 사건 제1항 발명을 정확하게 이해하고 재현할 수 있다고 할 것**이다.

 (3) 또한 이 사건 제1항 발명은 연료첨가제에 관한 조성물 발명으로서, 화학적 반응에 의하여 생성되는 화합물에 관한 발명 등과는 달리 각 조성성분을 적절한 조성비로 혼합함을 그 기술내용으로 하는 것인데, **그 각 조성성분인 에탄올아민, 과산화수소, 수산화나트륨 및 붕사는** 이미 그 화학구조나 특성 등이 널리 알려져 있는 물질들일 뿐만 아니라, 이 사건 특허발명의 명세서에는 이 사건 제1항 발명에서 **이들 각 성분이 수행하는 역할이 명확히 기재되어 있으므로**(에탄올아민은 과산화

수소 안정과 수산화나트륨의 부식성 방지 및 용해도 향상, 과산화수소는 연소 촉진, 수산화나트륨은 붕사의 용해도 향상, 붕사는 슬러지 제거 및 부식 방지 등의 역할을 한다고 기재되어 있다), 이 사건 특허발명의 명세서에 **구체적인 실시례가 기재되어 있지 않더라도, 위와 같은 명세서의 기재 및 기술상식에 기초하여 통상의 기술자는 아무런 어려움 없이 이 사건 제1항 발명을 정확하게 이해하고 재현**할 수 있을 것으로 보인다.

(4) 결국 이 사건 특허발명의 명세서에는 위에서 살펴본 각 사항과 관련하여 특허법 제42조 제3항을 위반한 기재불비가 있다고 할 수 없다.

2. 청구범위 기재 요건 관련

기록에 의하면, 이 사건 제3항, 제5항, 제11항 발명은 각 이 사건 제1항 발명을 인용하는 종속항들로서, 이 사건 제3항 발명은 "탄산칼륨 또는 탄산칼슘을 추가로 포함하는 연료첨가제"의 구성을, 이 사건 제5항 발명은 "글리세린, 인산 또는 올레인산을 추가로 포함하는 연료첨가제"의 구성을, 이 사건 제11항 발명은 "탄산칼륨을 혼합하여 저온연소를 유도함으로써 NOx를 제어하는 연료첨가제"의 구성을 각 부가한 것인데, 이 사건 특허발명의 상세한 설명에는 '**본 발명은 … 기타 탄산칼륨, 탄산칼슘 등을 첨가하여 열효율 및 대기오염물질의 제거효과를 높이거나**', '**본 발명은 … 추가로 글리세린, 인산 또는 올레인산을 포함한다**', '**본 발명의 연료첨가제에 탄산칼륨을 혼합하여 … 저온연소를 유도하여 NOx를 제어할 수 있으며**' 등과 같이 위 각각의 **부가 구성에 대응되는 사항이 동일하게 기재**되어 있음을 알 수 있다. 따라서 이들 구성은 모두 발명의 상세한 설명에 의하여 뒷받침되고 있다고 할 것이므로, 여기에 특허법 제42조 제4항 제1호를 위반한 기재불비가 있다고 할 수 없다.

---

3) 특허법 제42조 제3항과 관련한 판례이나, 표현만 달리할 뿐 현재 특허법 제42조 제3항 제1호와 동일한 취지이므로 특허법 제42조 제3항 제1호와 관련한 판례로 표기함. (참고. ③제2항제3호의 규정에 의한 발명의 상세한 설명에는 그 발명이 속하는 기술분야에서 통상의 지식을 가진 자가 용이하게 실시할 수 있을 정도로 그 발명의 목적·구성 및 효과를 기재하여야 한다.)

기출 여부 (48회 이후)	특허법 학회 TOP 10	중요도
–	–	★★

025 특허발명의 청구범위가 일정한 범위의 수치로 한정한 것을 구성요소의 하나로 하고 있는 경우 확인대상발명이 특정되었다고 하기 위한 요건

대법원 2005. 4. 29. 선고 2003후656 판결 [권리범위확인(특)]

판결요지

특허발명의 청구범위가 일정한 범위의 수치로 한정한 것을 구성요소의 하나로 하고 있는 경우에는 그 범위 밖의 수치가 균등한 구성요소에 해당한다는 등의 특별한 사정이 없는 한 특허발명의 청구범위에서 <u>한정한 범위 밖의 수치를 구성요소로 하는 확인대상발명은 원칙적으로 특허발명의 권리범위에 속하지 아니한다고 할 것</u>이므로, 확인대상발명이 특정되었다고 하기 위하여는 확인대상발명이 당해 특허발명에서 <u>수치로 한정하고 있는 구성요소에 대응하는 요소를 포함하고 있는지 여부 및 그 수치는 어떠한지</u> 등이 설명서와 도면 등에 의하여 특정되어야 할 것이다.

판결이유

기록에 의하면, 원심은 원고가 소극적으로 권리범위확인을 구하는 확인대상발명이 이 사건 특허발명과 대비할 수 있을 만큼 적법하게 특정되었음을 전제로 하여, 피고의 이 사건 특허발명(명칭 : 라벨이 내장된 투명 비누의 제조방법, 특허번호 : 제183332호)과 확인대상발명의 구성요소는 모두 동일하거나 서로 구별되는 기술적 특징이라고 볼 수 없는 구성요소뿐이며, 다만 이 사건 특허발명의 구성 중 '라벨이 삽입된 한 쌍의 투명비누편을 40~50℃의 온도로 상승시켜 차례로 몰드 체이스에 넣고 프린팅(성형)하는 단계'와 확인대상발명의 '라벨이 삽입된 한 쌍의 투명 비누편을 겹쳐 금형에 넣고 가압성형하는 단계'의 차이점이 있으나, 확인대상발명의 위 구성은 투명비누편의 경도를 낮아지게 한 후 투명 비누편의 성형을 용이하게 하기 위한 목적을 달성하기 위한 것으로서 투명 비누편을 금형에 넣고 성형할 경우 가압함에 따라 금형 내의 온도가 올라가 성형이 용이하게 되는 것은 자명한 사실이어서, 확인대상발명에서 투명 비누편을 가압성형하는 것은 이 사건 특허발명의 위 구성에서 <u>투명 비누의 온도를 실온과 큰 차이가 없는 40~50℃로 상승시키는 것과 동일성의 범주 내에 속하는 구성이라고 할 것이므로 확인대상발명은 이 사건 특허발명의 권리범위에 속한다고 판단하였다.</u>

그러나 확인대상발명의 위 구성에 관한 설명서에는 <u>위 가압성형 공정을 하기 전에 투명 비누편의 온도를 상승시키는 과정이 포함되었는지 여부는 물론 위 가압성형 공정에 제공하는 투명 비누편의 온도에 대하여 아무런 기재</u>를 하지 아니하고 있으므로, 확인대상발명은 위와 같이 성형에 제공하는 투명 비누편의 <u>온도상승 범위를 수치한정하고 있는</u> 이 사건 특허발명과 대비하여 그 권리범위에 속하는지 여부를 판단할 수 있을 만큼 구체적으로 특정되었다고 할 수 없다고 할 것이다.

Ⅳ 컴퓨터 프로그램 발명 및 영업방법 발명

기출 여부 (48회 이후)	특허법 학회 TOP 10	중요도
-	-	★★

026 컴퓨터 프로그램 자체의 제작, 판매가 물건발명의 실시에 해당하는지 여부
서울고등법원 2014. 4. 10. 선고 2013나5383 판결 [손해배상(기)]

판결요지

특허권의 대상이 되는 발명은 특허법상으로 '물건', '방법' 및 '물건을 생산하는 방법'의 3가지 범주로 나누어지고, 각각의 범주에 대응한 발명의 실시행위가 규정되어 있다(특허법 2조 3호). 그리고 컴퓨터 프로그램은 특허법상 발명의 범주가 아니고 컴퓨터프로그램 그 자체를 청구항으로 하여 특허를 받을 수도 없다. **컴퓨터 프로그램은 발명의 실시를 위한 수단의 일부이고, 프로그램이 실행가능하게 설치된 컴퓨터를 탑재한 장치의 제조, 판매 등이 물건 발명의 실시이고, 또 컴퓨터를 동작시키는 프로그램을 실행하는 공정이 방법발명의 실시**이다. 따라서 프로그램 자체의 제작, 판매는 일반적으로는 물건발명의 실시에 해당하지 아니하고, '컴퓨터 관련 발명 심사기준'에서 물건발명의 하나로 인정하고 있는 '프로그램 또는 구조를 가진 데이터를 기록한 컴퓨터로 읽을 수 있는 매체'를 물건발명의 청구항으로 하는 경우(이른바 매체 청구항인 발명)에 프로그램을 기록한 컴퓨터로 읽을 수 있는 기록매체의 제조, 판매 등의 행위는 매체 청구항인 발명의 실시행위에 해당될 수 있는 것에 불과하다고 해석하여야 한다.

판결이유

[원고의 주장]
원고는, 피고가 인터넷 페이지에서 원고의 특허발명과 동일한 다음 팟 인코더 프로그램을 무료로 내려받을 수 있도록 제공함으로써 원고의 특허발명을 실시하고 있다고 주장한다.

[피고의 반론]
피고는, 사용자로 하여금 인터넷 페이지에서 다음 팟 인코더 프로그램(X.264 코덱 프로그램)을 내려받을 수 있도록 제공하였을 뿐이므로 이는 물건의 발명에 해당하는 원고 특허발명의 실시행위에 해당하지 않는다고 다툰다.

[판단]
이 사건에서 보면, 원고의 특허발명은 해당 컴퓨터 프로그램과 협동하여 동작하는 멀티미디어 데이터 병렬 처리 장치에 관한 특허임이 청구항의 기재에 비추어 분명하므로 이는 **해당 프로그램에 의한 정보처리가 하드웨어를 이용하여 구체적으로 실현되고 있는 방법발명**이나 그 동작방법 및 해당 프로그램을 기록한 컴퓨터로 읽을 수 있는 매체발명이 아닐 뿐만 아니라 **해당 프로그램 그 자체에 관한 발명도 아니고, 해당 프로그램과 협동하여 동작하는 정보처리장치에 관한 물건의 발명에 해당한다.** 그리고 피고가 해당 프로그램과 협동하여 동작하는 정보처리장치가 아니라 **프로그램 그**

자체인 다음 팟 인코더 프로그램을 웹 사이트에서 전기통신회선을 통하여 사람들이 내려받을 수 있도록 제공한 것만으로는 정보처리장치에 해당하는 물건 발명의 실시행위에 해당한다고 볼 수 없다. 원고의 위 주장은 이유 없다.

기출 여부 (48회 이후)	특허법 학회 TOP 10	중요도
-	-	★★

027 영업방법 발명에 해당하기 위한 요건 및 출원발명이 자연법칙을 이용한 것인지 여부의 판단 방법

대법원 2008. 12. 24. 선고 2007후265 판결 [거절결정(특)]

판결요지

특허법 제2조 제1호는 자연법칙을 이용한 기술적 사상의 창작으로서 고도한 것을 '발명'으로 정의하고 있으므로, 출원발명이 자연법칙을 이용한 것이 아닌 때에는 같은 법 제29조 제1항 본문의 '산업상 이용할 수 있는 발명'의 요건을 충족하지 못함을 이유로 그 특허출원을 거절하여야 한다. 특히, **정보기술을 이용하여 영업방법을 구현하는 이른바 영업방법(business method) 발명에 해당하기 위해서는 컴퓨터상에서 소프트웨어에 의한 정보처리가 하드웨어를 이용하여 구체적으로 실현되고 있어야 한다.** 한편, 출원발명이 자연법칙을 이용한 것인지 여부는 청구항 전체로서 판단하여야 하므로, 청구항에 기재된 발명의 일부에 자연법칙을 이용하고 있는 부분이 있더라도 청구항 전체로서 자연법칙을 이용하고 있지 않다고 판단될 때에는 특허법상의 발명에 해당하지 않는다.

판결이유

위 법리와 기록에 의하면, 2005. 8. 8.자 보정 전 이 사건 제1항 발명은 영업방법 발명의 범주에 속하는 것으로, 그 구성요소 중 발명의 기술적 과제를 실현하기 위한 핵심적 부분은 원심판시 제4, 5단계의 구성이라 할 것인데, **그 부분 특허청구범위의 기재만으로는 통상의 기술자가 컴퓨터상에서 소프트웨어에 의한 정보처리가 하드웨어를 이용하여 구체적으로 어떻게 실현되는지 알 수 없고, 이는 발명의 상세한 설명이나 도면 등 다른 기재를 참작하여 보더라도 마찬가지**이므로, 위 보정 전 이 사건 제1항 발명은 전체적으로 볼 때 이를 특허법 제29조 제1항의 '산업상 이용할 수 있는 발명'이라고 할 수 없다.

기출 여부 (48회 이후)	특허법 학회 TOP 10	중요도
–	–	★★

028 영업방법 발명에 해당하기 위한 요건 및 영업방법 발명의 진보성 여부를 판단하는 방법

대법원 1992. 5. 8. 선고 91후1656 판결 [거절사정]

판결요지

정보기술을 이용하여 영업방법을 구현하는 이른바 영업방법(business method) 발명에 해당하기 위해서는 **컴퓨터상에서 소프트웨어에 의한 정보처리가 하드웨어를 이용하여 구체적으로 실현**되고 있어야 하고(대법원 2008. 12. 24. 선고 2007후265 판결 등 참조), 이러한 영업방법 발명의 특성에 비추어 **영업방법 발명의 진보성 여부 판단은 영업방법의 요소와 이를 구현하는 기술적 요소 모두를 종합적으로 고려**하여야 한다.

판결이유

원심은, 명칭을 "크라우드 펀딩 시스템 및 그 방법"으로 하는 이 사건 출원발명(출원번호 생략)의 청구범위 제1항(2016. 6. 8. 보정된 것) 중 '전문가단말기'에 관한 구성과 '중개서버가 기업단말기에 투자유치된 금액으로 인하여 발생된 수익을 설정된 수익분배기준에 따라 전문가단말기에 분배하는' 구성 및 '관심추출모듈이 전문가단말기에 관심기업의 정보를 송신하는' 구성은 **그 발명이 속하는 기술분야에서 통상의 지식을 가진 사람이 원심 판시 선행발명들로부터 쉽게 도출할 수 없으므로**, 이 사건 제1항 발명의 진보성이 부정되지 않는다고 판단하였다. 또한, 원심은 '외부전문가에게 투자운용 수익 중 일부를 성과급으로 지급하는 것'에 관한 피고의 주장은 **심사 및 심판 단계에서 제시되지 아니한 새로운 거절이유에 해당**하여 거절결정불복심판청구 기각 심결의 취소소송절차에서 허용되지 아니한다고 판단하였다.

원심판결 이유를 위 법리에 비추어 살펴보면, 원심의 이러한 판단은 정당하고, 거기에 상고이유 주장과 같이 주지관용기술의 인정 및 청구범위 해석에 관한 법리를 오해하는 등의 잘못이 없다.

기출 여부 (48회 이후)	특허법 학회 TOP 10	중요도
-	2019	★★

029 BM 발명의 진보성 판단방법
대법원 2018. 12. 27. 선고 2018후10800 판결 [등록무효(특)]

판결요지

종래의 인터넷을 이용한 시청자 선호도 조사방법을 인터넷 방송에 단순히 전용한 것에 불과하고, 이를 구현하는 기술적 요소를 포함하고 있는 것도 아니므로 진보성이 부정된다.

판결이유

1. 정정에 관한 상고이유에 대하여

원심은, 명칭을 "인터넷 방송 시청자 반응도 조사방법 및 그 시스템"으로 하는 이 사건 특허발명(특허등록번호 생략)의 특허청구범위 제2항(2017. 3. 24. 정정청구된 것. 이하 '제2항 정정발명'이라고 하고, 나머지 청구항에 대하여도 같은 방식으로 부른다)에서 시청자 조사 프로그램부를 한정하는 원심 판시 정정사항 1 내지 3은, 특허청구범위를 실질적으로 확장하거나 변경하는 경우에 해당하지 아니한다고 판단하였다. 그 이유는, **각 정정사항은 정정 전 이 사건 특허발명의 명세서 중 발명의 상세한 설명에 기재된 내용과 실질적으로 같고, 이로써 새로운 목적과 작용효과가 발생한 것이 아니며, 제3자에게 예상하지 못한 손해를 입힐 염려도 없다는 것**이다.

원심판결 이유를 관련 법리와 기록에 비추어 살펴보면, 원심의 위와 같은 판단은 정당하고, 거기에 상고이유 주장과 같은 특허 정정에 관한 법리를 오해하는 등의 잘못이 없다.

2. 진보성에 관한 상고이유에 대하여

가. 관련 법리와 원심에서 적법하게 채택한 증거들에 비추어 살펴본다.

1) 제2항 정정발명에 대하여

가) 제2항 정정발명은 시청자 반응도 조사 프로그램부, 시청자 반응도 처리 서버부 등을 통해 인터넷 방송에서 제공되는 방송 프로그램에 대한 시청자의 반응을 실시간으로 수집하여, 방송국과 시청자에게 그 결과를 제공하는 시스템에 관한 것이다. 원심 판시 선행발명 1은 "인터넷 환경을 이용한 실시간 쌍방향 티브이방송 시스템"에 관한 발명으로, 시청자가 TV를 시청하다가 별도의 개인용 컴퓨터를 통해 웹사이트에 접속하고, 웹사이트에 게시된 사전 질문지에 응답하면 응답 결과가 방송시스템으로 전송되어 TV에 표시되는 구성이 나타나 있다. 그렇다면 제2항 정정발명을 이루는 주요구성인 **'인터넷을 이용한 시청자 반응도 조사와 이를 방송화면에 반영하는 구조'는 선행발명 1에 동일하게 포함되어 있고, 인터넷을 통한 쌍방향 정보전달이라는 기술사상도 공통**된다. 다만 제2항 정정발명은 방송과 시청자 반응도 조사 프로그램 모두 인터넷을 통해 이루어지는 반면, **선행발명 1은 시청자 반응도 조사만 인터넷을 통해 이루어지고 TV 방송은 공중파 등을 이용한다는 점에서 차이**가 난다.

나) 하지만 선행발명 1에서는 공중파 등을 이용한 TV 방송과 인터넷을 이용한 반응도 조사의 전송방식이 달라서 그런 것일 뿐, **인터넷 방송 기술이 도입된 상황에서 인터넷 방송을 하면서 선행발명 1에 나타난 인터넷을 통한 시청자 반응도 조사를 도입하는 데 어려움은 없다고 볼 수 있다.** 또한

선행발명 5에는 인터넷 강의 영상과 채팅창이 컴퓨터 화면에 동시에 표시되어 수강생들이 강의에 대한 의견을 즉시 표시할 수 있는 구성이 나타나 있을 뿐만 아니라, TV 시청자들의 반응을 조사하고 이를 반영하며 시청자들과 공유하는 쌍방향 소통 방법은 이전부터 존재했던 것이므로, **선행발명 1과 선행발명 5를 결합하는 데 어려움이 있다고 볼 수는 없다**. 제2항 정정발명은 인터넷 방송과 인터넷을 통한 시청자 반응도 조사를 통합하는 기술적 수단을 제시하고 있는 것이 아니라 단지 이들이 함께 이루어진다는 관념만을 제시하고 있을 뿐이므로, **선행발명 1과 선행발명 5를 결합하려면 선행발명 1의 설계를 변경하여 인터넷으로 통합해야 하는 등의 기술적 어려움이 있다는 사정을 제2항 정정발명의 진보성 판단에 고려할 필요도 없다**.

다) 제2항 정정발명은 '사전 질문지' 없이 시청자가 '반응키'에 미리 설정된 고유의 반응신호를 선택하여 프로그램에 대한 반응을 나타내는 반면, 선행발명 1에서는 시청자가 TV를 시청하다가 웹사이트에 접속하여 '미리 설정된 질문'에 대해 응답하게 된다. 하지만 제2항 정정발명에서도 사전에 어떤 질문인지를 알려주어야 시청자가 미리 입력된 반응키에 따라 답변할 것이므로, 위와 같은 '사전 질문지의 유무'가 양 발명의 차이점이라고 볼 수는 없다. 또한 선행발명 6에는 제2항 정정발명의 '반응키'에 대응하는, '일련의 아이콘들에 선택 목록이 미리 할당된 구성'이 이미 나타나 있기도 하고, 이러한 요소를 도입하는 데에도 어려움은 없다.

라) 또한 **실시간으로 시청자들의 호응 정도를 체감할 수 있는 효과는 실시간 쌍방향 소통이 가능한 인터넷의 속성에 의한 것으로서 선행발명 1에도 나타나 있고**, 반응키를 통한 신호로서 데이터 부하를 최소화한다는 효과는 채팅 프로그램 대신 미리 답변을 정한 시청자 반응 조사 프로그램을 사용함에 따라 당연히 예상되는 효과에 불과하다.

마) 결국 제2항 정정발명은 종래의 인터넷을 이용한 시청자 선호도 조사방법을 인터넷 방송에 단순히 전용한 것에 불과하고, 이를 구현하는 기술적 요소를 포함하고 있는 것도 아니므로, 그 진보성이 부정된다고 보아야 한다.

2) 제5항 정정발명과 제6항 정정발명에 대하여

제5항 정정발명은 시청자 반응도 조사 시스템의 '반응도 처리 서버부'에서 시청자로부터 받은 반응신호를 수신하고, 이를 분석하여 통계 결과를 얻은 후 이를 방송 영상과 함께 송출하기 위하여 그래픽 처리를 하는 구성에 관한 것인데, 앞서 살핀 것과 같이 인터넷 방송과 인터넷을 통한 시청자 반응도 조사의 결합 자체는 용이하다. 그리고 선행발명 1 역시 시청자의 반응을 실시간으로 보여주기 위한 것으로 설문조사 결과를 막대그래프로 보여주는 도면이 첨부되어 있고, 투표 결과를 분석하여 그래픽 처리하는 것은 주지관용기술인 점을 고려하면, 제5항 정정발명 및 그 종속항으로서 '반응도 처리 서버부는 실시간으로 변화하는 다수의 시청자 의견을 그래픽적으로 확인할 수 있도록 송출한다'는 구성이 추가된 제6항 정정발명의 진보성 역시 부정된다.

나. 그런데도 원심은, 선행발명 1은 인터넷 방송에 필요한 기술이 아닌 반면 선행발명 5는 인터넷 방송기술이어서 그 결합이 용이하지 않다거나, 선행발명들과 주지관용의 기술들을 결합한다고 해도 위 각 정정발명을 용이하게 도출하기는 어렵다는 등의 이유로, 위 각 정정발명의 진보성이 부정되지 않는다고 판단하였다. 이러한 원심의 판단에는 특허발명의 진보성에 관한 법리를 오해하여 필요한 심리를 다하지 아니함으로써 판결에 영향을 미친 잘못이 있다.

3. 결론

그러므로 원심판결을 파기하고, 사건을 다시 심리·판단하도록 원심법원에 환송하기로 하여, 관여 대법관의 일치된 의견으로 주문과 같이 판결한다.

특허명세서

CHAPTER 1 _ 청구범위
CHAPTER 2 _ 특수한 청구항의 유형들
CHAPTER 3 _ 발명의 설명

THE PATENT LAW

CHAPTER 01 청구범위

I 청구범위의 해석 방법

기출 여부 (48회 이후)	특허법 획회 TOP 10	중요도
–	–	★★

001 발명의 내용을 확정하기 위한 해석 방법
대법원 2009. 7. 23. 선고 2007후4977 판결 [거절결정(특)]

판결요지

1. 특허요건 판단시 청구범위 해석 방법

특허출원된 발명이 특허법 제29조 제1항, 제2항에서 정한 특허요건, 즉 신규성과 진보성이 있는지를 판단할 때에는, 특허출원된 발명을 같은 조 제1항 각호에서 정한 발명과 대비하는 전제로서 그 발명의 내용이 확정되어야 한다. 따라서 특허청구범위는 특허출원인이 특허발명으로 보호받고자 하는 사항이 기재된 것이므로, <u>발명의 내용의 확정은 특별한 사정이 없는 한 특허청구범위에 기재된 사항에 의하여야 하고 발명의 상세한 설명이나 도면 등 명세서의 다른 기재에 의하여 특허청구범위를 제한하거나 확장하여 해석하는 것은 허용되지 않는다.</u>

2. 기능식 청구항의 청구범위 해석 방법

이러한 법리는 특허출원된 발명의 특허청구범위가 통상적인 구조, 방법, 물질 등이 아니라 기능, 효과, 성질 등의 이른바 기능적 표현으로 기재된 경우에도 마찬가지이다. 따라서 특허출원된 발명의 특허청구범위에 기능, 효과, 성질 등에 의하여 발명을 특정하는 기재가 포함되어 있는 경우에는 특허청구범위에 기재된 사항에 의하여 <u>그러한 기능, 효과, 성질 등을 가지는 모든 발명을 의미하는 것으로 해석하는 것이 원칙</u>이나, 다만, 특허청구범위에 기재된 사항은 발명의 상세한 설명이나 도면 등을 참작하여야 그 기술적 의미를 정확하게 이해할 수 있으므로, <u>특허청구범위에 기재된 용어가 가지는 특별한 의미가 명세서의 발명의 상세한 설명이나 도면에 정의 또는 설명이 되어 있는 등의 다른 사정이 있는 경우에는 그 용어의 일반적인 의미를 기초로 하면서도 그 용어에 의하여 표현하고자 하는 기술적 의의를 고찰한 다음 용어의 의미를 객관적, 합리적으로 해석하여 발명의 내용을 확정하여야 한다.</u>

판결이유

가. 명칭을 "음성 제어 방법"으로 하는 이 사건 출원발명(출원번호 제2002-79943호)의 보정된 특허청구범위 제15항(이하 '이 사건 제15항 발명'이라 한다)에 기재된 원심 판시 구성 1인 '플레이어의 조작에 의해 캐릭터의 체형(體型)을 결정하는 결정수단'은 기능, 성질 등에 의한 용어가 포함되어 있는 구성으로서 '플레이어의 조작에 의해 캐릭터의 체형을 결정하는 작용 내지 기능을 하는 모든 구

성'으로 해석함이 원칙이나, 발명의 상세한 설명이나 도면 등 명세서의 다른 기재에 의하면, 캐릭터의 체형에 대해서는 캐릭터의 신장과 체중을 의미하는 것으로 정의 또는 설명이 되어 있고 캐릭터의 체형을 결정하는 결정수단에 대해서는 '플레이어가 임의로 십자키의 조작에 의해 캐릭터를 세로 방향 및 가로 방향으로 신축시킴으로써 신장과 체중을 정하는 구성' 및 '플레이어가 캐릭터 선택 화면에서 디폴트 캐릭터의 체형을 선택하는 구성'으로 설명이 되어 있으므로, **구성 1은 위와 같이 플레이어의 조작에 의하여 캐릭터의 체형을 선택하거나 작성하여 캐릭터의 체형을 결정하는 구성을 의미하는 것으로 해석된다.** 그런데 구성 1은 비교대상발명 1에 개시된 '캐릭터의 일람 화면표시에서 캐릭터를 선택하여 캐릭터의 체형을 결정하는 구성'을 포함하므로, 비교대상발명 1에 공지되어 있다.

나. 이 사건 제15항 발명의 원심 판시 구성 2인 **'외부로부터 입력되는 음성 또는 사전에 준비되는 음성의 성질(聲質)을 캐릭터의 체형에 관한 속성정보에 기초하여 변환하는 변환수단'**에 관하여 보면, 구성 2는 이 사건 출원발명이 속하는 기술분야에서 통상의 지식을 가진 자(이하 '통상의 기술자'라고 한다)라면 우선권 주장일 당시의 기술상식에 기초하여 특허청구범위의 기재 자체만으로 음성변환수단의 구체적인 기술구성을 명확하게 인식할 수 있으므로 이른바 기능적 표현이 포함되어 있는 구성은 아니다. 그리고 이에 대응되는 비교대상발명 1, 2의 각 구성은 모두 음성변환수단을 가지고 있으면서, 다만 구성 2에서와 같이 변환파라미터가 신장, 체중 등의 체형에 관한 속성정보가 아니고 **성별이나 연령에 근거하는 점만이 다를 뿐이나, 이러한 차이는 통상의 기술자가 별다른 기술적 어려움 없이 손쉽게 채택하여 변경할 수 있는 정도에 불과**하므로, 구성 2는 비교대상발명 1, 2로부터 용이하게 도출될 수 있다. 그 밖에 이 사건 제15항 발명의 나머지 구성으로서 원심 판시 구성 3인 '변환된 성질의 음성을 캐릭터의 음성으로 출력하는 출력수단' 역시 비교대상발명 1, 2에 이미 공지되어 있다.

다. 따라서 이 사건 제15항 발명은 통상의 기술자가 비교대상발명 1, 2로부터 용이하게 발명할 수 있으므로 그 진보성이 부정된다. 원심이 이 사건 제15항 발명의 특허청구범위에 기재된 구성 1을 명세서의 실시예에 나타난 구성 중 하나인 '플레이어가 임의로 십자키의 조작에 의해 캐릭터를 세로 방향 및 가로 방향으로 신축시킴으로써 신장과 체중을 정하는 구성'으로 제한 해석한 다음 구성 1이 주지관용기술을 게임 프로그램에 전용한 것에 불과하다고 본 점 등은 잘못이나, 이 사건 제15항 발명의 진보성이 부정된다고 판단한 결론은 정당하고 상고이유의 주장과 같이 발명의 진보성 판단에 관한 법리를 오해하는 등의 위법이 없다.

11 청구범위 기재 방법

기출 여부 (48회 이후)	특허법 학회 TOP 10	중요도
-	-	★★

002 청구범위 기재 방법 및 권리범위 해석
대법원 2006. 11. 24. 선고 2003후2072 판결 [등록무효(특)]

판결요지

1. **특허발명의 청구항이 '어떤 구성요소들을 포함하는 것을 특징으로 하는 방법(물건)'이라는 형식으로 기재된 경우, 그 권리범위의 한계**

   특허발명의 청구항이 '어떤 구성요소들을 포함하는 것을 특징으로 하는 방법(물건)'이라는 형식으로 기재된 경우, 그 특허발명의 청구항에 명시적으로 기재된 구성요소 전부에 더하여 기재되어 있지 아니한 요소를 추가하여 실시하는 경우에도 그 기재된 구성요소들을 모두 포함하고 있다는 사정은 변함이 없으므로 <u>그와 같은 실시가 그 특허발명의 권리범위에 속함은 물론이며, 나아가 위와 같은 형식으로 기재된 청구항은 명시적으로 기재된 구성요소뿐 아니라 다른 요소를 추가하여 실시하는 경우까지도 예상</u>하고 있는 것이다.

2. **특허발명의 청구항에 '발명이 명확하고 간결하게 기재될 것'을 요구하는 특허법 제42조 제4항 제2호의 입법 취지**

   특허발명의 청구항에 '발명이 명확하고 간결하게 기재될 것'을 요구하는 특허법 제42조 제4항 제2호의 취지는 같은 법 제97조의 규정에 비추어 청구항에는 명확한 기재만이 허용되는 것으로서 발명의 구성을 불명료하게 표현하는 용어는 원칙적으로 허용되지 않으며, 나아가 특허청구범위의 해석은 명세서를 참조하여 이루어지는 것에 비추어 <u>특허청구범위에는 발명의 상세한 설명에서 정의하고 있는 용어의 정의와 다른 의미로 용어를 사용하는 등 결과적으로 청구범위를 불명료하게 만드는 것도 허용되지 않는다는 것이다.</u>

3. **특허법 제42조 제3항의 적용에 있어서 공공도서관 등에 입고된 박사학위 논문이 통상의 기술자가 용이하게 이해할 수 있는 공지 문헌인지 여부**

   특허법 제42조 제3항의 규정은 특허출원된 발명의 내용을 제3자가 명세서만으로 쉽게 알 수 있도록 공개하여 특허권으로 보호받고자 하는 기술적 내용과 범위를 명확하게 하기 위한 것이므로, <u>통상의 기술자가 당해 발명을 명세서 기재에 의하여 출원시의 기술수준으로 보아 특수한 지식을 부가하지 않고서도 정확하게 이해할 수 있고 동시에 재현할 수 있는 정도를 말하는 것</u>이며, 박사학위 논문은 공공도서관이나 대학도서관 등에 입고된 경우 일반 공중이 그 기재 내용을 인식할 수 있는 상태에 놓이게 되는 것으로서 통상의 기술자가 과도한 실험이나 특별한 지식을 부가하지 않고도 그 내용을 이해할 수 있는 것이다.

4. **특허청구범위에 있어서 진보성이 부정되지 않는 독립청구항의 구성 일부를 생략하거나 다른 구성으로 바꾼 청구항이 원 독립청구항의 구성요소의 대부분을 가지고 있다 하여 당연히 진보성이 부정되지 않는지 여부**

   특허청구범위의 청구항의 <u>구성 일부를 생략하거나 다른 구성으로 바꾼 청구항은 그 기재형식에 불구하고 이를 종속항으로 볼 수 없으므로</u>, 어떤 독립항이 그 출원 전 공지된 발명에 의하여 진보성이 부정되지 않는다는 사정이 있다고 하더라도, <u>그 독립항의 구성 일부를 생략하거나 다른 구성으로 바꾼 청구항</u>은 설령 그 독립항의 구성요소의 대부분을 가지고 있더라도 당연히 그 출원 전 공지된 발명에 의해서 진보성이 부정되지 않는다고 할 수 없다.

판결이유

1. 기재불비에 관한 상고이유에 대한 판단

(1) 위 각 법리와 기록에 비추어 살펴보면, "한·영 자동전환 방법"이라는 명칭의 이 사건 특허발명(등록 제123403호)의 특허청구범위 중 독립항인 이 사건 제1항 및 제17항 발명은 모두 '어떤 단계와 어떤 단계들을 포함하여 이루어지는 것을 특징으로 하는 한·영 자동전환 방법'과 같이 기재되어 있어, 명시적으로 기재된 구성요소 외에 다른 요소들을 추가하여 실시하는 것까지도 예정하고 있다고 할 것이고, 더욱이 이 사건 특허발명은 어절 데이터의 관리, 저장 및 제어 과정의 개선에 발명의 목적이나 효과가 있는 것이 아니며, 나아가 위 과정을 특허청구범위의 구성요소의 하나로 포함시켜 특허요건의 판단에 있어서는 유리하지만 권리범위는 좁아지게 할 것인지 아니면 위 과정을 특허청구범위의 구성요소로 기재하지 아니함으로써 권리범위를 넓히되 특허요건의 판단에 있어서 불리한 처지에 설 것인지는 출원인의 의사와 판단에 달린 문제이므로, 설령 이 사건 특허발명을 채택한 워드프로세서 등을 실제 컴퓨터에서 실행함에 있어서는 어절 데이터의 관리, 저장 및 제어 과정이 컴퓨터에 의하여 반드시 수행된다고 하더라도 이러한 사정만을 가지고 출원인이 스스로 발명의 상세한 설명이나 도면에도 기재한 바 없는 위 과정을 일컬어 이 사건 특허발명의 청구항에 반드시 기재되어야만 하는 구성요소라고 인정하고 위 단계의 기재가 누락되었기 때문에 특허법 제42조 제4항 제1호 내지 제3호를 위배한 것이라고는 할 수 없을 것이다.

(2) 나아가 이 사건 특허발명의 각 청구항이 그 실시에 있어서 다른 요소를 추가하여 실시할 것을 예정하고 있음은 앞서 본 바이고, 한편 한글 모드와 영문 모드를 자동으로 전환하도록 하는 이 사건 특허발명을 채택하여 프로그램을 작성하거나 그러한 워드프로세서 등을 컴퓨터에서 실행함으로써 이 사건 특허발명을 실시함에 있어서는 어절 데이터의 저장, 관리 및 제어 과정을 포함하여 실시할 것으로 보이지만, 통상의 기술자가 위 과정을 추가하여 프로그램을 작성함으로써 이 사건 특허발명을 실시하도록 하는 것이 출원 당시의 기술수준으로 보아 특수한 지식을 부가하거나 과도한 실험을 거칠 것이 요구된다는 사정을 인정하기 어려운 이 사건에서 위 과정이 발명의 상세한 설명에 기재되지 아니하였다고 하여 특허법 제42조 제3항이나 제4항 제1호에 위반된 기재불비가 있다고 할 수 없다.

(3) 또한, 이 사건 특허발명에서 '어절을 입력받는 단계'는 종래의 공지기술의 그것과 동일한 것이어서 특별한 설명을 필요로 하지 아니하므로 그에 대한 설명을 생략한 것이 기재불비가 될 수 없고, '어절에서 단어와 조사를 분리하는 단계'에 대해서는 이 사건 특허발명의 명세서 중 발명의 상세한 설명 부분에서 조승식의 박사학위 논문에 기재된 기술을 인용하여 설명하고 있는바, 위 박사학위 논문이 서울대학교 도서관에 입고되어 공지된 사실이 인정되는 이상, 위 박사학위 논문의 내용을 통상의 기술자가 과도한 실험이나 특별한 지식을 부가하지 아니하고는 이해할 수 없다는 특별한 사정이 보이지 아니하는 이 사건에서 단지 이 사건 특허발명의 명세서가 박사학위 논문을 인용하여 청구범위의 내용을 설명하고 있다는 사정만으로 명세서의 발명의 상세한 설명이 특허법 제42조 제3항을 위배하였다고 할 수 없으며, 또한 특허발명의 명세서는 특허발명을 실시함에 있어서 발생될 수 있는 모든 문제점에 대하여 해결방안을 제시하여야 하는 것은 아니므로 위 박사학위 논문이 한글을 입력함에 있어서 오타가 발생하는 등 예외적인 경우에 대하여서까지 설명을 하지는 않았다고 하더라도 역시 위 규정에 위반한 기재불비가 있다고 할 수 없다.

(4) 나아가 영문 모드에서 입력된 키의 스캔코드라고 하더라도 한글의 조사에 대응하는 스캔코드인 경우에는 이를 한글의 조사로 인식하도록 하는 것이 통상의 기술자에게 어려운 일은 아닐 것이고, 한편 발명의 상세한 설명은 청구범위의 내용을 설명하는 것이고 명세서에 첨부된 도면은 특허발명의 이해를 돕기 위하여 실시예의 하나만을 보여줄 수 있는 것이므로 도면 4의 도시내용이 발명의 상세한 설명에 기재된 실시예 중 일부만을 보여주고 있다고 하더라도 그것만으로 통상의 기술자가 발명을 실시할 수 없다고 단정할 수 없으므로 위 사정들을 가리켜 특허법 제42조 제3항에 위반한 기재불비라고는 할 수 없다.

(5) 그리고 이 사건 특허발명이 모두 청구항에 명시적으로 기재된 구성요소 외에 다른 기술들을 추가하여 실시할 수 있는 기재형식을 취하고 있는 이상, 이 사건 제17항 내지 제22항 발명의 실시예에 관한 상세한 설명이나 도면이 청구항에는 기재되어 있지 아니한 '단어와 조사를 분리하는 단계'를 추가하여 보여주고 있다고 하더라도 그러한 사정만으로 위 제17항 내지 제22항 발명이 상세한 설명에 의하여 뒷받침되지 않는다고 할 수 없을 것이다.

(6) 그렇다면 이와 같은 취지의 원심의 판단은 그 이유 설시에 있어 다소 미흡한 점이 있으나 결론에 있어 정당하고 거기에 상고이유에서 주장하는 바와 같은 기재불비에 관한 법리오해 등의 위법이 없다.

2. 진보성에 관한 상고이유에 대한 판단

(1) 원심은 이 사건 제1항 발명이 그 판시의 이 사건 특허발명의 출원 전 공지된 발명들에 의하여 진보성이 부정되지 않는다고 판단한 후, 이 사건 제2항 내지 제16항 발명은 이 사건 제1항 발명의 종속항들로서 당연히 진보성이 부정되지 않고, 나아가 이 사건 제17항 발명도 이 사건 제1항 발명의 주요한 구성요소를 모두 포함하고 일부 단계를 더 포함하여 실질적으로 이 사건 제1항의 종속항에 해당되어 진보성이 부정되지 아니하며, 이 사건 제18항 내지 제22항 발명은 이 사건 제17항 발명의 종속항들이므로 당연히 진보성이 부정될 수 없다고 판단하였다.

(2) 위 법리와 기록에 비추어 살펴보면, 이 사건 제17항 발명은 이 사건 제1항 발명의 '어절을 단어와 조사로 분리하는 제2단계'를 생략하고 있으므로, 설령 이 사건 제1항 발명의 나머지 구성요소를 모두 포함하고 있다고 하더라도 이를 가리켜 이 사건 제1항 발명의 종속항이라고 할 수 없을 것이어서, 이 사건 제1항 발명이 그 출원 전 공지발명들에 의하여 진보성이 부정되지 않는다고 하더라도 그러한 사정만으로 곧 이 사건 제17항 발명도 위 공지발명들에 의하여 진보성을 부정당하지 않는다고는 할 수 없으나, 이 사건 제1항 발명과 이 사건 제17항 발명은 모두 구체적인 구성만으로 기재된 것이 아니라 특정의 단계적인 기능이나 작용을 기재하는 등의 사정으로 그 권리범위를 명확하게 확정하기 어려운 면이 있으므로 명세서와 도면에 기재된 실시예를 비롯한 구체적인 구성 등을 고려하여 권리범위를 파악하여야 할 것이므로, 이 사건 제1항 발명과 이 사건 제17항 발명이 원심 판시의 출원 전 공지발명들에 의하여 진보성이 부정되지 않으며, 따라서 그 종속항인 이 사건 제2항 내지 제16항 발명 및 이 사건 제18항 내지 제22항 발명도 당연히 진보성이 부정되지 않는다고 할 것이어서, 이와 같은 취지의 원심의 판단은 그 이유 설시에 있어서 다소 부족한 점이 있으나 결과에 있어서 정당하고 거기에 상고이유에서 주장하는 바와 같은 법리오해, 심리미진 등의 위법이 없다.

기출 여부 (48회 이후)	특허법 학회 TOP 10	중요도
–	–	★★★

003 특허법 제42조 제3항 1호 및 제4항 제1호 요건 충족 여부 판단기준

대법원 2016. 5. 26. 선고 2014후2061 판결 [등록무효(특)]

판결요지

1. 특허법 제42조 제3항 제1호의 규정 취지

특허법 제42조 제3항 제1호[4]는 발명의 설명은 그 발명이 속하는 기술분야에서 통상의 지식을 가진 사람(이하 '통상의 기술자'라고 한다)이 그 발명을 쉽게 실시할 수 있도록 명확하고 상세하게 적어야 한다고 규정하고 있다(2014. 6. 11. 법률 제12753호로 개정되기 전의 특허법에도 일부 표현은 다르지만 동일한 취지로 규정되어 있다). 이는 특허출원된 발명의 내용을 제3자가 명세서만으로 쉽게 알 수 있도록 공개하여 특허권으로 보호받고자 하는 기술적 내용과 범위를 명확하게 하기 위한 것이다.

2. 물건의 발명에서 발명의 '실시'의 의미 및 발명의 설명이 위 조항에서 정한 기재요건을 충족한다고 볼 수 있는 경우

그런데 '물건의 발명'의 경우 발명의 '실시'란 물건을 생산, 사용하는 등의 행위를 말하므로, 물건의 발명에서 통상의 기술자가 특허출원 당시의 기술수준으로 보아 과도한 실험이나 특수한 지식을 부가하지 않고서도 발명의 상세한 설명에 기재된 사항에 의하여 물건 자체를 생산하고 사용할 수 있고, 구체적인 실험 등으로 증명이 되어 있지 않더라도 특허출원 당시의 기술수준으로 보아 통상의 기술자가 발명의 효과의 발생을 충분히 예측할 수 있다면, 위 조항에서 정한 기재요건을 충족한다.

3. 특허법 제42조 제4항 제1호의 규정 취지

특허법 제42조 제4항 제1호는 특허청구범위에 보호받고자 하는 사항을 기재한 청구항이 발명의 상세한 설명에 의하여 뒷받침될 것을 규정하고 있는데, 이는 특허출원서에 첨부된 명세서의 발명의 상세한 설명에 기재되지 아니한 사항이 청구항에 기재됨으로써 출원자가 공개하지 아니한 발명에 대하여 특허권이 부여되는 부당한 결과를 막으려는 데에 취지가 있다.

4. 특허법 제42조 제4항 제1호가 정한 명세서 기재요건을 충족하는지 판단하는 기준 및 특허청구범위가 발명의 상세한 설명에 의하여 뒷받침되는 경우

따라서 특허법 제42조 제4항 제1호가 정한 명세서 기재요건을 충족하는지는 위 규정 취지에 맞게 특허출원 당시의 기술수준을 기준으로 하여 통상의 기술자의 입장에서 특허청구범위에 기재된 발명과 대응되는 사항이 발명의 상세한 설명에 기재되어 있는지에 의하여 판단하여야 하므로, 특허출원 당시의 기술수준에 비추어 발명의 상세한 설명에 개시된 내용을 특허청구범위에 기재된 발명의 범위까지 확장 또는 일반화할 수 있다면 특허청구범위는 발명의 상세한 설명에 의하여 뒷받침된다.

판결이유

1. 원심은, 명칭을 '일정 소량의 시료를 빠르게 도입할 수 있는 시료도입부를 구비한 바이오센서'로 하는 이 사건 특허발명(특허등록번호 생략)의 특허청구범위 제1항(이하 '이 사건 제1항 발명'이라 한다)은 '시료도입 통로부와 통기부가 교차 형성되고, 시료도입 통로부와 통기부가 만나는 지점에 돌출부가 형성된 구조를 갖는 시료도입부를 구비한 전기화학적 바이오센서'인데, 다음의 사정들에 근거하여 위 청구항 및 이를 직·간접적으로 인용하고 있는 나머지 청구항에 대하여 통상의 기술자가 용이하게 실시할 수 있을 정도로 그 발명의 목적·구성 및 효과가 기재되지 않았거나(특허법 제42조 제3항) 특허청구범위가 상세한 설명에 의하여 뒷받침되지 않았다(특허법 제42조 제4항 제1호)는 이유로 이 사건 특허발명은 명세서의 기재불비가 있다고 판단하였다.

가. 에어포켓 현상의 발생 원인이 명확하지 않고, 에어포켓 현상의 구체적 내용이 통상의 기술자에게 자명해 보이지도 않는다.

나. 돌출부를 어느 위치에 어느 정도의 크기와 형상으로 형성하여야 에어포켓 현상을 방지할 수 있는지 용이하게 파악하기 어렵다.

다. 돌출부로 인한 특허발명의 효과가 '정확한 측정을 할 수 있다'고 추상적으로 기재되어 있어 돌출부를 특정한 위치에 특정한 크기와 형상으로 형성하는 경우 위와 같은 특허발명의 효과가 실제로 달성되었는지를 용이하게 파악하기 어렵다.

라. 돌출부를 형성하여도 에어포켓 현상이 돌출부에서 없어지지 않는 이상 "전극과 접촉하는 부분에 에어포켓 현상이 발생하면 정확한 측정이 불가능하다는 문제점을 안게 된다"는 기술적 과제는 여전히 해결되지 않는다.

2. 그러나 원심의 이러한 판단은 다음과 같은 이유로 수긍하기 어렵다.

가. 특허법 제42조 제3항의 기재요건 충족 여부

(1) 먼저 통상의 기술자가 발명의 상세한 설명의 기재로부터 물건 자체를 생산하고 이를 사용할 수 있는지에 관하여 본다.

㈎ 이와 관련된 발명의 상세한 설명은 ㉠ **돌출부의 위치를 '시료도입 통로부와 통기부가 만나는 지점'**으로 하면서, '도 1에 도시한 바와 같이 시료도입 통로부의 연장선상에 형성될 수 있으나 이들에 한정되는 것은 아니며, 예를 들면, 시료도입 통로부 및 통기부와 동일한 각도를 이루며 형성될 수도 있다'고 기재하고 있고, ㉡ 시료도입 통로부와 통기부의 **교차 모양 및 이들의 제조방법을 명시**하고 있으며, ㉢ 그 사용방법에 대하여도 '시료도입 통로부의 말단 부분을 시료와 접촉시키면 모세관 현상에 의해 시료가 시료도입 통로부로 도입된다. 시료도입 통로부를 모두 채운 시료는 돌출부로 공급되고, 다시 통기부로 공급된다'고 기재하고 있다. 그리고 도 1에 시료도입 통로부, 통기부 및 시료도입 통로부의 연장선상에 돌출부가 형성된 형태가 도시되어 있다.

㈏ 비록 위의 기재 내용에 돌출부의 크기와 형상에 대해서는 구체적인 기재가 없으나, 통상의 기술자가 위의 기재와 **도 1을 참고로 필요에 따라 적절히 그 위치와 크기 및 형상을 선택하여 돌출부를 생산하고 사용하는 데에 지장은 없어 보인다**.

(2) 다음으로 돌출부에 의해 발휘되는 효과를 통상의 기술자가 충분히 예측할 수 있는지에 관하여 본다.

㈎ 이에 관한 발명의 상세한 설명의 기재를 보면, ㉠ '상기한 돌출부는 시료도입 통로부와 통기부가 만나는 지점에서 약간의 여유공간을 제공함으로써 **시료도입 통로부가 꺾어지는 구석부위(또는 교차점 부위)에서 발생할 수 있는 에어포켓 현상을 최소화하는 역할을 수행**한다. 시료도입 통로부가 꺾어지는 구석부위(또는 교차점 부위)는 전극과 접촉하는 부분으로서, 이곳에 에어포켓이 발생하면 정확한 측정이 불가능한 문제점을 안게 된다', ㉡ '돌출부를 추가로 설치함으로써 시료도입 통로부와 통기부가 교차하는 부위에서의 에어포켓 현상을 방지할 수 있게 된다'고 기재되어 있다.

(나) 기록에 의하면 '에어포켓 현상'은 **액체 배관의 도중에 불필요한 공기가 체류하는 현상을 가리키는 용어로서 배관이 꺾인 부위에서 발생하기 쉽다는 점이 이미 이 사건 특허발명의 출원 전에 널리 알려져 있었음을 알 수 있다.** 따라서 통상의 기술자라면 누구나 위와 같은 에어포켓 현상의 의미 및 발생 위치 등을 이해할 수 있을 것으로 보인다.

(다) 통상의 기술자는 위와 같은 발명의 상세한 설명의 기재 등에 의하여 이 사건 제1항 발명이 시료 도입 통로부와 통기부가 교차하는 부위에서의 급격한 유동 변화를 완화시킬 수 있는 **여유공간인 '돌출부'를 통하여 에어포켓 현상을 최소화 또는 완화시키는 효과를 발휘한다는 것도 충분히 예측할 수 을 것으로 보인다.**

(라) 또한 통로부와 통기부가 교차하는 부위에 여유공간인 돌출부를 마련함으로써 에어포켓 현상이 완화될 수 있는 이상 에어포켓 현상이 완전히 사라지지는 않는다고 하더라도 그로 인한 측정의 부정확성은 돌출부가 없을 때와 비교하여 낮아진다고 볼 수 있다.

(3) 위와 같이 통상의 기술자가 발명의 상세한 설명에 기재된 사항에 의하여 이 사건 제1항 발명에 기재된 물건을 생산·사용할 수 있고 그 효과의 발생을 충분히 예측할 수 있는 이상, **발명의 상세한 설명에서 에어포켓 현상의 원인이나 돌출부를 통하여 위 현상이 완화될 수 있는지에 대한 이론적 근거까지 구체적으로 밝히지 않았더라도 특허법 제42조 제3항에서 규정한 기재요건은 충족되었다고 볼 수 있다.**

나. 특허법 제42조 제4항 제1호의 기재요건 충족 여부

한편, 앞서 본 사정에 의하면 출원 당시의 기술수준을 기준으로 하여 통상의 기술자의 입장에서 이 사건 제1항 발명에 기재된 사항과 대응되는 사항이 발명의 상세한 설명에 기재되어 있고, 발명의 상세한 설명에 개시된 내용을 특허청구범위에 기재된 범위까지 확장할 수 있다고 볼 수 있다. 따라서 특허청구범위가 발명의 상세한 설명에 의하여 뒷받침되지 않았다고 볼 수 없으므로, 특허법 제42조 제4항 제1호에서 규정한 기재요건 위반도 없다.

다. 그럼에도 원심은 특허법 제42조 제3항 또는 같은 조 제4항 제1호의 기재요건을 갖추지 못하였다고 보고 이 사건 특허발명의 등록이 무효로 되어야 한다고 판단하였으니, 이러한 원심판단에는 위 각 조항이 정한 명세서의 기재요건에 관한 법리를 오해하여 판결에 영향을 미친 위법이 있고, 이를 지적하는 상고이유 주장은 이유 있다.

---

4) 개정법에 따라 특허법 제42조 제3항 제1호와 관련된 판례로 대체함

기출 여부 (48회 이후)	특허법 학회 TOP 10	중요도
-	-	★★

004 특허법 제42조 제4항 제1호의 취지 및 청구항이 발명의 상세한 설명에 의하여 뒷받침되고 있는지 여부의 판단 기준

대법원 2007. 3. 15. 선고 2006후3588 판결 [등록무효(특)]

판결요지

특허법 제42조 제4항 제1호의 취지는 특허출원서에 첨부된 명세서의 발명의 상세한 설명에 기재되지 않은 사항이 청구항에 기재됨으로써 출원자가 공개하지 않은 발명에 대하여 특허권이 부여되는 부당한 결과를 막기 위한 것으로서, <u>청구항이 발명의 상세한 설명에 의하여 뒷받침되고 있는지 여부는 특허출원 당시의 기술 수준을 기준으로 하여 그 발명이 속하는 기술분야에서 통상의 지식을 가진 사람의 입장에서 특허청구범위에 기재된 사항과 대응되는 사항이 발명의 상세한 설명에 기재되어 있는지 여부에 의하여 판단</u>하여야 한다 (대법원 2006. 5. 11. 선고 2004후1120 판결, 2006. 10. 13. 선고 2004후776 판결 등 참조).

판결이유

위 법리와 기록에 비추어 살펴보면, 이 사건 특허발명의 발명의 상세한 설명에는 '… 셔터를 구성하는 각각의 셔터 격자가 최초의 길이(L)에서 외력에 의해 항복점 이하에서 최대한으로 늘어날 수 있는 길이(L')의 차이(L'-L)인 변위 길이(L)의 1/2이 되는 선택길이(δ)를 구하고, 위 가이드프레임의 내부에 삽입되어 있는 셔터 격자의 양단에 체결구들을 각각 체결하되 가이드프레임의 내측단에서 위 선택길이(δ) 만큼이 되는 위치에 베어링을 설치한 체결구를 체결하는 것을 특징으로 하는 본 발명의 셔터를 제공한다', '이때 위 체결구가 가이드프레임에서 최초 위치하고 있는 상태에서 내측단에 걸리게 될 때까지 이동하는 거리는 위와 같이 선택길이(δ)와 같다'라는 등의, '… 필요에 따라 위 각각의 셔터 격자 양단상에 보강판을 고정한 다음 체결구를 체결할 수 있다', '… 각각의 셔터 격자 상, 하부에 보강판을 고정하여 체결구를 체결함으로써 제 문제점을 해결할 수 있다. 이러한 각각의 보강판은 각각의 셔터 격자에 체결됨으로써 각각의 체결구를 통해 전해지는 충격을 흡수하게 되어 결국 셔터 격자의 훼손을 방지할 수 있게 되는 것이다. 이때 위 보강판은 리벳에 의한 리벳팅 고정 또는 소폿용접에 의한 용접 고정 등을 취할 수 있고 …' 라는 등의 기재가 각 있으므로, 이 사건 특허발명의 특허청구범위 제1, 2항에 기재된 사항에 대응되는 사항이 나와 있다고 볼 것이다.

원심이 파악한 바와 같이 이 <u>사건 특허발명의 발명의 상세한 설명에 특허청구범위에 기재되어 있는 구성이 가지는 발명의 작용 및 효과가 제대로 기재되어 있지 않고, 그와 관련이 없는 발명의 작용 및 효과가 기재되어 있는 사정은 인정</u>되나, 이 사건 특허발명의 진보성 유무를 판단함에 있어서 그와 같은 사정을 고려하여 발명의 상세한 설명에 기재되어 있는 발명의 작용 및 효과를 이 사건 특허발명의 발명의 작용 및 효과로 보지 않는 것은 별론으로 하고, <u>그와 같은 사정이 있다는 이유로 이 사건 특허발명의 특허청구범위가 발명의 상세한 설명에 의하여 뒷받침되지 않는 것은 아니라고 할 것임에도</u>, 이와 달리 판단한 원심에는 특허청구범위의 기재요건 충족 여부에 대한 법리를 오해하여 판결에 영향을 미친 잘못이 있고, 이 점을 지적하는 상고이유의 주장은 이유 있다.

기출 여부 (48회 이후)	특허법 학회 TOP 10	중요도
–	–	★★

005 특허법 제42조 제4항 제2호 충족 여부 판단방법
대법원 2021. 12. 30. 선고 2019후10296 판결 [등록무효(특)]

판결요지

특허법(2008. 2. 29. 법률 제8852호로 개정되기 전의 것, 이하 같다) 제42조 제4항 제2호에서 특허출원의 청구범위는 발명이 명확하고 간결하게 적혀 있어야 하고, 제97조에서 특허발명의 보호범위는 청구범위에 적혀 있는 사항에 의하여 정하여진다고 규정하고 있다. 따라서 **청구항에는 명확한 기재만이 허용되고, 발명의 구성을 불명료하게 표현하는 용어는 원칙적으로 허용되지 않는다**(대법원 2006. 11. 24. 선고 2003후2072 판결, 대법원 2014. 7. 24. 선고 2012후1613 판결 등 참조). 또한 발명이 명확하게 적혀 있는지 여부는 **통상의 기술자가 발명의 설명이나 도면 등의 기재와 출원 당시의 기술상식을 고려**하여 청구범위에 기재된 사항으로부터 특허를 받고자 하는 발명을 명확하게 파악할 수 있는지에 따라 개별적으로 판단하여야 하고, **단순히 청구범위에 사용된 용어만을 기준으로 하여 일률적으로 판단하여서는 안 된다**(대법원 2017. 4. 7. 선고 2014후1563 판결).

판결이유

(1) 이 사건 제3항 발명은 청구범위에서 '용해도'에 관하여 '물과 알칼리에 난용성, 알코올에 난용성, 에테르와 아세톤에 불용성'이라고 기재하고 있는데, '난용성'은 어떤 물질이 물이나 그 밖의 용매에 잘 녹지 않는 성질을 의미하는 것으로 일반적으로 사용되는 용어이고, **이 사건 기술분야인 제약 분야에서도 통상의 기술자들 사이에서 위와 같은 의미로 사용되고 있다**. 따라서 이 사건 특허발명의 명세서에 '난용성'의 의미에 관한 정의가 기재되어 있지 않더라도, 통상의 기술자는 이 사건 제3항 발명의 청구범위 기재로부터 이 사건 제3항 발명의 DNA 단편 혼합물이 물과 알칼리, 알코올에 잘 녹지 않는 성질을 가진다는 의미로 발명을 명확하게 파악할 수 있다.

(2) **등록된 특허발명의 청구범위에 기재된 사항으로 발명을 명확하게 파악할 수 있다면 특허법 제42조 제4항 제2호의 명확성 요건은 충족**된다. 특허권자가 심사절차에서 명확성 원칙 위반의 거절이유를 극복하기 위해 보정 전 청구범위의 '거의 녹지 않으며'와 '매우 조금 녹으며'라는 서로 다른 표현을 '난용성'이라는 동일한 용어로 보정하였다고 하여 보정 후 청구범위의 발명의 범위가 불명확하게 되는 것이 아니다.

(3) 따라서 이 사건 제3항 발명의 청구범위 중 '난용성' 부분은 특허법 제42조 제4항 제2호에서 규정한 기재요건을 충족하였다고 볼 수 있다.

그럼에도 원심은 이와 달리 심사절차에서의 보정경과 등을 근거로 이 사건 제3항 발명의 청구범위 중 '난용성' 기재 부분이 특허법 제42조 제4항 제2호에 위반된다고 판단하였다. 이러한 원심판단에는 상고이유 주장과 같이 특허법 제42조 제4항 제2호의 기재요건에 관한 법리를 오해하여 판결에 영향을 미친 잘못이 있다.

기출 여부 (48회 이후)	특허법 학회 TOP 10	중요도
–	–	★★★

006 '바람직하게는'의 표현과 관련하여 청구항에 발명이 명확하게 적혀 있는지 여부

대법원 2017. 4. 7. 선고 2014후1563 판결 [거절결정(특)]

판결요지

특허법 제42조 제4항 제2호는 청구범위에는 발명이 명확하고 간결하게 적혀야 한다고 규정하고 있다. 그리고 특허법 제97조는 특허발명의 보호범위는 청구범위에 적혀 있는 사항에 의하여 정하여진다고 규정하고 있다(2007. 1. 3. 법률 제8197호로 개정되기 전의 특허법에도 자구는 다르지만 동일한 취지로 규정되어 있다). 따라서 청구항에는 명확한 기재만이 허용되고, 발명의 구성을 불명료하게 표현하는 용어는 원칙적으로 허용되지 않는다(대법원 2006. 11. 24. 선고 2003후2072 판결, 대법원 2014. 7. 24. 선고 2012후1613 판결 등 참조). 또한 발명이 명확하게 적혀 있는지 여부는 그 발명이 속하는 기술분야에서 통상의 지식을 가진 사람이 발명의 설명이나 도면 등의 기재와 출원 당시의 기술상식을 고려하여 청구범위에 기재된 사항으로부터 특허를 받고자 하는 발명을 명확하게 파악할 수 있는지에 따라 개별적으로 판단하여야 하고, 단순히 청구범위에 사용된 용어만을 기준으로 하여 일률적으로 판단하여서는 안 된다.

판결이유

가. 원심판결에 의하면, 이 사건 출원발명(출원번호 생략)은 '연료 전지용 막-전극-단위를 조절하기 위한 방법'으로서 특허청구범위 제12항(2013. 6. 4. 보정된 것, 이하 '이 사건 제12항 발명'이라고 한다)에는 "X는 같거나 다르며, 추가적인 라디칼로서 수소 원자, 1 내지 20개의 탄소 원자를 갖는 기, 바람직하게는 분지 또는 비분지 알킬 또는 알콕시기, 또는 아릴기를 가지는, 산소, 황 또는 아미노기이고"라는 기재(이하 '이 사건 기재'라고 한다)가 포함되어 있음을 알 수 있다.

X가 산소 또는 황인 경우 아졸 화합물의 구조상 추가적인 라디칼을 가질 수 없으므로, 이 사건 기재 중 '1 내지 20개의 탄소 원자를 갖는 기(group), 바람직하게는 분지(branched) 또는 비분지(unbranched) 알킬 또는 알콕시기' 부분은 X가 아미노기인 경우 추가적으로 가질 수 있는 라디칼에 해당한다(2006. 6. 8. 국제특허출원 당시 특허청구범위에 기재된 내용은 "X gleich oder verschieden ist und für Sauerstoff, Schwefel oder eine Aminogruppe, die ein Wasserstoffatom, eine 1 – 20 Kohlenstoff atome aufweisende Gruppe, vorzugsweise eine verzweigte oder nicht verzweigte Alkyl- oder Alkoxygruppe, oder eine Arylgruppe als weiteren Rest trägt"로서 이와 같은 취지이다). 따라서 X가 산소 또는 황인 경우 아졸 화합물의 구조상 추가적인 라디칼을 가질 수 없어 이 사건 기재 중 X의 의미가 명확하지 않다고 볼 여지가 있다. 다만 기록에 의하면, 이 사건 출원발명에 관한 심사 또는 심판 단계에서 이에 관한 의견제출의 기회를 부여한 적이 없었다. 그러므로 이러한 사항은 거절결정에 대한 불복심판과 그 취소소송에서 심결의 당부를 판단하는 근거로 할 수는 없다(대법원 2013. 9. 26. 선고 2013후1054 판결 참조).

나. 원심은 다음의 사실을 인정하고 있다.

(1) 이 사건 기재가 포함된 이 사건 제12항 출원발명(그 우선권 주장일은 2005. 9. 10.이다)과 관련

하여 특허청 심사관은 2012. 12. 31. '바람직하게는' 등의 표현이 사용되어 발명이 명확하게 적혀 있는 것으로 볼 수 없다고 거절이유를 명시적으로 통지하였다.

(2) 원고가 2013. 2. 21. 보정 시 이 부분을 보정하지 않았고, 특허청 심사관은 2013. 5. 30. 동일한 거절이유로 이 사건 출원발명에 관한 특허거절결정(이하 '이 사건 거절결정'이라고 한다)을 하였다.

(3) 그 후 원고는 2013. 6. 3. 이 사건 거절결정에 대한 불복심판을 청구하고 2013. 6. 4. 보정을 신청하면서도 '바람직하게는'을 삭제하는 등으로 보정하지 않았다. 이에 특허청 심사관은 2013. 7. 30. 당초의 거절이유가 해소되지 않았다는 이유로 이 사건 거절결정을 유지하였고, 특허심판원 역시 2013. 9. 5. 동일한 이유로 원고의 위 불복심판청구를 기각하는 심결을 하였다.

다. 위 사실관계로 볼 때, 이 사건의 쟁점은 이 사건 기재 중 '1 내지 20개의 탄소 원자를 갖는 기, 바람직하게는 분지 또는 비분지 알킬 또는 알콕시기' 부분이 특허법상 청구범위로서 명확하고 간결한 기재인지 여부이다.

이 부분은 '1 내지 20개의 탄소 원자를 갖는 기'와 '분지 또는 비분지 알킬 또는 알콕시기'가 이중한정을 나타내는 용어인 '바람직하게는'으로 서로 연결되어 있다. **이러한 기재는 이 사건 제12항 발명에 기재된 'X'가 '1 내지 20개의 탄소 원자를 갖는 기' 전체를 의미하는지, 아니면 그중에서 '분지 또는 비분지 알킬 또는 알콕시기'를 의미하는지가 반드시 명확하지는 않아 특허청구범위를 둘러싸고 분쟁이 발생할 소지가 있다.** 이처럼 특허청구범위의 기재 내용이 관점에 따라 다양한 방식으로 해석될 수 있는 경우에는 특허청구범위로서 요구되는 명확성과 간결성 요건을 충족하지 못하였다고 보아야 한다.

그리고 이 사건 출원발명의 명세서 중 발명의 상세한 설명에는 이 사건 기재와 동일한 내용만이 적혀 있을 뿐이므로, **이러한 발명의 상세한 설명을 참작한다고 하더라도 'X'가 어느 것을 의미하는지가 여전히 명확하지 않다.**

라. 따라서 이 사건 기재를 포함하고 있는 이 사건 제12항 발명은 발명이 명확하게 적혀 있다고 보기 어려우므로, 2007. 1. 3. 법률 제8197호로 개정된 특허법 부칙 제7조에 따라 이 사건 출원발명에 대해 적용되는 그 개정 전의 특허법 제42조 제4항 제2호의 요건을 충족하지 못하였다. 뿐만 아니라 원고는 위와 같이 2012. 12. 31. 의견제출통지와 2013. 5. 30. 특허거절결정을 통하여 2차례에 걸쳐 **이 사건 기재에 관한 거절이유를 명시적으로 통지받아 이를 보정할 수 있는 기회가 충분히 있었는데도 보정을 하지 않았다.** 특히 이 사건 출원발명과 같이 출원심사과정 중에 있는 청구항에 불명확한 표현이 포함되어 있을 경우, 특허청 심사관으로서는 보정 등을 통해 그러한 불명확한 표현을 바로잡음으로써 보호범위 파악 등에 의문이 없는 상태에서 특허가 등록될 수 있도록 하는 것이 바람직하다. 이러한 점에서 보더라도 이 사건에서 특허청 심사관이 한 거절결정에 잘못이 있었다고 보기는 어렵다.

마. 그런데도 원심은 이 사건 출원발명이 속한 기술분야에서 통상의 지식을 가진 자라면 '바람직하게는'을 기준으로 앞쪽 부분인 '1 내지 20개의 탄소 원자를 갖는 기'가 그 뒤쪽 부분인 '분지 또는 비분지 알킬 또는 알콕시기'를 포함하는 넓은 개념으로서, '분지 또는 비분지 알킬 또는 알콕시기'는 앞에 적힌 '1 내지 20개의 탄소 원자를 갖는 기'의 예를 나타낸 기재임을 쉽게 파악할 수 있다는 이유 등을 들어 이 사건 제12항 발명에는 특허법 제42조 제4항 제2호의 요건을 충족하였다고 판단하였다. 이러한 원심판결에는 특허법 제42조 제4항 제2호에 관한 법리를 오해하여 판결에 영향을 미친 잘못이 있다. 이 점을 지적하는 상고이유 주장은 이유 있다.

CHAPTER 02 특수한 청구항의 유형들

❶ 기능식 청구항

기출 여부 (48회 이후)	특허법 학회 TOP 10	중요도
-	-	★★

007 기능식 청구항으로 기재된 특허권의 권리범위 확정 방법
대법원 2008. 2. 28. 선고 2005다77350,77367 판결 [특허침해금지등]

판결요지

1. **기능식 청구항으로 기재된 특허권의 권리범위와 보호범위의 확정 방법 및 특허의 명세서에 기재된 용어의 해석 방법**

   특허권의 권리범위 내지 보호범위는 특허출원서에 첨부한 명세서의 특허청구범위에 기재된 사항에 의하여 정하여지는 것이 원칙이지만, 특허청구범위에 기능, 효과, 성질 등에 의한 물건의 특정을 포함하고 있어 <u>그 용어의 기재만으로 기술적 구성의 구체적 내용을 알 수 없는 경우에는 발명의 상세한 설명이나 도면 등을 참작하여 특허발명의 기술적 구성을 확정</u>하여야 하고(대법원 2006. 12. 22. 선고 2006후2240 판결, 대법원 2007. 6. 14. 선고 2007후883 판결 참조), 특허의 명세서에 기재된 용어는 명세서에 그 용어를 특정한 의미로 정의하여 사용하고 있지 않은 이상 당해 기술분야에서 통상의 지식을 가진 자(이하 '통상의 기술자'라 한다)에게 일반적으로 인식되는 용어의 의미에 따라 명세서 전체를 통하여 통일되게 해석되어야 한다(대법원 2005. 9. 29. 선고 2004후486 판결 참조). 나아가 특허청구범위에 기재된 용어 그대로의 해석이 명세서의 다른 기재에 비추어 보아 명백히 <u>불합리한 경우에는 출원된 기술사상의 내용과 명세서의 다른 기재 및 출원인의 의사와 제3자에 대한 법적 안정성을 두루 참작하여 정의와 형평에 따라 합리적으로 해석</u>하여야 한다(대법원 1998. 4. 10. 선고 96후1040 판결, 대법원 2003. 11. 28. 선고 2002후130 판결 참조).

2. **증거의 취사와 사실의 인정과 관련한 이유가 상고이유가 될 수 있는지 여부**

   증거의 취사와 사실의 인정은 사실심의 전권에 속하는 것으로서 이것이 자유심증주의의 한계를 벗어나지 않는 한 적법한 상고이유로 삼을 수 없다(대법원 2006. 5. 25. 선고 2005다77848 판결 참조).

3. **당사자가 신청한 증거를 법원이 반드시 인정해야 하는지 여부**

   당사자가 신청한 증거로서 법원이 필요하지 않다고 인정한 것은 조사하지 아니할 수 있고 이에 대하여 반드시 증거채부의 결정을 하여야 하는 것은 아니다.

판결이유

1. 기능식 청구항에 있어서 특허권의 권리범위와 보호범위의 확정 방법

(1) 이 사건 특허발명(특허번호 제62,865호)의 특허청구범위 제2항(이하 '이 사건 제2항 발명'이라 한다. 이하 이 사건 특허발명의 특허청구범위 제1항과 제4항도 같은 방법으로 기재한다)에 기재된 "유체투과성 플랩"이란 용어는 소변과 설사 등 배설물에 있는 액체 및 기체를 투과하는 성질을 가진 한쪽 면이 고정된 장벽을 의미한다 하더라도, 유체투과성 플랩은 기능적, 추상적인 표현으로, 플랩을 이루는 재질의 구성, 재질에 미치는 압력의 방향과 크기, 압력의 지속시간 등에 따라 **유체투과 여부가 가변적일 뿐만 아니라 유체투과기능과 장벽기능은 서로 상반되는 기능이므로 일회용 기저귀 분야의 통상의 기술자로서는 그 용어 자체만으로는 기술적 구성의 구체적 내용을 알 수 없다.**

(2) 이 사건 특허발명의 명세서, 도면 및 기록에 나타난 출원인의 의사 등을 종합하여 보면, 이 사건 특허발명은 플랩의 유체투과 여부에 대하여 아무런 한정을 하지 않은 독립항인 이 사건 제1항 발명, 플랩을 유체투과성인 것으로 한정한 이 사건 제1항 발명의 종속항인 이 사건 제2항 발명, 플랩과 라이너가 동일한 재료로 형성되는 이 사건 제1항 발명의 종속항인 이 사건 제4항 발명 등으로 이루어져 있는 점, 이 사건 제4항 발명은 이 사건 제2항 발명의 종속항이 아닌 이 사건 제1항 발명의 종속항으로서 플랩의 유체투과성을 한정하는 구성이 아니라 플랩의 재료를 라이너의 재료와 동일하게 형성하는 것으로 이 사건 제1항 발명을 한정한 구성인 점, **이 사건 특허발명의 상세한 설명에는 플랩의 재료로 수분 또는 유체를 통과시킬 수 있는 것이 적합하다고 기재하여 수분과 유체를 구별하고**{이 사건 특허발명에서 우선권을 주장하는 선출원 발명인 미국 특허(제627,164호)는 플랩의 재료를 "vapor and/or fluid permeable"로 기재하고 있으며 여기서 'vapor'는 '증기(기체)', 'fluid'는 '유체', 'permeable'은 '투과성이 있는'의 의미이다}, 적절한 재료로 '기초중량 23.72g/㎡ 내지 27.12g/㎡인 미세망상조직'과 '기저귀에 통상적으로 사용되는 스펀본드형 기저귀 라이너'를 들고 있을 뿐 미세망상조직이 수분투과성 플랩의 예시인지, 유체투과성 플랩의 예시인지 또는 모두 포괄하는 플랩의 예시인지 명백하게 밝히지 않고 있는 점, 일회용 기저귀 분야에 있어 통상의 기술자에게 '미세망상조직'이란 소수성 부직포로 이해되고 '기저귀에 통상적으로 사용되는 스펀본드형 기저귀 라이너'란 소수성 부직포인 스펀본드형 부직포를 계면활성제로 친수처리한 것을 말하는 것으로 이해되는 점, 그런데 특허발명자인 엔로에(Enloe)는 **그 실험과정에서 사용한 친수처리되지 않은 소수성 부직포에 대하여 물을 쫓는 성질을 가지고 있어 압력이 있을 때만 액체를 투과시키는 재료로 인식하고 있었던 점, 이 사건 특허발명의 명세서에는 압력의 유무에 대하여 아무런 기재가 없는 점, 일회용 기저귀 분야에서 '유체투과성 라이너'는 소수성 부직포에 친수처리를 하여 압력이 없는 상태에서 액체를 투과시키는 것으로 이해되는 점, 라이너의 재료로 사용되는 친수처리된 부직포는 친수처리되지 않은 소수성 부직포와 비교할 때 현저히 뛰어난 액체투과도와 현저히 낮은 내수도를 보이는 점, 이 사건 특허발명의 출원 당시 여러 출원특허에서 '유체불투과성 배킹'의 재료로 소수성 부직포를 사용하기도 하였던 점** 등을 알 수 있는바, 위에서 본 이 사건 제1항, 제2항 및 제4항 발명 사이의 관계, 소수성 부직포에 대한 발명자의 인식과 통상의 기술자의 인식 및 '유체투과성 또는 유체불투과성'에 대한 명세서의 다른 기재 등을 종합하여 보면, 이 사건 특허발명의 상세한 설명에 개시된 플랩의 재료 중 '기초중량 23.72g/㎡ 내지 27.12g/㎡인 미세망상조직'은 이 사건 제1항 발명의 '플랩'에 대한 실시예로 개시된 것으로 보아야 하고, 이 사건 제2항 발명의 "유체투과성 플랩"에 대한 실시예로 개시된 것이라고 보기는 어렵다. 설령 특허권자가 통상의 기술자의 일반적 인식과 달리 친수처리되지 않은 소수성 부직포 중에서 **액체투과도가 높은 재료를 유체투과성 플랩의 재질로 의도하였다고 하더라도, 기초중량 23.72g/㎡ 내지 27.12g/㎡인 미세망상조직이라는 기재만으로는 이를 명세서에서 정의하였다고 볼 수 없고**, 그 밖의 다른 방법으로 유체투과성 플랩을 정의하여 사용하거나 그 기술구성을 명세서에 구체적으로 나타내지 아니하여 통상의 기술자가 이를 용이하게 실시할 수 없는 이상, 이 사건 제2항 발명의 권리범위에 포함된다고 할 수 없다.

(3) 그렇다면 이 사건 제2항 발명의 "유체투과성 플랩"에 대하여는 발명의 상세한 설명에 그 실시 예로서 '**기저귀에 통상적으로 사용되는 스펀본드형 기저귀 라이너**'가 개시되었을 **뿐**이므로, 이에 상당하는 정도의 액체 및 기체투과성을 가진 플랩을 가지지 못한 원심 판시 피고들 제품은 이 사건 제2항 발명의 권리범위에 포함된다고 할 수 없다.

(4) 원심이, 이 사건 제1항 발명은 모든 재료의 플랩을 권리범위로 설정하고, 이 사건 제2항 발명은 유체투과성 플랩으로 권리범위를 한정하며, 이 사건 제4항 발명은 라이너와 동등한 정도의 강한 유체투과성을 가지는 플랩으로 다시 그 권리범위를 한정한 것이므로 이 사건 제2항 발명은 라이너와 같은 정도의 유체투과성을 가지는 플랩을 가지는 구성은 아니라고 판단한 것은 그 이유설시에 있어 다소 적절하지 아니하나, **피고들이 이 사건 제2항 발명을 침해하지 않았다는 결론에 있어서는 정당**하고, 상고이유에서 주장하는 바와 같이 판결 결과에 영향을 미친 특허청구범위의 해석에 관한 법리오해, 이유모순, 이유불비 등의 위법은 없다.

나아가 원고들이 상고이유에서 들고 있는 대법원판결은 이 사건 제2항 발명이 특허요건을 갖추었는지 여부에 대한 판단으로서, 기저귀 라이너에 쓰이는 재료로써 형성된 플랩도 장벽기능을 수행함에 지장이 없어 미완성발명에 해당하지 않는다는 취지이므로, 그 구체적인 보호범위를 확정하는 이 사건에서의 판단과 어긋나지 않는다.

2. 증거의 취사와 사실의 인정과 관련한 이유가 상고이유가 될 수 있는지 여부

원심이 채용 증거들을 종합하여 판시와 같은 사실을 인정한 다음 그 판시와 같은 이유로 원심 감정인 강태진의 감정 결과, **제1심 및 원심의 검증 결과만으로 피고들 제품이 이 사건 제2항 발명의 권리범위에 속한다고 볼 수 없다고 판단하였음은 정당**하고, 상고이유에서 주장하는 채증법칙 위배, 이유모순 등의 위법이 없다.

3. 당사자가 신청한 증거를 법원이 반드시 인정해야 하는지 여부

원심이 원고의 증거신청에 대하여 이를 거절하는 취지에서 **증거조사를 하지 아니하고 변론조서에 그 채부 판단을 기록하지 아니하였다고 하더라도 위법하다고 할 수는 없다**. 따라서 상고이유에서 주장하는 심리미진의 위법이 없다.

제조방법이 기재된 물건청구항(Product by Process Claim, PBP 청구항)

기출 여부 (48회 이후)	특허법 학회 TOP 10	중요도
52회 (2015년) 문제 2	2014	★★★

008 '제조방법이 기재된 물건발명'의 기술적 구성을 특허청구범위의 기재에 의하여 특정되는 구조나 성질 등을 가지는 물건으로 파악하여야 하는지 여부

대법원 2015. 1. 22. 선고 2011후927 전원합의체 판결 [등록무효(특)]

판결요지

1. 제조방법이 기재된 물건발명에 있어서 제조방법의 의미

특허법 제2조 제3호는 발명을 '물건의 발명', '방법의 발명', '물건을 생산하는 방법의 발명'으로 구분하고 있는바, 특허청구범위가 전체적으로 물건으로 기재되어 있으면서 그 제조방법의 기재를 포함하고 있는 발명(이하 '제조방법이 기재된 물건발명'이라고 한다)의 경우 제조방법이 기재되어 있다고 하더라도 **발명의 대상은 그 제조방법이 아니라 최종적으로 얻어지는 물건 자체이므로 위와 같은 발명의 유형 중 '물건의 발명'에 해당**한다. 물건의 발명에 관한 특허청구범위는 발명의 대상인 물건의 구성을 특정하는 방식으로 기재되어야 하는 것이므로, **물건의 발명의 특허청구범위에 기재된 제조방법은 최종 생산물인 물건의 구조나 성질 등을 특정하는 하나의 수단으로서 그 의미를 가질 뿐이다.**

2. 제조방법이 기재된 물건발명의 특허요건을 판단에 있어서 청구범위 해석방법

따라서 제조방법이 기재된 물건발명의 특허요건을 판단함에 있어서 그 기술적 구성을 제조방법 자체로 한정하여 파악할 것이 아니라 **제조방법의 기재를 포함하여 특허청구범위의 모든 기재에 의하여 특정되는 구조나 성질 등을 가지는 물건으로 파악**하여 출원 전에 공지된 선행기술과 비교하여 신규성, 진보성 등이 있는지 여부를 살펴야 한다.

한편 생명공학 분야나 고분자, 혼합물, 금속 등의 화학 분야 등에서의 물건의 발명 중에는 어떠한 제조방법에 의하여 얻어진 물건을 구조나 성질 등으로 직접적으로 특정하는 것이 불가능하거나 곤란하여 제조방법에 의해서만 물건을 특정할 수밖에 없는 사정이 있을 수 있지만, 이러한 사정에 의하여 제조방법이 기재된 물건발명이라고 하더라도 **그 본질이 '물건의 발명'이라는 점과 특허청구범위에 기재된 제조방법이 물건의 구조나 성질 등을 특정하는 수단에 불과하다는 점은 마찬가지이므로, 이러한 발명과 그와 같은 사정은 없지만 제조방법이 기재된 물건발명을 구분하여 그 기재된 제조방법의 의미를 달리 해석할 것은 아니다.**

이와 달리, 제조방법이 기재된 물건발명을 그 제조방법에 의해서만 물건을 특정할 수밖에 없는 등의 특별한 사정이 있는지 여부로 나누어, 이러한 특별한 사정이 없는 경우에만 그 제조방법 자체를 고려할 필요가 없이 특허청구범위의 기재에 의하여 물건으로 특정되는 발명만을 선행기술과 대비하는 방법으로 진보성 유무를 판단해야 한다는 취지로 판시한 대법원 2006. 6. 29. 선고 2004후3416 판결, 대법원 2007. 5. 11. 선고 2007후449 판결, 대법원 2007. 9. 20. 선고 2006후1100 판결, 대법원 2008. 8. 21. 선고 2006후3472 판결, 대법원 2009. 1. 15. 선고 2007후1053 판결,

대법원 2009. 3. 26. 선고 2006후3250 판결, 대법원 2009. 9. 24. 선고 2007후4328 판결 등을 비롯한 같은 취지의 판결들은 이 판결의 견해에 배치되는 범위 내에서 모두 변경하기로 한다.

판결이유

이 사건 제6항 발명의구성 2, 3은 서로 유기적으로 결합하여 '1 이상 100 미만의 중량 욕조비의 30~90℃의 온수에서 세정한 폴리비닐알코올(polyvinyl alcohol, 이하 줄여서 'PVA'라고 한다) 팁(tip)을 원료로 사용하여 PVA 필름을 제조하여, 10cm 정사각형이고 두께가 30~90㎛인 PVA 필름을 50℃의 1ℓ 수중에 4시간 방치했을 때의 PVA의 용출량이 10~60ppm이 되도록 함'을 기술내용으로 하는 것으로서, **편광필름의 제조공정 전에 팁 상태의 PVA 원료를 물로 세정하여 PVA 필름의 제조과정에서 용출되기 쉬운 PVA를 미리 일정 범위 내로 제거함으로써 그 용출된 PVA로 인하여 편광필름에 결점이 생기는 것을 방지**하여 결점이 적은 편광필름을 높은 수율로 얻을 수 있는 작용효과를 가지는 구성이다.

원심은, 이 사건 제6항 발명의 방법에 의하여 제조된 물건인 '편광필름'을 그 특허청구범위로 하여 제조방법이 기재된 물건발명에 해당하는 이 사건 제9, 10항 발명을 비교대상발명들과 대비함에 있어서, 이 사건 제6항 발명의 진보성이 부정되지 않는다고 판단한 다음 곧바로 그에 따라 이 사건 제9, 10항 발명의 진보성도 부정되지 않는다고 판단하였다.

앞서 본 법리에 비추어 볼 때, 제조방법이 기재된 물건발명에 해당하는 이 사건 제9, 10항 발명에 관하여는 그 제조방법의 기재를 포함한 특허청구범위의 모든 기재에 의하여 특정되는 구조나 성질을 가진 물건의 발명만을 비교대상발명들과 대비하여 진보성 유무를 판단하였어야 함에도, 원심은 그에 이르지 아니한 채 제조방법에 관한 발명의 진보성이 부정되지 않는다는 이유만으로 곧바로 그 제조방법이 기재된 물건의 발명인 이 사건 제9, 10항 발명의 진보성도 부정되지 않는다고 판단하였으니, 이러한 원심판결에는 제조방법이 기재된 물건발명의 진보성 판단에 관한 법리를 오해하여 판결에 영향을 미친 위법이 있다. 이를 지적하는 상고이유의 주장은 이유가 있다.

기출 여부 (48회 이후)	특허법 학회 TOP 10	중요도
48회 (2011년) 문제 1	–	★★★
52회 (2015년) 문제 2		

009 PBP 청구항으로 기재된 발명의 기재불비 및 진보성 판단이 문제된 사건

대법원 2021. 12. 30. 선고 2019후10296 판결 [등록무효(특)]

판결요지

1. 정정심결이 확정되었으므로 원심판결이 파기되어야 하는지 여부

특허권자가 정정심판을 청구하여 특허무효심판에 대한 심결취소소송의 사실심 변론종결 이후에 특허발명의 명세서 또는 도면(이하 '명세서 등'이라 한다)을 정정한다는 심결(이하 '정정심결'이라 한다)이 확정되더라도 정정 전 명세서 등으로 판단한 원심판결에 민사소송법 제451조 제1항 제8호가 규정한 재심사유가 있다고 볼 수 없다. 따라서 **원심 변론종결 후 정정심결이 확정되었더라도 이를 상고이유로 주장할 수 없고, 상고심은 정정심결이 확정되기 전의 정정 전 명세서 등을 대상으로 진보성을 판단하여야 한다**(대법원 2020. 1. 22. 선고 2016후2522 전원합의체 판결, 대법원 2020. 11. 26. 선고 2017후2055 판결 등 참조).

2. 청구범위에 발명이 명확하게 적혀 있는지 판단하는 기준

특허법(2008. 2. 29. 법률 제8852호로 개정되기 전의 것, 이하 같다) 제42조 제4항 제2호에서 특허출원의 청구범위는 발명이 명확하고 간결하게 적혀 있어야 하고, 제97조에서 특허발명의 보호범위는 청구범위에 적혀 있는 사항에 의하여 정하여진다고 규정하고 있다. 따라서 청구항에는 명확한 기재만이 허용되고, 발명의 구성을 불명료하게 표현하는 용어는 원칙적으로 허용되지 않는다(대법원 2006. 11. 24. 선고 2003후2072 판결, 대법원 2014. 7. 24. 선고 2012후1613 판결 등 참조). 또한 발명이 명확하게 적혀 있는지 여부는 **통상의 기술자가 발명의 설명이나 도면 등의 기재와 출원 당시의 기술상식을 고려하여 청구범위에 기재된 사항으로부터 특허를 받고자 하는 발명을 명확하게 파악할 수 있는지에 따라 개별적으로 판단**하여야 하고, 단순히 청구범위에 사용된 용어만을 기준으로 하여 일률적으로 판단하여서는 안 된다(대법원 2017. 4. 7. 선고 2014후1563 판결).

3. 제조방법이 기재된 물건발명의 진보성 판단기준

특허법 제2조 제3호는 발명을 '물건의 발명', '방법의 발명' 및 '물건을 생산하는 방법의 발명'으로 구분하고 있는바, 청구범위가 전체적으로 물건으로 기재되어 있으면서 그 제조방법의 기재를 포함하고 있는 발명(이하 '제조방법이 기재된 물건발명'이라 한다)의 경우 제조방법이 기재되어 있다고 하더라도 발명의 대상은 그 제조방법이 아니라 최종적으로 얻어지는 물건 자체이므로 위와 같은 발명의 유형 중 '물건의 발명'에 해당한다. 물건의 발명에 관한 청구범위는 발명의 대상인 물건의 구성을 특정하는 방식으로 기재되어야 하므로, **물건의 발명의 청구범위에 기재된 제조방법은 최종 생산물인 물건의 구조나 성질 등을 특정하는 하나의 수단으로서 그 의미를 가질 뿐이다.** 따라서 **제조방법이 기재된 물건발명의 특허요건을 판단함에 있어서 그 기술적 구성을 제조방법 자체로 한정하여 파악할 것이 아니라 제조방법의 기재를 포함하여 청구범위의 모든 기재에 의하여 특정되는 구조나 성질 등을 가지는 물건으로 파악**하여 출원 전에 공지된 선행기술과 비교하여 신규성, 진보성 등이 있는지 여부를 살펴야 한다(대법원 2015. 1. 22. 선고 2011후927 전원합의체 판결 참조).

판결이유

1. 정정심결이 확정되었으므로 원심판결이 파기되어야 하는지 여부

기록에 따르면, 명칭을 '어류 정액 또는 알로부터 분리된 DNA 중합체 단편복합체 및 그의 제조방법'으로 하는 이 사건 특허발명(특허번호 생략)의 청구범위 제3항(이하 '이 사건 제3항 발명'이라 하고, 다른 청구항도 같은 방식으로 표시한다)에 관하여 원심 변론종결 후인 2019. 3. 27. 정정심판이 청구되어 2019. 4. 23. 그 청구에 따른 정정심결이 있었고 그 무렵 확정된 사실을 알 수 있다. 그러나 앞서 본 것처럼 원심 변론종결 후 정정심결이 확정되었더라도 이를 상고이유로 주장할 수 없고, **정정심결이 확정되기 전의 이 사건 제3항 발명을 대상으로 진보성 부성 여부를 판단하여야 한다.** 이 부분 상고이유 주장은 받아들일 수 없다.

2. 청구범위에 발명이 명확하게 적혀 있는지 판단하는 기준

가) 앞서 본 법리와 기록상 인정되는 사실관계에 비추어 살펴본다.

1) 이 사건 제3항 발명 중 '난용성' 부분의 명확성 원칙 위반 여부

(1) 이 사건 제3항 발명은 청구범위에서 '용해도'에 관하여 '물과 알칼리에 난용성, 알코올에 난용성, 에테르와 아세톤에 불용성'이라고 기재하고 있는데, '난용성'은 어떤 물질이 물이나 그 밖의 용매에 잘 녹지 않는 성질을 의미하는 것으로 일반적으로 사용되는 용어이고, 이 사건 기술분야인 제약 분야에서도 통상의 기술자들 사이에서 위와 같은 의미로 사용되고 있다. 따라서 이 사건 특허발명의 명세서에 '난용성'의 의미에 관한 정의가 기재되어 있지 않더라도, 통상의 기술자는 이 사건 제3항 발명의 청구범위 기재로부터 이 사건 제3항 발명의 DNA 단편 혼합물이 물과 알칼리, 알코올에 잘 녹지 않는 성질을 가진다는 의미로 발명을 명확하게 파악할 수 있다.

(2) 등록된 특허발명의 청구범위에 기재된 사항으로 발명을 명확하게 파악할 수 있다면 특허법 제42조 제4항 제2호의 명확성 요건은 충족된다. 특허권자가 심사절차에서 명확성 원칙 위반의 거절이유를 극복하기 위해 보정 전 청구범위의 '거의 녹지 않으며'와 '매우 조금 녹으며'라는 서로 다른 표현을 '난용성'이라는 동일한 용어로 보정하였다고 하여 보정 후 청구범위의 발명의 범위가 불명확하게 되는 것이 아니다.

(3) 따라서 이 사건 제3항 발명의 청구범위 중 '난용성' 부분은 특허법 제42조 제4항 제2호에서 규정한 기재요건을 충족하였다고 볼 수 있다.

나) 그럼에도 원심은 이와 달리 심사절차에서의 보정경과 등을 근거로 이 사건 제3항 발명의 청구범위 중 '난용성' 기재 부분이 특허법 제42조 제4항 제2호에 위반된다고 판단하였다. 이러한 원심 판단에는 상고이유 주장과 같이 특허법 제42조 제4항 제2호의 기재요건에 관한 법리를 오해하여 판결에 영향을 미친 잘못이 있다.

3. 제조방법이 기재된 물건발명의 진보성 판단기준

가) 이 사건 제3항 발명은 이 사건 제1항 발명의 제조방법에 의해 얻어진 단편 혼합물에 관한 물건발명으로 **분자식 평균, 분자량, 물리적 형태, 용해도, 입자크기 등의 물성에 의해 DNA 단편 혼합물의 구조 및 성질을 한정**하고 있다.

나) 선행발명 1에 개시된 PDRN은 그 염기쌍 길이에 비추어 보면 분자량의 범위에서 이 사건 제3항 발명과 상당 부분 수치범위가 중복된다. 그러나 **PDRN의 제조방법이나 분자식 평균, 물리적 형태, 용해도, 입자크기 등은 선행발명 1에 나타나 있지 않다.**

다) 선행발명 2에는 DNA 단편 혼합물이 개시되어 있지 않다.

라) 선행발명 3에 개시된 PDRN의 분자량은 이 사건 제3항 **발명의 분자량 범위와 차이가 있고, 제조방법도 이 사건 제1항 발명과 다르다.** 분자식 평균, 물리적 형태, 용해도, 입자크기 등 다른 물성에 관하여는 선행발명 3에 기재되어 있지 않다.

마) DNA 단편 혼합물을 구성하는 디옥시리보뉴클레오티드의 **분자식 평균, 용해도 등의 물성을 통상의 기술자가 임의로 적절히 조절할 수 있는 일반적인 방법이 이 사건 특허발명의 출원일 이전에 알려져 있었다거나 이와 같은 방법이 기술상식에 해당한다는 점을 인정할 자료도 없다.**

바) 따라서 선행발명 1, 2와 3의 결합에 의해 이 사건 제3항 발명을 쉽게 발명할 수 있다고 볼 수 없으므로, 이 사건 제3항 발명은 진보성이 부정되지 않는다.

기출 여부 (48회 이후)	특허법 학회 TOP 10	중요도
52회 (2015년) 문제 2	2015	★★★

010 제조방법이 기재된 물건발명의 권리범위 해석방법
대법원 2015. 2. 12. 선고 2013후1726 판결 [권리범위확인(특)]

판결요지

제조방법이 기재된 물건발명에 대한 특허청구범위의 해석방법은 **특허침해소송이나 권리범위확인심판 등 특허침해 단계에서 특허발명의 권리범위에 속하는지 판단하면서도 마찬가지로 적용되어야 할 것**이다. 다만 이러한 해석방법에 의하여 도출되는 특허발명의 권리범위가 명세서의 전체적인 기재에 의하여 파악되는 **발명의 실체에 비추어 지나치게 넓다는 등의 명백히 불합리한 사정이 있는 경우에는 권리범위를 특허청구범위에 기재된 제조방법의 범위 내로 한정**할 수 있다.

판결이유

가. 명칭을 '위장질환 치료제용 쑥추출물'로 하는 이 사건 특허발명(특허등록번호 제181751호)의 특허청구범위 제7항(이하 '이 사건 제7항 발명'이라 하고, 다른 청구항도 같은 방식으로 표시한다)은 '쑥잎을 메탄올 또는 에탄올로 추출하여 얻은 쑥추출물을 탈지하고 클로로포름으로 용출시켜 소분획물을 얻은 다음 이를 다시 실리카겔 컬럼에 충전하여 용출시키는 방법에 의하여 제조한 자세오시딘 (5,7,4'-trihydroxy-6,3'-dimethoxy flavone)을 유효성분으로 하여 이에 약제학적으로 허용되는 물질이 첨가된 위장질환 치료제용 약학적 조성물'이다. 이와 같이 이 사건 제7항 발명은 약학적 조성물의 유효성분과 관련하여 특허청구범위가 전체적으로 '자세오시딘'이라는 물건으로 기재되어 있으면서 그 제조방법의 기재를 포함하고 있으므로 앞서 본 '제조방법이 기재된 물건발명'에 해당한다.

그런데 그 특허청구범위에 기재되어 있는 **자세오시딘의 제조방법이 최종 생산물인 자세오시딘의 구조나 성질에 영향을 미치는 것은 아니므로**, 이 사건 제7항 발명의 권리범위를 해석함에 있어서 그 유효성분은 '자세오시딘'이라는 **단일한 물건 자체라고 해석하여야 한다**. 그리고 위와 같은 자세오시딘의 제조방법에 대하여는 이 사건 제6항 발명에서 별도로 특허청구하고 있을 뿐만 아니라 **이 사건 특허발명의 명세서에는 자세오시딘 자체에 대하여 실험을 하여 대조군인 슈크랄페이트보다 약 30배의 위장질환 치료 효과를 나타낸다는 것을 밝힌 실시 예 17이 기재되어 있는 점** 등에 비추어 보면, 이 사건 제7항 발명의 권리범위를 위와 같이 해석하더라도 **그 발명의 실체에 비추어 지나치게 넓다는 등의 명백히 불합리한 사정이 있다고 할 수는 없다**.

나. 이러한 해석을 전제로 이 사건 제7항 발명과 확인대상발명을 비교하여 보면, 이들 발명은 '약제학적으로 허용되는 물질이 첨가된 위장질환 치료제용 약학적 조성물'이라는 점에서는 동일하나, 그 유효성분이 이 사건 제7항 발명에서는 '자세오시딘'이라는 단일한 물건임에 반하여, **확인대상발명에서는 '유파틸린 0.80~1.3중량% 및 자세오시딘 0.25~0.6중량%를 포함하고, 혈액응고 억제작용을 나타내는 수용성 성분을 포함하지 아니하는 쑥추출물'이라는 점에서 차이가 있다**. 그런데 이 사건 특허발명의 명세서에는, "본 발명자들의 실험 결과 **쑥추출물은 특히 위장질환 치료에 효과가 크며, 중량기준으로 계산 시 정제된 유파틸린과 자세오시딘을 사용한 경우보다 더 강력한 위장질환 치료 효과**를 나타내었다. 이는 쑥추출물 중 미지의 물질이 강력한 위장질환 치료 효과를 나타내며 유파틸린이나 자세오시딘과 상승작용을 하는 것으로 보인다."는 기재가 있는 한편, 자세오시딘을 포함하고 있는 쑥추출물을 투여한 경우에 비하여 그 **쑥추출물에 함유된 것과 동일한 용량의 자세오시딘을 단**

독으로 투여한 경우 위병변 억제 효과가 약 11배나 감소한 실험** 예가 기재되어 있기도 하고, 또한 쑥추출물은 자세오시딘이 가지고 있지 아니한 프로스타글란딘 생합성 촉진작용을 가진다는 실험 예도 기재되어 있다. 이와 같은 명세서의 기재들에 의하면, 쑥추출물에 포함된 자세오시딘은 유파틸린 및 쑥추출물 중의 미지의 물질들과 상호작용을 하여 위장질환 치료와 관련하여 현저한 상승효과를 가지는 것으로 보인다.

따라서 **확인대상발명의 경우 그 유효성분인 앞서 본 '쑥추출물'이 이 사건 제7항 발명의 유효성분인 '자세오시딘'과 동일하거나 균등하다고 할 수는 없고**, 확인대상발명이 이 사건 제7항 발명의 기술적 구성을 전부 포함하고 **발명으로서의 일체성을 유지하면서 이를 그대로 이용한다고 볼 수도 없으므로**, 결국 확인대상발명은 이 사건 제7항 발명의 권리범위에 속한다고 할 수 없다.

다. 원심이 이 사건 제7항 발명의 권리범위를 이 사건 제6항 발명에 기재된 '자세오시딘의 제조방법'으로 한정하여 해석한 것은 잘못이나, **확인대상발명이 이 사건 제7항 발명의 권리범위에 속한다고 할 수 없다고 한 결론은 타당**하므로, 판결 결과에 영향을 미친 위법은 없다.

기출 여부 (48회 이후)	특허법 학회 TOP 10	중요도
60회 (2023년) 문제 1	2021	★★★
52회 (2015년) 문제 2		

011 권리범위 속부 판단에 있어서 PBP 청구항의 해석 방법
대법원 2021. 1. 28. 선고 2020후11059 판결 [권리범위확인(특)]

판결요지

1. 청구범위가 전체적으로 물건으로 기재되어 있으면서 제조방법의 기재를 포함하고 있는 발명이 '물건의 발명'에 해당하는지 여부

특허법 제2조 제3호는 발명을 '물건의 발명', '방법의 발명', '물건을 생산하는 방법의 발명'으로 구분하고 있는바, 청구범위가 전체적으로 물건으로 기재되어 있으면서 제조방법의 기재를 포함하고 있는 발명(이하 '제조방법이 기재된 물건발명'이라고 한다)의 경우 제조방법이 기재되어 있다고 하더라도 발명의 대상은 제조방법이 아니라 최종적으로 얻어지는 물건 자체이므로 위와 같은 발명의 유형 중 '물건의 발명'에 해당한다.

2. '제조방법이 기재된 물건발명'의 권리범위에 속하는지 판단하는 방법

물건의 발명에 관한 청구범위는 발명의 대상인 물건의 구성을 특정하는 방식으로 기재되어야 하므로, 물건의 발명의 청구범위에 기재된 제조방법은 최종 생산물인 물건의 구조나 성질 등을 특정하는 하나의 수단으로서 의미를 가질 뿐이다. 따라서 **제조방법이 기재된 물건발명의 권리범위에 속하는지를 판단함에 있어서 기술적 구성을 제조방법 자체로 한정하여 파악할 것이 아니라 제조방법의 기재를 포함하여 청구범위의 모든 기재에 의하여 특정되는 구조나 성질 등을 가지는 물건으로 파악하여 확인대상 발명과 대비**해야 한다.

판결이유

이 사건 제1항 발명은 '유효 성분으로 입도 누적분포에서 최대 입도에 대해 90%에 해당하는 입도(d90)가 500μm 이하인 폴라프레징크를 포함하는 것을 특징으로 하는, 직타법으로 제조된 정제(tablet)'이다. 이와 같이 이 사건 제1항 발명은 청구범위가 전체적으로 '정제'라는 물건으로 기재되어 있으면서 그 제조방법인 '직타법'에 대한 기재를 포함하고 있으므로, '제조방법이 기재된 물건발명'에 해당한다.

그런데 정제를 제조하는 데 있어서 <u>제정 방법에 따라서 흐름성, 압축성, 정제의 경도 등이 다를 수 있고</u>(을 제11호증, 제113면 내지 114면 참조), 이에 따라 정제의 안정성 및 용출률 등에 차이가 있을 수 있으며, 이 사건 특허발명의 명세서의 '<u>본 발명에 따른 폴라프레징크 정제들을 구성하는 성분들로 직타하여 정제를 제조할 경우 혼합 불균일이나 유동성 불량과 같은 문제점이 발생하지 않으며, 약 10,000정(바람직하게는 50,000정, 더욱 바람직하게는 100,000정)의 정제를 제조하는 동안 스티킹(sticking) 등의 대량생산의 문제점이 발생하지 않는다</u>'(식별번호 [0019])와 같은 기재를 고려하면, 위 법리에 따라 이 사건 제1항 발명은 '유효 성분으로 입도 누적분포에서 최대 입도에 대해 90%에 해당하는 입도(d90)가 500μm 이하인 폴라프레징크를 포함하여 **직접타정법으로 제조됨으로써 특정되는 구조나 성질 등을 가진 정제**'로 해석함이 타당하다(이러한 법리는 확인대상발명에 대해서도 마찬가지로 적용된다).

III 젭슨(Jepson) 타입 청구항

기출 여부 (48회 이후)	특허법 학회 TOP 10	중요도
–	–	★★★

012 출원발명이 자연법칙을 이용한 것인지 여부 판단기준
대법원 2008. 12. 11. 선고 2007후494 판결 [거절결정(특)]

판결요지

1. **특허발명의 신규성 또는 진보성 판단과 관련하여 특허발명의 구성요소가 출원 전에 공지된 것인지에 관한 증명책임의 소재 및 공지사실의 증명 방법**

    특허발명의 신규성 또는 진보성 판단과 관련하여 해당 특허발명의 <u>구성요소가 출원 전에 공지된 것인지는 사실인정의 문제이고, 그 공지사실에 관한 증명책임은 신규성 또는 진보성이 부정된다고 주장하는 당사자에게 있다.</u> 따라서 권리자가 자백하거나 법원에 현저한 사실로서 증명을 필요로 하지 않는 경우가 아니라면, <u>그 공지사실은 증거에 의하여 증명되어야 하는 것이 원칙이다.</u>

2. **특허발명의 구성요소가 청구범위의 전제부에 기재되었거나 명세서에 배경기술 또는 종래기술로 기재되었다는 사정만으로 공지기술로 인정할 수 있는지 여부**

    그리고 청구범위의 전제부 기재는 청구항의 문맥을 매끄럽게 하는 의미에서 발명을 요약하거나 기술분야를 기재하거나 발명이 적용되는 대상물품을 한정하는 등 <u>그 목적이나 내용이 다양</u>하므로, 어떠한 구성요소가 전제부에 기재되었다는 사정만으로 공지성을 인정할 근거는 되지 못한다. 또한 전제부 기재 구성요소가 명세서에 배경기술 또는 종래기술로 기재될 수도 있는데, <u>출원인이 명세서에 기재하는 배경기술 또는 종래기술은 출원발명의 기술적 의의를 이해하는 데 도움이 되고 선행기술 조사 및 심사에 유용한 기존의 기술이기는 하나 출원 전 공지되었음을 요건으로 하는 개념은 아니다.</u> 따라서 명세서에 배경기술 또는 종래기술로 기재되어 있다고 하여 그 자체로 공지기술로 볼 수도 없다.

3. **청구범위의 전제부에 기재된 구성요소를 출원 전 공지된 것으로 사실상 추정할 수 있는 경우 및 추정이 번복되는 경우**

    다만 특허심사는 특허청 심사관에 의한 거절이유통지와 출원인의 대응에 의하여 서로 의견을 교환하는 과정을 통해 이루어지는 절차인 점에 비추어 보면, 출원과정에서 명세서나 보정서 또는 의견서 등에 의하여 출원된 발명의 일부 구성요소가 출원 전에 공지된 것이라는 취지가 드러나는 경우에는 이를 토대로 하여 이후의 심사절차가 진행될 수 있도록 할 필요가 있다.

    그렇다면 <u>명세서의 전체적인 기재와 출원경과를 종합적으로 고려하여 출원인이 일정한 구성요소는 단순히 배경기술 또는 종래기술인 정도를 넘어서 공지기술이라는 취지로 청구범위의 전제부에 기재하였음을 인정할 수 있는 경우에만 별도의 증거 없이도 전제부 기재 구성요소를 출원 전 공지된 것이라고 사실상 추정</u>함이 타당하다. 그러나 이러한 추정이 절대적인 것은 아니므로 출원인이 실제로는 출원 당시 아직 공개되지 아니한 선출원발명이나 출원인의 회사 내부에만 알려져 있었던 기술을 <u>착오로 공지된 것으로 잘못 기재하였음이 밝혀지는 경우와 같이 특별한 사정이 있는 때에는 추정이 번복</u>될 수 있다.

그리고 위와 같은 법리는 실용신안의 경우에도 마찬가지로 적용된다.

이와 달리 출원인이 청구범위의 전제부에 기재한 구성요소나 명세서에 종래기술로 기재한 사항은 출원 전에 공지된 것으로 본다는 취지로 판시한 대법원 2005. 12. 23. 선고 2004후2031 판결을 비롯한 같은 취지의 판결들은 이 판결의 견해에 배치되는 범위 내에서 이를 모두 변경하기로 한다.

4. **특허나 실용신안의 등록무효심판청구에 관하여 종전에 확정된 심결이 있으나 종전 심판에서 청구원인이 된 무효사유 외에 다른 무효사유가 추가된 경우, 새로운 심판청구가 일사부재리의 원칙에 위배되는지 여부**

특허나 실용신안의 등록무효심판청구에 관하여 종전에 확정된 심결이 있더라도 종전 심판에서 **청구원인이 된 무효사유 외에 다른 무효사유가 추가된 경우에는 새로운 심판청구는 그 자체로 동일 사실에 의한 것이 아니어서 일사부재리의 원칙에 위배되지는 아니한다.** 그러나 모순·저촉되는 복수의 심결이 발생하는 것을 방지하고자 하는 일사부재리 제도의 취지를 고려하면, 위와 같은 경우에도 종전에 확정된 심결에서 판단이 이루어진 **청구원인과 공통되는 부분에 대해서는 일사부재리의 원칙 위배 여부의 관점에서 확정된 심결을 번복할 수 있을 정도로 유력한 증거가 새로 제출되었는지를 따져** 종전 심결에서와 다른 결론을 내릴 것인지를 판단하여야 한다.

판결이유

1. **전제부 기재와 관련한 판결이유**

   명칭을 '폐수여과기의 레이크보호장치'로 하는(최종 보정사항이 반영된 등록공보에 기재된 명칭이다) 이 사건 등록고안(실용신안등록번호 1 생략)의 출원경과를 살펴보면, 출원인인 소외인이 이 사건 등록고안의 심사과정 중에 특허청 심사관으로부터 진보성이 부정된다는 취지로 거절이유통지를 받고, 1997. 6. 24.경 원심 판시 **구성 1 내지 4를 전제부 형식으로 보정하면서 종래에 알려진 구성을 공지로 인정하여 전제부 형식으로 바꾸어 기재하였다는 취지**가 담긴 의견서를 제출한 사실을 알 수 있다. 이러한 사정에 비추어 보면, 이 사건 등록고안의 전제부에 기재된 구성 1 내지 4가 공지기술에 해당한다고 사실상 추정할 수는 있다.

   그러나 원심판결 이유에 의하면, 소외인의 의견서 기재는 실제로는 의견서 제출 당시에만 공개되었을 뿐 이 사건 등록고안의 출원 당시에는 공개되지 않았던 선출원고안(후에 실용신안등록번호 2 생략 등록되었다)을 **착오로 출원 당시 공지된 기술인 양 잘못 기재한 것에 불과함을 알 수 있으므로, 위와 같은 추정은 번복되었다고 보아야 한다.**

   원심이 이 사건 등록고안의 청구범위 중 전제부에 기재된 구성 1 내지 4를 공지된 것으로 취급하지 않고 나아가 증거에 의하여 그 공지 여부를 판단한 것은 위 법리에 따른 것으로서, 거기에 상고이유 주장과 같이 청구범위의 전제부 기재 구성요소의 공지 여부 및 출원경과금반언의 원칙에 관한 법리를 오해하거나 심리를 다하지 아니하는 등의 잘못이 없다.

   그리고 상고이유에서 들고 있는 대법원 2002. 6. 14. 선고 2000후2712 판결은 출원경과 중에 드러난 출원인의 의식적 제외에 근거하여 균등침해의 인정 범위를 제한한 것으로서, 사안이 달라 이 사건에 원용하기에 적절하지 아니하다.

2. **일사부재리 관련 판결이유**

   원심이 그 판시와 같은 이유를 들어, 원고가 이 사건에서 한 주장 중 이 사건 등록고안의 진보성이 부정된다는 부분은 종전에 확정된 심결이 있는 등록무효심판에서 청구원인이 된 무효사유와 공통되는데, **이 사건에서 제출된 비교대상고안 7은 이미 확정된 심결의 이유 중에 거론되어 판단되었던 증거이고, 새로이 제출된 비교대상고안 1 내지 6, 8 내지 12 등은 모두 확정된 심결을 번복할 수 있을 정도로 유력한 증거라고 볼 수 없다는 이유로,** 이 사건 등록고안의 진보성이 부정된다는 주장을 배척한 것은 위 법리에 따른 것으로서, 거기에 상고이유 주장과 같이 일사부재리 원칙 적용에 관한 법리를 오해하는 등의 잘못이 없다.

CHAPTER 03 발명의 설명

기출 여부 (48회 이후)	특허법 학회 TOP 10	중요도
–	–	★★

013 명세서에 특허법 제42조 제3항을 위반한 기재불비가 있는지 여부의 판단기준
대법원 2012. 11. 29. 선고 2012후2586 판결 [등록무효(특)]

판결요지

1. **특허법 제42조 제3항에서 정한 '발명이 속하는 기술분야에서 통상의 지식을 가진 이가 용이하게 실시할 수 있을 정도'의 의미**

    특허법 제42조 제3항은 발명의 상세한 설명에는 그 발명이 속하는 기술분야에서 통상의 지식을 가진 이(이하 '통상의 기술자'라고 한다)가 용이하게 실시할 수 있을 정도로 그 발명의 목적·구성 및 효과를 기재하여야 한다고 정하고 있다. 이는 특허출원된 발명의 내용을 제3자가 명세서만으로 쉽게 알 수 있도록 공개하여 특허권으로 보호받고자 하는 기술적 내용과 범위를 명확하게 하기 위한 것이므로, 위 조항에서 요구하는 명세서 기재의 정도는 통상의 기술자가 출원시의 기술수준으로 보아 과도한 실험이나 특수한 지식을 부가하지 아니하고서도 명세서의 기재에 의하여 당해 발명을 정확하게 이해할 수 있고 동시에 재현할 수 있는 정도를 말한다.

2. **발명의 상세한 설명의 기재에 오류가 있더라도 통상의 기술자가 청구항에 기재된 발명을 정확하게 이해하고 재현하는 것이 용이한 경우 특허법 제42조 제3항 위배 여부**

    여기에서 실시의 대상이 되는 발명은 청구항에 기재된 발명을 가리키는 것이라고 할 것이므로, 발명의 상세한 설명의 기재에 오류가 있다고 하더라도 그러한 오류가 청구항에 기재되어 있지 아니한 발명에 관한 것이거나 청구항에 기재된 발명의 실시를 위하여 필요한 사항 이외의 부분에 관한 것이어서 그 오류에도 불구하고 통상의 기술자가 청구항에 기재된 발명을 정확하게 이해하고 재현하는 것이 용이한 경우라면 이를 들어 특허법 제42조 제3항에 위배된다고 할 수 없다.

판결이유

명칭을 '탄소성형체의 제조방법'으로 하는 이 사건 특허발명(특허번호 제596026호)에 관한 '발명의 상세한 설명'에 의하면, 탄소성형체의 원료인 숯혼합물은 1차 분쇄공정에서 분쇄된 미세분말상의 숯과 휘발분 및 회분을 98.23 : 0.88 : 0.89(중량%)의 비율로 혼합한 것이다. 한편 이 사건 특허발명에 따른 탄소성형체 구이판의 일부를 시료로 하여 분석한 결과를 기재한 표 3에는 그 숯혼합물 94~96 중량%와 목초액 4~6중량%를 혼합하여 '1200℃의 온도로 200시간동안 가열 후 30시간정도 상온에서 자연냉각을 4회 실시하는 숙성공정', '15℃의 온도조건으로부터 3000℃의 온도조건까지 약 100시간에 걸쳐 서서히 온도를 높이는 과정을 통해 성형물을 재가열하는 조직의 치밀화 공정', '상온에서 약 10일간에 걸쳐 자연냉각시키는 냉각공정', '200℃ 내지 400℃의 온도로 20분 내지 35분동안 가열하여 코팅하는 1 내지 3차 코팅공정' 등을 거쳐 완성된 탄소성형체에서의 고정탄소, 휘발분 및 회분의 구성비율도 98.23 : 0.88 : 0.89(중량%)인 것으로 기재되어 있다. 그런데 기록에 나타난 이 사건 특허발명의 출원시 당해 분야의 기술상식 등에 비추어 보면, 숯분말은 그 자체로 고정탄소, 휘발분, 회분 및 수분 등으로 이루어진 것이고, 여기에 별도의 휘발분 및 회분을 혼합한 숯혼합물에 다시 목초액을 혼합하여 여러 차례의 가열공정을 거치면, 목초액, 휘발분 및 수분이 증발함으로써 완성된 탄소성형체에서는 원료인 숯혼합물에 비하여 휘발분과 수분의 함량은 감소하고 이에 따라 고정탄소와 회분의 함량은 상대적으로 증가할 것임이 분명하다. 그럼에도 불구하고 위와 같이 원료인 숯혼합물에서의 첨가된 회분의 비율과 완성된 탄소성형체에서의 회분의 비율이 동일함은 기술상식에 반할 수 있다.

그러나 이 사건 **특허발명의 특허청구범위 제1항 및 제2항**(이하 '이 사건 제1항 및 제2항 발명'이라고 한다)은 **'분쇄공정', '혼합공정', '성형공정', '숙성·치밀화·냉각·다듬질 공정', '코팅공정' 등으로 이루어진 탄소성형체의 제조방법에 관한 발명**으로서, 그 특허청구범위에는 탄소성형체의 원료인 숯, 휘발분, 회분 등의 함량만 기재되어 있을 뿐이고 그 방법에 의하여 제조된 **탄소성형체의 성분이나 그 함량에 관하여는 그 특허청구범위에 기재하여 놓은 바 없으므로, 이들 발명은 특정한 성분이나 함량을 갖는 탄소성형체를 발명의 대상으로 삼은 것은 아니다.** 또한 출원시의 기술수준으로 보아 통상의 기술자라면 위와 같은 원료의 성분 및 함량과 명세서상의 그 처리공정에 대한 기재로부터 **제조된 탄소성형체의 성분 및 그 개략적인 함량을 쉽게 유추하여 파악할 수 있고**, 나아가 이 사건 제1항 및 제2항 발명의 실시를 위하여 탄소성형체 성분의 정확한 함량이 필요한 것도 아니라 할 것이다. 그렇다면 비록 발명의 상세한 설명 중 이 사건 제1항 및 제2항 발명의 제조방법에 의하여 제조된 탄소성형체 성분의 구체적인 함량에 관한 기재에 앞서 본 바와 같은 오류가 있다고 하더라도 이는 이 사건 제1항 및 제2항 발명의 실시를 위하여 필요한 사항 이외의 부분에 관한 것이어서 통상의 기술자라면 **그 오류에도 불구하고 위와 같은 명세서 전체의 기재 및 기술상식에 기초하여 별다른 어려움 없이 이들 발명을 정확하게 이해하고 재현할 수 있다고 봄이 상당하다.**

그 밖에 위에서 본 표 3의 분석결과에는 완성공정에서 사용되는 코팅액의 성분인 세라믹, 테프론 불소수지가 포함되어 있지 아니하나, 코팅액은 탄소성형체의 외부에만 도포되는 것이고 표 3의 분석결과는 탄소성형체 구이판의 일부를 시료로 한 것이어서 탄소성형체의 내부 부분에서 시료를 채취하였다면 그 분석결과에서 코팅액 성분이 검출되지 아니할 수 있으므로, 표 3의 탄소성형체 분석결과에서 코팅액 성분이 검출되지 아니한 것 자체에 의하여 오류가 있다고 볼 수도 없다.

결국 이 사건 특허발명의 명세서에는 위에서 살펴본 각 사항과 관련하여 특허법 제42조 제3항을 위반한 기재불비가 있다고 할 수 없다.

PART 03

제29조의 특허요건

CHAPTER 1 _ 산업상 이용가능성
CHAPTER 2 _ 신규성 및 확대된 선출원주의
CHAPTER 3 _ 진보성
CHAPTER 4 _ 불특허 발명

THE PATENT LAW

CHAPTER 01 산업상 이용가능성

기출 여부 (48회 이후)	특허법 학회 TOP 10	중요도
-	-	★★

001 특허법이 요구하는 산업상 이용가능성의 요건
대법원 2003. 3. 14. 선고 2001후2801 판결 [거절사정(특)]

판결요지

특허출원된 발명이 출원일 당시가 아니라 장래에 산업적으로 이용될 가능성이 있다 하더라도 특허법이 요구하는 산업상 이용가능성의 요건을 충족한다고 하는 법리는 **해당 발명의 산업적 실시화가 장래에 있어도 좋다는 의미일 뿐 장래 관련 기술의 발전에 따라 기술적으로 보완되어 장래에 비로소 산업상 이용가능성이 생겨나는 경우까지 포함하는 것은 아니다.**

판결이유

원심판결 이유에 의하면, 원심은, 이 사건 출원발명의 명세서에 기재된 실시예에는 이 사건 출원발명에 사용되는 수지상 세포를 사람의 비장으로부터 얻는 방법만이 기재되어 있지만, 수지상 세포를 사람의 혈액으로부터도 얻을 수 있음이 이미 그 출원일 전에 알려져 있고, 실제로 출원일 이후 사람의 혈액으로부터 수지상 세포를 추출하여 면역반응을 유발시키는 기술이 임상적으로 실시되고 있는 이상, 비록 사람의 비장으로부터 수술에 의하여 수지상 세포를 얻는 것이 일반적이었고, 사람의 혈액으로부터 수지상 세포를 손쉽게 얻는 것이 곤란하여 이 사건 출원발명의 출원일 당시 사람의 혈액으로부터 수지상 세포를 얻는 것이 산업상 이용되고 있지 않다 하더라도, 출원일 당시에 그 기술분야에서 통상의 지식을 가진 자는 장래 의학기술의 발전에 따라 장래에 혈액으로부터도 필요한 양의 수지상 세포를 얻는 것이 가능하리라는 것을 용이하게 생각할 수 있다 할 것이므로, 결국 이 사건 출원발명의 수지상 세포를 외과적인 수술을 거쳐 사람의 비장으로부터 얻는 것을 전제로 하여 이 사건 출원발명이 산업상 이용할 수 없는 발명이라고 할 수 없고, 나아가 이 사건 출원발명은 '수지상 세포'라는 물의 발명이므로 산업상 이용가능성이 부정되는 의료행위에 관한 방법의 발명에도 해당하지 아니하며, 그 발명을 실행할 때 반드시 신체를 손상하거나 신체의 자유를 비인도적으로 구속하는 것이라고도 볼 수 없다는 취지로 판단하였다.

그러나 특허출원된 발명이 출원일 당시가 아니라 장래에 산업적으로 이용될 가능성이 있다 하더라도 특허법이 요구하는 산업상 이용가능성의 요건을 충족한다고 하는 법리는 해당 발명의 산업적 실시화가 장래에 있어도 좋다는 의미일 뿐 장래 관련 기술의 발전에 따라 기술적으로 보완되어 장래에 비로소 산업상 이용가능성이 생겨나는 경우까지 포함하는 것은 아니라 할 것인바, **원심도 인정한 바와 같이 이 사건 출원발명의 출원일 당시 수지상 세포는 혈액 단핵세포의 0.5% 미만으로 존재하고 분리된 후에는 수일 내로 사멸하기 때문에 연구하기가 쉽지 않아 혈액으로부터 충분한 양의 수지상 세포를 분리해 내는 것은 기술적으로 쉽지 않고, 출원일 이후 기술의 발전에 따라 사람의 혈액으로부터 수지상 세포를 추출하고 이를 이용하여 면역반응을 유발시키는 기술이 임상적으로 실시되고**

있다는 것이므로, 결국 이 사건 출원발명의 출원일 당시를 기준으로 수지상 세포를 사람의 혈액으로부터 분리하여 이 사건 출원발명에 사용하는 기술이 장래에 산업상 이용가능성이 있다고 보기는 어렵다 할 것이다.

  그럼에도 불구하고, 원심이 이 사건 출원발명의 수지상 세포를 사람의 혈액으로부터 얻을 수 있어 이 사건 출원발명이 산업상 이용가능성이 있다고 판단한 것은 산업상 이용가능성에 관한 법리를 오해하여 판결 결과에 영향을 미친 위법이 있다고 할 것이므로, 이에 관한 이 사건 상고이유의 주장은 이유 있다.

기출 여부 (48회 이후)	특허법 학회 TOP 10	중요도
−	−	★★★

002 치료 효과와 비치료 효과를 동시에 가지는 방법 발명의 산업상 이용가능성

특허법원 2018. 12. 14. 선고 2018허3062 판결 [거절결정(특)] (확정)

판결요지

특허법 제29조 제1항은 '산업상 이용할 수 있는 발명'으로서 신규성 및 진보성이 부정되지 않는 것은 특허를 받을 수 있다고 하여 산업상 이용가능성을 특허요건의 하나로 규정하는데, 인간을 수술하거나, 치료하거나, 진단하는 방법, 즉 의료행위의 발명은 산업상 이용가능성이 없으므로 특허의 대상이 될 수 없으며(대법원 1991. 3. 12. 선고 90후250 판결 참조), 인간을 치료하는 방법에는 직접적 치료방법뿐만 아니라 치료를 위한 예비적 처치방법, 건강상태를 유지하기 위한 처치방법, 인체가 질병에 걸릴 가능성을 방지 또는 감소시키는 예방방법 및 간호방법도 포함된다(대법원 2006. 11. 9. 선고 2006재후43 판결 참조). 한편 청구항에 의료행위를 적어도 하나의 단계 또는 불가분의 구성요소로 포함하는 방법의 발명은 산업상 이용 가능한 것으로 인정되지 않으며(특허법원 2005. 6. 23. 선고 2004허7142 판결 참조), 인체를 처치하는 방법이 치료 효과와 미용효과 등의 비치료 효과를 동시에 가지는 경우에 치료 효과와 비치료 효과를 구별 및 분리할 수 없으면 그러한 방법은 치료방법에 해당하므로 산업상 이용 가능한 것으로 인정되지 않는다.

판결이유

가) 이 사건 제25항 출원발명은 '피부, 점막, 또는 피부 부속기의 보습; 피부, 점막, 또는 피부 부속기의 리페어링(repairing) 향상; 진피 퍼밍(firmness) 향상; 노화방지효과; 피지 분비 조절, 및 비듬(dandruff) 감소' 중 적어도 하나를 위한 방법으로 이 사건 제1항 출원발명 등의 조성물을 '피부, 피부 부속기, 점막, 또는 머리카락에 접촉시키는 단계'를 포함하는 것을 특징으로 하는 것이다.

나) 그런데 이 사건 제25항 출원발명에서 인용하는 이 사건 제1항 출원발명 등은 미용 조성물 또는 미용 조성물의 제조 방법이므로, 이 사건 제25항 출원발명은 미용 조성물을 피부, 피부 부속기 등에 접촉시키는 단계를 포함하는 것이다.

다) 그러나 이 사건 제25항 출원발명이 이 사건 제1항 출원발명의 미용 조성물을 사용하는 방법이라고 하더라도, 을 제1, 3, 4호증의 각 기재와 변론 전체의 취지에 의하여 인정되는 다음과 같은 사정, 특히 이 사건 제25항 출원발명의 조성물이 활성물질, 적용 부위, 적용 방법 면에서 치료 조성물과 동일할 뿐 아니라 미용치료 방법으로 사용되어 치료 효과와 미용 효과가 구별되거나 분리되지 아니하는 점 등에 비추어 보면, 앞서 본 법리에 비추어 이 사건 제25항 출원발명은 '건강상태를 유지하기 위한 처치방법' 또는 '인체가 질병에 걸릴 가능성을 방지 또는 감소시키는 예방방법'으로서 의료행위에 해당한다고 봄이 타당하다.

(1) 이 사건 출원발명의 명세서(을 제1호증) 중 아래와 같은 기재(특히 밑줄 친 부분)에 비추어 보면, 이 사건 제25항 출원발명은 가수분해된 효모 단백질을 미용 용도뿐만 아니라 치료 용도로도 사용하는 것임이 분명하다.

(2) 이 사건 출원발명의 명세서(을 제1호증)의 위 기재 및 아래와 같은 기재(특히 밑줄 친 부분)에 비추어 보면, 이 사건 제25항 출원발명의 '리페어링(repairing) 향상; 진피 퍼밍(firmness) 향상; 노화방지효과; 피지 분비 조절, 및 비듬(dandruff) 감소'는 미용 효과뿐만 아니라 치료 효과도 의미하며, <u>특히 '리페어링 향상, 피지 분비 조절 및 비듬 감소'는 치료 효과가 주된 목적이고, 미용 효과는 치료에 수반되는 부수적 효과라고 봄이 타당하다.</u>

(3) 이 사건 출원발명의 명세서 중 발명의 상세한 설명에는 이 사건 제25항 출원발명에 관하여 '본 발명은 가수분해된 효모 단백질을 피부 등에 도포하여 보습, 노화, 피부 리페어를 위한 미용치료방법'이라는 취지로 기재하였다(을 제1호증, 식별번호 【0228】~【0248】 참조).

(4) 이 사건 출원발명의 명세서에 의하면 미용 및 치료 조성물은 모두 동일한 종류 및 동일한 종의 효모에서 얻어진 가수분해된 효모 단백질을 활성물질로 포함하며 (식별번호 【0104】), 피부 등 적용되는 부위 및 인체에 접촉하는 방법(도포)도 동일한 점(식별번호【0228】), 또한 <u>미용 조성물은 미용과 치료를 동시에 나타내는 '미용치료(cosmetic treatment) 방법'으로 사용될 수 있는 점</u>(식별번호 【0228】) 등에 비추어 보면, 이 사건 제25항 출원발명에서 위와 같은 <u>미용효과와 치료 효과는 서로 구별되거나 분리될 수 있을 것으로 보이지 아니한다.</u>

(5) <u>비듬은 피지선의 과다 분비, 두피 세포의 과다 증식, 곰팡이의 과다 증식의 원인으로 발생되는 것으로</u>(을 제2호증), 널리 알려진 지루성 피부염의 초기 증상 중 하나이다(을 제3호증). 또한, <u>비듬은 질병분류표로서 L21.0의 코드가 부여</u>되어 있고, 이는 지루피부염의 하위분류로서 두피지루성 피부염 중 하나이다(을 제4호증).

라) 이에 대해서 원고는, 이 사건 제25항 출원발명은 단순히 미용 조성물을 피부 등에 접촉시키는 단계를 포함할 뿐이어서 전문 의료인이 개입할 필요 없이 의학적 전문지식과 경험이 전혀 없는 자에 의해서도 수행될 수 있으므로 의료행위에 해당하지 아니한다는 취지로 주장한다.

그러나 원고가 그 주장의 근거로 들었던 대법원판례(대법원 2012. 5. 10. 선고 2010도5964 판결)는 '무면허 의료행위'를 처벌하는 의료법위반 등 형사사건에 관한 것으로 이 사건과는 사안이 다르므로 이 사건에 그대로 원용할 수는 없다.

오히려 산업상 이용가능성이 없어 특허를 받을 수 없는 의료행위에 해당하는지는, 인간의 수술, 치료, 진단 방법 등의 의료행위에 대하여 특허를 부여하지 아니하는 주된 이유가, 인간의 생명이나 건강을 유지, 회복하기 위한 방법에 관하여 배타적, 독점적 지위를 부여함으로써 질병의 치료, 진단, 예방행위를 자유로이 할 수 없도록 하는 것은 인간의 존엄, 건강의 유지 또는 생존을 제한할 우려가 있어 특허제도의 목적에 우선하는 인간의 존엄이라는 절대적 가치에 반하기 때문이라는 점(특허법원 2005. 6. 23. 선고 2004허7142 판결 참조) 등을 고려하여 특허법의 관점에서 결정되어야 한다. 이러한 관점에서 본다면, 특허권의 대상에서 제외되는 <u>'인간을 수술하거나, 치료하거나 진단하는 방법'이 반드시 의료법상 의료인에 의하여 수행되는 것으로만 제한된다고 보기 어렵다.</u>

또한, 이 사건 제25항 출원발명은 <u>조성물을 사용하는 방법의 주체를 한정하지 아니하였을 뿐 아니라 이 사건 출원발명의 명세서 중 발명의 상세한 설명에도 의료법상 의료인의 개입을 배제하는 기재가 없는 이상</u>, 의사가 비듬, 피지 분비에 따른 여드름, 지루성 피부염 등을 가진 환자를 치료하기 위하여 이 사건 출원발명의 조성물을 환부에 도포하는 것도 이 사건 제25항 출원발명의 보호범위에 포함된다고 할 것이므로, 이 점에서도 이 사건 제25항 출원발명은 인간을 치료하는 방법을 포함하는 의료행위에 해당한다.

기출 여부 (48회 이후)	특허법 학회 TOP 10	중요도
–	–	★★★

003 비치료적 용도로 한정한 방법 발명의 산업상 이용가능성
특허법원 2017. 11. 17. 선고 2017허4501 판결 [거절결정(특)]

판결요지

1. 의료행위 판단 기준

사람의 질병을 진단, 치료, 경감하고 예방하거나 건강을 증진시키는 의료행위에 관한 발명은 산업에 이용할 수 있는 발명이라 할 수 없으므로 특허를 받을 수 없는 것이다(대법원 1991. 3. 12. 선고 90후250 판결 참조).

한편 의료법에서 정하는 '의료행위'라 함은 <u>의학적 전문지식을 기초로 하는 경험과 기능으로 진찰, 검안, 처방, 투약 또는 외과적 시술을 시행하여 하는 질병의 예방 또는 치료행위 및 그 밖에 의료인이 행하지 아니하면 보건위생상 위해가 생길 우려가 있는 행위를 의미한다</u>. 여기서 말하는 '의료인이 행하지 아니하면 보건위생상 위해가 생길 우려'는 추상적 위험으로도 충분하므로 <u>구체적으로 환자에게 위험이 발생하지 아니하였다고 해서 보건위생상의 위해가 없다고 할 수는 없다</u>(대법원 2012. 5. 10. 선고 2010도5964 판결 참조).

2. 완성된 발명 판단 기준

특허를 받을 수 있는 발명은 완성된 것이어야 하는데, <u>완성된 발명이란 그 발명이 속하는 분야에서 통상의 지식을 가진 자가 반복 실시하여 목적하는 기술적 효과를 얻을 수 있을 정도까지 구체적, 객관적으로 구성되어 있는 발명</u>으로서, 그 판단은 특허출원의 명세서에 기재된 발명의 목적, 구성 및 작용효과 등을 전체적으로 고려하여 출원 당시의 기술수준에 입각하여 판단하여야 하고(대법원 1994. 12. 27. 선고 93후1810 판결 등 참조), 특허출원의 명세서에 발명의 내용이 그 정도까지 기재되어 있지 아니하다면 그 발명은 완성되었다고 볼 수 없을 뿐만 아니라 명세서의 기재요건을 충족하였다고 볼 수도 없다(대법원 2004. 10. 28. 선고 2002후2488 판결 등 참조).

3. 특허청장이 거절결정불복심판청구 기각 심결의 취소소송절차에서 새로운 거절이유를 주장할 수 있는지 여부

특허출원에 대한 심사 단계에서 거절결정을 하려면 그에 앞서 출원인에게 거절이유를 통지하여 의견서 제출의 기회를 주어야 하고, 거절결정불복심판청구 기각 심결의 취소소송절차에서도 <u>특허청장은 심사 또는 심판 단계에서 의견서 제출의 기회를 부여한 바 없는 새로운 거절이유를 주장할 수는 없다</u>(대법원 2016. 1. 14. 선고 2015후1447 판결 등 참조).

판결이유

1. 의료행위인지 여부와 관련한 판결이유

1) 이 사건 출원발명은 오케스트라의 연주기법에 따라 피부를 마사지하여 피부 마찰로 피부의 온도를 높여 화장품의 성분이 피부 속 진피층까지 잘 흡수되도록 촉진시키기 위한 피부미용에 관한 방법발명으로서, 인체를 필수 구성요건으로 하고는 있지만, 이 사건 출원발명 그 자체가 수술·치료·진단을 목적으로 하는 것이 아닐 뿐만 아니라 신체를 손상하거나 신체의 자유를 비인도적으로 구속하는 것이 아니라는 점은 분명하다.

2) 다음으로, 이 사건 출원발명이 산업상 이용가능성이 부정되는 '치료방법 내지 의료행위'에 해당하는지 여부에 관하여 본다.

원고는 이 사건 출원 당시부터 그 명세서의 상세한 설명 및 청구범위에 이 사건 출원발명을 '피부미용법'으로 기재하였을 뿐만 아니라, 그 명세서 전반적인 기재를 종합적으로 살펴보면 이 사건 출원발명은 '소정의 방식에 의하여 피부를 마사지함으로써 화장품이 피부에 잘 스며들도록 하는 피부미용법'에 관한 것임을 알 수 있다.

또한, 이 사건 출원발명에 따른 문지르기, 쓰다듬기, 말아서 올리기 등이 통상의 마사지 기법과 동일하고, 이러한 마사지 기법에 의해 혈류개선, 노폐물 배출, 자율신경 조절, 인체 부종 완화, 자가 면역력 증진 등 <u>어느 정도 건강증진의 효과가 수반된다고 하더라도, 이는 어디까지나 피부미용의 목적과 효과를 달성하기 위한 과정에서 나타나는 부수적인 효과일 뿐이지, 이를 가리켜 의료행위에 해당한다거나 사람에 대한 수술방법 또는 비수술적 치료방법 내지 진단방법에 해당한다고 볼 수는 없다</u>(더욱이 피부미용기법은 피부에 발생한 트러블을 치유하거나, 혈류를 개선하거나, 각질을 제거하는 등의 방식을 채택하는 것이 일반적인데 그 과정에서 어느 정도의 건강증진의 효과가 수반되는 것은 거의 필연적일 것이다. 그런데 이러한 이유만으로 피부미용기법을 '치료행위 내지 의료행위'로 볼 수는 없다. 이는 특히 피부미용과 관련된 시장규모가 지속적으로 성장하고 있고, 이에 따라 경쟁이 심화되어 특허보호에 대한 요구가 점차 커지는 현실 및 산업발전이라는 특허법의 목적 등에 비추어 보더라도 더욱 그러하다).

3) 이에 대하여 피고는, '치료행위'에는 '치료를 위한 예비적 처치방법'이나 '건강상태를 유지하기 위한 처치방법'이 모두 포함되는데, 이 사건 출원발명은 이러한 치료행위에 해당하므로 산업상 이용가능성이 부정된다고 주장하나, 앞서 본 바와 같이 이 사건 <u>출원발명은 사람에 대한 수술·치료·진단을 목적으로 하는 것이 아니라 미용행위에 관한 것임이 명백하고, 그 명세서의 상세한 설명 등을 종합해 보아도 이는 의학 영역에서의 치료 또는 사람의 건강상태를 유지시키기 위한 처치방법에 해당한다고 볼 수는 없</u>으므로, 이와 다른 전제에 선 피고의 위 주장은 받아들이지 않는다.

2. 완성된 발명인지 여부와 관련한 판결이유

원고는 위와 같은 해당 연주기법에 따라 연주된 음악을 틀어놓고 그 빠르기나 느낌에 따라 미용행위를 하는 것으로 연주기법을 객관적으로 재연가능하다고 주장한다.

살피건대, 이 <u>사건 출원발명의 오케스트라의 연주기법에 의한 피부미용법은 사람의 행위가 주요 구성요소로 되어 있는 것으로서 이를 시행하는 각 개인의 숙련도에 의해서 달라질 수 있는 일종의 기능에 해당하는 성질</u>을 가지므로, 이 사건 특허출원의 명세서 기재만으로는 통상의 기술자가 이를 반복하여 재현할 수 있다고 볼 수 없다[원고 역시 이 사건 출원발명을 실시하기 위해서는 상당한 숙련이 필요하고 원고로부터 별도의 교육을 받지 않은 채 제3자가 이 사건 출원발명의 명세서 기재만을 보고 이 사건 출원발명의 오케스트라 연주기법에 따른 피부미용법을 재연하는 것은 절대 불가능하다고 진술하였다(이 법원 제1회 변론조서 참조)].

따라서, 이 사건 특허출원 명세서에 기재된 발명의 목적, 구성 및 작용효과 등을 전체적으로 고려하면 이 사건 출원발명은 통상의 기술자가 반복 실시하여 목적하는 기술적 효과를 얻을 수 있을 정도까지 구체적·객관적으로 구성되어 있는 발명이라고 할 수 없으므로 산업상 이용가능성이 결여될 뿐만 아니라, 통상의 기술자가 용이하게 실시할 수 있도록 그 명세서가 기재되어 있지도 않다고 봄이 옳다.

3. 특허청장이 거절결정불복심판청구 기각 심결의 취소소송절차에서 새로운 거절이유를 주장할 수 있는지 여부

다만, 특허출원에 대한 심사 단계에서 거절결정을 하려면 그에 앞서 출원인에게 거절이유를 통지하여 의견서 제출의 기회를 주어야 하고, 거절결정불복심판청구 기각 심결의 취소소송절차에서도 특허청장은 심사 또는 심판 단계에서 의견서 제출의 기회를 부여한 바 없는 새로운 거절이유를 주장할 수는 없는 것인데(대법원 2016. 1. 14. 선고 2015후1447 판결 등 참조), 위와 같은 특허요건 결여의 점에 관하여는 이 사건 심사 단계에서 원고에게 의견제출의 기회가 부여되지도 않았고, 위 사유가 거절결정의 이유로 된 바도 없으므로, 이 법원이 이를 이 사건 심결의 당부를 판단하는 근거로 삼을 수는 없다[물론 심사 또는 심판 단계에서 의견서 제출의 기회를 부여한 거절이유와 주요한 취지가 부합하여 이미 통지된 거절이유를 보충하는 데 지나지 아니하는 것이면 이를 심결의 당부를 판단하는 근거로 삼을 수 있을 것이나, 앞서 든 각 증거에 의하면 특허청 심사관은 원고에게 2016. 7. 28.자 의견제출 통지를 보낸 이후 원고가 그 취지에 따라 2016. 8. 29. 명세서 등을 보정하자 특허청 심사관은 2016. 7. 28.자 의견제출통지에 포함되어 있었던 '기재불비에 관한 특허법 제42조 제4항 제2호에 관한 거절이유'는 일응 위 명세서 등 보정을 통하여 극복한 것으로 보고, **그 이후로는 오로지 산업상 이용가능성에 관한 특허법 제29조 제1항 본문 규정에 위배된다는 점만을 지적하면서 결국 위 사유로 거절결정을 하기에 이르렀고**, 그 이후의 재심사청구 및 이 사건 심결에서도 이러한 사정이 변경된 바 없으므로, 위와 같은 특허요건 결여 사유는 원고에게 의견제출기회를 부여한 사유와 그 주요한 취지가 부합한다고 보기 어렵다].

기출 여부 (48회 이후)	특허법 학회 TOP 10	중요도
-	-	★★★

004 동물에만 한정하여 특허청구함을 명시하고 있는 경우 산업상 이용할 수 있는 발명으로서 특허의 대상이 되는지 여부

대법원 1991. 3. 12. 선고 90후250 판결 [거절사정]

판결요지

사람의 질병을 진단, 치료, 경감하고 예방하거나 건강을 증진시키는 의약이나 의약의 조제방법 및 의약을 사용한 의료행위에 관한 발명은 산업에 이용할 수 있는 발명이라 할 수 없으므로 특허를 받을 수 없는 것이나, 다만 동물용 의약이나 치료방법 등의 발명은 산업상 이용할 수 있는 발명으로서 특허의 대상이 될 수 있는바, **출원발명이 동물의 질병만이 아니라 사람의 질병에도 사용할 수 있는 의약이나 의료행위에 관한 발명에 해당하는 경우에도 그 특허청구범위의 기재에서 동물에만 한정하여 특허청구함을 명시하고 있다면** 이는 산업상 이용할 수 있는 발명으로서 특허의 대상이 된다.

판결이유

사람의 질병을 진단, 치료, 경감하고 예방하거나 건강을 증진시키는 의약이나 의약의 조제방법 및 의약을 사용한 의료행위에 관한 발명은 산업에 이용할 수 있는 발명이라 할 수 없으므로 특허를 받을 수 없는 것이나 다만 동물용 의약이나 치료방법 등의 발명은 산업상 이용할 수 있는 발명으로서 특허의 대상이 될 수 있는바, 출원발명이 동물의 질병만이 아니라 사람의 질병에도 사용할 수 있는 의약이나 의료행위에 관한 발명에 해당하는 경우에도 그 특허청구범위의 기재에서 동물에만 한정하여 특허청구함을 명시하고 있다면 이는 산업상 이용할 수 있는 발명으로서 특허의 대상이 된다고 할 것이다.

기록에 의하면 이 사건에서 출원인이 당초 특허청구 범위의 기재에 있어서 특허청구범위 제3항, 제4항 및 제8항 내지 제10항에 관하여 그 발명이 동물에만 한정됨을 명시하는 취지의 기재를 하지 아니하였으나 특허청 항고심 계속중 위 특허청구범위에 관하여 "**인간을 제외한 포유동물의 왁진접종방법**"이라고 보정을 하여 그 특허청구범위를 동물에만 한정하고 있으므로, 비록 그 발명이 실질적으로 사람의 질병의 경우에도 적용될 수 있다 하더라도 이를 산업상 이용할 수 있는 발명이 아니라고 볼 수 없음에도 불구하고 원심이 본원발명은 실질적으로 의약을 사용하여 사람의 질병을 예방하는 방법의 발명에 해당한다는 이유로 본원발명이 산업상 이용할 수 있는 발명이 아니라고 본 것은 특허요건에 관한 법리를 오해한 위법이 있다할 것이고 이 점을 지적하는 논지는 이유있다.

CHAPTER 02 신규성 및 확대된 선출원주의

기출 여부 (48회 이후)	특허법 학회 TOP 10	중요도
–	2021	★★★

005 확대된 선출원 규정 적용시 발명의 동일성 판단
대법원 2021. 9. 16. 선고 2017후2369, 2017후2376(병합) 판결 [등록무효(특)]

판결요지

1. 확대된 선출원주의 의의 (특허법 제29조 제3항)

특허출원한 발명이 그보다 먼저 출원된 다른 발명의 특허출원서에 <u>최초로 첨부된 명세서에 기재된 청구범위나 발명의 설명 또는 도면의 내용과 동일성이 인정될 경우</u>에는 먼저 출원된 발명이 나중에 공개된 경우에도 특허를 받을 수 없다.

2. 확대된 선출원주의에서 발명의 동일성 판단기준

특허법(2006. 3. 3. 법률 제7871호로 개정되기 전의 것) 제29조 제3항에서 말하는 발명의 동일성은 발명의 진보성과는 구별되는 것으로서 <u>두 발명의 기술적 구성이 동일한지 여부에 따르되 발명의 효과도 참작해서 판단</u>해야 한다. 두 발명의 기술적 구성에 차이가 있더라도 그 차이가 과제해결을 위한 구체적 수단에서 <u>주지관용기술의 부가·삭제·변경 등에 지나지 않아 새로운 효과가 발생하지 않는 정도의 미세한 차이</u>가 있을 뿐이라면 두 발명은 서로 실질적으로 동일하다고 할 수 있다. 그러나 두 발명의 기술적 구성의 차이가 위와 같은 정도를 벗어난다면 <u>설령 그 차이가 그 발명이 속하는 기술분야에서 통상의 지식을 가진 사람이 용이하게 도출할 수 있는 범위</u> 내라고 하더라도 두 발명이 동일하다고 할 수 없다.

판결이유

가. 이 사건 특허발명(특허번호 생략)은 '환기용 급기 장치'라는 명칭의 발명으로서, **외부 급기부와 연설되는 내부 급기배관이 건축물 바닥면에 설치되는 난방배관의 폐열을 열교환으로 회수·이용할 수 있도록 난방배관의 하면에 배치되어 있는 것을 특징**으로 한다.

나. 선출원발명인 원심판결 선행발명 1의 명세서에는 공기배관이 실내 바닥과 벽체를 통해 매설된다는 내용과 동절기에 외부의 찬 공기가 에어히터를 통해 1차적으로 예열되고 그에 이어 난방호스의 난방열이 콘크리트를 통해 공기배관에 전달되므로 충분히 가열된 공기가 실내에 공급된다는 내용이 적혀 있다. 그 도면에는 공기배관이 난방호스가 있는 실내 바닥에 매설되어 있는 구성이 나타나 있다. 다만 선행발명 1의 명세서나 도면에는 공기배관과 난방호스의 위치 관계에 관한 설명이나 한정사항이 없으므로, 급기배관을 난방배관의 하면에 배치한다고 한정한 이 사건 특허발명의 기술적 구성과는 차이가 있다.

다. 급기배관과 난방배관을 함께 건축물 바닥에 매설할 때 **난방배관의 폐열을 활용하도록 급기배관을 난방배관 하면에 배치하는 구성**이 이 사건 특허발명 출원 당시 기술상식이거나 주지관용기술에 해당한다고 볼만한 자료가 없다.

난방배관으로 바닥 난방을 할 때에는 대체로 난방배관의 하부로 열손실이 일어나는데, 이 사건 특허발명은 급기배관을 난방배관의 하면에 배치함으로써 난방배관 하부로 방출되어 손실되는 열을 **급기배관을 통해 실내에 공급되는 공기를 데우는 데 활용할 수 있으므로 그만큼 열손실을 줄일 수 있다**. 이처럼 이 사건 특허발명은 선행발명 1과의 기술적 구성의 차이로 인해 새로운 효과를 가진다.

라. 이 사건 특허발명과 선행발명 1의 기술적 구성의 차이가 과제해결을 위한 구체적 수단에서 주지관용기술의 부가·삭제·변경 등에 지나지 않는다거나 새로운 효과가 발생하지 않는 정도의 미세한 차이가 있을 뿐이라고 볼 수 없다. 따라서 두 발명은 동일하다고 할 수 없다.

그런데도 원심은, 이 사건 특허발명과 선행발명 1의 기술적 구성의 차이가 통상의 기술자가 통상 채용할 수 있는 미세한 변경에 불과하고 그로 인한 효과의 차이도 없다는 등의 이유로 두 발명이 실질적으로 동일하다고 판단하였다. 원심판결에는 특허법 제29조 제3항에서 발명의 동일성 판단에 관한 법리를 오해하여 판결에 영향을 미친 잘못이 있다. 이를 지적하는 상고이유 주장은 정당하다.

기출 여부 (48회 이후)	특허법 학회 TOP 10	중요도
–	–	★★

006 특허법 제29조 제1항 제1호에서 말하는 '특허출원 전'의 의미
대법원 2007. 4. 27. 선고 2006후2660 판결 [정정(특)]

판결요지

1. **특허법 제29조 제1항 제1호에서 말하는 '특허출원 전'의 의미 및 어떤 발명 또는 기술이 특허출원 전에 공지 또는 공연 실시된 것인지를 인정함에 있어 특허출원 후에 작성된 문건들을 기초로 삼을 수 있는지 여부**

    특허법 제29조 제1항 제1호 소정의 '특허출원 전에 국내에서 공지되었거나 공연히 실시된 발명'에서 '특허출원 전'의 의미는 <u>발명의 공지 또는 공연 실시된 시점이 특허출원 전이라는 의미이지 그 공지 또는 공연 실시된 사실을 인정하기 위한 증거가 특허출원 전에 작성된 것을 의미하는 것은 아니므로</u>, 법원은 특허출원 후에 작성된 문건들에 기초하여 어떤 발명 또는 기술이 특허출원 전에 공지 또는 공연 실시된 것인지 여부를 인정할 수 있다

2. **특허법 제136조 제6항의 법적 성격 및 정정심판이나 그 심결취소소송에서 주된 취지에 있어서 정정의견제출통지서에 기재된 사유와 실질적으로 동일한 사유로 정정심판을 기각하는 심결을 하거나 그 심결에 대한 취소청구를 기각하는 것이 허용되는지 여부**

    의견서 제출기회를 부여하는 특허법 제136조 제6항은 정정청구에 대한 <u>심사의 적정을 기하고 심사제도의 신용을 유지하기 위한 공익상의 요구에 기인하는 이른바 강행규정</u>이므로, 정정심판이나 그 심결취소소송에서 <u>정정의견제출통지서를 통하여 심판청구인에게 의견서 제출 기회를 부여한 바 없는 사유를 들어 정정심판청구를 기각하는 심결을 하거나 심결취소청구를 기각하는 것은 위법</u>하나, 정정의견제출통지서에 기재된 사유와 다른 별개의 새로운 사유가 아니고 <u>주된 취지에 있어서 정정의견제출통지서에 기재된 사유와 실질적으로 동일한 사유</u>로 정정심판을 기각하는 심결을 하거나 그 심결에 대한 취소청구를 기각하는 것은 허용된다.

3. **정정의견제출통지서에 기재된 증거가 아님에도 정정거절이유를 보충하는 자료를 증거로 채용하여 심결취소청구를 기각하는 사유로 삼을 수 있는지 여부**

    정정의견제출통지서에 기재된 증거가 아니라도 <u>정정거절이유를 보충하는 것이라면 새로운 정정거절이유라고 할 수 없으므로</u>, 특허법원이 그 증거를 채용하여 정정청구를 기각한 심결이 정당하다는 사유의 하나로 삼았다고 하여 심리범위를 일탈하였다고 할 수 없다.

판결이유

1. 공지 여부와 관련한 판결이유

    기록에 비추어 살펴보면, 원심이 이 사건 정정 후 제1항 발명의 특허청구범위에 기재된 '공동배관'이라는 기술사상이 이 사건 특허발명의 출원 전에 공지된 것인 사실을 인정하기 위해 이 사건 특허출원 전에 반포된 간행물인 을 제3호증 외에도 <u>이 사건 특허발명의 우선권주장일 후에 작성된 갑 제6, 7호증, 을 제6호증을 증거로 채용한 것은 위 법리에 따른 것으로 옳고</u>, 거기에 상고이유로 주장하는 바와 같은 채증법칙 위배나 진보성 판단에 관한 법리오해의 위법은 없다.

2. 정정거절이유와 관련한 판결이유

　원심판결 이유에 의하면, 원심은 이 사건 심결취소청구를 기각하면서 그 사유를 이 사건 정정 후 제1항 발명이 비교대상발명 1 및 2에 의하여 진보성이 부정되므로 특허출원시 특허받을 수 없다는 데에 두고 있음을 알 수 있고, 이러한 사유는 당초 정정거절이유에 포함된 것이어서 새로운 정정거절이유가 아님은 분명하고, 한편 원심이 채용한 갑 제9호증 및 을 제5호증은 당초의 정정의견제출통지서에 기재되어 있지 않은 증거들이긴 하나 갑 제9호증은 새로운 증거로 정정을 거절하고 있는 것이 아니라 비교대상발명 1의 '통신모듈'이 정정 후 이 사건 제1항 발명의 '접속단자대'와 실질적으로 동일한 것임을 설명하면서, <u>비교대상발명 1의 기재를 보충하는 자료로서 사용된 것임을 알 수 있으며, 을 제5호증은 '공동배관'이 이 사건 특허발명의 우선권주장일 당시 주지의 기술사상에 지나지 않는다는 것을 보이기 위해 이를 뒷받침하거나 비교대상발명 2를 보충하는 자료로서 사용된 것임을 알 수 있으므로</u>, 결국 원심이 위 증거들을 채용하였다고 하여 정정심판에 관한 강행법규를 위반하였거나 심결취소소송에서의 심리범위를 일탈하였다고 볼 수 없다.

기출 여부 (48회 이후)	특허법 학회 TOP 10	중요도
–	–	★★★

007 등록특허의 공지 시점
특허법원 2020. 2. 14. 선고 2019허4833 판결 [거절결정(특)] (심리불속행 기각)

판결요지

갑이 '스트레인게이지를 이용한 브레이크 시스템'에 관한 선행발명 1을 특허출원하여 등록료를 납부한 후 특허청 전산정보처리조직의 파일에 선행발명 1에 관한 등록료 수납정보가 기록된 직후, 명칭을 "스트레인게이지를 이용한 급발진 방지 시스템 및 그 제어방법"으로 하는 출원발명을 특허출원하였고, **출원발명의 출원일 다음 날 선행발명 1에 대한 특허등록원부가 실제로 생성되었는데, 갑의 출원발명에 대하여 특허심판원이 '선행발명 1이 출원발명의 출원 전에 공지되었고, 출원발명의 청구항 1은 선행발명 1 등에 의하여 진보성이 부정된다'는 이유로 등록을 거절한 사안이다.**
　특허권의 설정등록을 받으려는 자가 **특허료를 냈을 때(등록료 납부서가 접수되거나, 특허청장이 부여한 납부자번호로 등록료를 납부하는 경우 등록료의 수납정보가 특허청 전산정보처리조직의 파일에 기록되는 때) 특허청장의 특허권 설정등록절차 이행 여부와 무관하게 곧바로 특허권 설정등록이 된 것으로 보아 특허가 공지된 것으로 볼 수는 없는바**, 선행발명 1은 **특허등록원부가 생성된 시점에서야 특허권 설정등록이 이루어진 것이고**, 달리 등록료 수납정보가 특허청에 도달한 시점부터 선행발명 1에 대한 **특허등록원부가 생성됨으로써 특허권 설정등록이 이루어진 시점까지 선행발명 1의 특허출원에 관한 서류 등에 대한 제3자의 열람·복사가 이루어졌다고 볼 수도 없으므로**, 선행발명 1은 등록료 수납정보가 특허청에 도달한 시점이 아니라 **출원발명의 출원일 이후로서 선행발명 1에 대한 특허등록원부가 생성됨으로써 특허권 설정등록이 이루어진 시점에 공지되었다고 보아야 하고**, 한편 선행발명 1에 대한 특허등록원부에 특허등록일이 등록료 납부일로 기재되어 있다는 사정만으로 선행발명 1의 특허권 설정등록일이 특허등록원부에 기재된 대로 의제되거나 소급된다고 보기도 어려우므로, 결국 선행발명 1은 출원발명의 출원 이후에 공지된 발명으로서 출원발명의 진보성 판단의 기초가 되는 선행기술이 될 수 없고, 출원발명의 청구항 1은 선행발명 1을 제외한 나머지 선행발명들에 의하여 진보성이 부정되지 아니한다고 한 사례이다.

판결이유

1. 당사자 주장의 요지

　가. 원고의 주장

　1) 선행발명 1과 같이 특허출원 중인 발명은 특허료가 납부된 시점이 아니라 등록원부가 생성된 때에 설정등록이 완료되고, 위와 같이 설정등록이 완료되는 시점까지는 특허청 직원 등에게 비밀유지의무가 유지되는바, 비록 선행발명 1에 관한 등록료가 이 사건 출원발명의 출원 시(2016. 8. 16. 15:40:54) 이전(2016. 8. 16. 13:53:33)에 납부되었다고 하더라도 **선행발명 1에 대한 특허등록원부는 이 사건 출원발명의 출원 시 이후(2016. 8. 17. 17:05:51)에서야 생성된 이상 선행발명 1은 이 사건 출원발명의 출원일 이전에 공지된 것이 아니어서** 이 사건 출원발명의 진보성을 부정하는 선행기술로 삼을 수 없다.

　2) 이 사건 제1항 출원발명은 나머지 선행발명 2, 3에 의하여 진보성이 부정되지 아니한다.

　3) 따라서 이와 결론을 달리한 이 사건 심결은 위법하므로 취소되어야 한다.

나. 피고의 주장

1) 이 사건 출원발명은 선행발명 1의 특허료(설정등록료)가 완납되어 그 납부내역이 특허청에 도달된 이후에 출원되었고 그 이후에 선행발명 1의 특허등록원부가 생성되었는바, ① 특허권은 설정등록에 의하여 발생하고[구 특허법(2016. 2. 29. 법률 제14035호로 개정되기 전의 것, 이하 같다) 제87조 제1항], 특허권의 설정등록을 받으려는 자는 설정등록을 받으려는 날(설정등록일)로부터 3년분의 특허료를 내야 하며(구 특허법 제79조 제1항), 이에 따른 특허료를 냈을 때 특허청장은 특허권을 설정하기 위한 등록을 하여야 하므로(구 특허법 제87조 제2항 제1호), **특허청 내부의 행정절차로 인하여 특허료가 완납되어 그 수납정보가 도달된 날을 지나서 특허등록원부가 생성되더라도 특허등록원부가 생성된 날이 아니라 '설정등록을 받으려는 날(즉, 설정등록을 받기 위해 그날부터 3년분의 특허료를 납부한 날)'이 '설정등록일'로 되는 점**, ② 특허 또는 심판에 관한 증명, 서류의 등본 또는 초본의 발급, 특허원부 및 서류의 열람 또는 복사가 필요한 자는 특허청장 또는 특허심판원장에게 신청할 수 있고(구 특허법 제216조 제1항), 앞서 본 바와 같이 **특허청장은 특허료가 완납되어 그 수납정보가 도달되면 직권으로 설정등록을 해야 하므로, 이때 제3자 등이 출원번호나 발명의 명칭 등에 관한 정보에 근거하여 관련 서류의 열람이나 복사를 신청한 경우 이를 제한할 아무런 이유가 없어 열람·복사가 허용되는 상태가 되는 점**, ③ 더욱이 특허제도는 발명의 공개를 대가로 일정기간 동안 배타적인 독점권을 부여하는 것인 점을 감안하면 **특허권의 효력이 발생하는 시점(특허료의 수납정보 도달 시점)부터 일반 공중이 해당 특허를 이용할 수 있는 상태에 놓인다고 보는 것이 특허법의 입법 취지에도 부합하는 점**에 비추어 보면, 선행발명 1은 특허료가 완납되어 그 수납정보가 특허청에 도달한 시점인 2016. 8. 16. 14:00:47 이후에는 공지된 상태에 있었다고 볼 수 있으므로, 이 사건 출원발명의 진보성 판단의 기초가 되는 선행기술이 될 수 있다.

2) 이 사건 제1항 출원발명은 통상의 기술자가 선행발명 1에 의하여 또는 선행발명 1 내지 3에 의하여 쉽게 발명할 수 있으므로 진보성이 부정된다.

3) 따라서 이와 결론을 같이한 이 사건 심결은 적법하다.

2. 이 사건 심결의 위법 여부에 대한 판단

가. 선행발명 1이 이 사건 출원발명의 출원 전에 공지되었는지 여부

1) 관련 법령

■ 구 특허법(2016. 2. 29. 법률 제14035호로 개정되기 전의 것)

> **제29조(특허요건)**
> ① 산업상 이용할 수 있는 발명으로서 다음 각호의 어느 하나에 해당하는 것을 제외하고는 그 발명에 대하여 특허를 받을 수 있다.
>   1. 특허출원 전에 국내 또는 국외에서 공지(공지)되었거나 공연(공연)히 실시된 발명
>   2. 특허출원 전에 국내 또는 국외에서 반포된 간행물에 게재되었거나 전기통신회선을 통하여 공중(공중)이 이용할 수 있는 발명
> ② 특허출원 전에 그 발명이 속하는 기술분야에서 통상의 지식을 가진 사람이 제1항 각호의 어느 하나에 해당하는 발명에 의하여 쉽게 발명할 수 있으면 그 발명에 대해서는 제1항에도 불구하고 특허를 받을 수 없다.

> **제79조(특허료)**
> ① 제87조 제1항에 따른 특허권의 설정등록을 받으려는 자는 설정등록을 받으려는 날(이하 '설정등록일'이라 한다)부터 3년분의 특허료를 내야 하고, 특허권자는 그 다음 해부터의 특허료를 해당 권리의 설정등록일에 해당하는 날을 기준으로 매년 1년분씩 내야 한다.

③ 제1항 및 제2항에 따른 특허료, 그 납부방법 및 납부기간, 그 밖에 필요한 사항은 산업통상자원부령으로 정한다.

제81조의2(특허료의 보전)
① 특허청장은 특허권의 설정등록을 받으려는 자 또는 특허권자가 제79조 제3항 또는 제81조 제1항에 따른 기간에 특허료의 일부를 내지 아니한 경우에는 특허료의 보전(보전)을 명하여야 한다.
② 제1항에 따라 보전명령을 받은 자는 그 보전명령을 받은 날부터 1개월 이내(이하 '보전기간'이라 한다)에 특허료를 보전할 수 있다.
③ 제2항에 따라 특허료를 보전하는 자는 내지 아니한 금액의 2배의 범위에서 산업통상자원부령으로 정한 금액을 내야 한다.

제87조(특허권의 설정등록 및 등록공고)
① 특허권은 설정등록에 의하여 발생한다.
② 특허청장은 다음 각호의 어느 하나에 해당하는 경우에는 특허권을 설정하기 위한 등록을 하여야 한다.
　1. 제79조 제1항에 따라 특허료를 냈을 때
　3. 제81조의2 제2항에 따라 특허료를 보전하였을 때
③ 특허청장은 제2항에 따라 등록한 경우에는 특허권자의 성명·주소 및 특허번호 등 대통령령으로 정하는 사항을 특허공보에 게재하여 등록공고를 하여야 한다.
⑤ 특허청장은 등록공고가 있는 날부터 3개월 동안 출원서류 및 그 부속물건을 공중이 열람할 수 있도록 하여야 한다.

제88조(특허권의 존속기간)
① 특허권의 존속기간은 제87조 제1항에 따라 특허권을 설정등록한 날부터 특허출원일 후 20년이 되는 날까지로 한다.

제216조(서류의 열람 등)
① 특허 또는 심판에 관한 증명, 서류의 등본 또는 초본의 발급, 특허원부 및 서류의 열람 또는 복사가 필요한 자는 특허청장 또는 특허심판원장에게 신청할 수 있다.
② 특허청장 또는 특허심판원장은 제1항의 신청이 있더라도 설정등록 또는 출원공개되지 아니한 특허출원에 관한 서류, 그 특허출원의 제132조의3에 따른 특허거절결정에 대한 심판에 관한 서류와 공공의 질서 또는 선량한 풍속에 어긋나거나 공중의 위생을 해칠 우려가 있는 것은 허가하지 아니할 수 있다.

제226조(비밀누설죄 등)
특허청 또는 특허심판원 소속 직원이거나 직원이었던 사람이 특허출원 중인 발명(국제출원 중인 발명을 포함한다)에 관하여 직무상 알게 된 비밀을 누설하거나 도용한 경우에는 5년 이하의 징역 또는 5천만 원 이하의 벌금에 처한다.

■ 구 특허법 시행규칙(2017. 2. 28. 산업통상자원부령 제245호로 개정되기 전의 것, 이하 같다)

제120조(서류의 열람 등)
① 법 제216조에 따른 특허등록원부발급신청·자료열람(복사)신청·서류등본(초본)발급신청

및 특허원부기록사항발급신청은 [별지 제29호 서식], 심판청구사실증명신청·심결확정사실증명신청·심결문송달증명신청 및 결정문송달증명신청은 [별지 제19호 서식]에 따른다. 다만 신청인이 전보 또는 구두(전화를 포함한다)로 서류의 등본 또는 초본의 발급이나 복사의 신청을 한 때에는 그 발급 전까지 신청서를 제출하여야 한다.

■ 구 특허권 등의 등록령(2016. 9. 13. 대통령령 제27495호로 개정되기 전의 것, 이하 같다)

제2조(정의)
이 영에서 사용하는 용어의 뜻은 다음과 같다.
1. '등록원부'란 특허법 제85조에 따른 특허원부, 실용신안법 제18조에 따른 실용신안등록원부, 디자인보호법 제88조에 따른 디자인등록원부 및 상표법 제39조에 따른 상표원부를 말한다.
5. '등록료'란 특허법 제79조에 따른 특허료, 실용신안법 제16조에 따른 등록료, 디자인보호법 제79조에 따른 디자인등록료 및 상표법 제34조에 따른 상표등록료를 말한다.

제13조(등록의 방법)
① 등록은 법령에 따라 특허청장이 직권으로 하는 경우를 제외하고는 신청 또는 촉탁에 의해서만 한다.

제14조(직권에 의한 등록)
① 다음 각호의 사항의 등록은 특허청장이 직권으로 하여야 한다.
1. 특허권 등의 설정 및 소멸(포기에 따른 소멸은 제외한다)

제28조(등록의 순서)
② 직권에 의한 등록은 등록의 원인이 생긴 순서에 따른다.
③ 제2항에도 불구하고 특허권 등(국제등록디자인권 및 국제등록기초상표권은 제외한다)의 설정등록, 지정상품의 추가등록, 상표권의 존속기간갱신등록신청은 등록료를 납부(등록료 일부를 납부하지 아니한 경우를 포함한다)한 납부서가 접수된 순서에 따른다. 다만 특허청장이 부여한 납부자번호(이하 '지정납부자번호'라 한다)로 등록료를 납부하는 경우에는 등록료의 수납정보가 특허청 전산정보처리조직의 파일에 기록되는 순서에 따라 등록하여야 한다.

■ 구 특허권 등의 등록령 시행규칙(2016. 9. 22. 산업자원부령 제217호로 개정되기 전의 것, 이하 같다)

제2조(정의)
이 영에서 사용하는 용어의 뜻은 다음과 같다.
1. '등록원부'란 특허법 제85조에 따른 특허원부, 실용신안법 제18조에 따른 실용신안등록원부, 디자인보호법 제88조에 따른 디자인등록원부 및 상표법 제39조에 따른 상표원부를 말한다.
5. '등록료'란 특허법 제79조에 따른 특허료, 실용신안법 제16조에 따른 등록료, 디자인보호법 제79조에 따른 디자인등록료 및 상표법 제34조에 따른 상표등록료를 말한다.

> **제27조(특허권 설정의 등록방법)**
> 특허권의 설정등록을 할 때에는 특허등록원부에 다음 각호의 사항을 기록하여야 한다.
>   1. 특허번호란 : 특허번호
>   2. 권리란 중 등록사항란 : 다음 각 목의 사항
>   가. 특허출원의 연월일 및 출원번호
>   나. 등록공고의 연월일 및 공고번호
>   다. 특허결정 또는 심결의 연월일
>   라. 특허청구범위의 항수(항수)
>   마. 분류기호 및 발명의 명칭
>   3. 특허권자란 중 등록사항란 : 특허권자의 성명 및 주소(법인인 경우에는 그 명칭 및 영업소의 소재지를 말한다)

  2) 관련 법리

구 특허법 제29조 제1항 제1호는 산업상 이용할 수 있는 발명이라고 하더라도 그 발명이 특허출원 전에 국내에서 공지되었거나 또는 공연히 실시된 발명에 해당하는 경우에는 특허를 받을 수 없도록 규정하고 있는바, **여기에서 '공지되었다'고 함은 반드시 불특정 다수인에게 인식되었을 필요는 없다 하더라도 적어도 불특정 다수인이 인식할 수 있는 상태에 놓여져 있음을 의미한다**(대법원 2002. 6. 14. 선고 2000후1238 판결 등 참조). 한편 여기서 '특허출원 전'이란 특허출원일의 개념이 아닌 특허출원의 시, 분, 초까지 고려한 자연시(자연시) 개념이다.

  3) 인정 사실

갑 제1, 2호증, 을 제1, 2호증의 각 기재에 변론 전체의 취지를 종합하면, 다음과 같은 사실을 인정할 수 있다.

① 원고는 이 사건 출원발명의 출원에 앞서 <u>2015. 4. 7. 선행발명 1을 출원하여 2016. 7. 11. 특허청 심사관으로부터 특허결정을 받은 후 특허청장이 부여한 납부자번호로 등록료를 납부하여 2016. 8. 16. 14 : 00 : 47에 특허청 전산정보처리조직의 파일에 선행발명 1에 관한 원고의 등록료 수납정보가 기록</u>되었다.

② 그 후 원고의 이 사건 **출원발명은 2016. 8. 16. 15 : 40 : 54 특허출원**되었다.

③ 한편 선행발명 1은 이 사건 출원발명의 <u>출원일 다음 날인 2016. 8. 17. 17 : 05 : 51 특허등록원부가 실제로 생성</u>되었으나, 선행발명 1에 대한 특허등록원부에는 특허등록일이 등록료를 납부한 날인 '2016. 8. 16.'로 기재되었다.

  4) 구체적 검토

㈎ 이 사건 출원발명 및 선행발명 1의 출원 및 등록 당시 시행되던 **구 특허법 제216조 제1항**은 "특허 또는 심판에 관한 증명, 서류의 등본 또는 초본의 발급, 특허원부 및 서류의 열람 또는 복사가 필요한 자는 특허청장 또는 특허심판원장에게 신청할 수 있다."라고 하고, **제2항**은 "특허청장 또는 특허심판원장은 제1항의 신청이 있더라도 설정등록 또는 출원공개되지 아니한 특허출원에 관한 서류, 그 특허출원의 제132조의3에 따른 특허거절결정에 대한 심판에 관한 서류와 공공의 질서 또는 선량한 풍속에 어긋나거나 공중의 위생을 해칠 우려가 있는 것은 허가하지 아니할 수 있다."라고 규정하고 있을 뿐, **구 특허법 시행령이나 시행규칙에는 등록공고되지 아니한 특허출원에 관한 서류 등에 대한 제3자의 열람ㆍ복사를 제한하는 별도의 규정이 없고**, 단지 **시행규칙 제120조에서 구 특허법 제216조에 따른 자료열람복사신청의 절차를 규정하고 있을 뿐**이어서, 구 특허법에 따라 **설정등록된 특허는 특별한 사정이 없는 한 제3자가 신청에 의하여 열람ㆍ복사를 할 수 있고, 다만 설정등록되**

지 아니한 출원에 관한 서류 등에 대해 일정한 경우 허가하지 아니할 수 있을 뿐이므로, 설정등록일 이후에는 특허는 공지된 것으로 보아야 한다(대법원 2009. 12. 24. 선고 2009다72056 판결 참조).주7)

㈏ 한편 특허권의 설정등록이란 특허출원에 대한 심사관의 특허결정 후 특허료의 납부 또는 면제 시에 특허청장이 직권으로 특허청에 비치된 특허원부에 소정의 사항을 기재하는 절차를 말한다.

그러나 다음과 같은 이유로 특허권의 설정등록을 받으려는 자가 특허료를 냈을 때 특허청장의 특허권 설정등록절차 이행 여부와 무관하게 곧바로 특허권 설정등록이 된 것으로 보아 특허가 공지된 것으로 볼 수는 없다.

① **구 특허법 제87조 제2항**은 '특허청장은 특허권의 설정등록을 받으려는 자가 구 특허법 제79조 제1항에 따른 특허료를 냈을 때에는 특허권을 설정하기 위한 등록을 하여야 한다'고 규정하고 있고, **구 특허권 등의 등록령 제14조 제1항 제1호**는 '특허권의 설정등록은 특허청장이 직권으로 하여야 한다'고 규정하고 있으며, **구 특허권 등의 등록령 시행규칙 제27조**는 특허권 설정등록방법을 구체적으로 규정하고 있을 뿐, 구 특허법 등 어디에도 특허권의 설정등록을 받으려는 자가 구 특허법 제79조 제1항에 따른 특허료를 냈을 때(등록료 납부서가 접수되거나, 특허청장이 부여한 납부자번호로 등록료를 납부하는 경우 등록료의 수납정보가 특허청 전산정보처리조직의 파일에 기록되는 때, 이하 같다) 특허청장의 특허권 설정등록절차 이행 여부와 무관하게 곧바로 특허권이 설정등록된 것으로 의제하거나, 특허료가 납부되어 **특허청장이 특허권을 설정하기 위한 등록을 하여야 하는 시점이 속하는 날을 특허권의 '설정등록일'로 의제하는 규정이 없고**, 단지 **구 특허권 등의 등록령 제28조 제2항**은 "직권에 의한 등록은 등록의 원인이 생긴 순서에 따른다."라고 하고, 제3항은 "제2항에도 불구하고 특허권 설정등록은 등록료를 납부(등록료 일부를 납부하지 아니한 경우를 포함한다)한 납부서가 접수된 순서에 따른다. 다만 특허청장이 부여한 납부자번호로 등록료를 납부하는 경우에는 등록료의 수납정보가 특허청 전산정보처리조직의 파일에 기록되는 순서에 따라 등록하여야 한다."라고 규정하고 있을 뿐이다.

② **구 특허법 제81조의2 제1항**은 "특허청장은 특허권의 설정등록을 받으려는 자 또는 특허권자가 제79조 제3항 또는 제81조 제1항에 따른 기간에 특허료의 일부를 내지 아니한 경우에는 특허료의 보전(보전)을 명하여야 한다."라고 하고, **제81조의2 제2항**은 "제1항에 따라 보전명령을 받은 자는 그 보전명령을 받은 날부터 1개월 이내에 특허료를 보전할 수 있다."라고 하며, **제87조 제2항 제3호**는 "특허청장은 제81조의2 제2항에 따라 특허료를 보전하였을 때에는 특허권을 설정하기 위한 등록을 하여야 한다."라고 규정하고 있는바, 이에 의하면 특허권의 설정등록을 받으려는 자가 특허료를 냈을 때 구 특허법 소정의 특허료가 완납되었는지 여부를 사후적으로 확인하여(이는 특허권의 설정등록을 받으려는 자가 구 특허법 소정의 특허료 전부를 냈을 때에도 마찬가지이다), **만일 구 특허법 소정의 특허료의 일부를 내지 아니한 경우에는 특허료의 보전을 명하여야 하는 등 특허권의 설정등록을 받으려는 자의 구 특허법 제79조 제1항 소정의 특허료 완납 여부를 판단하는 절차가 반드시 필요**하다.

그러므로 특허권의 설정등록을 받으려는 자가 특허료를 낸 시점 또는 그 특허료 수납정보가 특허청에 도달하는 시점과 특허권의 설정등록을 받으려는 자가 **구 특허법 제79조 제1항 소정의 특허료를 완납하였음이 최종적으로 확인되어 특허청장에게 특허권 설정등록 의무가 발생하는 시점 사이에는 필연적으로 시간적 간격이 발생할 수밖에 없는바**, 특허법 등 어디에도 특허권의 설정등록을 받으려는 자가 **특허료를 낸 시점에 특허청장의 특허권 설정등록절차 이행 여부와 무관하게 곧바로 특허권이 설정등록된 것으로 의제하거나, 특허료가 납부되어 특허청장이 특허권을 설정하기 위한 등록을 하여야 하는 시점이 속하는 날을 특허권의 '설정등록일'로 의제하는 규정이 없다.**

③ 더욱이 특허권의 설정등록을 받으려는 자가 구 특허법 제79조 제1항 소정의 특허료를 납부하였다고 하더라도 **특허권 설정등록이 되기 전까지는 그 출원발명은 공개된 것이 아니어서 비밀상태를 유지하고 있어야 하므로 열람 등이 허용되지 않는바**, 앞서 본 바와 같이 **구 특허법 제216조도 공중에**

대한 열람제공의무시기, 열람·복사신청을 허가하지 않을 수 있는 종기를 '특허권 설정등록일'로 명시적으로 규정하고 있다.

④ 한편 피고는, 특허료 수납정보가 특허청에 도달한 시점이 아니라 특허등록원부 생성시점을 특허권 설정등록일로 보게 되면, 특허청 내부의 행정 지연 등으로 인하여 특허등록원부의 생성이 지연되는 경우에 특허권의 효력 발생이 지연되어 특허권자가 피해를 보게 되는 문제가 있으므로 특허료가 납부되어 특허청장이 특허권을 설정하기 위한 등록을 하여야 하는 시점을 특허권의 '설정등록일'로 보아야 한다는 취지로 주장하나, ㉠ 구 특허법 제87조 제1항은 "특허권은 설정등록에 의해 발생한다."라고 규정하고 있고, 구 특허법 제88조 제1항은 "특허권의 존속기간은 제87조 제1항에 따라 특허권을 설정등록한 날부터 특허출원일 후 20년이 되는 날까지로 한다."라고 규정하고 있는바, 이에 의하면, 특허권은 그 실질적 요건인 권리를 부여한다는 취지의 특허결정과 형식적 요건인 설정등록을 구비함으로써 비로소 권리가 될 수 있는데, 특허권 설정등록은 단순한 권리발생의 확인행위가 아니라 권리부여행위의 일부로 해석하여야 하는 점, ㉡ 특허제도는 영업비밀 보호제도와는 달리 창작한 기술적 사상의 내용과 이러한 기술 내용에 대하여 보호하고자 하는 권리범위를 명세서에 의해 공중에게 명확히 공개하는 대가로 일정기간 동안 독점권을 부여하는 제도인 점, ㉢ 특허권이 설정등록에 의해 발생하는 것(구 특허법 제87조 제1항)과 대응하여 그 기술 내용과 권리범위 역시 원칙적으로 특허청장의 설정등록에 의해 설정등록일에 공중에게 공개되는 점 등을 고려하면, 특허청 내부 사정 등으로 인하여 특허권 설정등록이 지연되는 경우에 특허권의 설정등록을 받으려는 자가 특허청장을 상대로 부작위법확인소송을 제기하거나 국가를 상대로 손해배상청구소송을 제기하는 등의 방법으로 권리구제를 받는 것은 별론으로 하더라도, 피고가 주장하는 사정만으로는 법률의 규정 없이 특허료가 납부되어 특허청장이 특허권을 설정하기 위한 등록을 하여야 하는 의무가 발생하는 시점을 '설정등록일'로 의제할 수 없다.

㈐ 결국 선행발명 1은 2016. 8. 17. 17 : 05 : 51에서야 특허등록원부가 생성됨으로써 특허권 설정등록이 이루어졌고, 달리 등록료 수납정보가 특허청에 도달한 2016. 8. 16. 14 : 00 : 47부터 선행발명 1에 대한 특허등록원부가 생성됨으로써 특허권 설정등록이 이루어진 2016. 8. 17. 17 : 05 : 51까지 사이에 선행발명 1의 특허출원에 관한 서류 등에 대한 제3자의 열람·복사가 이루어졌다고 볼 아무런 자료가 없으므로, 선행발명 1은 등록료 수납성보가 특허청에 도날한 2016. 8. 16. 14 : 00 : 47이 아니라 이 사건 출원발명의 출원일 이후로서 선행발명 1에 대한 특허등록원부가 생성됨으로써 특허권 설정등록이 이루어진 2016. 8. 17. 17 : 05 : 51에 공지되었다고 보아야 하고, 선행발명 1에 대한 특허등록원부에 특허등록일이 등록료 납부일인 '2016. 8. 16.'로 기재되어 있다는 사정만으로 선행발명 1의 특허권 설정등록일이 위 특허등록원부에 기재된 대로 의제되거나 소급된다고 보기도 어렵다. 따라서 선행발명 1은 이 사건 출원발명의 출원 이후에 공지된 발명으로서 이 사건 출원발명의 진보성 판단의 기초가 되는 선행기술이 될 수 없다고 할 것이다.

다. 소결

이상에서 살펴본 내용을 종합하면, 선행발명 1은 이 사건 출원발명의 출원 전에 공지된 것이 아니어서 이 사건 출원발명의 진보성을 부정하는 선행기술로 사용될 수 없고, 이 사건 제1항 출원발명은 선행발명 2, 3에 의하여 진보성이 부정되지 아니하는바, 이와 결론을 달리하여 선행발명 1 내지 3에 의하여 이 사건 제1항 출원발명의 진보성이 부정되고, 그에 따라 이 사건 출원발명의 등록이 거절되어야 한다고 판단한 이 사건 심결은 위법하다.

기출 여부 (48회 이후)	특허법 학회 TOP 10	중요도
-	-	★★★

008 공지 또는 공연 실시된 발명의 의의
대법원 2012. 4. 26. 선고 2011후4011 판결 [등록무효(특)]

판결요지

1. 석명권 불행사로 인한 채증법칙위반 판단기준

민사소송법 제136조 제4항은 "법원은 당사자가 간과하였음이 분명하다고 인정되는 법률상 사항에 관하여 당사자에게 의견을 진술할 기회를 주어야 한다."고 규정하고 있으므로, **당사자가 부주의 또는 오해로 인하여 명백히 간과한 법률상의 사항이 있거나 당사자의 주장이 법률상 관점에서 보아 모순이나 불명료한 점이 있으면 법원은 적극적으로 석명권을 행사하여 당사자에게 의견진술의 기회를 주어야 하며, 만일 이를 게을리 한 경우에는 석명 또는 지적의무를 다하지 아니한 것이다**(대법원 2011. 11. 10. 선고 2011다55405 판결 등 참조).

2. 공지 또는 공연 실시된 발명 판단기준

특허법 제29조 제1항 제1호는 산업상 이용할 수 있는 발명이라고 하더라도 그 발명이 특허출원 전에 국내 또는 국외에서 공지되었거나 또는 공연히 실시된 발명에 해당하는 경우에는 특허를 받을 수 없도록 규정하고 있다. 여기에서 '**공지되었다**'고 함은 반드시 불특정다수인에게 인식되었을 필요는 없다 하더라도 적어도 **불특정다수인이 인식할 수 있는 상태에 놓인 것을 의미하고**(대법원 2002. 6. 14. 선고 2000후1238 판결 등 참조), '**공연히 실시되었다**'고 함은 **발명의 내용이 비밀유지약정 등의 제한이 없는 상태에서 양도 등의 방법으로 사용되어 불특정다수인이 인식할 수 있는 상태에 놓인 것을 의미한다**(대법원 2005. 2. 18. 선고 2003후2218 판결 참조).

판결이유

1. 석명권 불행사로 인한 채증법칙위반 등의 점에 대하여

기록에 의하면, 을 제2호증(확약서)은 작성일자가 '2007. 9. 17.'이고 '동부건설 주식회사 A'가 작성명의인으로 되어 있는 사문서인데, 피고는 을 제2호증을 원심의 제2회 변론기일 직전에 이르러서야 증거로 제출하였고, **원고가 준비서면으로 그 진정성립을 적극적으로 다투었음에도 피고는 진정성립을 입증할 증거를 제출하지 아니한 사실**을 알 수 있다.

위와 같은 사실관계를 앞서 본 법리에 비추어 살펴보면, **을 제2호증의 진정성립을 입증할 증거를 제출하여야 한다는 것은 피고가 명백히 간과한 법률상의 사항이라거나 피고의 주장에 모순이나 불명료한 점이 있는 경우에 해당한다고 할 수 없으므로** 원심이 을 제2호증을 증거로 삼지 않았다고 하여 이를 가리켜 석명권을 불행사하여 채증법칙위반 등의 잘못을 범하였다고 할 수는 없다.

2. 공지 또는 공연 실시된 발명에 관한 법리오해의 점에 대하여

원심판결 이유에 의하면, 비교대상발명은 이 사건 특허발명의 출원 전에 시공사인 동부건설 주식회사에 의하여 **국가기록원 나라기록관에 설치**되어 인도되었는데, 국가기록원 나라기록관의 직원들은 **비교대상발명에 대하여 비밀유지의무를 부담한 바 없는 사실**을 알 수 있다.

위와 같은 사실관계를 앞서 본 법리에 비추어 살펴보면, 국가기록원 나라기록관의 직원들이 비밀유지의무를 부담하지 않는 이상, **비교대상발명은 국가기록원 나라기록관에 설치되어 인도된 것만으로 불특정다수인이 인식할 수 있는 상태에 놓였다고 할 것이고, 국가기록원 나라기록관이 외부인 누구나가 마음대로 들어갈 수 있는 곳이 아니라고 하더라도 이를 달리 볼 것은 아니다.**

이와 같은 취지에서 비교대상발명이 공지 또는 공연 실시된 발명에 해당한다고 판단한 원심은 정당하고, 거기에 상고이유의 주장과 같은 공지 또는 공연 실시된 발명에 관한 법리오해의 위법이 없다.

기출 여부 (48회 이후)	특허법 학회 TOP 10	중요도
-	-	★★

009 카탈로그의 제작이 인정되면 구체적인 증거 없이도 그것의 반포, 배부를 인정할 수 있는지 여부

대법원 2000. 12. 8. 선고 98후270 판결 [실용신안등록무효]

판결요지

1. 카탈로그의 제작이 인정되면 구체적인 증거 없이도 그것의 반포, 배부를 인정할 수 있는지 여부

   카탈로그는 제작되었으면 배부, 반포되는 것이 사회통념이라 하겠으며 제작한 카탈로그를 배부, 반포하지 아니하고 사장하고 있다는 것은 경험칙상 수긍할 수 없는 것이어서 카탈로그의 배부범위, 비치장소 등에 관하여 구체적인 증거가 없다고 하더라도 그 카탈로그의 반포, 배부되었음을 부인할 수는 없다.

2. 등록고안의 신규성·진보성 판단에 제공되는 대비 발명이나 고안은 반드시 기술적 구성 전체가 명확하여야 하는지 여부

   고안의 신규성 또는 진보성 판단에 제공되는 대비 발명이나 고안은 반드시 그 기술적 구성 전체가 명확하게 표현된 것뿐만 아니라, 미완성 발명(고안) 또는 자료의 부족으로 표현이 불충분한 것이라 하더라도 그 기술분야에서 통상의 지식을 가진 자가 경험칙에 의하여 극히 용이하게 기술내용의 파악이 가능하다면 그 대상이 될 수 있다.

판결이유

1. 카탈로그의 제작이 인정되면 구체적인 증거 없이도 그것의 반포, 배부를 인정할 수 있는지 여부

   기업에서 자사의 제품을 소개 또는 선전하기 위하여 제작되는 카탈로그는 거래선에게 자사제품의 선전, 새로운 거래선의 확보 및 개척을 위하여 제공 또는 송부함으로써 판매촉진을 기하는 것이 일반화되어 있으며 거래선인 소비자는 물론 거래기업에서도 이와 같은 카탈로그를 신속히 입수하여 분석하고 이에 대처하고 있는 것이 산업계의 현실적인 상황이며 이와 같은 카탈로그의 배부는 국내에 한정되지 않고 오늘날과 같이 교역이 빈번하고 교통이 편리하여짐에 따라 국제간에도 상품 및 기술정보를 입수하기 위하여 타사의 카탈로그를 신속히 수집, 이용하고 있음도 우리의 경험칙상 알 수 있는 것이므로 카탈로그는 제작되었으면 배부, 반포되는 것이 사회통념이라 하겠으며 제작한 카탈로그를 배부, 반포하지 아니하고 사장하고 있다는 것은 경험칙상 수긍할 수 없는 것이어서 카탈로그의 배부범위, 비치장소 등에 관하여 구체적인 증거가 없다고 하더라도 그 카탈로그의 반포, 배부되었음을 부인할 수는 없는 것인바(대법원 1985. 12. 24. 선고 85후47 판결, 1992. 2. 14. 선고 91후1410 판결 참조), 원심이 갑 제4호증의 카탈로그를 외국회사가 발행한 카탈로그라 하더라도 반포된 간행물에 해당된다고 본 것은 위 법리에 따른 것으로 정당하고, 거기에 상고이유에서 주장하는 바와 같은 위법이 있음을 찾아볼 수 없다.

2. 등록고안의 신규성·진보성 판단에 제공되는 대비 발명이나 고안은 반드시 기술적 구성 전체가 명확하여야 하는지 여부

   기록에 의하면, 갑 제4호증의 카탈로그에는 기술적인 사항에 관하여 비록 발명이나 고안의 명세

서와 같은 정도로 상세하게 기재되어 있지는 아니하나, 전체적으로 보아 재생공기 건조기들의 기능, 건조공기 시스템의 자동조정기능, 공기셔틀밸브(shuttle valve)라는 새로운 밸브기술(new valve technology), 퍼지밸브(purge valve)를 개방시켜 일정한 압력에서 연속적인 공기유동을 제공하는 구성(constant flow and pressure), 건조기 작동(dryer operation) 등 건조공기의 재생에 대한 기술적 사항과 그것의 이해를 돕는 도면이 개시되어 있어 <u>그 기술분야에서 통상의 지식을 가진 자라면 갑 제4호증의 카탈로그에 나타난 설명과 도면을 종합하여 경험칙에 의하여 극히 용이하게 기술내용을 파악할 수 있다 할 것</u>이므로 갑 제4호증은 그 기술분야에서 통상의 지식을 가진 자가 그 기재된 내용에 따라 쉽게 실시할 수 있을 정도로 기술내용이 기재되어 있다고 할 것이다.

원심이 이와 같은 취지에서 이 사건 등록고안의 신규성 유무 판단에 있어 갑 제4호증의 카탈로그에 기재된 인용고안을 대비의 대상으로 삼은 것은 앞서 본 법리에 비추어 정당하고, 거기에 상고이유의 주장과 같은 심리미진의 위법이 있다고 할 수 없다.

기출 여부 (48회 이후)	특허법 학회 TOP 10	중요도
–	2022	★★★

010 선행발명에 개시된 물건이 특허발명에서 동일한 구성이나 속성을 갖는 경우 신규성 판단이 문제된 사건

대법원 1992. 5. 8. 선고 91후1656 판결 [거절사정]

판결요지

1. 특허발명에서 구성요소로 특정된 물건의 구성이나 속성이 선행발명에 명시적으로 개시되어 있지 않은 경우 신규성 판단 방법

물건의 발명에서 이와 동일한 발명이 그 출원 전에 공지되었거나 공연히 실시되었음이 인정되면 그 발명의 신규성은 부정된다. **특허발명에서 구성요소로 특정된 물건의 구성이나 속성이 선행발명에 명시적으로 개시되어 있지 않은 경우라도 선행발명에 개시된 물건이 특허발명과 동일한 구성이나 속성을 갖는다는 점이 인정된다면, 이는 선행발명에 내재된 구성 또는 속성**으로 볼 수 있다. 이와 같은 경우 특허발명이 해당 구성 또는 속성으로 인한 물질의 **새로운 용도를 특허의 대상으로 한다는 등의 특별한 사정이 없는 한** 공지된 물건에 원래부터 존재하였던 **내재된 구성 또는 속성을 발견한 것에 불과**하므로 신규성이 부정된다.

2. 통상의 기술자가 출원 당시 그 구성이나 속성을 인식할 수 없었던 경우에도 마찬가지인지 여부

이는 그 발명이 속하는 기술분야에서 통상의 지식을 가진 사람(이하 '통상의 기술자'라고 한다)이 **출원 당시에 그 구성이나 속성을 인식할 수 없었던 경우에도 마찬가지이다**.

3. 공지된 물건의 내재된 구성 또는 속성을 파악하기 위하여 출원일 이후 공지된 자료를 증거로 사용할 수 있는지 여부

또한, 공지된 물건의 내재된 구성 또는 속성을 파악하기 위하여 **출원일 이후 공지된 자료를 증거로 사용할 수 있다**.

4. 선행발명에 개시된 물건이 특허발명과 동일한 구성 또는 속성을 가질 수도 있다는 가능성 또는 개연성만 있는 경우

한편, 선행발명에 개시된 물건이 특허발명과 **동일한 구성 또는 속성을 가질 수도 있다는 가능성 또는 개연성만으로는 두 발명을 동일하다고 할 수 없고, 필연적으로** 그와 같은 구성 또는 속성을 가진다는 점이 **증명**되어야 한다.

5. 선행발명이 특정 제조방법에 의해 제작된 물건에 관한 공지된 문헌인 경우

즉, 선행발명이 공지된 물건 그 자체일 경우에는 그 물건과 특허발명의 구성을 대비하여 양 발명이 동일한지 판단할 수 있으나, 선행발명이 특정 제조방법에 의해 제작된 물건에 관한 공지된 문헌인 경우, 선행발명에 개시된 물건은 선행발명에 개시된 제조방법에 따라 제조된 물건이므로, 선행발명에 개시된 제조방법에 따랐을 경우 **우연한 결과일 수도 있는 한 실시례가 위와 같은 구성 또는 속성을 가진다는 점을 넘어 그 결과물이 필연적으로 해당 구성 또는 속성을 가진다는 점이 증명**되어야 선행발명과 특허발명이 동일하다고 할 수 있다.

판결이유

　(1) 선행발명 1은 "에어로졸 디포지션 방법에 의해 형성된 PZT 후막의 미세구조 및 전기적 특성"이라는 제목의 논문으로, 공지된 물건 그 자체가 아니라 공지된 문헌이어서, 선행발명 1에서 대비대상이 되는 것은 선행발명 1에 제시된 제조방법에 의하여 제조된 막 형상 구조물이다.

　(2) 이 사건 제1항 발명과 선행발명 1은 모두 **취성 재료 미립자를 상온에서 고속 분사하여 기재 표면에 충돌시킴으로써 미립자를 변형 또는 파쇄하여 제작된 막 형상 구조물**에 관한 것이라는 점에서 공통되고, 그 결과 입자간 결합력이 더 높은 복합 구조물이 형성된다.

　(3) 다만, 이 사건 제1항 발명은 '결정끼리의 계면에 유리층으로 된 입계층이 존재하지 않는 것'을 구성요소로 하는 반면, 선행발명 1에는 이에 대응하는 기재가 없고(차이점 1), 이 사건 제1항 발명은 '구조물의 일부가 기재 표면으로 먹어 들어간 앵커부'를 구성요소로 하는데, 선행발명 1에는 '100-150nm 두께의 손상층은 증착되는 동안 초미세 PZT 입자들의 기계적 충격(anchor)부로 되어 있다'고 기재되어 있다(차이점 2).

　(4) 차이점 1에 대하여

　　(가) **이 사건 제1항 발명의 명세서에는 사전처리를 통하여 취성 재료 미립자에 내부 변형을 부여하는 것이 바람직하다는 내용이 기재되어 있으나, 선행발명 1에는 이에 관한 언급이 없고**, 이 사건 제1항 발명은 '원료 미립자의 파쇄로부터 재결합까지가 순간적으로 행해지기 때문에 결합 시에 미세 단편 입자들의 표면 부근에서 원자의 확산이 거의 일어나지 않고, 따라서 결정자끼리의 계면의 원자 배열에 흐트러짐이 없으며, 용해층인 입계층(유리층)은 거의 형성되지 않는다'고 그 결합 원리를 설명하는 반면, 선행발명 1은 위와 같은 우수한 효과를 내는 실제 결합 메커니즘은 규명되지 않았다고 하고 있다.

　　(나) 한편, 이 사건 특허발명의 공동발명자 중 1인인 소외인이 이 사건 특허발명의 우선일인 1999. 10. 12. 이후인 2002년경 공동저자로 발표한 선행발명 1과 동일한 제막 방식의 막 형상 구조물에 관한 논문 "미립자, 초미립자의 충돌 고화 현상을 이용한 세라믹 박막 형성 기술"(갑 제12호증)에서는, 선행발명 1의 막 형상 구조물에 대한 TEM(투과전자현미경) 촬영 사진과 이보다 더 개선된 방식인 HR TEM(고분해능 투과전자현미경) 촬영 사진을 개시하고[도6(a),(b)] '이들은 가열 없이 Si 기판 상에 실온 성막된 PZT 후막의 열처리 전후의 TEM 이미지이다. 막 안에 원료분말의 형태는 관찰되지 않고, 각각의 결정은 서로 결합되어 치밀한 막을 형성하고 있다. 또한 막 안에는 원료분말에 가까운 크기의 결정자가 부분적으로 보이지만, HR TEM 이미지 또는 전자선 회절 이미지로부터도 결정자 간, 입자 간에 비정질층이나 상이한 모양은 거의 볼 수 없었고, 전체적으로 20nm 이하의 미세결정으로 구성되어 있다'고 설명하고 있다. 즉, 위 논문에 의하면 선행발명 1에 개시된 사진의 막 형상 구조물 역시 결정자 사이의 계면에 비정질층인 입계층이 존재하지 않는다는 것이다.

　　(다) 그런데 위 논문에 의하면 **선행발명 1에 기재된 제조방법을 따른 하나의 실시례가 유리층으로 된 입계층이 존재하지 않는 구성을 가진다는 점은 알 수 있지만**, 더 나아가 선행발명 1에 기재된 제조방법을 따랐을 때 필연적으로 비정질층이 존재하지 않는 결과물에 도달할 것인지를 알 수 있는 자료는 없다. **오히려, 선행발명 1은 원료 미립자의 사전처리 공정을 언급하고 있지 않은 반면, 이 사건 제1항 발명의 명세서에서는 사전처리를 통한 내부 변형의 중요성을 강조하고 있을 뿐만 아니라 적절한 내부 변형의 정도(0.25~2.0%)와 방법 등까지 기재하는 등으로 비정질층이 부존재하는 복합 구조물을 성공적으로 제조하기 위한 제조방법을 더 구체적으로 공개**하고 있다.

　　(라) 이러한 점에 비추어 보면, 비정질층의 부존재가 선행발명 1에 개시된 막 형상 구조물의 내재된 구성이라는 점이 증명되었다고 보기 어려우므로, 두 발명이 동일하다고 할 수 없다. 따라서 차이점 2에 관하여 나아가 살필 필요 없이 이 사건 제1항 발명의 신규성이 부정되지 않는다.

　다. 원심은 이 사건 제1항 발명과 선행발명 1의 위와 같은 제조과정의 차이 등을 들어 이 사건 제1

항 발명과 이를 인용하는 종속항 발명들인 이 사건 제2 내지 4항 및 제6 내지 10항 발명의 신규성이 부정되지 않는다고 판단하였다. 이러한 원심판결에 상고이유 주장과 같이 필요한 심리를 다하지 아니하고 자유심증주의의 한계를 일탈하거나, 신규성 판단에 관한 법리를 오해하고 필요한 판단을 누락하는 등으로 판결에 영향을 미친 잘못이 없다.

기출 여부 (48회 이후)	특허법 학회 TOP 10	중요도
-	-	★★★

011 특허발명 출원 전 계약에 따라 납품하여 시운전한 제품에 대하여 비밀유지의무가 인정되는지 여부

대법원 2022. 1. 13. 선고 2021후10732 판결 [등록무효(특)]

판결요지

특허법 제29조 제1항 제1호는 산업상 이용할 수 있는 발명이라고 하더라도 그 발명이 특허출원 전에 국내 또는 국외에서 공지되었거나 또는 공연히 실시된 발명에 해당하는 경우에는 특허를 받을 수 없도록 규정하고 있다. 여기에서 '공지되었다'고 함은 반드시 불특정다수인에게 인식되었을 필요는 없다 하더라도 적어도 불특정다수인이 인식할 수 있는 상태에 놓인 것을 의미하고, '공연히 실시되었다'고 함은 발명의 내용이 비밀유지약정 등의 제한이 없는 상태에서 양도 등의 방법으로 사용되어 불특정다수인이 인식할 수 있는 상태에 놓인 것을 의미한다.

판결이유

가. 원고 보조참가인은 2016. 1. 22. 주식회사 엘비루셈(이하 '엘비루셈'이라고 한다)과 사이에 반도체 칩 검사기기를 장착하여 이동·회전 등을 용이하게 하는 장치인 Tester Handler(YM6401) 1대를 납품·설치하기로 하는 설비구매계약(이하 '이 사건 계약'이라 한다)을 체결하고, 그에 따라 2016. 1. 29. 엘비루셈에 선행발명 4를 납품하였다. 선행발명 4는 피고 인수참가인이 사실상 운영하는 주식회사 케이비엔텍이 원고 보조참가인의 의뢰에 따라 제작한 제품이다.

나. 며칠 후 원고 보조참가인의 직원, 피고 인수참가인 등은 엘비루셈에 모여 엘비루셈 관계자들의 입회하에 선행발명 4를 시운전(이하 '이 사건 시운전'이라 한다)하였고, 원고 보조참가인은 시운전 당시 엘비루셈과 협의한 대로 제품 개량을 한 다음 2017. 6.경 최종 완성품을 납품하였다. 이 사건 시운전에는 원고 보조참가인과 피고 인수참가인을 비롯하여 엘비루셈의 허락을 받은 사람들만 참석한 것으로 보인다.

다. 한편 선행발명 4와 관련된 '테스터기가 가변되는 칩 검사장치'라는 명칭의 이 사건 특허발명은 2016. 3. 24. 출원되어 2017. 12. 15. 특허로 등록되었고(특허번호 생략), 2020. 2. 27. 피고 인수참가인 앞으로 특허권 전부이전등록이 이루어졌다.

라. 이 사건 계약은, '제품의 설치 완료시'를 엘비루셈이 지정한 장소에 목적물을 설치하고 엘비루셈의 입회 하에 시운전을 하여 엘비루셈이 시운전합격 확인을 하는 시점으로 정하고(제1조 제3항), 엘비루셈의 합격을 받지 못할 경우 원고 보조참가인의 책임과 비용으로 제품을 다시 제작 또는 교체하여 재검사를 받아 합격해야 하며 이로 인한 납품 및 설치 완료의 지연은 원고 보조참가인의 책임으로 하도록(제2조) 하고 있다. 또한 '엘비루셈과 원고 보조참가인은 사전 서면 동의 없이 본 계약의 체결 및 그 이행에 관한 사항을 제3자에 누설할 수 없다'고 규정(제13조 제1항)하고 있다.

이와 같은 이 사건 계약의 내용과 그 구체적 이행 과정, 당사자 사이의 관계 등을 종합하여 보면, 원고 보조참가인이 엘비루셈에 최초 납품한 선행발명 4는 시제품의 의미만을 가질 뿐이고, 이후 협의에 따른 제품 개량을 거쳐 최종 납품이 이루어졌을 때에야 비로소 이 사건 계약의 이행이 완료되었다고 볼 수 있다. 또한 엘비루셈과 원고 보조참가인은 이러한 계약 이행의 완료라는 공동 목적하에 서로 협력하는 관계에서 **제3자에 대한 계약 이행 사항의 누설 금지 의무를 부담**하였고, 나아가 이 사건 시운전 당시 **엘비루셈에 의해 제한된 인원만 참석하는 등 실제로 비밀유지를 위한 조치가 이루어졌다고 볼 만한 정황도 엿보인다**. 따라서 선행발명 4는 이 사건 특허발명 출원 전에 국내 또는 국외에서 공연히 실시된 것이 아니라고 볼 여지가 있다.

그럼에도 원심은 원고 보조참가인과 엘비루셈 사이에 선행발명 4에 관한 비밀유지에 관한 약정을 체결하였다거나 엘비루셈에 신의칙상 비밀유지의무가 존재한다고 볼 만한 사정이 없으므로 선행발명 4는 이 사건 특허발명의 출원 전에 엘비루셈에 납품되어 그 사업장에 설치·시운전됨으로써 공연히 실시되었다는 이유에서 이 사건 특허발명의 청구항 1항 내지 4항은 선행발명 4에 의하여 신규성이 부정되어 그 특허등록이 무효로 되어야 한다고 판단하였다. 이러한 원심판결에는 공지 또는 공연 실시된 발명에 관한 법리를 오해하여 판결에 영향을 미친 잘못이 있고, 이를 지적하는 상고이유 주장은 이유 있다.

기출 여부 (48회 이후)	특허법 학회 TOP 10	중요도
–	–	★★★

012 공지 등이 되지 아니한 발명으로 보는 경우의 판단기준
특허법원 2016. 10. 20. 선고 2015허7308 판결 [등록무효(특) 심결취소의 소]

판결요지

특허법 제30조는 특허를 받을 수 있는 권리를 가진 자에 의하여 그 발명이 제29조 제1항 각 호의 발명[특허출원 전에 국내 또는 국외에서 공지되었거나 공연히 실시된 발명이나 특허출원 전에 국내 또는 국외에서 반포된 간행물에 게재되었거나 전기통신회선을 통하여 공중(公衆)이 이용할 수 있는 발명]에 해당하게 된 경우(다만, 조약 또는 법률에 따라 국내 또는 국외에서 출원공개되거나 등록공고된 경우를 제외한다)에는 그 날부터 12개월 이내에 특허출원을 하면 그 특허출원된 발명에 대하여 제29조 제1항 또는 제2항을 적용할 때에는 그 발명은 제29조 제1항 각 호의 어느 하나에 해당하지 아니한 것으로 본다고, 그와 같은 공지 예외의 적용을 받으려는 자는 특허출원서에 그 취지를 적어 출원하여야 하며, 이를 증명할 수 있는 서류를 특허출원일부터 30일 이내에 특허청장에게 제출하여야 한다고 규정하고 있다.

이러한 특허법 규정은 종전에 특허를 받을 수 있는 권리를 가진 자가 시험, 간행물에의 발표, 대통령령이 정하는 전기통신회선을 통한 발표, 산업자원부령이 정하는 학술단체에서의 서면발표와 같은 특정 형태의 발명의 공개에 대해서만 공지 등 예외의 적용을 허용하던 규정을 완화하여 **출원공개나 등록공고된 경우를 제외하고 특허를 받을 수 있는 권리를 가진 자의 의사에 기한 모든 형태의 발명의 공개에 대하여 공지 등의 예외 적용을 허용함으로써 자유로운 연구결과의 공개를 촉진하고 연구활동 활성화 및 기술축적을 지원**하고자 하기 위한 것이다.

따라서 **특허법 제30조에 의한 발명의 공개는 그 규정대로 특허를 받을 수 있는 권리를 가진 자의 의사에 의한 것이면 충분**하고, 특허를 받을 수 있는 권리를 가진 자가 **직접 발명을 공개하거나 자신의 발명임을 밝혀야만 하는 것은 아니다.**

나아가 특허를 받을 수 있는 권리를 가진 자가 공지 등의 예외를 적용받고자 출원서에 기재한 공개 발명의 범위는 출원서에 기재된 취지와 증명서류, 거래실정 등을 참작하여 객관적 합리적으로 정해야 하며, 또한 **출원서에 기재된 발명 공개 행위의 후속 절차로서 통상적으로 이루어지는 반복 공개 행위는 출원서에 기재된 발명의 공개 행위의 연장선에 있다고 볼 수 있으므로**, 비록 출원서에 기재되어 있지 않거나 증명서류가 첨부되어 있지 않더라도 당연히 특허법 제30조의 공지 등의 예외 적용을 적용받을 수 있다.

판결이유

가. 당사자들의 주장 요지

1) 원고는 이 사건 제1 내지 5항 발명은 이 사건 제품, 이 사건 메일 또는 이 사건 기사(선행발명 1)에 의하여 공지되어 신규성이 부정된다고 주장한다.

2) 피고는 이 사건 제품, 이 사건 메일 및 이 사건 기사는 특허법 제30조의 "공지 등이 되지 아니한 발명으로 보는 경우"의 적용을 받아서 이 사건 제1 내지 5항 발명의 신규성 판단에 있어서 선행발명이 될 수 없다고 주장한다.

나. 특허법 제30조의 적용 여부

1) 구체적 판단

다음과 같은 사정을 종합하면, 이 사건 제품, 이 사건 메일 및 이 사건 기사는 특허를 받을 수 있는 권리를 가진 자였던 피고에 의하여 공개된 것이거나 그러한 공개의 연장선상에 있는 것이므로 특허법 제30조의 공지 등의 예외 적용을 받는다.

① 피고가 이 사건 특허발명을 출원하면서 출원서에 "공지예외 적용대상 증명서류의 내용, 공개형태: 제품출시, 공개일자: 2013. 11. 18."이라고 기재하고, 증명서류로 이 사건 제품의 포장지 사진, 이 사건 기사가 실린 bnt 뉴스 인터넷 사이트(bntnews.hankyung.com)의 웹페이지, 주식회사 옴니아가 출시한 이 사건 제품을 판매하는 사이트(www.berrisom.com)의 웹페이지를 첨부하였다(갑 제30호증).

② 이 사건 제품의 포장지나 www.berrisom.com 사이트는 이 사건 제품의 제조업자를 '피고'로 표시하고 있었다(갑 제30호증).

③ 제품을 구매한 고객의 문의에 따라 그 구성성분을 알려주는 행위는 제품 출시 행위에 따르는 통상적인 후속 절차에 불과하므로, 이 사건 메일은 이 사건 제품의 출시의 연장선상에 있다고 할 것이다.

④ 피고가 증명서류로 제출한 이 사건 기사의 웹페이지는 bnt 뉴스 인터넷 사이트(bntnews.hankyung.com)에 게재된 것이고, 선행발명 1이 소개된 이 사건 기사의 웹페이지는 한국경제TV 인터넷 사이트(www.wowtv.co.kr)에 게재된 것이어서 게재된 곳이 다르기는 하나, 한국경제TV 인터넷 사이트에 게재된 이 사건 기사는 bnt 뉴스 인터넷 사이트에 게재된 이 사건 기사를 관련 회사 간의 업무협약에 따라 그대로 반복 게재한 것에 불과하여 그 연장선상에 있다고 할 것이다.

2) 원고의 주장에 대한 판단

가) 원고는, 이 사건 제품이 2013. 11. 18. 공개 당시 그에 관하여 특허권을 받을 수 있는 권리를 가진 자는 피고였는데, 피고가 아닌 주식회사 옴니아가 그 명의로 이 사건 제품을 공개하였으므로, 이 사건 제품이 특허법 제30조의 공지 등의 예외 적용을 받을 수 없다고 주장한다.

그러나 **특허법 제30조의 공지 등의 예외 적용을 받기 위하여 그 발명의 공개 시에 특허를 받을 수 있는 권리를 가진 자가 직접 공개하거나 자신의 발명임을 밝힐 필요가 없음은 앞서 본 바와 같으므로, 원고의 위 주장은 이유 없다.**

나) 원고는, ① 피고가 출원서에 공지 등의 예외 적용 대상으로 '2013. 11. 18. 제품 출시'만 기재하였을 뿐 이 사건 기사를 기재하지 않은 점, ② 피고가 이 사건 기사가 실린 웹페이지를 증명서류로 제출한 것은 이 사건 제품의 출시일을 증명하기 위한 것인 점, ③ 이 사건 기사가 2013. 11. 14. 공지되어 제품출시보다 먼저 공지된 점 등을 종합하면, 이 사건 기사는 특허법 제30조의 공지 등의 예외 적용을 받을 수 없다고 주장한다.

그러나 ㉮ **피고가 출원서에 '2013. 11. 18. 제품 출시'라고 기재한 것은 '공지예외 적용대상 증명서류의 내용'을 간략하게 적은 것이어서 그러한 기재만으로 공지 등의 예외 적용 대상이 '이 사건 제품 출시 행위'로만 국한된다고 할 수 없는 점,** ㉯ **이 사건 기사의 내용도 이 사건 제품이 2013. 11. 18. 출시된다는 것인 점,** ㉰ **이 사건 기사는 이 사건 특허발명의 중요한 특성을 제품 출시일에 앞서 공개한 것이어서 공지 등의 예외 적용을 받을 필요가 있는 점** 등을 종합하면, 앞서 본 바와 같이 피고가 이 사건 제품 출시와 더불어 이 사건 기사도 공지 등의 예외 적용 대상으로 삼고자 증명서류로 제출하였다고 봄이 타당하므로, 원고의 위 주장은 이유 없다.

다. 검토 결과

이상에서 본 바와 같이 이 사건 제품, **이 사건 메일 및 이 사건 기사는 모두 특허법 제30조 공지 등의 예외 적용을 받아 신규성 부정의 근거로 사용될 수 없으므로,** 원고의 신규성에 관한 주장은 더 나아가 살필 필요 없이 이유 없다.

기출 여부 (48회 이후)	특허법 학회 TOP 10	중요도
−	−	★★

013 박사학위나 석사학위 논문의 반포 및 공지 시점
대법원 1996. 6. 14. 선고 95후19 판결 [거절사정]

판결요지

1. "공지" 및 "반포된 간행물"의 의미

'공지되었다'고 함은 반드시 불특정다수인에게 인식되었을 필요는 없다 하더라도 적어도 **불특정 다수인이 인식할 수 있는 상태**에 놓여져 있음을 의미하며, '반포된 간행물'이라 함은 **불특정 다수의 일반 공중이 그 기재내용을 인식할 수 있는 상태에 있는 간행물**을 말한다.

2. 박사학위논문의 반포 및 공지 시점

박사학위논문은 논문심사 위원회에서 심사를 받기 위하여 일정한 부수를 인쇄 내지 복제하여 대학원 당국에 제출하는 것이 관례로 되어 있다고 하더라도 이는 논문심사를 위한 필요에서 심사에 관련된 한정된 범위의 사람들에게 배포하기 위한 것에 불과하므로, **그 내용이 논문심사 전후에 공개된 장소에서 발표되었다는 등의 특별한 사정이 없는 한, 인쇄시나 대학원 당국에의 제출시 또는 논문심사 위원회에서의 인준시에 곧바로 반포된 상태에 놓이거나 논문내용이 공지된다고 보기는 어렵고**, 일반적으로는 논문이 일단 논문심사에 통과된 이후에 인쇄 등의 방법으로 복제된 다음 공공도서관 또는 대학도서관 등에 입고되거나 주위의 불특정 다수인에게 배포됨으로써 비로소 일반 공중이 그 기재내용을 인식할 수 있는 반포된 상태에 놓이게 되거나 그 내용이 공지되는 것이라고 봄이 경험칙에 비추어 상당하다.

3. 박사학위논문으로 발명의 내용을 발표한 자가 특허출원을 함에 있어 신규성 의제의 적용을 받기 위하여 필요한 논문의 반포 시점에 관한 입증 정도

특허출원 전에 발명 내용을 박사학위논문으로 발표한 출원인이 박사학위논문의 일반적인 반포 형태의 하나인 해당 **대학도서관에의 입고사실에 관하여 증명을 한 이상 출원인으로서는 신규성 의제의 적용을 받기 위한 특허법 제30조 제2항 소정의 입증**을 하였다고 봄이 상당하다.

판결이유

기록에 의하여 살펴보면, 본원발명의 출원인은 1989. 8. 30. 본원발명에 관한 특허출원을 하면서 그 출원서에 본원발명의 특허출원 이전인 1989. 2.경 서울대학교 대학원에 제출되어 인준된 위 박사학위논문에 본원발명의 발명자가 본원발명에 관한 내용을 발표하였음과 본원발명이 같은 법 제7조 (**제30조 공지예외주장**) 제1항 제1호 소정의 신규성 의제의 적용대상임을 명시하였고, 이에 관한 증명 서류로서 위 박사학위논문 및 그 논문이 위 특허출원일로부터 6월 이내인 1989. 7. 29. 서울대학교 도서관에 입고된 사실을 증명하는 서울대학교 도서관의 도서원부를 제출하였음을 알 수 있는바, 위 박사학위논문이 그 인쇄시나 논문심사 위원회에서의 인준시 등 도서관 입고 시점 이전에 곧바로 반포된 상태에 놓였거나 그 기재내용이 공지되었다고 볼 특별한 사정이 있다고 보이지 아니하는 이 사건에 있어서 출원인이 위와 같이 위 박사학위논문의 일반적인 반포형태의 하나인 해당 대학도서관에의 입고사실에 관하여 증명을 한 이상 출원인으로서는 일응 위 신규성 의제의 적용을 받기 위하여 위 법 제7조(제30조 공지예외주장) 제2항 소정의 입증을 하였다고 봄이 상당하고, 따라서 원심으로서는 위 입증사실을 토대로 본원발명이 신규성이 있는 것으로 보든지 만일 출원인이 입증하는 위 반포일자가 의심스럽다면 위 박사학위논문의 반포시점 내지 공지시점에 관하여 더 조사심리를 한 후 본원발명에 대한 신규성 의제 여부를 판단하였어야 할 것이다.

 그럼에도 불구하고 원심이 위에 판시한 이유만으로 본원발명이 신규성 의제의 적용을 받을 수 없다는 취지로 판단한 것은 발명의 신규성 의제 규정의 해석 적용에 관한 법리를 오해하였거나, 필요한 심리를 다하지 아니함으로써 심결결과에 영향을 미친 위법을 저지른 것이라 할 수밖에 없고 이를 지적하는 논지는 이유 있다.

기출 여부 (48회 이후)	특허법 학회 TOP 10	중요도
–	–	★★

014 기술이전 교육용 자료에 게재된 사실만으로 공지라고 볼 수 있는지 여부

특허법원 2010. 6. 11. 선고 2009허9693 판결 [등록무효(특) : 상고]

판결요지

1. **특허법 제29조 제1항에서 정한 '공지되었거나 공연히 실시된 발명' 및 '반포된 간행물'의 의미**

   특허법 제29조 제1항에서 정한 '공지되었다'라는 것은 반드시 특정 다수인에게 인식되었을 필요는 없다 하더라도 적어도 불특정 다수인이 인식할 수 있는 상태에 놓여 있음을 의미하고, '공연히 실시된 발명'은 발명의 내용이 공연히 알려진 또는 불특정 다수인이 알 수 있는 상태에서 실시된 발명을 말하며, '반포된 간행물'이란 불특정 다수의 일반 공중이 그 기재내용을 인식할 수 있는 상태에 있는 간행물을 말한다.

2. **발명의 내용이 계약상 또는 상관습상 비밀유지의무를 부담하는 특정인에게 배포된 기술이전 교육용 자료에 게재된 사실만으로 공지된 것이라 할 수 있는지 여부**

   발명의 내용이 계약상 또는 상관습상 비밀유지의무를 부담하는 특정인에게 배포된 기술이전 교육용 자료에 게재된 사실만으로는 공지된 것이라 할 수 없다.

판결이유

특허권자가 해양경찰청의 '선박 프리패스 시스템 구축 사업' 입찰에 참가하여 낙찰받은 후 비교대상발명 1의 시스템을 개발하여 해양경찰청 공무원들을 상대로 시스템 사용법 등을 교육하면서, 비교대상발명 1이 개시되어 있는 선박 프리패스 시스템 사용자지침서를 교육참석자들에게 배부한 사안에서, 위 비교대상발명 1은 비밀유지의무를 지고 있는 특정인에게만 배포된 것이어서 "선박 프리패스 시스템"을 명칭으로 하는 특허발명이 출원되기 전에 공지된 것이라고 볼 수 없다고 한 사례

CHAPTER 03 진보성

기출 여부 (48회 이후)	특허법 학회 TOP 10	중요도
-	2022	★★★

015 출원발명이 자연법칙을 이용한 것인지 여부 판단기준
대법원 2008. 12. 11. 선고 2007후494 판결 [거절결정(특)]

판결요지

1. **발명의 진보성 유무를 판단하는 방법 / 진보성 판단의 대상이 된 발명의 명세서에 개시되어 있는 기술을 알고 있음을 전제로 사후적으로 통상의 기술자가 쉽게 발명할 수 있는지를 판단할 수 있는지 여부**

   발명의 진보성 유무를 판단할 때에는 선행기술의 범위와 내용, 진보성 판단의 대상이 된 발명과 선행기술의 차이와 발명이 속하는 기술분야에서 통상의 지식을 가진 사람(이하 '통상의 기술자'라고 한다)의 기술수준에 대하여 증거 등 기록에 나타난 자료에 기초하여 파악한 다음, 통상의 기술자가 특허출원 당시의 기술수준에 비추어 진보성 판단의 대상이 된 발명이 선행기술과 차이가 있는데도 그러한 차이를 극복하고 선행기술로부터 쉽게 발명할 수 있는지를 살펴보아야 한다. **이 경우 진보성 판단의 대상이 된 발명의 명세서에 개시되어 있는 기술을 알고 있음을 전제로 사후적으로 통상의 기술자가 쉽게 발명할 수 있는지를 판단해서는 안 된다.**

2. **제시된 선행문헌을 근거로 발명의 진보성이 부정되는지를 판단하는 방법**

   제시된 선행문헌을 근거로 어떤 발명의 진보성이 부정되는지를 판단하기 위해서는 **진보성 부정의 근거가 될 수 있는 일부 기재만이 아니라 선행문헌 전체에 의하여 통상의 기술자가 합리적으로 인식할 수 있는 사항을 기초로 대비·판단하여야 한다.**

판결이유

1) 이 사건 제1항 발명은 철 합금 시트의 표면상에 존재하는 산화물들을 화학적 결합에 의해 제거하기 위해 철 합금 시트를 용융 산화물 욕에 침지(침지)하는 단계를 포함하는 것을 특징으로 하는 철 합금 시트의 표면처리 방법에 관한 발명이다. 이 사건 제1항 발명은 용융 산화물 욕의 점도를 $0.3 \cdot 10^{-3} Pa.s \sim 3 \cdot 10^{-1} Pa.s$, 용융 산화물 욕의 표면은 비산화 분위기와 접촉하는 것으로, 용융 산화물 욕의 조성 중 Li_2O의 함량을 $10\%w \leq Li_2O \leq 45\%w$로 한정하고 있다.

2) 선행발명은 '강대(강대)의 소둔법(소둔법)'에 관한 발명으로 100포이즈를 초과하지 않는 점도를 가지는 950℃ 이상의 용융 염욕(염욕)에 강대를 침지시킴으로써 강대를 소둔하고, 강대를 욕 외로 취출함으로써 강대상에 염의 응고 피막을 형성하며, 냉각에 의해 응고 피막을 파괴하여 강대 표면으로부터 박리하는 것을 특징으로 한다. 선행발명은 용융 염욕의 점도 범위, 용융 염욕의 표면의 접촉 분위기, 용융 염욕의 조성 중 Li_2O의 함량에 있어서 이 사건 제1항 발명과 차이가 있다.

3) 선행발명에는 용융 염욕의 바람직한 점도가 '100포이즈 이하'라고 기재되어 있고 점도의 하한이 기재되어 있지 않으므로, 위 기재 부분만 볼 때에는 선행발명의 점도 범위에 이 사건 제1항 발명의 점도 범위가 포함되는 것처럼 보이기는 한다. 그러나 선행발명은 용융 염욕에 침지시킨 강대 표면에 응고 피막을 형성시킬 수 있을 정도의 부착성이 있는 점도 범위를 전제로 하는 발명이므로, 통상의 기술자는 선행발명의 전체적인 기재를 통해 응고 피막을 형성시킬 수 있는 최소한의 점도가 점도 범위의 하한이 되리라는 점을 합리적으로 인식할 수 있다. 한편 점도가 100포이즈에 비해 지나치게 낮아서 이 사건 제1항 발명과 같이 '$0.3 \cdot 10^{-3} Pa.s \sim 3 \cdot 10^{-1} Pa.s$'의 범위, 즉 '0.003포이즈~3포이즈'의 범위가 되면, 강대를 염욕에 침지시킨 후 취출하더라도 용융 염이 강대 표면에 부착되지 않아 몇몇 액적만이 강대의 표면에 잔류할 뿐 응고 피막이 형성될 수 없다. 따라서 선행발명의 점도를 응고 피막이 형성될 수 없을 정도인 '$0.3 \cdot 10^{-3} Pa.s \sim 3 \cdot 10^{-1} Pa.s$'의 범위까지 낮추는 방식으로 변형하는 것은 선행발명의 기술적 의의를 상실하게 하는 것이므로, 통상의 기술자가 쉽게 생각해 내기 어렵다고 보인다.

4) 또한 선행발명에는 "Li_2O은 응고 피막의 열 팽창 계수를 높이지 않고 욕의 용융 온도를 낮게 할 목적으로 6.0%까지 첨가할 수 있다. 6.0%를 초과하는 Li_2O의 첨가는 응고 피막과 강대 표면의 밀착성이 지나치게 양호하여, 응고 피막의 박리성이 나빠지기 때문에 피해야 하는 것이다."라고 기재되어 있다. 이는 용융 염욕 조성과 관련하여 6.0%w를 초과하는 Li_2O의 첨가에 관한 부정적 교시로 볼 수 있으므로, 이 사건 제1항 발명을 이미 알고 있는 상태에서 사후적으로 고찰하지 않고서는 통상의 기술사가 이와 같은 부정적 교시를 무시하고 선행발명의 Li_2O의 조성비율을 $10\%w \leq Li_2O \leq 45\%w$로 변경하기는 어렵다.

5) 따라서 통상의 기술자가 선행발명으로부터 이 사건 제1항 발명을 쉽게 발명할 수 있다고 볼 수 없으므로, 이 사건 제1항 발명은 선행발명에 의해 진보성이 부정되지 않는다.

기출 여부 (48회 이후)	특허법 학회 TOP 10	중요도
55회 (2018년) 문제 2	–	★★

016 서방형 제제[5])에 관한 의약조성물의 진보성이 문제된 사건
대법원 2021. 4. 8. 선고 2019후11756 판결 [등록무효(특)]

판결요지

1. 특허발명의 진보성 판단기준

발명의 진보성 유무를 판단할 때에는 **선행기술의 범위와 내용, 진보성 판단의 대상이 된 발명과 선행기술의 차이, 그 발명이 속하는 기술분야에서 통상의 지식을 가진 사람**(이하 '통상의 기술자'라고 한다)**의 기술수준**에 대하여 증거 등 기록에 나타난 자료에 기초하여 파악한 다음, 통상의 기술자가 특허출원 당시의 기술수준에 비추어 진보성 판단의 대상이 된 발명이 **선행기술과 차이가 있는데도 그러한 차이를 극복하고 선행기술로부터 쉽게 발명할 수 있는지**를 살펴보아야 한다(대법원 2016. 11. 25. 선고 2014후2184 판결 등 참조).

2. 청구항이 복수의 구성요소로 기재된 경우 진보성 판단기준

특허발명의 청구범위에 기재된 청구항이 복수의 구성요소로 되어 있는 경우에는 **각 구성요소가 유기적으로 결합한 전체로서의 기술사상이 진보성 판단의 대상**이 되는 것이지 각 구성요소가 독립하여 진보성 판단의 대상이 되는 것은 아니므로, 그 특허발명의 진보성을 판단할 때에는 청구항에 기재된 **복수의 구성을 분해한 후 각각 분해된 개별 구성요소들이 공지된 것인지 여부만을 따져서는 아니 되고, 특유의 과제 해결원리에 기초하여 유기적으로 결합된 전체로서의 구성의 곤란성**을 따져 보아야 하며, 이때 **결합된 전체 구성으로서의 발명이 갖는 특유한 효과**도 함께 고려하여야 한다 (대법원 2007. 9. 6. 선고 2005후3284 판결 등 참조).

판결이유

가. "옥트레오티드 및 2종 이상의 폴리락티드-코-글리콜리드중합체를 포함하는 서방형 제제"라는 이름의 피고의 이 사건 특허발명(특허번호 생략)의 청구범위 제1항(특허심판원 2015. 7. 8.자 2014정132호 심결로 최종 정정된 것, 이하 '이 사건 제1항 정정발명'이라고 하고, 나머지 청구항도 같은 방식으로 표시한다)은 말단비대증, 악성 카르시노이드 종양, 혈관작용성 장펩티드 종양 등을 치료하기 위한 의약물질(활성 성분)인 옥트레오티드를 혈중농도의 변동이 작은 상태에서 치료적 범위 내에 있을 정도로 3개월 초과 기간 지속적으로 방출하는 서방형 제제로서의 의약조성물을 제공하기 위한 발명이다.

나. 이 사건 제1항 정정발명과 원심 판시 선행발명 1은 **활성 성분으로서 옥트레오티드를 함유하고 중합체로서 직쇄 형태인 2종의 상이한 PLGA를 포함하는 마이크로입자 형태의 서방형 제약 조성물이라는 점에서 동일**하다. 그러나 이 사건 제1항 정정발명은 각 마이크로입자가 2종의 PLGA 중 1종만을 포함하되, 그중 하나는 락티드와 글리콜리드 단량체 비율이 75:25이고, 다른 하나는 락티드와 글리콜리드 단량체 비율이 100:0 내지 40:60이어서 마이크로입자들이 ''와 같이 두

---
5) 약물이 일정하고 지속적으로 방출되도록 설계된 제형

가지 조성을 갖지만, <u>선행발명 1은 마이크로입자(미립구)가 락티드와 글리콜리드 단량체 비율이 50:50인 2종의 PLGA를 기울기용리 펌프를 이용하여 다양한 농도로 공급되어 제조</u>되므로, 마이크로입자들이

'와 같이 다양한 조성을 가진다는 점에서 차이가 있다.

다. 한편 원심 판시 선행발명 2는 활성 성분을 장기간 전달하기 위한 방법 및 제형에 관한 것으로, 락티드와 글리콜리드 비율이 52:48, 68:32, 85:15인 PLGA 마이크로 입자에 포함된 데스로렐린(deslorelin, [D-Trp6, des-Gly10]-LHRH ethylamide인 LHRH 작용제)을 혼합한 마이크로입자 형태의 서방형 제약 조성물이 기재되어 있는데 <u>락티드와 글리콜리드 단량체 비율이 상이한 PLGA를 함유하는 마이크로입자 형태의 제약 조성물이라는 점</u>에서 이 사건 제1항 정정발명과 공통점이 있다.

원심 판시 선행발명 6은 생분해성 고분자로 이루어진 담체에 약물을 봉입하여 지속적으로 약물의 방출을 조절할 수 있는 마이크로입자(미립구)의 제조방법에 관한 발명으로, 락티드와 글리콜리드의 단량체 비율이 50:50(RG502H), 100:0(PLA-0015)인 PLGA 마이크로입자에 포함된 『황체형성호르몬 방출호르몬』(Lutenizing Hormone Releasing Hormone, 이하 'LHRH'라 한다) 동족체인 류프로렐린(Leuprorelin)을 혼합한 마이크로입자 형태의 서방형 제약 조성물이 기재되어 있는데, <u>락티드와 글리콜리드 단량체 비율이 상이한 PLGA를 함유하면서 락티드와 글리콜리드의 단량체 비율이 75:25인 PLGA인 마이크로입자 형태의 제약 조성물을 개시하고 있다는 점</u>에서 이 사건 제1항 정정발명과 공통점이 있다.

라. 그러나 선행발명 2의 데스로렐린과 선행발명 6의 류프로렐린은 이 사건 제1항 정정발명의 활성 성분인 <u>옥트레오티드와 분자 형상, 유체역학적 반경, PLGA 중합체와의 반응성, 반감기와 최소 유효 혈중농도, 초기 버스트 등 제형의 방출속도에 직접적으로 영향을 미치는 물성과 구조가 달라, 통상의 기술자가 선행발명 1 중 유일하게 옥트레오티드로 실험한 제조실시예 2의 제형 4에 데스로렐린이나 류프로렐린의 서방형 제약조성물 제조방법을 적용하더라도 선행발명 2와 선행발명 6에 나타난 서방형 방출 효과가 그대로 나타날 것이라고 예측하기 어렵다.</u> 게다가 위 제조실시예 2의 제형 4에 대한 생체 외 방출시험 결과(도면 3)에 의하면, <u>7일 만에 30%가 넘는 옥트레오티드가 방출되는 것으로 나타나고</u>, 이 사건 특허발명의 출원일 당시 옥트레오티드의 생체 외 방출효과와 생체 내에서의 방출효과와의 관계를 확인하기 어려우므로, 통상의 기술자가 이 사건 제1항 <u>정정발명과 같이 생체 내에서 약물 방출이 약 3개월 동안 지속될 것으로 예상하는 것은 쉽지 않다.</u>

선행발명 1에 '분자의 분해속도 등을 고려하여 주로 락트산과 글리콜산의 비율이 50:50인 고분자는 1개월 이내의 약물의 방출을 원하는 경우에, 락트산의 비율이 75% 또는 100%인 고분자는 2 내지 3개월 또는 그 이상의 기간 동안 약물이 방출되기를 원하는 경우에 주로 사용된다'라는 기재가 있지만, 선행발명 6의 실시예 4[RG502H(L:G 50:50), PLA0015(L:G 100:0), 최소 3개월 지속]와 실시예 5[RG502H(L:G 50:50), RG502(L:G 50:50) 최소 4개월 지속]를 대비해보면, <u>락트산(L)의 비율이 높다고 하여 항상 분해속도가 느리다고 단정하기 어렵고, 특정 약물이 PLGA와 반응했을 때 구체적으로 어떤 방출 양상을 보일지는 구체적인 실험에 의하지 않으면 예측하기 쉽지 않다.</u> 또한 선행발명 1에 제시된 실험 결과들은 주로 7일 동안의 생체 외 방출결과에 불과하므로, 통상의 기술자가 선행발명 1의 위와 같은 기재만으로 옥트레오티드를 비롯한 펩티드 관련 활성 물질들이 생체 내에서 2개월 내지 3개월의 기간 동안 지속적으로 방출효과를 나타낼 것이라고 예상하기는 어렵다.

선행발명 2와 선행발명 6은 복수의 마이크로입자를 각각 제조한 후 이를 적정 비율로 섞어서 원하는 방출 양상을 가진 마이크로입자 혼합 제형을 얻는 방식이다. 그런데, <u>선행발명 1은 이러한 혼합 제형 제조방법의 공정이 복잡하고 경제적이지 못하다고 보고 이를 개선하기 위해, 연속한 단일 공정으로 다양한 조성의 서방형 마이크로입자 제형을 제조하는 방법을 제공하는 것을 기술적 특징</u>으로

하고 있으므로, 통상의 기술자가 선행발명 1에 위와 같이 기술적 특징이 다른 선행발명 2 또는 선행발명 6을 쉽게 결합할 수 있다고 보기도 어렵다.

마. 따라서 이 사건 특허발명의 명세서에 기재된 발명의 내용을 이미 알고 있음을 전제로 하여 사후적으로 판단하지 않는 한, 통상의 기술자가 선행발명 1에 선행발명 2 또는 선행발명 6을 결합하여 이 사건 제1항 정정발명의 위 구성요소들을 쉽게 도출할 수 없으므로, 이 사건 제1항 정정발명의 진보성이 부정된다고 할 수 없다. 그리고 이 사건 제1항 정정발명의 진보성이 부정되지 않는 이상, 이 사건 제1항 정정발명을 인용하는 종속항인 이 사건 제3항 내지 제5항, 제7항 내지 제13항 정정발명 역시 진보성이 부정되지 않는다.

바. 그럼에도 원심은 이와 달리 선행발명 1에 선행발명 2 또는 선행발명 6을 결합하여 이 사건 제1항 정정발명의 진보성이 부정되고, 이를 전제로 그 종속항인 이 사건 제3항 내지 제5항, 제7항 내지 제13항 정정발명의 진보성이 부정된다고 판단하였으니, 이러한 원심판결에는 발명의 진보성에 관한 법리 등을 오해하여 판결에 영향을 미친 잘못이 있다.

기출 여부 (48회 이후)	특허법 학회 TOP 10	중요도
55회 (2018년) 문제 1	2020	★★

017 여러 선행기술문헌을 인용한 진보성 판단이 문제된 사건
대법원 2020. 5. 14. 선고 2017후2543 판결 [등록정정(특)]

판결요지

여러 선행기술문헌을 인용하여 특허발명의 진보성을 판단함에 있어서는 그 인용되는 기술을 조합 또는 결합하면 당해 특허발명에 이를 수 있다는 **암시, 동기 등이 선행기술문헌에 제시**되어 있거나 그렇지 않더라도 당해 특허발명의 **출원 당시의 기술수준, 기술상식, 해당 기술분야의 기본적 과제, 발전경향, 해당 업계의 요구 등에 비추어 보아 그 기술분야에 통상의 지식을 가진 자**(이하 '통상의 기술자'라고 한다)**가 쉽게 그와 같은 결합에 이를 수 있다고 인정**할 수 있어야 당해 특허발명의 진보성이 부정된다(대법원 2007. 9. 6. 선고 2005후3284 판결 등 참조).

판결이유

원심은 액정조성물 분야에서 액정 분자의 응답속도를 개선하고자 하는 기술적 과제 하에 중합성 화합물을 첨가하여 이를 해결하는 방향으로 기술발달이 이루어진 점을 고려하여 기존의 액정조성물(VA 모드의 액정조성물)인 선행발명 4에 중합성 화합물을 포함한 선행발명 5를 결합하는 것이 쉽고, 다만, 이 사건 정정발명에서는 선행발명 4, 5의 결합으로 예측되는 효과에 비하여 현저하게 우수한 효과가 있으므로 그 진보성이 부정되지 않는다고 판단함

이에 대하여 대법원은 통상의 기술자에게 VA 모드의 액정조성물에 중합성 화합물을 추가한다는 착상 자체는 이미 공지된 기술사상이어서 별다른 어려움이 없겠지만, **구체적으로 선행발명 4에 개시된 제1, 2 성분에 선행발명 5에 개시된 제3 성분을 결합할 경우 제1, 2 성분의 특성을 저해하지 않으면서 제3 성분의 효과가 발휘될 것인지는 쉽게 예측하기 어려우므로**, 그 결합이 쉽다고 단정할 수 없다고 판단하였고, 따라서 원심이 결합이 쉽다고 한 점은 잘못되었지만 결론은 타당하다고 하여 상고를 기각함

기출 여부 (48회 이후)	특허법 학회 TOP 10	중요도
60회 (2023년) 문제 2	2019	★★★

018 출원발명의 진보성 심리방식 및 주선행발명의 변경이 새로운 거절이유에 해당되는지 문제된 사건

대법원 2019. 10. 31. 선고 2015후2341 판결 [거절결정(특)]

판결요지

1. **거절결정에 대한 특허심판원의 심판절차에서 의견제출의 기회를 부여하지 않은 새로운 거절이유를 들어 거절결정불복심판청구를 기각할 수 있는지 여부**

특허출원에 대한 심사 단계에서 거절결정을 하려면 그에 앞서 출원인에게 거절이유를 통지하여 의견제출의 기회를 주어야 하고, 거절결정에 대한 특허심판원의 심판절차에서 그와 다른 사유로 거절결정이 정당하다고 하려면 먼저 그 사유에 대해 의견제출의 기회를 주어야만 이를 심결의 이유로 할 수 있다(특허법 제62조, 제63조, 제170조 참조). 위와 같은 <u>절차적 권리를 보장하는 특허법의 규정은 강행규정이므로 의견제출의 기회를 부여한 바 없는 새로운 거절이유를 들어서 거절결정이 결과에 있어 정당하다는 이유로 거절결정불복심판청구를 기각한 심결은 위법</u>하다. 같은 취지에서 거절결정불복심판청구 기각 심결의 취소소송절차에서도 특허청장은 심사 또는 심판 단계에서 의견제출의 기회를 부여한 바 없는 새로운 거절이유를 주장할 수 없다고 보아야 한다. 다만 거절결정불복심판청구 기각 심결의 취소소송절차에서 특허청장이 비로소 주장하는 사유라고 하더라도 <u>심사 또는 심판 단계에서 의견제출의 기회를 부여한 거절이유와 주요한 취지가 부합하여 이미 통지된 거절이유를 보충하는 데 지나지 아니하는 것이면</u> 이를 심결의 당부를 판단하는 근거로 할 수 있다.

2. **출원발명의 진보성을 판단하는 방법**

출원발명의 진보성을 판단함에 있어서, <u>먼저 출원발명의 청구범위와 기술사상, 선행발명의 범위와 기술내용을 확정하고, 출원발명과 가장 가까운 선행발명[이하 '주(主)선행발명'이라고 한다]을 선택</u>한 다음, 출원발명을 <u>주선행발명과 대비하여 공통점과 차이점을 확인</u>하고, 그 발명이 속하는 기술분야에서 통상의 지식을 가진 사람(이하 '통상의 기술자'라고 한다)이 특허출원 당시의 기술수준에 비추어 이와 같은 차이점을 극복하고 출원발명을 쉽게 발명할 수 있는지를 심리한다.

3. **거절결정불복심판 또는 그 심결취소소송에서 특허출원 심사 또는 심판 단계에서 통지한 거절이유에 기재된 주선행발명을 다른 선행발명으로 변경하는 경우 특별한 사정이 없는 한 새로운 거절이유에 해당하는지 여부**

거절결정불복심판 또는 그 심결취소소송에서 특허출원 심사 또는 심판 단계에서 통지한 거절이유에 기재된 <u>주선행발명을 다른 선행발명으로 변경하는 경우에는, 일반적으로 출원발명과의 공통점 및 차이점의 인정과 그러한 차이점을 극복하여 출원발명을 쉽게 발명할 수 있는지에 대한 판단 내용이 달라지므로</u>, 출원인에게 이에 대해 실질적으로 의견제출의 기회가 주어졌다고 볼 수 있는 등의 특별한 사정이 없는 한 이미 통지된 거절이유와 주요한 취지가 부합하지 아니하는 새로운 거절이유에 해당한다.

판결이유

1. 원심판결 이유와 기록에 의하면 다음의 사실을 알 수 있다.

가. 명칭을 '직구동식 액슬 구동기어'로 하는 이 사건 출원발명(출원번호 생략)에 대하여, 특허청 심사관은 '**선행발명은 이 사건 출원발명의 특허청구범위 제1항(이하 '이 사건 제1항 발명'이라고 한다)과 비교하여 출력 피니언의 구성이 생략되어 있다는 점에서 차이가 있으나, 통상의 기술자가 필요에 따라 선행발명의 링기어에 출력 피니언을 부가하여 사용할 수 있는 것에 불과하다.**'는 취지로 의견제출통지(이하 '이 사건 거절이유'라고 한다)를 하였다. 이에 대하여 원고는 '이 사건 제1항 발명은 가운데 차축의 구동시스템에 관한 발명이어서 출력 피니언을 구비하고 있는 반면, 선행발명은 뒷차축의 구동시스템에 관한 발명이어서 출력 피니언을 구비하고 있지 않는 차이가 있어, 양 발명의 구체적인 형상과 배치가 서로 다르므로, 이 사건 제1항 발명은 통상의 기술자가 선행발명으로부터 용이하게 발명할 수 없다.'는 취지로 의견서를 제출하였으나, 특허청 심사관은 같은 이유로 거절결정을 하였다.

나. 원고가 특허심판원에 위 거절결정에 대한 불복심판을 청구하였으나, 특허심판원은 '**이 사건 제1항 발명의 구성 1은 통상의 기술자에게 이미 널리 알려진 복수의 뒷차축을 구비한 사륜구동차량에서 통상적으로 사용되는 기술 구성이고, 구성 2는 선행발명과 출력 피니언 포함 여부에 대하여 차이가 있으나 이는 통상의 기술자가 출력 피니언이 포함되는 차동장치에 선행발명의 대응구성에 나타난 기술 구성을 적용하여 용이하게 도출해 낼 수 있다.**'는 이유로 심판청구를 기각하는 심결(이하 '이 사건 심결'이라고 한다)을 하였다.

다. 이 사건 심결에 대하여 원고는 심결취소의 소를 제기하였고, 피고는 위 심결취소소송절차에서 이 사건 제1항 발명은 종래의 직구동식 액슬기어에 선행발명의 클러치를 적용하여 통상의 기술자가 용이하게 도출할 수 있으므로 그 진보성이 부정되고(이하 '이 사건 피고주장사유'라고 한다), 이 사건 거절이유와 이 사건 심결 역시 같은 취지라고 주장하였다.

라. 이에 대하여 원심은, **이 사건 피고주장사유에 따라 이 사건 제1항 발명과 '종래의 구동식 액슬구동기어'를 대비할 경우 차이점은 '클러치'의 부가 여부인 반면, 이 사건 거절이유에 따라 이 사건 제1항 발명과 선행발명을 대비할 경우 차이점은 '출력 피니언'의 부가 여부이고, 통상의 기술자가 이러한 차이를 극복하고 이 사건 제1항 발명을 용이하게 발명할 수 있는지에 대한 판단 내용이 달라지므로**, 이 사건 피고주장사유는 이 사건 거절이유와 주요한 취지가 부합하지 아니한 새로운 거절이유라고 판단하였다. 그리고 이 사건 심결은 절차상 위법 또는 진보성 판단에 잘못이 있다는 이유로 이를 취소하였다.

2. 위와 같은 사실관계를 앞서 본 법리에 비추어 살펴보면, **이 사건 피고주장사유는 특허출원 심사단계에서 통지한 이 사건 거절이유에 기재된 주선행발명을 다른 선행발명으로 변경하는 경우에 해당하므로, 이 사건 거절이유와 주요한 취지가 부합하지 아니한 새로운 거절이유에 해당한다.**

따라서 원심이 같은 취지에서 이 사건 피고주장사유는 새로운 거절이유에 해당한다고 판단하고 이 사건 심결을 취소한 것은 정당하고, 거기에 상고이유 주장과 같이 이 사건 거절이유를 잘못 파악함으로써 진보성에 관한 법리를 오해하는 등의 잘못이 없다. 이와 다른 전제에 선 나머지 상고이유 주장도 받아들일 수 없다.

기출 여부 (48회 이후)	특허법 학회 TOP 10	중요도
-	-	★★

019 정정고안의 진보성이 문제된 사건
대법원 2019. 7. 25. 선고 2018후12004 판결 [등록정정(실)]

판결요지

1. 실용신안의 진보성 판단 기준 및 사후적 고찰 금지의 원칙

고안의 진보성이 부정되는지 여부를 판단하기 위해서는 선행기술의 범위와 내용, 진보성 판단의 대상이 된 고안과 선행기술의 차이 및 그 고안이 속하는 기술분야에서 통상의 지식을 가진 사람(이하 '통상의 기술자'라고 한다)의 기술수준 등에 비추어 진보성 판단의 대상이 된 고안이 선행기술과 차이가 있음에도 그러한 차이를 극복하고 선행기술로부터 그 고안을 극히 쉽게 도출할 수 있는지를 살펴보아야 한다. <u>이 경우 진보성 판단의 대상이 된 고안의 명세서에 개시되어 있는 기술을 알고 있음을 전제로 하여 사후적으로 통상의 기술자가 그 고안을 극히 쉽게 고안할 수 있는지를 판단해서는 안된다</u>(대법원 2015. 11. 27. 선고 2013후3326 판결, 대법원 2016. 11. 25. 선고 2014후2184 판결 등 참조).

2. 정정심판이나 그 심결취소소송에서 정정의견제출 통지서를 통하여 심판청구인에게 의견서 제출 기회를 부여한 바 없는 사유를 들어 정정심판청구를 기각하는 심결을 하거나, 심결취소청구를 기각할 수 있는지 여부

실용신안법 제33조에서 준용하는 특허법 제136조 제6항은 정정심판에서 심판청구인에게 의견서 제출기회를 부여함으로써 정정심판청구에 대한 심사의 적정을 기하고 심사제도의 신용을 유지한다는 공익상의 요구에 기인하는 강행규정이다. 따라서 정정심판이나 그 심결취소소송에서 정정의견제출 통지서를 통하여 심판청구인에게 의견서 제출 기회를 부여한 바 없는 사유를 들어 정정심판청구를 기각하는 심결을 하거나, 심결취소청구를 기각하는 것은 위법하다(대법원 2007. 4. 27. 선고 2006후2660 판결, 대법원 2012. 7. 12. 선고 2011후934 판결 등 참조).

3. 선행고안에 의하여 고안의 진보성이 부정된다는 취지로 정정심판을 기각한 경우, 특허청장이 취소소송절차에 이르러 비로소 제출한 자료들을 판단의 근거로 삼을 수 있는지 여부

특히 정정심판을 기각하는 이유가 선행고안에 의하여 고안의 진보성이 부정된다는 취지라면 특허청장이 취소소송절차에 이르러 비로소 제출한 자료들은, <u>선행고안을 보충하여 출원 당시 해당 고안과 동일한 기술분야에 널리 알려진 주지관용기술을 증명하기 위한 것이거나, 정정의견제출 통지서에 기재된 선행고안의 기재를 보충 또는 뒷받침하는 것에 불과한 경우라고 인정될 때</u> 판단의 근거로 삼을 수 있다.

판결이유

가. 명칭을 "홀 아이씨(Hall IC) 구동용 차폐자석이 구비된 휴대폰 케이스"로 하는 이 사건 고안의 청구범위(2016. 11. 4. 특허심판원 2016정124호로 정정심판 청구된 것) 제1항(이하 '이 사건 제1항 고안'이라고 한다)의 '전면 및 후면, 일측면을 감싸는 형태의 구성'과 '자석을 통해 휴대폰의 홀 아이씨에 자력신호를 보내 휴대폰을 제어하는 구성'은 선행고안 1과 공통된다. 그러나 <u>선행고안 1은 휴대</u>

폰 케이스가 후면부 뒤로 젖혀 질 수 없는 데 비하여 이 사건 제1항 고안은 후면부 뒤로 젖혀질 수 있고(차이점 1), 선행고안 1은 차폐기능이 없는 자석을 사용하나 이 사건 제1항 고안은 영구자석과 요크를 매개로 구현되어 자력 차폐기능이 있는 차폐자석을 사용한다는 차이점(차이점 2)이 있다.

　나. 한편, 위 차이점 1은 뒤로 젖혀지는 형태의 휴대폰 케이스인 선행고안 3에 나타나 있고, 차이점 2는 차폐자석 그 자체인 선행고안 2에 나타나 있다.

　다. 그런데, 이 사건 제1항 고안은, 그 청구범위를 뒤로 젖혀지는 구성으로 한정하여 '휴대폰 케이스 전면부의 휴대폰에 내장된 홀 아이씨와 대응되는 지점에 차폐자석을 사용함으로써 휴대폰 케이스의 전면부를 후면부 뒤로 젖힘에 따라 발생할 수 있는 센서의 오동작 방지'를 기술적 과제로 한다. 반면, 선행고안 1은 휴대폰 케이스가 닫혀 있을 때 외부 압력으로 휴대폰 키입력부가 눌려져 휴대폰이 켜지는 등의 오작동을 방지하는 것을 기술적 과제로 하여, 물리적 자극이 아닌 자력과 자력에 대한 홀센서의 반응만으로 그 작동을 조절하는 것을 해결수단으로 한다. 그리고 선행고안 3은 휴대폰의 구동과는 무관하게 휴대폰 자체를 물리적으로 보호하기 위한 케이스이고, 선행고안 2는 일반적인 전기·전자 분야에서 사용될 수 있는 차폐자석이다.

　라. 이러한 선행고안들의 내용에 이들을 결합할 동기나 암시가 나타나 있지 않고, 전자 제품 부품에서 차폐판 또는 요크를 사용한 자력 차폐기술이 나타나 있는 을 제3 내지 5호증의 각 기재만으로는 통상의 기술자가 영구자석과 요크를 일체화한 차폐자석을 휴대폰 케이스에 극히 쉽게 적용할 수 있다고 보기 어렵다.

　마. 원심은 피고가 원심에서 비로소 제출한 이 사건 출원 전 유튜브에 게시된 동영상(을 제9호증)을 주지관용기술에 대한 증거로 보아 진보성 부정의 근거로 삼았다. 그러나 위 동영상은 홀 아이씨 내장 휴대폰을 대상으로, 선행고안 3과 같은 휴대폰 케이스의 전면부에 영구자석을 부착하고, 이를 뒤로 젖혔을 때 영구자석에 대응하는 위치에 차폐판을 부착하여 일명 '스마트 케이스'를 만드는 과정을 담고 있는바, 이는 새로운 공지기술에 대한 것일 뿐, 정정심판청구 기각의 근거가 된 선행고안들을 보충하는 취지의 주지관용기술에 대한 증거라거나, 정정의견제출 통지서에 기재된 선행고안의 기재를 보충 또는 뒷받침하는 것에 불과하다고 보기 어렵다. 따라서 이를 심결의 당부를 판단하는 근거로 삼을 수 없다.

　바. 결국 선행고안들의 결합에 의하여 이 사건 제1항 고안을 극히 쉽게 고안할 수 있다고 보기 어렵다.

기출 여부 (48회 이후)	특허법 학회 TOP 10	중요도
-	-	★★

020 진보성 판단 방법 및 사후적 고찰인지 여부
대법원 2019. 6. 13. 선고 2018후11681 판결 [등록무효(특)]

판결요지

발명의 진보성 유무를 판단할 때에는 적어도 선행기술의 범위와 내용, 진보성 판단의 대상이 된 발명과 선행기술의 차이와 그 발명이 속하는 기술분야에서 통상의 지식을 가진 사람(이하 '통상의 기술자'라 한다)의 기술수준을 증거 등 기록에 나타난 자료에 기초하여 파악할 필요가 있다. 그리고 특허출원 당시의 기술수준에 비추어 진보성 판단의 대상이 된 발명이 선행기술과 차이가 있더라도, 통상의 기술자가 그러한 차이를 극복하고 선행기술로부터 쉽게 발명할 수 있는지를 살펴보아야 한다. **이 경우 진보성 판단의 대상이 된 발명의 명세서에 개시되어 있는 기술을 알고 있음을 전제로 사후적으로 통상의 기술자가 쉽게 발명할 수 있는지를 판단해서는 안 된다**(대법원 2016. 11. 25. 선고 2014후2184 판결, 대법원 2018. 12. 13. 선고 2016후1840 판결 등 참조).

판결이유

가. 피고가 출원하여 등록된 이 사건 발명(특허번호 생략)의 이름은 '착탈식 조리용기 손잡이'이다. 청구범위 제1항(이하 '이 사건 제1항 발명'이라 한다)은 착탈식 조리용기 손잡이를 구성하는 파지구를 조리용기에서 분리할 때 2단계로 분리되도록 구성하여 분리 시 의도하지 않은 조리용기의 낙하로 인한 안전사고를 예방할 수 있도록 하고, 슬라이드편의 일부를 상부로 경사지게 절곡시켜 걸림편의 선단부가 상부 덮개 내면의 스토퍼에 걸리도록 구성하며, 레버의 중앙 버튼을 누르면 버튼이 걸림편을 직접 눌러 걸림편이 아래로 젖혀지면서 스토퍼로부터 해제되도록 설치하여 부품구성을 간단하게 개선함으로써 **조립성 및 내구성을 향상시킬 수 있도록 하는 착탈식 조리용기 손잡이를 제공하기 위한 발명이다.**

나. 이 사건 제1항 발명 중 '중앙에 걸림편이 형성된 슬라이드편과 스토퍼'는 원심 판시 선행발명 3의 '스톱퍼 및 걸림턱'에 대응되는데, 이들 구성은 슬라이드편의 해제를 방지하는 기능을 수행한다는 점에서 동일하다. 또한 이 사건 제1항 발명과 선행발명 3은 모두 레버를 약간 이동시킨 후 버튼을 눌러 조리용기로부터 손잡이를 분리함으로써 2중의 안전구조를 갖는다는 점에서 작동방식과 효과가 동일하다. 그러나 **이 사건 제1항 발명은 슬라이드편의 일부분을 상부로 절곡시킨 걸림편과 상부 덮개의 내면에 형성된 스토퍼 및 레버 중앙의 버튼으로 구성되어 슬라이드편과 일체로 형성된 걸림편 자체의 탄성에 의해 슬라이드편이 걸리거나 해제되는 데 비하여, 선행발명 3의 대응구성은 스톱퍼 자체의 탄성이 아니라 별도의 코일 스프링의 탄성을 통해 슬라이드편이 걸리거나 해제될 뿐만 아니라 걸림홈이 덮개에 형성되어 있지 않고 슬라이드편에 형성되어 있다는 점에서 차이가 있다.**

한편 원심 판시 선행발명 4에는 록킹판 상부에 걸림턱을 형성하고 록킹판과 고정편 및 탄동걸림편이 일체로 연결되어 탄동걸림편의 탄성력에 의해 탄동걸림편이 상부의 걸림턱에 걸리고 해제되는 구성이 도시되어 있다. 그러나 선행발명 4에는 이 사건 제1항 발명과 선행발명 3의 차이점인 '파지구가 구성된 슬라이드편의 일부를 상부로 경사지게 절곡시켜 형성한 걸림편과 상부 덮개의 내면에 형성된 스토퍼가 걸려지는 구성'이 나타나 있지 않다. 또한 선행발명 4의 탄동걸림편은 나사 결합에 의해 록킹판에 결합된다는 점에서 슬라이드편의 일부를 절곡시켜 형성된 제1항 발명의 걸림편과 다르다. 선행발명 3에 선행발명 4를 결합하기 위해서는 선행발명 3의 버튼, 스톱퍼, 슬라이드편을 모두 선행발명 4의 탄동걸림편이 록킹판과 일체화되고 자체 탄성력에 의해 걸림과 해제 동작을 수행하는 부분으로 교체해야 하는데, **선행발명 3의 버튼과 슬라이드편의 상대적인 이동관계 뿐만 아니라 연결 구성들의 배열 관계를 대폭적으로 변경해야 한다**. 선행발명들에 그러한 **암시와 동기**가 제시되어 있지 않은 이 사건에서 **이 사건 제1항 발명의 내용을 이미 알고 있음을 전제로 하여 사후적으로 판단하지 않는 한, 통상의 기술자라 하더라도 선행발명 3과 선행발명 4의 결합에 의해 이 사건 제1항 발명의 위 구성을 쉽게 도출하기 어렵다**. 또한 선행발명 3과 선행발명 4를 결합하더라도 부품구성을 간단하게 개선하여 조립성 및 내구성을 향상시키겠다는 이 사건 제1항 발명의 작용효과가 쉽게 예측된다고 볼 수도 없다.

따라서 이 사건 제1항 발명은 선행발명 3과 선행발명 4의 결합에 의해 진보성이 부정되지 않는다.

다. 그럼에도 원심은 이와 달리 선행발명 3과 선행발명 4에 의해 이 사건 제1항 발명의 진보성이 부정된다고 판단하였으니, 이러한 원심판단에는 상고이유 주장과 같이 발명의 진보성 판단에 관한 법리를 오해하여 필요한 심리를 다하지 아니함으로써 판결에 영향을 미친 잘못이 있다.

기출 여부 (48회 이후)	특허법 학회 TOP 10	중요도
–	2016	★★★

021 제시된 선행문헌을 근거로 발명의 진보성이 부정되는지 판단하는 방법

대법원 2016. 1. 14. 선고 2013후2873, 2013후2880(병합) 판결 [등록무효(특)]

판결요지

제시된 선행문헌을 근거로 발명의 진보성이 부정되는지를 판단하기 위해서는 진보성 부정의 근거가 될 수 있는 일부 기재만이 아니라 선행문헌 전체에 의하여 발명이 속하는 기술분야에서 통상의 지식을 가진 사람(이하 '통상의 기술자'라고 한다)이 합리적으로 인식할 수 있는 사항을 기초로 대비 판단하여야 한다. 그리고 일부 기재 부분과 배치되거나 이를 불확실하게 하는 다른 선행문헌이 제시된 경우에는 그 내용까지도 종합적으로 고려하여 통상의 기술자가 발명을 용이하게 도출할 수 있는지를 판단하여야 한다.

판결이유

1. GABA(gamma-aminobutyric acid) 레벨과 관련한 상고이유에 대하여

(1) 원심은 다음과 같은 이유로, 명칭을 '통증 치료용 이소부틸가바 및 그의 유도체'로 하는 이 사건 특허발명(특허등록번호 생략)에 대한 특허무효심판절차에서 정정청구된 특허청구범위 제1항 및 이를 인용하는 종속항인 특허청구범위 제4항 내지 제16항(이하, 이를 모두 합하여 '이 사건 정정발명'이라 한다)의 진보성이 부정되지 않는다고 판단하였다.

① 이 사건 정정발명은 프레가발린[3-(아미노메틸)-5-메틸헥산산의 S형 광학 이성질체, 즉 (S)-3-(아미노메틸)-5-메틸헥산산]의 진통효과에 관한 의약용도발명이다.

② 이 사건 정정발명의 우선권 주장일 이전에 개시된 갑 제17호증 발명의 특허청구범위 제15항에 프레가발린의 라세미체가 뇌의 GABA 레벨을 증가시킨다는 기술적 구성이 포함되어 있다고 볼 수는 있다. 그러나 갑 제17호증 발명의 내용에 의하면, 뇌의 GABA 레벨이 상승하면 항경련 효과가 발생한다는 전제하에 GAD(L-glutamic acid decarboxylase) 효소를 활성화시켜 뇌의 GABA 레벨을 상승시킬 수 있을 것이라고 예측하고 시험관 실험 및 생쥐를 대상으로 한 생체실험을 통하여 대상 물질군의 활성을 확인하였으나, 시험관에서의 GAD 활성화 정도와 생쥐에서의 항경련 효과가 서로 일치하는 것은 아니고, 특히 프레가발린의 라세미체는 시험관에서의 GAD 활성화 실험에서 저조한 효과를 나타낸 반면에 생쥐를 대상으로 한 생체실험에서는 다른 화합물보다 10배나 강한 항경련 효과를 나타내는 것으로 확인되었다.

③ 이에 대하여 통상의 기술자로서는 생체 내에서의 GABA 레벨의 상승과는 관계가 없이 다른 작용기전들에 의하여 항경련 효과가 발생할 수 있고, 갑 제17호증 발명의 특허청구범위 제15항은 프레가발린의 라세미체가 뇌의 GABA 레벨을 상승시킨다는 근거가 없이 단지 그 항경련 효과가 탁월하다는 생체실험결과에 기초하여 기재한 것으로 받아들일 수 있다. 그리고 시험관 내 GAD 활성화 능력과 뇌의 GABA 레벨 증가 사이 및 항경련 활성 사이에 상관관계가 없어 보이거나 불확실하다는 취지가 기재된 선행문헌들도 이 사건 정정발명의 우선권 주장일 이전에 개시되어 있다.

④ 이러한 사정들을 종합하면, 통상의 기술자가 갑 제17호증 발명의 특허청구범위에 기재된, 프레가발린이 뇌의 GABA 레벨을 상승시킨다는 불확실한 사실을 그대로 받아들여 이를 기초로 **GABA 레벨의 상승이 진통효과를 가져온다는 추가적인 사실을 결합하여 프레가발린의 진통효과를 도출하는 것은 쉽지 않다.**

(2) 앞서 본 법리와 기록에 의하여 살펴보면, 원심의 위와 같은 판단은 정당하다. 거기에 선행기술의 신뢰성이나 적격성, 선행기술 파악, 진보성 판단 등에 관하여 법리를 오해하거나 판례를 위반하고, 논리와 경험의 법칙을 위반하여 자유심증주의의 한계를 벗어나거나 필요한 심리를 다하지 아니하고 판단을 누락하는 등의 위법이 없다.

기출 여부 (48회 이후)	특허법 학회 TOP 10	중요도
–	–	★★★

022 발명의 설명의 기재로부터 유리한 효과를 추론할 수 있는지 여부
대법원 2002. 8. 23. 선고 2000후3234 판결 [등록무효(특)]

판결요지

특허법 제29조 제1항 제2호, 제2항의 각 규정은 특허출원 전에 국내 또는 국외에서 반포된 간행물에 기재된 발명이나, 선행의 공지기술로부터 용이하게 도출될 수 있는 창작일 때에는 신규성이나 진보성을 결여한 것으로 보고 특허를 받을 수 없도록 하려는 취지인바, 이와 같은 진보성 유무를 가늠하는 창작의 난이도는 그 기술구성의 차이와 작용효과를 고려하여 판단하여야 하는 것이므로, 특허된 기술의 구성이 선행기술과 차이가 있을 뿐 아니라 그 작용효과에 있어서 선행기술에 비하여 현저하게 향상 진보된 것인 때에는, 기술의 진보발전을 도모하는 특허제도의 목적에 비추어 특허발명의 진보성을 인정하여야 하고, **특허발명의 유리한 효과가 상세한 설명에 기재되어 있지 아니하더라도 그 발명이 속하는 기술분야에서 통상의 지식을 가진 자가 상세한 설명의 기재로부터 유리한 효과를 추론할 수 있을 때에는 진보성 판단을 함에 있어서 그 효과도 참작하여야 한다.**

판결이유

1. 원심판결 이유에 의하면, 원심은 명칭을 "후가공금속판넬의 코너링 절곡방법"으로 하는 이 사건 특허발명(특허번호 제138797호)의 구성요소와 공개실용신안공보 제91-20310호에 나타난 고안(이하 '인용고안 1'이라 한다)과 일본국 실용신안공보 평3-24734호에 나타난 고안(이하 '인용고안 2'라 한다)의 기술적 구성을 대비하면서, 이 사건 특허발명은 <u>절개부(5)에 있어서 노치부(5a)가 형성</u>된 데 비하여 인용고안 1, 2는 노치부가 형성되지 않고, 그로 인하여 절곡의 방법이 다른 차이만 있고 나머지 구성은 모두 동일하지만, 이 사건 특허발명은 <u>노치부가 있음으로 인하여 코너부(7)는 제외된 채 가로 세로 플랜지(2)(4)만이 절곡선(3a)을 따라 깨끗하게 절곡되어지기 때문에 금속패널을 프레스로 절곡 벤딩시킬 때 플랜지의 가로방향과 세로방향에 있어서 모서리를 향하여 강제로 밀리어 생길 수 있는 주름(웨이브)이 흡수 소멸되는 효과</u>를 가져와 금속패널의 표면에 피복된 피복층의 손상 없이 평탄도가 유지되고, 가로 세로 플랜지와 코너부가 분리되어 절곡되어지기 때문에 코너부만을 따로 용이하게 절곡 벤딩하며, 부드러운 만곡면을 이루게 하는 효과가 있는데 비하여, 인용고안들의 경우는 가로 세로 플랜지가 절단홈과 절곡선 사이의 모서리 부분까지 연장되어 있고, 플랜지 부분과 코너부를 동시에 절곡 벤딩하여야 하므로 <u>이 사건 특허발명만큼 완벽하게 코너부에서 일어나는 웨이브 현상을 흡수 소멸시켜 준다고 보기 어렵고, 금속패널의 절곡작업의 용이성에도 차이</u>가 있으며, 이 사건 특허발명의 명세서에 위와 같은 <u>노치부의 작용효과가 구체적으로 기재되어 있지는 않지만 이와 같은 효과는 명세서의 전체 기재로부터 쉽게 알 수 있다</u>고 한 다음 이 사건 특허발명은 당업자가 용이하게 생각해내기 어려운 노치부라는 신규한 구성을 통하여 보다 향상된 작용효과를 가져온 것이어서 인용고안 1 및 2에 비하여 진보성이 인정된다는 취지로 판단하였다.

2. 기록과 위에서 본 법리에 비추어 살펴보면, 원심의 위와 같은 인정과 판단은 정당하고, 거기에 상고이유로 지적하는 바와 같은 법리오해나 심리미진의 위법이 있다고 할 수 없다.

기출 여부 (48회 이후)	특허법 학회 TOP 10	중요도
-	-	★★

023 특허 발명의 진보성 유무의 판단에 있어서 상업적 성공의 고려 여부
대법원 1996. 10. 11. 선고 96후559 판결 [특허무효]

판결요지

1. 특허 발명의 진보성 유무의 판단 기준

특허법 제29조 제2항의 규정은 특허출원된 발명이 선행의 공지기술로부터 용이하게 도출될 수 있는 창작일 때에는 진보성을 결여한 것으로 보고 특허를 받을 수 없도록 하려는 취지인바, 출원된 기술에 공지된 선행기술로부터 예측되는 효과 이상의 보다 나은 새로운 작용효과가 있는 것으로 인정되어 출원된 기술이 선행기술보다 현저하게 향상·진보된 것으로 판단되는 때에는, 기술의 진보발전을 도모하는 특허제도의 목적에 비추어 그 발명이 속하는 기술의 분야에서 통상의 지식을 가진 자가 용이하게 발명할 수 없는 것으로서 진보성이 있는 것으로 보아야 하며, **더욱이 출원 기술이 상업적으로 성공을 하였다면 진보성이 인정되어 특허를 받을 수 있다.**

2. 의약품 발명시 출원명세서에 실험데이터나 시험성적표의 기재가 필수적인지 여부

의약품의 발명에 있어서는 그 약리효과에 대한 기재가 있으면 충분하고 그에 대한 실험데이터나 시험성적표의 기재는 명세서의 필수적 기재요건은 아니고, **다만 특허청 심사관은 당해 기술분야에서 통상의 지식을 가진 자가 출원 당시의 기술 수준으로 보아 명세서에 기재된 용도(효과)가 나타나는지 극히 의심스러운 경우에만 비로소 별도의 시험성적표나 실험데이터 등의 제출을 요구할 수 있다.**

판결이유

1. 진보성 판단과 관련한 판결이유

기록에 의하여 살펴보면, 이 사건 특허발명(특허청 1991. 2. 1. 등록 제39536호, "우황청심액의 제조방법", 이하 본건 발명이라고 한다.)은 산약, 감초, 인삼 등 우황청심원의 재료들인 생약재로 구성되어 있고, 이들 약재 중 우황, 사향 및 용뇌는 미세분말화하고, 이들을 제외한 나머지 생약재들은 물 또는 알코올로 침출하거나 미세분말화하는 전처리공정 및 이들 전처리한 생약재를 혼합하고 물을 가하여 균질화시키는 후처리공정(독립항)과 이들에 방향제, 감미제 등의 보조제를 첨가하는 방법(종속항)으로 구성되어 있는바, 본건 발명은 <u>종래의 우황청심환제를 액제로 조제함으로써 구급환자나 유아, 소아가 간편하게 복용할 수 있고, 또한 약효가 신속하게 나타나도록 하려고 함에</u> 그 목적이 있고, 위 기술적 구성요소들 각각은 그 출원 전에 공지되어 있는 것들이기는 하나 위 각 구성요소들을 결합하여 우황청심액제를 제조하는 구성 자체는 공지된 것이라고 볼 자료가 없으며, 복용의 간편함과 효과의 신속성 등의 작용효과는 우황청심환제 자체가 가지는 작용효과와는 다른 것이라 할 것이고, <u>더욱이 액제로 된 본건 발명이 환제에 대하여 상업적으로 성공을 거두고 있는 것으로 인정</u>된다.

그렇다면 본건 발명은 공지된 선행기술로부터 예측되는 효과 이상의 현저하게 향상·진보된 새로운 작용효과가 있는 것으로 인정되어 그 발명이 속하는 기술의 분야에서 통상의 지식을 가진 자가 용이하게 발명할 수 없는 것으로서 진보성이 인정된다고 할 것이다.

위와 같은 취지에서 원심이 본건 발명에 진보성을 인정하여 그 등록이 무효가 아니라고 인정·판단한 것은 정당하고, 거기에 진보성 판단에 관한 법리오해나 심리미진의 위법이 있다고 할 수 없다. 본건 발명이 관용기술의 의약에의 단순한 전용에 불과하여 진보성이 없다는 논지는 받아들일 수 없다.

2. 실험데이터 기재와 관련한 판결이유

논지가 지적하는 바와 같이 본건 발명의 출원명세서에 기재된 급성독성 실험결과가 허위여서 명세서 기재불비이거나 미완성 발명이라는 심판청구인의 주장에 대하여 원심이 아무런 심리·판단을 하지 아니한 점은 잘못이라 할 것이나, **급성독성 실험데이터나 시험성적표의 기재가 출원명세서의 필수적인 기재요건이 아닌 이상, 또 심판청구인의 주장 자체에 의하더라도 본건 발명의 급성독성 시험결과는 인체에 무해하다는 것**이어서 원심의 위와 같은 심리미진이나 판단유탈이 이 사건 심결 결과에 영향을 미쳤다고는 볼 수 없으므로 논지도 받아들일 수 없다.

기출 여부 (48회 이후)	특허법 학회 TOP 10	중요도
-	-	★★★

024 공지공용의 기존 기술과 주지관용의 기술을 수집 종합하여 이루어진 발명의 진보성을 인정하기 위한 요건

대법원 2008. 5. 29. 선고 2006후3052 판결 [등록무효(특)]

판결요지

1. **공지공용의 기존 기술과 주지관용의 기술을 수집 종합하여 이루어진 발명의 진보성을 인정하기 위한 요건**

    특허등록된 발명이 공지공용의 기존 기술과 주지관용의 기술을 수집 종합하여 이루어진 데 그 특징이 있는 경우에는, 이를 종합하는 데 각별한 곤란성이 있다거나 이로 인한 작용효과가 공지된 선행기술로부터 예측되는 효과 이상의 새로운 상승효과가 있다고 볼 수 있는 경우가 아니면 그 발명의 진보성은 인정될 수 없다.

2. **심결취소소송에서 주지관용의 기술을 증명하는 방법**

    어느 주지관용의 기술이 소송상 공지 또는 현저한 사실이라고 볼 수 있을 만큼 일반적으로 알려져 있지 아니한 경우에 그 주지관용의 기술은 심결취소소송에 있어서는 증명을 필요로 하나, 법원은 자유로운 심증에 의하여 증거 등 기록에 나타난 자료를 통하여 주지관용의 기술을 인정할 수 있다.

3. **특허발명의 제품이 상업적으로 성공하였거나 특허발명의 출원 전에 오랫동안 실시했던 사람이 없었다는 사정만으로 발명의 진보성을 인정할 수 있는지 여부**

    특허발명의 제품이 상업적으로 성공하였거나 특허발명의 출원 전에 오랫동안 실시했던 사람이 없었던 점 등의 사정은 진보성을 인정하는 하나의 자료로 참고할 수 있지만, 이러한 사정만으로 진보성이 인정된다고 할 수는 없고, 특허발명의 진보성에 관한 판단은 우선적으로 명세서에 기재된 내용, 즉 발명의 목적, 구성 및 효과를 토대로 선행 기술에 기하여 당해 기술분야에서 통상의 지식을 가진 자가 이를 용이하게 발명할 수 있는지 여부에 따라 판단되어야 한다.

판결이유

1. 특허등록된 발명이 공지공용의 기존 기술과 주지관용의 기술을 수집 종합하여 이루어진 데에 그 특징이 있는 것인 경우에 있어서는 이를 종합하는 데 각별한 곤란성이 있다거나, 이로 인한 작용효과가 공지된 선행기술로부터 예측되는 효과 이상의 새로운 상승효과가 있다고 볼 수 있는 경우가 아니면 그 발명의 진보성은 인정될 수 없다고 볼 것이고(대법원 2001. 7. 13. 선고 99후1522 판결 참조), 어느 주지관용의 기술이 소송상 공지 또는 현저한 사실이라고 볼 수 있을 만큼 일반적으로 알려져 있지 아니한 경우에 그 주지관용의 기술은 심결취소소송에 있어서는 증명을 필요로 하나, 법원은 자유로운 심증에 의하여 증거 등 기록에 나타난 자료를 통하여 주지관용의 기술을 인정할 수 있다 할 것이다(대법원 1991. 4. 23. 선고 90후489 판결, 대법원 2003. 8. 22. 선고 2002후2600 판결 등 참조).

    위 법리와 기록에 비추어 살펴보면, 명칭을 "피부보호용 섬유원단 및 피부보호용 속옷"으로 하는 이 사건 특허발명(등록번호 제141506호)의 명세서에 **종래기술로 금, 은, 셀레늄, 게르마늄이 인체에 유용한 효능을 가진다는 점에 대하여 기재되어 있는 사정** 등에 비추어 볼 때 금, 은, 셀레늄, 게르마

늪이 인체에 유용한 효능을 가진다는 점은 주지관용의 기술**이라 할 것이고, 나아가 이 사건 특허발명은 원심판시의 비교대상발명 3, 5에 나타난 섬유 또는 의류에 알루미늄 등의 금속층을 증착시키는 기술에 **주지관용의 기술인 금, 은, 셀레늄, 게르마늄을 금속재료로 채택하여 이를 단순 결합한 것으로서 구성의 곤란성이 인정되지 아니하고**, 원심판시의 비교대상발명 3, 5와 주지관용의 기술을 결합한 것으로부터 **예측되는 효과 이상의 새로운 상승효과도 인정되지 아니하므로**, 이 사건 특허발명이 속하는 기술분야에서 통상의 지식을 가진 자가 원심판시의 비교대상발명 3, 5와 주지관용의 기술로부터 용이하게 발명할 수 있어 진보성이 부정된다고 할 것이다.

따라서 같은 취지에서 이 사건 특허발명의 진보성이 부정된다고 본 원심의 판단은 정당한 것으로 수긍이 가고, 거기에 상고이유로 주장하는 바와 같은 발명의 진보성에 관한 법리오해, 주지관용기술의 인정에 관한 채증법칙 위반 등의 위법은 없다.

2. 특허발명의 제품이 상업적으로 성공을 하였거나 특허발명의 출원 전에 오랫동안 실시했던 사람이 없었던 점 등의 사정은 진보성을 인정하는 하나의 자료로 참고할 수 있지만, 이러한 사정만으로 진보성이 인정된다고 할 수는 없고, 특허발명의 진보성에 대한 판단은 우선적으로 명세서에 기재된 내용, 즉 발명의 목적, 구성 및 효과를 토대로 선행 기술에 기하여 당해 기술분야에서 통상의 지식을 가진 자가 이를 용이하게 발명할 수 있는지 여부에 따라 판단되어야 하는 것이므로 이러한 사정이 있다는 이유만으로 발명의 진보성을 인정할 수 없다(대법원 2005. 11. 10. 선고 2004후3546 판결 참조).

위 법리에 비추어 살펴보건대, 위에서 본 바와 같이 이 사건 특허발명의 명세서에 기재된 내용을 토대로 선행 기술과 대비한 결과 이 사건 특허발명이 선행 기술보다 향상 진보된 것으로 인정되지 아니하는 이 사건에서, **설령 이 사건 특허발명의 제품이 상업적으로 성공을 하였거나 이 사건 특허발명의 출원 전에 오랫동안 실시했던 사람이 없었다 하더라도 이러한 사정만으로는 이 사건 특허발명의 진보성을 인정할 수는 없으므로**, 원심이 이 사건 특허발명의 진보성을 판단함에 있어서 이 사건 특허발명의 제품이 상업적으로 성공을 하였는지 등의 사정을 참작하지 아니한 것에 상고이유로 주장하는 바와 같은 발명의 진보성에 관한 법리오해 등의 위법이 있다고 할 수 없다.

3. 그러므로 상고를 기각하고 상고비용은 패소자가 부담하도록 정하여, 관여 대법관의 일치된 의견으로 주문과 같이 판결한다.

기출 여부 (48회 이후)	특허법 학회 TOP 10	중요도
–	–	★★★

025 기술분야를 비교하여 비교대상발명을 특허발명의 진보성을 부정하는 선행기술로 삼을 수 있는 경우

대법원 2008. 7. 10. 선고 2006후2059 판결 [등록무효(특)]

판결요지

특허법 제29조 제2항에서 '그 발명이 속하는 기술분야'란 원칙적으로 당해 특허발명이 이용되는 산업분야를 말하므로, 당해 특허발명이 이용되는 산업분야가 비교대상발명의 그것과 다른 경우에는 비교대상발명을 당해 특허발명의 진보성을 부정하는 선행기술로 사용하기 어렵다 하더라도, 문제로 된 비교대상발명의 기술적 구성이 특정 산업분야에만 적용될 수 있는 구성이 아니고 당해 특허발명의 산업분야에서 통상의 기술을 가진 자가 특허발명의 당면한 기술적 문제를 해결하기 위하여 별다른 어려움 없이 이용할 수 있는 구성이라면, 이를 당해 특허발명의 진보성을 부정하는 선행기술로 삼을 수 있다.

판결이유

위 법리와 기록에 비추어 살펴보면, 명칭을 "얀공급기 장치"로 하는 이 사건 특허발명의 특허청구범위(특허번호 제218069호) 제1항(이하 '이 사건 제1항 발명'이라고 한다) 중 원심판시 구성요소 1은 원심판시 비교대상발명 1의 '프레임⑩, 프레임 위에 설치되는 수직안내판(32), 플랩덮개(31), 프레임 측면에 설치되는 구동부재의 덮개'를 포함하여 내부실을 에워싸는 벽을 구비한 구성에 대응되는데, 비교대상발명 1의 도면 2의 기재에 의하면 가운데 부분이 양 끝단 부분보다 두꺼운 구조로 되어 있고 기능상 보빈을 지탱할 수 있을 정도의 강성을 지녀야 하는 롤러(13, 14)가 프레임⑩의 양쪽 측벽에 고정된 구조가 도시되어 있어, 통상의 기술자라면 위 구조가 롤러를 프레임 측벽의 개구부를 통하여 밀어 넣어 고정하거나 또는 롤러를 휘게 한 후 양 끝단을 프레임의 측벽에 고정한 다음 그 탄성에 의해 롤러가 원위치로 복귀하도록 결합시키는 것이 아니라, 프레임을 상·하부로 나누어서 하부 측벽에 소정의 리세스를 형성하여 롤러를 안착시킨 다음 프레임의 상부를 프레임의 하부에 덮는 방법으로 롤러를 프레임의 측벽에 결합시키는 구성일 수밖에 없음을 알 수 있다. 따라서 원심판시 구성요소 1과 비교대상발명 1의 대응구성을 대비하면, 프레임을 구동부재의 덮개부분과 일체로 형성하였는지 여부에서만 차이가 있다 할 것인바, 프레임과 구동부재의 덮개로 나누어져 있는 구성을 합하여 일체로 형성하는 것은 통상의 기술자가 용이하게 도출할 수 있는 구성이라 할 것이다.

또한, 원심판시 구성요소 4의 리세스부에 해당하는 기술구성에 대하여 비교대상발명 1에 명시적인 기재는 없다고 하더라도, 위에서 본 바와 같이 롤러(13, 14)를 프레임⑩의 측벽에 결합시키기 위해서는 프레임의 측벽에 롤러가 안착될 수 있도록 리세스부가 형성되어야 함은 명백하므로, 이 역시 통상의 기술자가 비교대상발명 1로부터 용이하게 도출할 수 있는 구성이다.

원심판시 구성요소 8 중 '제1 및 제2 하우징 부분의 하나 이상의 베어링 시트 표면의 적어도 일부를 탄력적으로 구성'하는 부분은 이 사건 특허발명의 명세서상 '탄력적'이라는 용어에 대하여 구체적인 정의가 없고, 다만 베어링 시트부를 포함하게 되는 하우징부가 '사출성형부품'으로 이루어진다는 기재를 가지고 있을 뿐인바, '축받이 베어링 하우징 수단'에 관한 비교대상발명 4에 베어링 하우징 수단이 '플라스틱'으로 된 구성이 개시되어 있고, 비교대상발명 4가 속하는 **베어링 관련 기술은 '롤러'와 같은 회전체를 지지하는 구성이 있는 기계장치를 이용하는 기술분야에서 일반적으로 사용하는 기술인 점에 비추어 볼 때, 위 구성은 얀공급장치와 같은 섬유기계분야에서도** 통상의 기술자가 비교대상발명 4로부터 용이하게 도출할 수 있다고 할 것이다.

그럼에도, 원심이 이 사건 제1항 발명의 구성요소 1, 4가 비교대상발명 1에 개시되어 있지 않고, 구성요소 8의 베어링 시트 표면을 탄력적으로 하는 구성도 비교대상발명 4에 개시되어 있지 않음을 전제로 이 사건 제1항 발명의 진보성이 부정되지 않는다고 판단한 것은 특허발명의 진보성에 대한 법리오해 및 비교대상발명의 구성에 대한 심리미진의 위법이 있다 할 것이고, 이 점을 주장하는 원고의 상고이유는 이유 있다.

기출 여부 (48회 이후)	특허법 학회 TOP 10	중요도
54회 (2017년) 문제 3	-	★★★

026 부정적 교시와 관련하여 진보성 부정 여부가 문제된 사건
대법원 2021. 12. 10. 선고 2018후11728 판결 [등록무효(특)]

판결요지

발명의 진보성 유무를 판단할 때에는 선행기술의 범위와 내용, 진보성 판단의 대상이 된 발명과 선행기술의 차이, 그 발명이 속하는 기술분야에서 통상의 지식을 가진 사람(이하 '통상의 기술자'라고 한다)의 기술수준에 대하여 증거 등 기록에 나타난 자료에 기초하여 파악한 다음, 통상의 기술자가 특허출원 당시의 기술수준에 비추어 진보성 판단의 대상이 된 발명이 선행기술과 차이가 있는데도 그러한 차이를 극복하고 선행기술로부터 쉽게 발명할 수 있는지를 살펴보아야 한다. **이 경우 진보성 판단의 대상이 된 발명의 명세서에 개시되어 있는 기술을 알고 있음을 전제로 사후적으로 통상의 기술자가 쉽게 발명할 수 있는지를 판단해서는 안 된다**(대법원 2009. 11. 12. 선고 2007후3660 판결, 대법원 2020. 1. 22. 선고 2016후2522 전원합의체 판결 등 참조).

판결이유

가. 명칭을 '세라믹 용접 지지구'로 하는 이 사건 특허발명(특허번호 생략, 2017. 4. 21.자 정정청구에 의해 정정된 것)의 청구범위는 '50~70wt%의 SiO_2, 15~35wt%의 Al_2O_3, 8~15wt%의 MgO, 0.5~3wt%의 CaO를 주성분으로 포함하고, Fe_2O_3, K_2O 및 Na_2O로 이루어지는 기타 성분이 0.5~5wt%의 범위로 포함되어 이루어진 조성을 갖고, 내화도가 SK 8~12이고, 소성밀도가 2.0~2.4g/㎤이며, 흡수율이 3% 미만인 세라믹 용접 지지구'이다. 이 사건 특허발명은 위와 같은 **수치범위의 내화도와 소성밀도를 통하여 원활한 슬러그 발생과 적정한 이면비드 생성을 가능하게 하고, 낮은 수치 범위의 흡수율을 통하여 과다수분 흡습을 방지하여 용접부의 강도를 향상시키는** 것을 해결 과제로 한다.

나. 반면 선행발명 1은 이 사건 특허발명과 같은 용접 지지구에 관한 발명으로 '45~70wt%의 SiO_2, 15~40wt%의 Al_2O_3, 5~30wt%의 MgO, 0.3~2wt%의 CaO 조성과 내화도는 SK 11~15, 기공률은 20~40%인 것'을 구성으로 하는데, 이 사건 특허발명의 내화도 범위(SK 8~12)에서 차이가 있고(원심판시 차이점 3), 소성밀도(원심판시 차이점 4)와 흡수율(원심판시 차이점 5)에 대하여는 아무런 기재가 없다. 그리고 선행발명 1의 명세서에는 '고형 내화재의 기공률이 20% 미만에서는 슬러그 층이 비드를 밀어 올리고, 덧붙임 부족 혹은 백비드가 고르지 않게 된다'고 기재되어 있는 반면, 기공률과 비례관계에 있는 이 사건 특허발명의 흡수율은 3% 미만이다.

다. 이와 같이 **선행발명 1에는 20% 미만의 낮은 기공률에 관하여 부정적 교시를 담고 있어, 통상의 기술자가 선행발명 1의 기공률을 20% 미만으로 낮추어 결과적으로 기공률과 비례 관계에 있는 흡수율을 낮추는 것을 쉽게 생각하기 어렵다.**

라. 선행발명 3의 명세서에 의하더라도 '현재 통상적으로 사용되는 세라믹 뒷받침재는 자기화 단계까지 거친 뒷받침재로서 이는 흡수율이 적은 편이고, 기공률이 낮아 조직이 치밀하여 흡습방지성 내지는 방수성이 좋으나 대신 기공률이 낮아 단열성이 좋지 않고 열팽창 계수가 비교적 큰 편이어서 사용할 때에 균열, 파손이 발생하는 경우가 있다'고 기재되어 있어 **낮은 흡수율은 장점이 있는 반면 단점도 있다는 것이므로, 위와 같은 내용이 통상의 기술자에게 선행발명 1의 흡수율을 낮추는 방향으로 변형을 시도하도록 만드는 동기나 암시로 받아들여지기 어렵다.**

마. 게다가 통상의 기술자가 선행발명 1에 이 사건 특허발명과 같은 낮은 흡수율(기공률과 비례관계)을 채택하여 결과적으로 선행발명 1의 비교적 높은 범위의 기공률을 배제하는 것은 <u>**선행발명 1의 내화도와 기공률 간의 유기적 결합관계를 해치는 것일 뿐 아니라, 그로 인한 효과를 예측할 수 있을 만한 자료도 없다.**</u>

바. 그리고 이 사건 특허발명의 명세서 기재에 의하면, 이 사건 특허발명에 따른 실시예는 이 사건 특허발명의 구성요소를 충족하지 못하는 비교예와 비교하여 용접결과가 모두 양호하고, 내부크랙 및 모재의 충격강도에 있어서도 우수한 결과를 얻었다.

사. 위와 같은 사정들을 종합하여 보면, 통상의 기술자의 입장에서 이 사건 특허발명의 내용을 이미 알고 있음을 전제로 사후적으로 판단하지 않는 한 선행발명 1로부터 이 사건 특허발명을 쉽게 도출할 수 있다고 보기 어려우므로, 선행발명 1에 의하여 이 사건 특허발명의 진보성이 부정된다고 할 수 없다.

CHAPTER 04 불특허발명

기출 여부 (48회 이후)	특허법 학회 TOP 10	중요도
–	–	★★

027 발명이 공중위생을 해할 우려가 있는지 여부
대법원 1991. 11. 8. 선고 91후110 판결 [거절사정]

판결요지

1. 특정인 한 사람이 출원발명의 제품을 복용한 결과 아무런 위해가 없었다는 사실만으로 출원발명이 일반 공중의 위생을 해할 우려가 없다고 단정할 수 있는지 여부
 특정인 한 사람이 출원발명의 제품을 복용한 결과 아무런 위해가 없었다는 사실만으로 출원발명이 일반 공중의 위생을 해할 우려가 없다고 단정할 수는 없다.

2. 발명이 공중위생을 해할 우려가 있는지 여부가 특허절차에서 심리되어야 하는지 여부
 특허출원이 공중의 위생을 해할 우려가 있는 때에는 거절사정하여야 하는 것이므로 발명이 **공중위생을 해할 우려가 있는지 여부는 특허절차에서 심리되어야 할 것이고 이것이 단순히 발명의 실시단계에 있어 제품에 대한 식품위생법 등 관련제품 허가법규에서만 다룰 문제가 아니다.**

판결이유

1. 원심결의 이유에 의하면 원심은, 본원 발명은 불로 원소성 건강식품의 제조방법에 관한 것으로서 그 요지는 대두 단백질 분말과 맥분말에 철분분말 등의 자성분말을 혼합하여 만든 음식의 제조방법에 관한 것으로서 철분분말은 총중량의 30~50% 가량 차지하는데 있는 것인데, 인체의 기능에 필요한 철분은 통상 식품에 함유된 양만으로 그 필요량이 충족되고 빈혈증 환자 등에게는 인위적으로 철분을 첨가시킨 의약품 등을 복용시키지만 하루 필요량은 성인 16mg, 유아 6mg에 불과하고 철분을 단독으로 섭취하는 경우에는 인체에 필요로 하는 활성화된 철이온의 생성을 기대할 수 없어 통상 유산철 등의 형태로 섭취함으로써 유산의 분해시 활성화된 철이온을 인체에서 흡수하도록 하고 있음에 비하여 **본원발명은 철분이 30~50중량% 함유되어 이것이 식품으로서의 기능을 갖는다고 볼 수 없을 뿐만 아니라 복용량에 대한 구체적인 언급이 없으며 철분분말을 단독으로 배합하였고, 그 혼합비율 역시 너무 과다하여 인체에 유해한 결과를 초래하리라는 것을 일반적인 상식을 가진 자라면 예측할 수 있어서** 안정성 시험성적표를 제시하여야 함에도 이를 제출하지 아니한 본원발명은 공중의 위생을 해할 염려가 있는 발명으로 인정되어 특허법 제4조 제3호[6](1990.1.13. 법률 제4207호로 개정되기 이전의 것. 이하 같다)에 의하여 본원발명은 특허될 수 없다는 원거절사정은 정당하다고 판단하고 있다.

2. 소론은 출원인이 백혈구 감소증으로 1946.부터 10년간 병원에서 치료를 받았으나 아무런 효험이 없어 1958.이후 본원발명에 의하여 조제한 건강식품을 계속 복용하여 오던 중 1982.10월에 건강진단을 해 본 결과 출원인의 건강은 극히 양호하다는 진단결과를 받았다는 것이나, 소론과 같이 특

정인 한 사람이 본원발명의 제품을 복용한 결과 아무런 위해가 없었다 한들 그 사실만으로 본원발명이 일반공중의 위생을 해할 우려가 없다고 단정할 수는 없다 할 것이고, 원심결은 이러한 취지에 따라 출원인이 달리 **안정성 시험성적표**를 제시하지 아니한 본원발명은 공중의 위생을 해할 염려가 있는 발명이라고 판단한 것이어서 수긍이 가고 거기에 어떠한 잘못이 있다고 할 수 없다. 논지는 이유없다.

3. 특허법 제4조 제3호는 공중의 위생을 해할 우려가 있는 발명은 특허를 받을 수 없다고 규정하고 있고, 같은 법 제82조 제1항 제1호에 의하면 특허출원이 같은 법 제4조 제3호의 사유에 해당할 때에는 거절사정하도록 규정하고 있으므로 특허절차에 있어서는 발명의 신규성 여부만을 판단해야 한다는 소론과는 달리 특허출원이 공중의 위생을 해할 우려가 있는 때에는 거절사정하여야 하는 것이고, 따라서 발명이 공중위생을 해할 우려가 있는지 여부는 특허절차에서 심리되어야 할 것이고 **이것이 단순히 발명의 실시단계에 있어 제품에 대한 식품위생법 등 관련제품허가법규에서만 다룰 문제가 아니라고 할 것인 바, 원심결은 이러한 취지에 따라 본원발명이 그 안정성 및 복용량의 문제로 인하여 공중위생을 해할 우려가 있으므로** 특허법 제4조 제3호에 의하여 거절사정 되어야 한다고 판단한 조처는 정당하고 거기에 어떠한 잘못이 있다 할 수 없다. 논지는 이유다.

---

6) 제4조 (특허를 받을 수 없는 발명) 다음 각호의 1에 해당하는 발명에 대하여는 제6조의 규정에 불구하고 특허를 받을 수 없다.〈개정 1980. 12. 31., 1986. 12. 31.〉
  1. 음식물 또는 기호물의 발명
  2. 원자핵 변환방법에 의하여 제조될 수 있는 물질의 발명
  3. 공공의 질서 또는 선량한 풍속을 문란하게 하거나 공중의 위생을 해할 염려가 있는 발명

기출 여부 (48회 이후)	특허법 학회 TOP 10	중요도
–	–	★★

028 공서양속을 문란하게 하는 발명 판단기준
특허법원 2014. 12. 4. 선고 2014허4555 판결 [거절결정(특)]

판결요지

특허발명의 대상인 물건이 <u>노골적으로 사람의 특정 성적 부위 등을 적나라하게 표현 또는 묘사하는 음란한 물건에 해당하거나, 발명의 실시가 공연한 음란행위를 필연적으로 수반할 것이 예상되거나</u>(따라서, 공연성이 인정되지 않는 사적인 공간에서 음란행위가 수반되는 것이 예상되는 경우는 제외된다고 할 것이다), <u>이에 준할 정도로 성적 도의 관념에 반하는 발명의 경우</u>에만 특허법 제32조에 의하여 특허출원을 한 때에 특허를 받을 수 없다고 보아야 할 것이다.

판결이유

가. 법 규정 및 관련 법 규정 법리

1) 특허법 제32조

특허법 제32조에서는 공공의 질서 또는 선량한 풍속을 문란하게 하거나 공중의 위생을 해할 염려가 있는 발명에 대하여는 제29조 제1항 및 제2항의 규정에 불구하고 특허를 받을 수 없다. 고 규정하고 있는데, 위 조항은 공공의 질서, 선량한 풍속이라는 불확정 개념을 포함하고 있다.

2) 유사 규정과 관련 법리

<u>민법 제103조</u>에서는 선량한 풍속 기타 사회질서에 위반한 사항을 내용으로 하는 법률행위는 무효로 한다. 고 규정하고 있고, 위 조항에서의 선량한 풍속 이란 사회의 일반적인 도덕관념, 즉 모든 국민이 지켜야 할 최소한의 도덕률을 뜻하며, 사회질서란 국가사회의 공공질서 내지 일반적 이익을 의미하는 것으로 일반적으로 해석되고 있다.

한편, <u>형법</u>에서는 음란한 문서, 도화, 필름 기타 물건을 반포, 판매 또는 임대하거나 공연히 전시 또는 상영한 자(제243조), 제243조의 행위에 공할 목적으로 음란한 물건을 제조, 소지, 수입 또는 수출한 자(제244조), 공연히 음란한 행위를 한 자(제245조)를 처벌하고 있고, 정보통신망 이용촉진 및 정보보호 등에 관한 법률, 풍속영업의 규제에 관한 법률 에서도 이와 비슷한 처벌 조항을 두고 있는데,

<u>대법원은</u>,

1. 음란물건전시죄와 관련하여, 음란이란 사회통념상 일반 보통인의 성욕을 자극하여 성적 흥분을 유발하고 정상적인 성적 수치심을 해하여 성적 도의관념에 반하는 것을 뜻한다. 따라서 어떠한 물건을 음란하다고 평가하려면 그 물건을 전체적으로 관찰하여 볼 때 단순히 저속하다는 느낌을 주는 정도를 넘어 사람의 존엄성과 가치를 심각하게 훼손·왜곡하였다고 평가할 수 있을 정도로 노골적으로 사람의 특정 성적 부위 등을 적나라하게 표현 또는 묘사하는 것이어야 할 것이다. (대법원 2014. 7. 24. 선고 2013도9228 판결 등 참조),

2. 공연음란죄와 관련하여, 형법 제245조 소정의 음란한 행위 라 함은 일반 보통인의 성욕을 자극하여 성적 흥분을 유발하고 정상적인 성적 수치심을 해하여 성적 도의관념에 반하는 행위를 가리키는 것이고, 그 행위가 반드시 성행위를 묘사하거나 성적인 의도를 표출할 것을 요하는 것은 아니다. (대법원 2006. 1. 13. 선고 2005도1264 판결 등 참조),

3. 정보통신망이용촉진및정보보호등에관한법률위반죄와 관련하여, 정보통신망 이용촉진 및 정보보호 등에 관한 법률 제44조의7 제1항 제1호에서 규정하고 있는 음란 이라 함은 사회통념상 일반 보통인의 성욕을 자극하여 성적 흥분을 유발하고 정상적인 성적 수치심을 해하여 성적 도의관념에 반하는 것으로서, 표현물을 전체적으로 관찰·평가해 볼 때 단순히 저속하다거나 문란한 느낌을 준다는 정도를 넘어서 존중·보호되어야 할 인격을 갖춘 존재인 사람의 존엄성과 가치를 심각하게 훼손·왜곡하였다고 평가할 수 있을 정도로 노골적인 방법에 의하여 성적 부위나 행위를 적나라하게 표현 또는 묘사한 것으로서, 사회통념에 비추어 전적으로 또는 지배적으로 성적 흥미에만 호소하고 하등의 문학적·예술적·사상적·과학적·의학적·교육적 가치를 지니지 아니하는 것을 뜻하며, 표현물의 음란 여부를 판단함에 있어서는 표현물 제작자의 주관적 의도가 아니라 그 사회의 평균인의 입장에서 그 시대의 건전한 사회통념에 따라 객관적이고 규범적으로 평가하여야 한다. (대법원 2012. 10. 25. 선고 2011도16580 판결 등 참조),

4. 풍속영업의규제에관한법률위반죄와 관련하여, 구 풍속영업의 규제에 관한 법률(2010. 7. 23. 법률 제10377호로 개정되기 전의 것) 제3조 제1호의2에서 규정하고 있는 음란행위 란 성욕을 자극하거나 흥분 또는 만족시키는 행위로서 일반인의 정상적인 성적 수치심을 해치고 선량한 성적 도의관념에 반하는 것을 의미하는바, 풍속영업을 영위하는 장소에서 이루어진 행위가 형사처벌의 대상이 되는 음란행위 에 해당하는지 여부는 당해 풍속영업의 종류, 허가받은 영업의 형태, 이용자의 연령 제한이나 장소의 공개 여부, 신체노출로 인한 음란행위에서는 그 시간과 장소, 노출 부위와 방법 및 정도, 그 동기와 경위 등을 종합적으로 고려하여, 그것이 단순히 일반인에게 부끄러운 느낌이나 불쾌감을 준다는 정도를 넘어서서 사회적으로 유해한 영향을 끼칠 위험성이 있다고 평가할 수 있을 정도로 노골적인 방법에 의하여 성적 부위를 노출하거나 성적 행위를 표현한 것으로서, 사회 평균인의 입장에서 성욕을 자극하여 성적 흥분을 유발하고 정상적인 성적 수치심을 해하였다고 평가될 수 있는지를 기준으로 판단하여야 한다. (대법원 2011. 9. 8. 선고 2010도10171 판결 등 참조)는 취지로 각 판시하고 있다.

또한, 관세법 제234조 제1호에서는 풍속을 해치는 서적·간행물·도화, 영화·음반·비디오물·조각물 또는 그 밖에 이에 준하는 물품의 수출과 수입을 금지하고 있는데, 대법원은 관세법 제234조 제1호가 규정하고 있는 풍속을 해치는 이라고 함은, 특별한 사정이 없는 한, 성풍속을 해치는 음란성 을 의미하는 것으로 해석함이 상당하고(대법원 2004. 2. 26. 선고 2002도7166 판결 참조), 여기서 **음란이라 함은 사회통념상 일반 보통인의 성욕을 자극하여 성적 흥분을 유발하고 정상적인 성적 수치심을 해하여 성적 도의관념에 반하는 것으로서, 표현물을 전체적으로 관찰·평가해 볼 때 단순히 저속하다거나 문란한 느낌을 준다는 정도를 넘어서서 존중·보호되어야 할 인격을 갖춘 존재인 사람의 존엄성과 가치를 심각하게 훼손·왜곡하였다고 평가할 수 있을 정도로, 노골적인 방법에 의하여 성적 부위나 행위를 적나라하게 표현 또는 묘사한 것으로, 사회통념에 비추어 전적으로 또는 지배적으로 성적 흥미에만 호소하고 하등의 문학적·예술적·사상적·과학적·의학적·교육적 가치를 지니지 아니하는 것을 뜻한다**고 볼 것이고, 표현물의 음란 여부를 판단함에 있어서는 표현물 제작자의 주관적 의도가 아니라 그 사회의 평균인의 입장에서 그 시대의 건전한 사회통념에 따라 객관적이고 규범적으로 평가하여야 한다. 고 판시하고 있다(대법원 2008. 4. 11. 선고 2008도254 판결, 2008. 3. 13. 선고 2006도3558 판결 등 참조).

한편, 상표법 제7조 제1항 제4호는 공공의 질서 또는 선량한 풍속을 문란하게 할 염려가 있는 상표는 상표등록을 받을 수 없다. 고 규정하고 있는데, 대법원은 여기서 공공의 질서 또는 선량한 풍속을 문란하게 할 염려가 있는 상표'라고 함은 **상표의 구성 자체 또는 그 상표가 지정상품에 사용되는 경우 일반 수요자에게 주는 의미나 내용이 사회 공공의 질서에 위반하거나 사회 일반인의 통상적인 도덕관념인 선량한 풍속에 반하는 경우뿐만 아니라, 그 상표를 등록하여 사용하는 행위가 공정한 상품유통질서나 국제적 신의와 상도덕 등 선량한 풍속에 위배되는 경우도 포함되며, 또한**

그 상표의 사용이 사회 공공의 이익을 침해하는 것이라면 이는 공공의 질서에 위반되는 것으로서 허용될 수 없다고 보아야 한다. 고 판시하고 있다(대법원 2012. 6. 28. 선고 2011후1722 판결).

나. 이 사건 출원발명의 명세서의 상세한 설명과 도면

이 사건 출원발명의 명세서의 상세한 설명의 기재와 도면의 도시 중 이 사건 심결에서 선량한 풍속을 문란하게 할 염려가 있는 발명에 해당한다고 판단하는 근거가 된 부분은 아래와 같다.

또 다른 목적은 탈착링과 이 탈착링보다 큰 삽입링이 상하로 나란히 형성되어, 상기 탈착링에 2모드 진동 장신구가 끼워지는 소형 8자링이나, 상기 탈착링이 90도 회전한 대형 8자링을 더 포함하여, 상기 소형 8자링 및 대형 8자링에 의해 신체의 다양한 부위에 착용하여 자신이나 상대방이 진동을 느낄 수 있도록 한 2모드 진동 장신구를 제공함에 있다. (을 제2호증, 식별번호 [0010])

또 다른 목적은 표면에 연한 뾰족 돌기를 형성한 장식캡을 상기 모터 하우징과 배터리 하우징에 씌워 자신이나 상대방이 진동을 느낄 때, 연한 상기 뾰족 돌기에 의해 부드러운 자극을 더 줄 수 있도록 한 2모드 진동 장신구를 제공함에 있다. (을 제2호증, 식별번호 [0011])

도 5에 도시한 바와 같이, 소형 8자링(8)은 상부의 작은 탈착링(8a)과 일체로 되는 하부의 큰 삽입링(8a)이 같은 방향으로 나란히 배치되어 있으며, 상기 소형 8자링(8) 상부의 작은 탈착링(8a)에 본 발명의 2모드 진동 장신구(10)를 삽입하여 끼워놓고, 소형 8자링(8) 하부의 큰 삽입링(8b)에 손가락을 삽입하여 끼워넣는다. (을 제2호증, 식별번호 [0046], 도 5)

도 7에 도시한 바와 같이, 소형 8자링(88)의 탈칙링(88a)에 본 발명의 2모드 진동 장신구(10)를 삽입하여 끼워넣고 사용하며, 상기 탈착링(88a)의 표면에는 연한 엠보싱 형태의 돌기(11)가 여러 개 형성되어 있다. 이러한 구성의 소형 8자링(88)을 상기한 형태의 소형 8자링(8)과 같이 사용할 때, 상기 탈착링(88a)에 형성된 엠보싱 형태의 돌기(11)가 본 발명의 2모드 진동 장신구(10)의 진동과 함께 더욱 강하게 자극하는 역할을 하게 된다. 물론 상기한 엠보싱 형태의 돌기(11)는 대형 8자링(9)의 탈착링(9a)에도 적용할 수 있으며, 이 경우 대형 8자링(9)의 사용과 탈착링(9a)의 크기 및 엠보싱 형태의 돌기(11)의 사용은 상기한 바와 같다. (을 제2호증, 식별번호 [0052]~[0054], 도 7)

도 8에 도시한 바와 같이, 본 발명의 2모드 진동 장신구(10)의 모터 하우징(1) 및 배터리 하우징(3)에 표면에 단력이 있는 연한 뾰족돌기(12a)가 여러 개 형성된 장식캡(12)을 각각 덮어씌워 사용할 수 있으며, 상기 뾰족돌기(12a)에 의해 상기 2모드 진동 장신구(10)의 진동과 함께 더욱 강하게 자극하는 역할을 하게 된다. (을 제2호증, 식별번호 [0057], 도 8)

다. 구체적 판단

1) 특허법 제32조의 선한 풍속 은 불확정 개념으로 위 나.항에서 본 바와 같이 형법, 관세법, 상표법 등의 다수의 법령에 포함되어 있는바, 비록 형법, 관세법 등은 특허법과 달리 규제법의 영역이기는 하나, **대법원은 형법, 관세법 등에서의 음란의 의미에 대하여 같은 취지로 해석하고 있고, 그 구체적인 의미에 대하여 사회통념상 일반 보통인의 성욕을 자극하여 성적 흥분을 유발하고 정상적인 성적 수치심을 해하여 성적 도의관념에 반하는 것 이라고 일관되게 해석하고 있는바**(성적 도의관념에 반한다는 것은 결국 선량한 풍속에 반한다는 것과 같은 의미로 보인다), 같은 용어가 여러 법령에 사용된 경우 입법취지를 고려하여 달리 해석해야 할 특별한 사정이 없는 한 관련 **법령과의 조화로운 해석을 위하여 통일적으로 해석되어야 할 것인 점,**

2) 특허법에서는 발명을 보호·장려하고 그 이용을 도모함으로써 기술의 발전을 촉진하여 산업발전에 이바지함을 목적으로 한다. 고 규정하고 있는바(제1조), 성기구 등 성 관련 발명이 기술의 발전을 촉진할 수 있고 관련 산업발전에 이바지할 수 있다면, 성기구 등 성 관련 발명에 대하여 특허등록을 허용하더라도 위와 같은 특허법의 입법취지에 반한다고 단정하기 어려운바(헌법 제22조에서는 모든 국민은 학문과 예술의 자유를 갖고, 발명가·과학기술자의 권리는 법률로써 보호하도록

규정하고 있고, 특허법은 이와 같은 헌법의 취지에 따라 제정된 법률로 보아야 할 것이므로, 학문과 예술의 자유 및 발명가·과학기술자의 권리는 헌법에서 유래하는 권리로 볼 것이다), 그렇다면 **선량한 풍속을 문란하게 할 염려가 없어야 한다는 취지의 특허법 제32조를 다른 법령과 달리 해석해야 할 특별한 사정으로 보기 보다는 성 관련 발명에서 특허법에 의한 보호를 할 것인지의 한계를 정하는 소극적 의미로 작용한다고 보는 것이 합리적인 해석**이라고 할 것인 점,

3) 성기구 등 성 관련 기술분야에서도 **발기부전치료제, 조루지료제 등 신체적 장애가 있는 사람들에게 필요한 의약·물건 등에 관한 발명에 대하여 특허를 부여**하는 것이 위와 같은 특허법의 입법 취지에 반한다고 단정하기 어려운 점,

4) **특허법 제32조가 도덕적 차원에서 발명을 규제하기 위한 조항이라고 보기는 어려운 점**(따라서, 피고 주장과 같이 무익하게 성욕을 흥분시키거나 무익하게의 구체적 의미를 확정하기도 어렵다. 성기 등에 필요 이상의 자극을 주어 성감을 증대시키기만 하면 선량한 풍속을 문란하게 할 염려가 있는 경우에 해당한다고 단정하기 어렵다),

5) 남용의 우려가 있다거나 청소년을 보호해야 한다는 등을 이유로 발명의 실시를 제한할 필요성이 있는 경우에는 **시대의 변화에 따라 탄력적으로 개별 법령을 제·개정함으로써 충분히 그와 같은 필요에 효율적으로 대처할 수 있을 것으로 보이는 점**[성기구 등 성관련 물건으로부터 청소년을 보호해야 할 필요성이 있다는 등의 공익적 목적의 실현은 청소년보호법(제2조, 제28조, 제58조), 학교보건법(제6조, 제19조) 등 개별 법령의 규제에 의하여 달성할 수 있을 것으로 보인다] 등에 비추어 보면, **특허발명의 대상인 물건이 노골적으로 사람의 특정 성적 부위 등을 적나라하게 표현 또는 묘사하는 음란한 물건에 해당하거나, 발명의 실시가 공연한 음란행위를 필연적으로 수반할 것이 예상되거나**(따라서, 공연성이 인정되지 않는 사적인 공간에서 음란행위가 수반되는 것이 예상되는 경우는 제외된다고 할 것이다), **이에 준할 정도로 성적 도의 관념에 반하는 발명의 경우에만 특허법 제32조에 의하여 특허출원을 한 때에 특허를 받을 수 없다고 보아야 할 것이다.**

이러한 법리에 따라 이 사건에 관하여 보건대,

(1) 설령, 위 나.항에서 본 이 사건 출원발명의 상세한 설명의 기재와 도면을 참작하여 이 사건 출원발명의 2 모드 진동 장신구 를 성기구 내지 성보조기구로 본다고 하더라도, 성기구 내지 성보조기구는 일반적인 성적인 표현물과는 달리 성적 만족감 충족이라는 목적을 위해 제작·사용되는 도구로서, **단순한 성적인 만족이나 쾌락을 위한 경우뿐만 아니라 신체적 장애 등의 이유로 이를 필요로 하는 사람이 있을 수 있고, 매우 사적인 공간에서 이용되므로, 음란한 물건에 해당하는지 또는 선량한 풍속을 문란하게 할 염려가 있는지를 판단함에 있어 일반적인 성적인 표현물보다는 더 엄격하게 판단**해야 할 것으로 보이는 점,

(2) 이 사건 출원발명의 2모드 진동 장신구는 노골적으로 사람의 **특정 성적 부위 등을 적나라하게 표현 또는 묘사하는 물건에 해당한다고 보기 어렵고, 이 사건 출원발명의 실시가 공연한 음란행위를 필연적으로 수반할 것이 예상된다고 보기도 어려운 점**,

(3) 이 사건 출원발명에 대하여 **공중의 위생을 해할만한 특별한 사정도 엿보이지 않는 점 등을 종합**하면, 이 사건 출원발명은 공공의 질서 또는 선량한 풍속을 문란하게 하거나 공중의 위생을 해할 염려가 있는 발명에 해당한다고 보기 어렵다.

다. 소결론

따라서, 이 사건 출원발명에 대하여는 특허법 제32조에 의하여 등록을 거절하여서는 아니 됨에도 이와 결론을 달리한 이 사건 심결은 취소되어야 한다.

특허를 받을 수 있는 권리

CHAPTER 1 _ 특허를 받을 수 있는 권리

CHAPTER 01 특허를 받을 수 있는 권리

기출 여부 (48회 이후)	특허법 학회 TOP 10	중요도
–	2022	★★★

001 무권리자 특허출원의 증명책임이 문제된 사건
대법원 2022. 11. 17. 선고 2019후11268 판결 [등록무효(특)]

판결요지

1. **특허를 받을 수 있는 권리를 가지지 아니한 사람의 특허출원을 무효사유로 한 특허무효심판 및 그에 따른 심결취소소송에서 무효사유에 관한 증명책임의 소재(=무효라고 주장하는 당사자)**

   특허법(2006. 3. 3. 법률 제7871호로 개정되기 전의 것) 제33조 제1항 본문은 발명을 한 사람 또는 그 승계인은 특허법에서 정하는 바에 따라 특허를 받을 수 있는 권리를 가진다고 규정하고, 제133조 제1항 제2호는 제33조 제1항 본문의 규정에 의한 특허를 받을 수 있는 권리를 가지지 아니한 사람(이하 '무권리자'라고 한다)이 출원하여 특허받은 경우를 특허무효사유의 하나로 규정하고 있다. 무권리자의 출원을 무효사유로 한 특허무효심판 및 그에 따른 심결취소소송에서 위와 같은 무효사유에 관한 증명책임은 무효라고 주장하는 당사자에게 있다.

2. **특허법 제33조 제1항에서 정한 '발명을 한 사람'의 의미**

   특허법 제2조 제1호는 '발명'이란 자연법칙을 이용하여 기술적 사상을 고도로 창작한 것을 말한다고 규정하고 있으므로, **특허법 제33조 제1항에서 정하고 있는 '발명을 한 사람'은 바로 이러한 발명행위를 한 사람**을 가리킨다.

판결이유

1. 무권리자에 의한 출원으로 무효인지 여부

   1) 명칭을 "롤 코팅장치"로 하는 원고의 이 사건 특허발명(특허번호 생략)은 그 출원일 이전에 ○○○○ 제작소에서 공동특허권자인 미래나노텍 주식회사(이하 '미래나노텍'이라고 한다)에 제공한 **선행발명 2와 실질적으로 동일**하다고 볼 여지가 있다.

   2) 그러나 이 사건 특허발명은 종래의 마스터 롤 방식의 문제점을 해결하기 위해 마스터 시트 방식의 마스터부와 3세트의 도료 공급부를 도입한 것을 기술적 특징으로 하는데, **원고가 미래나노텍으로부터 선행발명 2를 제공받았다 하더라도 그 전에 마스터 시트 방식의 마스터부를 포함한 롤 코팅장치를 자체적으로 완성한 반면, 원고가 이 사건 특허발명의 출원 전 선행발명 2를 지득하였다고 단정할 만한 증거는 부족하다.**

   3) 이러한 사정을 종합하여 보면, **심판청구인인 피고가 제출한 자료만으로는 원고가 선행발명 1 또는 2를 모방하여 정당한 권한 없이 무단으로 이 사건 특허발명을 출원하였다는 점이 증명되었다고 보기 어렵다.**

다. 원심은 판시와 같은 이유로 원고가 선행발명 1, 2를 모방하여 정당한 권한 없이 무단으로 이 사건 특허발명을 출원하였다고 단정하기 어렵고, 달리 이를 인정할 증거가 없다고 판단하였다. 이러한 원심 판단에는 상고이유 주장과 같이 필요한 심리를 다하지 아니한 채 논리와 경험의 법칙을 위반하여 자유심증주의의 한계를 벗어나거나 무권리자 출원의 증명책임에 관한 법리를 오해하는 등으로 판결에 영향을 미친 잘못이 없다.

2. 신규성 및 진보성이 부정되어 무효인지 여부

원심은 판시와 같은 이유로 **선행발명 1, 2는 이 사건 특허발명의 출원일인 2006. 9. 21. 전에 국내에서 공지되었거나 공연히 실시되었다고 보기 어려우므로** 이 사건 특허발명은 선행발명 1 또는 선행발명 2에 의하여 신규성 및 진보성이 부정되지 않고, 출원일 전에 국내에서 공지된 선행발명 3에 의해서도 신규성 및 진보성이 부정되지 않는다고 판단하였다.

관련 법리와 기록에 비추어 살펴보면, 위와 같은 원심의 판단에 상고이유 주장과 같이 필요한 심리를 다하지 아니하고 자유심증주의의 한계를 일탈하거나, 문서의 진정성립, 계약 당사자 사이의 비밀유지의무의 존부, 신규성 및 진보성 판단에 관한 법리를 오해하는 등으로 판결에 영향을 미친 잘못이 없다.

기출 여부 (48회 이후)	특허법 학회 TOP 10	중요도
58회 (2021년) 문제 1	–	★★

002 발명자 판단 기준
대법원 2005. 3. 25. 선고 2003후373 판결 [등록무효(특)]

판결요지

1. 발명자 판단기준

특허법 제33조 제1항은 발명을 한 자 또는 그 승계인은 특허를 받을 수 있다고 규정하고 있는 바 여기서 '**발명을 한 자**'란 **진실로 발명을 이룬 자연인즉 해당 발명의 창작행위에 현실로 가담한 자만을 가리키고, 단순한 보조자·조언자·자금의 제공자 혹은 사용자로서 피용자에게 단순히 창작을 할 것을 지시한 사람은 발명자라고 할 수 없다.**

2. 무효심판의 이해관계인 판단기준

특허법 제133조 제1항은 이해관계인 또는 심사관은 특허가 다음 각호의 1에 해당하는 때에는 무효심판을 청구할 수 있다고 규정하면서 제2호에 무효 사유의 하나로서 '무권리자에 대하여 특허가 된 경우'를 열거하고 있는 바, **여기서 특허의 무효심판을 청구할 수 있는 이해관계인이라 함은 당해 특허물품과 동종의 물품을 생산·판매하고 있거나 판매할 자로서 당해 특허의 권리존속으로 인하여 그 권리자로부터 권리의 대항을 받거나 받을 염려가 있어 그 권리의 소멸에 직접적이고도 현실적인 이해관계가 있는 사람을 말한다.**

판결이유

1. 발명자 또는 그 승계인에 관한 상고이유에 대하여

(1) 원심 인정사실

갑5호증, 갑6호증의1, 갑8호증의 1, 2, 갑10호증의 1, 2, 갑12호증의 1, 2, 3, 을4, 5호증의 각 기재와 증인 C, E의 증언(증인 C의 증언중 뒤에서 믿지 않는 부분 제외)에 변론의 전취지를 종합하면 다음과 같은 사실을 인정할 수 있고 이에 반하는 증인 C의 일부 증언은 믿기 어렵고 달리 반증이 없다.

① 원고는 반도체 크린룸 설계용역 및 철구조물 제작, 설치 공사업 등을 목적으로 설립된 주식회사 서경 티에스씨(1995. 10. 23. 설립당시에는 해광설비 주식회사였으나 1998. 2. 21. 주식회사 해광 티에스씨로, 다시 같은 해 9. 25. 현재와 같은 명칭으로 순차 변경되었다, 이하 서경이라고만 한다)의 대표이사이다.

② <u>서경의 설립 당시부터 그 직원으로 근무하던 C</u>은 반도체 공장 바닥재를 시공하는 현장에 근무하면서, 드라이버로 샤프트를 돌려 피니언과 맞물린 래크기어를 돌아가게 하는 방법으로 공기구멍의 개폐정도를 조절하는 종래의 댐퍼 패널의 경우에는 댐퍼 패널을 직접 보지 않고 드라이버를 돌리게 되어 실제로 공기구멍이 어느 정도 열렸는지를 알 수가 없는 문제점이 있는 것을 발견하고 이를 해결하기 위한 기술 개발에 몰두하였다.

③ 한성정밀이라는 상호로 피고가 경영하는 주식회사 해광에 <u>반도체 공장 크린룸 바닥재를 생산하여 납품하던 E은 1997. 5. 경 피고로부터 기존의 댐퍼 패널의 미끄러짐 현상을 방지할 수 있는</u>

몇 가지 아이디어를 전해듣고는, 당시 한성정밀의 사무실에서 한성정밀의 업무를 도와주며 독자적으로도 사업을 영위하던 기술자인 D과 함께 그 아이디어들을 좀더 구체화하여 스케치한 후, 피고에게 이 사건 특허발명과 같이 래크기어와 피니언 기어에 탄성편을 부착한 미끄럼 방지 방법은 생산 원가가 높고 제작 공정이 복잡하므로 요철홈에 의한 미끄럼 방지 타입(별지 2. 피고의 등록고안과 같은 고안이다)을 채택할 것을 권유하였다. 이에 **피고가 E의 의견을 받아들여 요철홈에 의한 미끄럼 방지 타입만을 새로운 기술로 채택하기로 하자 D로 하여금 별지 2. 피고의 등록고안과 같은 기술만을 구체적인 도면으로 제작하게 하여 피고가 경영하는 주식회사 해광에 납품**하게 하였다.

④ 한편, C은 이와 같이 종래의 댐퍼 패널의 문제점을 개선하기 위한 방법을 찾기 위해 노력하던 중 1996. 12. 경 엘지반도체 청주공장 현장에서 **한성정밀의 대표인 E을 통하여 캐드(CAD; Computer Aided Design)작업과 기계설치에 관한 기술자인 위 D을 소개받은 후 1997. 6. 경부터 D과 여러 차례 만나 기존의 댐퍼 패널의 문제점을 개선하기 위한 방법에 관하여 의견을 교환**하였다.

⑤ **D은 1997. 9. 경 C에게 기존 댐퍼 패널의 문제점을 해결하기 위한 방법으로 앞에서 본 바와 같이 피고가 아이디어를 제시**하였으나 E의 권유를 받아들여 피고가 채택하지 않기로 한 방법인 보조 래크기어를 설치하고 그 기어에 탄성편을 설치하여 가동판 을 이동시킬 때 "딱 딱"하는 소리가 나게 하는 이 사건 특허발명에 관한 의견을 제시하였고, 이에 **C은 그와 같은 의견을 원고에게 보고하는 한편 D에게 그 의견을 구체적으로 도면화하여 납품하여 달라고 정식으로 요청**하였다.

⑥ C의 의뢰를 받은 D은 즉시 가도면을 작성하여 서경에 납품하였고, **C은 그 이후 여러 차례에 걸친 모형 제작 및 시험가동 등을 통하여 여러 가지 문제점을 조금씩 개선**한 후 1997. 10. 말경 원고에게 보고한 후 원고 명의로 앞에서 본 바와 같이 이 사건 특허에 대한 출원을 하였다.

(2) 대법원 판단

원심은 원고가 명칭을 '이중 마루의 다공 판넬용 댐퍼 장치'로 하는 이 사건 특허발명(특허번호 생략)의 발명자 또는 그 승계인에 해당하는지 여부에 관하여, 그 채용증거들을 종합하여 그 판시와 같은 사실을 인정한 다음, 이 사건 특허발명은 기존의 댐퍼 패널이 갖는 문제점을 해결할 수 있는 아이디어를 구체화하고 이를 도면으로 작성하여 **실제 생산이 가능할 수 있도록 한 소외 1(D)과, 소외 1이 제작한 도면을 토대로 실물을 제작한 후 실험을 통하여 세부적인 문제점들을 개선하여 이 사건 특허발명의 기술구성을 최종적으로 완성한 소외 2(C)가 공동으로 창작한 것이고, 원고(서경의 대표이사)는 이 사건 특허발명의 발명자가 아니며**, 한편 그 판시 증거만으로는 소외 1과 소외 2가 공동으로 **원고에게 이 사건 특허발명에 관한 발명자의 권리를 이전하였다고 보기에 부족**하고, 원고가 그 명의로 이 사건 특허발명에 대하여 특허출원을 하여 등록받은 사실에 대하여 소외 1과 소외 2가 아무런 이의를 제기한 바 없다거나, 소외 2가 소외 1과 함께 이 사건 특허발명의 기술을 개발한 것이 원고 운영의 회사직원으로서의 직무의 일환이었고 소외 1에 대하여 그 개발에 관련된 비용을 지불하였다는 사정만으로는 소외 2와 소외 1이 이 사건 특허발명에 관하여 **특허를 받을 수 있는 권리를 원고에게 이전한 것이라고 단정할 수 없으므로**, 원고가 소외 1, 소외 2로부터 이 사건 특허발명에 관한 발명자의 권리를 이전받은 정당한 승계인이라고 할 수도 없다는 취지로 판단하였다.

기록에 비추어 살펴보면, 원심의 위와 같은 판단은 정당한 것으로 수긍이 가고, 거기에 상고이유로 주장하는 바와 같이 특허법 제33조 제1항 소정의 발명자 또는 그 승계인의 판단에 관한 법령의 해석적용이나 입증책임에 관한 법리를 오해한 위법 등이 있다고 볼 수 없다.

2. 특허무효심판청구의 이해관계인에 관한 상고이유에 대하여

특허법 제133조 제1항 소정의 이해관계인이라 함은 당해 특허의 권리 존속으로 인하여 그 권리자로부터 권리의 대항을 받거나 받을 염려가 있어 그 권리의 소멸에 직접적이고도 현실적인 이해관계가 있는 사람을 말하고, 이는 같은 항 제2호의 사유에 해당한다는 이유로 특허무효심판을 청구하는 경우에도 마찬가지라 할 것이다. 기록에 비추어 살펴보면, **피고는 이 사건 특허발명의 대상물품**

과 동종물품의 제조를 영업으로 하는 회사의 대표이사이고 이 사건 특허발명과 같은 종류의 원심판시 등록고안의 권리자이며 이 사건 특허발명의 진정한 발명자가 자신이라고 다투고 있는 사람이므로, 피고가 이 사건 특허의 소멸에 직접적이고도 현실적인 이해관계가 있는 자라고 판단한 원심의 결론도 정당하고, 거기에 상고이유로 주장하는 바와 같은 특허무효심판의 이해관계인에 관한 법리오해 등의 위법이 없다.

기출 여부 (48회 이후)	특허법 학회 TOP 10	중요도
58회 (2021년) 문제 1	–	★★★

003 공동발명자에 해당하는지에 관한 판단 기준
대법원 2011. 7. 28. 선고 2009다75178 판결

판결요지

공동발명자가 되기 위해서는 **발명의 완성을 위하여 실질적으로 상호 협력하는 관계**가 있어야 하므로, 단순히 발명에 대한 기본적인 과제와 아이디어만을 제공하였거나, 연구자를 일반적으로 관리하였거나, 연구자의 지시로 데이터의 정리와 실험만을 하였거나, 자금·설비 등을 제공하여 발명의 완성을 후원·위탁하였을 뿐인 정도 등에 그치지 않고, **발명의 기술적 과제를 해결하기 위한 구체적인 착상을 새롭게 제시·부가·보완하거나, 실험 등을 통하여 새로운 착상을 구체화하거나, 발명의 목적 및 효과를 달성하기 위한 구체적인 수단과 방법의 제공 또는 구체적인 조언·지도를 통하여 발명을 가능하게 한 경우** 등과 같이 **기술적 사상의 창작행위에 실질적으로 기여**하기에 이르러야 공동발명자에 해당한다.

한편 이른바 실험의 과학이라고 하는 화학발명의 경우에는 당해 발명 내용과 기술수준에 따라 차이가 있을 수는 있지만 예측가능성 내지 실현가능성이 현저히 부족하여 실험데이터가 제시된 실험예가 없으면 완성된 발명으로 보기 어려운 경우가 많이 있는데, 그와 같은 경우에는 **실제 실험을 통하여 발명을 구체화하고 완성하는 데 실질적으로 기여하였는지의 관점**에서 공동발명자인지를 결정해야 한다.

판결이유

원심판결 이유에 의하면, 원심은,

① 피고 회사 연구진이 1991년경 직파벼용 제초물질인 비스피리박(bispyribac)을 변형하여 발명한 피리벤족심(Pyribenzoxim) 물질은 실험적으로 아세톤에 용해시켜 살포하면 약효(藥效, 제초력을 의미한다)가 잘 나오지만 실제 농민이 사용할 수 있도록 통상의 유제제조에 이용되는 계면활성제를 이용하여 제초성 유제 조성물을 만들어 물에 희석하면 그 약효가 매우 심하게 변동하고 심지어 약효가 전혀 없으므로 **상품화 제제(製劑, 약품을 그 목적에 따라 조합·성형하는 것을 의미한다)를 개발하지 않고는 사업화가 불가능한 아주 특이한 경우**이었는데, 원고가 피고 회사에 입사하기 전까지 **이러한 제제연구는 기초적인 수준으로 합당한 해결책을 찾지 못하고 혼미한 상태에 있었던 사실**,

② 이에 원고는 1994년 10월경 피고 회사로부터 피리벤족심 등의 제품화를 맡아달라는 제안을 받고 **피고 회사에 '제초제 PL'[Project Leader, 피고 회사에서 특정분야의 실험적인 측면에 관여하고 제품을 개발하여 사업화할 수 있는 능력이 있는 사람이 담당하는 직위로서, 일반관리직인 GL(Group Leader)과 구분된다]로 입사**한 사실,

③ 원고는 연구팀에서 제제연구를 담당하던 소외 1이 1995년 8월경 퇴직함에 따라 소외 2에게 제제연구를 하게 하였고, 1995년 말부터는 피리벤족심의 본격적인 상업화 단계에 필요한 등록시험, 독성시험, 양산공정, 잔류시험 등에 직접 관여하였는데, **이 때 탁월한 제초력을 나타내게 되는 계면활성제를 몇 가지로 줄여서 제제처방을 시도한 결과 계면활성제의 사입량에 대한 이론적인 근거를 마련**하였으며, 또한 피리벤족심의 약효, 약해(藥害)의 변이가 심한 이유 중 하나가 살포조건, 노즐, 혼용 등에 의하여 부착량의 변동이 커지기 때문이라는 점도 밝혀낸 사실,

④ 그 결과 원고의 연구팀은 1996년 12월경 피리벤족심의 위와 같은 특이한 문제를 해결한 제초성 유제조성물에 관한 원심 판시 제1특허발명을 완성한 사실 등을 인정한 다음, 이를 바탕으로, 원고는 제1특허발명의 과정에서 이른바 **PL로서 구체적인 착상을 하고 부하에게 그 발전 및 실현을 하게 하거나 소속 부서 내의 연구가 혼미하고 있을 때 구체적인 지도를 하여 발명을 가능하게 한 것**이므로, 제1특허발명의 공동발명자에 해당한다는 취지로 판단하였다.

또한 원심은, 원고가 1998년경 한국화학연구소의 소외 3 박사팀이 제조한 제초제 후보물질(K11451)이 피를 방제할 수 있는 능력은 종래 설포닐우레아계의 다른 제초제보다 탁월하고 독보적이지만 효과가 불안정하고 약해가 심해 7년간 제품화가 중단되었음을 알게 된 후, 위 물질을 국내용 제초제로 개발하고자 소외 3에게 공동연구를 제안하여 그로부터 제초제 후보물질들(K11451, K12993 등)을 제공받은 사실, **원고는 위 후보물질들 중 K11451 및 K12993의 수산기에 다른 보호기를 첨가함으로써 약해가 극복될 것이라는 아이디어 및 새로운 효력평가 방법을 제안하고 실험과정에 관여**하여 K12993을 변형한 물질들 중 LGC-42153을 선발해 2000년경 제초성 피리딘술포닐우레아 유도체[일반명은 플루세토설퓨론(Flucetosulfuron)이다]에 관한 원심 판시 제2특허발명을 완성한 사실 등을 인정한 다음, 이를 바탕으로, **원고는 제2특허발명의 과정에서 구체적인 착상을 하고 부하에게 그 발전 및 실현을 하게 하거나 소속 부서 내의 연구가 혼미하고 있을 때 구체적인 지도를 하여 발명을 가능하게 한 것**이므로, 제2특허발명의 공동발명자에 해당한다는 취지로 판단하였다.

앞서 본 법리와 기록에 비추어 살펴보면, 원심의 위와 같은 사실인정과 판단은 모두 정당한 것으로 수긍이 간다.

기출 여부 (48회 이후)	특허법 학회 TOP 10	중요도
59회 (2022년) 문제 1	2020	★★★

004 무권리자 출원으로 등록된 특허인지 여부가 문제된 사건
대법원 2020. 5. 14. 선고 2020후10087 판결 [등록무효(특)]

판결요지

1. **특허출원 전에 특허를 받을 수 있는 권리를 계약에 따라 이전한 양도인이 특허출원을 하여 설정등록이 이루어진 특허권이 특허무효사유에 해당하는 무권리자의 특허인지 여부**

   발명을 한 사람 또는 그 승계인은 특허법에서 정하는 바에 따라 특허를 받을 수 있는 권리를 가진다(특허법 제33조 제1항 본문). 만일 이러한 정당한 권리자 아닌 사람(이하 '무권리자'라 한다)이 한 특허출원에 대하여 특허권의 설정등록이 이루어지면 특허무효사유에 해당한다(특허법 제133조 제1항 제2호). **특허출원 전에 특허를 받을 수 있는 권리를 계약에 따라 이전한 양도인은 더 이상 그 권리의 귀속주체가 아니므로 그러한 양도인이 한 특허출원에 대하여 설정등록이 이루어진 특허권은 특허무효사유에 해당하는 무권리자의 특허이다.**

2. **무권리자의 특허로서 특허무효사유가 있는 특허권을 이전받은 사람이 특허법 제38조 제1항에서 말하는 제3자에 해당하는지 여부**

   특허출원 전에 이루어진 특허를 받을 수 있는 권리의 승계는 그 승계인이 특허출원을 하여야 제3자에게 대항할 수 있다(특허법 제38조 제1항). 여기서 **제3자는 특허를 받을 수 있는 권리에 관하여 승계인의 지위와 양립할 수 없는 법률상 지위를 취득한 사람에 한한다. 무권리자의 특허로서 특허무효사유가 있는 특허권을 이전받은 양수인은 특허법 제38조 제1항에서 말하는 제3자에 해당하지 않는다.**

판결이유

1. 사건 개요와 쟁점

   피고는 2012. 11. 13. 피고보조참가인에게 '분리탑재형 발전기 세트'를 제작하여 공급하기로 계약하였고(이하 '**이 사건 제1계약**'이라 한다), 주식회사 우창엔지니어링(이하 '우창엔지니어링'이라 한다)은 2012. 12. 5. 피고에게 위 발전기 세트 중 '전원분배장치 구성품'을 개발하여 공급하기로 계약하였다(이하 '**이 사건 제2계약**'이라 한다). 이 사건 제1계약과 이 사건 제2계약에 따르면, **계약을 통해 발생한 모든 지적재산권(등록될 수 있는 권리를 포함한다)은 피고를 거쳐 피고보조참가인에 귀속**하도록 되어 있다. 이 사건 제2계약의 이행 과정에서 발생한 이 사건 특허발명에 관한 특허를 받을 수 있는 권리는 발명의 완성과 동시에 발명을 한 사람(우창엔지니어링의 직원)에게 원시적으로 귀속되었다가 사용자인 우창엔지니어링을 거쳐 이 사건 제1계약과 이 사건 제2계약에 따라 **최종적으로 피고보조참가인에게 승계**되었다. 그런데 우창엔지니어링은 2015. 5. 28. 이 사건 특허발명을 출원하여 2016. 12. 16. 특허등록을 받았고, 2017. 8. 30. 원고에게 그 특허권을 이전해 주었다. 쟁점은 **이 사건 특허발명의 특허가 무권리자의 출원으로 등록된 특허로서 무효인지 여부와 원고가 특허법 제38조 제1항의 '제3자'에 해당하는지 여부**이다.

2. 무권리자의 특허와 특허법 제38조 제1항의 '제3자'(상고이유 제1, 2점)

발명을 한 사람 또는 그 승계인은 특허법에서 정하는 바에 따라 특허를 받을 수 있는 권리를 가진다(특허법 제33조 제1항 본문). 만일 이러한 정당한 권리자 아닌 사람(이하 '무권리자'라 한다)이 한 특허출원에 대하여 특허권의 설정등록이 이루어지면 특허무효사유에 해당한다(특허법 제133조 제1항 제2호). 특허출원 전에 특허를 받을 수 있는 권리를 계약에 따라 이전한 양도인은 더 이상 그 권리의 귀속주체가 아니므로 그러한 양도인이 한 특허출원에 대하여 설정등록이 이루어진 특허권은 특허무효사유에 해당하는 무권리자의 특허이다.

특허출원 전에 이루어진 특허를 받을 수 있는 권리의 승계는 그 승계인이 특허출원을 하여야 제3자에게 대항할 수 있다(특허법 제38조 제1항). 여기서 제3자는 특허를 받을 수 있는 권리에 관하여 승계인의 지위와 양립할 수 없는 법률상 지위를 취득한 사람에 한한다. 무권리자의 특허로서 특허무효사유가 있는 특허권을 이전받은 양수인은 특허법 제38조 제1항에서 말하는 제3자에 해당하지 않는다.

원심은 다음과 같이 판단하였다. 이 사건 특허발명에 관한 특허를 받을 수 있는 권리는 발명의 완성과 동시에 이 사건 제1계약과 이 사건 제2계약에 따라 최종적으로 피고보조참가인에게 승계되었다. **우창엔지니어링은 특허를 받을 수 있는 권리를 가지는 승계인의 지위를 상실한 무권리자인데 이 사건 특허발명을 출원하여 특허등록을 받았으므로 그 특허가 무효로 되어야 한다.** 우창엔지니어링으로부터 무권리자의 특허로서 특허무효사유가 있는 이 사건 특허권을 이전받은 원고는 특허법 제38조 제1항에서 말하는 제3자가 아니므로 그 규정을 유추적용할 수 없다.

원심판결 이유를 위에서 본 법리와 기록에 비추어 살펴보면, 원심 판단에 특허법 제33조 제1항과 제38조 제1항의 해석에 관한 법리를 오해한 잘못이 없다.

3. 특허출원에 관한 합의 여부 등(상고이유 제3점)

원심은, **피고 또는 피고보조참가인이 우창엔지니어링과 이 사건 특허발명을 우창엔지니어링 명의로 출원하기로 합의하였다거나 그러한 출원을 묵시적으로 승인하였다고 보기 어렵다**고 판단하였다.

원심판결 이유를 관련 법리와 기록에 비추어 살펴보면, 원심 판단에 의사표시 해석에 관한 법리를 오해하거나 논리와 경험의 법칙에 반하여 자유심증주의의 한계를 벗어나거나 필요한 심리를 다하지 않은 잘못이 없다.

4. 결론

원고의 상고는 이유 없어 이를 기각하고, 상고비용은 보조참가로 인한 부분을 포함하여 패소자가 부담하도록 하여, 대법관의 일치된 의견으로 주문과 같이 판결한다.

[사실관계 정리]
- 이 사건 특허발명에 관한 특허를 받을 수 있는 권리가 이 사건 제1, 2계약에 따라 발명자(甲 회사의 직원)→ 甲 회사 →피고를 거쳐 피고보조참가인에게 최종적으로 이전되었는데, 甲 회사는 甲 회사 명의로 이 사건 특허발명을 출원하여 2016. 12. 16. 특허등록을 받고, 그 후 원고에게 특허권을 이전해 준 사안임
- 대법원은, 특허출원 전에 특허를 받을 수 있는 권리를 계약에 따라 이전한 양도인(甲회사)은 더 이상 그 권리의 귀속주체가 아니므로 그러한 양도인(甲회사)이 한 특허출원에 대하여 설정등록이 이루어진 특허권은 특허무효사유에 해당하는 무권리자의 특허이고, 특허법 제38조 제1항에서 말하는 제3자는 특허를 받을 수 있는 권리에 관하여 승계인의 지위와 양립할 수 없는 법률상 지위를 취득한 사람에 한하므로 무권리자의 특허로서 특허무효사유가 있는 특허권을 이전받은 원고는 특허법 제38조 제1항에서 말하는 제3자에 해당하지 않는다고 판단하여, 같은 취지의 원심 판단을 수긍함

기출 여부 (48회 이후)	특허법 학회 TOP 10	중요도
58회 (2021년) 문제 1	-	★★★

005 특허를 받을 수 있는 권리를 이전하기로 하는 계약을 묵시적으로도 할 수 있는지 여부

대법원 2012. 12. 27. 선고 2011다67705,67712 판결 [특허권공유확인등·특허등록명의이전]

판결요지

1. **특허법 제33조 제1항 '발명을 한 자'의 의미 및 화학발명의 경우 발명자인지를 결정하는 기준**

    특허법 제33조 제1항 본문은 발명을 한 자 또는 그 승계인은 특허법에서 정하는 바에 의하여 특허를 받을 수 있는 권리를 가진다고 규정하고 있는데, 특허법 제2조 제1호는 '발명'이란 자연법칙을 이용한 기술적 사상의 창작으로서 고도한 것을 말한다고 규정하고 있으므로, 특허법 제33조 제1항에서 정하고 있는 '발명을 한 자'는 바로 이러한 발명행위를 한 사람을 가리킨다. 따라서 발명자(공동발명자를 포함한다)에 해당한다고 하기 위해서는 단순히 발명에 대한 기본적인 과제와 아이디어만을 제공하였거나 연구자를 일반적으로 관리하고 연구자의 지시로 데이터의 정리와 실험만을 한 경우 또는 자금·설비 등을 제공하여 발명의 완성을 후원·위탁하였을 뿐인 정도 등에 그치지 않고, 발명의 기술적 과제를 해결하기 위한 구체적인 착상을 새롭게 제시·부가·보완하거나, 실험 등을 통하여 새로운 착상을 구체화하거나, 발명의 목적 및 효과를 달성하기 위한 구체적인 수단과 방법의 제공 또는 구체적인 조언·지도를 통하여 발명을 가능하게 한 경우 등과 같이 기술적 사상의 창작행위에 실질적으로 기여하기에 이르러야 한다.

    한편 이른바 실험의 과학이라고 하는 화학발명의 경우에는 당해 발명 내용과 기술수준에 따라 차이가 있을 수는 있지만 예측가능성 내지 실현가능성이 현저히 부족하여 실험데이터가 제시된 실험예가 없으면 완성된 발명으로 보기 어려운 경우가 많이 있는데, 그와 같은 경우에는 실제 실험을 통하여 발명을 구체화하고 완성하는 데 실질적으로 기여하였는지의 관점에서 발명자인지 여부를 결정해야 한다.

2. **특허를 받을 수 있는 권리를 이전하기로 하는 계약을 묵시적으로도 할 수 있는지 여부 및 그러한 계약에 따라 특허등록을 공동출원한 경우 출원인이 발명자가 아니라도 등록된 특허권의 공유지분을 가지는지 여부**

    특허를 받을 수 있는 권리는 발명의 완성과 동시에 발명자에게 원시적으로 귀속되지만, 이는 재산권으로 양도성을 가지므로 계약 또는 상속 등을 통하여 전부 또는 일부 지분을 이전할 수 있고(특허법 제37조 제1항), <u>그 권리를 이전하기로 하는 계약은 명시적으로는 물론 묵시적으로도 이루어질 수 있고, 그러한 계약에 따라 특허등록을 공동출원한 경우에는 출원인이 발명자가 아니라도 등록된 특허권의 공유지분을 가진다.</u>

판결이유

1. **발명자 지위와 관련한 상고이유 주장에 대하여**

    원심이 그 채용 증거에 의하여 적법하게 인정한 사실 등에 의하면, <u>이 사건 특허발명(특허등록번호 생략)은 메타아르세나이트 염(salt of meta-arsenite, AsO2-)에 항암 효과가 있음을 밝힌 의</u>

약 용도발명인데, 원고(반소피고, 이하 '원고')는 육산화비소를 이용한 항암제에 대한 투자 여부를 고려 중이던 일성신약 주식회사(이하 '일성신약')에 재직할 당시 네덜란드 회사인 일사(ILSA)사의 대표이던 소외인에게 비소화합물을 이용한 항암제 개발이라는 **기본적인 과제와 아이디어를 제공하기는 하였지만, 이 사건 특허발명의 유효성분인 메타아르세나이트 염에 항암 효과가 있다는 것을 실제 실험 등을 통하여 규명하는 데 구체적인 기여를 한 바는 없는 것으로 보인다**. 오히려 소외인이 원고로부터 일성신약의 육산화비소를 이용한 항암제 개발에 대한 포기 의사를 전달받고 원고와도 연락이 단절된 이후인 1999. 4.경 실험 대행기관인 온코테스트사에 캐코딜릭산(Cacodylic acid), 아르세닉산 소디움 염(Arsenic acid sodium salt), 소디움 메타아르세나이트(Sodium meta-arsenite)의 3가지 특정 물질을 실험 대상으로 선택하여 백혈병세포를 포함한 6개의 대표적인 종양 세포주를 대상으로 0.01에서 100㎍/㎖의 농도 범위에서의 항암 효과에 관한 실험을 의뢰한 다음 1999. 11.경 온코테스트사로부터 실험 결과가 기재된 이 사건 제1보고서를 제공받음으로써 메타아르세나이트 염의 항암 효과를 처음으로 확인한 것으로 보인다. 한편 그 후 연락이 재개된 원고의 주선으로 2001. 2. 25. 소외인이 대표로 있는 네덜란드 회사인 레파톡스(Rephartox BV)사와 피고(반소원고) 주식회사(이하 '피고 회사') 사이에 이 사건 개발약정이 체결되어 **원고는 이 사건 개발약정에 따른 연구감시자(Study Monitor) 및 피고 회사의 책임자로서 소외인의 위 연구개발 과정 전반을 관리하면서 항암물질의 투여간격 등 구체적인 실험의 진행방향에 관한 제안 등을 하기도 하였으나, 그 역할이나 행위는 소외인 연구개발 과정을 일반적으로 관리하거나 그 실험연구를 보조하는 정도**에 지나지 않았던 것으로 보인다.

이러한 사실관계를 앞서 본 법리에 비추어 살펴보면, 이 사건 특허발명을 완성한 사람은 소외인이라고 볼 수밖에 없고, 원고는 그 단독 또는 공동발명자에 해당한다고 할 수 없다. 같은 취지의 원심판결은 정당하고, 거기에 상고이유로 주장하는 바와 같이 논리와 경험의 법칙을 위반하여 자유심증주의의 한계를 벗어난 사실인정을 하거나 발명자 지위에 관한 법리를 오해하는 등으로 판결에 영향을 미친 위법은 없다.

원심은 부가적으로, 설령 원고가 이 사건 특허의 단독 또는 공동발명자라 하더라도 발명자로서 가지는 특허받을 수 있는 권리를 피고 회사에 양도하거나 포기하였다고 보아야 하므로, 원고는 발명자로서의 지위를 주장할 수 없다고 판단하였다.

그러나 앞서 본 바와 같이 원고를 이 사건 특허의 발명자로 볼 수 없는 이상, 설사 원고가 발명자로서 가지는 특허받을 수 있는 권리를 피고 회사에 양도하거나 포기하였다고 보아야 한다는 원심의 판단에 상고이유 주장과 같은 잘못이 있다 하더라도 이는 원심판결의 결과에 아무런 영향을 미치지 못하였다고 할 것이다. 따라서 이 부분 상고이유 주장은 더 나아가 살펴볼 필요 없이 받아들일 수 없다.

2. 이 사건 공유계약의 효력과 관련한 상고이유 주장에 대하여

가. 원심은, 피고 회사와 레파톡스사 사이에 체결된 이 사건 개발약정에 의하면 레파톡스사(소외인)의 연구성과는 모두 피고 회사의 자산으로 귀속되고, **이 사건 성과물은 모두 소외인의 연구성과를 기초로 한 것이므로 피고 회사의 자산이라고 인정**한 다음, 이 사건 공유계약은 피고 회사의 자산에 속하는 이 사건 성과물에 대한 지분을 피고 회사의 이사인 원고 및 피고 양용진에게 양도하는 것이므로 이는 이사와 회사와의 자기거래에 속하는데, 그 계약의 체결에 관하여 피고 회사 이사회의 승인이 없었다는 이유로, 이 사건 공유계약이 무효라고 판단하였다.

나. 이에 대해 원고는 상고이유로서, 이 사건 공유계약은 원고를 특허권 공유자로 한 이 사건 특허등록이 완료됨으로써 원고와 피고들 사이에 이 사건 특허권에 관한 공유관계가 형성된 다음에 체결된 것으로 그 권리관계를 사후적으로 확인하는 의미에 불과하거나, 원고가 이 사건 특허의 발명자로서 적법하게 이 사건 특허권을 공유함에 따라 당연히 이 사건 성과물에 관해서도 권리를 갖

게 되는 것임을 확인하는 의미에 불과할 뿐, 이 사건 공유계약을 통해 비로소 이 사건 성과물에 관하여 원고의 권리를 새롭게 창설하는 것은 아니므로, 이 사건 공유계약이 비록 이사와 회사 사이의 거래라고 하더라도 양자 사이의 이해가 상반되지 않고 피고 회사에 불이익을 초래할 우려가 없는 때에 해당하여 이사회의 승인을 얻을 필요가 없다는 취지로 주장한다.

다. 그러나 원심판결 이유 및 기록에 의하면, 이 사건 공유계약은 피고 회사가 이 사건 개발약정에 따라 피고 회사의 자산으로 귀속시킬 소외인의 연구성과를 토대로 하는 이 사건 성과물에 대한 권리 중 일부 지분을 피고 회사의 이사인 원고에게 양도하는 것인 사실, 이 사건 공유계약에 따라 피고 회사가 원고에게 지분을 양도하는 대상인 이 사건 성과물은 코미녹스 항암제 및 그 연구과정에서 발생하는 모든 성과물로서 특허등록이 된 이 사건 특허권뿐만 아니라 향후 피고 회사가 레파톡스사로부터 얻게 될 각종 보고서, 노하우(Know-how), 기술정보, 영업비밀, 특허권 등 지적재산권 및 이를 출원할 권리 등이 포함되고 나아가 이 사건 성과물의 실시, 처분 등으로 인해 피고 회사가 얻게 될 이익까지 포함되어 있는 사실을 알 수 있으므로, 이 사건 공유계약이 원고 주장과 같이 이 사건 특허권에 관한 공유관계를 확인하는 의미에 불과하다고 할 수는 없다. 또한 원고가 이 사건 특허권의 공유자로 등록되어 있다는 사정만으로 당연히 피고 회사의 자산인 이 사건 성과물 전부에 대해서까지 그 주장과 같이 공유할 수 있는 권리를 갖게 된다고 볼 수도 없다. 따라서 피고 회사가 피고 회사의 자산인 이 사건 성과물에 대한 지분을 원고에게 양도하는 내용의 이 사건 공유계약이 원고와 피고 회사 사이의 이해가 서로 상반되지 않는 경우에 해당한다고 할 수는 없다.

그러므로 원심이 같은 취지에서 이 사건 공유계약이 이사회 승인을 얻지 못한 이사와 회사 사이의 거래에 해당하여 무효라고 보아 이 사건 공유계약이 유효임을 전제로 피고들이 이 사건 공유계약을 위반하였기에 이를 해지하고 이 사건 공유계약 제9조 제1항 다.호에 따라 피고들을 상대로 이 사건 특허발명 물질의 생산, 사용 등과 연구개발 수행의 금지를 구하는 원고의 이 부분 본소청구를 기각하고 피고 회사의 이 부분 반소청구를 인용한 원심판결은 정당하고, 거기에 상고이유로 주장하는 바와 같이 상법 제398조가 정한 이사와 회사 사이의 거래에 관한 법리를 오해하는 등으로 판결에 영향을 미친 위법은 없다.

3. 이 사건 특허 출원 당시 특허를 받을 수 있는 권리의 이전 합의가 있었다는 점과 관련한 상고이유 주장에 대하여

가. 특허를 받을 수 있는 권리는 발명의 완성과 동시에 발명자에게 원시적으로 귀속되지만, 이는 재산권으로 양도성을 가지므로 계약 또는 상속 등을 통하여 그 전부 또는 일부 지분을 이전할 수 있고(특허법 제37조 제1항), 그 권리를 이전하기로 하는 계약은 명시적으로는 물론 묵시적으로도 이루어질 수 있고, 그러한 계약에 따라 특허등록을 공동출원한 경우에는 그 출원인이 발명자가 아니라도 등록된 특허권의 공유지분을 가진다 할 것이다.

나. 기록에 의하면, 원고는 위 2.항에서 본 상고이유에 포함된 일부 주장과 같이 원심에서도 '이 사건 공유계약은 원고와 피고들 3자 공동명의로 특허등록이 완료된 후인 2005. 5. 16. 체결된 것으로서 이 사건 특허권에 관한 공유관계가 형성된 이후에 사후적으로 그 권리관계를 확인하는 의미로 체결된 것에 불과하고, 결코 위 공유계약을 직접 원인으로 하여 피고 회사의 권리가 원고에게 이전된 것으로 볼 수 없다'는 취지로 주장하였는바, 이러한 주장의 취지는 이 사건 공유계약과 별개로 이 사건 특허 출원 당시 이미 피고 회사가 이 사건 특허발명에 관하여 특허받을 수 있는 권리의 일부 지분을 원고에게 이전하기로 하는 합의가 있어 그 권리를 승계하였다는 주장을 한 것으로 선해될 수 있다.

다. 그런데 원심이 그 채용 증거에 의하여 적법하게 인정한 사실관계 및 기록에 의하면, 비록 원고가 이 사건 특허발명의 기술적 사상의 창작행위에 실질적으로 기여하였다고 볼 수 없어 이를 단독 또는 공동으로 발명한 자에는 해당하지 않는다 하더라도, 원고는 당초 소외인에게 이 사건 특허발명에 대한 기본적인 과제와 아이디어를 제공한 바 있고, 그 후 레파톡스사와 피고 회사 사이의 이 사건 **개발약정 체결을 주선함으로써** 이 사건 특허권 등 이 사건 개발약정에 따른 연구개발 과정에서 발생하는 모든 연구성과 및 특허 가능한 발명 일체를 피고 회사의 자산으로 귀속시키는 데 **상당한 기여를** 하였을 뿐만 아니라, 이 사건 **개발약정이 체결된 후에는 연구감시자 및 피고 회사의 책임자로서 소외인의 연구개발 과정을 전반적으로 관리하면서 그 실험연구를 보조**하기도 하였음을 알 수 있다.

이와 같은 사실관계에서 알 수 있는 이 사건 특허 출원에 이르기까지의 **원고의 역할과 기여도 및 원고와 피고들 사이의 관계, 이 사건 특허 출원의 경위** 등을 앞서 본 법리에 비추어 보면, 이 사건 특허발명의 발명자인 소외인으로부터 특허받을 수 있는 권리를 승계한 피고 회사가 그 출원인에 원고를 포함시킴으로써 **원고에게 특허를 받을 수 있는 권리의 일부 지분을 양도하여 장차 취득할 특허권을 공유하기로 하는 묵시적 합의가 출원 당시 이미 있었다고 볼 여지가 없지 않은 것으로 보인다.**

따라서 원심으로서는 원고가 이 사건 특허권의 공동출원인이 된 경위, 특히 원고를 출원인에 포함시킴으로써 피고 회사가 가진 특허받을 수 있는 권리의 지분을 양도하는 묵시적 합의가 있었는지에 관하여 심리하여 원고가 이 사건 특허권의 공유자임의 확인을 구하는 청구에 대하여 판단하였어야 함에도, 원심은 이러한 점에 대한 심리를 하지 아니하고 원고의 이 부분 본소청구를 전부 기각하였으니, 이러한 원심판결에는 특허를 받을 수 있는 권리의 이전에 관한 법리를 오해하여 필요한 심리를 다하지 않은 나머지 판결에 영향을 미친 위법이 있다. 이 점을 지적하는 취지의 상고이유의 주장은 이유 있다.

라. 또한 원고는 본소로서 이 사건 특허권의 공유자임의 확인을 구하는 청구에 병합하여 그와 같은 공유자의 지위에서 단독으로 이 사건 특허발명을 실시할 수 있음의 확인을 구하고 있으므로, 원고의 본소청구 중 이 사건 특허권의 공유자 지위 확인청구 부분을 파기하는 이상 이 사건 특허발명의 단독실시권 확인청구 부분도 함께 파기되어야 한다.

기출 여부 (48회 이후)	특허법 학회 TOP 10	중요도
-	-	★★★

006 무권리자 출원에 있어서 발명의 동일성 판단 기준
대법원 2011. 9. 29. 선고 2009후2463 판결 [등록무효(특)]

판결요지

발명자가 아닌 사람으로서 특허를 받을 수 있는 권리의 승계인이 아닌 사람(이하 '무권리자'라 한다)이 **발명자가 한 발명의 구성을 일부 변경함으로써 그 기술적 구성이 발명자의 발명과 상이하게 되었더라도, 변경이 그 기술분야에서 통상의 지식을 가진 사람이 보통으로 채용하는 정도의 기술적 구성의 부가·삭제·변경에 지나지 않고 그로 인하여 발명의 작용효과에 특별한 차이를 일으키지 않는 등 기술적 사상의 창작에 실질적으로 기여하지 않은 경우**에 그 특허발명은 무권리자의 특허출원에 해당하여 등록이 무효이다.

판결이유

1. 법리

특허법 제33조 제1항 본문은 발명을 한 사람 또는 그 승계인은 특허법에서 정하는 바에 따라 특허를 받을 수 있는 권리를 가진다고 규정하고, 제133조 제1항 제2호는 제33조 제1항 본문의 규정에 의한 특허를 받을 수 있는 권리를 가지지 아니한 사람이 출원하여 특허받은 경우를 특허무효사유의 하나로 규정하고 있다.

한편 특허법 제2조 제1호는 '발명'이란 자연법칙을 이용하여 기술적 사상을 고도로 창작한 것을 말한다고 규정하고 있으므로, 특허법 제33조 제1항에서 정하고 있는 '발명을 한 자'는 바로 이러한 발명행위를 한 사람을 가리킨다고 할 것이다. 따라서 발명자가 아닌 사람으로서 특허를 받을 수 있는 권리의 승계인이 아닌 사람(이하 '무권리자'라 한다)이 발명자가 한 발명의 구성을 일부 변경함으로써 그 기술적 구성이 발명자가 한 발명과 상이하게 되었다 하더라도, 그 변경이 그 기술분야에서 통상의 지식을 가진 사람(이하 '통상의 기술자'라고 한다)이 보통으로 채용하는 정도의 기술적 구성의 부가·삭제·변경에 지나지 아니하고 그로 인하여 발명의 작용효과에 특별한 차이를 일으키지 아니하는 등 기술적 사상의 창작에 실질적으로 기여하지 않은 경우에는 그 특허발명은 무권리자의 특허출원에 해당하여 그 등록이 무효라고 할 것이다.

2. 판단

가. 위 법리와 기록에 비추어 살펴보면, ① 원고가 경영하는 개인업체인 ○○식품의 연구개발부장이었던 소외 1이 피고 회사로 전직한 후인 2004. 9. 8. '찹쌀분 4.164중량%, 말티톨 4.164중량%, 정제말토스 4.164중량% 등의 혼합물을 110℃에서 15~20분 동안 증자한 다음 100℃/상압에서 설탕 20.82중량% 등을 투입한 후 80℃ 이하에서 주정 0.416중량% 등을 추가 투입하는 떡생지 제조공정'인 원고의 영업비밀을 소외 2 등 피고 회사의 직원들에게 누설한 사실, ② 그 후 피고 회사는 원고의 영업비밀(이하 모인된 원고의 영업비밀을 '모인대상발명'이라 한다)을 아래와 같이 변형하여 2005. 10. 원고의 '초코찰떡파이'에 대한 경쟁 상품인 '찰떡 쿠키'를 출시하고 2006. 8. 4. 명칭을 "떡을 내장하는 과자 및 그 제조방법"으로 하는 이 사건 특허발명(등록번호 제626971호)을 발명자 소외 2, 출원인 피고 회사로 하여 출원하여 2006. 9. 14. 특허등록을 받은 사실, ③ 이 사건 특허발명의 특허청구범위 제1항(이하 '이 사건 제1항 발명'이라 하고, 나머지 청구항도 같은 방식으로 부른다)은 가공버터 8~10중량% 등의 1차 균질 혼합공정, 과당 10~15중량% 등의 2차

균질 혼합공정 및 우유지 1~5중량% 등의 3차 균질 혼합공정으로 이루어진 쿠키생지 제조공정(이하 '구성 1'이라 한다), 찹쌀분 3~5중량%, D-소르비톨액 4~8중량% 등의 혼합물을 110~120℃에서 2kgf/㎠의 스팀압력으로 약 15분 정도 1차 증자한 후 설탕 20~25중량% 등을 추가 투입한 후 90~100℃에서 1.5kgf/㎠의 스팀압력으로 약 10분간 2차 증자하는 떡생지 제조공정(이하 '구성 2'라 한다), 구성 1에서 제조된 쿠키생지의 내부에 구성 2에서 제조된 떡생지를 충진하여 일정한 크기로 절단하는 성형공정(이하 '구성 3'이라 한다) 및 구성 3에서 성형된 생지를 오븐에서 굽는 소성공정(이하 '구성 4'라 한다)으로 구성된 쿠키 속에 떡을 내장하는 과자의 제조방법에 관한 것임을 알 수 있다.

나. 그런데 이 사건 제1항 발명의 특징적인 부분은, **떡이 가진 장기간 보관할 수 없는 문제점을 해결하기 위한 떡생지 제조공정인 구성 2**라고 할 것인데, 모인대상발명과 구성 2의 원심 판시 차이점 1은 모인대상발명의 말티톨을 구성 2의 솔비톨로, 모인대상발명의 정제말토스 4.164중량%와 물엿 9.994중량%를 맥아엿(하이말토스) 6~12중량%로 각 대체한 것이나, 솔비톨과 말티톨이 모두 당알콜에 속하여 동일한 기능을 하는 등 **양 대응구성의 떡생지 원료 및 배합비 사이에 별다른 차이가 없고**, 원심 판시 차이점 2는 구성 2가 원료를 한꺼번에 투입한 후 2차 증자하는 데 비해 모인대상발명은 2단계로 나누어 투입하고 2차 증자를 실시하지 않는 것이나, 2차 원료 투입방법의 경우 모인대상발명은 2차 원료의 일부를 100℃에서 투입한 후 나머지 2차 원료를 80℃에서 투입하는 것이어서 온도를 낮추면서 원료를 투입하는 것에 불과하여 **구성 2와 대비하여 실질적인 차이가 없으며**, 2차 증자 실시의 경우 모인대상발명도 증자과정이 있어 곡물류의 호화를 유도하고 있고 그 증자 횟수는 필요에 따라 추가할 수 있는 것에 불과하다.

그리고 이 사건 제1항 발명의 **핵심적인 기술적 과제는 떡의 보존기간의 연장에 있는데 이는 구성 2에 의하여 해결**되고, 이 사건 제1항 발명의 출원 전에 빵 내부에 찰떡이 들어있는 구성(갑 제23호증의 1)이나 내층은 팥류로 하고 외층은 쿠키, 빵 등으로 하는 구성(갑 제23호증의 2)이 개시되어 있는 점을 고려하면, **모인대상발명과 실질적으로 차이가 없는 구성 2에 모인대상발명에 없는 구성 1, 3, 4를 새로 부가하는 것은 통상의 기술자가 보통으로 채용하는 정도의 변경에 지나지 아니하며, 그 변경으로 인하여 발명의 작용효과에 특별한 차이를 일으킨다고 할 수 없다.**

나아가 이 사건 제4항 발명은 이 사건 제1항 발명과 쿠키생지의 원료와 배합비 중 일부만을 달리할 뿐이고, 이 사건 제2항, 제3항, 제5항 내지 제7항 발명은 이 사건 제1항 또는 제4항 발명을 한정하는 종속항들로서 단순한 수치한정 등 통상의 기술자가 보통으로 채용하는 정도의 변경에 불과하고, 그로 인하여 발명의 작용효과에 특별한 차이를 일으킨다고 할 수 없다.

다. 그렇다면 피고는 이 사건 특허발명의 기술적 사상의 창작에 실질적으로 기여한 바가 없다고 할 것이므로 이 사건 특허발명은 무권리자가 출원하여 특허를 받은 경우에 해당하여 특허법 제133조 제1항 제2호, 제33조 제1항 본문에 의하여 그 등록이 무효라고 할 것이다.

따라서 원심이 이 사건 특허발명은 무권리자의 특허출원에 해당하여 그 등록이 무효라고 판단한 것은 정당한 것으로 수긍이 가고, 거기에 상고이유에서 주장하는 바와 같은 무권리자의 특허출원에 관한 법리오해 등의 잘못이 없다.

한편 발명자에 해당하기 위하여는 기술적 사상의 창작에 실질적으로 기여할 것이 요구되나, **이는 발명의 특허요건으로서 요구되는 신규성·진보성을 갖추어야 한다는 것과는 구분되는 것임에도**, 이와 달리 원심이 발명자가 되기 위하여 그 발명이 신규성·진보성 등의 특허요건까지 구비하여야 한다고 판단한 것은 잘못이라고 할 것이지만, 앞서 본 바와 같이 이 사건 특허발명이 무권리자의 특허출원에 해당하는 이상, 이러한 원심의 잘못은 판결의 결과에 영향을 미치지 아니하여 원심판결을 파기할 사유가 되지 아니하고, 진보성 판단에 관한 상고이유 주장에 관하여는 앞서 본 바와 같은 이유로 이 사건 특허발명의 등록이 무효로 되는 이상 더 나아가 살펴볼 필요가 없다.

3. 그러므로 상고를 기각하고, 상고비용은 패소자가 부담하기로 하여, 관여 대법관의 일치된 의견으로 주문과 같이 판결한다.

기출 여부 (48회 이후)	특허법 학회 TOP 10	중요도
53회 (2016년) 문제 4	2014	★

007 무권리자 특허에 대해 정당한 권리자가 직접 특허권의 이전등록을 구할 수 있는지 여부

대법원 2014. 5. 16. 선고 2012다11310 판결 [특허권이전등록절차이행]

판결요지

발명을 한 자 또는 그 승계인은 특허법에서 정하는 바에 의하여 특허를 받을 수 있는 권리를 가진다(특허법 제33조 제1항 본문). 만일 이러한 정당한 권리자 아닌 자가 한 특허출원에 대하여 특허권의 설정등록이 이루어지면 특허무효사유에 해당하고(특허법 제133조 제1항 제2호), 그러한 사유로 특허를 무효로 한다는 심결이 확정된 경우 정당한 권리자는 특허의 등록공고가 있는 날부터 2년 이내와 심결이 확정된 날부터 30일 이내라는 기간 내에 특허출원을 함으로써 특허의 출원 시에 특허출원한 것으로 간주되어 구제받을 수 있다(특허법 제35조). 이처럼 **특허법이 선출원주의의 일정한 예외를 인정하여 정당한 권리자를 보호하고 있는 취지**에 비추어 보면, **정당한 권리자로부터 특허를 받을 수 있는 권리를 승계받은 바 없는 무권리자의 특허출원에 따라 특허권의 설정등록이 이루어졌더라도, 특허법이 정한 위와 같은 절차에 의하여 구제받을 수 있는 정당한 권리자로서는 특허법상의 구제절차에 따르지 아니하고 무권리자에 대하여 직접 특허권의 이전등록을 구할 수는 없다.**

판결이유

이 사건 특허발명은 원고가 출원할 권리를 가지고 있는 것인데 원고가 피고에게 그 발명을 기초로 한 사업을 제안하면서 발명의 내용을 알려준 것을 계기로 피고가 원고로부터 출원할 수 있는 권리를 양도받은 사실 없이 무단으로 출원하여 특허등록결정을 받은 것이므로 피고는 원고에게 이 사건 특허권을 반환(이전등록)하여야 할 의무가 있다는 원고의 주장에 대하여, 설령 원고가 이 사건 특허발명에 관하여 특허를 받을 수 있는 정당한 권리자이고 피고는 무권리자라고 하더라도, **원고로서는 이를 원인으로 이 사건 특허에 관하여 등록무효심판을 제기하여 이 사건 특허를 무효로 하는 확정심결을 받고 일정한 기간 내에 특허출원을 함으로써 출원일 소급을 인정받는 방법으로 자신의 정당한 권리를 회복하여야 하고** 이 사건 특허에 관하여 피고에게 직접 이전을 구할 수는 없다고 본 사례

특허 절차 총칙

THE PATENT LAW

기출 여부 (48회 이후)	특허법 학회 TOP 10	중요도
-	-	★

001 특허출원의 주체 및 특허 심판·소송에서의 권리능력·당사자능력

대법원 1997. 9. 26. 선고 96후825 판결 [거절사정(특)]

판결요지

특허법에서는 특허출원의 주체가 될 수 있는 자나 당사자능력에 관한 규정을 따로 두고 있지 아니하므로, **특허권과 특허법의 성질에 비추어 민법과 민사소송법에 따라 거기에서 정하고 있는 권리능력과 당사자능력이 있는 자라야 특허출원인이나 그 심판·소송의 당사자가 될 수 있다고 할 것인바,** 경북대학교는 국립대학으로서 민사법상의 권리능력이나 당사자능력이 없음이 명백하므로 특허출원인이나 항고심판청구인, 상고인이 될 수 없다.

판결이유

1. 상고인(출원인, 항고심판청구인) 경북대학교의 당사자능력에 대하여

직권으로 살피건대, 기록에 의하면, 이 사건 특허출원서에는 발명자를 여영근으로, 출원인을 주식회사 우방랜드와 경북대학교 총장 김익동으로 기재하여 공동출원을 하고 있고, 이 특허출원에 대하여 거절사정되자 그 출원인들이 공동으로 항고심판을 청구하고, 다시 이 법원에 상고하였음을 알 수 있다.

그런데 특허법에서는 특허출원의 주체가 될 수 있는 자나 당사자능력에 관한 규정을 따로 두고 있지 아니하므로, 특허권과 특허법의 성질에 비추어 민법과 민사소송법에 따라 거기에서 정하고 있는 권리능력과 당사자능력이 있는 자라야 특허출원인이나 그 심판·소송의 당사자가 될 수 있다고 할 것인바, 이 사건 출원인(항고심판청구인, 상고인)인 경북대학교는 국립대학으로서 민사법상의 권리능력이나 당사자능력이 없음이 명백하므로 특허출원인이나 항고심판청구인, 상고인이 될 수 없다 할 것이다.

그렇다면 원심으로서는 이 점에 관하여 석명권을 행사하여 출원인의 진의가 무엇인지를 밝혀서, 국가의 기관인 경북대학교를 통하여 국가를 출원인으로 하려는 의도였다면 대한민국 명의로, 그렇지 않고 그 총장인 김익동 개인을 출원인으로 하고자 하는 경우에는 그 개인 명의로 출원명의인과 항고심판청구인의 명의를 보정하여 당사자 표시를 바로잡도록 하였어야 할 것이고, 만일 보정을 거부한다면 출원이 부적법하다 하여 각하하였어야 할 것인바, 이에 이르지 아니하고 만연히 경북대학교가 특허출원인으로서 권리능력과 당사자능력이 있다고 보아 실체판단에 들어간 것은 특허출원인의 권리능력이나 심판의 당사자능력에 관한 법리를 오해한 나머지 심리를 다하지 아니하였거나, 석명의무를 위반한 잘못이 있다고 할 것이고, 이는 심결 결과에 영향을 미쳤음이 명백하다.

따라서 상고인(출원인) 경북대학교에 대하여는 상고이유를 살펴볼 필요 없이 이 부분 원심심결은 더 이상 유지될 수 없게 되었다 할 것이다.

기출 여부 (48회 이후)	특허법 학회 TOP 10	중요도
–	–	★★★

002 출원발명의 공동출원인에 대한 공시송달의 요건
대법원 2005. 5. 27. 선고 2003후182 판결 [거절결정(특)] [공2005.7.1.(229),1077]

판결요지

1. 출원발명의 공동출원인에 대한 공시송달의 요건

공동출원인에 대하여 특허법 제219조 제1항에 의한 공시송달을 실시하기 위해서는 '공동출원인 전원의 주소 또는 영업소가 불분명하여 송달받을 수 없는 때'에 해당하여야 하고, 이러한 공시송달 요건이 구비되지 않은 상태에서 공동출원인 중 1인에 대하여 이루어진 공시송달은 부적법하고 그 효력이 발생하지 않는다.

2. 특허청장이 특허관리인에 의하지 아니한 채 제출된 재외자의 서류를 반려하지 않고 특허에 관한 절차를 진행한 경우, 사후에 그 절차상 하자를 주장할 수 있는지 여부

특허법 제5조 제1항, 특허법시행규칙 제11조 제1항 제6호에 의하면, 재외자는 특허관리인에 의하지 아니하면 특허에 관한 절차를 밟을 수 없고, 특허청장은 재외자가 특허관리인에 의하지 아니하고 제출한 서류를 반려할 수 있다고 되어 있으나, 특허관리인제도는 특허청이 국내에 거주하지 않는 자와 직접 절차를 수행함에 따른 번잡과 절차지연을 피함으로써 원활한 절차수행이 가능하도록 하기 위함에 그 의의가 있는 점, 특허법 제5조 제1항에 의하면 재외자라 하더라도 국내에 체재하는 경우에는 직접 절차를 밟을 수 있는 점, 특허법 제62조, 제133조 제1항에는 재외자가 특허관리인에 의하지 아니하고 그 절차를 밟은 경우에 이를 특허거절사유나 특허무효사유로는 하고 있지 않은 점 등에 비추어 볼 때, 특허청장은 특허관리인에 의하지 아니한 채 제출된 서류를 반려하지 아니하고 이를 수리하여 특허에 관한 절차를 진행한 이후에는 특허법 제5조 제1항에 위반된다는 이유로 제출된 서류의 절차상 하자를 주장할 수는 없다.

3. 특허거절결정에 대한 심판청구시 누락된 공동출원인을 추가하는 보정이 허용되는 시간적 한계

특허법 제33조 제2항, 제44조, 제132조의3, 제139조 제3항, 제140조 제2항에 의하면, 특허거절결정을 받은 자가 불복이 있는 때에는 그 결정등본을 송달받은 날로부터 30일 이내에 심판을 청구할 수 있고, 특허를 받을 수 있는 권리가 공유인 경우에는 공유자 전원이 공동으로 특허출원을 하여야 하고, 특허를 받을 수 있는 권리의 공유자가 그 공유인 권리에 관하여 심판을 청구하는 때에는 공유자 전원이 공동으로 청구하여야 하며, 심판청구서의 보정은 청구의 이유를 제외하고는 요지를 변경할 수 없다 할 것이므로, 공동출원인 중 일부만이 심판청구를 제기한 경우 그 심판의 계속중 나머지 공동출원인을 심판청구인으로 추가하는 보정은 요지의 변경으로서 허용할 수 없음이 원칙이나, 아직 심판청구기간이 도과되기 전이라면 나머지 공동출원인을 추가하는 보정을 허용하여 그 하자가 치유될 수 있도록 함이 당사자의 권리구제 및 소송경제면에서 타당하다.

판결이유

가. 공시송달에 관한 상고이유에 대하여

(1) 특허법 제219조 제1항에서 공시송달 사유로 들고 있는 '주소 또는 영업소가 불분명하여 송달할 수 없는 때'라 함은 송달을 할 자가 선량한 관리자의 주의를 다하여 송달을 받아야 할 자의 주소 또는 영업소를 조사하였으나 그 주소 또는 영업소를 알 수 없는 경우를 말하는 것이고, 한편 특허법 제11조 제1항에 의하면, 2인 이상이 특허에 관한 절차를 밟는 때에는 같은 항 각 호의 1에 해당하는 사유를 제외하고는 각자가 전원을 대표한다고 되어 있으므로, 거절결정등본의 송달도 공동출원인 중 1인에 대하여만 하면 전원에 대하여도 동일한 효과가 발생한다고 할 것이지만, 이러한 법리는 공동출원인 중 1인에 대하여 이루어진 송달은 다른 공동출원인에게도 송달의 효력이 발생한다는 의미이지, 공동출원인 중 1인에게 실시한 송달이 불능된 경우에 송달을 실시해 보지 아니한 다른 공동출원인에 대한 송달도 불능으로 보아야 한다는 뜻은 아니라 할 것이다.

따라서 공동출원인에 대하여 특허법 제219조 제1항에 의한 공시송달을 실시하기 위해서는 '공동출원인 전원의 주소 또는 영업소가 불분명하여 송달받을 수 없는 때'에 해당하여야 하고, 이러한 공시송달 요건이 구비되지 않은 상태에서 공동출원인 중 1인에 대하여 이루어진 공시송달은 부적법하고 그 효력이 발생하지 않는다.

또한, 특허법 제5조 제1항, 특허법시행규칙 제11조 제1항 제6호에 의하면, 재외자는 특허관리인에 의하지 아니하면 특허에 관한 절차를 밟을 수 없고, 특허청장은 재외자가 특허관리인에 의하지 아니하고 제출한 서류를 반려할 수 있다고 되어 있으나, 특허관리인제도는 특허청이 국내에 거주하지 않는 자와 직접 절차를 수행함에 따른 번잡과 절차지연을 피함으로써 원활한 절차수행이 가능하도록 하기 위함에 그 의의가 있는 점, 특허법 제5조 제1항에 의하면 재외자라 하더라도 국내에 체재하는 경우에는 직접 절차를 밟을 수 있는 점, 특허법 제62조, 제133조 제1항에는 재외자가 특허관리인에 의하지 아니하고 그 절차를 밟은 경우에 이를 특허거절사유나 특허무효사유로는 하고 있지 않은 점 등에 비추어 볼 때, 특허청장은 특허관리인에 의하지 아니한 채 제출된 서류를 반려하지 아니하고 이를 수리하여 특허에 관한 절차를 진행한 이후에는 특허법 제5조 제1항에 위반된다는 이유로 제출된 서류의 절차상 하자를 주장할 수는 없다고 해석된다.

(2) 이 사건 공시송달의 경위를 위 법리 및 기록에 비추어 살펴보면, 피고는 공동출원인 중 1인인 김현태를 수령인으로 하여 출원 당시 주소인 '서울 서초구 방배3동 경남아파트 3동 905호'로 거절결정등본의 송달을 실시하였다가 송달이 되지 아니하자 곧바로 김현태를 수령인으로 하여 공시송달을 하였을 뿐, **공동출원인 김지태에 대하여는 전혀 송달을 실시해 보지도 아니하였고, 더구나 특허청 심사관은 김현태의 전화요청에 따라 1999. 6. 초경 '서울 용산구 한남2동 남산맨션 1403호'로 의견제출통지서를 우편으로 송부한 바 있으므로 피고로서는 거절결정등본을 위 주소로 송달을 실시해 볼 여지가 있었는데도** 이마저 간과하였다. 나아가 1999. 7. 3. 특허청에 제출·수리된 김지태 명의의 보정서에는 '김지태의 주소를 서울 용산구 한남동 726-74 남산맨션 1403호로 보정한다.'는 내용이 기재되어 있었는데, 비록 김지태가 위 보정서 제출 당시 미국으로 이민한 재외자이므로 위 보정서의 제출은 특허관리인에 의하여 이루어져야 할 것인데도 이에 의하지 아니하고 직접 본인 이름으로 보정서가 제출되었다 하여도, 피고가 그 보정서를 반려하지 아니하고 이를 수리하여 특허에 관한 절차를 계속 진행한 이상 피고로서는 **김현태에게 실시한 거절결정등본의 송달이 불능되었다는 이유로 공시송달을 하기에 앞서 김지태가 보정한 위 주소로 김지태에 대한 송달을 실시해 보았어야 할 것**임에도 불구하고 그와 같은 조치를 취하지도 아니하였으니, 이러한 경우를 공동출원인 전원에 대하여 주소 또는 영업소가 불분명하여 송달받을 수 없을 때에 해당한다고 볼 수 없다.

따라서 위 공시송달은 특허법 제219조 소정의 공시송달 요건을 구비하였다고 볼 수 없으므로 부적법하고 그 효력이 발생하지 않는다고 보아야 할 것이다.

(3) 그럼에도 원심이 이와 견해를 달리하여 거절결정등본에 대한 공시송달이 적법하다고 단정하고 이를 전제로 이 사건 심판청구가 그 기간을 도과하였다고 판단하고 말았으니, 이는 공시송달에 관한 법리를 오해하고 필요한 심리를 다하지 아니함으로써 판결 결과에 영향을 미친 경우에 해당한다 할 것이고, 이 점을 지적하는 상고이유의 주장은 이유 있다.

나. 공동심판에 관한 상고이유에 대하여

(1) 특허법 제33조 제2항, 제44조, 제132조의3, 제139조 제3항, 제140조 제2항에 의하면, 특허거절결정을 받은 자가 불복이 있는 때에는 그 결정등본을 송달받은 날로부터 30일 이내에 심판을 청구할 수 있고, 특허를 받을 수 있는 권리가 공유인 경우에는 공유자 전원이 공동으로 특허출원을 하여야 하고, 특허를 받을 수 있는 권리의 공유자가 그 공유인 권리에 관하여 심판을 청구하는 때에는 공유자 전원이 공동으로 청구하여야 하며, 심판청구서의 보정은 청구의 이유를 제외하고는 요지를 변경할 수 없다 할 것이므로, 공동출원인 중 일부만이 심판청구를 제기한 경우 그 심판의 계속중 나머지 공동출원인을 심판청구인으로 추가하는 보정은 요지의 변경으로서 허용할 수 없음이 원칙이나, 아직 심판청구기간이 도과되기 전이라면 나머지 공동출원인을 추가하는 보정을 허용하여 그 하자가 치유될 수 있도록 함이 당사자의 권리구제 및 소송경제면에서 타당하다 할 것이다.

(2) 위 법리와 기록에 비추어 살펴보면, 원심이 그 판시와 같이 심판의 계속중에 이루어진 심판청구인의 변경이 요지의 변경에 해당된다고 본 것에는 잘못이 없으나, 이 사건의 경우 거절결정등본의 공시송달이 앞에서 본 바와 같이 부적법하여 **그 효력이 발생하지 않아 이를 기준으로 심판청구기간을 따질 수는 없다 할 것이므로 적법한 송달일시를 더 규명하여 보고 만일 원고를 심판청구인으로 추가하는 보정서가 심판청구기간 안에 제출되었다면 그 보정은 허용될 여지가 있다 할 것**인데도, 그에 관해 심리하지도 아니한 채 심판청구인을 김지태 1인에서 원고로 변경하는 것은 요지의 변경에 해당되어 부적법하다고 단정한 원심 판단은 이 점에 있어서도 위법하다 할 것이다.

기출 여부 (48회 이후)	특허법 학회 TOP 10	중요도
−	−	★★★

003 '주소나 영업소가 불분명하여 송달할 수 없는 때'의 의미
대법원 2007. 1. 25. 선고 2004후3508 판결

판결요지

1. **특허법 제219조 제1항에서 공시송달 사유로 들고 있는 '주소나 영업소가 불분명하여 송달할 수 없는 때'의 의미 및 공시송달 요건이 구비되지 않은 상태에서 이루어진 공시송달의 효력(무효)**

    특허법 제219조 제1항에서 공시송달 사유로 들고 있는 '주소나 영업소가 불분명하여 송달할 수 없는 때'라 함은 송달을 할 자가 선량한 관리자의 주의를 다하여 송달을 받아야 할 자의 주소나 영업소를 조사하였으나 그 주소나 영업소를 알 수 없는 경우를 뜻하는 것으로서, 이러한 공시송달 요건이 구비되지 않은 상태에서 이루어진 공시송달은 부적법하여 그 효력이 발생하지 않는다 할 것이다. (대법원 1991. 10. 8. 선고 91후59 판결, 2005. 5. 27. 선고 2003후182 판결 등 참조)

2. **법인에 대한 송달 방법 및 공시송달의 요건**

    한편 법인에 대한 송달은 본점 소재지에서 그 대표이사가 이를 수령할 수 있도록 함이 원칙이고, 그와 같은 송달이 불능인 경우에는 법인등기부 등을 조사하여 본점 소재지의 이전 여부 이외에도 법인등기부상의 대표이사의 주소지 등을 확인하여 송달을 실시하여 보고 그 송달이 불가능한 때에 비로소 공시송달을 할 수 있다.

3. **등록상표와는 별개의 독립된 상표의 권리자가 등록상표를 취소하는 재심대상심결 후, 상표법 제84조 제1항에 따라 재심대상심결이 사해심결임을 주장하며 재심을 청구할 수 있는 제3자에 해당하는지 여부(소극)**

판결이유

1. **공시송달에 관한 상고이유에 대하여**

    이 사건 공시송달의 경위를 위 법리 및 기록에 비추어 살펴보면, 특허심판원의 심판절차에서 제출된 원고 회사의 법인등기부등본에는 원고 회사의 본점 소재지뿐만 아니라 원고 회사의 대표이사 최상선의 주소가 기재되어 있고, 특허심판원이 이 사건 심결의 증거로 채택한 고소장에도 원고 회사의 대표이사 최상선의 주소가 기재되어 있으므로, 특허심판원으로서는 원고 회사의 본점 소재지로 이 사건 심결 등본의 송달을 실시한 후 송달이 불능되었으면, 원고 회사의 법인등기부등본이나 고소장에 기재되어 있는 원고 회사의 대표이사의 주소를 조사·확인하여 그 주소로 송달을 실시하는 절차를 거쳐야 함에도 불구하고 이를 하지 아니한 채 바로 공시송달을 하였는바, 이는 선량한 관리자의 주의를 다하여 송달을 받아야 할 자의 주소 또는 영업소를 조사하였으나 그 주소 또는 영업소를 알 수 없는 경우에 해당한다고 할 수 없으므로, 위 공시송달은 특허법 제219조 제1항이 규정하고 있는 공시송달 요건을 구비하지 못한 것으로서 부적법하여 그 효력이 발생하지 않는다.

    따라서 원고 회사에 대한 이 사건 심결 등본의 공시송달의 효력이 발생하지 않는 이상 이 사건 심결취소의 소의 제소기간은 진행되지 아니하므로 이 사건 심결취소의 소의 제기는 30일의 불변기간이 도과한 후에 제기된 것이라고 할 수 없고, 소송행위의 추후보완에 관하여 나아가 살펴볼 필요 없이 적법하다고 할 것이다.

원심판결의 이유 설시에 다소 미흡하거나 부적절한 점이 없지 않으나, 이 사건 심결취소의 소의 제기가 적법하다고 본 결론은 옳고, 거기에 판결에 영향을 미친 심결의 확정 여부 등에 관한 법리오해 등의 위법이 있다고 할 수 없다.

2. 사해심결과 관련한 상고이유에 대하여

기록에 비추어 살펴보면, <u>이 사건 등록상표(등록번호 제376816호)와 원심 판시의 기본상표(제199456호)는 별개의 독립된 상표</u>이므로, 이 사건 등록상표에 관하여 상표불사용을 이유로 그 등록을 취소하는 취지의 원심 판시 재심대상심결이 이루어졌다 하더라도, <u>그 재심대상심결 후 기본상표에 관하여 질권을 설정받거나 상표권을 승계취득한 피고는 상표법 제84조 제1항에 의하여 이 사건 등록상표에 관한 재심대상심결이 사해심결임을 주장하며 재심을 청구할 수 있는 제3자에 해당한다고 할 수 없고</u>, 따라서 피고가 제기한 재심대상심결에 대한 재심청구는 부적법하다.

특허 출원과 관련한 절차

CHAPTER 1 _ 출 원
CHAPTER 2 _ 명세서와 도면의 보정
CHAPTER 3 _ 우선권제도
CHAPTER 4 _ 분할출원(제52조), 분리출원(제52조의2), 변경출원(제53조)
CHAPTER 5 _ 심사절차
CHAPTER 6 _ 특허취소신청

THE PATENT LAW

CHAPTER 01 출 원

기출 여부 (48회 이후)	특허법 학회 TOP 10	중요도
-	-	★★

001 발명의 동일성 판단기준 및 경합출원으로 인한 하자치유 여부
대법원 2007. 1. 12. 선고 2005후3017 판결 [등록무효(특)]

판결요지

1. **특허법 제36조의 적용에 있어 두 발명이 물건의 발명과 방법의 발명으로 서로 발명의 범주가 다르다고 하여 '동일한 발명'이 아니라고 단정할 수 있는지 여부**

    특허법 제36조를 적용하기 위한 전제로서 두 발명이 서로 동일한 발명인지 여부는 대비되는 두 발명의 실체를 파악하여 따져보아야 할 것이지 표현양식에 따른 차이에 따라 판단할 것은 아니므로, 대비되는 두 발명이 각각 물건의 발명과 방법의 발명으로 서로 발명의 범주가 다르다고 하여 곧바로 동일한 발명이 아니라고 단정할 수 없다.

2. **특허법 제36조 제3항 등의 적용에 있어 출원이 경합된 상태에서 사후 권리자가 등록된 특허권이나 실용신안권 중 하나를 포기하였다고 하여 경합출원으로 인한 하자가 치유되는지 여부**

    특허법 제36조 제3항 등의 적용에 있어 특허권이나 실용신안권의 포기에 의하여 경합출원의 하자가 치유되어 제3자에 대한 관계에서 특허권의 효력을 주장할 수 있다고 보는 것은 명문의 근거가 없을 뿐만 아니라 권리자가 포기의 대상과 시기를 임의로 선택할 수 있어 권리관계가 불확정한 상태에 놓이게 되는 등 법적 안정성을 해칠 우려가 있는 점, 특허권이나 실용신안권의 포기는 그 출원의 포기와는 달리 소급효가 없음에도 결과적으로 그 포기에 소급효를 인정하는 셈이 되어 부당하며, 나아가 특허권 등의 포기는 등록만으로 이루어져 대외적인 공시방법으로는 충분하지 아니한 점 등을 종합하여 보면, 출원이 경합된 상태에서 등록된 특허권이나 실용신안권 중 어느 하나에 대하여 사후 권리자가 그 권리를 포기하였다고 하더라도 경합출원으로 인한 하자가 치유된다고 보기는 어렵다.

판결이유

1. 양 발명이 동일한지 여부

    (1) 원심 판단

    이 사건에 있어서, 이 사건 제1항 발명은 로스트 왁스 주조용 폐왁스의 재생방법발명으로, 증기가열용해조에서의 1차 정화과정, 보온탱크에서의 2차 정화과정, 교반용해탱크에서의 교반과정을 거친 뒤 압축여과기에 의한 필터링과정으로 구성되어 있고, 비교대상발명의 청구항 제1항은 로스트 왁스 주조용 폐왁스의 재생장치발명으로, 증기가열용해조, 보온탱크, 교반용해탱크, 이송 압축펌프, 필터, 여과기, 배관라인 등의 장치로 구성되어 있는바, 이 사건 제1항 발명은 비교대상발명 제1항의 위 장치들을 사용하는 것을 시간적 경과에 따라 공정의 형식으로 표현한 것이어서, 양 발명의 실체를 살펴보면 동일한 로스트 왁스 주조용 폐왁스의 재생기술을, 이 사건 **제1항 발명은 방법의 측면에서, 비교대상발명 제1항은 장치의 측면에서 각각 포착한 것에 불과한 것으로서, 그와 같은 카테고리의 차이에 따라 기술사상이 달라진다고 볼 수 없을 뿐만 아니라 양 발명의 효과도 아무런 차이가 없다고 할 것이므로**, 양 발명은 그 카테고리의 차이(방법발명과 장치발명)에 불구하고 동일한 발명이라 할 것이다.

이 사건 제2항 발명은 제1항의 종속항으로서 증기가열용해조에 투입된 폐왁스를 약 140℃ 이상의 스팀열로 가열하는 것으로 제1항을 구체적으로 한정하는 것이고, 비교대상발명의 청구항 제2항도 제1항의 종속항으로서 증기가열용해조는 보일러의 스팀파이프와 연결되어 약 140℃ 이상의 스팀열로 가열되고 보온탱크는 단열재로 감싸여져 있는 것으로 제1항을 구체적으로 한정하고 있는바, 약 140℃ 이상의 스팀열로 가열하는 것으로 **양 발명의 구체적인 한정사항이 동일하고, 보온탱크를 단열재로 감싸는 것은 주지, 관용의 기술에 불과하고 그러한 구성으로 특이한 작용효과가 발생한다고도 보기 어려우므로**, 양 발명은 동일한 발명이라 할 것이다.

따라서 이 사건 제1항 및 제2항 발명은 비교대상발명과 동일하다 할 것이고, 이 사건 제3항 및 제4항 발명은 비교대상발명과 그 문언이 완전히 동일하다.

(2) 대법원 판단

기록에 비추어 살펴보면, 이 사건 특허발명 제1, 2항은 방법의 발명이고, 비교대상발명 제1, 2항은 물건의 발명(고안)이지만, 그 기술사상의 실체를 파악하여 이에 터잡아 대비하여 보면 **위 각 대비되는 발명들은 동일한 기술사상에 대하여 단지 표현양식에 차이가 있는 것에 불과하다고 보일 뿐이므로, 두 발명은 동일한 발명으로 봄이 상당**하다.

같은 취지인 원심의 판단은 정당한 것으로 수긍이 가고, 거기에 상고이유로 주장하는 바와 같은 발명의 동일성에 관한 법리오해 등의 위법이 없다.

2. 경합출원으로 인한 하자가 치유되는지 여부

원심은 그 채용증거들에 의하여 동일한 발명인 이 사건 특허발명과 비교대상발명이 모두 같은 날 피고에 의하여 출원되어 각각 특허권과 실용신안권으로 등록된 사실을 인정한 다음, 비록 피고가 이 사건 무효심판 제기 전에 비교대상발명에 대한 실용신안권을 포기했다 하더라도 이 사건 특허발명은 특허법 제36조 제3항, 제2항에 위반되어 등록된 것으로서 같은 법 제133조 제1항 제1호에 의하여 그 특허등록은 무효라고 판단하였다.

특허법 제36조는 제2항은 "동일한 발명에 대하여 같은 날에 2 이상의 특허출원이 있는 때에는 특허출원인의 협의에 의하여 정하여진 하나의 특허출원인만이 그 발명에 대하여 특허를 받을 수 있다. 협의가 성립하지 아니하거나 협의를 할 수 없는 때에는 어느 특허출원인도 그 발명에 대하여 특허를 받을 수 없다.", 같은 조 제3항은 "특허출원에 대한 발명과 실용신안등록출원에 대한 고안이 동일한 경우 그 특허출원과 실용신안등록출원이 같은 날에 출원된 것일 때에는 제2항의 규정을 준용한다.", 같은 조 제4항은 "특허출원 또는 실용신안등록출원이 무효 또는 취하되거나 실용신안등록출원이 각하된 때에는 그 특허출원 또는 실용신안등록출원은 제1항 내지 제3항의 규정을 적용함에 있어서는 처음부터 없었던 것으로 본다."고 규정하고 있으며, 한편 제133조 제1항 제1호는 제36조 제1항 내지 제3항에 위반된 경우 이해관계인은 특허의 무효심판을 청구할 수 있도록 규정하고 있다.

이와 같이 특허법은 동일한 발명에 대하여 같은 날 2 이상의 특허출원이 있는 경우(이하 '경합출원'이라고 한다) 이를 등록무효 사유로 규정하면서, 다만 특허출원인의 협의가 있거나 특허출원이 무효 또는 취하된 때에 한하여 예외적으로 특허를 받을 수 있도록 규정하고 있을 뿐, **특허권이나 실용신안권의 포기를 그 예외사유로 규정하고 있지는 아니한 점, 따라서 그 포기에 의하여 경합출원의 하자가 치유되어 제3자에 대한 관계에서 특허권의 효력을 주장할 수 있다고 보는 것은 우선**

명문의 근거가 없을 뿐만 아니라, 권리자가 포기의 대상과 시기를 임의로 선택할 수 있어 권리관계가 불확정한 상태에 놓이게 되는 등 법적 안정성을 해칠 우려가 있는 점, 특허권이나 실용신안권의 포기는 그 출원의 포기와는 달리 소급효가 없음에도(특허법 제120조 참조) 결과적으로 그 포기에 소급효를 인정하는 셈이 되어 부당하며, 나아가 특허권 등의 포기는 등록만으로 이루어져 대외적인 공시방법으로는 충분하지 아니한 점 등을 종합하여 보면, 출원이 경합된 상태에서 등록된 특허권이나 실용신안권 중 어느 하나에 대하여 사후 권리자가 그 권리를 포기했다 하더라도 경합출원으로 인한 하자가 치유된다고 보기는 어렵다 할 것이다.

같은 취지인 원심의 판단은 정당하고, 거기에 상고이유로 주장하는 바와 같은 특허법 제36조에 관한 법리오해 등의 위법이 있다고 할 수 없다.

기출 여부 (48회 이후)	특허법 학회 TOP 10	중요도
–	–	★★★

002 '동일한 발명'의 의미
대법원 2009. 9. 24. 선고 2007후2797 판결 [등록무효(특)]

판결요지

특허법 제36조는 동일한 발명에 대하여는 최선출원에 한하여 특허를 받을 수 있다고 규정하여 **동일한 발명에 대한 중복등록을 방지하기 위하여 선원주의를 채택**하고 있는바, 전후로 출원된 양 발명이 동일하다고 함은 **그 기술적 구성이 전면적으로 일치하는 경우는 물론 그 범위에 차이가 있을 뿐 부분적으로 일치하는 경우라도 특별한 사정이 없는 한, 양 발명은 동일하고, 비록 양 발명의 구성에 상이점이 있어도 그 기술분야에 통상의 지식을 가진 자가 보통으로 채용하는 정도의 변경에 지나지 아니하고 발명의 목적과 작용효과에 특별한 차이를 일으키지 아니하는 경우**에는 양 발명은 역시 동일한 발명이다 (대법원 1985. 8. 20. 선고 84후30 판결, 대법원 1991. 1. 15. 선고 90후1154 판결 참조).

그리고 특허법 제36조 제1항을 적용하기 위한 전제로서 두 발명이 서로 동일한 발명인지 여부를 판단함에 있어서는 대비되는 두 발명의 실체를 파악하여 따져보아야 할 것이지 표현양식에 따른 차이가 있는지 여부에 따라 판단할 것은 아니므로, **대비되는 두 발명이 각각 물건의 발명과 방법의 발명으로 서로 발명의 범주가 다르다는 사정만으로 곧바로 동일한 발명이 아니라고 단정할 수 없다** (대법원 1990. 2. 27. 선고 89후148 판결, 대법원 2007. 1. 12. 선고 2005후3017 판결 참조).

판결이유

기록에 의하면, 이 사건 특허발명(특허번호 제91020호, 출원일 1987. 8. 5.)의 청구범위 제1항(이하 '이 사건 제1항 발명'이라 하고, 나머지 청구항도 같은 방법으로 부른다)은 "암로디핀의 베실레이트염"이고, 이 사건 선출원발명(특허번호 제90479호, 출원일 1987. 4. 4., 공개일 1987. 11. 30.)의 청구범위 제1항(이하 '이 사건 선출원 제1항 발명'이라 한다)은 "암로디핀 염기를 불활성 용매 중에서 벤젠설폰산 또는 그의 암모늄염의 용액과 반응시킨 후 암로디핀의 베실레이트염을 회수함을 특징으로 하여 암로디핀의 베실레이트염을 제조하는 방법"임을 알 수 있다. 그리고 두 발명은 발명의 상세한 설명이 서로 동일하다.

기록에 비추어 두 발명을 대비하여 보면, **두 발명은 암로디핀 염기와 벤젠설폰산의 반응에 의하여 생성되는 암로디핀의 베실레이트염을 내용으로 하는 점에서 동일한 반면에, 이 사건 제1항 발명은 물건의 발명이고 이 사건 선출원 제1항 발명은 방법의 발명인 점**, 이 사건 선출원 제1항 발명은 이 사건 제1항 발명에 비하여 **'불활성 용매 중'이라는 반응 조건과 '베실레이트염을 회수함'이라는 반응 후 조치가 부가되어 있는 점에서 일응 상이**하다.

이 사건 제1항 발명과 이 사건 선출원 제1항 발명의 상이점들에 관하여 살펴보건대, 이 사건 제1항 발명과 이 사건 선출원 제1항 발명이 물건의 발명과 방법의 발명으로 발명의 범주가 다르기는 하나, 그와 같이 발명의 범주가 다르다고 하여 곧바로 두 발명이 동일한 발명이 아니라고 단정할 수 없다. 그리고 염의 생성은 용매 중에서만 가능하고, 만약 **용매가 원료물질과 반응을 일으키면 목적하는 화합물을 얻을 수 없게 되기 때문에 용매가 원료물질 중 어느 하나의 성분과도 화학반응을 일으키지 않는 불활성 용매이어야 함은 그 발명이 속하는 기술분야에서 통상의 지식을 가진 자(이하 '통상의 기술자'라고 한다)에게 자명한 상식에 해당**한다. 따라서 이 사건 선출원 제1항 발명에서 원료물질을 반응시키기 위하여 용매에 관한 반응 조건을 부가하면서 구체적인 용매를 적시하지 않고 막연히 '불활성 용매'를 사용한다고만 기재한 데에 **기술적 의미가 있다고 할 수 없다**.

다음으로, <u>염기의 양이온과 산의 음이온이 반응하여 생성되는 화합물을 염이라고 함은 통상의 기술자에게 자명한 사항</u>인바, 이 사건 선출원 제1항 발명은 '암로디핀 염기를 벤젠설폰산과 반응시킨 후 베실레이트염을 회수함'을 특징으로 한다고 기재하고 있을 뿐이고 **달리 베실레이트염을 회수하기 위한 구체적인 기술이나 방법에 대하여 아무런 기재가 없으므로**, 이 사건 선출원 제1항 발명에서 '베실레이트염을 회수함'이라는 문구를 기재한 데에 별다른 기술적 의미는 없다.

따라서, 두 발명을 그 **기술사상의 실체를 파악**하여 이에 터잡아 대비하여 보면, 이들 발명은 <u>암로디핀 염기와 벤젠설폰산의 반응에 의하여 생성되는 암로디핀의 베실레이트염을 내용으로 하는 점에서 동일하고, 비록 이들 발명에 다소 상이한 부분이 있더라도 이는 단순한 범주의 차이에 불과하거나 통상의 기술자가 보통으로 채용할 수 있는 정도의 변경에 지나지 아니하고 발명의 작용효과에 특별한 차이를 일으킨다고 할 수 없으므로</u>, 이 사건 제1항 발명과 이 사건 선출원 제1항 발명은 서로 동일한 발명이라고 봄이 옳다.

CHAPTER 02 명세서와 도면의 보정

기출 여부 (48회 이후)	특허법 학회 TOP 10	중요도
–	–	★★★

003 '최초로 첨부된 명세서 또는 도면에 기재된 사항'의 의미
대법원 2007. 2. 8. 선고 2005후3130 판결 [등록무효(특)]

판결요지

특허법 제47조 제2항에서 최초로 첨부된 명세서 또는 도면(이하 '최초 명세서 등'이라 한다)에 기재된 사항이란 **최초 명세서 등에 명시적으로 기재되어 있는 사항이거나 또는 명시적인 기재가 없더라도 그 발명이 속하는 기술분야에서 통상의 지식을 가진 사람이라면 출원시의 기술상식에 비추어 보아 보정된 사항이 최초 명세서 등에 기재되어 있는 것과 마찬가지라고 이해할 수 있는 사항**이어야 한다.

판결이유

1. 특허법원의 판단

　가. 이 사건 특허발명의 특허법 제47조 제2항 위배 여부

　　(1) 판단의 기준

　㈎ 특허법 제54조 제1항(특허법 제54조 제1항도 동일하다)은 '조약에 의하여 대한민국 국민에게 특허출원에 대한 우선권을 인정하는 당사국 국민이 그 당사국 또는 다른 당사국에 특허출원을 한 후 동일발명을 대한민국에 출원하여 우선권을 주장하는 때에는 제29조 및 제36조의 규정을 적용함에 있어서 그 당사국에 출원한 날을 대한민국에 특허출원한 날로 본다'고 규정하고 있으므로, 우선권 주장에 의한 출원일의 소급효는 특허법 제29조 및 제36조의 적용에 있어서만 제한적으로 인정되는 것이다.

　따라서, 이 사건 특허발명에 대한 출원보정의 적법여부를 판단함에 있어서는 우선권 주장일이 아니라 대한민국에서의 특허출원일을 기준으로 하여야 하므로, 이 사건 특허발명의 출원일인 2001. 7. 7. 당시 시행되던 특허법 제47조 제2항(2001. 2. 3.자 법률 제6411호로 개정되어 지금에 이르는 것)이 적용되어야 한다. 이 사건 심결은 위와 같은 법리를 오인하여 특허법 제47조 제1항(특허출원인은 특허출원서에 최초로 첨부된 명세서 또는 도면의 요지를 변경하지 아니하는 범위 안에서 제2항의 경우를 제외하고는 다음 각호의 1에 해당하는 날부터 1년 3월 이내에 특허출원서에 첨부된 명세서 또는 도면을 보정할 수 있다)을 적용한 잘못이 있다.

　㈏ 특허 출원에 대하여 거절이유 통지를 받고 보정을 하는 경우 또는 그 보정에 의하여 발생한 거절이유에 대하여 거절이유 통지를 받아 다시 보정을 하는 경우, 그 각 명세서 또는 도면의 보정은 특허출원서에 최초로 첨부된 명세서 또는 도면에 기재된 사항의 범위 안에서만 이를 할 수 있고(특허법 제47조 제2항) 신규사항의 추가는 금지되는 바, 보정이 신규사항의 추가에 해당하지 않기 위해서는 보정된 내용이 특허출원서에 최초로 첨부된 명세서 또는 도면의 기재에 비추어 당업자에

게 자명한 사항, 즉, 그 사항 자체를 직접적으로 표현하는 기재는 없으나 최초 명세서 등의 내용으로 보아 당업자가 기재되어 있었던 것으로 인정할 수 있는 사항이어야 한다.

(2) 이 사건 특허발명의 출원과 보정 경과

다음의 사실은 당사자가 다투지 아니하거나, 갑 제3호증의 기재 및 변론 전체의 취지에 의하여 인정된다.

㈎ 이 사건 특허발명의 특허출원서에 최초로 첨부된 명세서의 발명의 상세한 설명에는 눈 감지센서와 관련하여, '① 텅레일부 융설장치는 철로 상에 장착되는 자동제어 유닛과 연결되는 전열히터, 고정레일에 부착되는 레일온도센서, 텅레일과 고정레일 사이에 존재하는 눈을 감지하는 눈센서, 주변 기후온도를 감지하는 기후센서 그리고 텅레일의 위치를 감지하는 센서를 포함한다, ② 상기 한 목적을 달성하기 위하여 본 발명은 …(중략)… 텅레일과 고정레일 사이에 존재하는 눈을 감지하기 위한 인디케이터(indicator)가 상기 제어장치에 차별적으로 연결된 전철기 텅레일부 융설장치를 제공한다, ③ 제안되는 장치에서 새로운 것은 고정레일에 대한 전철기 텅레일의 위치를 측정하기 위한 센서와 상기 텅레일과 고정레일 사이에서 눈의 존재를 인식할 수 있는 인디케이터가 상기 제어장치에 부착되어 있다는 것이다'라는 기재가 있고, 특허청구범위 제1항은, '전기장치에 의해 열을 발생하는 히터(heater), 고정레일에 대한 전철기 텅레일의 위치를 감지하기 위한 센서, 상기 텅레일과 고정레일 사이에 존재하는 눈(snow)을 감지하기 위한 인디케이터(indicator)가 연결된 제어부 및 선로의 온도를 감지하기 위한 온도센서를 구비하는 것을 특징으로 하는 전철기용 텅레일부 융설장치'로 되어 있다.

㈏ 특허청이 2001. 12. 17. 원고에게 '최초출원명세서에 기재된 무빙레일과 고정레일 사이의 눈을 감지할 수 있는 센서(인디케이터)가 어떤 작용에 의하여 눈을 감지하는지가 분명하지 아니하여 기재불비에 해당한다'는 등의 내용으로 최초로 거절이유통지를 하자, 원고는 2002. 5. 17. 1차 보정을 통하여 '① 상기 텅레일과 고정레일 사이의 열량을 측정하여 눈을 감지하는 눈 감지센서, ② 상기 눈 감지센서에서 측정된 텅레일과 고정레일 사이의 열량정보 및 온도센서에서 측정된 선로의 온도정보를 수신하여 히터의 열 발생 정도를 제어하는 제어부를 포함한다'라는 취지로 발명의 상세한 설명의 내용을 변경한 외에, 특허청구범위 또한 '청구항 1. a) 고정레일에 대한 전철기 텅레일의 위치를 감지하기 위한 위치센서; b) 상기 텅레일과 고정레일 사이의 열량을 측정하여 눈을 감지하는 눈 감지센서; c) 선로의 온도를 감지하기 위한 온도센서; d) 전기장치에 의해 열을 발생하는 히터; 및 e) 상기 위치센서에서 측정된 고정레일에 대한 전철기 텅레일의 위치정보, 상기 눈 감지센서에서 측정된 텅레일과 고정레일 사이의 눈의 존재여부에 관한 정보 및 온도센서에서 측정된 선로의 온도정보를 수신하여 히터의 열 발생 정도를 제어하는 제어부를 포함하는 것을 특징으로 하는 전철기용 텅레일부 융설 장치'로 보정하였다.

㈐ 특허청이 이에 대하여, 2002. 7. 13. '눈 감지센서로 어떻게 레일 사이의 열량을 측정할 수 있는지, 그리고 열량의 측정 결과로부터 어떻게 눈의 존재 여부를 확인할 수 있는지가 명확하지 않다'는 취지로 다시 거절이유통지를 하자, 원고는 2002. 9. 11. 제출한 최후보정서를 통하여, 발명의 상세한 설명에서 눈 감지센서가 위 ㈏와 같이 텅레일과 고정레일 사이의 열량을 측정하여 눈을 감지한다는 기재를 삭제하는 대신, '상기 눈 감지센서(5)는 센싱업계에서 널리 알려진 리액턴스 방식으로 작동되는 센서로서 내부에 서로 대향하게 배치되는 한 쌍의 금속성판으로 형성된 평행판 축전기와 상기 평행판 축전기를 요소로 하는 교류회로를 구비한다. 따라서 외부와 연통된 상기 눈 감지센서(5)의 개구부를 통하여 상기 한 쌍의 금속성판 사이에 눈이 존재하게 되면 유전율의 변화로 상기 축전기의 정전용량이 변화하게 되고 상기 교류회로에서 이에 따른 전류변화 값을 측정함으로써 눈의 존재여부를 검출한다'는 사항을 추가하는 한편, 특허청구범위 역시 위 1.의 ③과 같이 보정하였다.

(3) 보정을 통한 신규사항의 추가 여부

이 사건 특허발명의 특허출원서에 최초로 첨부된 명세서에는 눈 감지센서와 관련하여 '**텅레일과 고정레일 사이에 눈 감지센서(또는 눈을 감지하기 위한 인디케이터)가 존재한다**'는 기재만이 있을 뿐이었다가, 최후보정에 이르러 '**눈 감지센서는 리액턴스 방식으로 작동되는 센서로서 한 쌍의 금속성판 사이에 눈이 존재하면 유전율의 변화로 한 쌍의 금속성판으로 형성된 평행판 축전기의 정전용량이 변하게 되고, 이에 따른 교류회로의 전류변화 값을 측정하는 것**'이라는 취지의 기재가 추가되었다. 통상적으로 센서라 함은 '온도, 압력, 습도 등 여러 종류의 물리량을 검지(檢知), 검출하거나 판별, 계측하는 기능을 갖춘 소자(素子)'를 의미하는 것으로서, 눈의 존재를 감지하는 센서로는 눈의 존재에 의하여 비롯된 유전율의 변화를 감지하는 것 외에도, 습도를 감지하는 것, 압력을 감지하는 것, 열량을 감지하는 것, 눈이 쌓인 높이를 감지하는 것, 광선 투과율의 변화를 감지하는 것 등 여러 종류를 상정할 수 있으므로, **최초 명세서에 기재된 '눈 감지센서'라는 기재만으로 그것이 당업자 사이에서 '리액턴스 방식으로 작동되는 센서로서 한 쌍의 금속성판 사이에 눈이 존재하면 한 쌍의 금속성판으로 형성된 평행판 축전기의 유전율의 변화로 정전용량이 변하게 되고, 이에 따른 교류회로의 전류변화 값을 측정하는 것'으로 자명하게 인식된다고 볼 수는 없다**(만에 하나, 센서 분야의 당업자 사이에서는 눈 감지센서의 의미가 위와 같은 내용으로 자명한 것이라 하더라도 '눈 감지센서'는 '전철기용 텅레일부 융설장치'인 이 사건 특허발명의 한 구성요소에 지나지 않으므로 이 사건 특허발명이 속하는 기술분야의 당업자를 위 센서분야의 당업자와 동일하게 볼 수는 없다). 결국, 위 최후보정은 추상적 상위개념에 속하는 **최초 명세서의 내용(최초 명세서 어느 곳에도 눈 감지센서의 구체적인 실시례가 전혀 기재되어 있지 않다)을 하위개념에 속하는 구체적 구성요소를 동원하여 한정한 것으로서, 그 내용이 당업자에게 자명하다 볼 수 없으므로 신규사항의 추가**에 해당한다.

한편, 위 (2) (나)항에서 본 바와 같이 원고 스스로도 명세서에 대한 1차 보정시에는 '눈 감지센서'가 '텅레일과 고정레일 사이의 열량의 변화를 감지함으로써 눈의 존재를 알아내는 것'이라고 하였다가, 최후보정시 이를 다시 '리액턴스 방식에 의한 유전량 변화를 측정하는 방식에 의하여 눈의 존재를 감지하는 것'으로 변경한 점 또한 최후로 보정된 '눈 감지센서'의 의미가 당업자에게 자명한 것이 아니라는 판단을 뒷받침한다.

(4) 소결

따라서, 이 사건 특허발명의 명세서 보정은 신규사항의 추가에 해당하여 특허법 제47조 제2항에 위배된다.

나. 특허법 제42조 제3항 위배 여부

가사, 이 사건 특허발명에 대한 명세서의 보정이 **신규사항의 추가에 해당하지 않는다 하더라도 이 사건 특허발명은 다음과 같은 이유로 기재불비에 해당**한다.

이 사건 특허발명의 상세한 설명에는, '리액턴스 방식의 눈 감지센서는 눈이 존재할 때 센서를 이루는 한 쌍의 금속성판 사이에 유전율이 변화하므로 이를 이용하여 눈의 존재를 감지한다'고만 기재되어 있는 바, '유전율'이라 함은 유전체가 콘덴서의 극판 사이에 개재되었을 때와 개재되지 않았을 때의 전기용량 차이를 비율로 나타낸 것으로서, 유전체의 종류는 매우 다양하고, 자연상태의 눈(snow)이나 물이 모두 이에 속한다. 따라서, 이 사건 특허발명에서 눈 뿐 아니라 물 또는 기타 이물질이 센서를 이루는 한 쌍의 금속성판 사이에 채워지더라도 유전율의 변화는 발생하게 되는데, **만약 위 금속성판 사이에 눈이 아닌 빗물이나 눈이 녹은 물이 채워진 경우에까지 유전율의 변화가 감지되어 융설장치가 가동된다면, 이는 이 사건 특허발명의 목적에 명백히 반하는 것**이다. 그러므로, 이 사건 특허발명의 상세한 설명에는 **발명의 핵심적 요소에 해당하는 눈 감지센서가 어떠한 구동원리에 의하여 눈의 존재만을 감지할 수 있는지가 특정되어야 할 것임에도 이 사건 특허발명의 상세한 설명에는 그에 관한 아무런 구체적 기재가 없으므로, 당업자가 이 사건 특허발명을 용이하게 실시할 수 있을 정도로 기재되어 있다고 볼 수 없다.

따라서, 이 사건 특허발명은 특허법 제42조 제3항에 위배된다.

다. 소결론

이 사건 특허발명은 특허법 제47조 제2항에 해당하고, 가사 그렇지 않다 하더라도 같은 법 제42조 제3항에 해당하여 각 같은 법 제133조에 의하여 그 등록이 무효로 되어야 할 것인 바, 이 사건 심결은 이와 결론을 같이 하였으므로 정당하다.

2. 대법원의 판단

가. 특허법 제47조 제2항8 위반 여부

특허법 제47조 제2항은 "명세서 또는 도면의 보정은 특허출원서에 최초로 첨부된 명세서 또는 도면에 기재된 사항의 범위 안에서 이를 할 수 있다."는 취지로 규정하고 있는바, 여기에서 최초로 첨부된 명세서 또는 도면(이하 '최초 명세서 등'이라 한다)에 기재된 사항이란 최초 명세서 등에 명시적으로 기재되어 있는 사항이거나 또는 명시적인 기재가 없더라도 그 발명이 속하는 기술분야에서 통상의 지식을 가진 자(이하 '통상의 기술자'라 한다)라면 출원시의 기술상식에 비추어 보아 보정된 사항이 최초 명세서 등에 기재되어 있는 것과 마찬가지라고 이해할 수 있는 사항이어야 한다.

위 법리를 바탕으로 하여 원심판결 이유를 기록에 비추어 살펴보면, 원심이 그 판시와 같은 사정을 들어, 명칭을 "전철기용 텅레일부 융설장치"로 하는 이 사건 특허발명(특허번호 제358407호)의 특허출원서에 최초로 첨부된 명세서에는 눈 감지 센서와 관련하여 '텅레일과 고정레일 사이에 존재하는 눈을 감지할 수 있는 센서(또는 눈을 감지하기 위한 인디케이터)'라는 기재만이 있을 뿐이었다가 최후 보정에 이르러 '눈감지센서는 리액턴스 방식으로 작동되는 센서로서 한 쌍의 금속성판 사이에 눈이 존재하면 유전율의 변화로 한 쌍의 금속성판으로 형성된 평행판 축전기의 정전용량이 변하게 되고, 이에 따른 교류회로의 전류변화 값을 측정하는 것'이라는 취지의 기재가 추가되었는데, 이는 특허출원서에 최초로 첨부된 명세서에 기재된 범위를 벗어난 것으로서 신규사항의 추가에 해당하여 특허법 제47조 제2항에 위배된다고 판단하였음은 정당한 것으로 수긍이 간다. **이 사건 특허발명은 눈감지센서의 감지부위를 텅레일과 고정레일 사이로 하고 있는 점에 핵심적 요소가 있다는 원고의 주장사실만으로는 이 사건 특허발명의 명세서를 위와 같이 보정하는 것이 신규사항의 추가에 해당하지 않는다고 할 수 없다.** 따라서 원심판결에는 상고이유에서 주장하는 바와 같은 위법이 없다.

나. 특허법 제42조 제3항 위반 여부

기록에 비추어 살펴보면, 이 사건 특허발명의 상세한 설명에는 **이 사건 특허발명의 실시에 필요한 센서들의 구현방법, 센서들과 제어부간의 통신수단, 그리고 각 구성요소간의 결합관계 및 상호작용에 관한 내용이 구체적으로 기재되어 있지 아니하여**, 통상의 기술자가 발명의 상세한 설명의 기재에 의하여 출원시의 기술수준으로 보아 특수한 지식을 부가하지 않고서도 이 사건 특허발명을 정확하게 이해할 수 있고 동시에 재현할 수 있는 정도로 기재되어 있다고 보기 어렵다.

따라서 이 사건 특허발명은 발명의 상세한 설명의 기재요건을 갖추지 못하였다고 본 원심의 결론은 정당하고, 거기에 상고이유에서 주장하는 바와 같은 판결 결과에 영향을 미친 위법이 없다.

기출 여부 (48회 이후)	특허법 학회 TOP 10	중요도
–	–	★★★

004 새로운 거절이유가 발생했는지를 판단하는 기준
대법원 2014. 7. 10. 선고 2012후3121 판결 [거절결정(특)]

판결요지

1. 기재불비 극복을 위한 보정에 대해 진보성 부정을 새로운 거절이유로 볼 것인지

특허법 제51조 제1항에 의하면, 심사관은 심사전치보정에 따라 새로운 거절이유가 발생한 것으로 인정하면 결정으로 보정을 각하하여야 한다. 위 규정에서 '새로운 거절이유가 발생한 것'이란 해당 보정으로 인하여 이전에 없던 거절이유가 새롭게 발생한 경우를 의미하는 것으로서, 이러한 경우에 그 보정을 각하하도록 한 취지는 이미 거절이유가 출원인에게 통지되어 그에 대한 의견제출 및 보정의 기회가 충분히 부여되었음에도 그 보정으로 인하여 거절이유가 새롭게 발생하여 그에 대한 거절이유통지와 또 다른 보정이 반복되는 것을 배제함으로써 심사절차의 신속한 진행을 도모하는 데에 있다고 할 것이다.

이러한 취지에 비추어 보면, 심사관이 '발명이 명확하고 간결하게 기재되지 아니하여 특허법 제42조 제4항 제2호의 명세서 기재요건을 구비하지 못한 기재불비가 있다'는 거절이유를 통지함에 따라 이를 해소하기 위한 보정이 이루어졌는데, 그 보정 이후 발명에 대한 심사 결과 신규성이나 진보성 부정의 거절이유가 발견된다고 하더라도, 그러한 거절이유는 보정으로 청구항이 신설되거나 실질적으로 신설에 준하는 정도로 변경됨에 따라 비로소 발생한 경우와 같은 특별한 사정이 없는 한 보정으로 인하여 새롭게 발생한 것이라고 할 수 없으므로, 심사관으로서는 그 보정에 대한 각하결정을 하여서는 아니 되고, 위와 같은 신규성이나 진보성 부정의 거절이유를 출원인에게 통지하여 의견제출 및 보정의 기회를 부여하여야 한다.

2. 보정각하결정이 위법하다고 판단할 경우 특허법원의 심리범위

특허거절결정에 대한 불복심판청구를 기각한 심결의 취소소송에서 법원은 특허거절결정을 유지한 심결의 위법성 여부를 판단하는 것일 뿐 특허출원에 대하여 직접 특허결정 또는 특허거절결정을 하는 것은 아니다. 따라서 심사관이 특허출원의 보정에 대한 각하결정을 한 후 '보정 전의 특허출원'에 대하여 거절결정을 하였고, 그에 대한 불복심판 절차에서 위 보정각하결정 및 거절결정이 적법하다는 이유로 심판청구를 기각하는 특허심판원의 심결이 있었던 경우, 그 심결취소소송에서 법원은 위 보정각하결정이 위법하다면 그것만을 이유로 곧바로 심결을 취소하여야 하는 것이지, 심사관 또는 특허심판원이 하지도 아니한 '보정 이후의 특허출원'에 대한 거절결정의 위법성 여부까지 스스로 심리하여 이 역시 위법한 경우에만 심결을 취소할 것은 아니다.

판결이유

1. 보정각하 요건에 관한 상고이유 주장에 대하여

원고가 명칭을 '삼중 절첩식 유모차'로 하여 이 사건 출원발명(출원번호 제10-2002-46784호)의 특허출원을 한 것에 대하여, 심사관은 2008. 9. 29. '그 특허청구범위 중 제1항 내지 제11항과 제12항 내지 제23항은 1특허출원의 요건에 위배되고, 또한 제1항 내지 제11항은 그 기재가 불명확하다'는 이유로 거절이유통지를 하고, 원심판시 이 사건 제1항 출원발명 등도 그 기재가 불명확하여 위 거절이유를 해소하지 못하였다는 이유로 거절결정을 하였다. 이에 원고는 2009. 8. 27. 특허심판원에 거절결정 불복심판을 청구하고, 2009. 9. 25. 이 사건 제1항 출원발명을 원심판시 이 사건 제1항 보정발명으로 정정하는 등의 내용으로 이 사건 보정을 하였다. 그러자 심사관은 2009. 11. 3. '이 사건 제1항 보정발명은 원심판시 비교대상발명에 의해 진보성이 부정되는 것이고, 이는 이 사건 보정에 따라 발생한 새로운 거절이유'라는 이유로 이 사건 보정각하결정을 하면서, 이 사건 출원발명에 대한 거절결정을 유지하였다. 또한 특허심판원 역시 2011. 10. 12. 같은 이유로 이 사건 보정각하결정 및 위 거절결정이 적법하다고 판단하였다.

그런데 원심이 인정하고 있는 이 사건 제1항 출원발명과 이 사건 제1항 보정발명의 특허청구범위 기재내용을 대비하면, **이 사건 제1항 보정발명은 이 사건 제1항 출원발명의 구성 간의 결합관계를 한정하여 더 구체화한 것으로 보일 뿐, 그 청구항이 보정으로 신설되거나 실질적으로 신설에 준하는 정도로 변경된 경우에 해당한다고 보이지는 아니한다.**

그렇다면 이 사건 제1항 보정발명에 대한 심사 결과 진보성 부정의 거절이유가 발견된다고 하더라도, **이는 이 사건 보정에 따라 새롭게 발생한 것이라고 할 수 없으므로, 심사관으로서는 그 보정에 대한 각하결정을 하여서는 아니 되고, 오히려 위와 같은 진보성 부정의 거절이유를 원고에게 통지하여 의견제출 및 보정의 기회를 부여하였어야 한다.**

따라서 이 사건 보정각하결정이 위법하다고 본 원심은 위에서 본 법리에 따른 것으로서 정당하고, 거기에 상고이유 주장과 같이 보정각하 요건에 관한 법리오해 등의 위법이 없다.

2. 이 사건 심결이 결론에 있어 정당하다는 상고이유 주장에 대하여

이 부분 상고이유 주장은 이와 다른 견해를 전제로, 이 사건 보정각하결정이 위법하다고 하더라도 이 사건 제1항 보정발명의 특허청구범위 역시 불명확하여 이 사건 제1항 출원발명과 마찬가지로 특허받을 수 없는 것인 이상 이 사건 보정 이후의 특허출원도 거절되어야 할 것이어서 거절결정 불복심판청구를 기각한 이 사건 심결을 취소하여서는 아니 된다는 것이나, **위 법리에 비추어 받아들일 수 없다.**

3. 결론

그러므로 상고를 기각하고, 상고비용은 패소자가 부담하기로 하여, 관여 대법관의 일치된 의견으로 주문과 같이 판결한다.

기출 여부 (48회 이후)	특허법 학회 TOP 10	중요도
-	-	★★★

005 보정기간 경과 후에 특허출원의 일부 취하 가부 및 출원 일체의 원칙

대법원 2003. 3. 25. 선고 2001후1044 판결 [거절사정(특)]

판결요지

1. 특허출원서의 보정기간 경과 후에 특허출원의 일부 취하가 허용되는지 여부

특허출원의 일부 취하는 취하하고자 하는 부분을 제외한 나머지 부분만으로 특허출원을 감축하여 그 효과를 특허출원시에 소급시킴으로써 감축된 부분만을 특허출원으로 삼고자 하는 것인바, 특허법에는 이와 같은 목적을 달성하기 위한 절차로 특허출원서에 첨부된 명세서와 도면의 보정이라는 제도 및 그 보정의 시기와 범위를 제한하는 규정을 두고 있을 뿐 특허사정이 되기 전에 특허출원의 일부를 취하할 수 있다고 규정해 놓은 바 없으며, 특허법에 정해진 보정기간 경과 후에도 특허출원의 일부 취하를 허용하는 것은 특허출원의 보정에 엄격한 시기적 제한을 두고 있는 특허법의 취지에도 반하므로 특허출원인이 출원의 일부 취하라는 이름의 서류를 제출하였다고 하더라도 보정과 같은 목적을 달성하고자 하는 것이라면 특허법상 보정과 마찬가지로 보아야 한다.

2. 특허청구범위가 여러 개의 청구항으로 되어 있는 경우 그 하나의 항이라도 거절이유가 있는 때에는 그 출원이 전부 거절되어야 하는지 여부

특허청구범위가 여러 개의 청구항으로 되어 있는 경우 그 하나의 항이라도 거절이유가 있는 때에는 그 출원이 전부 거절되어야 한다.

판결이유

1. 원심의 판단

원심은, 25개의 청구항을 그 특허청구범위로 하고, 명칭을 "전자기식 경계층 제어장치 및 제어방법"으로 하는 이 사건 출원발명의 특허청구범위 중 제19항(이하 '제19항 발명'이라고 한다)이 진보성이 없다는 이유로 원고의 거절결정불복심판청구를 기각하는 심결이 내려진 이후인 2000. 9. 18. 원고가 특허청에 제19항 발명에 대하여 특허받을 권리를 포기하고 이에 대한 특허출원을 취하한다는 내용의 출원취하서를 제출하였으나 특허청장이 2000. 10. 10. 특허청구범위의 일부에 대해서만 출원취하할 수 없다는 이유로 특허법시행규칙 제11조의 규정에 의하여 위 출원취하서를 반려한 사실을 인정한 다음, 특허법상 특허출원의 일부 취하는 인정될 수 없는 것이고, 제19항 발명에 대한 출원취하는 사실상 특허출원의 보정에 해당하는데 원고는 특허법 제47조에 정해진 보정기간을 도과한 이후에 위 출원취하서를 제출하였기 때문에 특허청장의 위 반려처분은 정당하고 제19항 발명에 대한 특허출원의 취하는 그 효력이 없으므로 제19항 발명에 진보성이 없는 이 사건 출원발명은 그 특허출원 전체가 거절결정되어야 한다는 취지로 판단하였다.

2. 보정기간 경과 후에 특허출원의 일부 취하 가부

특허출원의 일부 취하는 취하하고자 하는 부분을 제외한 나머지 부분만으로 특허출원을 감축하여 그 효과를 특허출원시에 소급시킴으로써 감축된 부분만을 특허출원으로 삼고자 하는 것인바, 특허법에는 이와 같은 목적을 달성하기 위한 절차로 특허출원서에 첨부된 명세서와 도면의 보정이라는 제도 및 그 보정의 시기와 범위를 제한하는 규정을 두고 있을 뿐 특허사정이 되기 전에 특허출원의 일부를 취하할 수 있다고 규정해 놓은 바 없으며, 특허법에 정해진 보정기간 경과 후에도 특허출원의 일부 취하를 허용하는 것은 특허출원의 보정에 엄격한 시기적 제한을 두고 있는 특허법의 취지에도 반하므로 특허출원인이 출원의 일부 취하라는 이름의 서류를 제출하였다고 하더라도 보정과 같은 목적을 달성하고자 하는 것이라면 특허법상 보정과 마찬가지로 보아야 한다. **따라서 특허청장이 특허법상의 보정기간 경과 후에 출원취하서라는 이름으로 제출된 서류를 원고에게 반려한 것은 결과적으로 정당하고, 특허청장이 위와 같이 출원취하서를 반려함으로써 위 출원의 일부 취하에 의하여 달성하고자 한 절차의 성립 자체도 부정**되므로(만일, 특허청장이 위 출원취하서를 수리하였다고 하더라도 위 출원취하서는 보정기간이 경과한 후 제출된 보정서와 마찬가지이므로 제19항 발명을 삭제한 보정으로서의 효과가 생기지 않음은 물론이다), 원심이 **제19항 발명이 여전히 이 사건 출원발명의 특허청구범위에 포함되어 있음을 전제로 이 사건 출원발명의 특허출원에 대한 거절결정이 정당한 것인지에 관하여 판단한 것은 정당**하고 거기에 특허출원의 일부 취하와 보정에 관한 법리를 오해한 위법이 없다.

3. 특허청구범위가 여러 개의 청구항으로 되어 있는 경우 그 하나의 항이라도 거절이유가 있는 때에는 그 출원이 전부 거절되어야 하는지 여부

   기록에 의하면 제19항 발명은 그 우선권 주장일 이전에 공개된 미국특허 제3,360,220호 발명에 비하여 진보성이 없다고 봄이 상당하고, 특허청구범위가 여러 개의 청구항으로 되어 있는 경우 그 하나의 항이라도 거절이유가 있는 때에는 그 출원이 전부 거절되어야 하는 것이며(대법원 1992. 2. 25. 선고 91후578 판결, 1995. 10. 13. 선고 94후2018 판결, 1995. 12. 26. 선고 94후203 판결, 1997. 4. 25. 선고 96후603 판결, 2001. 12. 24. 선고 99후2181 판결), **제19항 발명에 대한 출원취하의 효력이 없음은 앞서 본 바와 같으므로, 원심이 제19항 발명에 진보성이 없음을 이유로 이 사건 출원발명의 특허출원 전체가 거절되어야 한다고 판단한 것은 정당**하고, 거기에 상고이유로 지적하는 바와 같은 2개 이상의 청구항을 갖고 있는 특허출원의 거절에 관한 법리를 오해한 위법이 없다.

기출 여부 (48회 이후)	특허법 학회 TOP 10	중요도
−	−	★★★

006 보정각하결정이 적법한지 여부
대법원 2014. 7. 10. 선고 2013후2101 판결 [거절결정(특)]

판결요지

1. **특허법 제51조 제1항이 보정에 따라 새로운 거절이유가 발생한 것으로 인정되면 보정을 각하하도록 하면서 '청구항을 삭제하는 보정'의 경우를 대상에서 제외하고 있는 취지**

    특허법 제51조 제1항이 보정에 따라 새로운 거절이유가 발생한 것으로 인정되면 보정을 각하하도록 하면서도 '청구항을 삭제하는 보정'의 경우를 대상에서 제외하고 있는 취지는, 보정에 따라 새로운 거절이유가 발생한 경우에는 보정을 각하함으로써 새로운 거절이유에 대한 거절이유통지와 또 다른 보정이 반복되는 것을 배제하여 심사절차의 신속한 진행을 도모하되, '청구항을 삭제하는 보정'의 경우에는 청구항을 한정·부가하는 보정 등 다른 경우와 달리 그로 인하여 새로운 거절이유가 발생하더라도 위와 같은 보정의 반복에 의하여 심사관의 새로운 심사에 따른 업무량 가중 및 심사절차의 지연의 문제가 생기지 아니하므로 그에 대하여 거절이유를 통지하여 보정의 기회를 다시 부여함으로써 출원인을 보호하려는 데 있다.

2. **'청구항을 삭제하는 보정에 따라 새로운 거절이유가 발생한 경우'에 '청구항을 삭제하는 보정을 하면서 삭제한 청구항을 직·간접적으로 인용하던 종속항에서 인용번호를 잘못 변경함으로써 특허법 제42조 제3항, 제4항에서 정한 명세서 기재요건을 충족하지 않은 기재불비가 발생한 경우'가 포함되는지 여부**

    이러한 규정의 취지에 비추어 볼 때, 단순히 '청구항을 삭제하는 보정을 하면서 삭제된 청구항을 인용하던 종속항에서 인용번호를 그대로 둠으로써 특허법 제42조 제3항, 제4항에서 정한 명세서 기재요건을 충족하지 않은 기재불비가 발생한 경우'뿐만 아니라, '청구항을 삭제하는 보정을 하면서 삭제한 청구항을 직·간접적으로 인용하던 종속항에서 인용번호를 잘못 변경함으로써 위와 같은 기재불비가 발생한 경우'에도, 이에 대해 거절이유를 통지하여 보정의 기회를 다시 부여하더라도 또 다른 보정의 반복에 의하여 심사관의 새로운 심사에 따른 업무량 가중 및 심사절차의 지연의 문제가 생길 염려가 없음은 마찬가지이므로, 이들 경우 모두가 위 규정에서 말하는 '청구항을 삭제하는 보정에 따라 새로운 거절이유가 발생한 경우'에 포함된다.

판결이유

원심은, ① 명칭을 '의미론적 시각 검색 엔진'으로 하는 이 사건 출원발명(출원번호 제2008-7009863호)에 대하여 특허청 심사관은 청구항 제1항, 제14항 및 제22항의 진보성이 부정된다는 등의 이유로 거절결정을 한 사실, ② 원고는 위 거절결정에 대한 불복심판청구를 함과 동시에 원심판시 이 사건 심사전치보정을 하였는데, 불복심판청구서에 'Ⅱ. 자진보정사항'이라는 제목으로 "심사관이 의견제출통지에서 지적한 내용에 기초하여 독립항들로서 진보성이 인정되지 않는 청구항 제1항, 제14항 및 제22항에, 진보성이 인정되는 종속항들인 청구항 제7항, 제15항, 제23항의 각 추가 구성요소를 부가하고, 위 종속항들은 삭제하며, 이에 따라 삭제된 종속항들을 인용하는 다른 종속항들을 수정한다."는 취지로 기재한 사실, ③ 그 보정서에는 거절이유가 통지되지 아니한 청구항 제23항의 추가 구성요소를 거절이유를 통지받은 청구항 제22항에 부가하고, 청구항 제23항은 삭제하며, 삭제된 청구항 제23항을 인용하던 청구항 제24항의 인용번호를 제23항에서 제22항으로, 청구항 제24항을 인용하던 청구항 제25항에서 인용번호를 제24항에서 제22항으로 각 변경하는 내용으로 기재되어 있는 사실을 각 인정한 다음, <u>이 사건 심사전치보정으로 청구항 제23항을 삭제하면서 삭제된 청구항 제23항을 간접적으로 인용하던 청구항 제25항에서 인용번호를 당초의 제24항에서 제22항으로 잘못 변경한 것은 특허법 제51조 제1항 괄호의 '청구항을 삭제하는 보정에 따라 새로운 거절이유가 발생한 경우'에 해당</u>하므로, 심사관이 거절이유를 통지하여 출원인에게 보정의 기회를 부여하지 아니하고 곧바로 보정각하결정을 한 것은 위법하다고 판단하였다.

위 법리와 기록에 비추어 살펴보면, 원심의 위와 같은 판단은 정당하고, 거기에 상고이유 주장과 같은 특허법 제51조 제1항에 관한 법리오해 등의 위법이 없다.

기출 여부 (48회 이후)	특허법 학회 TOP 10	중요도
-	2018	★★★

007 특허청 심사관이 한 보정각하결정의 적법성에 관한 사건
대법원 2018. 6. 28. 선고 2014후553 판결 [거절결정(특)]

판결요지

1. 특허법 제51조 제1항이 보정에 따라 새로운 거절이유가 발생한 것으로 인정되면 보정을 각하하도록 하면서 '청구항을 삭제하는 보정'의 경우를 대상에서 제외하고 있는 취지

특허법(2014. 6. 11. 법률 제12753호로 개정되기 전의 것, 이하 '특허법'이라 한다) 제51조 제1항 본문은 "심사관은 제47조 제1항 제2호 및 제3호에 따른 보정이 같은 조 제2항 및 제3항을 위반하거나 그 보정(같은 조 제3항 제1호 및 제4호에 따른 보정 중 청구항을 삭제하는 보정은 제외한다)에 따라 새로운 거절이유가 발생한 것으로 인정하면 결정으로 그 보정을 각하하여야 한다."라고 규정하고 있고, 제47조 제3항은 "제1항 제2호 및 제3호에 따른 보정 중 특허청구범위에 대한 보정은 다음 각 호의 어느 하나에 해당하는 경우에만 할 수 있다."면서 그 제1호에는 '청구항을 한정 또는 삭제하거나 청구항에 부가하여 특허청구범위를 감축하는 경우'를, 제4호에는 '제2항에 따른 범위를 벗어난 보정에 대하여 그 보정 전 특허청구범위로 되돌아가거나 되돌아가면서 특허청구범위를 제1호부터 제3호까지의 규정에 따라 보정하는 경우'를 각 규정하고 있다.

특허법 제51조 제1항이 위와 같이 보정에 따라 새로운 거절이유가 발생한 것으로 인정되면 그 보정을 각하하도록 하면서도 '청구항을 삭제하는 보정'의 경우를 그 대상에서 제외하고 있는 취지는, 보정에 따라 새로운 거절이유가 발생한 경우에는 그 보정을 각하함으로써 새로운 거절이유에 대한 거절이유통지와 또 다른 보정이 반복되는 것을 배제하여 심사절차의 신속․진행을 도모하되, '청구항을 삭제하는 보정'의 경우에는 그로 인하여 새로운 거절이유가 발생하더라도 위와 같은 보정의 반복에 의하여 심사관의 새로운 심사에 따른 업무량 가중이나 심사절차의 지연의 문제가 거의 생기지 아니하는 데 반해 그에 대하여 거절이유를 통지하여 보정의 기회를 다시 부여함으로써 출원인을 보호할 필요성이 크다는 데 있다(대법원 2014. 7. 10. 선고 2013후2101 판결 등 참조).

2. '청구항을 삭제하는 보정에 따른 거절이유'에 해당하는지 여부에 관한 판단기준

이러한 규정의 취지에 비추어 볼 때, 특허법 제51조 제1항 본문이 규정하는 청구항을 삭제하는 보정에 따라 발생한 새로운 거절이유에는 단순히 '청구항을 삭제하는 보정을 하면서 그 삭제된 청구항을 인용하던 종속항에서 인용번호를 그대로 둠으로써 명세서 기재요건을 충족하지 않은 기재불비가 발생한 경우'뿐만 아니라, '**청구항을 삭제하는 보정을 하면서 그 삭제된 청구항을 직·간접적으로 인용하던 종속항을 보정하는 과정에서, 그 인용번호를 잘못 변경하거나, 종속항이 2 이상의 항을 인용하는 경우에 인용되는 항의 번호 사이의 택일적 관계에 대한 기재를 누락함으로써 위와 같은 기재불비가 발생한 경우**'도 포함된다고 보아야 한다.

판결이유

원심은, ① 명칭을 '구리 애노드 또는 인 함유 구리 애노드, 반도체 웨이퍼에 대한 전기 구리 도금 방법 및 파티클 부착이 적은 반도체 웨이퍼'로 하는 이 사건 출원발명(출원번호 생략)에 대하여, 특허청 심사관은 2011. 12. 21. 청구항 제1항, 제2항, 제5항, 제6항, 제9항의 신규성과 청구항 제1항 내지 제3항, 제5항 내지 제7항, 제9항의 진보성이 부정된다는 이유로 거절결정을 한 사실, ② 원고는 2012. 3. 21. 거절결정의 취소를 구하는 심판을 청구하였고, 같은 달 22. 청구항 제1항, 제5항, 제9항을 각 정정하며, 청구항 제4항, 제8항을 삭제하는 원심 판시 이 사건 보정을 하면서, **제9항의 "상기 제1항, 제2항, 제3항, 제4항 또는 제8항의 인 함유 구리 애노드" 부분을 "상기 제1항, 제2항, 제3항의 인 함유 구리 애노드"로 변경한 사실,** ③ 특허청 심사관은 2012. 4. 27. 이 사건 보정에 대하여 '청구항 제9항은 2 이상의 항을 인용하나 인용되는 항의 번호가 택일적으로 기재되지 않아서 **특허청구범위의 기재방법에 위배된다**'는 이유(이하 '쟁점 거절이유'라 한다)로 원심 판시 이 사건 보정각하결정을 한 사실을 인정하였다.

이러한 사실관계를 기초로 원심은, **이 사건 보정에 의하여 보정 전 청구항 제9항의 기재에서 '또는' 이라는 기재 부분까지 삭제됨에 따라 발생한 쟁점 거절이유는 특허법 제51조 제1항 본문이 보정각하 사유에서 제외하고 있는 '청구항을 삭제하는 보정에 따른 거절이유'에 해당**하므로, 특허청 심사관이 거절이유를 통지하여 출원인에게 보정의 기회를 부여하지 아니하고 곧바로 보정각하결정을 한 것은 부적법하다고 판단하였다.

위 법리와 기록에 비추어 살펴보면 원심의 위와 같은 판단은 정당하고, 상고이유 주장과 같이 특허법 제51조 제1항 본문이 규정한 '청구항을 삭제하는 보정에 따른 새로운 거절이유'에 관한 법리를 오해하는 등으로 판결에 영향을 미친 잘못이 없다.

기출 여부 (48회 이후)	특허법 학회 TOP 10	중요도
–	–	★★

008 청구항을 삭제하는 보정을 하면서 삭제된 청구항과 관련이 없는 부분에서 거절이유가 새롭게 발생한 경우 보정각하결정의 적법성

대법원 2018. 7. 12. 선고 2015후2259 판결 [거절결정(특)]

판결요지

1. **특허법 제51조 제1항이 보정에 따라 새로운 거절이유가 발생한 것으로 인정되면 보정을 각하하도록 하면서 '청구항을 삭제하는 보정'의 경우를 대상에서 제외하고 있는 취지**

 원고의 특허출원에 적용되는 구 특허법(2009. 1. 30. 법률 제9381호로 개정되기 전의 것을 말하고, 개정 이후의 특허법을 이하 '2009년 개정 특허법'이라고 한다) 제174조는 '보정각하에 관한 제51조의 규정을 제173조의 심사전치절차에서의 심사에 준용한다'고 규정하였지만, 2009년 개정 특허법 부칙 제3조는 '개정된 제51조 제1항 본문을 법 시행 후 최초로 보정하는 것부터 적용한다'고 규정하고 있다. 따라서 원고의 특허출원이 2009년 개정 특허법 시행 전에 이루어졌다 하더라도 원심 판시 이 사건 심사전치보정이 그 시행 후에 이루어진 이상, 이에 따른 심사전치절차에서의 보정각하에 관해 적용될 규정은 2009년 개정 특허법의 제51조 제1항 본문이다. 이러한 2009년 개정 특허법 제51조 제1항 본문은 "심사관은 제47조 제1항 제2호 및 제3호에 따른 보정이 같은 조 제2항 및 제3항을 위반하거나 그 보정(같은 조 제3항 제1호 및 제4호에 따른 보정 중 청구항을 삭제하는 보정은 제외한다)에 따라 새로운 거절이유가 발생한 것으로 인정하면 결정으로 그 보정을 각하하여야 한다."라고 규정하고 있고, 제47조 제3항은 "제1항 제2호 및 제3호에 따른 보정 중 특허청구범위에 대한 보정은 다음 각 호의 어느 하나에 해당하는 경우에만 할 수 있다."면서 그 제1호에는 '청구항을 한정 또는 삭제하거나 청구항에 부가하여 특허청구범위를 감축하는 경우'를, 제4호에는 '제2항에 따른 범위를 벗어난 보정에 대하여 그 보정 전 특허청구범위로 되돌아가거나 되돌아가면서 특허청구범위를 제1호부터 제3호까지의 규정에 따라 보정하는 경우'를 각 규정하고 있다.

 2009년 개정 특허법 제51조 제1항이 위와 같이 보정에 따라 새로운 거절이유가 발생한 것으로 인정되면 그 보정을 각하하도록 하면서도 '청구항을 삭제하는 보정'의 경우를 그 대상에서 제외하고 있는 취지는, 보정에 따라 새로운 거절이유가 발생한 경우에는 그 보정을 각하함으로써 새로운 거절이유에 대한 거절이유통지와 또 다른 보정이 반복되는 것을 배제하여 심사절차의 신속한 진행을 도모하되, '청구항을 삭제하는 보정'의 경우에는 그로 인하여 새로운 거절이유가 발생하더라도 위와 같은 보정의 반복에 의하여 심사관의 새로운 심사에 따른 업무량 가중이나 심사절차의 지연의 문제가 거의 생기지 아니하는 데 반해 그에 대하여 거절이유를 통지하여 보정의 기회를 다시 부여함으로써 출원인을 보호할 필요성이 크다는 데 있다(대법원 2014. 7. 10. 선고 2013후2101 판결 참조).

2. **청구항을 삭제하는 보정을 하면서 삭제된 청구항과 관련이 없는 부분에서 새롭게 발생한 거절이유가 위 규정에서 정한 '청구항을 삭제하는 보정에 따라 발생한 새로운 거절이유'에 포함되는지 여부**

 이러한 규정의 취지에 비추어 볼 때, 청구항을 삭제하는 보정을 하였더라도 삭제된 청구항과 관련이 없는 부분에서 새롭게 발생한 거절이유는 심사관에게 새로운 심사에 따른 업무량을 가중시키고, 심사절차가 지연되는 결과를 가져오게 하는 등 달리 취급하여야 할 필요가 없으므로 2009년 개정 특허법 제51조 제1항 본문이 규정하는 청구항을 삭제하는 보정에 따라 발생한 새로운 거절이유에 포함된다고 할 수 없다.

판결이유

1) 명칭을 '열 교환기를 제조하기 위한 장치 및 방법'으로 하는 이 사건 출원발명(출원번호 생략)에 대하여, 특허청 심사관은 2014. 2. 24. 청구항 제1 내지 10항, 제12, 14항이 비교대상발명 등에 의해 그 진보성이 부정된다는 이유로 거절결정을 하였다.

2) 원고는 2014. 5. 27. 특허심판원에 거절결정의 취소를 구하는 심판을 청구하면서 청구항 제9, 11항의 구성요소를 청구항 제1항에, 청구항 제15항의 구성요소를 청구항 제14항에 각 포함시키고, 종속항들이 인용하는 청구항들을 정리하면서 나머지 청구항들의 번호를 순차적으로 정렬하는 과정에서 제일 뒤에 있는 청구항 제19, 20, 21항을 삭제하는 이 사건 심사전치보정을 하였다.

3) 원고는 이 사건 심사전치보정을 통해 보정 전 청구항 제9항의 구성요소를 제1항에 포함시킴에 따라, 제9항을 인용하던 종속항인 제10항의 번호를 제2항으로 바꾸면서 제9항을 인용하던 부분을 제1항을 인용하는 것으로 바꾸었다. 이러한 삭제된 청구항을 인용하는 부분의 변경과는 별개로 보정 전에 "적층된 소자들의 스택은 새로운 소자가 배치될 때마다 소자들을 위치시키는 수평력이 가해지는 것을 특징으로 하는 방법"으로 되어 있던 부분을 "**적층된 소자들의 스택은 새로운 소자가 배치될 때마다 소자들을 위치시키는 수평력이 가해지고,**"라고만 기재하였다.

4) 특허청 심사관은 2014. 7. 7. 이 사건 심사전치보정은 **보정에 의해 청구항 제2항의 끝부분에 "수평력이 가해지고,"라고만 기재하고 있어 발명이 불명확**하여(이하 '쟁점 거절이유'라고 한다) 보정에 의해 새로운 거절이유가 발생하였다는 등의 이유로 원심 판시 이 사건 보정각하결정을 하였다.

5) 이 사건 심사전치보정에서 **보정된 청구항 제2항은 청구대상이 무엇인지 불분명하고, 다른 구성요소가 추가되는지 여부도 명확하지 아니하여 새로운 거절이유가 발생**하였다고 볼 수 있다.

6) 이 사건 심사전치보정을 통해 보정 전 청구항 제9, 11, 15항의 구성요소가 다른 청구항에 포함되면서 형식적으로는 보정 전 청구항 제19, 20, 21항이 삭제되었으나, 실질적으로는 보정 전 청구항 제9, 11, 15항이 삭제된 것으로 보아야 한다.

7) 쟁점 거절이유는 이 사건 심사전치보정에서 청구항 제9, 11항을 삭제하는 과정에서 발생하기는 하였으나, **청구항 제9, 11항의 삭제와 관련이 없는 부분에서 발생하였다고 봄이 타당하다.** 따라서 특허청 심사관이 원고에게 거절이유통지를 하는 등 이 사건 보정발명을 재보정할 기회를 부여하지 않은 것이 위법하다고 볼 수 없다.

원심판결이 쟁점 거절이유와 청구항 제19, 20, 21항의 삭제와의 관련성을 전제로 설시한 것은 다소 부적절하지만, 상고이유 주장과 같이 보정각하 규정의 적용 및 2009년 개정 특허법 제51조 제1항 본문이 규정한 '청구항을 삭제하는 보정에 따른 새로운 거절이유'에 관한 법리를 오해하는 등으로 판결에 영향을 미쳤다고 보기는 어렵다.

CHAPTER 03 우선권제도

기출 여부 (48회 이후)	특허법 학회 TOP 10	중요도
–	2021	★★★

009 조약우선권 주장에 따라 특허요건 판단기준일이 우선권 주장일로 소급하는지가 문제된 사건
대법원 2021. 2. 25. 선고 2019후10265 판결 [등록무효(특)]

판결요지

1. 특허법 제54조 제1항에 따라 특허요건 적용의 기준일이 우선권 주장일로 소급하는 발명의 범위

이 사건 특허발명이 출원될 당시 적용되던 2001. 2. 3. 법률 제6411호로 개정되기 전의 특허법(이하 '2001년 개정 전 특허법'이라고 한다) 제54조에 따라 「공업소유권의 보호를 위한 파리협약(Paris Convention for the Protection of Industrial Property)」의 당사국에 특허출원을 한 후 동일한 발명을 대한민국에 특허출원하여 우선권을 주장하는 때에는, 진보성 등의 특허요건에 관한 규정을 적용할 때 그 당사국에 출원한 날(이하 '우선권 주장일'이라고 한다)을 대한민국에 특허출원한 날로 보게 된다. 그런데 이와 같은 조약우선권 제도에 의하여 대한민국에 특허를 출원한 날보다 앞서 우선권 주장일에 특허출원된 것으로 보아 그 특허요건을 심사하게 되면, 우선권 주장일과 우선권 주장을 수반하는 특허출원일 사이에 특허출원을 한 사람 등 제3자의 이익을 부당하게 침해할 우려가 있다. 따라서 특허법 제55조 제1항의 국내우선권 규정의 경우와 같이, 2001년 개정 전 특허법 제54조 제1항에 따라 <u>특허요건 적용의 기준일이 우선권 주장일로 소급하는 발명은, 조약우선권 주장을 수반하는 특허출원된 발명 가운데 조약우선권 주장의 기초가 된 특허출원서에 최초로 첨부된 명세서 또는 도면</u>(이하 '우선권 주장의 기초가 된 선출원의 최초 명세서 등'이라고 한다)에 기재된 <u>사항의 범위 안에 있는 것으로 한정된다고 봄이 타당</u>하다.

2. 우선권 주장의 기초가 된 선출원의 최초 명세서 등에 기재된 사항 판단기준

여기서 '우선권 주장의 기초가 된 선출원의 최초 명세서 등에 기재된 사항'이란, 우선권 주장의 기초가 된 선출원의 <u>최초 명세서 등에 명시적으로 기재되어 있는 사항이거나 또는 명시적인 기재가 없더라도 그 발명이 속하는 기술분야에서 통상의 지식을 가진 사람이라면 우선권 주장일 당시의 기술상식에 비추어 보아 우선권 주장을 수반하는 특허출원된 발명이 선출원의 최초 명세서 등에 기재되어 있는 것과 마찬가지라고 이해할 수 있는 사항</u>이어야 한다(대법원 2015. 1. 15. 선고 2012후2999 판결 등 참조).

판결이유

1. 사건의 개요와 원심 판단

가. 피고는 2015. 11. 3. 원고를 상대로 특허심판원에 "키메라 항-CD20 항체를 이용한 순환성 종양세포와 관련된 혈액학적 악성종양의 치료법"이라는 이름의 이 사건 특허발명(특허번호 생략)

의 청구범위 제1항(이하 '이 사건 제1항 발명'이라고 하고, 나머지 청구항들도 같은 방식으로 기재한다)부터 제5항에 대해 등록무효심판을 청구하였다.

나. 원고는 2016. 7. 29. 이 사건 제2항, 제5항 발명을 삭제하고, 이 사건 제1항, 제3항 및 제4항 발명을 정정하는 내용의 이 사건 정정청구를 하였다.

다. 특허심판원은 2017. 2. 7. 이 사건 정정청구는 부적법하다고 보아 정정 전 청구범위로 특허요건을 판단하면서, 이 사건 제1항, 제2항, 제4항 발명은 명세서의 기재요건을 충족하지 못하였고, 이 사건 제3항, 제5항 발명은 원심 판시 선행발명 4에 의해 진보성이 부정된다는 이유로 피고의 심판청구를 모두 인용하는 이 사건 심결을 하였다.

라. 원고는 2017. 3. 14. 특허법원에 심결취소의 소를 제기하였다. 특허법원은 2019. 1. 17. 이 사건 정정청구가 부적법하다고 보고 정정 전 청구범위로 특허요건을 판단하여 다음과 같은 이유로 이 사건 심결을 유지하였다.

이 사건 제1항, 제2항, 제4항 발명은 기재불비의 무효 사유가 있다. 이 사건 특허발명은 원심 판시 이 사건 선출원(을 제3호증)의 최초 명세서에 기재된 발명에 해당하지 않아, 그 특허요건 판단일은 우선권 주장일이 아닌 출원일(1999. 11. 9.)이 되고, <u>그 이전에 반포된 원심 판시 선행발명 5는 선행발명의 적격을 갖게 된다. 따라서 이 사건 제3항, 제5항 발명은 선행발명 5에 의해 진보성이 부정</u>된다.

2. 이 사건 제3항, 제5항 발명 부분에 대하여

원심은 그 판시와 같은 이유를 들어, <u>항-CD20 항체의 500 내지 1500mg/㎡의 용량이 선출원의 최초 명세서 등에 기재되어 있는 것과 마찬가지라고 이해할 수 있는 사항이라고 볼 수 없어</u>, 이 사건 제3항 발명과 그 종속항인 이 사건 제5항 발명 모두 우선권 주장의 기초가 된 선출원의 최초 명세서 등에 기재된 발명과 같은 발명에 해당하지 않으므로, 그 특허요건의 판단일은 우선권 주장일이 아니라 출원일(1999. 11. 9.)이 되어야 하고, 따라서 이 사건 제3항, 제5항 발명은 원심 판시 선행발명 5에 의해 진보성이 부정된다고 판단하였다.

원심판결 이유를 앞서 본 법리와 기록에 비추어 살펴보면, 원심의 판단에 상고이유 주장과 같이 우선권 주장에 관한 법리와 진보성 판단에서 선행발명 적격 등에 관한 법리를 오해하여 판결에 영향을 미친 잘못이 없다.

3. 이 사건 제1항, 제2항, 제4항 발명 부분에 대하여

원고는 이 사건 제1항, 제2항, 제4항 발명 부분에 대하여 상고이유서 제출기간 내에 상고이유서를 제출하지 않았고, 상고장에도 상고이유를 기재하지 않았다.

4. 결론

그러므로 상고를 기각하고, 상고비용은 패소자가 부담하도록 하여, 관여 대법관의 일치된 의견으로 주문과 같이 판결한다.

[사실관계 정리]
- 피고가 원고의 "키메라 항-CD20 항체를 이용한 순환성 종양세포와 관련된 혈액학적 악성종양의 치료법"이라는 이름의 이 사건 특허발명의 청구범위 제1 내지 5항에 대하여 등록무효심판을 청구한 사건임
- 원고는 특허법(2001. 2. 3. 법률 제6411호로 개정되기 전의 것) 제54조 제1항의 조약우선권을 주장하며 그 특허요건 판단일이 출원일이 아닌 우선권 주장일로 소급된다고 주장하였는데, 원심은 이를 배척하고 출원일 이전에 반포된 선행발명 5에 의해 이 사건 특허발명 청구범위 제3, 5항의 진보성이 부정된다고 판단함

- 대법원은, 국내우선권 규정의 경우와 같이, 2001년 개정 전 특허법 제54조 제1항에 따라 특허요건 적용의 기준일이 우선권 주장일로 소급하는 발명은, 조약우선권 주장을 수반하는 특허출원된 발명 가운데 조약우선권 주장의 기초가 된 특허출원서에 최초로 첨부된 명세서 또는 도면(이하 '우선권 주장의 기초가 된 선출원의 최초 명세서 등'이라고 한다)에 기재된 사항의 범위 안에 있는 것으로 한정된다고 봄이 타당하고, '우선권 주장의 기초가 된 선출원의 최초 명세서 등에 기재된 사항'이란, 우선권 주장의 기초가 된 선출원의 최초 명세서 등에 명시적으로 기재되어 있는 사항이거나 또는 명시적인 기재가 없더라도 그 발명이 속하는 기술분야에서 통상의 지식을 가진 사람이라면 우선권 주장일 당시의 기술상식에 비추어 보아 우선권 주장을 수반하는 특허출원된 발명이 선출원의 최초 명세서 등에 기재되어 있는 것과 마찬가지라고 이해할 수 있는 사항이어야 한다(대법원 2015. 1. 15. 선고 2012후2999 판결 등 참조)고 판시하여 원심을 유지함
- **조약우선권과 관련하여 특허요건 적용의 기준일이 우선권 주장일로 소급하는 발명의 범위에 관하여 국내우선권 규정에 관한 종래 판시와 동일한 기준이 적용됨을 명시한 최초의 판결**로 의미가 있음

기출 여부 (48회 이후)	특허법 학회 TOP 10	중요도
57회 (2020년) 문제 2	–	★★

010 PCT 국제출원인이 선출원을 기초로 한 우선권주장이 적법한지 여부 및 특허발명의 신규성

대법원 2019. 10. 17. 선고 2017후1274 판결 [등록무효(특)]

판결요지

1. **특허협력조약이 정한 국제출원을 할 때 지정국을 우리나라로 한 경우, 우선권 주장의 조건 및 효과는 우리나라의 법령에 따르는지 여부**

   우리나라에서 먼저 특허출원을 한 후 이를 우선권 주장의 기초로 하여 그로부터 1년 이내에 특허협력조약(Patent Cooperation Treaty, 이하 'PCT'라 한다)이 정한 국제출원(이하 'PCT 국제출원'이라 한다)을 할 때 지정국을 우리나라로 할 수 있다(이하 'PCT 자기지정출원'이라 한다). 이 경우 우선권 주장의 조건 및 효과는 우리나라의 법령이 정하는 바에 의한다[PCT 제8조 (2)(b)].

2. **발명자가 선출원 발명의 기술사상을 포함하는 후속 발명을 출원하면서 우선권을 주장하는 경우, 선출원 발명 중 후출원 발명과 동일한 부분의 출원일을 우선권 주장일로 보아야 하는지 여부**

   특허를 받으려는 사람은 자신이 특허를 받을 수 있는 권리를 가진 특허출원으로 먼저 한 출원(이하 '선출원'이라 한다)의 출원서에 최초로 첨부된 명세서 또는 도면에 기재된 발명을 기초로 그 특허출원한 발명에 관하여 우선권을 주장할 수 있다(특허법 제55조 제1항). 우선권 주장을 수반하는 특허출원된 발명 중 해당 우선권 주장의 기초가 된 선출원의 최초 명세서 등에 기재된 발명(이하 '선출원 발명'이라 한다)과 같은 발명에 관하여 신규성, 진보성 등의 일정한 특허요건을 적용할 때에는 그 특허출원은 그 선출원을 한 때(이하 '우선권 주장일'이라 한다)에 한 것으로 본다(같은 조 제3항).

   따라서 발명자가 선출원 발명의 기술사상을 포함하는 후속 발명을 출원하면서 우선권을 주장하면 선출원 발명 중 후출원 발명과 동일한 부분의 출원일을 우선권 주장일로 보게 된다. 이러한 국내우선권 제도의 취지는 기술개발이 지속적으로 이루어지는 점을 감안하여 발명자의 누적된 성과를 특허권으로 보호받을 수 있도록 하는 것이다.

3. **후출원의 출원인이 후출원 시에 '특허를 받을 수 있는 권리'를 승계한 경우, 우선권 주장을 할 수 있는지 여부**

   발명을 한 자 또는 그 승계인은 특허법에서 정하는 바에 의하여 특허를 받을 수 있는 권리를 갖고(특허법 제33조 제1항 본문), 특허를 받을 수 있는 권리는 이전할 수 있으므로(특허법 제37조 제1항), 후출원의 출원인이 후출원 시에 '특허를 받을 수 있는 권리'를 승계하였다면 우선권 주장을 할 수 있다.

4. **이때 선출원에 대하여 특허출원인변경신고를 마쳐야 하는지 여부**

   이때 후출원 시에 선출원에 대하여 특허출원인변경신고를 마쳐야만 하는 것은 아니다. 특허출원 후 특허를 받을 수 있는 권리의 승계는 상속 기타 일반승계의 경우를 제외하고는 특허출원인변경신고를 하지 아니하면 그 효력이 발생하지 아니한다고 규정한 특허법 제38조 제4항은 특허에 관한 절차에서 참여자와 특허를 등록받을 자를 쉽게 확정함으로써 출원심사의 편의성 및 신속성을 추구하고자 하는 규정으로 우선권주장에 관한 절차에 적용된다고 볼 수 없다. 따라서 **후출원의 출원인이 선출원의 출원인과 다르더라도 특허를 받을 수 있는 권리를 승계받았다면 우선권 주장을 할 수 있다고 보아야 한다.**

판결이유

가. 우리나라에서 먼저 특허출원을 한 후 이를 우선권 주장의 기초로 하여 그로부터 1년 이내에 특허협력조약(Patent Cooperation Treaty, 이하 'PCT'라 한다)이 정한 국제출원(이하 'PCT 국제출원'이라 한다)을 할 때 지정국을 우리나라로 할 수 있다(이하 'PCT 자기지정출원'이라 한다). 이 경우 우선권 주장의 조건 및 효과는 우리나라의 법령이 정하는 바에 의한다[PCT 제8조 (2)(b)].

특허를 받으려는 사람은 자신이 특허를 받을 수 있는 권리를 가진 특허출원으로 먼저 한 출원(이하 '선출원'이라 한다)의 출원서에 최초로 첨부된 명세서 또는 도면에 기재된 발명을 기초로 그 특허출원한 발명에 관하여 우선권을 주장할 수 있다(특허법 제55조 제1항). 우선권 주장을 수반하는 특허출원된 발명 중 해당 우선권 주장의 기초가 된 선출원의 최초 명세서 등에 기재된 발명(이하 '선출원 발명'이라 한다)과 같은 발명에 관하여 신규성, 진보성 등의 일정한 특허요건을 적용할 때에는 그 특허출원은 그 선출원을 한 때(이하 '우선권 주장일'이라 한다)에 한 것으로 본다(같은 조 제3항).

따라서 발명자가 선출원 발명의 기술사상을 포함하는 후속 발명을 출원하면서 우선권을 주장하면 선출원 발명 중 후출원 발명과 동일한 부분의 출원일을 우선권 주장일로 보게 된다. 이러한 국내우선권 제도의 취지는 기술개발이 지속적으로 이루어지는 점을 감안하여 발명자의 누적된 성과를 특허권으로 보호받을 수 있도록 하는 것이다.

발명을 한 자 또는 그 승계인은 특허법에서 정하는 바에 의하여 특허를 받을 수 있는 권리를 갖고(특허법 제33조 제1항 본문), 특허를 받을 수 있는 권리는 이전할 수 있으므로(특허법 제37조 제1항), 후출원의 출원인이 후출원 시에 '특허를 받을 수 있는 권리'를 승계하였다면 우선권 주장을 할 수 있고, 후출원 시에 선출원에 대하여 특허출원인변경신고를 마쳐야만 하는 것은 아니다. 특허출원 후 특허를 받을 수 있는 권리의 승계는 상속 기타 일반승계의 경우를 제외하고는 특허출원인변경신고를 하지 아니하면 그 효력이 발생하지 아니한다고 규정한 특허법 제38조 제4항은 특허에 관한 절차에서 참여자와 특허를 등록받을 자를 쉽게 확정함으로써 출원심사의 편의성 및 신속성을 추구하고자 하는 규정으로 우선권주장에 관한 절차에 적용된다고 볼 수 없다. 따라서 후 출원의 출원인이 선출원의 출원인과 다르더라도 특허를 받을 수 있는 권리를 승계받았다면 우선권 주장을 할 수 있다고 보아야 한다.

① PCT 자기지정출원 과정에서 후출원인이 선출원인으로부터 특허를 받을 수 있는 권리를 실질적으로 승계받았는지 여부에 대한 실체심사는 PCT 제8조 (2)(b)에 따라 국내단계에 진입한 이후에 우리나라의 법령에 따라 해야 한다. 특허청장은 특허를 받을 수 있는 권리를 승계한 자가 특허에 관한 절차를 밟고자 하는 경우에는 그 승계인임을 증명하는 서류를 제출하게 할 수 있으므로(특허법 시행규칙 제7조 제1항), 필요한 경우 보완을 요구함으로써 권리의 승계 여부를 심사할 수 있다. 그리고 특허법 제38조 제4항을 특허를 받을 수 있는 권리를 승계한 **후출원인이 PCT 국제출원을 하기 전에 그 후출원인에게 국내에서 특허출원인변경신고를 마칠 것을 요구하는 것으로 해석한다면, 후출원인은 국내단계에서 절차상 하자를 보완할 기회를 상실하게 되므로 국내우선권 제도의 취지에 부합된다고 볼 수 없다.** 또한 선출원 발명을 개량하여 후출원 발명을 하는 과정에서 **선출원의 출원인 중 일부만 후출원의 출원인에 포함되거나 선출원의 출원인과 후출원의 출원인이 달라질 수 있고, 후출원 시에 출원인명의변경 절차를 정당하게 마칠 수 없는 경우**도 생기게 된다. 이러한 경우에도 선출원의 출원인과 후출원의 출원인이 다르다는 이유로 우선권 주장의 효력을 부정하는 것은 우선권 주장 제도의 취지에 반하게 된다.

② 특허법 제55조 제1항은 우선권 주장을 할 수 있는 자는 '특허를 받으려는 자'라고 규정하고 있을 뿐이다. 이는 **특허법이 분할출원(제52조)과 실용신안등록출원의 변경출원(제53조)을 할 수 있는 자는 '출원인'이라고 규정함으로써 분할출원인 또는 변경출원의 명의인이 일치할 것을 요구하는 것과 대비**된다. 발명을 한 자의 승계인도 특허를 받을 수 있는 권리를 가지므로(특허법 제33조 제1항), 특허를 받을 수 있는 권리를 양수한 자는 특허법 제55조 제1항의 '특허를 받으려는 자' 및 '자신이 특허를 받을 수 있는 권리를 가진 자'에 해당한다고 봄이 문리해석에 부합한다. **특허출원인변경신고를 특허등록 전까지 하도록 규정한 특허법 시행규칙 제26조 제1항도 이러한 해석을 뒷받침**한다.

나. 원심판결 이유 및 적법하게 채택된 증거들에 의하면, 다음과 같은 사정을 알 수 있다.

1) 소외 1은 소외 2가 출원한 이 사건 선출원 발명(이하 그 출원을 '이 사건 선출원'이라 한다)에 대한 특허를 받을 수 있는 권리를 양수하였다.

2) 소외 3(영문성명 생략)은 소외 1로부터 이 사건 선출원을 기초로 우선권을 주장하여 PCT 국제출원을 할 수 있는 권리를 이전받기로 하는 계약을 체결한 후, 중국 특허청에 '인트라 예측 모드를 유도하는 방법 및 장치'라는 이름의 발명에 대해 PCT 국제출원(이하 '이 사건 후출원'이라 한다)을 하면서 **이 사건 선출원에 기초하여 우선권을 주장**하였다.

3) 제닙 피티이 엘티디(이하 '제닙'이라 한다)는 소외 3으로부터 이 사건 후출원에 관한 권리를, **원고는 이 사건 후출원에 관하여 특허를 받을 수 있는 권리를 제닙으로부터 양수한 후 특허출원인명의를 변경**하였다.

4) 원고는 특허청장에게 특허법 제203조에 따라 이 사건 후출원에 관하여 이 사건 선출원에 기초한 우선권 주장이 포함된 국내서면을 제출하였고, 특허청 심사관의 심사를 거쳐 2014. 10. 13. 특허번호 제1452195호로 특허권설정등록이 이루어졌다.

다. 이러한 사정을 앞서 살펴본 법리에 비추어 살펴본다.

1) 소외 3은 이 사건 후출원을 할 때 이 사건 선출원을 기초로 우선권 주장을 하면서 그 시점에 이 사건 선출원에 관하여 특허청장에게 특허출원인변경신고를 하지 않았지만, 이 사건 후출원 시에 이 사건 선출원에 대하여 반드시 특허출원인변경신고를 마쳐야 한다고 볼 수 없다. 소외 3이 이 사건 선출원에 대한 특허를 받을 수 있는 권리의 승계사실을 후출원일 이후에 증명하는 것이 허용되기 때문이다. 또한 원고가 특허청장에게 제출한 이 사건 권리이전승계서는 이 사건 후출원 발명의 등록 전에 제출되었으므로 특허법 시행규칙 제26조 제1항에 따라 적법하게 제출된 것으로 볼 수 있다.

2) 이 사건 선출원의 출원인과 **이 사건 후출원의 출원인이 동일하지 아니하므로 이 사건 권리이전계약서 등에 따라 소외 3이 우선권을 주장할 수 있는 권리를 정당하게 승계받았는지 여부를 확인할 필요가 있다**. 이를 확인하지 아니한 채 국내 특허출원을 기초로 우선권을 주장한 PCT 국제출원에서 후출원 당시에 특허출원인변경신고를 마치지 않았다는 사정만으로 선출원의 출원인과 후출원의 출원인이 다르다고 보아 우선권 주장을 무효로 보아서는 안 될 것이다.

라. 그럼에도 원심은 이와 달리 이 사건 후출원 시에 특허출원인변경신고가 되어 있지 않다는 이유로 원고의 이 사건 우선권 주장을 인정하지 않고, 우선권 주장일 이후에 공개된 원심 판시 선행발명과 이 사건 특허발명이 실질적으로 동일하다고 보아 이 사건 특허발명의 신규성이 부정되어야 한다고 판단하였다. 이러한 원심 판단에는 국내우선권 주장에 관한 법리 등을 오해하여 판결에 영향을 미친 잘못이 있다.

기출 여부 (48회 이후)	특허법 학회 TOP 10	중요도
–	–	★★

011 우선권 주장의 기초가 된 선출원의 출원서에 최초로 첨부된 명세서 등에 기재된 발명과 우선권주장 출원발명과 동일한 발명인지 여부에 관한 판단기준

대법원 2015. 1. 15. 선고 2012후2999 판결 [등록무효(특)]

판결요지

1. **특허법 제55조 제1항에 따른 우선권 주장을 수반하는 특허출원된 발명 중 특허요건 적용의 기준일이 우선권 주장일로 소급하는 발명의 범위**

    특허를 받으려는 사람은 자신이 특허나 실용신안등록을 받을 수 있는 권리를 가진 특허출원 또는 실용신안등록출원으로 먼저 한 출원의 출원서에 최초로 첨부된 명세서 또는 도면(이하 '우선권 주장의 기초가 된 선출원의 최초 명세서 등'이라 한다)에 기재된 발명을 기초로 그 특허출원한 발명에 관하여 우선권을 주장할 수 있고(특허법 제55조 제1항 참조), 여기의 우선권 주장을 수반하는 특허출원된 발명 중 해당 우선권 주장의 기초가 된 선출원의 최초 명세서 등에 기재된 발명과 같은 발명에 관하여 신규성, 진보성 등의 일정한 특허요건을 적용할 때에는 그 특허출원은 그 선출원을 한 때(이하 '우선권 주장일'이라 한다)에 한 것으로 본다(같은 조 제3항 참조). 그런데 이와 같은 국내 우선권 제도에 의하여 실제 특허출원일보다 앞서 우선권 주장일에 특허출원된 것으로 보아 그 특허요건을 심사함으로써 **우선권 주장일과 우선권 주장을 수반하는 특허출원일 사이에 특허출원을 한 사람 등 제3자의 이익을 부당하게 침해하는 결과가 일어날 수 있음은 특허법 제47조 제1항의 규정에 의한 명세서 또는 도면의 보정이 받아들여져 그 효과가 출원 시로 소급하는 경우와 별다른 차이가 없으므로, 이러한 보정의 경우와 같은 관점에서, 우선권 주장일에 특허출원된 것으로 보아 특허요건을 심사하는 발명의 범위를 제한할 필요가 있다.** 따라서 특허법 제55조 제3항에 따라 특허요건 적용의 기준일이 우선권 주장일로 소급하는 발명은 **특허법 제47조 제2항과 마찬가지로 우선권 주장을 수반하는 특허출원된 발명 가운데 우선권 주장의 기초가 된 선출원의 최초 명세서 등에 기재된 사항의 범위 안에 있는 것으로 한정**된다고 봄이 타당하다.

2. **'우선권 주장의 기초가 된 선출원의 최초 명세서 또는 도면에 기재된 사항' 의미**

    그리고 여기서 '우선권 주장의 기초가 된 선출원의 최초 명세서 등에 기재된 사항'이란, 우선권 주장의 기초가 된 **선출원의 최초 명세서 등에 명시적으로 기재되어 있는 사항이거나 또는 명시적인 기재가 없더라도 그 발명이 속하는 기술분야에서 통상의 지식을 가진 사람이라면 우선권 주장일 당시의 기술상식에 비추어 보아 우선권 주장을 수반하는 특허출원된 발명이 선출원의 최초 명세서 등에 기재되어 있는 것과 마찬가지라고 이해할 수 있는 사항**이어야 한다.

판결이유

원심은, 원고가 2009. 4. 29.자 제10-2009-37729호로 '정유량 자동제어장치'에 관하여 특허출원한 출원서에 최초로 첨부된 명세서 및 도면에 기재된 발명(이하 '선출원발명'이라 한다)을 기초로 우선권을 주장하면서 2009. 8. 19. 출원하여 특허등록을 받은 '난방부하를 고려한 정유량 자동제어장치'라는 명칭의 이 사건 특허발명(특허등록번호 생략)의 특허청구범위 제1항 및 제5항(이하 '이 사건 제1항 발명' 및 '이 사건 제5항 발명'이라 한다)을 선출원발명과 대비한 후 그 판시와 같은 사정을 들어 다음과 같은 취지로 판단하였다.

(1) 이 사건 제1항 발명은 '**제어부에 각 방별 난방부하를 고려하여 해당 방의 필요요구열량에 비례하는 최적유량값이 저장되어 전체 최적유량값의 합에 대한 폐쇄된 방의 최적유량값의 비율에 따라 가변유량밸브의 유량을 감소시키는 것**'임에 비하여 **선출원발명은 '해당 방의 폐쇄 유량만큼 가변유량밸브의 유량을 감소시키는 것**'인 점에서 차이가 있다.

(2) 이와 관련하여 선출원발명의 명세서에는 '**각각의 방을 난방하기 위한 필요 유량이 방 면적에 비례하게 된다.**'라고 기재되어 있을 뿐, 난방 중지에 따라 감소되는 유량을 정하기 위한 방법에 관하여 달리 기재되어 있지 아니하므로, 선출원발명에서 난방 중지에 따라 감소되는 유량인 '**해당 방의 폐쇄유량**'은 각 방의 방 면적에 비례하여 **계산된 필요 유량으로 해석된다고 할 것이다**. 반면, 이 사건 특허발명의 명세서에는 '필요요구열량이 방바닥 면적에 비례한다는 것은 난방부하를 무시한 이론적인 것일 뿐이고, 실제로 난방설계를 함에 있어 난방부하를 고려하게 되면 방바닥 면적이 동일해도 필요요구열량이 달라질 수 있으며 심지어 바닥 면적이 작은 방이 큰 방보다 필요요구열량이 큰 경우도 생길 수 있다.'라고 기재되어 있어, **이 사건 제1항 발명에서는 각 방을 난방하기 위한 필요요구열량이 방바닥 면적과 비례관계에 있지 아니함을 알 수 있다**.

(3) 또한 이 사건 제1항 발명의 제어부에는 '각 방별 난방부하를 고려하여 해당 방의 필요요구열량에 비례하는 최적유량값'이 저장되는데, 통상적으로 난방부하란 실내온도를 적절히 유지하기 위하여 공급하여야 할 열량을 말하는 것으로서 벽체, 지붕, 천장, 바닥, 유리창, 문 등의 구조체를 통하여 전달되는 손실열량과 틈새바람이나 환기용 도입외기에 의한 손실열량 등으로 이루어지는 것이므로, **난방부하를 계산하기 위해서는 열관류율, 구조체의 면적, 실내 온도, 외부 온도 등 다양한 인자를 고려하여야 할 것이다**. 그런데 선출원발명에서는 **필요 유량을 방 면적에 기초하여 계산하고 있는 바, 방 면적은 앞서 본 난방부하를 구성하는 여러 인자 중 하나에 불과하므로, 선출원발명의 필요 유량이 이 사건 제1항 발명의 난방부하를 계산하는 데 필요한 인자들을 모두 포함하고 있다고 할 수 없다**.

(4) 비록 선출원발명의 도 5 내지 도 7에 최적값에 해당하는 유량이 기재되어 있기는 하나, 선출원발명의 명세서 및 도면에는 최적값을 어떻게 구하는지에 대하여는 기재되어 있지 않아 **최적값이 무엇을 의미하는지 명확히 알 수 없는 점, 선출원발명의 명세서 및 도면 어디에도 최적값에 따라 유량을 조절한다는 내용이 기재되어 있지 아니한 점 등에 비추어 보면, 선출원발명의 '최적값'이 이 사건 제1항 발명의 각 방별 난방부하를 고려한 '최적유량값'과 동일한 것이라고 볼 수는 없다**.

(5) 따라서 이 사건 제1항 발명의 '제어부에 각 방별 난방부하를 고려하여 해당 방의 필요요구열량에 비례하는 최적유량값이 저장되어 전체 최적유량값의 합에 대한 폐쇄된 방의 최적유량값의 비율에 따라 가변유량밸브의 유량을 감소시키는 구성'은 **선출원발명의 명세서 등에 명시적으로 기재되어 있는 사항이 아닐 뿐만 아니라, 통상의 기술자가 우선권 주장일 당시의 기술상식에 비추어 보아 선출원발명의 명세서 등에 기재되어 있는 것과 마찬가지라고 이해할 수 있는 사항이라고 볼 수도 없다**. 결국 이 사건 제1항 발명은 선출원발명의 명세서 또는 도면에 기재된 발명과 같은 발명에 해당하지 아니한다.

(6) 이 사건 제5항 발명은 이 사건 제1항 발명을 인용하는 종속항으로서 이 사건 제1항 발명의 구성을 모두 포함하고 있으므로, 이 사건 제5항 발명 역시 이 사건 제1항 발명과 마찬가지로 선출원발명의 명세서 또는 도면에 기재된 발명과 같은 발명에 해당하지 아니한다.

(7) 그렇다면 이 사건 특허발명의 우선권 주장일 즉 선출원발명의 출원일과 이 사건 특허발명의 출원일 사이에 공지된 원심 판시 비교대상발명 1은 이 사건 제1항, 제5항 발명의 진보성을 부정하는 선행기술로 삼을 수 있다.

앞서 본 법리에 따라 기록을 살펴보면, 원심의 위와 같은 판단은 정당하고, 거기에 특허법 제55조 제3항 해당 여부 판단에 관한 법리를 오해하거나 필요한 심리를 다하지 아니하는 등의 사유로 판결에 영향을 미친 위법이 없다.

기출 여부 (48회 이후)	특허법 학회 TOP 10	중요도
-	-	★★

012 거절이유 통지에 우선권주장 불인정에 관한 이유가 포함되어야 하는지 여부

대법원 2011. 9. 8. 선고 2009후2371 판결 [거절결정(특)]

판결요지

특허법 제63조 본문에 의하면, 심사관은 특허법 제62조에 의하여 특허거절결정을 하고자 할 때에는 특허출원인에게 거절이유를 통지하고 기간을 정하여 의견서를 제출할 수 있는 기회를 주어야 한다고 규정하고 있는데, **출원발명에 대하여 우선권주장의 불인정으로 거절이유가 생긴 경우에는 우선권주장의 불인정은 거절이유 일부를 구성하는 것이므로, 우선권주장이 인정되지 않는다는 취지 및 그 이유가 포함된 거절이유를 통지하지 않은 채 우선권주장의 불인정으로 인하여 생긴 거절이유를 들어 특허거절결정을 하는 것은 특허법 제63조 본문에 위반되어 위법**하다. 그리고 거절이유 통지에 위와 같은 우선권주장 불인정에 관한 이유가 포함되어 있었는지는 **출원인에게 실질적으로 의견서 제출 및 보정의 기회를 부여하였다고 볼 수 있을 정도로 그 취지와 이유가 명시되었는지 관점에서 판단**되어야 한다.

판결이유

원심판결 이유와 기록에 의하면, 원고는 2004. 2. 26. 출원일이 2003. 4. 11.인 원심 판시 이 사건 선출원발명을 기초로 한 국내 우선권주장을 하면서 명칭을 "다중 원판형 슬러지 농축장치"로 하는 이 사건 출원발명(출원번호 제10-2004-12976호)을 출원하였는데, 특허청 심사관은 2006. 11. 17. 위 우선권주장에 관하여서는 아무런 언급 없이 2003. 7. 12.에 공지된 원심 판시 비교대상발명 1 등에 의해 이 사건 출원발명의 진보성이 부정된다는 취지의 거절이유만을 통지한 다음, 2007. 5. 31. 이 사건 출원발명의 특허청구범위에는 이 사건 선출원발명에 비하여 새로운 구성이 추가되어 있어서 **그 출원일이 이 사건 선출원발명의 출원일로 소급되지 않는다는 기재를 덧붙여, 이 사건 출원발명은 비교대상발명 1 등에 의하여 그 진보성이 부정된다는 이유로 거절결정을 하였음**을 알 수 있다.

이를 앞서 본 법리에 비추어 살펴보면, 이 사건 출원발명의 진보성이 비교대상발명 1에 의하여 부정된다는 거절이유는 이 사건 출원발명에 대한 우선권주장의 불인정으로 인한 것이므로, 위 거절이유를 들어 특허거절결정을 하기 위해서는 거절결정에 앞서 거절이유를 통지함에 있어서도 **우선권주장 불인정의 취지 및 그 이유가 분명하게 통지되었어야 할 것인데, 특허청 심사관의 거절이유 통지에는 우선권주장에 관하여는 아무런 언급이 없고, 비교대상발명 1 등에 의해 이 사건 출원발명의 진보성이 부정된다는 점을 통지한 것만으로는 우선권주장 불인정과 관련하여 원고에게 실질적으로 의견서 제출 및 보정의 기회를 부여하였다고 볼 수 없어 그로써 우선권주장에 관한 거절이유가 통지되었다고 할 수 없으며**, 달리 이 사건 출원발명에 대한 심사 과정에서 이러한 거절이유가 통지되었음을 알아볼 수 없으므로, 비교대상발명 1에 의하여 진보성이 부정된다는 거절이유를 들어 이 사건 거절결정을 하는 것은 특허법 제63조 본문에 위반되어 위법하다.

그런데도 원심은 이러한 점에 관하여는 살피지도 아니한 채, 이 사건 출원발명의 특허청구범위 제1

항(이하 '이 사건 제1항 발명'이라고 한다) 중 '교반기' 구성과 이 사건 선출원발명 중 '패들타입 교반기' 구성의 차이로 인하여 이 사건 **제1항 발명에 대한 우선권주장이 인정되지 않으므로 비교대상발명 1을 선행기술로 삼을 수 있다고 전제**한 다음, 이 사건 제1항 발명은 비교대상발명 1에 의하여 진보성이 부정된다고 보아 이 사건 출원발명에 대한 거절결정이 적법하다고 판단하였으니, 이러한 원심판결에는 특허법 제63조 본문에 관한 법리를 오해하여 판결에 영향을 미친 위법이 있다. 이 점을 지적하는 상고이유의 주장은 이유 있다.

CHAPTER 04 분할출원 (제52조), 분리출원 (제52조의2), 변경출원 (제53조)

기출 여부 (48회 이후)	특허법 학회 TOP 10	중요도
60회 (2023년) 문제 2	2022	★★★

013 원출원 시에 공지예외주장을 하지 않은 경우 분할출원에서 공지예외주장을 하여 원출원일을 기준으로 한 공지예외의 효과를 인정받을 수 있는지 여부

대법원 2022. 8. 31. 선고 2020후11479 판결 [거절결정(특)]

판결요지

공지예외 및 분할출원 관련 규정의 문언과 내용, 각 제도의 취지 등에 비추어 보면, 둘 이상의 발명을 하나로 한 원특허출원(이하 '원출원'이라고 한다)에서 공지예외주장을 하지 않았더라도 분할출원에서 적법한 절차를 준수하여 공지예외주장을 하였다면, 원출원이 자기공지일로부터 12개월 이내에 이루어진 이상 공지예외의 효과를 인정받을 수 있다고 봄이 타당하다.

① 특허법 제30조 제1항 제1호는 특허를 받을 수 있는 권리를 가진 자에 의하여 그 발명이 특허출원 전 국내 또는 국외에서 공지되었거나 공연히 실시되는 등으로 특허법 제29조 제1항 각호의 어느 하나에 해당하게 된 경우[이하 '자기공지(자기공지)'라고 한다], 그날로부터 12개월 이내에 특허출원을 하면 그 특허출원된 발명에 대하여 특허발명의 신규성 또는 진보성(특허법 제29조 제1항, 제2항) 규정을 적용할 때 그 발명은 제29조 제1항 각호의 공지된 발명에 해당하지 않는 것으로 본다고 하여 공지예외 규정을 두고 있다. 그리고 같은 조 제2항은 같은 조 제1항 제1호의 적용을 받고자 하는 자는 특허출원서에 그 취지를 기재하여 출원하여야 하고, 이를 증명할 수 있는 서류를 특허출원일부터 30일 이내에 특허청장에게 제출하여야 한다고 하여, <u>공지예외 적용을 위한 주장의 제출 시기, 증명서류 제출 기한 등 절차에 관한 규정</u>을 두고 있다.

한편 특허법 제52조 제2항은 적법한 분할출원이 있을 경우 원출원일에 출원한 것으로 본다는 원칙과 <u>그 예외로서 특허법 제30조 제2항의 공지예외주장의 제출 시기, 증명서류의 제출 기간에 관하여는 분할출원일을 기준으로 한다고 정하고 있을 뿐</u>(이는 공지예외주장의 시기 및 증명서류 제출 기한을 원출원일로 소급하여 산정하면 분할출원 시 이미 기한이 지나 있는 경우가 많기 때문이다), 원출원에서 공지예외주장을 하지 않고 분할출원에서만 공지예외주장을 한 경우에는 분할출원일을 기준으로 공지예외주장의 요건 충족 여부를 판단하여야 한다거나 원출원에서의 공지예외주장을 분할출원에서의 공지예외주장을 통한 원출원일을 기준으로 한 공지예외의 효과 인정 요건으로 정하고 있지 않다. 결국 위 규정들의 문언상으로는 <u>원출원 시 공지예외주장을 하지 않았더라도 분할출원이 적법하게 이루어지면 특허법 제52조 제2항 본문에 따라 원출원일에 출원한 것으로 보게 되므로</u>, 자기공지일로부터 12개월 이내에 원출원이 이루어지고, 분할출원일을 기준으로 공지예외주장의 절차 요건을 충족하였다면, 분할출원이 자기공지일로부터 12개월을 도과하여 이루어졌다 하더라도 공지예외의 효과가 발생하는 것으로 해석함이 타당하다.

② 분할출원은 특허법 제45조 제1항이 정하는 1발명 1출원주의를 만족하지 못하는 경우뿐만 아니라, 원출원 당시 청구범위에는 기재되어 있지 않으나 원출원의 최초 첨부 명세서 및 도면에 기재되

어 있는 발명에 대하여 후일 권리화할 필요성이 생긴 경우 이들 발명에 대해서도 이 새로운 특허출원이 적법한 것이면 원출원과 동시에 출원한 것과 같은 효과를 인정하는 것도 허용하여 특허제도에 의해 보호될 수 있도록 하고 있다. 따라서 **원출원 당시에는 청구범위가 자기공지한 내용과 무관하여 공지예외주장을 하지 않았으나, 분할출원 시 청구범위가 자기공지한 내용에 포함되어 있는 경우가 있을 수 있고, 이와 같은 경우 원출원 시 공지예외주장을 하지 않았더라도 분할출원에서 공지예외주장을 하여 출원일 소급의 효력을 인정할 실질적 필요성**이 있다.

③ 분할출원은 특허에 관한 절차에서 보정의 대상이 되는 어떤 절차와 관련하여 기재사항의 흠결, 구비서류의 보완 등을 목적으로 이루어지는 **보정과는 별개의 제도로, 보정 가능 여부와 무관하게 특허법 제52조의 요건을 충족하면 허용되는 독립된 출원**이다. 따라서 특허출원서에 공지예외주장 취지를 기재하도록 한 특허법 제30조 제2항을 형해화할 우려가 있다는 점에서 출원 시 누락한 공지예외주장을 보정의 형식으로 보완하는 것은 허용되지 않지만, **이 점이 원출원 시 공지예외주장을 하지 않은 경우 분할출원에서의 공지예외주장을 허용하지 않을 근거가 된다고 보기 어렵다.**

④ 출원인의 권리 보호를 강화하기 위하여 **특허법 제30조 제3항을 신설**하여(2015. 1. 28. 법률 제13096호로 개정된 것) 출원인의 단순한 실수로 출원 시 공지예외주장을 하지 않더라도 일정 기간 공지예외주장의 취지를 적은 서류나 이를 증명할 수 있는 서류를 제출할 수 있는 공지예외주장 보완제도를 도입하였다. 그런데 **특허 절차에서의 보정과 분할출원은 요건과 취지를 달리하는 별개의 제도라는 점**에서, 원출원에서 공지예외주장을 하지 않은 경우 분할출원에서의 공지예외주장으로 원출원일을 기준으로 한 공지예외의 효과를 인정받을 수 있는지의 문제는 **특허법 제30조 제3항의 신설 전후를 불문하고 일관되게 해석함이 타당하다.**

⑤ 공지예외 규정은 특허법 제정 이후 현재에 이르기까지 예외 인정 사유가 확대되고, 신규성뿐만 아니라 진보성과 관련해서도 이를 적용하며, 기간이 6개월에서 1년으로 확대되는 등의 개정을 통해 **특허제도에 미숙한 발명자를 보호하기 위한 제도를 넘어 출원인의 발명자로서의 권리를 실효적으로 보호하기 위한 제도로 자리 잡고 있다는 점**까지 더하여 보면, 분할출원에서 공지예외주장을 통해 원출원일을 기준으로 한 공지예외 효과를 인정받는 것을 제한할 합리적 이유를 찾기 어렵다.

판결이유

1. 사건의 개요와 쟁점

가. 원심판결 이유와 기록에 의하면 다음 사실을 알 수 있다.

1) 원고는 2014. 12. 23. 명칭을 "○○○ ○○○○○ ○○○○"으로 하는 발명을 출원하였는데(특허출원번호 생략, 이하 "이 사건 원출원"이라고 한다), 이 사건 원출원 당시 특허법 제30조 제1항에서 정한 공지예외주장을 하지 않았다가, 특허청 심사관으로부터 2014. 8.경 공개된 원고 본인의 석사학위 논문(원심판시 선행발명 3)으로 인해 신규성 및 진보성이 부정된다는 취지의 의견제출통지를 받았다.

2) 이에 원고는 이 사건 원출원의 보정기간 내인 2016. 8. 30. 이 사건 원출원으로부터 이 사건 원출원과 명칭을 같이 하는 이 사건 출원발명(특허출원번호 제111145호)을 분할출원하면서 공지예외주장을 하고, 2016. 8. 31. 이 사건 원출원 신청을 취하하였다.

3) 특허청 심사관은 원고의 공지예외주장을 배척하고 이 사건 출원발명은 선행발명 3과 동일한 것이어서 그 신규성과 진보성이 부정된다는 취지의 의견제출통지를 하였고, 최종적으로 2017. 3. 15. 거절결정을 하였다.

4) 원고가 거절결정에 대한 불복심판청구를 하였으나 특허심판원은 2020. 3. 3. 원출원에서 공지예외주장을 하지 않은 이상 분할출원에서 공지예외주장을 하여 원출원일을 기준으로 한 공지예외의 효과를 인정받을 수 없다는 전제에서 원고의 공지예외주장을 배척하고, 이 사건 출원발명은 선

행발명 3에 의해서 이 사건 출원발명의 신규성 및 진보성이 부정된다는 등의 이유로 심판청구 기각 심결을 하였다.

5) 원고가 이에 불복하여 심결취소의 소를 제기하였으나, 원심은 심결과 같은 취지로 원고 청구를 기각하였다.

나. 이 사건의 쟁점은 둘 이상의 발명을 하나로 한 원 특허출원(이하 '원출원'이라고 한다) 시에 공지예외주장을 하지 않은 경우 그로부터 분할하여 출원한 분할출원에서 공지예외주장을 하여 원출원일을 기준으로 한 공지예외의 효과를 인정받을 수 있는지이다.

2. 판단

1) 위 법리와 기록에 비추어 살펴보면, 원고는 이 사건 출원발명과 동일한 발명인 선행발명 3의 공개 이후 12개월 내인 2014. 12. 23. 이 사건 원출원을 하였고, 당시 공지예외주장을 하지는 않았지만, 분할출원 가능기간 내인 2016. 8. 30. 분할출원을 하며 절차를 준수하여 공지예외주장을 하였다. 따라서 원고가 자기공지한 선행발명 3은 이 사건 출원발명의 신규성 및 진보성 부정의 근거가 되지 못한다고 볼 수 있다.

2) 그럼에도 원심은 원고가 분할출원 시에 공지예외주장을 하였다 하더라도 원출원 시 공지예외주장을 하지 않았으므로 이 사건 출원발명은 선행발명 3에 의하여 신규성 및 진보성이 부정된다고 보아 이와 같이 판단한 심결을 유지하였다. 이러한 원심판결에는 분할출원 및 공지예외주장에 관한 법리를 오해하여 판결에 영향을 미친 잘못이 있고, 이를 지적하는 상고이유 주장은 이유 있다.

3. 결론

그러므로 나머지 상고이유에 대한 판단을 생략한 채 원심판결을 파기하고, 사건을 다시 심리·판단하도록 원심법원에 환송하기로 하여, 관여 대법관의 일치된 의견으로 주문과 같이 판결한다.

[사실관계 정리]
- 원고가 원출원을 출원할 당시에는 공지예외주장을 하지 않았다가, 특허청 심사관으로부터 출원일 전 공개된 원고 본인의 석사학위 논문(선행발명 3)에 의해 신규성 및 진보성이 부정된다는 취지의 의견제출통지를 받자, **이 사건 출원발명을 분할출원하면서 공지예외주장을 하고, 원출원 신청은 취하한 사안**임. 특허청 심사관은 원고의 공지예외주장을 배척하고 최종적으로 거절결정을 하였고, 원심은 거절결정에 대한 불복심판청구 기각 심결을 유지함.
- 대법원은 **공지예외 및 분할출원 관련 규정의 문언과 내용, 각 제도의 취지 등에 비추어, 원출원에서 공지예외주장을 하지 않았더라도 분할출원에서 적법한 절차를 준수하여 공지예외주장을 하였다면**, 원출원이 자기공지일로부터 12개월 이내에 이루어진 이상 공지예외의 효과를 인정받을 수 있다고 봄이 타당하다고 하여 이와 다른 취지의 원심판결을 파기함.

기출 여부 (48회 이후)	특허법 학회 TOP 10	중요도
-	-	★★

014 원출원 발명과 분할출원 발명이 동일한지 여부의 판단 기준
대법원 2004. 3. 12. 선고 2002후2778 판결 [등록무효(특)]

판결요지

1. 분할출원을 하면서 원출원 당시 제출한 발명의 상세한 설명이나 도면을 다시 사용할 수 있는지 여부

분할출원이란 단일발명, 단일출원의 원칙 아래 2 이상의 발명을 1 출원으로 한 경우 이를 2 이상의 출원으로 분할하는 것으로서 2 이상의 발명을 1 출원으로 한 경우란 2 이상의 발명이 반드시 특허청구의 범위에 기재된 경우뿐만 아니라 발명의 상세한 설명이나 도면에 기재되어 출원된 경우까지 포함하는 것이므로, <u>분할출원을 하면서 원출원 당시 제출한 발명의 상세한 설명이나 도면을 다시 사용할 수도 있다.</u>

2. 원출원 발명과 분할출원 발명이 동일한지 여부의 판단 기준

원출원 중 일부 발명이 실시례 등의 상세한 설명에 기재된 것으로서 원출원 발명과 다른 하나의 발명으로 볼 수 있는 경우에는 그 일부를 분할출원할 수 있으며, <u>이 경우 그 동일성 여부의 판단은 특허청구범위에 기재된 양 발명의 기술적 구성이 동일한가 여부에 의하여 판단하되 그 효과도 참작하여야 할 것인바, 기술적 구성에 차이가 있더라도 그 차이가 주지 관용기술의 부가, 삭제, 변경 등으로 새로운 효과의 발생이 없는 정도에 불과하다면 양 발명은 서로 동일하다고</u> 하여야 한다.

판결이유

1. 원심의 판단

원심판결 이유에 의하면, 원심은, 명칭이 "광학 활성 피리도벤즈옥사진 유도체의 제조방법"에 관한 이 사건 특허발명(등록번호 : 제75803호)은 출원번호 제86-4934호로 출원된 원출원 발명(출원일 : 1986. 6. 20., 등록번호 : 제60571호)의 분할출원으로 인정되어 1994. 7. 28. 등록된 것인데, 이 사건 특허발명의 특허청구범위 제1항(이하 '이 사건 제1항 발명'이라 한다)을 원출원 발명의 특허청구범위 제1항(이하 '원출원 발명'이라 한다)과 대비하여 보면, 이 사건 제1항 발명의 출발물질인 IB 화합물은 원출원 발명의 중간체인 X 화합물과 동일하므로 양 발명은 모두 일반식(IB, X) 화합물로부터 일반식(VI) 화합물을 제조하는 공정을 포함하는 점에서 동일하고, 다만, ① 원출원 발명에는 이 사건 제1항 발명에 없는 X" 화합물로부터 X 화합물을 제조하는 과정이 부가되어 있고, ② 이 사건 제1항 발명은 출발물질인 IB 화합물과 디에틸 에톡시메틸렌말로네이트를 반응시켜 IC 화합물을 제조하는 과정을 거친 후 IC 화합물을 통상의 방법으로 처리하여 목적물질인 일반식(VI)의 화합물을 제조하는 데 비하여, 원출원 발명은 IC 화합물 제조과정에 관한 언급이 없이 중간체인 X 화합물을 통상의 방법으로 처리하여 목적물질인 일반식(VI)의 화합물을 제조하는 것으로만 기재되어 있는 점에 차이가 있는데, 위 차이점 ①에 관하여 살펴보면, 이 사건 특허발명의 실시례 3에는 실시례 2에서 얻어진 3S-7,8-디플루오로-2,3-디히드로-3-메틸-4[(s)-N-파라톨루엔술포닐프롤릴]-4H-[1,4]벤즈옥사진으로부터 이 사건 제1항 발명의 출발물질인 IB 화합물을 제조하는 방법이 기재되어 있으나, 위 실시례 2에서 얻어진 3S-7,8-디플루오로-2,3-디히드로-3-메틸-4[(s)-N-파라톨루엔술포닐프롤릴]-4H-[1,4]벤즈옥사진은 원출원 발명의 출발물질인 X" 화합물에 속하는 것일 뿐 아니라, 위 실시례 3은 원출원 발명의 실시례 13과 그 내용이 동일하고, 또한 이 사건 특허발명의 명세서에는 위 실시례 3에 기재된 3S-7,8-디플루오로-2,3-디히드로-3-메틸-4[(s)-N-파라톨루엔술포닐프롤릴]-4H-[1,4]벤즈옥사진 외에 다른 화합물로부터 출발물질인 IB 화합물을 제조하는 방법은 기재되어 있지 아니하므로, 이 사건 제1항 발명은 그 실시례의 기재를 참조하여 볼 때 원출원 발명에 기재된 것과 같은 X" 화합물로부터 IB 화합물을 제조하는 과정을 포함하는 것이라고 할 수 있고, 위 차이점 ②에 관하여 살펴보면, 이 사건 제1항 발명의 출발물질인 IB 화합물로부터 IC 화합물을 제조하는 과정은 이 사건 특허발명의 참조실시례 2에 기재되어 있는데, 이는 원출원 발명의 실시례 14 및 실시례 15와 그 내용이 동일하므로, 원출원 발명은 그 실시례의 기재를 참조하여 볼 때 IB 화합물과 디에틸 에톡시메틸렌말로네이트를 반응시켜 IC 화합물을 제조하는 과정을 포함하고 있다고 봄이 상당하여, 이 사건 특허발명과 원출원 발명의 실시례 등 발명의 상세한 설명의 기재를 참조하면, 이 사건 제1항 발명과 원출원 발명은 실질적으로 동일한 공정을 통하여 목적하는 일반식(Ⅵ)의 화합물을 얻는 것이라고 할 수 있으므로, 결국 양 발명은 그 기술적 사상 및 기술적 수단이 동일한 발명이라고 할 것이니, 이 사건 제1항 발명은 적법한 분할출원이라고 할 수 없어 그 출원일이 원출원 발명의 출원일로 소급되지 아니하므로 이 사건 제1항 발명은 선출원주의에 위배되어 등록된 것으로서 무효라는 취지로 판단하였다.

2. **대법원의 판단**

이러한 법리와 기록에 비추어 살펴보면, 이 사건 제1항 발명과 원출원 발명은 그 상세한 설명에 기재된 실시례의 내용이 일부 동일하기는 하지만, 이 사건 제1항 발명의 특허청구범위는 신규의 IB 화합물을 출발물질로 하여 그 중간체의 IC 화합물을 거쳐 최종목적 물질인 화합물(Ⅵ)을 제조하는 방법에 관한 것으로, 그 신규의 화합물 IB를 출발물질로 사용하는 점에 그 기술적 특징이 있는 데 반하여, 원출원 발명은 X" 화합물을 출발물질로 하여 중간체 X(=IB) 화합물을 거쳐 통상의 방법으로 최종목적 물질인 화합물(Ⅵ)을 제조하는 방법에 관한 것인데, **원출원 발명에 부가된 X" 화합물 및 중간체 X 화합물은 모두 신규의 물질로서 그 발명의 상세한 설명의 기재를 참작할 때 위 제조 과정은 그 수율 등의 면에서 가장 유효한 화합물(X=IB)을 만드는 필수 구성요소**이므로, 이 과정은 이 사건 제1항 발명이 예정하고 있지 않은 새로운 효과를 가진 공정이라고 보아야 하고 **이를 단순한 주지 관용기술에 불과하다고 볼 수는 없다고 할 것인바, 따라서 이 점만으로도 이러한 제조 과정을 필수 구성요소로 하지 않는 이 사건 제1항 발명은 원출원 발명과 그 기술적 사상 및 기술 구성이 서로 다른 상이한 발명**이라고 할 것이다.

그렇다면 이 사건 제1항 발명과 원출원 발명의 기술적 구성의 차이를 잘 살피지 아니한 채 양 발명이 동일하다고 단정하여 이 사건 제1항 발명이 분할출원으로서 인정될 수 없다고 판단한 원심판결에는 심리를 제대로 하지 아니하고 분할출원에 관한 법리를 오해함으로써 판결의 결과에 영향을 미친 위법이 있다 할 것이므로, 이를 지적하는 상고이유의 주장은 이유 있다.

3. **결론**

그러므로 원심판결을 파기하고, 사건을 다시 심리·판단하게 하기 위하여 원심법원에 환송하기로 하여 관여 법관의 일치된 의견으로 주문과 같이 판결한다.

CHAPTER 05 심사절차

기출 여부 (48회 이후)	특허법 학회 TOP 10	중요도
-	-	★★

015 특허거절결정의 이유 중에 심사관이 통지하지 않은 거절이유가 일부 포함되어 있는 경우
대법원 2009. 12. 10. 선고 2007후3820 판결 [거절결정(특)]

판결요지

1. **특허거절결정의 이유 중에 심사관이 통지하지 않은 거절이유가 일부 포함되어 있다 하더라도, 특허거절결정에 대한 심판청구를 기각하는 심결이유가 심사관이 통지하지 않은 거절이유를 들어 특허거절결정을 유지하는 것이 아닌 경우, 그와 같은 사유만으로 심결을 위법하다고 할 수 있는지 여부**

   특허법(2007. 1. 3. 법률 제8197호로 개정되기 전의 것) 제63조 본문에 의하면, 심사관은 제62조의 규정에 의하여 특허거절결정을 하고자 할 때에는 그 특허출원인에게 거절이유를 통지하고 기간을 정하여 의견서를 제출할 수 있는 기회를 주어야 한다고 규정되어 있으므로, 심사관이 특허출원인에게 거절이유를 통지하여 의견서를 제출할 수 있는 기회를 주지 않고 특허거절결정을 하는 것은 위 법 제63조 본문에 위반되어 위법한 것이 원칙이다. 그러나 특허거절결정의 이유 중에 심사관이 통지하지 아니한 거절이유가 일부 포함되어 있다 하더라도, 특허거절결정에 대한 심판청구를 기각하는 심결이유가 심사관이 통지하지 아니한 거절이유를 들어 특허거절결정을 유지하는 경우가 아니라면, 그와 같은 사유만으로 심결을 위법하다고는 할 수 없다.

2. **특허청구범위가 여러 개의 청구항으로 되어 있는 경우, 그 하나의 항이라도 거절이유가 있는 때에는 그 출원이 전부 거절되어야 하는지 여부**

   특허청구범위가 여러 개의 청구항으로 되어 있는 경우, 그 하나의 항이라도 거절이유가 있는 때에는 그 출원이 전부 거절되어야 한다.

판결이유

원심이 인정한 사실과 기록에 의하면, 심사관은 2004. 12. 8. 원고에게 최초 출원 당시의 이 사건 출원발명(출원번호 : 제10-2003-17247호) 특허청구범위 제1 내지 26항은 공지된 선행기술로부터 용이하게 발명할 수 있어서 특허법(2006. 3. 3. 법률 제7871호로 개정되기 전의 것) 제29조 제2항에 의하여 특허를 받을 수 없으니 의견이 있으면 제출하라는 내용의 의견제출통지를 하였고, 이에 원고는 2005. 2. 1. 최초 출원 당시의 특허청구범위에 제27 내지 29항을 신설하여 추가하는 등의 명세서 등 보정서를 제출하였으나, **심사관은 2005. 6. 4. 위 의견제출통지서에 기재된 거절이유가 여전히 해소되지 않았고, 추가된 특허청구범위 제27 내지 29항은 보정 전의 청구항들과 동일하다는 이유로 특허거절결정을 한 사실**, 원고가 2005. 7. 26.자로 특허청구범위를 보정하여 개시된 심사전치절차에서는 2005. 9. 5.자로 보정각하결정이 있었고 원결정이 유지되었으며, 특허심판원은 2006. 11.

29. 보정각하결정 당시의 특허청구범위 제1항은 공지된 선행기술로부터 용이하게 발명할 수 있어 진보성이 없으므로 위 보정각하결정은 정당하다고 한 다음, **특허거절결정 당시의 특허청구범위 제1항은 보정각하결정 당시의 특허청구범위 제1항과 실질적으로 동일하여 진보성이 없다는 이유를 들어 특허거절결정을 유지하는 심결**을 한 사실 등을 알 수 있다.

앞서든 법리 외에도 특허청구범위가 여러 개의 청구항으로 되어 있는 경우 그 하나의 항이라도 거절이유가 있는 때에는 그 출원이 전부 거절되어야 하는(대법원 2001. 7. 27. 선고 2000후747 판결 등 참조) 법리에 비추어 보면, **이 사건 심결에서는 보정각하결정 당시의 특허청구범위 제1항은 진보성이 없어 위 보정각하결정은 정당하다고 한 다음, 심사절차에서 추가된 특허청구범위 제27항이 진보성이 없다는 점은 거절이유로 들지 아니하고, 거절이유의 통지가 있었던 특허거절결정 당시의 특허청구범위 제1항이 진보성이 없다는 이유를 들어 특허거절결정을 유지하는 심결**을 하였으므로, 이러한 경우 원심으로서는 위 보정각하결정 및 특허거절결정 당시 각 특허청구범위 제1항은 진보성이 없다고 한 심결의 위법 여부에 관하여 심리판단하지 않은 채, 특허청구범위 제27항에 대한 거절이유를 통지하지 않았다는 사유만으로 심결을 위법하다고 판단할 수는 없다.

그런데도 원심은 이 사건 출원발명의 위 보정각하결정 및 특허거절결정 당시 각 특허청구범위 제1항의 진보성 유무에 대하여는 아무런 판단도 하지 아니한 채 특허청구범위 제27항에 대한 거절이유를 통지하지 않았다는 사유만으로 이 사건 심결을 위법하다고 판단하였으니, 이러한 원심판결에는 복수의 거절이유가 있는 특허출원의 거절결정 및 복수의 청구항으로 이루어진 특허출원의 거절결정에 대한 법리를 오해하여 판결에 영향을 미친 위법이 있다. 이 점을 지적하는 상고이유의 주장은 이유 있다.

기출 여부 (48회 이후)	특허법 학회 TOP 10	중요도
−	−	★★★

016 재심사절차가 무효로 된 경우 거절결정에 대한 불복심판 청구 기간의 기산일이 문제가 된 사건

특허법원 2021. 2. 3. 선고 2020허127 판결 [거절결정(특)] 확정

판결요지

특허심판원이 갑의 출원발명에 대해 특허거절결정을 하였는데, **갑이 재심사청구를 하면서 수수료 중 일부만을 납부하여 보정명령을 받았으나 지정된 기간 내에 보정하지 아니하여 특허심판원이 재심사청구에 대한 무효처분**을 하였고, 그 후 갑이 특허심판원에 위 거절결정에 대한 불복심판청구를 하자, 특허심판원이 심판청구기간이 도과되었음을 이유로 위 심판청구를 각하하는 심결을 한 사안이다.

재심사청구제도는 특허출원인이 특허거절결정 불복심판을 청구하지 않더라도 심사관에게 다시 심사를 받을 수 있도록 함으로써 거절결정 불복심판청구와 재심사청구 중에서 출원인이 원하는 수단을 선택할 수 있게 한 것인바, 특허법 제67조의2 제1항에 따라 재심사가 청구된 경우 그 특허출원에 대하여 종전에 이루어진 특허거절결정은 취소된 것으로 보지만(특허법 제67조의2 제3항 본문), **재심사청구절차가 특허법 제16조 제1항에 따라 무효로 된 경우에는 종전에 이루어진 특허거절결정이 취소된 것으로 볼 수 없으므로**(특허법 제67조의2 제3항 단서), **그 이후의 절차는 종전에 이루어진 특허거절결정을 기준으로 진행되어야 하는데, 특허심판원이 특허법 제16조 제1항에 따라 갑의 재심사청구절차를 무효로 한 이상 종전에 이루어진 특허거절결정은 취소된 것으로 볼 수 없고, 거절결정에 대한 불복심판 청구기간은 특허법 제132조의17에 따라 거절결정등본이 갑에게 송달된 날을 기준으로 산정**하여야 하므로, 위 심판청구를 각하한 위 심결이 적법하다고 한 사례이다.

판결이유

1. 전제된 사실관계

가. 이 사건 심결의 경위

1) 원고의 아래 나.항 기재 이 사건 출원발명에 대하여, 특허청 심사관은 2019. 6. 24. "이 사건 출원발명의 청구항 1 내지 3은 자연법칙을 이용한 것이 아니어서 발명에 해당하지 아니하여 특허법 제29조 제1항 본문에 해당하고, 발명이 명확하게 기재되어 있지 아니하여 특허법 제42조 제4항 제2호에도 해당한다."라는 거절이유를 제시하면서 원고에게 의견제출통지를 하였다.

2) 이에 원고가 2019. 7. 1. 의견서를 제출하였으나, 특허청 심사관은 2019. 9. 10. 원고의 의견서에도 불구하고 2019. 6. 24.자 거절이유가 해소되지 않았다는 이유로 이 사건 출원발명에 대하여 특허거절결정(이하 '이 사건 거절결정'이라 한다)을 하였고, 이 사건 거절결정서등본이 2019. 9. 19. 원고에게 송달되었다.

3) 원고는 2019. 10. 10. 재심사를 청구하는 취지의 명세서 등 보정서를 제출하면서(이하 '이 사건 재심사청구'라 한다) 재심사청구 수수료 144,000원을 납부하지 않았고, 이후 수수료 중 일부(14,000원)만을 납부하였다.

4) 피고는 2019. 12. 10. 원고에게 미납된 수수료를 2020. 1. 10.까지 보정하라는 취지의 보정명령(이하 '이 사건 보정명령'이라 한다)을 함과 아울러 "재심사청구 비용(144,000원) 부족으로 인한 보정요구서가 발송되었으므로 납부된 비용(14,000원)은 반려한다."는 내용이 포함된 서류반려이유통지를 하였고, 이 사건 보정명령서와 위 서류 반려이유통지서는 2019. 12. 16. 원고에게 송달되었다.

5) 그러자 원고는 2019. 12. 23. 피고에게 "이미 14,000원을 납부하여 보정을 마쳤고, 재심사청구 수수료 144,000원의 납부를 요청하면 불복종하겠다."는 취지가 포함된 보정서를 제출하였고, 이에 피고는 2019. 12. 27. "'보정요구서(수수료 미납)에 대하여 144,000원 삭제'는 불가능합니다. 수수료를 납부해야만 보정요구서 내용이 치유됩니다. 참고로 2019. 12. 10. 보정요구서(수수료 미납)에 대하여 수수료를 납부하지 않으시면 재심사청구를 위한 명세서 등 보정서는 무효처분됩니다."라는 내용이 포함된 서류반려이유통지를 하였고, 위 서류반려이유통지서는 2020. 1. 3. 원고에게 송달되었다.

6) 그러나 원고가 이 사건 보정명령을 송달받고 위 지정된 기간 내에 이를 보정하지 아니하자, 피고는 2020. 1. 14. 원고에 대하여 재심사청구 수수료 미납을 이유로 특허법 제16조에 따라 원고의 재심사청구에 대한 무효처분(이하 '이 사건 무효처분'이라 한다)을 하였다.

7) 그 후 원고는 이 사건 무효처분에 대한 별도의 행정소송을 제기함이 없이, 2020. 1. 17. 특허심판원에 이 사건 거절결정에 대한 불복심판청구(2020원159호, 이하 '이 사건 심판청구'라 한다)를 하였고, 특허심판원은 2020. 3. 30. "이 사건 심판청구는 그 심판청구기간이 도과된 후 청구된 부적법한 청구로서 그 흠결을 보정할 수 없음이 명백하다."는 이유로 이 사건 심판청구를 각하하는 이 사건 심결을 하였다.

2. 이 사건 심결의 위법 여부

가. 원고 주장의 요지

원고는 신규성과 진보성이 인정되는 이 사건 출원발명에 대하여 특허결정을 하지 않은 이 사건 심결은 위법하므로 취소되어야 한다는 취지로 주장한다.

나. 관련 규정

■ 특허법

제16조(절차의 무효) ① 특허청장 또는 특허심판원장은 제46조에 따른 보정명령을 받은 자가 지정된 기간에 그 보정을 하지 아니하면 특허에 관한 절차를 무효로 할 수 있다. 다만, 제82조 제2항에 따른 심사청구료를 내지 아니하여 보정명령을 받은 자가 지정된 기간에 그 심사청구료를 내지 아니하면 특허출원서에 첨부한 명세서에 관한 보정을 무효로 할 수 있다.

제46조(절차의 보정) 특허청장 또는 특허심판원장은 특허에 관한 절차가 다음 각 호의 어느 하나에 해당하는 경우에는 기간을 정하여 보정을 명하여야 한다. 이 경우 보정명령을 받은 자는 그 기간에 그 보정명령에 대한 의견서를 특허청장 또는 특허심판원장에게 제출할 수 있다.

3. 제82조에 따라 내야 할 수수료를 내지 아니한 경우

제67조의2(재심사의 청구) ① 특허출원인은 그 특허출원에 관하여 특허거절결정등본을 송달받은 날부터 30일(제15조 제1항에 따라 제132조의17에 따른 기간이 연장된 경우 그 연장된 기간을 말한다) 이내에 그 특허출원의 명세서 또는 도면을 보정하여 해당 특허출원에 관한 재심사(이하 "재심사"라 한다)를 청구할 수 있다. 다만, 재심사를 청구할 때에 이미 재심사에 따른 특허거절결정이 있거나 제132조의17에 따른 심판청구가 있는 경우에는 그러하지 아니하다.

③ 제1항에 따라 재심사가 청구된 경우 그 특허출원에 대하여 종전에 이루어진 특허거절결정은 취소된 것으로 본다. 다만, 재심사의 청구절차가 제16조 제1항에 따라 무효로 된 경우에는 그러하지 아니하다.

제82조(수수료)
① 특허에 관한 절차를 밟는 자는 수수료를 내야 한다.
② 특허출원인이 아닌 자가 출원심사의 청구를 한 후 그 특허출원서에 첨부한 명세서를 보정하여 청구범위에 적은 청구항의 수가 증가한 경우에는 그 증가한 청구항에 관하여 내야 할 심사청구료는 특허출원인이 내야 한다.
③ 제1항에 따른 수수료, 그 납부방법 및 납부기간, 그 밖에 필요한 사항은 산업통상자원부령으로 정한다.

제132조의17(특허거절결정 등에 대한 심판)
특허거절결정 또는 특허권의 존속기간의 연장등록거절결정을 받은 자가 결정에 불복할 때에는 그 결정등본을 송달받은 날부터 30일 이내에 심판을 청구할 수 있다.

제142조(보정할 수 없는 심판청구의 심결각하)
부적법한 심판청구로서 그 흠을 보정할 수 없을 때에는 피청구인에게 답변서 제출의 기회를 주지 아니하고, 심결로써 그 청구를 각하할 수 있다.

다. 구체적 판단

1) 특허거절결정을 받은 자가 결정에 불복할 때에는 그 결정등본을 송달받은 날부터 30일 이내에 심판을 청구할 수 있으나(**특허법 제132조의17**), 특허출원인은 그 특허출원에 관하여 특허거절결정 등본을 송달받은 날부터 30일이내에 그 특허출원의 명세서 또는 도면을 보정하여 해당 특허출원에 관한 재심사를 청구할 수도 있는바(**특허법 제67조의2 제1항**), 이와 같이 재심사를 청구할 경우에는 **특허법 제82조 제1항, 제3항, 특허료 등의 징수규칙 제2조 제3항에 따른 수수료를 납부**하여야 한다.

그리고 재심사청구를 포함하여 특허에 관한 절차를 밟는 자가 특허법 제82조에 따른 수수료를 내지 않은 경우에 특허청장은 기간을 정하여 보정을 명하여야 하고(특허법 제46조), 그 보정명령을 받은 자가 지정된 기간에 그 보정을 하지 아니하면 특허에 관한 절차를 무효로 할 수 있다(**특허법 제16조 제1항 본문**).

한편 재심사청구제도는 특허출원인이 특허거절결정 불복심판을 청구하지 않더라도 심사관에게 다시 심사를 받을 수 있도록 함으로써 거절결정불복심판청구와 재심사청구 중에서 출원인이 원하는 수단을 선택할 수 있게 한 것인바, 특허법 제67조의2 제1항에 따라 재심사가 청구된 경우 그 특허출원에 대하여 종전에 이루어진 특허거절결정은 취소된 것으로 보므로(**특허법 제67조의2 제3항 본문**), 심사관은 재심사 청구된 보정서에 대해 재심사를 행하고, 다시 거절이유통지를 할 수 있는 등 일반적인 심사절차가 그대로 적용되는 반면, **특허법 제16조에** 따른 무효처분에 따라 특허에 관한 절차가 무효로 되면 그 절차의 본래 효과가 생기지 아니하는바, 재심사의 청구절차가 특허법 제16조 제1항에 따라 무효로 된 경우에는 종전에 이루어진 특허거절결정이 취소된 것으로 볼 수 없으므로(**특허법 제67조의2 제3항 단서**), 그 이후의 절차는 종전에 이루어진 특허거절결정을 기준으로 진행되어야 한다.

2) 이 사건에 관하여 보건대, 앞서 본 전제사실에 의하면, 원고는 이 사건 거절결정등본을 2019. 9. 19. 송달받은 후 그 송달일로부터 30일 이내인 2019. 10. 10. 이 사건 출원발명의 명세서를 보정

하여 재심사청구를 하면서 재심사청구 수수료를 납부하지 않았고, 이후 그 지정된 기간 내에 피고의 보정명령에 따른 보정도 하지 않아 피고가 특허법 제16조 제1항 본문에 따라 원고의 재심사청구절차를 무효로 한 이상 원고의 이 사건 출원발명에 대하여 종전에 이루어진 특허거절결정인 이 사건 거절결정은 취소된 것으로 볼 수 없으므로, **이 사건 거절결정에 대한 불복심판 청구기간 역시 이 사건 거절결정등본이 원고에게 송달된 날을 기준으로 산정**하여야 한다.

그런데 앞서 본 전제사실에 의하면, 원고는 이 사건 거절결정등본이 원고에게 송달된 날로부터 특허법 제132조의17에서 정한 **거절결정불복심판청구기간인 '30일'이 경과하였음이 역수상 명백한 2020. 1. 17.에야 비로소 이 사건 심판청구**를 하였고, 그 청구기간이 연장되었다는 점에 대한 원고의 아무런 주장·증명이 없는 이상, 이 사건 심판청구는 심판청구기간을 도과하여 제기된 것이어서 부적법하다.[7]

3) 따라서 이 사건 심판청구를 각하한 이 사건 심결은 이와 결론은 같이하여 위법하지 아니하다.

3. 결론

그렇다면 이 사건 심결의 취소를 구하는 원고의 청구는 이유 없으므로 이를 기각하기로 하여 주문과 같이 판결한다.

---

[7] 더욱이 재심사청구절차가 특허법 제16조 제1항 본문에 따라 무효로 되어 종전에 이루어진 특허거절결정이 취소된 것으로 볼 수 없는 경우에 종전 특허거절결정에 대한 심판청구기간의 진행이 재심사청구시점에 정지되고, 추후 재심사청구절차가 특허법 제16조 제1항 본문에 따라 무효로 된 때에 나머지 심판청구기간이 진행된다고 볼 아무런 법령상 근거가 없을 뿐만 아니라, 앞서 본 재심사청구제도의 도입 취지와 내용 등에 비추어 보더라도 위와 같이 종전 특허거절결정에 대한 심판청구기간의 진행이 정지된다고 보기도 어렵다.

CHAPTER 06 특허취소신청

기출 여부 (48회 이후)	특허법 학회 TOP 10	중요도
-	2021	★★★

017 특허취소신청에 관한 심리범위
특허법원 2020. 12. 4. 선고 2019허8118 판결 [취소결정(특)] (심리불속행기각)

판결요지

1. 특허취소신청 규정의 취지

특허법 제132조의2 제1항은 누구든지 특허권의 설정등록일부터 등록공고일 후 6개월이 되는 날까지 그 특허가 특허출원 전에 국내 또는 국외에서 반포된 간행물에 게재되었거나 전기통신회선을 통하여 공중이 이용할 수 있는 발명에 의하여 진보성이 부정되는 등의 특허취소사유가 있는 경우에는 특허심판원장에게 특허취소신청을 할 수 있다고 규정하고 있다. 이는 누구든지 하자가 있는 특허에 대하여 선행기술정보에 기초한 특허취소사유를 특허심판원에 제공하면 심판관이 해당 특허의 취소 여부를 신속하게 결정하도록 함으로써 특허 검증을 강화하는 데에 그 취지가 있다.

2. 특허취소신청에 관한 심리범위 판단기준

특허법 제132조의2 제2항에 따라 특허공보에 게재되고 심사과정에서 거절이유로 통지된 선행기술에 기초하여 진보성이 부정된다는 이유로 특허취소신청을 할 수 없다고 하더라도, 그 선행기술과 다른 선행기술의 결합에 의하여 진보성이 부정된다는 이유로는 특허취소신청을 할 수 있다고 봄이 타당하다.

판결이유

1. 이 사건 결정이 특허취소신청에 관한 심리범위를 벗어난 것인지 여부

1) 관련 규정

특허법 제132조의2 제2항은 '**특허공보에 게재된 제87조 제3항 제7호에 따른 선행기술에 기초한 이유로는 특허취소신청을 할 수 없다**'고 규정하고 있다. 같은 법 제87조 제3항 제7호는 '**통지한 거절이유에 선행기술에 관한 정보가 포함된 경우 그 정보**'라고 규정하고 있다.

2) 원고의 주장

가) ① 원고가 이 사건 특허발명을 출원하자 심사관은 2017. 10. 19. 원고에게 2개의 선행기술에 의하여 진보성이 부정된다는 거절이유를 통지하였는데(갑 제12호증의2), 위 선행기술 중 하나는 **선행발명 1에 대응하는 특허협력조약에 의한 국제출원에 대한 공개공보**(국제공개번호 WO 2014/142581, 갑 제5호증)에 게재된 발명이었고, 나머지 하나는 **선행발명 5**였다. 그 후 특허권 설정등록이 마쳐진 이 사건 특허발명의 특허공보(갑 제2호증)에 위와 같은 2개의 선행기술에 관한 정보가 게재되었다. ② 특허심판원은 앞서 본 것처럼, 제1항 발명이 선행발명 1 또는 선행발명

1~3에 의하여, 제5, 8, 9, 10항 발명이 선행발명 1 또는 선행발명 1~4에 의하여, 제6, 7항 발명이 선행발명 1 또는 선행발명 1~4에 의하여, 제11~13항 발명이 선행발명 1~5에 의하여 각 진보성이 부정된다는 이유로 이 사건 결정을 하였다.

나) 위와 같이 ① 선행발명 1, 5는 이 사건 특허발명의 출원에 대하여 통지된 거절이유에 포함된 선행기술이라고 할 것이다. ② 그런데 이 사건 결정의 이유는 실질적으로 선행발명 1에 의하여 진보성이 부정된다는 취지이어서, 결국 특허심판원은 선행발명 1, 5에 기초한 이유를 심리·판단하여 이 사건 결정을 하였다고 보아야 한다. 따라서 이 사건 결정은 특허취소신청에 관한 심리범위의 한계를 벗어난 것으로서 위법하므로 취소되어야 한다.

3) 판단

다음의 이유로 이 사건 결정이 특허취소신청에 관한 심리범위를 벗어난 것이라고 볼 수 없고, 이를 다투는 원고의 위 주장은 받아들이지 아니한다.

가) 특허법 제132조의2 제1항은 누구든지 특허권의 설정등록일부터 등록공고일 후 6개월이 되는 날까지 그 특허가 특허출원 전에 국내 또는 국외에서 반포된 간행물에 게재되었거나 전기통신회선을 통하여 공중이 이용할 수 있는 발명에 의하여 진보성이 부정되는 등의 특허취소사유가 있는 경우에는 특허심판원장에게 특허취소신청을 할 수 있다고 규정하고 있다. 이는 누구든지 하자가 있는 특허에 대하여 선행기술정보에 기초한 특허취소사유를 특허심판원에 제공하면 심판관이 해당 특허의 취소 여부를 신속하게 결정하도록 함으로써 특허 검증을 강화하는 데에 그 취지가 있다.

나) 특허법 제132조의2 제2항은 '특허공보에 게재된 제87조 제3항 제7호에 따른 선행기술에 기초한 이유로는 특허취소신청을 할 수 없다'고 하여 특허취소신청인의 신청사유를 제한하고 있을 뿐이다. 같은 법 제132조의10 제1항은 '심판관은 특허취소신청에 관하여 특허취소신청인, 특허권자 또는 참가인이 제출하지 아니한 이유에 대해서도 심리할 수 있다'고 규정하고 있고, 같은 조 제2항은 '심판관은 특허취소신청에 관하여 특허취소신청인이 신청하지 아니한 청구항에 대해서는 심리할 수 없다'고 규정하고 있으며 그밖에 달리 특허취소신청에 관한 심리범위에 대한 제한을 두고 있지 않다.

이와 다른 전제에 선 원고의 주장 즉 같은 **법 제132조의2에서 들고 있는 한계 내에서만 특허심판원이 특허취소신청에 관한 직권심리를 할 수 있다고 보아야 한다는 법률적 주장은 받아들이기 어렵다.**

다) 또한 특허법 제132조의2 제2항에 따라 특허공보에 게재되고 심사과정에서 거절이유로 통지된 선행기술에 기초하여 진보성이 부정된다는 이유로 특허취소신청을 할 수 없다고 하더라도, **그 선행기술과 다른 선행기술의 결합에 의하여 진보성이 부정된다는 이유로는 특허취소신청을 할 수 있다고 봄이 타당**하다.

따라서 원고의 위 법률적 주장을 그대로 받아들인다고 하더라도, 이 **사건 결정의 이유는 제1항 발명이 선행발명 1~3의 결합에 의하여, 제5~10항 발명이 선행발명 1~4의 결합에 의하여, 제11~13항 발명이 선행발명 1~5의 결합에 의하여 각 진보성이 부정된다는 등으로, 이 사건 특허발명이 선행발명 1이나 선행발명 5 외에 나머지 선행발명들과의 결합에 의하여 진보성이 부정된다는 내용을 포함**하는 것이므로, 특허심판원은 선행발명 1, 5에 기초한 이유만을 심리·판단하여 이 사건 결정을 하였다고 볼 수도 없다. 이와 달리 원고의 주장처럼 이 사건 결정의 이유가 실질적으로 선행발명 1에 의하여 진보성이 부정된다는 취지라고 볼 만한 근거가 없다.

특허권과 침해

CHAPTER 1 _ 특허권 일반
　　　　　　(등록, 존속기간, 이전, 공유, 소멸)
CHAPTER 2 _ 특허권의 구체적 내용
　　　　　　(실시권, 금지권, 손해배상 청구권)
CHAPTER 3 _ 특허권의 효력범위 및 침해
CHAPTER 4 _ 침해주장에 대한 항변
CHAPTER 5 _ 특허권 침해로 인한 손해배상
CHAPTER 6 _ 복수 주체에 의한 침해
CHAPTER 7 _ 특허권 침해에 대한 그 밖의 구제방법
CHAPTER 8 _ 허위 등록무효를 둘러싼 민사상 법률관계

THE PATENT LAW

CHAPTER 01 특허권 일반
(등록, 존속기간, 이전, 공유, 소멸)

기출 여부 (48회 이후)	특허법 학회 TOP 10	중요도
–	2017	★★★

001 특허발명의 존속기간 연장등록에 무효사유가 있는지 여부

대법원 2017. 11. 29. 선고 2017후844, 2017후851(병합), 2017후868(병합), 2017후875(병합) 판결 [존속기간연장무효(특)]

판결요지

1. 특허발명의 존속기간 연장기간 제도 의의 및 취지

의약품 등의 발명을 실시하기 위해서는 국민의 보건위생을 증진하고 안전성 및 유효성을 확보하기 위해 약사법 등에 따라 허가 등을 받아야 하는데, **특허권자는 이러한 허가 등을 받는 과정에서 그 특허발명을 실시하지 못하는 불이익을 받게 된다.** 따라서 위와 같은 불이익을 구제하고 의약품 등의 **발명을 보호·장려하기 위해** 구 특허법(2014. 6. 11. 법률 제12753호로 개정되기 전의 것, 이하 같다) 제89조 제1항은 "특허발명을 실시하기 위하여 다른 법령의 규정에 의하여 허가를 받거나 등록 등을 하여야 하고, 그 허가 또는 등록 등(이하 "허가 등"이라 한다)을 위하여 필요한 활성·안전성 등의 시험으로 인하여 장기간이 소요되는 대통령령이 정하는 발명인 경우에는 제88조 제1항의 규정에 불구하고 그 실시할 수 없었던 기간에 대하여 5년의 기간 내에서 당해 특허권의 존속기간을 연장할 수 있다"라고 규정하여 약사법 등에 의한 허가 등을 받기 위하여 특허발명을 실시할 수 없었던 기간만큼 특허권의 존속기간을 연장해주는 제도를 마련하였다.

2. 특허권자에게 책임있는 사유 판단시 실시권자의 사유가 포함되는지 여부

다만, 구 특허법 제89조 제2항은 "제1항을 적용함에 있어서, 특허권자에게 책임 있는 사유로 소요된 기간은 제1항의 '실시할 수 없었던 기간'에 포함되지 아니한다"라고 규정하고 있으므로, **허가 등을 받은 자의 귀책사유로 약사법 등에 따라 허가 등의 절차가 지연된 경우에는 그러한 귀책사유가 인정되는 기간은 특허권 존속기간 연장의 범위에 포함되어서는 안 된다.** 한편 특허권 존속기간의 연장등록을 받는 데에 필요한 허가 등을 신청할 수 있는 자의 범위에는 **특허권자 외에 전용실시권자 및 통상실시권자가 포함**되므로, 위 규정의 '특허권자에게 책임 있는 사유'를 판단할 경우에도 **위 허가 등을 신청한 전용실시권자와 통상실시권자에 관한 사유가 포함된다고 해석함이 타당**하다.

3. 존속기간 연장등록 무효심판을 청구하는 경우, 그 사유에 대한 주장·증명책임의 소재

그리고, 허가 등을 받은 자의 귀책사유로 인하여 약사법 등에 따른 허가 등의 절차가 지연된 기간이 연장등록에 의하여 연장된 기간 안에 포함되어 있어 **연장된 기간이 구 특허법 제89조 제1항의 특허발명을 실시할 수 없었던 기간을 초과한다는 사유**로 구 특허법 제134조 제1항 제3호에 의하여 **존속기간 연장등록에 대하여 무효심판을 청구하는 자는 그 사유에 대하여 주장·증명할 책임을 진다.**

4. **식품의약품안전처의 어느 심사부서의 보완요구로 보완자료를 제출할 때까지 보완요구 사항에 대한 심사가 진행되지 못하였더라도, 그동안 다른 심사부서에서 심사가 계속중인 경우**

식품의약품안전처의 의약품 제조판매·수입품목 허가는 그 허가신청에 대하여 의약품 등의 안전에 관한 규칙 제4조 제1항에서 정한 사항별로 해당 심사부서에서 심사를 진행하고 이에 따라 보완요구를 비롯한 구체적인 심사 절차도 해당 심사부서의 내부 사정에 따라 진행된다. 그렇지만 이러한 해당 심사부서별 심사는 **식품의약품안전처 내의 업무 분장에 불과하고, 또한 그 심사 등의 절차가 모두 종결되어야 허가가 이루어질 수 있다.** 결국 심사부서별 심사 등의 절차 진행은 **최종 허가에 이르는 중간 과정으로서, 전체적으로 허가를 위한 하나의 절차**로 평가할 수 있다.

판결이유

1. 상고이유 제1점 내지 제4점, 제6점에 대하여

가. 원심은 적법하게 채택된 증거들에 의하여 다음과 같은 사실을 인정하였다.

(1) 피고는 2010. 6. 23. '아세트산 아닐리드 유도체를 유효성분으로 하는 과활동방광 치료제'라는 명칭의 이 사건 특허발명(특허등록번호 생략)을 등록하고, 한국아스텔라스 제약 주식회사(이하 '한국아스텔라스제약'이라 한다)와 사이에 **이 사건 특허발명에 대한 통상실시권 설정계약을 체결하였으며, 한국아스텔라스제약은 2014. 1. 24. 위 통상 실시권을 등록**하였다.

(2) 한국아스텔라스제약은 <u>2013. 1. 31.</u> 식품의약품안전처장에게 이 사건 특허발명과 관련한 이 사건 허가대상 의약품인 베타미가서방정50밀리그램(원료의약품 : 미라베그론)에 대하여 의약품 수입품목허가 신청을 하면서 안전성·유효성 심사, 기준·시험방법 심사와 함께 의약품 제조 및 품질관리기준(Good Manufacturing Pratice, 이하 'GMP'라 한다) 평가 신청, 원료의약품 정보(Drug Master File, 이하 'DMF'라 한다) 심사 신청을 하였다.

(3) **식품의약품안전처장은 한국아스텔라스제약에 2013. 3. 20.에는 안전성·유효성 심사, 기준·시험방법 심사 및 DMF 심사에 관하여, 2013. 7. 25.에는 GMP 평가에 관하여 각 보완자료를 요청하였고, 한국아스텔라스제약은 2013. 5. 29. 안전성·유효성 심사, 기준·시험방법 심사 및 DMF 심사에 관하여, 2013. 12. 12. GMP 평가에 관하여 각 보완자료를 제출하였다. 식품의약품안전처장은 보완자료에 대한 심사를 거쳐 2013. 12. 31. 이 사건 허가대상 의약품에 대해 의약품 수입품목허가**를 하였다.

(4) 피고는 2014. 3. 28. 특허청장에게 이 사건 특허발명의 청구범위 제1항 내지 제10항에 대하여, 특허등록을 받은 날인 2010. 6. 23.부터 임상시험종료일인 2010. 8. 10.까지의 48일과 수입품목허가 신청일인 2013. 1. 31.부터 수입품목허가 결정이 신청인에게 도달한 날인 2013. 12. 31.까지의 334일을 더한 총 연장기간 382일에 대해 연장 등록출원을 하였고, 그에 따라 연장등록(이하 '이 사건 연장등록'이라 한다)이 이루어졌다.

나. 원심은 이와 같은 사실관계 등을 바탕으로 하여 다음과 같이 판단하였다.

(1) 위 수입품목허가 경위에 의하면, 이 사건 특허발명을 실시할 수 없었던 기간은 특허권 설정등록일인 2010. 6. 23.부터 임상시험종료일인 2010. 8. 10.까지의 48일 및 수입품목허가 신청서 제출일인 2013. 1. 31.부터 수입품목허가 결정이 신청인에게 도달한 날인 2013. 12. 31.까지의 334일을 기초로 산정하여야 한다.

(2) 식품의약품안전처 내 각 심사부서에서 심사가 중단된 기간은 ㉠ 안전성·유효성, 기준·시험방법에 대한 보완자료 요청일인 2013. 3. 20.부터 보완자료 제출일인 2013. 5. 29.까지(이하 '기간 1'이라 한다) 및 ㉡ GMP 보완자료 요청일인 2013. 7. 25.부터 보완자료 제출일인 2013. 12. 12.까지(이하 '기간 2'라 한다)이다.

그런데, 위 '기간 1' 동안에는 GMP 평가 심사부서의 심사가 계속 이루어지고 있었으므로 그 보완기간은 통상실시권자의 귀책사유와 허가 등의 지연 사이에 상당인과관계가 인정되지 아니하여 특허권자의 책임 있는 사유로 인하여 지연된 기간이라고 볼 수 없다. 또한 DMF 심사에 관하여 원료협의회신이 2013. 12. 4.에 있었으므로, '기간 2' 중 2013. 7. 25.부터 2013. 12. 3.까지는 DMF 심사부서의 심사가 이루어지고 있었다고 할 것이고, 따라서 위 기간 역시 통상실시권자의 귀책사유와 허가 등 지연 사이에 상당인과관계가 인정되지 아니하여 위 기간도 특허권자의 책임 있는 사유로 인하여 지연된 기간이라고 볼 수 없다. 다만 '기간 2' 중 나머지 2013. 12. 4.부터 2013. 12. 12.까지의 기간 동안에는 GMP 평가 심사부서의 심사가 중단되었다고 볼 여지는 있으나, **위 기간 동안에도 의약품심사조정과의 품목허가 및 DMF 등록의 다당성 검토가 이루어지고 있었다고 보아야 할 것이므로, 결국 위 기간과 관련해서도 통상실시권자의 귀책사유와 허가 등 지연 사이에 상당인과관계가 인정되지 아니한다.**

(3) 따라서 이 사건 연장등록에 구 특허법 제134조 제1항 제3호의 무효사유가 존재하지 아니한다.

다. 앞에서 본 법리를 비롯한 원심 판시 관련 법령 등과 기록에 비추어 살펴보면 다음과 같이 판단된다.

(1) 식품의약품안전처의 의약품 제조판매·수입품목 허가는 그 허가신청에 대하여 의약품 등의 안전에 관한 규칙 제4조 제1항에서 정한 사항별로 해당 심사부서에서 심사를 진행하고 이에 따라 보완요구를 비롯한 구체적인 심사 절차도 해당 심사부서의 내부 사정에 따라 진행된다. 그렇지만 이러한 해당 심사부서별 심사는 식품의약품안전처 내의 업무 분장에 불과하고, 또한 그 심사 등의 절차가 모두 종결되어야 허가가 이루어질 수 있다. 결국 심사부서별 심사 등의 절차 진행은 최종 허가에 이르는 중간 과정으로서, 전체적으로 허가를 위한 하나의 절차로 평가할 수 있다.

이러한 사정에 비추어 보면, 식품의약품안전처 내 어느 심사부서에서 보완요구가 이루어지고 그 결과 보완자료를 제출할 때까지 그 보완요구 사항에 대한 심사가 진행되지 못하였다 하더라도, 그 동안 식품의약품안전처의 다른 심사부서에서 그 의약품의 제조판매·수입품목 허가를 위한 심사 등의 절차가 계속 진행되고 있었던 경우에는 다른 특별한 사정이 없는 한 그 기간 역시 허가를 위하여 소요된 기간으로 볼 수 있으므로, 이를 가지고 허가 등을 받은 자의 귀책사유로 인하여 허가 등의 절차가 지연된 기간이라고 단정할 수 없다.

(2) 원심판결 이유에 의하면 이 사건 특허발명을 실시할 수 없었던 기간 중에서 식품의약품안전처의 심사가 전혀 진행되지 아니한 기간은 없고 달리 **'허가 등을 받은 자의 책임 있는 사유'로 제외되어야 할 기간을 인정할 자료가 없으므로, 이 사건 연장등록에 구 특허법 제134조 제1항 제3호의 무효사유가 있다고 볼 수 없다.**

(3) 따라서 이 사건 연장등록에 그와 같은 무효사유가 없다고 판단한 원심의 결론은 수긍할 수 있고, 거기에 상고이유 주장과 같이 존속기간 연장기간 산정에 관련된 특허권자의 귀책사유 및 주의의무, 귀책사유와 허가 등에 소요된 기간 사이의 상당인과관계, 헌법 및 법률에서 정한 평등원칙 등에 관한 법리를 오해하고 이유가 모순되는 등의 사유로 판결에 영향을 미친 위법이 없다.

2. 상고이유 제5점에 대하여

가. 원심은 판시와 같은 이유로 다음과 같은 취지로 판단하였다.

(1) 구 특허법 제134조 제1항 제2호가 연장등록의 무효사유로서 '등록된 통상실시권을 가진 자가 제89조의 허가 등을 받지 아니한 출원에 대하여 연장등록이 된 경우'라고 규정한 것은, 특허권 존속기간의 연장등록을 받는 데에 필요한 허가 등을 신청할 수 있는 자의 범위에 통상실시권자도 포함되지만, **그 통상실시권의 등록이 연장등록출원서의 필수적 기재사항 및 증명자료임에 비추어 그 것이 누락된 채로 연장등록이 이루어진 경우에는 적법한 연장등록 요건을 갖추지 못한 것이므로**

그 등록을 무효로 하겠다는 취지라고 해석함이 상당하다. 이와 달리 위 법률 조항이 허가 등을 신청한 통상 실시권자가 그 신청 당시부터 통상실시권의 등록을 마치고 있어야만 한다는 취지를 규정한 것이라고 볼 수는 없다.

(2) 한국아스텔라스제약이 위 수입품목허가 신청 당시 이 사건 특허발명을 적법하게 실시할 수 있는 통상실시권자의 지위에 있었고, 특허청 심사관의 이 사건 연장등록결정 등본 송달 전에 통상실시권 등록 및 그에 대한 증명자료 제출이 모두 이루어졌으므로, 이 사건 연장등록에는 등록무효 사유가 없다.

나. 원심판결 이유를 원심 판시 관련 법령 및 적법하게 채택된 증거들을 비롯한 기록에 비추어 살펴보면, 위와 같은 원심의 판단을 수긍할 수 있고, 거기에 상고이유 주장과 같이 구 특허법 제134조 제1항 제2호의 해석에 관한 법리를 오해하는 등의 위법이 없다.

3. 결론

그러므로 상고를 모두 기각하고, 상고비용은 패소자들이 부담하기로 하여, 관여 대법관의 일치된 의견으로 주문과 같이 판결한다.

기출 여부 (48회 이후)	특허법 학회 TOP 10	중요도
–	2018	★★★

002 존속기간이 연장된 특허발명의 효력범위에 관한 사건
대법원 2019. 1. 17. 선고 2017다245798 판결 [특허권 침해금지 등]

판결요지

1. 존속기간 연장제도의 의의 및 취지

구 특허법(2011. 12. 2. 법률 제11117호로 개정되기 전의 것, 이하 같다) 제89조는 "특허발명을 실시하기 위하여 다른 법령의 규정에 의하여 허가를 받거나 등록 등을 하여야 하고, 그 허가 또는 등록 등(이하 '허가 등'이라 한다)을 위하여 필요한 활성·안전성 등의 시험으로 인하여 장기간이 소요되는 대통령령이 정하는 발명인 경우에는 제88조 제1항의 규정에 불구하고 그 실시할 수 없었던 기간에 대하여 5년의 기간 내에서 당해 특허권의 존속기간을 연장할 수 있다."라고 규정하여 약사법 등에 의한 허가 등을 받기 위하여 특허발명을 실시할 수 없는 기간만큼 특허권의 존속기간을 연장해주는 제도를 두고 있다(대법원 2017. 11. 29. 선고 2017후882, 899 판결 등 참조). 위 조항에서 말하는 '장기간이 소요되는 대통령령이 정하는 발명'의 하나로 구 특허법 시행령 제7조 제1호는 특허발명을 실시하기 위하여 구 약사법(2007. 4. 11. 법률 제8365호로 개정되기 전의 것) 제26조 제1항 또는 제34조 제1항의 규정에 의하여 품목허가를 받아야 하는 의약품의 발명을 들고 있다.

2. 존속기간이 연장된 특허권의 효력 (특허법 제95조)

한편, 존속기간이 연장된 특허권의 효력에 대해 구 특허법 제95조는 '그 연장등록의 이유가 된 허가 등의 대상물건(그 허가 등에 있어 물건이 특정의 용도가 정하여져 있는 경우에 있어서는 그 용도에 사용되는 물건)에 관한 그 특허발명의 실시 외의 행위에는 미치지 아니한다.'라고 규정하고 있다. 특허법은 이와 같이 **존속기간이 연장된 특허권의 효력이 미치는 범위를 규정하면서 청구범위를 기준으로 하지 않고 '그 연장등록의 이유가 된 허가 등의 대상물건에 관한 특허발명의 실시'로 규정하고 있을 뿐, 허가 등의 대상 '품목'의 실시로 제한하지는 않았다.**

3. 특허권자가 약사법에 따라 품목허가를 받은 의약품과 특허침해소송에서 상대방이 생산 등을 한 의약품이 약학적으로 허용 가능한 염 등에서 차이가 있는 경우 연장된 특허권의 효력

이러한 법령의 규정과 제도의 취지 등에 비추어 보면, **존속기간이 연장된 의약품 특허권의 효력이 미치는 범위**는 특허발명을 실시하기 위하여 **약사법에 따라 품목허가를 받은 의약품과 특정 질병에 대한 치료효과를 나타낼 것으로 기대되는 특정한 유효성분, 치료효과 및 용도가 동일한지 여부를 중심으로 판단해야 한다.** 특허권자가 약사법에 따라 품목허가를 받은 의약품과 특허침해소송에서 상대방이 생산 등을 한 의약품(이하 '침해제품'이라 한다)이 **약학적으로 허용 가능한 염 등에서 차이가 있더라도 발명이 속하는 기술분야에서 통상의 지식을 가진 사람(이하 '통상의 기술자'라 한다)이라면 쉽게 이를 선택할 수 있는 정도에 불과하고, 인체에 흡수되는 유효성분의 약리작용에 의해 나타나는 치료효과나 용도가 실질적으로 동일하다면** 존속기간이 연장된 특허권의 효력이 침해제품에 미치는 것으로 보아야 한다.

판결이유

1. 원심판결의 이유와 적법하게 채택된 증거들에 의하면 다음과 같은 사실을 알 수 있다.

　가. 원고 아스텔라스세이야쿠 가부시키가이샤(이하 '원고 아스텔라스세이야쿠'라고 한다)가 출원하여 등록받은 이 사건 특허발명(특허번호 생략)의 이름은 "신규한 퀴누클리딘 유도체 및 이의 약제학적 조성물"이고, 원고 한국아스텔라스제약 주식회사는 원고 아스텔라스세이야쿠로부터 이 사건 특허발명에 대하여 통상실시권을 설정받았다.

　이 사건 특허발명은 '과민성 방광증상 등에 치료효과를 가지는 특정 기본골격을 갖는 화합물'을 특징으로 하는 물질특허인데, 그 유리염기 형태의 특정 화합물은 숙신산이나 푸마르산을 비롯한 다양한 산과 염 화합물을 형성할 수 있다.

　나. 원고 아스텔라스세이야쿠는 2007. 3. 30. 식품의약품안전처장으로부터 이 사건 특허발명과 관련한 이 사건 허가대상 의약품인 "베시케어정5밀리그램(숙신산솔리페나신)"에 대하여 원료약품 및 분량을 "전체단위 1정(154mg) 중 주성분 숙신산솔리페나신 5.0밀리그램 외 부형제, 제피제, 결합제 등"으로 하여 의약품 수입품목허가를 받았다.

　다. 원고 아스텔라스세이야쿠는 2007. 6. 26. 특허청장에게 이 사건 특허발명을 실시하기 위하여 이 사건 허가대상 의약품의 수입품목허가를 받는 데 1년 6월 16일이 걸렸다는 이유로 위 기간만큼 이 사건 특허발명의 존속기간을 연장해줄 것을 요청하는 내용의 존속기간 연장등록출원을 하였다. 위 출원서에는 "일반명(품목명) 숙신산 솔리페나신, 제품명(상표명) 베시케어정, 효능 및 효과(용도) 과민성 방광 증상의 치료" 등이 기재되어 있다. 특허청 심사관은 2007. 8. 21. 이 사건 특허발명의 존속기간을 1년 6월 16일 연장하는 내용의 존속기간 연장등록결정을 하였다. 이에 따라 이 사건 특허발명의 청구항 1 내지 8의 존속기간 만료일이 2015. 12. 27.에서 2017. 7. 13.로 연장되었다.

　라. 피고는 2016. 7. 25. 식품의약품안전처장으로부터 전문의약품 "에이케어정 4.98mg 및 9.96mg (솔리페나신푸마르산염)"에 관하여 의약품 제조·판매 품목허가를 받았다. 위 의약품은 주성분 '푸마르산솔리페나신' 외 부형제, 결합제, 붕해제, 활택제, 코팅제 등으로 이루어지고, 신경성 빈뇨, 불안정 방광, 만성 방광염에서의 요실금과 빈뇨의 비뇨기 질환의 예방 또는 치료를 의약용도로 하는 약제학적 조성물이다(이하 '피고 제품'이라 한다).

2. 이러한 사정을 앞서 본 법리를 비롯한 원심 판시 관련 법령과 기록에 비추어 살펴본다.

　가. (1) 피고 제품은 이 사건 특허발명과 <u>유효성분이 "솔리페나신"으로 동일하고 염만 "숙신산"에서 "푸마르산"으로 변경한 '염 변경 의약품'에 해당</u>한다. 피고 제품은 그 품목허가신청 당시 적용되던 「의약품의 품목허가·신고·심사 규정」제2조 제8호가 정한 안전성·유효성심사 자료제출의약품으로서, 위 규정 제28조 제5항에 규정된 요건인 '국내에서 허가된 의약품(원고가 수입품목허가 받은 '베시케어정'을 의미한다. 이하 같다)과 <u>화학적으로 기본골격이 동일하고 효능, 효과, 용법, 용량, 부작용, 약리작용 등이 허가된 의약품과 거의 동등하다고 추정</u>되며 경구투여제로서 소화기관내에서 반드시 분해되어 국내에서 허가된 의약품과 동일한 성분으로 되어 흡수되는 것이 명확한 것으로서, <u>그 염류 등이 의약품으로 자주 사용되는 것</u>'에 해당된다는 이유로, 제조·판매 품목허가 신청시 '베시케어정'에 대한 독성, 약리작용, 임상시험성적에 관한 자료 등 다수의 안전성·유효성 자료를 원용함으로써 독성에 관한 자료, 약리작용에 관한 자료들의 제출을 면제받았다. 피고는 건강한 사람을 대상으로 한 임상 1상 시험에서 피고 제품을 투여한 후 유효성분인 솔리페나신의 혈중 농도가 이 사건 허가대상 의약품인 베시케어정을 투여했을 때와 대등한 수준임을 확인하는 내용의 생물학적 동등성 시험자료를 제출하여 제조·판매품목허가를 받았다.

　(2) 일반적으로 <u>약물의 염은 약물의 용해도와 흡수율을 높이기 위해 유리염기 형태의 화합물과 결합시키는 작용</u>을 한다. 품목허가를 받은 솔리페나신 숙신산염은 솔리페나신과 숙신산이 이온결

합에 의해 약하게 결합된 상태의 화합물이고, 체내에 경구투여되어 위장에 들어가면 강산이 위액에 의해 이온결합이 끊어져 솔리페나신과 숙신산으로 분리되게 된다. 이렇게 분리된 숙신산은 체내 대사를 거쳐 체외로 배출되고 솔리페나신만 소장의 상피세포에서 흡수된 후 혈액을 통하여 방광에 도달하여 사람의 $M_3^{\#}$ 무스카린 수용체와 반응하여 약리효과를 발휘하게 된다.

(3) 그러므로 푸마르산염과 숙신산염의 성질(융점, 물에서의 용해도 등), 이 사건 허가대상 의약품과 피고 제품의 투여용량의 미세한 차이만으로 인체에 흡수되는 유효성분의 약리작용에 의해 나타나는 치료효과가 다르다고 볼 수 없다.

나. 이 사건 특허발명의 명세서는 암모늄염 외에 숙신산, 푸마르산 등을 유효성분인 솔리페나신과 염을 형성할 수 있는 선택 가능한 유기산으로 기재하고 있다. 피고 제품의 푸마르산염은 숙신산염과 함께 흔히 사용되는 약학적 염인 '클래스 1(Class 1)'로 분류되고, 솔리페나신 숙신산염의 체내 투여 및 흡수과정은 솔리페나신 푸마르산염의 경우에도 동일하다는 것은 널리 알려져 있으므로, 숙신산염을 푸마르산염으로 변경하는 것은 통상의 기술자라면 누구나 쉽게 선택할 수 있는 사항에 불과하다.

다. 따라서 피고 제품은 이 사건 허가대상 의약품과 염에서 차이가 나지만, 통상의 기술자가 그 변경된 염을 쉽게 선택할 수 있고, 인체에 흡수되는 치료효과도 실질적으로 동일하므로, 존속기간이 연장된 이 사건 특허발명의 권리범위에 속한다고 보아야 한다.

그럼에도 원심은 이와 달리 존속기간이 연장된 특허권의 효력이 제조·수입품목 허가 사항에 의하여 특정된 의약품 및 그와 실질적으로 동일한 품목으로 취급되어 별도의 제조·수입품목허가를 받을 필요가 없는 의약품의 범위에만 미친다고 보아, 피고 제품이 존속기간이 연장된 이 사건 특허발명의 권리범위에 속하지 않는다고 판단하였다. 이러한 원심판단에는 존속기간이 연장된 특허권의 권리범위에 관한 구 특허법 제95조에 대한 법리 등을 오해하여 판결에 영향을 미친 잘못이 있고, 이를 지적하는 상고이유 주장은 이유 있다.

3. 피고 보조참가인의 보조참가신청의 적법 여부에 대하여

보조참가를 하려면 당해 소송의 결과에 대하여 법률상 이해관계가 있어야 하는데, 피고 보조참가인이 주장하는 이해관계는 사실상 이해관계에 불과할 뿐 법률상 이해관계라고 할 수 없다. 그러므로 이 사건 보조참가신청은 참가의 요건을 갖추지 못하여 부적법하다.

4. 그러므로 원심판결을 파기하고, 사건을 다시 심리·판단하게 하기 위하여 원심법원에 환송하며, 피고 보조참가인의 보조참가신청을 각하하고, 보조참가로 인한 소송비용은 피고 보조참가인이 부담하기로 하여, 관여 대법관의 일치된 의견으로 주문과 같이 판결한다.

기출 여부 (48회 이후)	특허법 학회 TOP 10	중요도
53회 (2016년) 문제 3	2014	★★

003 특허권이 공유인 경우 각 공유자에게 공유물분할청구권이 인정되는지 여부

대법원 2014. 8. 20. 선고 2013다41578 판결 [공유물분할]

판결요지

1. 특허권이 공유인 경우 공유에 관한 민법의 일반규정이 적용되는지 여부

특허권이 공유인 경우에 각 공유자는 다른 공유자의 동의를 얻지 아니하면 지분을 양도하거나 지분을 목적으로 하는 질권을 설정할 수 없고 또한 특허권에 대하여 전용실시권을 설정하거나 통상실시권을 허락할 수 없는 등(특허법 제99조 제2항, 제4항) 권리의 행사에 일정한 제약을 받아 그 범위에서는 합유와 유사한 성질을 가진다. 그러나 일반적으로는 특허권의 공유자들이 반드시 공동목적이나 동업관계를 기초로 조합체를 형성하여 특허권을 보유한다고 볼 수 없을 뿐만 아니라 특허법에 특허권의 공유를 합유관계로 본다는 등의 명문의 규정도 없는 이상, 특허법의 다른 규정이나 특허의 본질에 반하는 등의 특별한 사정이 없는 한 공유에 관한 민법의 일반규정이 특허권의 공유에도 적용된다.

2. 특허법 제99조 제2항, 제4항의 규정 취지

특허법 제99조 제2항 및 제4항의 규정 취지는, 공유자 외의 제3자가 특허권 지분을 양도받거나 그에 관한 실시권을 설정받을 경우 제3자가 투입하는 자본의 규모·기술 및 능력 등에 따라 경제적 효과가 현저하게 달라지게 되어 다른 공유자 지분의 경제적 가치에도 상당한 변동을 가져올 수 있는 특허권의 공유관계의 특수성을 고려하여, 다른 공유자의 동의 없는 지분의 양도 및 실시권 설정 등을 금지한다는 데에 있다.

3. 특허권의 공유관계에 민법상 공유물분할청구에 관한 규정이 적용되는지 여부 및 특허권의 성질상 현물분할이 허용되는지 여부

그렇다면 특허권의 공유자 상호 간에 이해관계가 대립되는 경우 등에 공유관계를 해소하기 위한 수단으로서 각 공유자에게 민법상의 공유물분할청구권을 인정하더라도 공유자 이외의 제3자에 의하여 다른 공유자 지분의 경제적 가치에 위와 같은 변동이 발생한다고 보기 어려워서 특허법 제99조 제2항 및 제4항에 반하지 아니하고, 달리 분할청구를 금지하는 특허법 규정도 없으므로, 특허권의 공유관계에 민법상 공유물분할청구에 관한 규정이 적용될 수 있다. 다만 특허권은 발명실시에 대한 독점권으로서 그 대상은 형체가 없을 뿐만 아니라 각 공유자에게 특허권을 부여하는 방식의 현물분할을 인정하면 하나의 특허권이 사실상 내용이 동일한 복수의 특허권으로 증가하는 부당한 결과를 초래하게 되므로, 특허권의 성질상 그러한 현물분할은 허용되지 아니한다. 그리고 위와 같은 법리는 디자인권의 경우에도 마찬가지로 적용된다.

판결이유

이러한 법리에 비추어 보면, 원심이 그 판시 각 특허권 및 디자인권(이하 '이 사건 특허권 등'이라고 한다)의 공유자인 원고의 분할청구를 받아들여, 이 사건 특허권 등에 대하여 경매에 의한 대금분할

을 명한 것은 정당하다. 거기에 상고이유의 주장과 같이 특허권 등의 공유자의 분할청구에 관한 법리를 오해하는 등의 위법이 있다고 할 수 없다.

그리고 원고의 피상속인인 **망 소외인이 피고들로부터 7,000만 원을 지급받고 이 사건 특허권 등에 관한 지분을 피고들에게 모두 이전하기로 약정**하였다는 피고들의 상고이유 주장은 결국 사실심인 원심의 전권사항에 속하는 증거의 취사선택과 사실인정을 탓하는 것에 불과하여 이를 받아들일 수 없다.

그러므로 상고를 모두 기각하고 상고비용은 패소자들이 부담하도록 하여, 관여 대법관의 일치된 의견으로 주문과 같이 판결한다.

기출 여부 (48회 이후)	특허법 학회 TOP 10	중요도
58회 (2021년) 문제 1	–	★★

004 2인 이상이 공동으로 발명을 하여 특허를 받을 수 있는 권리를 공유하는 경우, 공유자 사이의 지분 비율을 결정하는 기준

대법원 2014. 11. 13. 선고 2011다77313,77320 판결 [특허출원인명의변경·손해배상(지)] [공2014하,2310]

판결요지

1. 직무발명에 대한 특허를 받을 수 있는 권리 등을 사용자 등에게 승계시킨다는 취지를 정한 약정 또는 근무규정의 적용을 받는 종업원 등이 직무발명의 완성 사실을 사용자 등에게 통지하지 아니한 채 특허를 받을 수 있는 권리를 제3자에게 이중으로 양도하여 특허권 등록을 마치게 한 경우, 불법행위가 되는지 여부

직무발명에 대한 특허를 받을 수 있는 권리 등을 사용자·법인 또는 국가나 지방자치단체(이하 '사용자 등'이라 한다)에게 승계시킨다는 취지를 정한 약정 또는 근무규정의 적용을 받는 종업원, 법인의 임원 또는 공무원(이하 '종업원 등'이라 한다)은 사용자 등이 이를 승계하지 아니하기로 확정되기 전까지 임의로 위 약정 등의 구속에서 벗어날 수 없는 상태에 있는 것이고, **위 종업원 등은 사용자 등이 승계하지 아니하는 것으로 확정되기까지는 발명의 내용에 관한 비밀을 유지한 채 사용자 등의 특허권 등 권리의 취득에 협력하여야 할 신임관계에 있다고 봄이 타당**하다. 따라서 종업원 등이 이러한 신임관계에 의한 협력의무에 위배하여 직무발명을 완성하고도 그 사실을 사용자 등에게 알리지 아니한 채 발명에 대한 특허를 받을 수 있는 권리를 제3자에게 이중으로 양도하여 제3자가 특허권 등록까지 마치도록 하였다면, 이는 사용자 등에 대한 배임행위로서 불법행위가 된다.

2. 2인 이상이 공동으로 발명을 하여 특허를 받을 수 있는 권리를 공유하는 경우, 공유자 사이의 지분 비율을 결정하는 기준

2인 이상이 공동으로 발명한 때에는 특허를 받을 수 있는 권리는 공유로 하는데[특허법(2014. 6. 11. 법률 12753호로 개정되기 전의 것, 이하 같다) 제33조 제2항], 특허법상 위 공유관계의 지분을 어떻게 정할 것인지에 관하여는 아무런 규정이 없으나, 특허를 받을 수 있는 권리 역시 재산권이므로 성질에 반하지 아니하는 범위에서는 민법의 공유에 관한 규정을 준용할 수 있다(민법 제278조 참조). 따라서 **특허를 받을 수 있는 권리의 공유자 사이에 지분에 대한 별도의 약정이 있으면 그에 따르되, 약정이 없는 경우에는 민법 제262조 제2항에 의하여 지분의 비율은 균등한 것으로 추정**된다.

판결이유

1. 손해를 배상할 책임을 부담하는지 여부

발명진흥법 제12조 전문(前文)은 "종업원 등이 직무발명을 완성한 경우에는 지체 없이 그 사실을 사용자 등에게 문서로 알려야 한다."고 규정하고 있고, 제13조는 제1항에서 "제12조에 따라 통지를 받은 사용자 등(국가나 지방자치단체는 제외한다)은 대통령령으로 정하는 기간에 그 발명에 대한 권리의 승계 여부를 종업원 등에게 문서로 알려야 한다. 다만 미리 사용자 등에게 특허 등을 받을 수 있는 권리나 특허권 등을 승계시키거나 사용자 등을 위하여 전용실시권을 설정하도록 하는 계약

이나 근무규정이 없는 경우에는 사용자 등이 종업원 등의 의사와 다르게 그 발명에 대한 권리의 승계를 주장할 수 없다."는 규정을, 제2항에서 "제1항에 따른 기간에 사용자 등이 그 발명에 대한 권리의 승계 의사를 알린 때에는 그때부터 그 발명에 대한 권리는 사용자 등에게 승계된 것으로 본다."는 규정을 각 두고 있으며, 발명진흥법 시행령 제7조는 "법 제13조 제1항 본문에서 '대통령령으로 정하는 기간'이란 법 제12조에 따른 통지를 받은 날부터 4개월 이내를 말한다."고 규정하고 있다. 따라서 직무발명에 대한 특허를 받을 수 있는 권리를 사용자 등에게 승계한다는 취지를 정한 약정 또는 근무규정이 있는 경우에는 사용자 등의 위 법령으로 정하는 기간 내의 일방적인 승계 의사 통지에 의하여 직무발명에 대한 특허를 받을 수 있는 권리 등이 사용자 등에게 승계된다. 또한 특허법상 공동발명자 상호 간에는 특허를 받을 권리를 공유하는 관계가 성립하고(특허법 제33조 제2항), 그 지분을 타에 양도하려면 다른 공유자의 동의가 필요하지만(특허법 제37조 제3항), 발명진흥법 제14조가 "종업원 등의 직무발명이 제3자와 공동으로 행하여진 경우 계약이나 근무규정에 따라 사용자 등이 그 발명에 대한 권리를 승계하면 사용자 등은 그 발명에 대하여 종업원 등이 가지는 권리의 지분을 갖는다."고 규정하고 있으므로, 직무발명이 제3자와 공동으로 행하여진 경우에는 사용자 등은 앞서 본 바와 같이 그 발명에 대한 종업원 등의 권리를 승계하기만 하면 공유자인 제3자의 동의 없이도 그 발명에 대하여 종업원 등이 가지는 권리의 지분을 갖는다고 보아야 한다(대법원 2012. 11. 15. 선고 2012도6676 판결 참조).

그렇다면 직무발명에 대한 특허를 받을 수 있는 권리 등을 사용자 등에게 승계시킨다는 취지를 정한 약정 또는 근무규정의 적용을 받는 종업원 등은 사용자 등이 이를 승계하지 아니하기로 확정되기 전까지 임의로 위 약정 등의 구속에서 벗어날 수 없는 상태에 있는 것이고, 위 종업원 등은 사용자 등이 승계하지 아니하는 것으로 확정되기까지는 그 발명의 내용에 관한 비밀을 유지한 채 사용자 등의 특허권 등 권리의 취득에 협력하여야 할 신임관계에 있다고 봄이 상당하다. 따라서 종업원 등이 이러한 신임관계에 의한 협력의무에 위배하여 직무발명을 완성하고도 그 사실을 사용자 등에게 알리지 아니한 채 그 발명에 대한 특허를 받을 수 있는 권리를 제3자에게 이중으로 양도하여 제3자가 특허권 등록까지 마치도록 하였다면, 이는 사용자 등에 대한 배임행위로서 불법행위가 된다고 할 것이다.

이 사건에 관하여 보건대, 위에서 살펴본 바와 같이 Q22 합금은 피고 2, 1이 공동으로 발명한 것이고, 피고 2가 원고 회사와 체결한 이 사건 발명약정은 직무발명 사전승계 약정의 한도에서 유효하며, Q22 합금 발명 중 피고 2의 기여 부분은 원고 회사와의 관계에서 피고 2의 직무발명에 해당한다고 보아야 한다. 한편 원심판결 이유에 의하면, 피고들은 Q22 합금과 같이 강도가 높으면서도 가벼운 특성이 필요한 휴대용 전자제품의 부품을 제조하는 데 적합한 경량 고강도 다이캐스팅용 합금의 발명이 원고 회사에 긴요하다는 점을 잘 알고 있으면서도, 위 합금을 개발한 후 그에 대한 특허를 받을 수 있는 권리 중 피고 2 지분을 원고 회사에 이전하는 절차를 밟지 아니하고, 위 발명 전체에 대하여 피고 1 명의로 단독 특허등록을 받아 피고 1 명의의 사업체(MIB)를 통하여 피고들이 공동으로 수익을 얻고자 하였으며, 실제로 주식회사 상문, 주식회사 성풍비철금속과 사이에 Q22 합금에 대한 라이선스계약을 체결하기까지 한 사실 등을 알 수 있다.

이러한 사실관계를 앞서 본 법리에 비추어 살펴보면, 피고들은 공모하여, 원고 회사의 이사로서 회사를 경영하는 지위에 있었고 그 직무에 관하여 Q22 합금을 공동으로 발명한 피고 2가, 사용자인 원고 회사가 위 발명에 대한 특허를 받을 수 있는 권리 중 피고 2의 지분을 승계하지 아니하기로 확정되기까지 그 발명의 내용에 관한 비밀을 유지한 채 원고 회사의 특허권 등 권리의 취득에 협력하여야 할 신임관계에 의한 협력의무에 위배하여, Q22 합금 발명 완성 사실을 원고 회사에 알리지 아니하고 그 발명에 대한 특허를 받을 수 있는 권리 중 피고 2의 지분을 피고 1에게 이중으로 양도하여 피고 1이 단독으로 특허권 등록을 마치도록 하고, 피고 2, 3의 주선으로 피고 1이 위 합금 발명에 관하여 다른 업체와 라이선스 계약을 체결하도록 함으로써, 원고 회사에 손해를 가하는 행위를 하였다고 인정하기에 충분하다.

따라서 피고들은 공동불법행위자로서 원고 회사에 대하여 손해를 배상할 책임을 부담한다.

2. 손해배상의 범위에 관하여

한편 원심은 Q22 합금을 피고 2가 단독으로 발명하였다고 보는 전제에서 피고들이 운영하는 MIB 명의로 주식회사 성풍비철금속으로부터 위 합금 발명의 특허에 대한 기술료로 지급받은 15,658,814원 전액을 원고 회사에 귀속되어야 할 것임에도 그가 얻지 못한 손해액에 해당한다고 판단하였다.

그러나 위에서 본 바와 같이 Q22 합금은 피고 2, 1이 공동으로 발명한 것으로서 이 중 피고 2 지분은 이 사건 발명약정에 의하여 발명진흥법 제12조, 제13조 제1항에서 정한 승계절차 등을 마침으로써 원고 회사가 이를 피고 2로부터 이전받을 권리가 있는 부분임에도, 피고 2가 위 약정상의 채무를 이행하지 아니한 채 피고 3, 1과 공모하여 위 지분을 피고 1에게 이중으로 양도하는 배임행위를 한 것이므로, 위 기술료 가운데 원고 회사가 피고들의 배임행위로 얻지 못한 이익 상당액은 피고 2 지분에 상응하는 금액에 한정된다고 할 것이다. 또한 2인 이상이 공동으로 발명한 때에는 특허를 받을 수 있는 권리는 공유로 하는데(특허법 제33조 제2항), 특허법상 위 공유관계의 지분을 어떻게 정할 것인지에 관하여는 아무런 규정이 없으나, 특허를 받을 수 있는 권리 역시 재산권이므로 그 성질에 반하지 아니하는 범위에서는 민법의 공유에 관한 규정을 준용할 수 있다고 할 것이다(민법 제278조 참조). 따라서 **특허를 받을 수 있는 권리의 공유자 사이에 지분에 대한 별도의 약정이 있으면 그에 따르되, 그 약정이 없는 경우에는 민법 제262조 제2항에 의하여 그 지분의 비율은 균등한 것으로 추정**된다고 봄이 상당하다.

그렇다면 원심으로서는 **Q22 합금 발명에 대한 특허를 받을 수 있는 권리 중 피고 2의 지분을 심리하여 확정하고, 위 기술료 가운데 그 지분에 상응하는 금액만을 손해액으로 산정하여 배상을 명하였어야 할 것**이다.

기출 여부 (48회 이후)	특허법 학회 TOP 10	중요도
–	–	★★★

005 특허권의 공유자 중 일부가 다른 공유자의 지분에 대한 무효심판을 청구할 수 있는지 여부

대법원 2015. 1. 15. 선고 2012후2432 판결 [등록무효(특)] [공2015상,265]

판결요지

특허처분은 하나의 특허출원에 대하여 하나의 특허권을 부여하는 단일한 행정행위이므로, 설령 그러한 특허처분에 의하여 수인을 공유자로 하는 특허등록이 이루어졌다고 하더라도, 그 특허처분 자체에 대한 무효를 청구하는 제도인 특허무효심판에서 그 공유자 지분에 따라 특허를 분할하여 일부 지분만의 무효심판을 청구하는 것은 허용할 수 없다.

판결이유

1. 특허법원 판단

1) 특허법은 제133조 제1항에서 특허청구범위의 청구항이 2 이상인 때에는 청구항마다 무효심판을 청구할 수 있다 고 규정하여 출원절차를 같이 한 총괄적 발명의 개념을 형성하는 1군의 특허발명 중 일부에 대한 무효심판청구가 가능함을 명시하면서도, 공유인 특허권의 일부 지분권에 대하여는 무효심판청구가 가능하다는 취지의 규정을 두지 않고 있다.

2) 특허법 제139조 제2항은 공유인 특허권의 특허권자에 대하여 심판을 청구하는 때에는 공유자 전원을 피심판청구인으로 하여 청구하여야 한다고 규정하고 있는바, 이는 특허권의 공유자 중 일부를 상대로 한 무효심판청구를 허용하지 않음은 물론, 공유인 특허권 중 일부 지분권에 대한 무효심판청구 역시 허용하지 않는 취지로 볼 수 있다.

3) 특허법 제44조는 제33조 제2항의 규정에 의한 특허를 받을 수 있는 권리가 공유인 경우에는 공유자 전원이 공동으로 특허출원을 하여야 한다 고 규정하고 있고, 이를 어길 경우, 즉 공유자 중 일부만이 특허출원을 한 경우에는 거절결정의 이유(특허법 제62조 제1호) 및 등록무효사유(특허법 제133조 제1항 제2호)가 되는바, 위 규정에 따르면 우리 특허법은 다수가 특허권을 공유하는 경우에도 그 특허권이 일체 로서 발생, 소멸하는 것을 전제로 권리관계를 규정하고 있다고 볼 수 있다.

4) 이 사건의 경우와 같이 특허권의 공유자들 사이에서 특허를 받을 수 있는 권리의 존부에 관한 분쟁이 발생하는 경우에 있어서 특허법 제139조 제2항에도 불구하고 공유자 중 일부가 나머지 공유자를 상대방으로 하는 특허권의 지분권에 대한 무효심판청구를 허용할 경우, 무효심판이 확정된 지분권은 소급적으로 그 효력이 소멸될 뿐이고 무효심판이 확정되지 아니한 다른 지분권의 권리자에게 그 소멸된 지분권이 귀속된다고 보기 어려우며, 소멸된 지분권에 대하여는 권리자가 새로이 특허출원을 하더라도 특허법 제44조를 위배한 것이어서 거절결정이 될 수밖에 없게 되는 등 복잡한 문제가 발생한다.

2. 대법원 판단

특허처분은 하나의 특허출원에 대하여 하나의 특허권을 부여하는 단일한 행정행위이므로, 설령 그러한 특허처분에 의하여 수인을 공유자로 하는 특허등록이 이루어졌다고 하더라도, 그 특허처분

자체에 대한 무효를 청구하는 제도인 특허무효심판에서 그 공유자 지분에 따라 특허를 분할하여 일부 지분만의 무효심판을 청구하는 것은 허용할 수 없다.

위 법리에 비추어 보면, 원심이 특허권의 공유자 중 일부가 다른 공유자의 지분에 대해 무효심판을 청구하는 것은 허용할 수 없으므로, 이 사건 특허무효심판 청구는 부적법하다고 판단한 것은 정당하고, 거기에 상고이유의 주장과 같이 특허권의 공유자 중 일부의 지분에 대한 무효심판 청구의 허용 여부에 관한 법리를 오해하는 등의 잘못이 없다.

기출 여부 (48회 이후)	특허법 학회 TOP 10	중요도
59회 (2022년) 문제1	–	★★★

006 양도인이 영업양도계약에 따라 특허에 관한 권리를 이전하는 경우

대법원 2020. 8. 27. 선고 2019다225255 판결 [특허권침해금지등청구의소]

판결요지

1. **처분문서에 나타난 당사자 의사의 해석 방법 및 의사표시 해석에 있어서 당사자의 진정한 의사를 알 수 없는 경우, 의사표시의 요소가 되는 효과의사(=표시상의 효과의사)**

   처분문서는 그 성립의 진정함이 인정되는 이상 법원은 그 기재 내용을 부인할 만한 분명하고도 수긍할 수 있는 반증이 없는 한 그 처분문서에 기재되어 있는 문언대로의 의사표시의 존재 및 내용을 인정하여야 하고, 당사자 사이에 계약의 해석을 둘러싸고 이견이 있어 처분문서에 나타난 당사자의 의사해석이 문제 되는 경우에는 <u>문언의 내용, 그와 같은 약정이 이루어진 동기와 경위, 약정에 의하여 달성하려는 목적, 당사자의 진정한 의사 등을 종합적으로 고찰하여 논리와 경험칙에 따라 합리적으로 해석</u>하여야 한다. 만약 의사표시 해석에 있어서 당사자의 진정한 의사를 알 수 없다면, 의사표시의 요소가 되는 것은 표시행위로부터 추단되는 효과의사 즉, 표시상의 효과의사이고 표의자가 가지고 있던 내심적 효과의사가 아니므로, 당사자의 내심의 의사보다는 외부로 표시된 행위에 의하여 추단된 의사를 가지고 해석함이 상당하다(대법원 2002. 6. 28. 선고 2002다23482 판결 등 참조).

2. **양도인이 영업양도계약에 따라 재산을 이전하는 경우, 특정승계의 방법에 의하여 재산의 종류에 따라 개별적으로 이전행위를 하여야 하는지 여부**

   영업양도는 채권계약이므로 양도인이 영업양도계약에 따라 재산을 이전할 때에는 포괄승계가 인정되지 않고 <u>특정승계의 방법에 의하여 재산의 종류에 따라 개별적으로 이전행위를 하여야 한다</u>(대법원 1991. 10. 8. 선고 91다22018, 22025 판결 등 참조).

판결이유

1. 원심판결 이유와 기록에 의하면 다음의 사실을 알 수 있다.

   가. 원고는 2012년경까지 특허번호 (특허번호 1 생략)(렌즈 변위유닛을 갖는 레이저 웰더), (특허번호 2 생략)(하부척 모듈의 교체가 용이한 레이저 웰더), (특허번호 3 생략)(웰딩 포인트 변경을 위한 피용접물의 변위 기능을 갖는 레이저 웰더), (특허번호 4 생략)(척킹 구조가 개선된 홀딩유닛을 갖는 레이저 웰더), (특허번호 5 생략)(피용접물에 대한 비변위 척킹 구조형 홀딩유닛을 갖는 레이저 웰더) 등 5개의 특허발명(이하 '이 사건 특허발명'이라 하고 그 권리를 '이 사건 특허권'이라 한다)에 관하여 그 등록을 마친 특허권자이다.

   나. 원고의 주주인 소외 4와 원고의 직원이던 소외 1, 소외 2, 소외 3(이하 3인을 '소외 1 등'이라 한다)은 2013. 12. 10. '원고의 권리 및 책임, 의무의 양수양도 합의계약서'라는 표제로 원심 판시 내용의 사전계약을 체결하였다.

다. 소외 1 등은 2013. 12. 20.경 퇴사하여 피고를 설립하였다. 원고(대표자 소외 4)와 피고(대표자 소외 1)는 2013. 12. 27. 사전계약상의 '갑(소외 4)'을 '원고 대표자 소외 4'로, '을(소외 1), 병(소외 2), 정(소외 3)'을 피고로 변경하였다(이하 사전계약과 2013. 12. 27.자 변경계약을 통틀어 '이 사건 계약'이라 한다).

라. 피고는 이후 원고에게, 이 사건 계약 제2조에 따른 대금으로 2014년도분 1,494,288,391원, 2015년도분 1,188,180,000원, 2016년도분 1,930,007,267원을 각각 지급하였다.

마. 피고는 이 사건 특허발명을 실시한 원심판결 별지 제품목록 기재 각 제품을 제조, 판매하여 왔다.

2. 원심의 판단

원심은 다음과 같은 이 사건 계약의 문언과 계약 체결 전후의 사정 등을 이유로, 이 사건 계약은 원고가 이 사건 특허권을 포함한 원고의 영업 일체를 그 동일성을 유지하면서 피고에 이전하는 영업양도계약이라고 보고, 특허권 침해행위의 금지 등을 구하는 원고의 주장을 모두 받아들이지 않았다.

가. 이 사건 계약은 그 명칭과 계약서 서문, 제1조에서 개개의 영업재산이 아니라 영업재산 일체를 동일성을 유지하면서 양도한다는 점을 명확히 하고 있고, 이 사건 계약 제8조와 제1조 단서는 피고가 원고의 일체의 채무까지 인수하기로 하는 내용을 담고 있다.

나. 이 사건 계약 제2조와 제4조는 양수대금을 3년에 걸쳐 당기순이익에 비례하여 지급하는 것으로 정하고 있는데, 이는 당기순이익에 비례하는 금액을 영업재산 일체에 대한 평가액으로 보아 구체적인 양수대금 산정에 갈음하기로 한 것으로 보인다.

다. 재고자산에 관하여는 이 사건 계약 제7조와 별도의 확인서(을 제9호증)에서 재고자산의 실사에 따라 대금을 3억 3천만 원으로 정하였는데, 여기서도 개개의 재고자산이 아닌 재고자산 일체에 대하여 대금을 정하고 있다. 이는 계약 체결 당시 금액 확정이 비교적 쉬운 재고자산에 관하여는 실사에 따른 확정금액을 대금으로 정하되, 금액 확정이 쉽지 않은 나머지 영업재산에 관하여는 추후 당기순이익에 비례하여 산정되는 금액을 대금으로 정한 것으로 볼 수 있다.

라. 이 사건 계약 제16조는 고용 승계에 관한 것으로 영업재산뿐만 아니라 인적 조직까지 동일성을 유지하면서 일체로 양도하는 것을 계약 내용으로 한다.

마. 이 사건 계약 제15조의 '계약기간' 조항은 계약서의 나머지 문언들과 전체적으로 비교하여 살펴볼 때, 피고가 계약서 제2조에 따라 지급한 금액이 제6조에서 정한 최소 지불금액(매년 최소 1억 원이나 3년간 총액 4억 원)에 미치지 못하는 경우라도 계약서 제4조에 따른 연간 당기순이익 최소금액(2억 원)을 달성하고 재무제표를 제공하는 등 나머지 의무를 전체적으로 성실히 지킨 경우에는 지급기간을 7년 연장하여 보장하고, 그 이후라도 별도의 협의에 따라 연장·보장할 수 있다는 약정으로 봄이 타당하다. 이처럼 계약서 제15조는 영업양도계약의 효과로서 발생하는 피고의 양수대금 지급의무에 대한 지급기한을 정한 것으로 볼 수 있다.

3. 대법원의 판단

그러나 원심이 인정한 사실관계와 적법하게 채택한 증거에 의해 인정되는 다음과 같은 사정을 앞서 본 법리에 비추어 살펴보면, 원심의 판단은 그대로 수긍하기 어렵다.

가. 이 사건 계약은 전체적으로 보아 일정한 기간을 정한 계속적 계약으로서 경영위탁과 유사한 계약으로 봄이 상당하다.

1) 이 사건 계약은 주로 피고가 원고로부터 승계하는 영업권 등의 유지·관리를 위하여 피고가 원고에게 부담하는 책임과 의무를 정하고 있을 뿐, 원고가 피고에 대하여 부담하는 의무나 원고 측의 의무위반에 따른 해지사유 등에 관해서는 정하고 있지 않다. 이 사건 계약은 피고가 회사 경

영과 관련하여 원고에게 부담하는 최소 경영실적 달성(제4조), 매월 경영실적에 대한 보고, 연봉인상 및 인센티브 제한, 이전받은 권리의 처분금지, 자산구매에 대한 사전승인(제6조), 지분양도금지(제10조) 등 각종 의무를 정하고 있는데, 피고 측의 위와 같은 의무는 쌍무계약인 영업양도계약의 양수인이 통상적으로 부담하는 것이라고 보기 어렵다. 그리고 이로 인하여 원고는 피고의 회사 경영에 폭넓게 관여할 수 있게 되는데, 이는 영업양도계약과는 다른 경영위탁 유사의 계약관계에 따른 권리·의무의 성격을 가지는 것으로 볼 수 있다.

 2) 이 사건 계약 제15조는 '계약기간'이라는 표제 아래 이 사건 계약의 존속기간에 대하여 규정하고 있다. 즉, 이 사건 계약은 계약기간을 만 3년간(1차 기간)으로 정하고, 피고가 위 기간 중 이 사건 계약 제4조, 제6조, 제7조 등을 전체적으로 성실히 지키는 경우 원고가 추가 7년의 계약기간(2차 기간) 연장을 보장하며, 그 이후 기간은 별도로 협의하여 정하도록 하고 있다.

 위 제15조를 계약기간이 아닌 인수대금에 대한 지급기한을 연장하는 조항으로 해석하는 것은 '계약기간'이라는 문언의 통상적인 의미를 벗어나고, 이 사건 계약 제6조에서 정한 계약의 해지사유와도 모순되며, 나아가 위 제15조를 대금의 지급기한 연장에 관한 조항으로 본다면 2차 기간인 7년이 지난 이후에 별도로 협의하여 정하도록 한 부분을 합리적으로 설명할 수 없다.

 나. 원고가 이 사건 계약을 통하여 피고에게 이 사건 특허권을 이전하였다고 보기도 어렵다.

 1) 영업양도는 채권계약이므로 양도인이 영업양도계약에 따라 재산을 이전할 때에는 포괄승계가 인정되지 않고 특정승계의 방법에 의하여 재산의 종류에 따라 개별적으로 이전행위를 하여야 한다(대법원 1991. 10. 8. 선고 91다22018, 22025 판결 등 참조). 원고는 레이저 웰더(용접기)에 관한 이 사건 특허발명을 이용해서 관련 제품을 생산하고 판매하는 것을 사업 목적으로 하는 회사로서, 이 사건 특허권을 비롯한 다수의 특허권이 원고의 주요 자산을 이루고 있었던 것으로 보인다. 그런데 이 사건 계약서는, 서문과 제1조에서 '**원고의 모든 영업권, 상표권, 특허 등의 모든 권리를 피고가 그대로 승계한다**'고 추상적으로 언급하는 외에는 **이 사건 계약의 대상이 되는 특허권의 구체적인 내역이나 그 이전 여부, 이전등록의 시기나 절차, 방법에 관하여 아무런 정함이 없다**. 이는 이 사건 계약서 제7조에서 재고, 자산의 매입에 관해서 실사를 통해 재고, 자산의 내역을 특정하고 그 대금을 3억 3천만 원으로 정하며 3년 내에 인수 금액을 지불하도록 하는 등 구체적인 내용을 정하고 있는 것과 대조적이다.

 2) 이 사건 계약 제2조는 '권리 매입가격지불'이라는 표제 아래 피고가 매년 당기순이익의 일정 비율을 원고 측에 지급하도록 정하고 있지만, 원고와 피고가 이로써 이 사건 특허권이전을 포함한 영업양도 대금을 정한 것인지 의문이다.

 원고와 피고는 영업양도 시 통상 이루어지는 영업 전체의 가치를 평가하는 절차를 거치지 않았고, 영업을 이전하는 대가의 대략적인 총액도 정하지 않은 채 당기순이익의 일정 비율로 정한 금원만을 지급하기로 정하였는데 이는 영업양수도 대금의 산정방식으로는 매우 이례적이다. 위와 같은 방식으로 산정한 금원을 영업재산 일체에 대한 평가액으로 보아 양수도대금에 갈음할 만한 특별한 사정도 찾아볼 수 없다.

 3) 원고는 이 사건 특허발명을 이용하여 생산한 레이저 웰더를 판매하여 2004년부터 2013년까지 매년 최소 24억여 원에서 최대 94억여 원의 매출액을 꾸준히 내고 있었고, 이 사건 계약을 체결한 2013년에는 법인세 차감 전 이익이 14억 9천여 만 원으로 감소하였지만 그 직전 3년간은 매년 30억 원 이상의 이익을 얻었던 것으로 보인다. 이러한 이 사건 계약 전 원고의 매출 규모와 이익 규모 등에 비추어 보면, 이 사건 계약 제6조에서 정한 최소 지불 보장 금액(매년 1억 원, 3년간 총 4억 원)을 원심과 같이 이 사건 특허권을 포함한 원고의 영업 일체에 대한 최소한의 대가라고 쉽게 인정하기도 어렵다.

 4) 나아가 이 사건 소 제기 전까지 피고는 이 사건 특허발명에 관한 특허권 이전을 청구한 바가 없고, 오히려 이 사건 계약의 1차 기간 만료를 전후로 피고 측 소외 1은 소외 4에게 계약기간 7년의

연장을 요구하면서 이 사건 특허발명에 관하여 실시료를 지급하겠다는 취지로 말하기도 하였다. 이는 피고 스스로 이 사건 계약을 통하여 원고로부터 이 사건 특허권을 이전받기로 한 것이 아니라 이 사건 특허권을 보유한 원고와 사이에 기간을 정하여 일정한 사용관계를 정한 것으로 볼 여지가 있다.

다. 위와 같은 사정을 종합하여 보면, 이 사건 계약은 이 사건 특허권의 이전을 포함한 영업양도 계약이라고 보기 어렵다 할 것임에도, 원심은 이와 다른 전제에서 이 사건 계약이 계약기간의 만료 또는 원고의 해지로 종료되었는지 여부 등에 관하여 더 나아가 심리하지 않은 채 원고의 주위적 청구와 예비적 청구를 모두 기각하였다. 이러한 원심의 판단에는 계약의 해석에 관한 법리를 오해하거나 필요한 심리를 다하지 않음으로써 논리와 경험의 법칙에 반하여 자유심증주의의 한계를 벗어나 판결에 영향을 미친 잘못이 있다. 이 점을 지적하는 원고의 상고이유 주장은 이유 있다.

[등록 전 양수인이 특허권을 실시할 권리가 있는지 여부 - 특허법원 판단]

가) 원고회사가 이 사건 특허발명들의 특허권자이고, 피고회사가 특허권이전등록을 마치지 않은 상태에서 이 사건 특허발명들을 실시한 별지 제품목록 기재 각 제품을 제조, 판매하여 온 점은 앞서 본 것과 같다. 그렇다면 위 각 제품이 이 사건 특허발명들의 특허권 권리범위에 속한다는 점에 대하여 피고회사가 다투지 않는 이 사건에서, **특별한 사정이 없는 한 피고회사가 각 제품을 생산함으로써 원고회사의 이 사건 특허발명들에 관한 특허권을 침해하였다고 볼 수도 있다.**

나) 무릇 **미등기건물을 양도받아 점유 중에 있는 자는 비록 등기부상의 소유권취득에 관한 등기를 하지 못하고 있다 하더라도 그 권리의 범위 내에서는 점유 중인 건물에 대하여 법률상 또는 사실상 처분을 할 수 있는 지위**에 있고(대법원 1989. 2. 14. 선고 87다카3073 판결 등 참조), 또한 토지의 매수인이 아직 소유권이전등기를 마치지 아니하였다 하여도 매매계약의 이행으로 그 토지를 인도받은 때에는 매매계약의 효력으로서 이를 점유·사용할 권리가 생기게 된 것으로 보아야 하며(대법원 1988. 4. 25. 선고 87다카1682 판결 등 참조), 이와 같이 일반적으로 **사실상 소유 또는 실질적 소유라는 개념은 매매 등 소유권 취득의 원인이 되는 법률요건이 성립되어 소유권 취득의 실질적 요건은 모두 갖추고 있으나 그 형식적 요건인 자기 명의의 등기를 갖추고 있지 아니한 경우**를 의미한다(대법원 2000. 10. 13. 선고 98다55659 판결 참조).

다) 위와 같은 법리를 비추어 이 사건에 돌이켜 보건대, 피고회사가 원고회사와 이 사건 계약을 체결함으로써 **이 사건 특허발명들에 관한 특허권을 포함하여 그 특허권실시의 기초가 되는 영업재산을 일체로 양수하였고, 그 대금을 원고회사에 모두 지급한 사실은 앞서 본 바와 같으므로**, 피고회사가 비록 **특허권이전등록을 마치지 아니하였다고 하더라도 이 사건 계약의 효력으로서 이 사건 특허발명들에 관한 특허권을 실시할 권리가 생긴 것으로 보아야 한다.** 이를 지적하는 피고회사의 항변은 이유 있고, 이와 다른 전제에서 피고회사에 대하여 특허권 침해행위의 금지와 침해조성물의 폐기 및 특허권침해에 따른 손해배상금의 지급 또는 같은 금액 상당 부당이득금의 반환을 구하는 원고회사의 주위적 주장부분은 손해배상금 또는 부당이득금의 액수 등에 관하여 더 나아가 살필 필요 없이 받아들일 수 없다.

기출 여부 (48회 이후)	특허법 학회 TOP 10	중요도
59회 (2022년) 문제 1	–	★★

007 특허권의 일부 공유지분에 대하여 이전청구권 보전을 위한 가처분등록이 된 사례

대법원 1999. 3. 26. 선고 97다41295 판결 [특허권이전등록말소등]

판결요지

1. **특허권의 일부 공유지분에 대하여만 이전청구권 보전을 위한 가처분등록이 경료된 후 특허권이 전부 제3자에게 이전된 상태에서 가처분권자인 지분 양수인이 본안소송에서 승소하여 그 지분에 대한 이전등록이 경료된 경우, 가처분등록되지 않은 다른 지분의 이전도 무효로 되는지 여부**

    특허권의 일부 공유지분의 이전청구권을 보전하기 위한 처분금지가처분결정에 기하여 가처분등록이 경료된 후 특허권이 전부 제3자에게 이전된 상태에서 가처분권자인 그 지분의 양수인이 본안소송에서 승소하여 그 지분에 대한 이전등록이 이루어졌다면, <u>위 가처분등록 이후의 특허권 이전은 양수인 앞으로 이전등록된 지분의 범위 내에서만 무효</u>가 된다.

2. **특허권의 공유관계의 법적 성질**

    특허권을 공유하는 경우에 각 공유자는 다른 공유자의 동의를 얻지 아니하면 그 지분을 양도하거나 그 지분을 목적으로 하는 질권을 설정할 수 없고, 그 특허권에 대하여 전용실시권을 설정하거나 통상실시권을 허락할 수 없는 등 <u>특허권의 공유관계는 합유에 준하는 성질</u>을 가진다.

3. **특허권의 일부 지분을 양수하기로 한 자가 그 지분의 이전등록 이전에 다른 지분의 양도에 대한 동의권의 보전을 위한 가처분이나 다른 지분에 대한 처분금지가처분을 구할 수 있는지 여부**

    특허권의 일부 지분을 양수하기로 한 자는 <u>그 지분의 이전등록이 있기까지는 특허권의 공유자로서 양수의 목적이 되지 아니한 다른 지분의 양도에 대하여 동의권을 행사할 수 없는 것이므로, 다른 지분의 처분을 저지할 수 있는 특약이 존재하는 등의 특별한 사정이 있는 경우가 아니라면 양수의 목적이 된 지분의 이전등록 이전에 그러한 동의권의 보전을 위한 가처분이나 다른 지분에 대한 처분금지의 가처분을 구하는 것은 허용되지 않는다.</u>

4. **특허권의 일부 지분에 대하여만 처분금지 가처분등록이 경료된 후 제3자 앞으로 당해 특허권에 대한 전용실시권이 설정된 상태에서 가처분권자가 본안소송에서 승소하여 그 일부 지분에 관하여 이전등록이 경료된 경우, 그 전용실시권의 설정은 전부 무효로 되는지 여부**

    특허권의 전용실시권자는 그 설정행위로 정한 범위 안에서 업으로서 그 특허발명을 실시할 권리를 독점하고 그 범위 내에서는 특허권자일지라도 그 특허권을 실시할 수 없는 것이므로, 특허권이 공유인 경우 각 공유자는 다른 공유자의 동의를 얻지 아니하면 그 특허권에 대하여 전용실시권을 설정할 수 없는 것인바, 공유자의 한 사람이 다른 공유자의 동의를 얻어 전용실시권을 설정하는 경우에도 <u>그 전용실시권의 설정은 특허권의 일부 지분에 국한된 처분이 아니라 특허권 자체에 대한 처분행위에 해당하는 것이며, 전용실시권의 성질상 특허권의 일부 지분에 대한 전용실시권의 설정은 상정할 수 없는 것</u>이므로, 특허권의 일부 지분에 대하여만 처분행위를 금하는 가처분등록이 경료된 후 제3자 앞으로 당해 특허권에 대한 전용실시권이 설정된 경우에, <u>가처분권자가 본안소송에서 승소하여 그 앞으로 위 일부 지분에 관한 이전등록이 이루어졌다면 그 전용실시권의 설정은 그</u>

전부가 위 가처분의 취지에 반하는 것으로서 무효가 된다고 보아야 할 것이고, 이는 전용실시권 설정 당시 가처분권자가 그 설정에 대하여 동의를 할 지위에 있지 아니하였다고 하더라도 마찬가지이다.

판결이유

생략

CHAPTER 02 특허권의 구체적 내용 (실시권, 금지권, 손해배상 청구권)

기출 여부 (48회 이후)	특허법 학회 TOP 10	중요도
-	-	★★

008 특허권이 공유인 경우, 각 공유자의 공유지분이 다른 공유자의 동의 없이 압류의 대상이 될 수 있는지 여부

대법원 2012. 4. 16.자 2011마2412 결정 [특허권압류명령]

판결요지

특허권을 공유하는 경우에 각 공유자는 다른 공유자의 동의를 얻지 아니하면 그 지분을 양도하거나 그 지분을 목적으로 하는 질권을 설정할 수 없고, 그 특허권에 대하여 전용실시권을 설정하거나 통상실시권을 허락할 수 없는 등 특허권의 공유관계는 합유에 준하는 성질을 갖는 것이고(대법원 1999. 3. 26. 선고 97다41295 판결 참조), 또한 특허법이 위와 같이 공유지분의 자유로운 양도 등을 금지하는 것은 다른 공유자의 이익을 보호하려는 데 그 목적이 있으므로, **각 공유자의 공유지분은 다른 공유자의 동의를 얻지 않는 한 압류의 대상이 될 수 없다**.

판결이유

원심결정 이유와 기록에 의하면, 이 사건 특허권은 재항고인과 주식회사 민토평창리조트 등의 공유인데, 상대방이 위 회사 등 다른 공유자의 동의를 얻지 아니한 채 재항고인의 공유지분에 관하여 압류명령을 신청한 사실을 알 수 있다.

위 사실관계를 앞서 본 법리에 비추어 보면, 상대방의 이 사건 압류명령신청은 압류할 수 없는 공유지분을 대상으로 한 것으로서 부적법하다 할 것이다.

그럼에도 원심은 특허권이 공유인 경우 다른 공유자의 동의가 없더라도 공유지분을 압류할 수 있다는 이유로 이 사건 특허권 중 재항고인의 공유지분에 관하여 압류할 수 있다고 판단하였는바, 이러한 원심결정에는 특허권의 공유지분의 피압류적격에 관한 법리를 오해하여 결정 결과에 영향을 미친 위법이 있다.

이 점을 지적하는 취지의 재항고이유의 주장은 이유 있다.

기출 여부 (48회 이후)	특허법 학회 TOP 10	중요도
-	-	★★★

009 전용실시권 설정계약상 제한을 등록하지 않은 경우, 그 제한을 위반하여 특허발명을 실시한 전용실시권자에게 특허법 위반죄가 성립하는지 여부

대법원 2013. 1. 24. 선고 2011도4645 판결 [특허법위반] [공2013상,419]

판결요지

특허법 제101조 제1항은 "다음 각 호에 해당하는 사항은 이를 등록하지 아니하면 그 효력이 발생하지 아니한다."고 하면서, 제2호에 "전용실시권의 설정·이전(상속 기타 일반승계에 의한 경우를 제외한다)·변경·소멸(혼동에 의한 경우를 제외한다) 또는 처분의 제한"을 규정하고 있다. 따라서 설정계약으로 전용실시권의 범위에 관하여 특별한 제한을 두고도 이를 등록하지 않으면 그 효력이 발생하지 않는 것이므로, **전용실시권자가 등록되어 있지 않은 제한을 넘어 특허발명을 실시하더라도, 특허권자에 대하여 채무불이행 책임을 지게 됨은 별론으로 하고 특허권 침해가 성립하는 것은 아니다.**

판결이유

원심은, 피고인이 공소외 주식회사로부터 명칭을 "공기정화제"로 하는 이 사건 특허권(특허번호 생략)에 대하여 전용실시권을 설정받으면서 공소외 주식회사에 **"귀하의 승낙 없이 특허를 임의대로 사용하지 않겠다."**고 약속하였지만 이와 같은 제한을 등록하지 아니한 이상 특허법상 효력이 발생하지 아니하므로, 피고인이 전용실시권을 설정받은 이 사건 특허발명을 실시하였다고 하더라도 특허권을 침해하였다고 볼 수 없다고 판단한 후, 무죄를 선고한 제1심을 그대로 유지하였다.

앞서 본 법리와 기록에 비추어 살펴보면, 원심의 위와 같은 판단은 정당한 것으로 수긍이 되고, 거기에 상고이유로 주장하는 특허법상 등록의 효력에 관한 법리오해의 위법이 없다.

기출 여부 (48회 이후)	특허법 학회 TOP 10	중요도
–	–	★★

010 독점적 통상실시권이 인정되는지가 문제된 사건
대법원 2020. 11. 26. 선고 2018다221676 판결 [손해배상(지)] [공2021상,107]

판결요지

특허권자와 실시권자 사이에 체결된 계약이 독점적 통상실시권을 부여하는 계약에 해당하기 위해서는 **계약의 내용상 특허권자가 실시권자 외의 제3자에게 통상실시권을 부여하지 아니할 의무를 부담**하여야 하고, 단지 특허권자가 어느 한 실시권자에게만 실시권을 부여함에 따라 그 실시권자가 **사실상 독점적인 지위를 향유하고 있다는 사정만으로 그러한 계약이 있었다고 보기 어렵다.** 그러나 등록하여야만 그 효력이 발생하는 전용실시권 설정과 달리, **독점적 통상실시권의 허락은 당사자 간 의사의 합치만 있으면 성립되고, 이러한 의사의 합치는 명시적으로는 물론 묵시적으로도 이루어질 수 있다.**

판결이유

1. 특허법원의 판단 – 원고가 독점적 통상실시권자인지 여부

1) 판단의 필요성

특허권자는 제3자에게 특허발명의 실시를 허락할 수 있는데, 특허권자가 상대방과 사이에 실시권 허락계약을 체결하면서 상대방 외의 타인에게 실시할 권리를 부여하지 않겠다는 취지의 약정을 한 경우 실시권자가 갖는 계약상의 권리를 그렇지 않은 경우와 구분하여 통상 독점적 통상실시권이라 부른다. 독점적 통상실시권을 부여하는 계약이 체결된 경우 특허권자는 계약상 실시권자 외의 제3자에게 실시권을 부여하지 아니할 의무를 부담하고, 실시권자는 시장에서 해당 특허발명을 독점적으로 실시할 권리를 가진다. **그로 인해 독점적 통상실시권자는 비독점적 통상실시권자와 달리 아래 3.나.1)항에서 살펴보는 바와 같이 독점적 실시로 향유하는 경제적 이익을 침해하는 제3자에 대하여 그 침해로 인한 손해배상을 청구할 수 있게 된다.**

원고는, 원고가 이 사건 특허발명의 독점적 통상실시권자인지 여부에 관계없이 근거 법령에 의하여 보호되는 약가에 관한 영업상 기대이익을 가진다고 주장한다. 그러나 보건복지부장관은 국민건강보험 요양급여의 기준에 관한 규칙 13조 4항 각호에서 정한 사유가 발생하면 이미 고시된 약제의 상한금액을 조정할 수 있고, 원고로서는 위 각호에서 정한 사유에 해당하는 사유가 발생하지 않는 한 약가가 유지되리라는 기대이익을 가질 수 있을 뿐이다. 위 규칙 5호에서는 요양급여대상으로 결정된 약제와 동일 성분·동일제형의 약제가 약가등재 신청된 경우를 상한금액 조정 사유로 들고 있는데, 원고가 비독점적 통상실시권자로서 단순히 특허권자에 대하여 자신이 그 특허권을 이용하는 것을 용인하여 줄 것을 요구할 수 있을 뿐이라면, 제3자가 원고 제품과 성분과 제형이 동일한 약제를 판매하더라도 특허발명을 실시하는 원고의 권리를 침해하지 않으므로, 이러한 제품의 판매 및 약가등재 신청으로 인해 원고 제품의 약가가 인하되더라도 원고의 위 기대이익이 위법하게 침해되었다고 볼 수 없다.

결국 원고의 청구는 모두 원고가 이 사건 특허발명에 대해 독점적 통상실시권을 부여받았음이 전제되어야 하므로, 이에 관하여 먼저 살펴본다.

2) 판단기준

특허권자와 실시권자 사이에 체결된 계약이 독점적 통상실시권을 부여하는 계약에 해당하기 위해서는 계약의 내용상 특허권자가 실시권자 외의 제3자에게 통상실시권을 부여하지 아니할 의무를 부담하여야 하고, 단지 특허권자가 어느 한 실시권자에게만 실시권을 부여함에 따라 그 실시권자가 사실상 독점적인 지위를 향유하고 있다는 사정만으로 그러한 계약이 있었다고 보기 어렵다. 그러나 등록하여야만 그 효력이 발생하는 전용실시권 설정과 달리, 독점적 통상실시권의 허락은 당사자 간 의사의 합치만 있으면 성립되고, 이러한 의사의 합치는 명시적으로는 물론 묵시적으로도 이루어질 수 있다.

3) 구체적 판단

가) 다음 각 사실은 갑 제9, 10, 11, 16, 17호증의 각 기재 및 변론 전체의 취지에 의하여 인정된다.

① 원고와 특허권자인 일라이 릴리는 모두 미국 법인인 일라이 릴리 앤드 컴퍼니의 자회사이고, 모회사인 일라이 릴리 앤드 컴퍼니의 한국 및 영국 지역 법인으로 각 각 설립되었다. 외국 기업이 특허권자인 경우 의약품의 제조·수입·판매 등의 허가에 필요한 약사법상의 요건을 충족하기 위해 국내에 자회사를 설립하여 그를 통해 의약품을 수입·판매하는 경우가 많은데, 원고는 모회사인 일라이 릴리 앤드 컴퍼니가 이러한 목적에서 설립한 국내 법인으로, 모회사가 100% 지분을 보유하면서 운영하고 있다.

② 일라이 릴리는, 모회사인 미국 일라이 릴리 앤드 컴퍼니와 원고, 일라이 릴리, 아일랜드 법인인 ELSA (Eli Lilly S.A.) 등 자회사들 사이에 1995년 체결된 '공급 및 유통에 관한 기본계약(Master Supply and Distribution Agreement)'에 따라, ELSA를 통하여 원고에 올란자핀을 제조·공급하였고, 원고로부터 원고들 제품 국내 수입·판매량에 비례하여 국내 순매출액 27% 상당의 실시료를 지급받았다.

③ 일라이 릴리는 원고에게 "원고만이 한국에서 올란자핀을 수입하고 판매할 수 있는 권리"를 부여하였다. 이에 따라 원고는 1998년 한국 식약청으로부터 원고 제품에 대한 판매허가를 받고, 이 사건 특허권의 존속기간이 만료되어 이 사건 특허권의 효력이 소멸된 2011. 4. 24.까지 한국 내에서 유일하게 원고 제품을 수입하여 이를 독점적으로 판매하였다.

④ 일라이 릴리는 원고 외의 제3자에게 국내에서 이 사건 특허발명에 대한 통상실시권을 부여한 바 없고, 통상실시권을 부여할 의사나 계획이 있었다고 추단할 만한 자료도 없다.

나) 이와 같은 원고와 특허권자인 일라이 릴리 사이의 특수 관계, 원고의 설립 경위와 목적, 원고가 일라이 릴리의 양해 하에 국내에서 원고 제품의 품목허가를 받아 이 사건 특허발명의 실시를 독점해온 점 등 제반 사정을 종합하여 보면, 원고가 일라이 릴리로부터 이 사건 특허발명의 국내 수입·판매에 관한 독점적 통상실시권을 부여받았다고 인정된다.

2. 대법원의 판단

가. 원심판결 이유와 원심이 적법하게 채택한 증거에 의하면 다음과 같은 사정을 알 수 있다.

1) 원고와 특허권자 릴리 리미티드는 모두 일라이 릴리 앤드 컴퍼니(이하 '릴리 컴퍼니'라고 한다)의 자회사로서 서로 계열회사 관계에 있고, 원고만이 이 사건 특허발명의 특허권 존속기간 동안 특허제품인 원고 제품을 국내로 수입·판매해 왔으므로, **원고가 유일하게 이 사건 특허발명의 국내 수입·양도에 관한 허락을 받았다고 볼 수는 있다.**

2) 그러나 제출된 증거만으로는 특허권자인 릴리 리미티드가 원고에 대하여 원고 외의 제3자에게 이 사건 특허발명의 특허권에 대한 통상실시권을 부여하지 않을 부작위 의무를 부담하기로 약정하였다고 보기 어렵다. 원고가 원고 제품에 관한 수입품목 허가를 받고 이를 국내에서 수입·판매할 수 있었던 근거는 **릴리 컴퍼니와 체결한 공급유통 기본계약 제2.4조(Section 2.4) 등에 따른 것으**

로 보이는데, 위 공급유통 기본계약은 이 사건 특허발명의 특허권에 대한 실시허락계약이 아니다. 릴리 리미티드에게 특허 실시에 관한 대가인 실시료를 지급한 주체는 원고가 아니라 일라이 릴리 에스에이(Eli Lilly S.A.)이고 실시료율이나 실시료 액수를 알 수 있는 객관적인 자료도 없어, **릴리 리미티드가 원고에 대하여 위와 같은 부작위 의무를 부담하는 대가로 원고로부터 높은 실시료를 받아왔다고 보기도 어렵다.** 릴리 리미티드가 원고에 대하여 원고 외의 제3자에게 통상실시권을 부여하지 않을 부작위 의무까지 부담할 사정을 찾기 어렵다.

나. 위와 같은 사정을 관련 법리에 비추어 살펴보면, 특허권자 릴리 리미티드가 원고에 대하여 원고 외의 제3자에게 통상실시권을 부여하지 않을 **부작위 의무를 부담하기로 명시적 또는 묵시적으로 약정했다고 단정하기 어려우므로**, 원고를 이 사건 특허발명의 독점적 통상실시권자로 볼 수는 없다.

다. 그럼에도 원심은 판시와 같은 이유만으로 원고를 이 사건 특허발명의 국내 수입·판매에 관한 독점적 통상실시권자라고 판단하였다. 이러한 원심 판단에는 논리와 경험의 법칙을 위반하여 자유심증주의의 한계를 벗어난 잘못이 있다. 이 점을 지적하는 상고이유 주장은 이유 있다.

기출 여부 (48회 이후)	특허법 학회 TOP 10	중요도
–	–	★

011 실용신안권의 존속기간이 만료된 경우, 그에 대한 통상실시권의 소멸 여부

대법원 1996. 5. 10. 선고 95다26735 판결 [실용신안권실시대금] [집44(1)민,491;공1996.7.1.(13),1801]

판결요지

실용실안에 대한 통상실시권은 실용신안권의 존속을 전제로 하는 권리이므로, **실용신안권이 그 존속기간의 만료로 소멸한다면 이에 따른 통상실시권도 함께 소멸**한다.

판결이유

제조업자가 실용신안권자로부터 납품수량에 따라 그 납품대금의 일정 비율에 해당하는 실시료를 지급하기로 하는 내용의 통상실시권 약정을 체결하고 **그 실용신안권 존속기간 내에 실용신안의 내용에 따른 물품을 제조하였으나 그 일부의 납품이 존속기간 이후에 이루어진 사안**에서, 통상실시권이란 실용실안 내용을 그대로 실시할 수 있는 권리를 말하는 것으로 그 '실시'라 함은 그 실용실안 내용에 따른 물품을 제조하는 행위 자체를 의미하는 것이므로, **다른 특별한 약정이 없는 한 실용실안권의 존속기간 내에 제조업자가 그 실용신안의 내용에 따른 물품을 제조하였다면 그는 통상실시권을 사용한 것**이 되고 그 제조한 물품이 납품된 이상 통상실시권 약정에 따라 실용신안권자에게 그 통상실시권의 사용에 대한 실시료를 지급할 의무가 발생한다는 이유로, 존속기간 이후에 납품된 물품에 대한 실시료 지급채무를 부인한 원심판결을 파기한 사례.

기출 여부 (48회 이후)	특허법 학회 TOP 10	중요도
-	-	★★

012 실용신안권 침해금지가처분에 의하여 금지되는 침해행위의 범위

대법원 2008. 12. 24. 선고 2006도1819 판결 [공무상표시무효] [공2009상,133]

판결요지

1. 집행관이 부작위를 명하는 가처분 발령사실을 고시하였을 뿐 구체적인 집행행위를 하지 않은 상태에서 채무자가 부작위명령을 위반한 경우, 형법 제140조 제1항 공무상표시무효죄가 성립하는지 여부

형법 제140조 제1항의 공무상 표시무효죄는 공무원이 그 직무에 관하여 봉인, 동산의 압류, 부동산의 점유 등과 같은 구체적인 강제처분을 실시하였다는 표시를 손상 또는 은닉하거나 기타 방법으로 그 효용을 해함으로써 성립하는 범죄이다. 따라서 집행관이 법원으로부터 피신청인에 대하여 부작위를 명하는 가처분이 발령되었음을 고시하는 데 그치고 나아가 봉인 또는 물건을 자기의 점유로 옮기는 등의 구체적인 집행행위를 하지 아니하였다면, 단순히 피신청인이 위 가처분의 부작위명령을 위반하였다는 것만으로는 공무상 표시의 효용을 해하는 행위에 해당하지 않는다.

2. 실용신안권 침해금지가처분에 의하여 금지되는 침해행위의 범위

실용신안권 침해금지가처분에서 금지의 대상이 되는 **침해행위는 구체적으로 특정되어야 하는바, 이러한 가처분의 효력은 특정된 침해행위에 대하여만 미칠 뿐 신청인이 피보전권리로 주장한 실용신안권의 권리범위 또는 보호범위에까지 당연히 미치는 것은 아니다.**

판결이유

원심판결의 이유와 기록을 살펴보면, 고소인인 공소외인(이하 '고소인'이라고만 한다)은 2003. 1. 10. '현수막 설치대'를 고안의 명칭으로 하는 실용신안권(등록번호 제203054호, 이하 '이 사건 등록고안'이라고 한다)에 관한 침해금지·예방청구권을 피보전권리로 하여 피고인을 상대로 서울지방법원 2002카합3594호로, "① 피신청인은 '물을 저장하는 받침부재에 양쪽 하부폴대를 삽입 설치할 수 있도록 Y자형의 삽입관이 구비되어 있는 현수막 설치대(이하 '이 사건 제품'이라 한다)'를 생산·양도하거나 양도의 청약을 하여서는 아니 된다. ② 피신청인은 자신의 본·지점 사무소, 영업소, 공장, 창고 등에 보관중인 이 사건 제품에 대한 점유를 풀고 신청인이 위임하는 집행관은 이를 보관하여야 한다. ③ 집행관은 위 명령의 취지를 적당한 방법으로 공시하여야 한다"는 내용의 이 사건 가처분 결정을 받은 점, 이 사건 가처분결정 정본에 의하여 고소인으로부터 그 집행위임을 받은 집행관이 위 가처분결정을 집행함에 있어서 이 사건 제품에 대한 생산 등을 금지하는 가처분이 발령되었다는 내용의 고시문을 게시하였을 뿐 **나아가 이 사건 제품에 대하여 자기의 점유로 옮기는 보관처분을 하지는 아니한 점**, 피고인은 이 사건 가처분결정 후 이 사건 제품이 아닌 'ㅣ형태의 삽입관을 구비한 현수막 설치대' 또는 '별도의 삽입관이 없이 V자 형의 삽입홈을 형성하여 하부폴대를 삽입한 현수막 설치대(이하 '피고인 실시주장 제품'이라고 한다)'를 생산하였을 뿐 **이 사건 제품을 생산·양도하는 등의 행위를 하지 아니하였고, 피고인 실시주장 제품에 관하여 별도로 특허청에 출원을 하여 실용신안권 등록을 받고 그 등록유지결정까지 받은 점** 등을 알 수 있다.

사실관계가 위와 같다면, 피고인이 이 사건 **가처분 결정에서 금지한 침해행위를 하였다고 볼 수 없을 뿐만 아니라, 집행관이 이 사건 제품의 생산 등을 금지하는 부작위명령을 고시하였을 뿐 구체적인 집행행위는 하지 아니한 점** 등에 비추어 볼 때 피고인이 단순히 위 가처분에 의하여 부과된 부작위명령을 위반하였다는 이유만으로 공무상 표시의 효용을 해하는 행위를 하였다고 볼 수 없다.

그럼에도 불구하고, 원심이 피고인 실시주장 제품은 이 사건 **등록고안의 권리범위 내에 속하고 피고인이 위와 같은 제품을 판매함으로써 이 사건 부작위 의무를 위반하였다고 전제**한 다음, 이는 공무원이 그 직무에 관하여 실시한 강제처분의 효용을 해하는 행위에 해당한다고 판단한 데에는 공무상표시무효죄의 적용 대상 및 실용신안권 침해금지 가처분의 금지대상 등에 관한 법리를 오해하여 판결 결과에 영향을 미친 위법이 있다 할 것이고, 이 점을 지적하는 상고이유의 주장은 이유 있다.

기출 여부 (48회 이후)	특허법 학회 TOP 10	중요도
-	-	★★★

013 침해금지 가처분 신청이 받아들여지기 위한 요건
대법원 1993. 2. 12. 선고 92다40563 판결 [특허권침해금지가처분] [공1993.4.1.(941),971]

판결요지

민사소송법 제714조 제2항에서 규정하는 임시의 지위를 정하기 위한 **가처분을 필요로 하는지 여부는 가처분신청의 인용 여부에 따른 당사자 쌍방의 이해득실관계, 본안소송에 있어서의 장래의 승패의 예상, 기타의 제반 사정을 고려하여 법원의 재량에 따라 합목적적으로 결정**하여야 할 것이므로 가처분채권자가 신청 당시에 실체법상의 권리를 가지고 있다 하더라도 **그 권리가 가까운 장래에 소멸하여 본안소송에서 패소판결을 받으리라는 점이 현재에 있어 충분히 예상되는 경우에는 필요성이 없다고 풀이하는 것이 상당**하고, 더구나 특허권침해의 금지라는 **부작위의무를 부담시키는 이른바 만족적 가처분일 경우에 있어서는 보전의 필요성 유무를 더욱 신중하게 결정**하여야 할 것으로서 만일 가처분신청 당시 채무자가 특허청에 별도로 제기한 심판절차에 의하여 **그 특허권이 무효라고 하는 취지의 심결이 있는 경우나, 무효심판이 청구되고 그 청구의 이유나 증거관계로부터 장래 그 특허가 무효로 될 개연성이 높다고 인정되는 등의 특별한 사정이 있는 경우**에는 당사자간의 형평을 고려하여 보전의 필요성을 결한 것으로 보는 것이 합리적이라 할 것이다.

판결이유

우선 이 사건 발명특허권이 "치수복원이 가능한 제품 및 그 제조방법"을 제공하려는 데 그 목적이 있는 것으로서, 그 특허청구범위가 원심판결 첨부 별지 (2)의 제46항, 제59항, 제64항, 제66항을 독립항으로 하고, 나머지는 모두 이를 인용하여 한정한 종속항으로 구성되어 있으며, 한편 이 사건 가처분신청 당시 채무자가 별도로 제기한 위 **특허권에 대한 무효심판청구사건이 특허청에 계속되어 있었음**은 원심이 적절히 인정한 바와 같다.

그런데 기록에 의하면, **이 사건 특허권의 특허청구범위의 각 항에 기재된 제품과 그 제조방법에 관한 발명들은 모두 그 출원 당시 특허법 소정의 진보성에 관한 특허요건을 구비하였다고 보기가 매우 의심스러운 것들이라고 아니할 수 없다.**

즉, (1) 이 사건 특허청구범위 제46항과 제59항 및 그 종속항들에 기재된 발명의 요지는, 중합체성 물질과 복원성 섬유를 포함하는 복원성 복합구조체 및 이를 제조하는 방법으로서, 중합체성 물질을 교차결합된 복원성 섬유에 도포하는 단계와 중합체성 물질을 교차결합시키는 단계로 이루어지는 것임이 분명하나, 소을 제5호증의 2에 의하면, 이 사건 특허출원 전에 일본에서 이미 반포된 간행물인 일본공개특허공보 소화 56-9443호에는 폴리에스텔 필라멘트로된 열수축성인 경사와 비수축성인 위사로 제직된 열복원성 직물을 합성수지(이는 중합체성 물질의 범주에 포함되는 것임)에 함침 또는 적층시키는 제조방법에 관한 발명이 기재되어 있으며, **그 발명의 목적이나 작용효과, 기술구성 등이 이 사건 특허발명과 대체로 동일한 것임을 알 수 있다.**

다만 그 구체적인 기술면에 있어 이 사건 발명이 특별히 방사선 조사에 의하여 섬유 또는 중합체성 물질을 교차결합시키는 단계를 포함하는 점에서 차이가 발견될 뿐이나, 역시 이 사건 특허출원 전의 반포 간행물에 해당되는 인용참증인 소을 제36호증, 소을 제6호증의 14 등의 각 기재에 의하면, 위와 같이 방사선조사에 의하여 열복원성 직물이나 중합체성 물질을 교차결합(가교, cross-linking) 시키는 기술은 이미 **이 사건 특허출원 당시 공지공용의 기술에 속하는 것이라고 짐작이 된다.**

따라서 위 발명부분은 특별히 위와 같이 공지된 기술을 종합하는데 격별한 곤란성이 있다거나 이로 인하여 위 공지의 선행기술로부터 예측되는 효과 이상의 새로운 작용효과를 지니게 되는 것이라고 볼 수 없는 이상, **단순한 위 공지기술들의 주합에 불과한 것으로서, 그 기술분야에서 통상의 지식을 가진 자가 용이하게 발명할 수 있는 것으로 인정될 여지가 충분**하다.

(2) 위 특허청구범위 제64항 및 그 종속항들에 기재된 발명의 요지는, 위와 같은 복원성 복합구조체를 제조하는 방법으로서 중합체성 물질을 복원성 섬유에 가하는 단계와 그 형성된 구조체를 조사시키는 단계를 포함하며, 중합체성 물질의 비임반응에 대한 복원성 섬유의 비임반응은, 복합구조체의 복원율이 조사되지 않은 복합구조체의 복원율의 70퍼센트의 값으로 감소되기 전에 위 섬유 자체의 조사 후의 복원응력이 적어도 1MPa에 도달할 수 있도록 되어 있는 복원성 복합구조체의 제조방법이라는 것인바, 위 발명의 제조방법은 위에서 본 특허청구범위 제46항 기재의 특허대상 물건의 제조방법과 전혀 동일한 것으로서, 다만 그 구성요소들의 상대적인 비임반응, 복원응력 등을 특정하고 있을 뿐이나, 위와 같은 수치의 한정에 대한 특별한 의미를 그 해당 특허명세서의 기재에서 전혀 찾아 볼 수 없는 터이므로, **위 발명부분도 역시 공지의 기술을 내용으로 한 것에 불과하여 그 특허의 효력이 매우 의심되는 것**이다.

(3) 위 특허청구범위 제66항 및 그 종속항들에 기재된 발명의 요지는, 복원성 직물(복원성 폴리올레핀과 열안정성 섬유로 제직된 복합구조체)과 그 위에 적층되는 중합체성 매트릭스 물질을 포함하는 복원성 복합구조체로서, 복원성 직물은 1.5 내지 5MPa의 복원응력을 가진 교차결합된 복원성 폴리올레핀을 포함하며, 중합체성 매트릭스 물질은 복합구조체의 복원율이 자유직물의 복원율의 적어도 65퍼센트가 되게 하고, 조사된 후의 중합체성 매트릭스 물질 자체는 분당 300퍼센트의 변형율에서 측정하여 400 내지 700퍼센트의 실온 연신율을 가지도록 교차결합되어 있는 복합구조체라는 것이나, 소을 제15호증에 의하면, 이 사건 특허출원 전에 이미 미합중국에서 반포된 간행물인 미국 특허공보 제3,669,157호에는 비수축성 물질로서 유리 등에서 선택된 섬유와 열수축성 물질인 폴리올레핀류의 섬유를 각기 경사, 위사로 하여 제직된 수축성 관형직물 및 위 관형직물을 중합체성 물질에 속하는 열경화성 수지에 함침하여 사용할 수 있도록 하는 제조방법 등에 관한 발명이 기재되어 있음을 알 수 있는바, 이를 **이 사건 발명과 비교하여 볼 때 그 목적이나 작용효과, 기술구성이 서로 동일하거나 매우 유사함이 분명하고, 다만 이 사건 발명이 위 인용참증에 나타난 발명의 구성요소중의 하나인 폴리올레핀, 중합체성 물질 등의 복원응력이나 연신율 등에 관한 수치를 한정하고 있을 뿐이나, 이는 위에서 본 바와 마찬가지로 발명의 특징적인 요소를 이루는 것으로 보기 어려우므로, 위 발명부분도 역시 무효로 볼 소지가 많은 것**으로 여겨진다.

결국 위와 같은 소명관계에 비추어 보건대, 채권자의 이 사건 발명특허권은 그 무효심판절차에 의하여 무효로 될 개연성이 크다고 볼 수 있으므로, 이 사건 **가처분 법원으로서는 채권자의 특허권이 현재로서 유효·적법한 것인지의 여부에 관계없이 함부로 그 보전의 필요성을 인정하여서는 아니될 것이다**(더욱이 이 사건 상고제기 후에 채무자측이 참고자료로 제출한 특허청 심결등본의 기재에 의하면, 특허청에서 이 사건 원심판결의 선고 후에 위와 같이 이 사건 특허권이 진보성의 특허요건을 갖추지 못한 것임을 이유로 이를 무효로 한다는 취지의 심결을 하였음을 알 수 있다).

그럼에도 불구하고 원심은 이러한 사정을 전혀 고려에 넣지 아니하고 그 판시와 같은 근거만을 들어 채권자의 이 사건 특허권에 대한 침해금지가처분이 보전의 필요성이 있다고 단정하고 말았으니, 이는 보전의 필요성의 유무에 관하여 심리를 다하지 아니하거나 법리를 오해한 위법이 있다 할 것이다. 이 점을 지적하는 논지는 이유있다.

기출 여부 (48회 이후)	특허법 학회 TOP 10	중요도
–	–	★★

014

전처분의 집행채권자가 본안소송에서 패소·확정된 경우, 그 채권자에게 채무자의 보전처분의 집행으로 인한 손해에 대하여 고의 또는 과실이 있다고 추정되는지 여부

대법원 2002. 9. 24. 선고 2000다46184 판결 [손해배상(기)]
[공2002.11.15.(166),2476]

판결요지

가압류나 가처분 등 보전처분은 법원의 재판에 의하여 집행되는 것이기는 하나, 그 실체상 청구권이 있는지 여부는 본안소송에 맡기고 단지 소명에 의하여 채권자의 책임 아래 하는 것이므로, **그 집행 후에 집행채권자가 본안소송에서 패소 확정되었다면 그 보전처분의 집행으로 인하여 채무자가 입은 손해에 대하여는 특별한 반증이 없는 한 집행채권자에게 고의 또는 과실이 있다고 추정**되고, 따라서 그 부당한 집행으로 인한 손해에 대하여 이를 배상할 책임이 있다.

판결이유

이러한 법리와 일반적으로 실용신안권에 기한 가처분이 인용되는 경우에는 채무자측 영업의 존폐에 막대한 영향을 끼치는 점을 종합하여, 원심이 피고의 과실추정을 번복하기 위하여 내세운 사유들을 살펴보면, 먼저 원심이 인정한 정도의 가처분 심리 경과나 피고가 자신의 전용실시권에 기하여 제품을 생산, 판매한 기간이 오래 되었다는 점 및 **피고가 변리사로부터 침해 여부에 대한 감정을 받았다는 사정만으로는 원고가 입은 손해에 대하여 과실이 있다는 추정이 번복되었다고 단정할 수 없고**, 나머지 사유들은, 기록에 의하여 알 수 있는 바와 같이, **피고가 특허분쟁에서 승소한 상대방들은 원고와 직접 관련이 없는 제3자들**이고, 침해사실을 자인하였다는 길경창이 원고와 어떤 관련이 있는지가 불분명하며, 검사가 원고 회사의 대표이사를 기소한 것은 이 사건 가처분결정이 내려진 이후인 1995. 5. 31.임에 비추어 어느 것도 피고의 과실추정을 번복할 만한 사정이라고는 볼 수 없다.

그럼에도 불구하고, 그 판시와 같은 이유만으로 피고의 과실을 부인한 원심판결에는 가처분의 집행 후 본안판결에서 패소 확정된 가처분신청 채권자의 손해배상책임에 관한 법리를 오해하여 판결에 영향을 미친 위법이 있고, 상고이유 중 이 점을 지적하는 부분은 이유 있다.

그러므로 나머지 상고이유에 대한 판단을 생략한 채 원심판결을 파기하고, 사건을 원심법원에 환송하기로 하여 관여 법관의 일치된 의견으로 주문과 같이 판결한다.

CHAPTER 03 특허권의 효력범위 및 침해

❶ 직접침해 (문언, 균등, 이용, 선택, 생략 등)

기출 여부 (48회 이후)	특허법 학회 TOP 10	중요도
–	–	★★

015 특허권의 권리범위를 제한 해석할 수 있는 경우
대법원 2003. 7. 11. 선고 2001후2856 판결 [권리범위확인(특)] [공2003.8.15.(184),1731]

판결요지

특허권의 권리범위는 특허출원서에 첨부한 명세서의 특허청구범위에 기재된 사항에 의하여 정하여지고, 청구범위의 기재만으로 기술적 범위가 명백한 경우에는 원칙적으로 명세서의 다른 기재에 의하여 청구범위의 기재를 제한 해석할 수 없지만, **청구범위에 포함되는 것으로 문언적으로 해석되는 것 중 일부가 발명의 상세한 설명의 기재에 의하여 뒷받침되고 있지 않거나 출원인이 그 중 일부를 특허권의 권리범위에서 의식적으로 제외하고 있다고 보이는 경우 등과 같이 청구범위를 문언 그대로 해석하는 것이 명세서의 다른 기재에 비추어 보아 명백히 불합리할 때에는**, 출원된 기술사상의 내용과 명세서의 다른 기재 및 출원인의 의사와 제3자에 대한 법적 안정성을 두루 참작하여 특허권의 권리범위를 제한 해석하는 것이 가능하다.

판결이유

1. 원심판결의 요지

원심은, 피고가 실시하고 있는 원심 판시의 (가)호 발명이 명칭을 "트랙터용 써레"로 하는 원고의 이 사건 특허발명(특허번호 제200683호)의 권리범위에 속하는지에 관하여, 이 사건 특허발명의 특허청구범위 제1항(이하 '제1항 발명'이라고 한다)을 원심 판시의 구성요소 1, 2로, (가)호 발명을 원심 판시의 구성요소 A, B, C로 각 구분한 다음 아래와 같이 판단하였다.

가. 양 발명은 외측써레판을 자동으로 펴고 접을 수 있으며 써레판 전체가 좌·우로 스윙하는 트랙터용 써레를 제공한다는 점에서는 목적에 공통점이 있으나, 제1항 발명은 **수동이나 유압에 의하지 않고** 외측써레판을 트랙터 전방 90°로 접고 펼 수 있어 작업자가 직접 손으로 써레를 접거나 펴지 않고, 물 속에서 사용하는 경우에도 써레를 접거나 펴는 장치에 고장이 일어날 염려가 없는 트랙터용 써레를 제공하고자 하는 것임에 반하여, (가)호 발명은 유압실린더를 이용하여 외측써레판을 동시에 또는 개별적으로 트랙터의 상방 90°로 펴거나 접을 수 있는 트랙터용 써레를 제공하고자 하는 것이므로 그 구체적인 목적에 있어서 많은 차이가 있다.

나. 제1항 발명의 구성요소 1과 (가)호 발명의 구성요소 A는 트랙터 뒤쪽에 설치되고 유압실린더에 의하여 높이가 조절되는 프레임이 설치된다는 점에서 동일한 점이 있으나, 제1항 발명의 하부 프레

임은 유압실린더가 설치된 프레임의 밑면에 설치됨과 동시에 중앙써레판과 일체로 이루어져 그 구성이 매우 간단한 데 반하여, (가)호 발명의 하부 프레임은 프레임 후방 하부에 설치되고 위 하부프레임의 아래에 2개의 축에 의하여 써레 본체가 설치되어 그 구성이 매우 복잡하므로, 이 사건 제1항 발명의 구성요소 1과 (가)호 발명의 구성요소 A는 하부프레임 및 중앙써레판 설치구조에 있어서 많은 차이가 있다.

다. 제1항 발명의 구성요소 1은 외측써레판이 트랙터의 전방으로 90°로 회동하는 데 반하여 (가)호 발명은 유압실린더에 의하여 외측써레판이 동시에 또는 독립적으로 트랙터 상방 90°로 접거나 펼 수 있어 작업상황에 따라 외측써레판을 다양하게 사용할 수 있으므로, 이 사건 제1항 발명의 구성요소 1과 (가)호 발명의 구성요소 A는 외측써레판 회동 구조 및 방식에 있어서도 많은 차이가 있다.

라. 이 사건 특허발명은 '종래의 써레는 양날개를 접는 방식이 수동식과 자동식이 있는데……, **자동식은 물 속에서 작동하는 유압장치에 논흙 등의 이물질이 들어가 트랙터 본체의 유압계통에 치명적인 고장을 초래**하게 되므로 이러한 문제점을 해소하고 작업능률이 높은 트랙터용 써레를 제공하기 위한 것임을 목적으로 하고 있는 점에 비추어 보면, 제1항 발명이 비록 외측써레판을 전방으로 90°회동하는 수단을 구체적으로 한정하지 않고 있다고 할 지라도 **적어도 (가)호 발명과 같이 유압실린더를 이용하는 구성은 제1항의 특허청구범위에서 제외된 것이라고 해석함이 상당**하고, (가)호 발명에 있어서 외측써레판에 설치된 유압실린더를 제거했을 경우에는 작업 상황에 따라 외측써레판을 동시에 또는 독립적으로 접거나 펼 수 있게 하려는 (가)호 발명의 근본 목적은 이를 달성할 수 없게 되므로, 위 **유압실린더는 (가)호 발명의 부가적 구성요소가 아니라 외측써레판을 자유롭게 절첩하기 위한 (가)호 발명의 필수구성요소**이다.

마. 제1항 발명의 구성요소 2는 롤링장치가 하부프레임의 중앙 앞·뒤쪽에 형성된 축을 매개로 중앙써레판과 연결되어 써레판 전체가 좌·우로 스윙하도록 이루어진 것인 데 반하여, (가)호 발명의 구성요소 B는 롤링장치가 전방대의 중앙축을 중심으로 전방대의 양측 선단에 연결구를 돌출시켜 이동공이 형성된 롤링판을 설치하고 롤링대의 롤링축이 이동공에 조립되어 써레판 전체가 좌·우로 스윙하도록 한 것으로서, 이 사건 제1항 발명과 (가)호 발명 모두 써레판이 하부프레임의 중앙축을 중심으로 좌·우로 스윙한다는 점에서 일부 공통점이 있으나, 써레판이 좌·우 균형을 잡으면서 스윙하기 위해서는 써레판이 프레임의 중심축을 중심으로 좌·우로 스윙하는 방법 외에 다른 방법이 없고, 이 사건 제1항 발명은 써레판이 하부프레임의 중앙 앞·뒤쪽에 형성된 축을 중심으로 좌·우로 스윙하도록 구성되어 있으나 (가)호 발명은 써레판이 전방대에 형성된 중앙축을 중심으로 롤링축이 롤링판의 이동공 내에서 상하로 이동함으로써 일정한 각도 내에서 좌·우로 스윙하도록 이루어져 있어 이 사건 제1항 발명은 (가)호 발명과 그 롤링장치의 구체적인 구성이 서로 다르므로, **이 사건 제1항 발명의 구성요소 2와 (가)호 발명의 구성요소 B는 그 롤링장치에 있어서도 많은 차이가 있다.**

바. 이 사건 제1항 발명은 외측써레판을 자동으로 트랙터 전방 90°로 접거나 펼 수 있는 효과가 나타나는 반면에, (가)호 발명은 유압장치를 이용하여 언제든지 외측써레판을 동시에 또는 독립적으로 트랙터 상방 90°로 접거나 펼 수 있어 다양한 작업 상황에 능동적으로 대처할 수 있는 효과가 나타나므로, 이 사건 제1항 발명과 (가)호 발명은 그 효과에 있어서도 많은 차이가 있다.

사. (가)호 발명은 이 사건 제1항 발명과 그 목적, 구성 및 효과에 있어서 많은 차이가 있으므로, (가)호 발명은 이 사건 제1항 발명의 권리범위에 속한다고 할 수 없고, 이 사건 제2 내지 6항 발명은 이 사건 제1항 발명을 기술적으로 한정하거나 부가하여 구체화한 종속항이므로, (가)호 발명이 독립항인 이 사건 제1항 발명의 권리범위에 속하지 않는 한 (가)호 발명은 이 사건 제2 내지 6항 발명의 권리범위에도 당연히 속하지 않는다.

2. 대법원의 판단

위 법리와 기록에 의하면, 이 사건 **특허발명의 상세한 설명에 기재된 목적, 실시례, 효과를 참작**하여 제1항 발명의 기술 내용 중 "**트랙터(1)의 전방으로 90° 회동시킬 수 있도록 상기 중앙써레판(40) 양끝에 연결**"하는 수단을 **위치에너지를 이용하여 접고 펴는 것이 가능하도록 중앙써레판과 외측써레판을 연결하는 구성으로 제한하여 해석함이 상당**하므로, 원심이 이를 전제로 하여 ㈎호 발명의 써레 본체에 연결된 유압실린더를 이용하여 써레판을 접고 펴는 기술내용과 제1항 발명이 그 구성 및 효과에서 많은 차이가 있고, ㈎호 발명의 써레판을 접고 펴는 기술구성이 제1항 발명의 위치에너지를 이용한 기술구성을 이용하면서 단순히 유압실린더를 부가한 것에는 해당하지 않으며, 제1항 발명의 구성요소 2와 ㈎호 발명의 구성요소 B도 그 구성에서 차이가 크다는 이유로, ㈎호 발명이 이 사건 특허발명의 특허청구범위 제1항 및 위 청구항의 종속항인 특허청구범위 제2항 내지 제6항의 권리범위에 속하지 않는다는 취지로 판단한 것은 정당하고, 거기에 상고이유에서 내세우는 권리범위 해석에 관한 법리오해나 심리미진의 위법이 없다.

기출 여부 (48회 이후)	특허법 학회 TOP 10	중요도
–	–	★★

016 권리범위 내지 보호범위의 확정 방법
대법원 2006. 12. 22. 선고 2006후2240 판결 [권리범위확인(실)]

판결요지

등록실용신안의 권리범위 내지 보호범위는 실용신안등록 청구범위에 기재된 사항에 의하여 정하여야 할 것이되, 거기에 기재된 문언의 의미내용을 해석함에 있어서는 **문언의 일반적인 의미내용을 기초로 하면서도 고안의 상세한 설명의 기재 및 도면 등을 참작하여 객관적·합리적**으로 하여야 하고, 실용신안등록 청구범위에 기재된 문언으로부터 **기술적 구성의 구체적 내용을 알 수 없는 경우에는 명세서의 다른 기재 및 도면을 보충하여 그 문언이 표현하고자 하는 기술적 구성을 확정**하여 등록실용신안의 권리범위 내지 보호범위를 정하여야 한다(대법원 1998. 4. 10. 선고 96후1040 판결, 2003. 5. 16. 선고 2001후3262 판결 등 참조).

판결이유

위 법리와 기록에 비추어 살펴보면, 이 사건 등록고안(등록번호 제223717호)의 실용신안등록 청구범위 제1항에는 '탄성스프링'의 설치와 관련하여 그 실용신안등록 청구범위에 '연결부재에 삽입 구비되어 있어….'라고 기재되어 있고, **'삽입'의 사전적 내지 보통의 의미는 '틈이나 구멍 사이에 다른 물체를 끼워 넣음'**이라 할 것인데, 문리적으로는 '탄성스프링'이 연결부재 내부에 삽입되는 것으로 이해될 여지도 있으나 **외주(外周)에 끼워 넣는 것에 대하여도 삽입이라는 표현이 사용되기도 하므로, 그 실용신안등록 청구범위에 기재된 문언의 기재 내용만으로는 이 사건 등록고안의 '탄성스프링'이 연결부재 내부에 삽입·구비되는 것인지, 연결부재 외주에 삽입·구비되는 것인지, 아니면 양자를 포괄하는 것인지 그 의미가 명확하지 않으며**, 명세서의 설명 및 도면에는 '탄성스프링'을 연결부재의 외주에 삽입 설치하는 구성을 개시하고 있을 뿐 연결부재 내부에 '탄성스프링'이 삽입 구비될 수 있다는 기재를 찾아 볼 수 없고, 이 사건 등록고안의 '탄성스프링'은 연결부재 상단과 슬라이딩부재 사이 또는 슬라이딩부재와 고정판 사이에서 압축·팽창을 하여 슬라이딩부재가 연결부재의 외부에서 승·하강을 가능하도록 하는 것인데, 만약 '탄성스프링'이 연결부재 내부에 삽입 구비되는 경우에는 '탄성스프링'은 연결부재 상단과 연결부재 외부에 있는 슬라이딩부재 사이 또는 슬라이딩부재와 고정판 사이에서 압축·팽창을 제대로 할 수 없어 별도의 추가적인 구성이 없이는 그 실시가 불가능하여 고안의 목적을 달성할 수 없고, 명세서의 어디에도 그러한 추가적인 구성에 대한 기재 내지 암시가 없으므로 이 사건 등록고안의 **'탄성스프링'은 연결부재의 외주에 삽입 구비되는 것으로 보아야 할 것**이고, 따라서 '탄성스프링'이 연결부재 내부에 삽입 구비되는 확인대상고안은 이 사건 등록고안과는 그 구성이 다르다고 할 것이다.

원심판결의 이유 설시에 다소 적절치 않은 점은 있으나, 확인대상고안이 이 사건 등록고안의 구성을 그대로 또는 균등영역에서 이용하는 관계에 있지 않다고 본 결론은 정당하고, 거기에 상고이유에서 주장하는 바와 같이 판결 결과에 영향을 미친 실용신안등록 청구범위의 해석 또는 이용관계에 관한 심리미진, 법리오해, 판례위반 등의 위법이 없다.

기출 여부 (48회 이후)	특허법 학회 TOP 10	중요도
–	–	★★

017 특허청구범위의 '접합'이라는 용어의 해석과 특허침해 여부가 문제가 된 사건

대법원 2019. 7. 10. 선고 2017다209761 판결 [특허권침해금지청구의 소] [공2019하,1531]

판결요지

1. 특허청구범위에 기재된 문언의 의미내용을 해석하는 방법 및 특허의 명세서에서 하나의 용어가 청구범위나 발명의 설명에 다수 사용된 경우, 동일한 의미로 해석해야 하는지 여부

특허발명의 보호범위는 특허청구범위에 기재된 사항에 의하여 정하여야 한다. 거기에 기재된 문언의 의미내용을 해석할 때 문언의 일반적인 의미내용을 기초로 하면서도 발명의 설명 및 도면 등을 참작하여 객관적·합리적으로 하여야 한다. 그리고 특허청구범위에 기재된 문언으로부터 기술적 구성의 구체적 내용을 알 수 없는 경우에는 명세서의 다른 기재 및 도면을 보충하여 그 문언이 표현하고자 하는 기술적 구성을 확정하여 특허발명의 보호범위를 정하여야 한다(대법원 2006. 12. 22. 선고 2006후2240 판결, 대법원 2009. 10. 15. 선고 2007다45876 판결 등 참조). **특허의 명세서에 기재된 용어는 명세서 전체를 통하여 통일되게 해석할 필요**가 있으므로(대법원 2005. 9. 29. 선고 2004후486 판결 등 참조), **하나의 용어가 청구범위나 발명의 설명에 다수 사용된 경우 특별한 사정이 없는 한 동일한 의미로 해석**해야 한다.

판결이유

원심은 '세라믹스의 접합 구조 및 그 제조 방법'이라는 이름의 원고의 이 사건 특허발명(특허번호 생략)의 명세서의 기재와 도면을 종합하여 이 사건 특허발명 청구범위 제1항(이하 '이 사건 제1항 발명'이라 하고 나머지 청구항도 같은 방식으로 부른다)과 이 사건 제4항 발명의 **'접합'이라는 용어는 모두 기밀을 유지하는 기능을 하는 접합으로 해석하여야 한다고 판단**하였다. 위 법리와 기록에 비추어 살펴보면 원심판단은 앞서 본 법리에 기초한 것으로서, 상고이유 주장과 같은 특허청구범위 해석에 관한 법리를 오해하여 판결에 영향을 미치는 등의 잘못이 없다.

기출 여부 (48회 이후)	특허법 학회 TOP 10	중요도
–	–	★★★

018 부품에 대한 침해여부 판단 및 손해의 발생에 관한 주장·증명의 정도

대법원 2006. 10. 12. 선고 2006다1831 판결 [특허권침해금지등] [공2006.11.15.(262),1889]

판결요지

1. **특허발명의 기술적 특징을 갖춘 감광드럼을 특허권자의 허락 없이 업(業)으로서 생산하였다면 그 감광드럼을 화상형성장치 등에 결합하여 사용하지 않았더라도 특허침해가 성립하는지 여부**

   감광드럼에 관한 물건의 발명인 특허발명의 청구항의 기재에 의하면 감광드럼을 실제로 사용함에 있어서 이를 부품으로 하는 화상형성장치 또는 주조립체에 결합하여 사용할 것이 분명하더라도, **특허발명의 기술적 특징을 갖춘 감광드럼을 특허권자의 허락 없이 업(業)으로서 생산하였다면 바로 특허침해가 완성**되고, 그 감광드럼을 생산한 후에 현실적으로 이를 부품으로 하는 화상형성장치 등에 결합하여 사용하여야만 비로소 특허침해가 성립하는 것은 아니라고 본 사례.

2. **특허권 등의 침해로 인한 손해액의 추정에 관한 특허법 제128조 제4항의 적용에 있어서 손해의 발생에 관한 주장·증명의 정도**

   특허권 등의 침해로 인한 손해액의 추정에 관한 특허법 제128조 제2항에서 말하는 이익은 침해자가 침해행위에 따라 얻게 된 것으로서 그 내용에 특별한 제한은 없으나, 이 규정은 특허권자에게 손해가 발생한 경우에 그 손해액을 평가하는 방법을 정한 것에 불과하여 침해행위에도 불구하고 **특허권자에게 손해가 없는 경우에는 적용될 여지가 없으며**, 다만 손해의 발생에 관한 주장·입증의 정도에 있어서는 **경업관계 등으로 인하여 손해 발생의 염려 내지 개연성이 있음을 주장·입증하는 것으로 충분**하다.

3. **특허법 제128조 제4항에 의한 특허권자의 손해액을 산정함에 있어서 위 비용산출의 계산방식이 자백의 대상인지 여부**

   특허침해행위로 인한 수입액에서 그에 상응하는 비용을 공제하는 방법으로 **특허법 제128조 제4항에 의한 특허권자의 손해액을 산정함에 있어서 위 비용산출의 계산방식이 자백의 대상이 아니라**고 한 사례.

판결이유

1. 피고의 상고이유에 대한 판단

   가. 상고이유 제1점(특허침해 성립 관련)에 대하여

   기록에 비추어 살펴보면, 전자사진 감광드럼 등에 관한 이 사건 특허발명(등록번호 제258609호)의 청구범위 제25항 및 제26항(이 사건 제25항, 제26항 발명)은 화상형성장치 내지 주조립체의 복수 개의 코너부가 있는 비원형 횡단면(실질적으로 삼각형의 횡단면)을 가진 비틀린 구멍에 결합되어 회전구동력을 전달받을 수 있도록 비원형 횡단면을 가진(실질적으로 삼각형 프리즘의 형상으로 마련된) 돌출부를 갖춘 것을 기술적 특징으로 하는 감광드럼에 관한 발명으로서, 이러한 감광드럼을 실제로 사용함에 있어서는 위와 같은 구멍을 갖춘 화상형성장치 내지 주조립체에 결합되어 사용될 것임이 위 각 청구항의 기재에 의하여 분명하다고 하더라도, 이 사건 제25항, 제26항 발명은 감광드럼에 관한 물건의 발명으로서, **위와 같은 기술적 특징을 갖춘 감광드럼을 특허권자인 원고의 허락 없이 업으로서 생산하였다면 바로 특허침해가 완성된다고 할 것**이고, 위 감광드럼을 생산한 후에 현실적으로 위와 같은 구멍을 갖춘 화상형성장치 내지 주조립체에 결합되어 사용되어야만 비로소 특허침해가 성립하는 것은 아니라고 할 것이므로(실제로 피고가 생산·판매한 감광드럼은 원고가 생산·판매하는 감광드럼의 대체품으로서 위와 같이 사용된 것으로 보인다), 이와 결론을 같이한 원심의 판단은 그 이유 설시에 있어서 다소 부적절한 점은 있으나 결론에 있어서 옳고, 거기에 상고이유에서 주장하는 바와 같은 법리오해 등의 위법이 있다고 할 수 없다.

나. 상고이유 제2점 내지 제4점에 대하여

기록에 비추어 살펴보면, 이 사건 제25항, 제26항 발명의 구성과 그에 따른 작용효과는 원심 판시의 인용발명들에서는 찾아보기 어려운 것이고, **위 각 청구항이 산업상 이용가능성이 없는 발명이라고 할 수 없으며, 청구항의 기재불비가 있다고도 할 수 없어 위 각 청구항의 권리범위가 부정된다고 할 수 없고, 나아가 위 각 청구항에 기한 원고의 이 사건 청구가 권리남용에 해당한다고 할 수 없으므로**, 원고의 청구를 일부 인용한 원심의 조치는 옳고, 거기에 상고이유에서 주장하는 바와 같은 심리미진 등으로 인한 사실오인이나 법리오해 등의 위법이 있다고 할 수 없다.

다. 상고이유 제5점(특허법 제128조 제4항의 적용에 있어서 손해의 발생에 관한 주장·증명의 정도 관련)에 대하여

위 법리와 기록에 비추어 살펴보면, 원고는 이 사건 제25항, 제26항 발명의 특허권자로서 국외에서 레이저프린터의 부품이자 이 사건 특허제품인 감광드럼을 생산하여 레이저프린터 제조회사에 공급함으로써, 원고의 특허제품이 장착된 레이저프린터와 카트리지가 국내는 물론 미국에서도 판매되어 왔는데, 피고는 원고의 허락 없이 이 사건 제25항, 제26항 발명을 실시하여 감광드럼을 국내에서 생산함으로써 원고의 특허권을 침해하고 그 침해제품을 국내에서 판매하거나 미국에 수출함으로써 이익을 얻었으며, 피고의 침해제품은 원고의 특허제품과 동일한 기술적 특징을 가지고 서로 완벽하게 호환되는 것으로서 **국내 및 미국 시장에서 직접적으로, 또는 원고의 특허제품을 채택한 카트리지를 통하여 간접적으로 서로 경쟁하는 결과가 된 것**으로 보이므로, **피고의 침해제품 일부가 미국으로 수출되었다거나 원고의 특허제품은 레이저프린터 제조회사가 인증한 정품이었음에 반하여 피고의 침해제품은 그렇지 아니하였다는 등의 사정이 있다고 하더라도 여전히 원고에게는 피고의 이 사건 특허침해행위로 인한 손해발생의 염려나 개연성이 인정된다**고 할 것이고, 피고의 침해행위에 따른 이익에 비례하여 원고에게 손해가 발생한다는 점에 대한 주장·입증이 없다고 하여 달리 볼 것은 아니므로, 피고의 이익액 전체를 원고의 손해액으로 인정한 원심의 조치는 옳은 것으로 수긍이 가고, 거기에 상고이유에서 주장하는 바와 같은 법리오해 등의 위법이 있다고 할 수 없다.

2. 원고의 상고이유에 대한 판단

가. 상고이유 제1점(자백의 대상 관련)에 대하여

자백의 구속법칙은 권리의 발생소멸이라는 법률효과의 판단에 직접 필요한 주요사실에 대해서만 적용되는 것이다(대법원 1994. 11. 4. 선고 94다37868 판결, 2002. 6. 28. 선고 2000다62254 판결 등 참조).

기록에 의하면, 원심은 특허법 제128조 제4항을 적용하여 피고의 특허침해행위로 인한 수입액에서 그에 상응하는 비용을 공제하는 방법으로 원고의 손해액을 산정함에 있어서 피고의 비용은 여러

가지 항목으로 구성되어 있으나 어느 항목도 이를 정확하게 산정할 수 있는 증거가 제출되지 아니하여 피고의 비용을 구성하는 각 항목을 추산할 수밖에 없었는데, 피고는 2004. 5. 18.자 준비서면에서 자신이 지출한 비용 중 임차료 비용과 인건비 항목은 전체 임차료와 인건비에 피고의 전사업부문의 매출액에서 이 사건 침해제품의 매출액이 차지하는 비율을 곱하여 계산하더라도 무방할 것이라고 주장하면서 동시에 피고가 특허침해행위에 의하여 받은 이익액의 크기에 대해서는 원고의 주장에 못 미치는 금액을 주장하였고, 원고가 위 계산방식을 이익으로 원용한 후에 피고는 다시 위 비용항목들에 대하여 위 방식과는 다른 비용산출 계산방식(유기감광체 드럼 사업부만의 임차료 및 인건비 × 이 사건 감광드럼 매출액/유기감광체 드럼 사업부 매출액)을 적용할 것을 주장하면서 그 이익액에 있어서는 일관하여 원고의 주장보다 적은 금액을 주장하였음을 알 수 있는바, **이러한 비용산출 계산방식이 특허법 제128조 제4항의 적용에 있어서 주요사실에 해당한다고는 할 수 없을 뿐만 아니라 피고의 위 준비서면은 그 전체의 취지에 있어서 원고가 주장하는 특허침해행위로 인한 이익액을 다투는 것으로 볼 수 있으므로,** 재판상 자백이 성립되지 않았음을 전제로 한 원심의 판단은 옳고, 이를 탓하는 상고이유의 주장은 받아들일 수 없다.

나. 상고이유 제2점에 대하여

증거의 취사와 사실의 인정은 사실심의 전권에 속하는 것으로 자유심증주의의 한계를 벗어나지 않는 한 적법한 상고이유로 삼을 수 없는 것인바(대법원 1988. 11. 8. 선고 87다카683 판결, 2006. 5. 25. 선고 2005다77848 판결 등 참조), 기록에 비추어 살펴보면, 피고의 비용 중 임차료와 인건비에 관한 원심의 사실인정은 모두 옳은 것으로 수긍이 가고, 거기에 상고이유에서 주장하는 바와 같은 채증법칙 위배 또는 심리미진으로 인한 사실오인의 위법이 있다고 할 수 없다.

기출 여부 (48회 이후)	특허법 학회 TOP 10	중요도
-	-	★★

019 특허권침해금지의 소에서 청구의 대상이 되는 제품이나 방법의 특정 정도

대법원 2011. 9. 8. 선고 2011다17090 판결 [특허권침해금지의소] [공2011하,2077]

판결요지

1. 특허권침해금지의 소에서 청구의 대상이 되는 제품이나 방법의 특정 정도

   민사소송에서 청구취지는 내용 및 범위를 명확히 알아볼 수 있도록 구체적으로 특정되어야 하므로, 특허권에 대한 침해의 금지를 청구하는 경우 **청구의 대상이 되는 제품이나 방법은 사회통념상 침해의 금지를 구하는 대상으로서 다른 것과 구별될 수 있는 정도로 구체적으로 특정**되어야 한다.

2. 청구취지가 특정되지 않은 경우 법원이 취하여야 할 조치 및 형식적으로 청구취지 보정 기회가 주어지지 아니하였어도 실질적으로 이러한 기회가 주어졌다고 볼 수 있을 만한 특별한 사정이 있는 경우, 보정명령 없이 소를 각하한 것이 위법한지 여부

   청구취지의 특정 여부는 직권조사사항이므로 청구취지가 특정되지 않은 경우 법원은 피고의 이의 여부에 불구하고 직권으로 보정을 명하고, 이에 응하지 않을 때에는 소를 각하하여야 하나, **형식적으로는 청구취지 보정의 기회가 주어지지 아니하였어도 실질적으로는 이러한 기회가 주어졌다고 볼 수 있을 만한 특별한 사정이 있는 경우**에는 보정명령 없이 소를 각하하더라도 이를 위법하다 할 수 없다.

판결이유

1. 상고이유(상고이유서 제출기간 경과 후 제출된 상고이유보충서의 기재는 상고이유를 보충하는 범위 내에서)를 판단한다.

   가. 청구취지의 특정에 대한 법리오해의 점에 관하여

   위 법리와 기록에 비추어 살펴보면, 이 사건 침해금지청구의 대상인 원심 판시 이 사건 피고 제품의 설명서에 기재된 구성 중 "HFC, CDMA, 광 등 간선망을 이용한 데이터 통신"에 관한 부분은 **명시적으로 기재된 HFC, CDMA, 광 이외에 간선망을 이용한 다른 방식의 데이터 통신의 실시형태까지도 포함**하는 것이라고 볼 것이다. 그런데 간선망은 여러 계층 구조로 이루어진 전체 망에서 중추 회선의 기능을 하는 것을 의미할 뿐 구체적인 데이터 통신 방식을 지칭하는 용어는 아니어서, **"간선망을 이용한 데이터 통신"이라는 기재 자체만으로는 데이터 통신을 위하여 어떠한 방식을 이용하는지 객관적·일의적으로 알 수 없고, 따라서 이 사건 피고 제품은 일부 구성이 불명확**하여 사회통념상 다른 것과 구별될 수 있는 정도로 구체적으로 특정되었다고 할 수 없다.

   원심판단은 그 이유설시가 다소 부적절하나, 금지청구의 대상인 피고의 생산·판매 제품이 특정되지 아니함으로써 청구취지가 특정되지 아니하였다는 결론에 있어서는 정당하고, 거기에 상고이유의 주장과 같이 청구취지의 특정에 관한 법리를 오해하여 판결에 영향을 미친 위법이 없다.

나. 청구취지가 특정되지 아니한 경우 보정명령 없이 소를 각하한 조치의 위법 여부의 점에 관하여

원심은 이 사건 피고 제품이 불명확하여 청구취지가 특정되지 않았다고 판단하였으면서도 원고(선정당사자, 이하 '원고'라고만 한다)에게 **직권으로 보정을 명하는 등의 조치를 취하지 아니한 채 이 사건 소를 각하**하였다.

그런데 기록에 의하면, 원고 및 선정자 2(이하 '원고 등'이라 한다)는 2009. 9. 14. 피고 및 한국전력공사(이하 '피고 등'이라 한다)를 상대로 위 "HFC, CDMA, 광 등 간선망을 이용한 데이터 통신"의 구성을 그대로 가지고 있는 것으로 특정된 확인대상발명이 이 사건 특허발명(특허번호 제416926호) 특허청구범위 제1항(이하 '이 사건 제1항 발명'이라 한다)의 권리범위에 속하는지 여부를 확인받기 위해 특허심판원에 **적극적 권리범위확인심판을 청구(2009당2235)하였고**, 이에 특허심판원은 2009. 12. 15. 위 청구를 인용하여 확인대상발명이 이 사건 제1항 발명의 권리범위에 속한다는 심결을 한 점, 피고 등이 이에 불복하여 특허법원에 심결취소소송을 제기(2010허111)하자, 특허법원은 2010. 11. 3. 확인대상발명의 설명서 중 **"HFC, CDMA, 광 등 간선망을 이용한 데이터 통신"에 관한 기재 부분이 불명확하여 확인대상발명이 부적법하게 특정되었다는 등의 이유로 심결을 취소한다는 판결을 선고**한 점, 그러자 원고는 위 특허법원의 판결에 불복하여 상고를 제기(2010후3356)한 다음 이 사건 원심 소송절차에서도 이 사건 피고 제품의 특정 여부를 다투는 내용의 준비서면을 수차 제출함으로써 침해금지를 구하는 대상으로서의 이 사건 피고 제품이 구체적으로 특정되었다고 다툰 점 등을 알 수 있다.

위와 같은 사정을 앞에서 본 법리에 비추어 살펴보면, **청구취지 불특정을 이유로 이 사건 소를 각하하더라도 원고에게 예측할 수 없었던 불의의 타격을 주는 것은 아니며, 원고에게는 실질적으로 청구취지 보정의 기회가 주어졌다고 보아야 하므로**, 원심법원이 새삼스럽게 이 사건 피고 제품의 특정에 관한 법률상의 사항을 지적하여 원고에게 그 보정의 기회를 주어야 할 필요는 없다고 할 것이고, 따라서 보정명령 없이 소를 각하하더라도 이를 위법하다 할 수 없다. 이 점을 다투는 상고이유의 주장은 이유 없다.

다. 청구변경에 대한 법리오해의 점에 관하여

기록에 의하면, 원고는 제1심에서는 데이터전송장치 간의 데이터 통신 방식으로 동축케이블 등 유선망 통신을 이용하고, 다른 데이터전송장치와 데이터 통신하기 위한 구성으로 유선망 PLC Unit만이 기재되어 있는 점을 제외하면 나머지 구성은 이 사건 피고 제품과 동일한 제품의 제조·판매·광고의 금지를 구하다가, 항소심인 원심에서 제조·판매·광고의 금지를 구하는 대상을 데이터전송장치 간의 데이터 통신 방식으로 '동축케이블 등 유선망 또는 근거리 무선통신(Binary CDMA)'을 이용하고, 이에 따라 다른 데이터전송장치와 데이터 통신하기 위한 구성으로 유선망 PLC Unit 외에도 근거리 무선통신 모듈이 추가된 이 사건 피고 제품으로 정정하는 내용의 2010. 11. 25.자 준비서면을 제출하고, 원심 제1차 변론기일에 진술한 점, 그러자 원심은 그 판결의 청구취지로 변경된 청구를 기재하고, 이유에서는 변경된 청구를 판단하여 그 주문에는 '원심에서 교환적으로 변경된 이 사건 소를 각하한다'는 판결을 선고한 점 등을 알 수 있다.

그런데 이 사건 피고 제품의 설명서 및 도면의 기재에 의하면, 데이터전송장치 간의 데이터 통신 방식으로 **'동축케이블 등 유선망 또는 근거리 무선통신'을 이용하는 구성은 데이터전송장치 간의 데이터 통신 방식으로 동축케이블 등 유선망을 이용하는 구성과 근거리 무선통신을 이용하는 구성을 모두 포함**하되, 다만 이를 구체적으로 실시함에 있어서는 그 중 하나만을 선택할 수 있다는 의미로 해석함이 상당하므로, 원고가 처음에는 침해금지의 대상을 데이터전송장치 간의 데이터 통신 방식으로 동축케이블 등 유선망만을 이용하는 제품으로 하였다가 후에 근거리 무선통신을 이용하는 제품도 포함하는 것으로 변경한 것은 위와 같은 제품 모두에 대하여 심판을 구하는 것으로서 **소의 추가적 변경에 해당**한다고 할 것이다.

다만 위와 같이 변경된 이 사건 피고 제품에는 원고가 당초 금지의 대상으로 삼은 데이터전송장치 간의 데이터 통신 방식으로 동축케이블 등 유선망을 이용하는 제품도 포함되어 있어, 원심이 기존의 청구와 추가된 청구를 모두 판단하면서도 원고의 청구변경의 취지를 교환적 변경인 것으로 단정하여 그 주문에서 '원심에서 교환적으로 변경된 이 사건 소를 각하한다'고 기재한 것은 '제1심판결을 취소하고 원심에서 확장된 부분을 포함하여 이 사건 소를 각하한다'고 할 것을 잘못 기재한 것임이 명백하나, 이는 판결의 경정사유에 불과하고 원심판결을 파기할 사유는 아니라고 할 것이다. 따라서 이 점을 상고이유로 삼은 주장도 이유 없다.

라. 특허권 침해에 대한 법리오해의 점에 관하여

피고가 이 사건 피고 제품을 생산·판매하고 있음을 인정하기 어렵다는 취지의 원심판단은 이 사건 피고 제품이 적법하게 특정되었음을 전제로 한 가정적·부가적 판단에 불과한데, 위에서 본 바와 같이 이 사건 피고 제품이 적법하게 특정되었다고 할 수 없다는 원심의 판단이 정당한 이상 위와 같은 가정적·부가적 판단의 당부는 판결 결과에 영향을 미칠 수 없다. 따라서 이 점에 관한 상고이유의 주장도 더 나아가 살펴볼 필요 없이 받아들일 수 없다.

기출 여부 (48회 이후)	특허법 학회 TOP 10	중요도
–	–	★★

020 특허발명의 청구항이 복수의 구성요소로 되어 있는 경우 권리범위 판단

대법원 2001. 6. 15. 선고 2000후617 판결 [권리범위확인(특)] [공2001.8.1.(135),1655]

판결요지

특허발명의 청구항이 복수의 구성요소로 되어 있는 경우에는 그 각 구성요소가 유기적으로 결합된 전체로서의 기술사상이 보호되는 것이지, 각 구성요소가 독립하여 보호되는 것은 아니므로, **특허발명과 대비되는 ㈎호 발명이 특허발명의 청구항에 기재된 필수적 구성요소들 중의 일부만을 갖추고 있고 나머지 구성요소가 결여된 경우에는 원칙적으로 그 ㈎호 발명은 특허발명의 권리범위에 속하지 아니한다.**

판결이유

원심판결 이유에 의하면, 원심은, 이 사건 특허발명(등록번호 제97703호)의 특허청구범위 제1항(이하 이 사건 특허발명의 특허청구범위 제1항 내지 제4항을 순서대로 '이 사건 특허발명 제1항 내지 제4항'이라 한다)과 1989. 9. 5. 발행된 미국 특허공보 제4,863,268호에 기재된 발명(이하 '인용발명'이라 한다)을 비교하면, 양 발명은 모두 광원을 찌그러진 차체 표면에 조사(照射)한 후 이로부터 반사되는 빛을 이용하여 표면상태를 검사한다는 부분에서는 기술적 사상이 동일하고, 한편 이 사건 특허발명 출원 전인 1993년 Martin SPROCKET & GEAR, Inc.에서 발행한 같은 회사가 제작한 공구를 소개하는 카탈로그인 을 제8호증에는 끝이 뾰족하고 끝부분이 휘어진 여러 종류의 작업공구에 관한 영상이 실린 사실이 인정되므로, 결국 이 사건 특허발명 제1항의 구성 중 ① 광원을 찌그러진 차체 표면에 조사한 후 이로부터 반사된 빛을 작업자가 눈으로 직접 보면서 표면상태를 검사하는 구성과 ② 끝이 뾰족하고 끝부분이 휘어진 작업공구를 차체 표면 원상복구작업에 사용한다는 구성은 이미 이 사건 특허발명 출원 이전에 공지된 것으로서 그 공지된 부분이 나머지 부분과 신규성 있는 기술적 효과 발생에 유기적으로 결합된 것으로 보기도 어려워 공지된 부분에 관한 한 권리범위를 인정할 수 없으므로, 그 공지 부분을 제외하고 이 사건 특허발명 제1항과 ㈎호 발명을 대비함이 상당하다는 취지로 판단하였다.

그러나 기록에 의하면, 인용발명은 차체 등의 표면영역(11)에 광원(10)을 이용하여 빛을 조사하는 과정, 빛이 조사된 표면영역으로부터 반사되어 스크린(15)에 부딪힌 후 조사된 표면영역으로 되돌아오고 그 곳으로부터 다시 반사되는 위치에 렌즈(21)나 매트릭스 포토디텍터(22)로 이루어진 카메라에 의하여 찌그러진 부위를 판단하는 것으로서, 형광등에 의한 상(像)이 직접 차체에 맺혀 이를 통하여 찌그러진 부위의 중심부를 찾는 구성인 이 사건 특허발명과는 차이가 있음을 알 수 있고, 다만 끝이 뾰족하고 끝부분이 휘어진 작업공구는 이미 이 사건 특허발명 출원 이전에 을 제8호증에 의하여 공지된 것이어서 **이 사건 특허발명 제1항은 그 중 일부 구성이 공지되기는 하였으나 각 구성요소가 독립하여 별개의 발명이 되는 것이 아니라 그 구성요소들이 결합된 전체로서 하나의 발명이 되는 것이고, 또한 여기에서 이들 구성요소를 분리하게 되면 그 발명의 목적달성은 불가능하게 되고, 이러한 공지의 구성요소가 나머지 신규의 구성요소들과 유기적 결합관계를 이루고 있다고 하지 않**

수 없으므로, ㈎호 발명이 이 사건 특허발명의 권리범위에 속하는지 여부를 판단하는 데에도 이 부분을 제외해서는 아니될 것이다.

그럼에도 불구하고, 원심은 그 설시와 같은 이유만으로 이 사건 특허발명 제1항의 구성 중 ① 광원을 찌그러진 차체 표면에 조사한 후 이로부터 반사된 빛을 작업자가 눈으로 직접 보면서 표면상태를 검사하는 구성까지 공지된 것이고, ② 끝이 뾰족하고 끝부분이 휘어진 작업공구를 차체 표면 원상복구작업에 사용한다는 구성은 나머지 신규의 구성요소들과 유기적 결합관계를 이루고 있지 않다고 판단하여 ①, ②의 구성부분에 관한 한 권리범위를 인정할 수 없다고 하고 말았으니, 원심판결에는 이 점에서 특허발명의 권리범위 판단에 관한 법리를 오해하여 심리를 다하지 아니한 위법이 있다.

기록에 비추어 이 사건 특허발명 제1항과 ㈎호 발명을 대비하면, 양 발명은 자동차의 찌그러진 부위를 원상태로 복구시키는 방법에 관하여, 찌그러진 부위를 쉽게 찾을 수 있고, 간단한 구조의 도구를 이용하여 금속판을 분해하지 않고 짧은 시간에 원상태로 복구시킬 수 있으며, 도장면이 벗겨지지 않도록 하기 위한 것인 점에서 유사한 면이 있다. **그러나 금속판의 찌그러진 부분의 중심부를 찾기 위한 구체적인 방법에서는**, 이 사건 특허발명 제1항은 형광등 불빛을 금속판에 조사하고 작업자가 그 맞은편에서 자신의 눈높이를 조절하는 과정을 반복하여 형광등의 불빛 반사부위의 밝기 차이 또는 그림자의 형태 차이에 의해 이를 찾아내는 것인 반면, ㈎호 발명은 조명장치(1) 전면에 설치된 종횡의 격자무늬가 등간격으로 투명판 위에 인쇄된 찌그러진 부위 구별판(2)을 통하여 자동차의 찌그러진 차체 표면으로 조명장치를 사용하여 빛을 조사한 다음 차체 표면의 찌그러진 부위 상태에 부응하여 나타나는 변형된 종횡격자무늬상의 선 간격이 나타난 영상을 카메라(3)로 촬영한 후 컴퓨터(4)를 통하여 모니터(5)로 전송하여 그 모니터에 나타난 변형된 격자무늬 선의 간격을 이용하여 이를 찾아내는 것으로서, 찌그러진 부위의 중심부를 찾는 방법에 차이가 있으므로, 단지 조명장치의 불빛을 이용하여 찌그러진 부위를 판별하고 작업공구로 찌그러진 부위를 복구하는 방법을 채택하고 있다는 것만으로 양 발명이 동일한 발명이라고 할 수는 없다.

더구나 **이 사건 특허발명 제1항은 형광등이라는 한정된 광원을 이용하는 데 비해, ㈎호 발명에서는 조명장치(1)가 한정되지 않은 것으로서 형광등 이외의 다양한 광원을 사용할 수 있으며, ㈎호 발명은 모니터를 눈으로 보면서 작업을 함으로써 자동차 표면에 반사된 형광등 불빛을 직접 눈으로 보면서 작업을 하는 이 사건 특허발명에 비하여 장기간 작업에도 눈이 덜 피로한 효과가 있다고 보이므로,** 어느 모로 보나 ㈎호 발명은 이 사건 특허발명 제1항의 권리범위에 속한다고 할 수 없다.

나아가 ㈎호 발명이 이 사건 특허발명 제1항의 권리범위에 속하지 아니한 이상, 이 사건 특허발명 제1항을 구체화하고 한정하고 있는 이 사건 특허발명 제2항 내지 제4항의 권리범위에도 속한다고 볼 수 없다.

따라서 원심의 이유 설시에 다소 적절치 못한 점은 있으나, 위와 같은 취지에서 ㈎호 발명이 이 사건 특허발명의 권리범위에 속한다고 할 수 없다고 한 판단은 결과적으로 정당하고, 거기에 특허발명의 권리범위에 관한 법리오해 등의 위법이 있다고 볼 수 없다.

이 점을 다투는 상고이유는 받아들이지 아니한다.

기출 여부 (48회 이후)	특허법 학회 TOP 10	중요도
60회 (2023년) 문제 4	–	★★

021 특허발명의 특허권을 침해한다고 보기 위한 요건
대법원 2011. 9. 29. 선고 2010다65818 판결 [특허권침해금지등] [공2011하,2211]

판결요지

1. **특허권침해소송의 상대방이 제조 등을 하는 제품 또는 사용하는 방법이 특허발명의 특허권을 침해한다고 보기 위한 요건 및 특허청구범위에 기재된 구성 중 일부에 관하여 치환 내지 변경이 있는 경우 특허권 침해에 관한 판단 방법**

   특허권침해소송의 상대방이 제조 등을 하는 제품 또는 사용하는 방법(이하 '침해대상제품 등'이라 한다)이 특허발명의 특허권을 침해한다고 할 수 있기 위해서는 특허발명의 특허청구범위에 기재된 각 구성요소와 그 구성요소 간의 유기적 결합관계가 침해대상제품 등에 그대로 포함되어 있어야 한다.

   한편 침해대상제품 등에서 특허발명의 특허청구범위에 기재된 구성 중 치환 내지 변경된 부분이 있는 경우에도, 특허발명과 과제의 해결원리가 동일하고, 그러한 치환에 의하더라도 특허발명에서와 같은 목적을 달성할 수 있고 실질적으로 동일한 작용효과를 나타내며, 그와 같이 치환하는 것이 발명이 속하는 기술분야에서 통상의 지식을 가진 자(이하 '통상의 기술자'라 한다)라면 누구나 용이하게 생각해 낼 수 있는 정도로 자명하다면, 침해대상제품 등이 특허발명의 출원시 이미 공지된 기술과 동일한 기술 또는 통상의 기술자가 공지기술로부터 용이하게 발명할 수 있었던 기술에 의한 것이거나 특허발명의 출원절차를 통하여 침해대상제품 등의 치환된 구성이 특허청구범위로부터 의식적으로 제외된 것에 해당하는 등의 특별한 사정이 없는 한, 침해대상제품 등은 전체적으로 특허발명의 특허청구범위에 기재된 구성과 균등한 것으로서 여전히 특허발명의 특허권을 침해한다고 보아야 한다.

2. **특허권침해소송의 상대방이 제조 등을 하는 제품 또는 사용하는 방법이 특허발명의 특허권을 침해한다고 보기 위한 요건으로서 '과제의 해결원리가 동일하다'는 것의 의미와 판단 방법**

   특허권침해소송의 상대방이 제조 등을 하는 제품 또는 사용하는 방법(이하 '침해대상제품 등'이라 한다)이 특허발명의 특허권을 침해한다고 보기 위한 요건으로서 '과제의 해결원리가 동일하다'는 것은 침해대상제품 등에서 치환된 구성이 특허발명의 비본질적인 부분이어서 침해대상제품 등이 특허발명의 특징적 구성을 가지는 것을 의미하고, 특허발명의 특징적 구성을 파악할 때에는 특허청구범위에 기재된 구성의 일부를 형식적으로 추출할 것이 아니라 명세서의 발명에 관한 상세한 설명의 기재와 출원 당시 공지기술 등을 참작하여 선행기술과 대비하여 볼 때 특허발명에 특유한 해결수단이 기초하고 있는 과제의 해결원리가 무엇인가를 실질적으로 탐구하여 판단하여야 한다.

3. **중간판결[8]의 의미와 기속력 및 중간판결도 상소심의 판단 대상인지 여부**

   중간판결은 그 심급에서 사건의 전부 또는 일부를 완결하는 재판인 종국판결을 하기에 앞서 종국판결의 전제가 되는 개개의 쟁점을 미리 정리·판단하여 종국판결을 준비하는 재판으로서, 중간판결이 선고되면 판결을 한 법원은 이에 구속되므로 종국판결을 할 때에도 그 주문의 판단을 전제로 하여야 하며, 설령 중간판결의 판단이 그릇된 것이라 하더라도 이에 저촉되는 판단을 할 수 없다.

> 이러한 중간판결은 종국판결 이전의 재판으로서 종국판결과 함께 상소심의 판단을 받는다(민사소송법 제392조, 제425조).

판결이유

1. 침해여부 판단

원심은 그 채용 증거들에 의하여 그 판시와 같은 사실들을 인정한 다음, 명칭을 '**한영 혼용 입력장치에 적용되는 한영 자동 전환 방법**'으로 하는 이 사건 특허발명(등록번호 제165591호) 특허청구범위 제6항(이하 '이 사건 제6항 발명'이라 하고 나머지 청구항들도 같은 방식으로 부른다)의 제1, 2단계 구성과 이 사건 제22항 발명의 제1 내지 5단계 구성은 그 특허청구범위의 기재 자체로부터 분리자가 입력될 때까지 **입력된 키에 상응하는 한글어절과 영문어절을 각각 생성한 다음 양 어절 모두에 대하여 한영 모드의 판정을 수행**하는 구성으로 파악되는 반면에, 이에 대응하는 피고 실시방법의 A, B단계 구성에서는 우선 입력되는 문자키 값에 상응하는 어절문자열만을 생성하여 입력모드의 조건에 맞는지 여부를 검사한 후 여기에 만족하면 대응모드문자열 추가 생성 없이 판정을 종료하고 입력모드의 조건에 불만족하는 경우에만 대응모드문자열을 추가로 생성하여 추가 생성된 어절에 대해서도 판정을 수행한다는 점에서 차이가 있어, 위 각 대응구성은 서로 동일한 구성으로 볼 수 없다고 판단하였다.

나아가 원심은 명세서 전체의 기재와 출원 당시의 공지기술 등을 참작하여 선행기술과 대비하여 볼 때, 에디터, 워드프로세서 등의 취급 시와 같이 데이터 또는 명령어 입력으로서 한글과 영문을 혼용하여 입력할 필요가 있는 경우에, **한글모드와 영문모드의 구분 없이 입력되는 문자열을 어절별로 판별하여 전환하는 한영 자동 전환 방법을 제공**하려는 과제를 해결하기 위하여, '입력모드에 상관없이 분리자가 입력될 때까지 입력된 키에 상응하는 한글어절과 영문어절을 각각 생성하는 구성'을 취함으로써, **양 어절 모두에 대하여 한글인지 또는 영문인지를 판정하도록 하는 점이 선행기술에서 찾아볼 수 없는 이 사건 제6항, 제22항 발명 특유의 해결수단이라 할 것**이어서, '입력모드에 상관없이 분리자가 입력될 때까지 입력된 키에 상응하는 한글어절과 영문어절을 각각 생성'하는 이 사건 제6항 발명의 제1단계 구성과 이 사건 제22항 발명의 제1 내지 4단계 구성이 이들 발명의 특징적 구성이라 할 것인데, 피고의 실시방법은 '우선 입력되는 문자키 값에 상응하는 어절문자열만을 생성하여 입력모드의 조건에 맞는지 여부를 검사하는 구성'을 채택함으로써, **입력모드별로 해당 입력모드의 문자(한글 또는 영문)조건에 만족하는지 여부를 먼저 검사한 후 여기에 만족하면 대응모드문자열 추가 생성 없이 판정을 종료하고, 입력모드의 조건에 불만족하는 경우에만 대응모드문자열을 추가로 생성하여 추가 생성된 어절에 대해서도 판정을 수행**하게 되므로, 피고의 실시방법은 이 사건 제6항, 제22항 발명의 특징적 구성을 그대로 가지고 있지 아니하여 그 과제해결원리가 동일하다고 할 수 없고, 따라서 피고의 실시방법은 이 사건 제6항, 제22항 발명과 동일하거나 균등한 구성을 모두 포함하고 있지 않아 그 특허권을 침해하지 않는다는 취지로 판단하였다.

또한 원심은, 이 사건 제7항 발명의 제2단계 구성은 제1단계 구성에서 생성된 어절이 한글조합규칙을 만족하면 한글로 판정하고 한글조합규칙을 불만족하면 영문으로 판정하는 것으로서 입력모드의 구분 없이 공통된 판정방법을 사용하는 데 비하여, **이에 대응하는 피고 실시방법의 B단계 구성은 입력모드별로 판정 과정을 달리하고** 있을 뿐만 아니라, 한글모드에서 단순히 '대상 어절이 한글조합규칙을 만족하면 한글로 판정하는 구성'을 구비하고 있기는 하지만, **영문모드에서 같은 구성을 구비하고 있지 않고,** 영문모드와 한글모드 어디에서도 단순히 '대상 어절이 한글조합규칙을 불만족하면 영문으로 판정하는 구성'을 구비하고 있지 않으며, **이러한 구성상의 차이로 인하여, 그 한영 판정결과가 달라지는 등 작용효과에도 차이가 있으므로**, 피고의 실시방법은 이 사건 제7항 발명의 구성을 그대로 포함하고 있다고 할 수 없어 그 특허권을 침해하지도 않는다고 판단하였다.

앞서 본 법리와 기록에 비추어 살펴보면, 원심의 위와 같은 판단은 정당한 것으로 수긍할 수 있고, 거기에 상고이유로 주장하는 것과 같은 특허발명의 권리범위 판단에 관한 법리오해 등의 위법이 없다.

2. 중간판결 관련 판단

기록에 의하면, 원심은 2008. 2. 19. 선고한 청구원인에 관한 중간판결에서 '피고가 이 사건 제6항 내지 제8항, 제14항, 제22항, 제23항 발명을 침해하였다는 취지의 원고 및 원고승계참가인들의 주장은 이 사건 제6항, 제7항, 제22항 발명 부분에 한하여 이유 있고, 그 나머지 부분은 이유 없다'는 **중간판결을 선고하였는데도, 2010. 6. 23. 선고한 종국판결에서는 피고의 실시방법이 이 사건 제6항, 제7항, 제22항 발명의 특허권을 침해하지 않는다는 이유**로 그 특허권 침해에 기한 손해의 배상을 구하는 원고 및 원고승계참가인들의 청구를 모두 기각하는 판결을 선고하였음을 알 수 있다.

앞서 본 법리에 비추어 보면, 위와 같은 원심의 조치는 **중간판결의 기속력에 저촉되는 것으로서 위법**하다고 할 것이다.

그런데 피고의 실시방법은 이 사건 제6항, 제7항, 제22항 발명과 동일하거나 균등한 구성을 모두 포함하고 있지 않아 이들 발명의 특허권을 침해하지 아니하는 것임은 앞의 1.항에서 판단한 바와 같으므로, **원심의 중간판결은 특허발명의 권리범위에 관한 법리를 오해한 데에서 나온 것으로서 그대로 유지될 수 없고, 오히려 원심의 종국판결의 이유와 결론이 정당하다고 할 것이다.**

그렇다면 앞에서 본 바와 같은 원심의 위법은 판결 결과에는 영향이 없다고 할 것이고, 결국 중간판결의 기속력 등과 관련한 상고이유의 주장은 모두 받아들일 수 없다.

---

8) 중간판결
  1. 의의
    "중간판결"이란 소송의 진행 중 문제가 되었던 실체상 또는 소송상의 각 쟁점을 미리 판단하고 해결하여 종국판결을 준비하기 위해 행하는 판결을 말한다.
  2. 중간판결사항
    법원은 ① 독립된 공격 또는 방어의 방법, ② 그 밖의 중간의 다툼에 대해 필요한 경우, ③ 청구의 원인과 액수에 대해 다툼이 있는 경우 그 원인에 대한 부분에 대해 중간판결을 할 수 있음(민사소송법 제201조).
  3. 중간판결의 효력
    중간판결을 선고하면 그 법원은 이에 구속되고, 종국판결에서는 이 중간판결의 판단을 기초로 재판함. 중간판결은 독립적으로 상소할 수 없고, 종국판결에 대한 상소에 의해 함께 상급심의 판단을 받음.

기출 여부 (48회 이후)	특허법 학회 TOP 10	중요도
–	–	★★

022 균등침해 판단 기준
대법원 2011. 7. 28. 선고 2010후67 판결 [권리범위확인(특)] [공2011하,1853]

판결요지

1. 균등침해 판단기준

특허발명과 대비되는 발명(이하 '확인대상발명'이라 한다)이 특허발명의 권리범위에 속한다고 하기 위해서는 특허발명의 특허청구범위에 기재된 각 구성요소와 구성요소 간의 유기적 결합관계가 확인대상발명에 그대로 포함되어 있어야 한다.

한편 확인대상발명에서 특허발명의 특허청구범위에 기재된 구성 중 치환 내지 변경된 부분이 있는 경우에도, **두 발명에서 과제의 해결원리가 동일하고, 그러한 치환에 의하더라도 같은 목적을 달성할 수 있고 실질적으로 동일한 작용효과를 나타내며, 그와 같이 치환하는 것이 그 발명이 속하는 기술분야에서 통상의 지식을 가진 자(이하 '통상의 기술자'라 한다)라면 누구나 쉽게 생각해 낼 수 있는 정도로 자명하다면, 확인대상발명이 특허발명 출원 시 이미 공지된 기술과 동일한 기술 또는 통상의 기술자가 공지기술로부터 쉽게 발명할 수 있었던 기술에 해당하거나, 특허발명의 출원절차를 통하여 확인대상발명의 치환된 구성이 특허청구범위로부터 의식적으로 제외된 것에 해당하는 등의 특별한 사정이 없는 한**, 확인대상발명은 전체적으로 특허발명의 특허청구범위에 기재된 구성과 균등한 것으로서 여전히 특허발명의 권리범위에 속한다고 보아야 한다.

2. 과제의 해결원리가 동일 여부 판단기준

그리고 여기서 말하는 '두 발명에서 과제의 해결원리가 동일하다는 것'은 확인대상발명에서 치환된 구성이 특허발명의 비본질적인 부분이어서 확인대상발명이 특허발명의 특징적 구성을 가지는 것을 의미하고, **특허발명의 특징적 구성을 파악할 때에는 특허청구범위에 기재된 구성의 일부를 형식적으로 추출할 것이 아니라 명세서의 발명의 상세한 설명 기재와 출원 당시 공지기술 등을 참작하여 선행기술과 대비하여 볼 때 특허발명에 특유한 해결수단이 기초하고 있는 과제의 해결원리**가 무엇인가를 실질적으로 탐구하여 판단하여야 한다.

판결이유

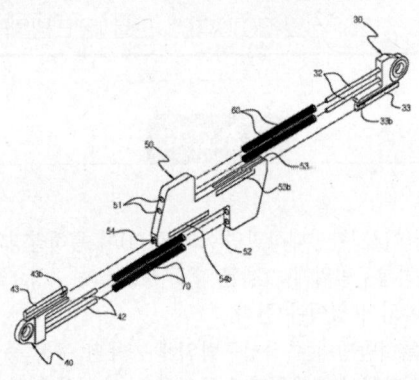

[도 3] 본 발명의 실시예에 의한 분해사시도

명칭을 "슬라이딩타입 휴대폰의 슬라이딩개폐장치"로 하는 이 사건 특허발명(특허등록번호 제698581호) 특허청구범위 제1항(이하 '이 사건 제1항 발명'이라 한다)의 원심판시 구성요소 7은 명세서 전체의 기재와 출원 당시의 공지기술 등을 참작하여 선행기술(을 제4호증)과 대비하여 볼 때, 연결플레이트(50)의 양측에서 슬라이딩되는 제1, 2링크플레이트(30)(40)의 유동을 방지하는 수단으로 '제1, 2링크플레이트(30)(40)의 측면에 별도의 제1, 2가이드레일(33)(43)을 부가하여, 그 제1, 2가이드레일(33)(43)과 연결플레이트(50)에 형성된 제1, 2유동방지홈(53)(54)이 결합되는 구성'을 채택하고 있다. 이러한 구성에 의해 **연결플레이트(50)의 두께를 가이드레일(33)(43)의 두께 정도까지 줄일 수 있게 됨**으로써 링크플레이트가 연결플레이트의 유동방지홈에 직접 결합되는 종래의 유동방지수단에 비해 **슬라이딩개폐장치의 두께를 얇게 할 수 있다는 점에 그 기술적 의의**가 있으므로, **가이드레일(33)(43)과 연결플레이트(50)의 유동방지홈(53)(54)이 결합되는 구성**은 이 사건 제1항 발명의 본질적 부분 내지 특징적 구성이라 할 것이다.

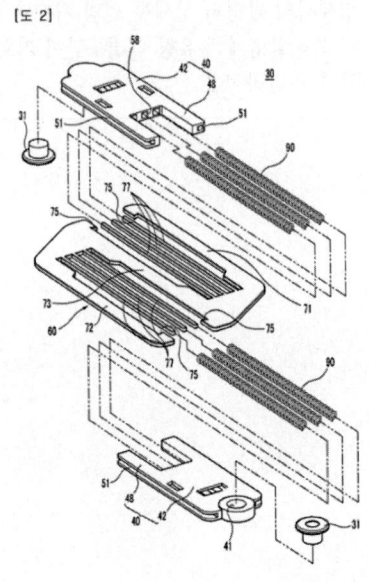

[도 2]

<도면부호의 설명>
31: 힌지핀, 40: 회전판, 41: 힌지홈, 42: 몸체부,
48: 연장부,
51: 가이드홈, 58: 삽입홀, 60: 탄성 지지판, 71,72,73: 리브,
75: 호크돌기, 77: 지지핀, 90: 탄성부재

그런데 이에 대응하는 확인대상발명의 구성은 회전판(40)의 양측 사이드부에 가이드홈(51)이 형성되어 제1, 2, 3리브(71)(72)(73)를 포함한 S자 형태의 탄성 지지판(60)의 오픈된 공간에 회전판(40)이 슬라이딩 삽입되는 것으로서, 리브(71)(72)(73)를 포함한 **탄성 지지판(60) 자체를 금속 박판(薄板)으로 할 뿐**, 이 사건 제1항 발명 구성요소 7의 **가이드레일과 같이 탄성 지지판(60)에 부가되어 회전판(40)의 가이드홈(51)에 결합되는 구성을 별도로 채용하고 있지 않다**. 따라서 확인대상발명은 이 사건 제1항 발명의 특징적 구성을 그대로 가지고 있지 아니하여 과제의 해결원리가 동일하다고 할 수 없다.

그렇다면 양 대응구성은 서로 치환이 가능한지 혹은 치환이 용이한지 여부에 관하여 나아가 판단할 것도 없이 균등관계에 있다고 볼 수 없으므로, 확인대상발명은 이 사건 제1항 발명의 권리범위에 속하지 아니한다.

그럼에도 불구하고, 원심은 양 대응구성이 균등관계에 있음을 전제로, 확인대상발명은 이 사건 제1항 발명에 비하여 탄성 지지판(60)을 S자 형태로 형성하여 중앙의 리브(73) 외에 외측 리브(71)(72)와 호크돌기(75)를 부가한 차이가 있다고 하더라도, 확인대상발명에는 이 사건 제1항 발명과 균등한 발명이 일체성을 유지한 채 포함되어 있어, 확인대상발명은 이 사건 제1항 발명에 대하여 이용관계에 있으므로 그 권리범위에 속한다고 판단하였으니, 원심판결에는 균등관계 판단에 관한 법리를 오해하여 필요한 심리를 다하지 아니함으로써 판결에 영향을 미친 위법이 있다. 이 점을 지적하는 상고이유의 주장은 이유 있다.

기출 여부 (48회 이후)	특허법 학회 TOP 10	중요도
–	2019	★★★

023 특허 균등 판단에서 과제 해결원리의 동일성 사건
대법원 2019. 1. 31. 선고 2017후424 판결 [권리범위확인(특)]

판결요지

1. 확인대상 발명과 특허발명의 '과제 해결원리가 동일'한지를 판단하는 방법

확인대상 발명과 특허발명의 '과제 해결원리가 동일'한지를 가릴 때에는 특허청구범위에 기재된 구성의 일부를 형식적으로 추출할 것이 아니라, **명세서에 적힌 발명의 상세한 설명의 기재와 출원 당시의 공지기술 등을 참작하여 선행기술과 대비하여 볼 때 특허발명에 특유한 해결수단이 기초하고 있는 기술사상의 핵심이 무엇인가를 실질적으로 탐구**하여 판단하여야 한다(대법원 2014. 7. 24. 선고 2012후1132 판결 참조). 특허법이 보호하려는 **특허발명의 실질적 가치는 선행기술에서 해결되지 않았던 기술과제를 특허발명이 해결하여 기술발전에 기여**하였다는 데에 있으므로, 확인대상 발명의 변경된 구성요소가 특허발명의 대응되는 구성요소와 균등한지를 판단할 때에도 **특허발명에 특유한 과제 해결원리를 고려**하는 것이다.

2. 특허발명의 과제 해결원리 파악에 있어서 공지기술 참작의 의미 및 방법

그리고 특허발명의 과제 해결원리를 파악할 때 발명의 상세한 설명의 기재뿐만 아니라 출원 당시의 공지기술 등까지 참작하는 것은 전체 선행기술과의 관계에서 특허발명이 기술발전에 기여한 정도에 따라 특허발명의 실질적 가치를 객관적으로 파악하여 그에 합당한 보호를 하기 위한 것이다. 따라서 **이러한 선행기술을 참작하여 특허발명이 기술발전에 기여한 정도에 따라 특허발명의 과제 해결원리를 얼마나 넓게 또는 좁게 파악할지 결정하여야 한다**. 다만, 발명의 상세한 설명에 기재되지 않은 공지기술을 근거로 발명의 상세한 설명에서 파악되는 기술사상의 핵심을 제외한 채 다른 기술사상을 기술사상의 핵심으로 대체하여서는 안 된다. 발명의 상세한 설명을 신뢰한 제3자가 발명의 상세한 설명에서 파악되는 기술사상의 핵심을 이용하지 않았음에도 위와 같이 대체된 기술사상의 핵심을 이용하였다는 이유로 과제 해결원리가 같다고 판단하게 되면 제3자에게 예측할 수 없는 손해를 끼칠 수 있기 때문이다.

판결이유

가. 과제해결원리의 동일성 여부

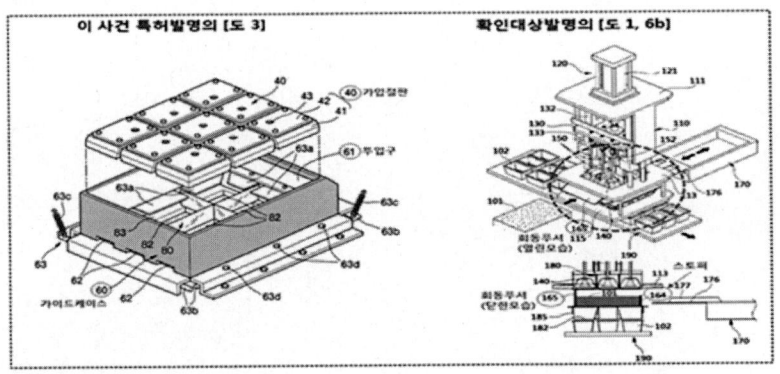

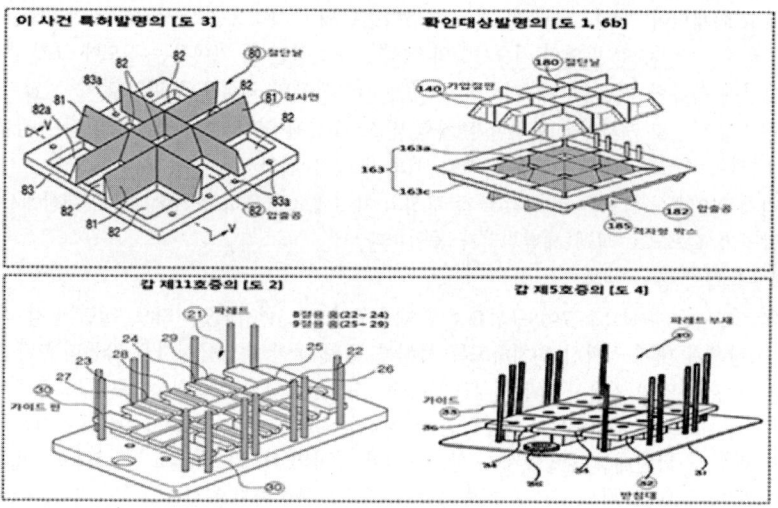

　(1) 이 사건 특허발명(특허등록번호 생략)은 '구이김 자동 절단 및 수납장치'라는 명칭의 발명이다.
　(2) 원심판시 확인대상 발명에는 이 사건 특허발명의 특허청구범위 제1항(이하 '이 사건 제1항 발명'이라고 한다)의 구성요소 6과 구성요소 7을 제외한 나머지 구성들인 ① 구성요소 1(프레임), ② 구성요소 2(절단용 실린더유닛), ③ 구성요소 3(승강판), ④ 구성요소 4(가압절판), ⑤ 구성요소 5(가압봉), ⑥ 구성요소 8(포장용기 이송유닛)과 동일한 구성들이 포함되어 있다.
　(3) 이 사건 제1항 발명의 구성요소 6은 '적층 구이김을 내부로 수용하기 위한 투입구가 일측에 형성되고 그 내측에는 투입 중인 구이김을 정확한 절단위치까지 이송하기 위한 인입작동 유닛이 구비되어 상기 구이김을 내부로 자동 인입할 수 있게 함과 아울러 상기 가압절판의 승강 작동을 안정적으로 안내해주는 가이드케이스'이다.
　확인대상 발명은 "구이김을 이송하는 인입작동유닛이 구비되는 한편, 구이김이 투입되는 곳에 회동이 가능한 회동푸셔가 형성되고 그 맞은편에는 봉상의 스토퍼가 형성된 기술구성"(이하 '구성요소 6 대응구성'이라 한다)을 포함하고 있다.
　(4) 이 사건 제1항 발명의 구성요소 7은 '가이드케이스의 하부에 고정 배치되고 아래로 갈수록 그 두께가 선형적으로 넓어지는 격자형의 절단날'이다.
　확인대상 발명은 "김의 절단위치 하부에 고정 배치되고 아래로 갈수록 그 두께가 선형적으로 넓어지는 경사면을 구비한 '격자형 박스'와, 절단용 실린더의 상하 이동에 연동하고 각 가압절판에 인접하여 수직으로 형성된 '격자형의 절단날'이라는 기술 구성"(이하 '구성요소 7 대응구성'이라 한다)을 포함하고 있다.
　(5) 이 사건 특허발명의 상세한 설명에는 '종래에는 포장용기들의 각 수납공간 사이의 간격만큼 절단된 각각의 적층 김들의 사이를 벌려 놓는 구조를 제시하지 못했지만, 위 적층 김들을 누르는 가압절판들이 격자형 절단날의 외측 경사면을 따라 서로 사이가 벌어지도록 유도함으로써 수납공정까지 자동화할 수 있다'는 취지가 기재되어 있다.
　(6) 이러한 발명의 상세한 설명의 기재를 통하여 파악되는 이 사건 제1항 발명에 특유한 해결수단이 기초하고 있는 **기술사상의 핵심은 '절단된 각각의 적층 김들이 하강하면서 가이드케이스의 하부에 고정 배치되는 격자형 부품의 외측 경사면을 따라 서로 사이가 벌어지도록 유도**'하는 데에 있다.
　원심판시 선출원고안은 이 사건 특허발명의 출원 당시에 공지된 기술이 아니고, 그 밖에 위와 같은 **기술사상의 핵심이 이 사건 특허발명의 출원 당시에 공지되었다고 볼 만한 사정은 보이지 않는다**. 그리고 발명의 상세한 설명에 **구성요소 6 가이드케이스가 가압절판의 승강작동을 안정적으로**

안내한다고 기재되어 있으나, 이러한 기능은 가압절판의 승강작동을 안정적으로 안내하는 것을 통해 앞서 본 이 사건 제1항 발명의 기술사상의 핵심을 구현하는 데 기여하는 정도에 그칠 뿐 이 사건 제1항 발명에 특유한 해결수단이 기초하고 있는 기술사상의 핵심으로 파악할 수는 없다.

(7) 확인대상 발명도 경사면을 구비한 '격자형 박스' 구성에 의해 '절단된 각각의 적층 김들이 하강하면서 격자형 박스의 외측 경사면을 따라 서로 사이가 벌어지도록 유도'하고 있다.

(8) 따라서 확인대상 발명은 위와 같은 각 구성의 차이에도 불구하고 기술사상의 핵심에서 이 사건 제1항 발명과 같으므로 과제 해결원리가 동일하다.

나. 작용효과의 동일 여부

확인대상 발명은 구성요소 7이 구성요소 7 대응구성으로 변경되었더라도 '절단된 각 각의 적층 김들이 포장용기 내에 정확히 위치하도록 사이를 벌려 놓아 수납공정까지 자동화'한다는 점에서 이 사건 제1항 발명의 기술사상의 핵심을 구현할 수 있는 정도로 실질적으로 동일한 작용효과를 나타낸다. 구성요소 6 대응구성이 가압절판을 안내하는 효과가 구성요소 6 가이드케이스 구성보다 떨어진다고 해도 확인대상 발명에서 구성요소 6이 결여되었다고 볼 정도는 아니고, 이로 인하여 확인대상 발명이 사건 제1항 발명의 기술사상의 핵심을 구현하지 못한다고 볼 수는 없어 구성요소 6과 그 효과는 실질적으로 동일하다고 볼 수 있다.

다. 구성 변경의 용이성 여부

상부에 배치된 칼날이 상하 이동하면서 하부에 고정된 물체를 절단하도록 하는 것은 이 사건 특허발명의 기술분야에서 관용적으로 채택되는 기술수단에 불과하다. 따라서 구성요소 7을 구성요소 7 대응구성과 같이 '격자형 절단날'이 '격자형 박스'와 분리되어 상하로 이동되도록 각 가압절판에 인접한 위쪽에 별도로 배치하는 구성으로 변경하는 것은 통상의 기술자라면 누구나 쉽게 생각해 낼 수 있다고 볼 수 있다.

그리고 상자 형태의 구성요소 6을 그중 두 면을 제거한 '회동푸셔와 스토퍼'를 두는 구성요소 6 대응구성으로 변경하는 것도, 부품의 형태나 배치 관계 등을 고려하여 통상의 기술자가 별다른 기술적인 노력 없이 쉽게 생각해 낼 수 있을 것으로 볼 수 있다.

라. 따라서 **확인대상 발명은 이 사건 제1항 발명과 동일하거나 균등한 구성요소들과 그 구성요소들 간의 유기적 결합관계를 그대로 포함하고 있으므로** 이 사건 제1항 발명의 권리범위에 속한다. 원심판결 이유에 일부 부적절한 점은 있으나 확인대상 발명이 이 사건 제1항 발명의 권리범위에 속한다고 본 원심의 결론은 정당하다. 거기에 특허 권리범위 속부 판단에 관한 법리를 오해하는 등으로 판결에 영향을 미친 잘못이 없다.

기출 여부 (48회 이후)	특허법 학회 TOP 10	중요도
-	2019	★★★

024 균등침해에 있어서, 작용효과 실질적으로 동일과 관련한 판단기준

대법원 2022. 1. 14. 선고 2021후10589 판결 [권리범위확인(특)]

판결요지

1. 확인대상 발명이 특허발명의 권리범위에 속하는지 판단하는 기준

특허발명과 대비되는 확인대상 발명이 특허발명의 권리범위에 속한다고 할 수 있기 위해서는 특허발명의 청구범위에 기재된 구성요소들과 구성요소들 사이의 유기적 결합관계가 확인대상 발명에 그대로 포함되어 있어야 한다. 그리고 확인대상 발명에서 특허발명의 청구범위에 기재된 구성 중 변경된 부분이 있는 경우에도, 양 발명에서 과제의 해결원리가 동일하고, 그러한 변경에 의하더라도 특허발명에서와 실질적으로 동일한 작용효과를 나타내며, 그와 같은 변경이 그 발명이 속하는 기술분야에서 통상의 지식을 가진 사람(이하 '통상의 기술자'라고 한다)이라면 누구나 용이하게 생각해 낼 수 있는 정도인 경우에는, 특별한 사정이 없는 한 확인대상 발명은 특허발명의 청구범위에 기재된 구성과 균등한 것으로서 여전히 특허발명의 권리범위에 속한다고 보아야 한다. 여기서 '**양 발명에서 과제의 해결원리가 동일**'한지 여부를 가릴 때에는 청구범위에 기재된 구성의 일부를 형식적으로 추출할 것이 아니라, 명세서 중 발명의 설명 기재와 출원 당시의 공지기술 등을 참작하여 **선행기술과 대비하여 볼 때 특허발명에 특유한 해결수단이 기초하고 있는 기술사상의 핵심이 무엇인가를 실질적으로 탐구하여 판단**하여야 한다(대법원 2014. 7. 24. 선고 2012후1132 판결 참조).

2. 발명의 상세한 설명의 기재와 출원 당시의 공지기술 등을 참작하여 파악되는 특허발명에 특유한 해결수단이 기초하고 있는 기술사상의 핵심이 확인대상 발명에서도 구현되어 있는 경우, 작용효과가 실질적으로 동일하다고 보아야 하는지 여부

작용효과가 실질적으로 동일한지 여부는 **선행기술에서 해결되지 않았던 기술과제로서 특허발명이 해결한 과제를 확인대상 발명도 해결하는지를 중심**으로 판단하여야 한다. 따라서 발명의 상세한 설명의 기재와 출원 당시의 공지기술 등을 참작하여 파악되는 특허발명에 특유한 해결수단이 기초하고 있는 **기술사상의 핵심이 확인대상 발명에서도 구현되어 있다면 작용효과가 실질적으로 동일하다고 보는 것이 원칙이다.** 그러나 위와 같은 기술사상의 핵심이 특허발명의 출원 당시에 **이미 공지되었거나 그와 다름없는 것에 불과한 경우에는 이러한 기술사상의 핵심이 특허발명에 특유하다고 볼 수 없고, 특허발명이 선행기술에서 해결되지 않았던 기술과제를 해결하였다고 말할 수도 없다.** 이러한 때에는 특허발명의 기술사상의 핵심이 확인대상 발명에서 구현되어 있는지를 가지고 작용효과가 실질적으로 동일한지 여부를 판단할 수 없고, **균등 여부가 문제 되는 구성요소의 개별적 기능이나 역할 등을 비교하여 판단**하여야 한다(대법원 2019. 1. 31. 선고 2018다267252 판결 참조).

판결이유

1. 특허법원 판단

평지지판(고정부재)을 수직 방향으로 이송시키기 위한 동력전달 방법과 관련하여, 확인대상발명이 별도의 체인과 체인 스프로켓 없이 컨베이어시스템의 고정프레임 측면에 유압실린더를 수직으로 배치하여 직접적으로 고정부재에 동력을 전달하는 방식을 사용한다는 점에서, 이 사건 제1항 특허발명의 구성요소 4와는 차이를 보인다는 점은 앞서 본 바와 같다. 그러나 위와 같은 차이점에도 불구하고, 확인대상발명은 이 사건 제1항 특허발명과 마찬가지로 역시 '**극판집속체 이송장치를 컨베이어시스템과 상부의 픽업시스템 사이에 배치함으로써, 상부의 픽업시스템에 의한 극판집속체의 픽업시 컨베이어의 작동이 중지될 필요가 없고, 극판집속체를 정확히 픽업 가능**'하게 한다. 이러한 점에 비추어 보면, 확인대상발명 역시 **이 사건 제1항 특허발명의 기술사상의 핵심을 구현할 수 있을 정도로 실질적으로 동일한 작용효과를 나타낸다**고 봄이 타당하다.

2. 대법원 판단

원심은, 판시와 같은 이유로 '축전지 극판 컨베이어시스템의 극판집속체 이송장치' 라는 명칭의 이 사건 특허발명(특허번호 생략)의 기술사상의 핵심이 이 사건 특허발명의 출원 당시에 공지되지 않았고, 확인대상 발명에 이 사건 특허발명의 기술사상의 핵심이 그대로 구현되어 있다고 판단하였다. 이와 같은 판단을 전제로 원심은, 양 발명은 과제의 해결원리가 동일하고, 유압실린더의 배치 방식 등의 차이에도 불구하고 실질적으로 동일한 작용효과를 나타내며, 유압실린더의 배치 방식 등의 변경은 통상의 기술자라면 누구나 용이하게 생각해 낼 수 있는 정도에 불과하므로 균등관계에 있다고 보아, 확인대상 발명이 이 사건 특허발명의 권리범위에 속한다고 판단하였다.

원심판결 이유를 관련 법리와 기록에 비추어 살펴보면, 원심의 판단에 상고이유 주장과 같이 균등관계에 관한 법리를 오해하는 등으로 판결에 영향을 미친 잘못이 없다.

기출 여부 (48회 이후)	특허법 학회 TOP 10	중요도
51회 (2014년) 문제 4	2017	★★★

025 특허발명의 출원과정에서 어떤 구성이 청구범위에서 의식적으로 제외된 것인지 판단하는 방법

대법원 2017. 4. 26. 선고 2014후638 판결 [권리범위확인(특)] [공2017상,1205]

판결요지

1. 특허발명의 출원과정에서 어떤 구성이 청구범위에서 의식적으로 제외된 것인지 여부의 판단기준

특허발명의 출원과정에서 어떤 구성이 청구범위에서 의식적으로 제외된 것인지는 **명세서뿐만 아니라 출원에서부터 특허될 때까지 특허청 심사관이 제시한 견해 및 출원인이 출원과정에서 제출한 보정서와 의견서 등에 나타난 출원인의 의도, 보정이유 등을 참작**하여 판단하여야 한다. 따라서 출원과정에서 청구범위의 감축이 이루어졌다는 사정만으로 **감축 전의 구성과 감축 후의 구성을 비교하여 그 사이에 존재하는 모든 구성이 청구범위에서 의식적으로 제외되었다고 단정할 것은 아니고**, 거절이유통지에 제시된 선행기술을 회피하기 위한 의도로 그 선행기술에 나타난 구성을 배제하는 감축을 한 경우 등과 같이 보정이유를 포함하여 출원과정에 드러난 여러 사정을 종합하여 볼 때 **출원인이 어떤 구성을 권리범위에서 제외하려는 의사가 존재한다고 볼 수 있을 때**에 이를 인정할 수 있다.

2. 청구범위의 감축 없이 의견서 제출 등을 통한 의견진술이 있었던 경우에도 마찬가지로 적용되는지 여부

그리고 이러한 법리는 **청구범위의 감축 없이 의견서 제출 등을 통한 의견진술이 있었던 경우에도 마찬가지로 적용**된다.

판결이유

(1) 명칭을 '강판 포장용 받침대'로 하는 이 사건 특허발명(특허등록번호 생략)의 청구범위 제1항(이하 '이 사건 제1항 발명'이라고 한다)은 최초 출원된 당시 그 청구범위에 하부받침대의 단면모양이 '속이 빈 사다리꼴'로 기재되어 있었다.

(2) 특허청 심사관은 2007. 8. 24. '이 사건 제1항 발명'의 하부받침대와 상부받침대는 일본공개특허공보 2004-011129호(이하 '비교대상발명 1'이라고 한다)의 직사각형 모양의 베이스 프레임과 설치프레임에 대응되고, 위 발명과 달리 하부받침대와 상부받침대를 사다리꼴의 단면모양을 가지도록 형성한 구성은 등록실용신안공보 20-0421675호(이하 '비교대상발명 3'이라고 한다)에 나타나 있는 사다리꼴로 형성된 받침대에 대응되어 구성의 곤란성을 인정할 수 없다'는 취지의 거절이유통지를 하였다.

(3) 이에 대하여 이 사건 특허발명의 출원인인 주식회사 엘디는 2007. 10. 24. 이 사건 제1항 발명의 청구범위의 하부받침대와 상부받침대의 단면모양을 '하부면이 상부면보다 넓은 속이 빈 사다리꼴의 단면모양'으로 한정하여 보정(이하 '이 사건 보정'이라고 한다)함과 아울러, '비교대상발명 1의 설치프레임(상부받침대)은 홈부가 형성된 부분이 아래로 향하면서 베이스 프레임(하부받침대)과 결합

되어 있는 반면에 이 사건 제1항 발명의 상부받침대는 홈부가 형성된 부분이 상부에 형성되어 있어 하부받침대에 용접될 때 그 접촉면을 넓혀 결합력을 강화시킴으로써 구조적인 안정감을 향상시키고 있다'는 취지의 의견서를 제출하였다.

(4) 한편, 원심 판시 확인대상발명의 하부받침대의 단면모양은 '상부면이 하부면보다 넓은 사다리꼴'이고, 상부받침대의 홈부는 하부에 형성되어 있다.

위와 같은 사정을 앞서 본 법리에 비추어 살펴본다.

(1) 먼저 하부받침대에 관하여 본다. 확인대상발명의 '상부면이 하부면보다 넓은 사다리꼴' 단면모양은 청구범위의 감축 전의 구성과 감축 후의 구성을 비교할 때 그 사이에 존재하는 구성이기는 하나 거절이유통지에서 제시된 비교대상발명 1, 3에 나타나 있는 구성은 아니므로, 위 비교대상발명들을 회피하기 위한 의도로 위 구성을 배제하는 감축이 이루어졌다고 볼 수는 없다. 그러나 이 사건 특허발명의 명세서 중 발명의 상세한 설명에 **'하부면이 상부면보다 넓은 사다리꼴의 단면모양'은 하부받침대의 지면과의 지지면적을 넓게 하여 구조적인 안정성을 얻을 수 있다고 기재되어 있어 애초에 '하부면이 상부면보다 넓은 사다리꼴의 단면모양'을 전제로 하고 있었던 점**, 이 사건 **보정은 청구범위를 이러한 발명의 상세한 설명에 부합하도록 한정한 것인 점** 등을 종합하면, 이 사건 특허발명의 출원인에게 이 사건 보정에 의하여 확인대상발명과 같은 **'상부면이 하부면보다 넓은 사다리꼴' 단면모양의 구성을 이 사건 제1항 발명의 권리범위에서 제외하려는 의사가 존재한다**고 볼 수 있다.

(2) 다음으로 상부받침대에 관하여 본다. 이 사건 특허발명의 출원인은 의견서 제출을 통하여 상부받침대의 홈이 상부에 형성되어 하부받침대와의 결합면적을 넓혀 결합력을 강화시킨다는 취지로 주장함으로써 상부받침대의 홈이 하부에 형성되어 있는 비교대상발명 1과 차별화하였다. 이러한 사정을 고려하면, 출원인이 확인대상발명과 같은 '홈이 하부에 형성되어 있는' 구성 역시 이 사건 제1항 발명의 권리범위에서 제외하였다고 평가할 수 있다.

(3) 이렇듯 하부받침대와 상부받침대에 관한 확인대상발명의 구성이 이 사건 제1항 발명의 청구범위에서 의식적으로 제외된 이상 확인대상발명은 이 사건 제1항 발명의 권리범위에 속한다고 볼 수 없다. 같은 취지의 원심판결은 정당하고 거기에 상고이유 주장과 같이 출원경과 금반언에 관한 법리를 오해하여 판결에 영향을 미친 잘못이 없다.

(4) 한편, 확인대상발명이 이 사건 제1항 발명의 권리범위에 속하지 아니한다는 원심의 판단이 정당한 이상 양 발명의 작용효과가 실질적으로 동일하다는 취지의 상고이유 주장에 대하여는 나아가 판단하지 아니한다.

기출 여부 (48회 이후)	특허법 학회 TOP 10	중요도
–	–	★★

026 분할출원한 발명이 보정된 발명의 보호범위에서 의식적으로 제외한 것에 해당하는지 여부

대법원 2008. 4. 10. 선고 2006다35308 판결 [특허권침해금지] [공2008상,664]

판결요지

특허출원인이 특허청 심사관으로부터 기재불비 및 진보성 흠결을 이유로 한 거절이유통지를 받고서 거절결정을 피하기 위하여 원출원의 특허청구범위를 한정하는 보정을 하면서 원출원발명 중 일부를 별개의 발명으로 분할출원한 경우, **이 분할출원된 발명은 특별한 사정이 없는 한 보정된 발명의 보호범위로부터 의식적으로 제외한 것이라고 보아야 한다.**

판결이유

원심판결의 이유기재에 의하면 원심은, 특허청 심사관이 원심 판시 보정 전 화학식으로 표기된 화합물은 발명의 상세한 설명에 그 생성확인자료가 객관적·구체적으로 제시되어 있지 아니하여 통상의 기술자가 용이하게 실시할 수 있도록 기재되어 있지 않고, 발명의 상세한 설명에 의하여 넓은 특허청구범위가 뒷받침되지 않으며, 선행 문헌과 비교하여 볼 때에도 위 화합물에 진보성이 없다는 등의 이유로 원심 판시 **이 사건 출원발명에 대하여 등록거절이유를 통지한 사실, 원고는 거절이유의 통지를 받은 후 이 사건 출원발명 중 특허청구범위 제9항을 제외한 나머지 청구항을 모두 삭제**하고, 특허청구범위 제9항의 보정 전 화학식으로 표기된 화합물을 단일 화합물인 오르토-크레졸프탈레인 부티릴 에스테르(이하 '이 사건 화합물'이라 한다)로 특정하는 보정서를 제출한 사실, 이때 원고는 이 사건 화합물로 축소된 보정서의 청구범위는 기재불비 및 진보성의 거절이유를 극복한 것이고 이 사건 화합물을 제외한 나머지 특허청구범위에 대하여는 분할출원하였다는 취지의 의견서를 함께 제출한 사실, 한편 원고는 위 보정서를 제출한 날 보정 전 화학식으로 표기되는 화합물 중 이 사건 화합물을 제외한 나머지 화합물에 대한 부분을 분할출원한 사실 등을 확정하였는바, 위에서 본 이 사건 특허발명(특허번호 제361255호)에 대한 출원과정에서 특허청 심사관의 거절이유통지의 내용, 원고의 이에 대응한 보정서와 의견서의 내용, 원고가 이 사건 출원발명으로부터 이 사건 화합물을 제외한 나머지 화합물에 대한 부분을 분할출원을 한 경위 등을 참작하면, 원고는 심사관으로부터 거절이유통지를 받고서 선행기술을 회피하고 명세서기재요건을 충족시키기 위하여 **이 사건 출원발명의 화합물을 이 사건 화합물로 감축보정하면서 이를 제외한 나머지 화합물들을 별개의 발명으로 분할출원함으로써 이들을 이 사건 특허발명의 특허청구범위로부터 의식적으로 제외**한 것으로 봄이 상당하므로, 위 분할출원된 화합물에 속하는 피고의 오르토-크레졸프탈레인 헥사노일 에스테르는 이 사건 특허발명의 보호범위에 속하지 아니한다.

따라서 같은 취지의 원심 판단은 정당하고, 거기에 상고이유에서 주장하는 바와 같은 균등침해의 소극적 요건인 의식적 제외에 관한 법리오해, 채증법칙 위배, 심리미진 등의 위법은 없다.

기출 여부 (48회 이후)	특허법 학회 TOP 10	중요도
-	2018	★★★

027 정정과 관련하여 출원경과금반언의 적용 여부가 문제된 사건
대법원 2018. 8. 1. 선고 2015다244517 판결 [특허권침해금지등]

판결요지

1. 특허발명의 출원과정에서 어떤 구성이 청구범위에서 의식적으로 제외된 것인지 여부의 판단기준

출원인 또는 특허권자가 특허발명의 출원과정에서 특허발명과 대비대상이 되는 제품(이하 '대상제품'이라 한다)을 특허발명의 청구범위로부터 의식적으로 제외하였다고 볼 수 있는 경우에는, 특허권자가 대상제품을 제조·판매하고 있는 자를 상대로 대상제품이 특허발명의 보호범위에 속한다고 주장하는 것은 금반언의 원칙에 위배되어 허용되지 않는다. 특허발명의 출원과정에서 대상제품이 청구범위로부터 의식적으로 제외된 것인지는 명세서뿐만 아니라 출원에서부터 특허될 때까지 특허청 심사관이 제시한 견해, 출원인이 출원과정에서 제출한 보정서와 의견서 등에 나타난 출원인의 의도, 보정이유 등을 고려하여 판단하여야 한다.

2. 특허등록 후 정정을 통해 청구범위의 감축이 있었던 경우에도 마찬가지로 적용되는지 여부

이러한 법리는 특허등록 후 이루어지는 정정을 통해 청구범위의 감축이 있었던 경우에도 마찬가지로 적용된다.

판결이유

원심은, 원고가 피고를 상대로 피고 실시제품이 이 사건 제1항 발명의 보호범위에 속한다고 주장하는 것은 금반언의 원칙에 위배되어 허용되지 않는다고 판단하였다. 그 이유로 원고가 이 사건 제1항 발명이 무효로 되는 것을 피하기 위하여 이 사건 제1항 발명의 구성 5를 '절연 탄성 코어의 하면은 그 수직 횡단면이 이등변 삼각형의 빗변을 형성하도록 폭방향 양 모서리에서 상기 하면 중앙부분을 향해 파인 형상으로 경사지게 형성되는 것'으로 한정하는 내용으로 정정하면서, 이러한 구성을 통해 리플로우 솔더링 시 전기접촉단자의 하면 양측이 용융 솔더에 균일하게 접촉될 수 있다고 주장함으로써 피고 실시제품과 같은 좌우 비대칭인 탄성 코어의 하면 형상은 이 사건 제1항 발명의 청구범위로부터 의식적으로 제외한 것으로 볼 수 있다는 점을 들었다.

원심판결 이유를 앞에서 본 법리와 적법하게 채택된 증거에 비추어 살펴보면, 원심의 판단에 상고이유 주장과 같이 특허의 정정이나 출원경과 금반언에 관한 법리를 오해한 잘못이 없다.

기출 여부 (48회 이후)	특허법 학회 TOP 10	중요도
-	-	★★

028 문언침해 및 균등침해가 문제된 사건
대법원 2022. 10. 14. 선고 2022다223358 판결 [특허침해금지 청구의 소]

판결요지

특허권침해소송의 상대방이 제조하는 제품 또는 사용하는 방법 등(이하 '침해제품 등'이라고 한다)이 특허권을 침해한다고 하기 위해서는 **특허발명의 청구범위에 기재된 각 구성요소와 그 구성요소 간의 유기적 결합관계가 침해제품 등에 그대로 포함**되어 있어야 한다. 침해제품 등에 특허발명의 청구범위에 기재된 구성 중 **변경된 부분이 있는 경우에도, 특허발명과 과제해결원리가 동일하고, 특허발명에서와 실질적으로 동일한 작용효과를 나타내며, 그와 같이 변경하는 것이 그 발명이 속하는 기술분야에서 통상의 지식을 가진 사람 누구나 쉽게 생각해 낼 수 있는 정도라면**, 특별한 사정이 없는 한 침해제품 등은 특허발명의 청구범위에 기재된 구성과 균등한 것으로서 여전히 특허권을 침해한다고 보아야 한다(대법원 2019. 1. 31. 선고 2017후424 판결, 대법원 2020. 4. 29. 선고 2016후2546 판결 등 참조).

판결이유

가. 문언침해 여부

1) 명칭을 '변형 가능한 기계적 파이프 커플링'으로 하는 이 사건 특허발명(특허번호 생략)의 청구범위 제1항(이하 '이 사건 제1항 발명'이라고 한다)은 파이프 커플링 세그먼트들과 한 쌍의 파이프 요소들로 이루어진 조합체에 관한 발명이다.

2) 피고 제품은 파이프 커플링 세그먼트들에 관한 것으로 '파이프 요소'를 제외하고 이 사건 제1항 발명의 구성요소 1 내지 7, 9 내지 12를 그대로 포함하고 있다.

3) 이 사건 제1항 발명의 구성요소 8은 '커플링 세그먼트가 원주방향 그루브 내에서 파이프 요소의 외부면에 아치형 표면의 곡률을 일치시키기 위해 연결 부재들이 조여질 때 변형되는 것'인데, 청구범위 문언에 적혀있는 일반적인 의미와 내용을 기초로 발명의 설명과 도면을 참작하여 살펴보면, 구성요소 8의 '곡률을 일치시키기 위해' 부분은 단순히 곡률 변형과 관련한 주관적인 목적을 기재한 것이 아니라, 연결 부재들이 조여질 때 커플링 세그먼트의 아치형 표면의 곡률이 원주방향 그루브 내에서 파이프의 외부면의 곡률과 일치되는 정도까지 변형될 수 있다는 점을 한정한 것으로 해석하는 것이 타당하다. 다만 이때 '곡률의 일치'는 미세한 오차도 없는 완전한 곡률의 일치를 의미하는 것이 아니라 누수 방지와 같은 파이프 커플링으로서의 정상적인 기능을 발휘할 수 있을 정도로 세그먼트의 아치형 표면과 그루브 내에서 파이프의 외부면이 실질적으로 합치된 상태를 의미하는 것으로 해석된다.

4) 제1심 감정결과에 의하면, 감정목적물로 사용한 피고 제품 중 일부 제품(제품명 1 생략)을 제외한 대부분의 제품[(제품명 2 생략), (제품명 3 생략), (제품명 4 생략)]은 연결 부재의 조임에 따라 아치형 표면이 굽힘 변형되어 아치형 표면과 그루브 내에서의 파이프 외부면(앤드 캡) 사이의 간극이 줄어들었으며 최종적으로는 아치형 표면이 그루브 내에서의 파이프 외부면(앤드 캡)에 밀착하게 됨을 알 수 있다. 또한 피고 제품은 연결 부재의 조임에 따라 누수 방지와 같은 파이프 커플링의 정상적인 기능을 발휘하기에 충분할 정도로 아치형 표면과 파이프 요소가 결합되는 것으로

보인다. 이와 같은 점에 비추어 보면, 피고 제품 중 (제품명 2 생략), (제품명 3 생략), (제품명 4 생략) 제품은 연결 부재가 조여질 때 아치형 표면의 곡률이 누수 방지와 같은 파이프 커플링으로서의 정상적인 기능을 발휘할 수 있을 정도로 그루브 내에서 파이프의 외부면과 실질적으로 합치되는 정도까지 변형된다고 보기에 충분하므로, 구성요소 8을 포함하고 있다고 볼 수 있다.

5) 피고 제품 중 (제품명 1 생략)의 경우에도, 감정대상 제품 4개 중 3개에서 연결부재를 조일 경우 다른 제품들에 비하여 아치형 표면이 파이프 외부면에 덜 밀착되는 것으로 나타났다 하더라도, 여전히 나머지 1개는 (제품명 2 생략), (제품명 3 생략), (제품명 4 생략) 제품과 같은 정도로 잘 밀착되는 것을 보였고, (제품명 1 생략) 제품 역시 미국 인증기관의 인증기준을 충족하여 시판 중인 제품이라는 점에서, 다른 제품들과 같이 아치형 표면의 곡률이 누수 방지와 같은 파이프 커플링으로서의 정상적인 기능을 발휘할 수 있을 정도로 그루브 내에서 파이프의 외부면과 실질적으로 합치되는 정도까지 변형된다고 볼 여지도 있다.

6) 그런데도 원심은 그 판시와 같은 사정만을 이유로 피고 제품 전체에 관하여 구성요소 8을 구비하고 있지 않다고 판단하였다. 이러한 원심의 판단에는 피고 제품의 구조 및 변형 정도와 관련하여 필요한 심리를 다하지 아니하고, 문언침해에 관한 법리를 오해하는 등으로 판결에 영향을 미친 잘못이 있다.

나. 균등침해 여부

1) 설령 피고 제품이, 특히 일부 제품(제품명 1 생략)이 연결부위가 조여질 때 변형되는 정도가 이 사건 제1항 발명 구성요소 8의 실질적 합치의 정도에는 미치지 않아 문언침해가 성립되지 않는다고 보더라도, 다음과 같은 점에서 피고 제품은 특허발명과 과제해결원리가 동일하고, 특허발명과 실질적으로 동일한 작용효과를 나타내며, 그와 같이 변형하는 것이 그 발명이 속하는 기술분야에서 통상의 지식을 가진 사람(이하 '통상의 기술자'라고 한다)이면 누구나 쉽게 생각해 낼 수 있는 정도여서 이 사건 제1항 발명의 구성요소 8과 균등한 구성을 포함하고 있다고 볼 수 있다.

가) 이 사건 특허발명의 설명 및 출원 당시의 공지기술 등을 참작하여 보면, 이 사건 제1항 발명의 과제해결원리는 '마주보며 이격되어 있는 180° 이하의 각도를 이루는 커플링 세그먼트들의 아치형 표면의 곡률을 파이프 요소 외부면의 곡률보다 크게 하고, 커플링 세그먼트들의 이격 간격을 파이프 요소에 삽입되기 충분한 간격으로 유지할 수 있도록 밀봉부의 외경 치수를 설정하여, 커플링을 분해하지 않고도 파이프 요소에 삽입할 수 있도록 한 후 연결 부재의 조임에 따라 커플링 세그먼트들의 아치형 표면의 곡률이 누수가 되지 않을 정도로 변형되도록 하여 커플링과 파이프 요소가 신속하게 결합되도록 하는 것'이라고 할 수 있고, 이는 피고 제품에도 그대로 포함되어 있으므로 과제해결원리가 동일하며, 종전에 이와 같은 기술사상이 공지되어 있었다고 보기 어렵다.

나) 피고 제품도 가조립(假組立) 상태의 커플링 세그먼트를 분해 없이 설치할 수 있도록 하여 비용과 시간을 절감할 수 있다는 점에서 이 사건 제1항 발명과 작용효과가 동일하다.

다) 이 사건 제1항 발명에서 연결 부재의 조임에 따른 세그먼트 아치형 표면의 곡률 변형의 정도는 누수 방지와 같은 파이프 커플링의 정상적인 기능을 발휘할 수 있도록 하는 범위 내에서 필요에 따라 적절하게 조절할 수 있는 것으로서 통상의 기술자라면 별다른 노력 없이 쉽게 할 수 있을 정도의 변경에 해당한다.

2) 따라서 피고 제품은 '파이프 요소'를 제외하고는 이 사건 제1항 발명과 동일하거나 균등한 구성요소들과 그 구성요소들 간의 유기적 결합관계를 그대로 포함하고 있으므로, 원심으로서는 파이프 커플링 세그먼트들에 관한 피고 제품이 파이프 커플링 세그먼트들과 한 쌍의 파이프 요소들로 이루어진 조합체에 관한 이 사건 제1항 발명의 물건의 생산에만 사용하는 물건인지를 심리하여 이 사건 제1항 발명의 특허권을 간접 침해하는지 여부를 판단해야 한다. 그럼에도 원심은 판시와 같은 이유로 피고 제품이 이 사건 제1항 발명의 구성요소 8과 균등한 구성을 포함하고 있지 않다는 이유로 이 사건 제1항 발명을 침해하지 않는다고 판단하였다. 이러한 원심 판결에는 균등침해에 관한 법리를 오해하고, 필요한 심리를 다하지 아니하는 등으로 판결에 영향을 미친 잘못이 있다.

기출 여부 (48회 이후)	특허법 학회 TOP 10	중요도
57회 (2020년) 문제 3	–	★★★

029 이용관계에 있는 경우 권리 대 권리 간 적극적 권리범위확인심판 허용 여부

대법원 2016. 4. 28. 선고 2015후161 판결 [권리범위확인(특)]

판결요지

1. **후 출원에 의하여 등록된 발명을 확인대상발명으로 하여 선 출원에 의한 등록발명의 권리범위에 속한다는 확인을 구하는 적극적 권리범위확인심판이 허용되는지 여부 및 적극적 권리범위확인심판이 허용되는 경우**

   후 출원에 의하여 등록된 발명을 확인대상발명으로 하여 선 출원에 의한 등록발명의 권리범위에 속한다는 확인을 구하는 적극적 권리범위확인심판은 후 등록된 권리에 대한 무효심판의 확정 전에 그 권리의 효력을 부정하는 결과가 되므로 원칙적으로 허용되지 아니한다. 다만, 예외적으로 두 발명이 특허법 제98조에서 규정하는 이용관계에 있어 확인대상발명의 등록의 효력을 부정하지 않고 권리범위의 확인을 구할 수 있는 경우에는 권리 대 권리 간의 적극적 권리범위확인심판의 청구가 허용된다(대법원 2002. 6. 28. 선고 99후2433 판결 참조).

2. **선 특허발명과 후 발명이 이용관계에 있는 경우, 후 발명이 선 특허발명의 권리범위에 속하는지 여부 및 이때 '두 발명이 이용관계에 있는 경우'의 의미**

   선 특허발명과 후 발명이 이용관계에 있는 경우에는 후 발명은 선 특허발명의 권리범위에 속하게 된다. 여기서 두 발명이 이용관계에 있는 경우라고 함은 후 발명이 선 특허발명의 기술적 구성에 새로운 기술적 요소를 부가하는 것으로서, 후 발명이 선 특허발명의 요지를 전부 포함하고 이를 그대로 이용하되, 후 발명 내에서 선 특허발명이 발명으로서의 일체성을 유지하는 경우를 말한다 (대법원 2001. 8. 21. 선고 98후522 판결 참조).

판결이유

(1) 원심은 아래와 같은 이유로 확인대상발명이 이 사건 특허발명(특허등록번호 1 생략)의 제30항 (이하 '이 사건 제30항 발명'이라 한다)의 권리범위에 속하지 않는다고 판단하였다.

① 이 사건 제30항 발명의 청구범위는 서로 마주보는 두 변에 변 길이방향을 따라가면서 일정 간격으로 형성되는 다수의 홀을 갖고 있으며, 내측에는 홀이 있는 변과 인접하여 나란하게 배치되는 스프링지지틀을 갖는 사각형의 석쇠틀(구성 1), 한 쪽의 헤드부와 다른 한 쪽의 스프링을 갖고 있으며 스프링지지틀을 관통함과 동시에 두 변의 홀 간에 끼워짐과 동시에 고정되면서 일정 간격으로 나란하게 배치되는 여러 줄의 독립적인 가닥으로 된 선재를 포함하며, 스프링의 장력을 이용하여 선재 탄성을 조절할 수 있도록 된 것(구성 2), 위 선재의 선경은 0.1~2.0㎜인 것(구성 3)을 특징으로 하는 석쇠에 관한 발명이다.

② 이 사건 특허발명의 상세한 설명에 기재된 목적, 효과, 실시 예 및 출원인의 의사 등을 참작해 보면, 이 사건 제30항 발명은 선재가 교차되는 부분에 구이의 조각이 끼고 눌러 붙는 것을 방지하고, 구이가 열원에 노출되는 면을 크게 하는 등의 효과를 이루기 위하여, 하나의 석쇠틀에서 가로와 세

로 중 한 방향으로만 선재를 형성하는 한 방향 구성을 기술적 범위로 하고 있고, 하나의 석쇠틀에서 가로·세로 두 방향으로 선재가 교차 또는 교직되는 양방향 구성을 의식적으로 제외하고 있다고 한정적으로 해석하여야 한다.

③ 확인대상발명은 등록발명(특허등록번호 2 생략)과 실질적으로 동일한 발명인데, 이 사건 제30항 발명의 한 방향으로만 선재를 끼워 고정시킨 구성에 더하여 교차하는 방향으로도 선재를 끼워 고정시키는 구성을 추가한 것으로, 이 사건 제30항 발명의 요지를 전부 포함하고 이를 그대로 이용하는 이용관계에 해당한다.

④ 이용발명의 실시는 특허발명의 권리범위에 속한다고 볼 수 있으나, **실시자가 특허발명에서 의식적으로 제외한 구성을 부가하거나, 실시자가 부가한 구성으로 인해 특허권자가 특허발명의 권리범위에서 의식적으로 제외한 실시형태가 된 경우에는 이용관계에 해당하더라도 특허권자의 허락을 받을 필요는 없다고 봄이 상당**하므로, 특허발명의 권리범위에 속한다고 볼 수 없다.

(2) 그러나 이 사건 제30항 발명은 구이의 눌어붙음 방지, 열원 노출면적 확대 등의 효과를 위하여 선재를 한 방향으로만 형성한 것으로, **하나의 석쇠틀에서 가로·세로 방향으로 선재가 교차되는 확인대상발명의 양방향 구성은 위와 같은 한 방향 구성의 작용효과를 나타낼 수 없어 이 사건 제30항 발명과 상이한 구성이라고 할 것이고**, 확인대상발명 내에서 이 사건 제30항 발명이 **발명으로서의 일체성을 유지하고 있다고 볼 수도 없다.** 따라서 두 발명이 **이용관계에 있다고 볼 수 없으므로, 이 사건 권리범위 확인심판 청구는 후 출원에 의하여 등록된 발명을 확인대상발명으로 하여 선 출원에 의한 등록발명의 권리범위에 속한다는 확인을 구하는 적극적 권리범위확인심판으로서 부적법**하다. 그렇다면 특허심판원으로서는 이 사건 심판청구를 각하하였어야 마땅한데도 본안에 나아가 이 사건 심판청구를 기각하는 심결에 이른 잘못이 있고, 원심도 이를 이용관계에 해당한다고 보아 본안에 관하여 판단하였으니, 원심판결에는 권리범위 확인심판의 적법요건에 관한 법리를 오해하여 판결에 영향을 미친 잘못이 있다.

기출 여부 (48회 이후)	특허법 학회 TOP 10	중요도
–	–	★★

030 특허발명의 균등발명을 이용하는 경우에도 이용발명인지 여부
대법원 2001. 8. 21. 선고 98후522 판결 [권리범위확인(특)] [공2001.10.1.(139),2110]

판결요지

1. 특허발명과 ㈎호 발명의 균등관계 여부의 판단 기준

㈎호 발명이 특허발명의 권리범위에 속한다고 할 수 있기 위하여는 특허발명의 각 구성요소와 구성요소 간의 유기적 결합관계가 ㈎호 발명에 그대로 포함되어 있어야 할 것이고, 다만 ㈎호 발명에 구성요소의 치환 내지 변경이 있더라도 양 발명에서 과제의 해결원리가 동일하며, 그러한 치환에 의하더라도 특허발명에서와 같은 목적을 달성할 수 있고 실질적으로 동일한 작용효과를 나타내며, 그와 같이 치환하는 것을 그 발명이 속하는 기술분야에서 통상의 지식을 가진 자(당업자)가 용이하게 생각해 낼 수 있을 정도로 자명하다면, ㈎호 발명이 특허발명의 출원시에 이미 공지된 기술 내지 공지기술로부터 당업자가 용이하게 발명할 수 있었던 기술에 해당하거나 특허발명의 출원절차를 통하여 ㈎호 발명의 치환된 구성요소가 특허청구범위로부터 의식적으로 제외된 것에 해당하는 등의 특별한 사정이 없는 한, ㈎호 발명의 치환된 구성요소는 특허발명의 대응되는 구성요소와 균등관계에 있는 것으로 보아 ㈎호 발명은 여전히 특허발명의 권리범위에 속한다고 보아야 한다.

2. 이용발명의 성립요건 및 특허발명의 균등발명을 이용하는 경우에도 이용발명인지 여부

선 특허발명과 후 발명이 이용관계에 있는 경우에는 후 발명은 선 특허발명의 권리범위에 속하게 되고, 이러한 이용관계는 후 발명이 선 특허발명의 기술적 구성에 새로운 기술적 요소를 부가하는 것으로서 후 발명이 선 특허발명의 요지를 전부 포함하고 이를 그대로 이용하되, 후 발명 내에 선 특허발명이 발명으로서의 일체성을 유지하는 경우에 성립하는 것이며, <u>이는 선 특허발명과 동일한 발명뿐만 아니라 균등한 발명을 이용하는 경우도 마찬가지이다.</u>

3. 화학물질 제조방법의 발명에서 촉매의 부가로 인하여 그 수율에 현저한 상승이 있는 경우에도 이용발명에 해당하는지 여부

화학반응에서 <u>촉매라 함은 반응에 관여하여 반응속도 내지 수율 등에 영향을 줄 뿐 반응 후에는 그대로 남아 있고 목적물질의 화학적 구조에는 기여를 하지 아니하는 것임</u>을 고려하면, 화학물질 제조방법의 발명에서 촉매를 부가함에 의하여 <u>그 제조방법 발명의 기술적 구성의 일체성, 즉 출발물질에 반응물질을 가하여 특정한 목적물질을 생성하는 일련의 유기적 결합관계의 일체성이 상실된다고 볼 수는 없으므로</u>, 촉매의 부가로 인하여 그 수율에 현저한 상승을 가져오는 경우라 하더라도, 달리 특별한 사정이 없는 한 선행 특허발명의 기술적 요지를 그대로 포함하는 이용발명에 해당한다고 봄이 상당하다.

판결이유

1. 원심 판단

원심심결 이유에 의하면, 원심은 그 채용증거들에 의하여, 피라졸술포닐우레아 유도체의 제조방법에 관한 피심판청구인의 특허발명(출원일 1983. 2. 26., 등록일 1989. 6. 27., 특허번호 제28242

호)의 특허청구범위 제1항의 발명(이하 '이 사건 특허발명'이라 한다)과 심판청구인의 ㈎호 발명을 대비하면서, 이 사건 특허발명은 출발물질을 4-에톡시카르보닐-1-메틸피라졸-5-술포닐이소시아네이트(이하 'PSI'라 한다)로 하고, 반응물질을 2-아미노4, 6-디메톡시피리미딘(이하 'ADMP'라 한다)으로 하며, 목적물질을 피라조술푸론에틸로 하는 데 비하여, ㈎호 발명은 출발물질을 1-메틸-4-에톡시카보닐피라졸-5-술포닐클로라이드(이하 'PSC'라 한다)로 하고, 반응물질을 소듐시아네이트(NaOCN), 피리딘 및 ADMP로 하며, 반응용매를 아세토니트릴로 하고, 목적물질을 피라조술푸론에틸로 하므로, 양 발명은 출발물질과 두 가지의 반응물질 및 반응용매가 상이하고, 또한 이론적으로는 ㈎호 발명의 제1 단계 반응에서 생성되는 중간 생성물인 피리디늄 어닥트가 PSI와 피리딘으로 해리(解離)되어 평형상태로 존재하며, PSI가 ADMP와 다시 반응하여 목적물질을 생성할 가능성을 배제할 수는 없으나, 핵자기공명 분석방법에 의하더라도 ㈎호 발명의 반응단계에서 PSI의 존재가 확인되지 아니한 점을 고려할 때, PSI는 생성되지 아니하였거나, 설령 생성되었다고 하더라도 그 농도는 측정할 수 없는 한계농도 이하의 것으로 추정되므로, ㈎호 발명의 제2 단계 반응에서 피리디늄 어닥트가 ADMP와 반응하여 목적물질을 생성하는 것으로 보아야 하고, 설령 PSI가 극소량 생성된다 하더라도 PSI가 ADMP와 반응하는 것은 부(副)반응에 불과하며, 나아가 <u>㈎호 발명의 전체 공정에서 피리딘이 첨가된 경우는 목적물질의 수율이 90.38%에 달하였으나 피리딘이 첨가되지 않은 경우는 수율이 44.47%에 불과하여 피리딘은 PSC와 결합하여 피리디늄 어닥트의 생성을 촉진시키는 등 전체의 반응 수율에 상당한 영향을 미치는 촉매로서 주요한 역할을 하므로, ㈎호 발명은 이 사건 특허발명과는 출발물질, 반응물질 및 반응기전이 상이</u>하고, 피심판청구인은 이 사건 특허발명과 대비되어야 하는 부분은 ㈎호 발명의 제2 단계 반응이라고 주장하지만, 제2 단계 반응에서의 출발물질은 피리디늄 어닥트로서 PSI와 상이하므로, 결국 ㈎호 발명은 이 사건 특허발명의 권리범위에 속하지 아니한다고 판단하였다.

2. 대법원 판단 – 권리범위 귀속 여부에 관한 판단

(1) 원심은 ㈎호 발명의 전체과정을 이 사건 특허발명과 대비하여 출발물질, 반응물질 및 반응기전이 상이하고, 특히 촉매 역할을 하는 피리딘이 첨가됨으로 인하여 목적물질의 수율이 현저히 상승되므로, 양 발명의 기술적 사상이 상이하다는 취지로 판단하였다. 그러나 ㈎호 발명의 반응과정은 앞에서 살펴본 바와 같이 <u>제1 단계 반응과 제2 단계 반응이 순차적으로 일어나는 것으로서 제2 단계 반응의 발명이 그 일체성을 유지한 채 그대로 포함되면서 새로운 기술적 요지인 제1 단계 반응이 부가된 것으로 볼 수 있으므로</u>, 비록 ㈎호 발명에서 제1 단계와 제2 단계의 반응물질들이 <u>동시에 반응용기 내에 투입된다 하더라도 반응이 순차적으로 일어나는 이상</u>, 위에서 본 이용관계에 의한 이용발명의 법리에 따라 ㈎호 발명 중 제2 단계 반응과 이 사건 특허발명을 대비하여야 할 것이다(심판청구인이 제1 단계 반응의 중간 생성물인 피리디늄 어닥트의 제조를 의도한 바가 없다 하더라도 마찬가지이다).

또한 화학반응에서 <u>촉매라 함은 반응에 관여하여 반응속도 내지 수율 등에 영향을 줄 뿐 반응 후에는 그대로 남아 있고 목적물질의 화학적 구조에는 기여를 하지 아니하는 것임을 고려하면, 화학물질 제조방법의 발명에서 촉매를 부가함에 의하여 그 제조방법 발명의 기술적 구성의 일체성, 즉 출발물질에 반응물질을 가하여 특정한 목적물질을 생성하는 일련의 유기적 결합관계의 일체성이 상실된다고 볼 수는 없으므로</u>, 촉매의 부가로 인하여 그 수율에 현저한 상승을 가져오는 경우라 하더라도, 달리 특별한 사정이 없는 한 선행 특허발명의 기술적 요지를 그대로 포함하는 이용발명에 해당한다고 봄이 상당하다. 따라서, 이에 반하는 원심의 판단은 위법하고, 상고이유 중 이 점을 지적하는 부분은 이유 있다.

(2) 원심은 나아가 ㈎호 발명의 제2 단계 반응을 이 사건 특허발명과 대비하더라도 <u>출발물질이 상이하다는 이유로</u> ㈎호 발명이 이 사건 특허발명의 권리범위에 속하지 아니한다고 판단하였다.

그러나 제2 단계 반응과 관련하여 보면, **반응물질과 목적물질이 동일하고 출발물질만 PSI가 피리디늄 어닥트로 치환된 경우**이고, 기록에 의하면, ㈎호 발명의 제2 단계 반응의 출발물질인 피리디늄 어닥트와 이 사건 특허발명에서의 출발물질인 PSI는 모두 반응물질인 ADMP와 반응하여 동일한 목적물질인 피라조술푸론에틸을 생성하고, ㈎호 발명에서 피리디늄 어닥트에 결합되어 있는 **피리딘은 제2 단계 반응에 직접적으로 관여하지 아니한 채 목적물질의 수득 후 그대로 빠져나오기 때문에 목적물질인 피라조술푸론에틸의 구조 형성에는 전혀 관여하지 않는 점**을 고려할 때, 이 사건 특허발명의 출발물질인 PSI와 ㈎호 발명의 제2 단계 반응에서의 출발물질인 피리디늄 어닥트는 **그것이 서로 치환되더라도 과제의 해결원리가 동일하고, 기술적 목적과 작용효과가 실질적으로 동일**하다고 볼 여지가 없지 않다.

또한, ㈎호 발명의 출발물질인 피리디늄 어닥트는 이 사건 특허발명의 출원 전에 공지되지 않은 신규의 물질로서 원칙적으로 당업자가 이 사건 특허발명의 PSI를 피리디늄 어닥트로 치환하는 것을 용이하게 생각해 낼 수 있을 정도로 자명하다고 볼 수는 없으나, 이 사건 특허발명의 명세서 본문(160면)에 의하면, '목적물질을 수득하기 위한 반응의 진행이 어려운 경우에는 적당한 염기 예를 들면, 트리에틸아민, 트리에틸렌디아민, 피리딘, 나토륨에톡시드, 수소화나트륨 등의 미소량을 첨가함에 의하여 용이하게 반응이 진행한다.'고 기재되어 있음을 알 수 있어, 이 사건 특허발명의 명세서 자체에서 그 반응에 피리딘을 미소량 첨가하여 반응을 진행시킬 수 있다는 점이 명시되어 있으므로(㈎호 발명의 특허명세서에도 같은 취지의 기재가 있는 것으로 보인다), 원심으로서는 과연 이러한 명세서상 기재의 기술적 의미가 무엇인지, PSI와 ADMP를 반응시키는 과정에 피리딘을 첨가하는 경우 PSI가 피리디늄 어닥트로 되고, 따라서 이 사건 특허발명의 PSI를 피리디늄 어닥트로 치환하는 것이 당업자에게 용이하다고 볼 수 있는지 여부 등을 검토해 보았어야 할 것임에도 불구하고, 원심이 출발물질의 균등관계를 검토하지도 아니한 채 출발물질이 상이하다는 이유로 ㈎호 발명이 이 사건 특허발명의 권리범위에 속하지 아니한다고 판단한 것은 균등론의 법리를 오해하거나, 심리를 다하지 아니한 위법이 있고, 이는 심결 결과에 영향을 미쳤음이 분명하다. 이 점을 지적하는 상고이유도 이유 있다.

기출 여부 (48회 이후)	특허법 학회 TOP 10	중요도
–	–	★★★

031 특허권의 저촉이 문제된 사건
대법원 2021. 3. 18. 선고 2018다253444 전원합의체 판결 [상표권침해금지 등] [공2021상,827]

판결요지

⑺ 상표법은 저촉되는 지식재산권 상호 간에 선출원 또는 선발생 권리가 우선함을 기본원리로 하고 있음을 알 수 있고, 이는 상표권 사이의 저촉관계에도 그대로 적용된다고 봄이 타당하다. 따라서 상표권자가 상표등록출원일 전에 출원·등록된 타인의 선출원 등록상표와 동일·유사한 상표를 등록받아(이하 '후출원 등록상표'라고 한다) 선출원 등록상표권자의 동의 없이 이를 선출원 등록상표의 지정상품과 동일·유사한 상품에 사용하였다면 후출원 등록상표의 적극적 효력이 제한되어 후출원 등록상표에 대한 등록무효 심결의 확정 여부와 상관없이 선출원 등록상표권에 대한 침해가 성립한다.

① 상표권자는 지정상품에 관하여 그 등록상표를 사용할 권리를 독점하는 한편(상표법 제89조), 제3자가 등록상표와 동일·유사한 상표를 그 지정상품과 동일·유사한 상품에 사용할 경우 이러한 행위의 금지 또는 예방을 청구할 수 있다(상표법 제107조, 제108조 제1항).

② 상표법은 동일·유사한 상품에 사용할 동일·유사한 상표에 대하여 다른 날에 둘 이상의 상표등록출원이 있는 경우에는 먼저 출원한 자만이 그 상표를 등록받을 수 있도록 하고 있고(제35조 제1항), '선출원에 의한 타인의 등록상표(등록된 지리적 표시 단체표장은 제외한다)와 동일·유사한 상표로서 그 지정상품과 동일·유사한 상품에 사용하는 상표'를 상표등록을 받을 수 없는 사유로 규정하고 있다(제34조 제1항 제7호). 이와 같이 상표법은 출원일을 기준으로 저촉되는 상표 사이의 우선순위가 결정됨을 명확히 하고 있고, 이에 위반하여 등록된 상표는 등록무효 심판의 대상이 된다(제117조 제1항 제1호).

③ 상표권자·전용사용권자 또는 통상사용권자는 그 등록상표를 사용할 경우에 그 사용 상태에 따라 그 상표등록출원일 전에 출원된 타인의 특허권·실용신안권·디자인권 또는 그 상표등록출원일 전에 발생한 타인의 저작권(이하 '선특허권 등'이라 한다)과 저촉되는 경우에는 선특허권 등의 권리자의 동의를 받지 아니하고는 지정상품 중 저촉되는 지정상품에 대하여 그 등록상표를 사용할 수 없다(상표법 제92조). 즉, **선특허권 등과 후출원 등록상표권이 저촉되는 경우에, 선특허권 등의 권리자는 후출원 상표권자의 동의가 없더라도 자신의 권리를 자유롭게 실시할 수 있지만, 후출원 상표권자가 선특허권 등의 권리자의 동의를 받지 않고 그 등록상표를 지정상품에 사용하면 선특허권 등에 대한 침해가 성립한다.**

⑷ 특허권과 실용신안권, 디자인권의 경우 <u>선발명, 선창작을 통해 산업에 기여한 대가로 이를 보호·장려하고자 하는 제도라는 점에서 상표권과 보호 취지는 달리하나, 모두 등록된 지식재산권으로서 상표권과 유사하게 취급·보호되고 있고, 각 법률의 규정, 체계, 취지로부터 상표법과 같이 저촉되는 지식재산권 상호 간에 선출원 또는 선발생 권리가 우선한다는 기본원리가 도출된다는 점</u>에서 위와 같은 법리가 그대로 적용된다.

판결이유

[대법관 이기택, 대법관 노태악의 보충의견]

가. 상표권에 관한 위와 같은 법리가 특허권과 실용신안권, 디자인권에도 그대로 적용될 수 있다는 점에 관하여 좀 더 구체적으로 살펴보기로 한다.

1) 먼저 특허법과 실용신안법에 관하여 본다.

가) 특허법과 실용신안법은 출원 전에 공지되었거나 공연히 실시된 발명과 고안 등에 대해 특허를 받을 수 없다고 규정하고 있고(**특허법 제29조 제1항**, 실용신안법 제4조 제1항), 선출원주의를 택하여 동일한 발명 또는 고안에 대하여 먼저 출원한 자만이 등록을 받도록 함으로써(**특허법 제36조, 실용신안법 제7조**), **출원일을 기준으로 저촉되는 특허권 또는 실용신안권 사이의 우선순위가 결정됨을 명확히 하고 있다.** 이에 위반하여 등록된 특허 또는 실용신안은 **등록무효 심판의 대상**이 된다(특허법 제133조 제1항, 실용신안법 제31조 제1항).

나) 종래 구 특허법(1986. 12. 31. 법률 제3891호로 개정되기 전의 것) 제45조 제3항은 "특허권자, 전용실시권자 또는 통상실시권자(이하 '특허권자 등'이라고 한다)는 특허발명이 그 출원한 날 이전에 출원된 타인의 특허발명 등록실용신안 또는 등록의장을 이용하거나 이들과 저촉되는 경우 그 특허권자·실용신안권자·의장권자의 동의를 얻거나 제59조 제1항의 규정에 의하지 아니하고는 자기의 특허발명을 업으로써 실시할 수 없다."라고 하여 **특허권과 특허권 또는 이와 동종의 권리인 실용신안권의 저촉관계에 관하여도 선출원 권리자의 동의가 없으면 침해가 성립함을 규정하고 있었다.** 그런데 1986. 12. 31. 개정에서 후출원 특허권과 선출원 특허권 또는 실용신안권 상호간의 저촉관계는 무효심판에 의해 해결하는 것이 타당하다는 비판 등을 수용하여 이 부분이 삭제되었다. 이후 조문번호가 변경되고, 선출원 권리로 상표권이 추가되는 등의 개정 과정을 거쳐 현행 특허법(2014. 6. 11. 법률 제12753호로 개정된 것) 제98조는 "특허권자 등은 특허발명이 그 특허발명의 특허출원일 전에 출원된 타인의 특허발명·등록실용신안 또는 등록디자인이나 그 디자인과 유사한 디자인을 이용하거나 특허권이 그 특허발명의 특허출원일 전에 출원된 타인의 디자인권 또는 상표권과 저촉되는 경우에는 그 특허권자·실용신안권자·디자인권자 또는 상표권자의 허락을 받지 아니하고는 자기의 특허발명을 업으로서 실시할 수 없다."라고 규정하고 있다.

위와 같은 개정을 통해 후출원 특허와 선출원 특허 또는 실용신안의 저촉관계에 관한 규정이 삭제되긴 하였으나, **특허법은 후출원 특허권이 타인의 동종 또는 이종의 선출원 등록권리와 이용관계에 있거나 타인의 이종의 선출원 등록권리와 저촉관계에 있는 경우에 선출원 권리가 우선하고 후출원 특허권자 등의 권리가 제한될 수 있음을 여전히 명확히 규정하고 있다.** 위와 같은 특허법 개정을 후출원 특허와 선출원 특허 또는 실용신안의 저촉관계의 경우에는 선출원 권리자의 동의를 받지 않더라도 정당한 권리의 실시에 해당하는 것으로 보겠다는 반성적 고려에 의한 것으로는 볼 수 없다. **오히려 다른 이용·저촉관계와의 형평상 선출원 특허권자 또는 실용신안권자의 동의를 받지 않은 후출원 특허권자의 권리 행사 역시 침해로 보는 것이 타당**하고, 이는 특허법 제98조에 대응되는 규정을 가지고 있는 실용신안권(실용신안법 제25조)에도 그대로 적용된다.

다) **특허법은 자기의 특허발명이 무효사유에 해당하는 것을 알지 못하고 국가로부터 부여받은 특허권을 신뢰하여 실시사업을 하거나 실시 준비 중인 자를 보호하기 위하여** 제104조에서, 동일한 발명에 대하여 둘 이상의 특허 또는 특허와 실용신안이 등록된 경우 특허권자 또는 실용신안권자가 특허 또는 실용신안등록에 대한 무효심판청구의 등록 전에 자신의 특허발명 또는 등록실용신안이 무효사유에 해당하는 것을 알지 못하고 국내에서 그 발명 또는 고안의 실시사업을 하거나 이를 준비하고 있었다면, 그 특허권에 대하여 통상실시권을 가지거나 특허나 실용신안등록이 무효로 된 당시에 존재하는 특허권의 전용실시권에 대하여 통상실시권을 가진다고 규정하고 있다. 실용신안법 제26조도 고안에 관하여 같은 취지의 규정을 두고 있다.

위 규정에 따른 **법정 통상실시권 성립의 주장은 청구원인인 특허권 침해의 성립을 전제로 한 항변에 해당**한다. 그 항변의 성립 요건인 '특허에 관한 무효 심결의 확정, 무효심판청구의 등록 전 그 발명 또는 고안의 실시사업 또는 준비, 선의'라는 점이 주장·증명된 경우에 한하여 유상의 통상실시권이 인정되는 것이고, **청구원인인 특허권 침해 성립은 일관되게 유지된다는 점에서, 후출원 특허권 또는 실용신안권의 실시가 선출원 특허권 또는 실용신안권과 저촉될 경우 침해가 성립하는 것과 논리 모순되지 않는다.**

나. 서로 저촉하는 지식재산권 사이에서 선원이 우선한다는 법리를 채택하는 것은 다음과 같은 점에서 논리가 일관되고 명쾌하며 법적 안정성을 가져온다는 장점도 있다.

이 판결과 달리 **후출원 등록권리자의 등록권리 실시 또는 사용을 침해로 보지 않으면, 동일한 실시 또는 사용 행위에 대하여 등록 전·후를 기준으로 침해 성립 여부에 관한 법률적 평가가 달라지는 불합리한 결과가 발생한다.** 후출원 등록권리자의 등록권리 실시 또는 사용 주장을 권리남용으로 보아 최종적으로 침해 책임을 부담시킨다고 하더라도 위와 같은 불합리함은 여전히 남게 된다. 예를 들어 동일한 상표 사용 의사에 따라 계속되고 있는 후출원 등록상표권자의 일련의 상표 사용 행위에 대하여 상표 등록 전에는 침해가 성립하였다가, 상표등록 후에는 원칙적으로 침해가 성립하지 않으나 선출원 등록상표권자의 권리남용 재항변이 있는 경우 그 인용 여부에 따라 침해 책임 부담 여부가 결정되게 되는 것이다. **형사 사건의 경우에는 문제가 더 복잡하다. 후출원 등록상표권자의 계속된 동일한 상표 사용 행위에 대하여 고의가 인정될 경우 상표등록 전에는 침해죄가 성립하는데, 상표등록 후에는 침해죄의 성립이 부정된다.** 상표 등록무효 심결이 확정될 경우에는 다시 침해죄가 성립하는데, 이러한 경우라도 등록 후 등록무효 확정 전 행위에 대하여까지 등록무효 심결 확정의 소급효를 들어 침해죄의 성립을 인정하는 것은 행위 당시 처벌되지 않던 것을 소급하여 처벌하게 되는 문제가 있어 이를 허용하기도 어렵다.

이상과 같이 보충의견을 밝혀 둔다.

기출 여부 (48회 이후)	특허법 학회 TOP 10	중요도
-	-	★★

032 생략침해 인정 여부
대법원 2005. 9. 30. 선고 2004후3553 판결 [권리범위확인(실)]

판결요지

등록고안의 등록청구범위의 청구항이 복수의 구성요소로 되어 있는 경우에는 그 각 구성요소가 유기적으로 결합된 전체로서의 기술사상이 보호되는 것이지, 각 구성요소가 독립하여 보호되는 것은 아니므로, **등록고안과 대비되는 확인대상고안이 등록고안의 등록청구범위의 청구항에 기재된 필수적 구성요소들 중의 일부만을 갖추고 있고 나머지 구성요소가 결여된 경우에는 원칙적으로 그 확인대상고안은 등록고안의 권리범위에 속하지 아니하고**(대법원 2001. 9. 7. 선고 99후1584 판결 참조), 등록고안의 등록청구범위의 청구항에 기재된 구성요소는 모두 그 등록고안의 구성에 없어서는 아니되는 필수적 구성요소로 보아야 하므로(실용신안법 제9조 제4항 제3호, 실용신안법 제42조, 특허법 제97조), **구성요소 중 일부를 권리행사의 단계에서 등록고안에서 비교적 중요하지 않은 사항이라고 하여 무시하는 것은 사실상 등록청구범위의 확장적 변경을 사후에 인정하는 것이 되어 허용될 수 없다.**

판결이유

I. 특허법원 판단

1. 이 사건 심결의 적법 여부에 관한 당사자들의 주장

가. 원고 주장의 심결 취소사유

(1) 이 사건 등록고안의 등록청구범위 중 "합성수지원단(1)과 특수솜(3) 간에 게르마늄, 맥반석 등의 바이오세라믹층(2)을 구성하고 합성수지원단(1) 상표면에 다수의 천연옥(5)을 감싼 포장비닐지(6)를 고주파 접착하여 물침대를 구성함에 있어서" 부분은 출원인이 의식적으로 공지의 기술로 밝히고 있으므로 이 사건 등록고안의 기술적 구성요소가 될 수 없고, 이 사건 등록고안의 구성요소는 천연옥을 포장비닐지로 감싼 구성, 포장비닐지의 상면에 다수의 유통공을 천공한 구성 및 천연옥을 감싼 포장비닐지를 공지의 합성수지원단 표면에 고주파, 초음파 접착시키거나 봉착한 침구에 관한 구성이라고 할 것인데, 이는 확인대상고안에서 세라믹판을 내·외필름으로 감싼 구성, 외필름 상면에 하나의 유통공을 천공한 구성 및 내·외필름과 접합필름을 시트에 고주파 접합시킨 구성과 각각 동일하고, **다만 확인대상고안은 내·외필름 사이에 동판 띠를 배치한 점에서 구성상 차이**가 있으나, 이러한 차이는 이 사건 등록고안의 구성요소를 모두 갖추고 여기에 새로운 구성을 추가한 것에 불과하므로, 확인대상고안은 이 사건 등록고안의 권리범위에 속한다.

(2) 가사 이 사건 등록고안의 위 전제부 구성을 이 사건 등록고안의 구성요소의 하나로 보더라도 위 구성은 원적외선 방출과는 전혀 관계가 없는 구성으로서 중요한 구성요소가 아니고 이를 생략하더라도 이 사건 등록고안의 기술적 목적을 달성할 수 있으므로, 이 사건 등록고안의 권리범위를 벗어나고자 위 구성을 생략한 확인대상고안은 이 사건 등록고안의 권리범위에 속한다.

나. 피고 주장

확인대상고안은 이 사건 등록고안의 구성요소를 다 갖추지 아니하였을 뿐 아니라, 이 사건 **등록**

고안은 그 출원 전에 공지된 비교대상고안 1 내지 6에 의하여 공지된 것이거나 또는 당해 기술분야에서 통상의 지식을 가진 자가 그로부터 극히 용이하게 고안할 수 있는 것에 불과하고, 나아가 확인대상고안 역시 비교대상고안 1 내지 5로부터 극히 용이하게 실시할 수 있는 것이거나 또는 비교대상고안 6의 구성을 조금 변화시킨 것에 불과하므로, 확인대상고안은 이 사건 등록고안의 권리범위에 속하지 아니한다.

2. 이 사건 심결의 적법 여부에 관한 판단

가. 먼저 이 사건 등록고안과 확인대상고안을 대비하여 확인대상고안이 이 사건 등록고안의 권리범위에 속하는지 여부를 본다.

(1) 등록고안의 등록청구범위의 청구항이 복수의 구성요소로 되어 있는 경우에는 그 각 구성요소가 유기적으로 결합된 전체로서의 기술사상이 보호되는 것이지, 각 구성요소가 독립하여 보호되는 것은 아니므로, 등록고안과 대비되는 확인대상고안이 등록고안의 등록청구범위의 청구항에 기재된 필수적 구성요소들 중의 일부만을 갖추고 있고 나머지 구성요소가 결여된 경우에는 원칙적으로 그 확인대상고안은 등록고안의 권리범위에 속하지 아니하고(대법원 2001. 9. 7. 선고 99후1584 판결 참조), 한편 실용신안의 등록청구범위에는 고안의 구성에 없어서는 아니 되는 사항만으로 기재되어야 하는 것이고(실용신안법 제9조 제4항 제3호), 실용신안의 보호범위는 등록청구범위에 기재된 사항에 의하여 정하여지므로(실용신안법 제42조, 특허법 제97조), 실용신안의 등록청구범위에 기재된 구성요소는 모두 당해 실용신안고안의 구성에 없어서는 아니 되는 필수적 구성요소로 보아야 할 것이고 그 중 일부를 구성요소에서 임의로 제외하여 해석할 수는 없다고 할 것이다.

(2) 이 사건 등록고안의 구성요소를 그 등록청구범위에 의하여 나누어 보면, ① 합성수지원단(1)과 특수솜(3) 간에 게르마늄, 맥반석 등의 바이오세라믹층(2)을 형성한 물침대 구성, ② 합성수지원단(1) 상 표면에 다수의 천연옥(5)을 감싼 포장비닐지(6)를 고주파 또는 초음파 접착 또는 봉착시킨 구성, ③ 천연옥(5)의 포장비닐지(6)의 상면에 다수의 유통공(7)을 천공한 구성으로 구분된다.

위 ①구성은 이 사건 등록고안의 대상인 물침대의 구조에 관한 것으로서, 물침대를 특수솜(3), 게르마늄, 맥반석 등의 바이오세라믹층(2), 합성수지원단(1) 등 3개층을 밑에서부터 순차로 적층하여 형성한 것을 특징으로 하는 것이고, 그로 인하여 이 사건 등록고안은 그 명세서에 기재된 바와 같이 합성수지원단(1)의 물 충진실 밑에 게르마늄, 맥반석 등의 바이오세라믹층(2)을 구성함에 따라 천연이온이 물을 통해 원활하게 방출되도록 하는 작용효과가 있는 반면, 확인대상고안은 시트(11)가 형성된 단순한 매트(1)로서 위 ①구성과 동일하거나 그에 대응될 만한 구성이 결여되어 있고{확인대상고안의 다수의 세라믹판(34)은 시트(11) 표면에 접합되어 있으므로 위 ②구성의 다수의 천연옥(5)에 대응하는 구성일 뿐 위 ①구성의 바이오세라믹층(2)에 대응하는 구성이라고 보기는 어렵다.} 그로 인하여 이 사건 등록고안의 위와 같은 작용효과도 얻을 수 없다고 할 것이다.

이에 관하여 원고는, 위 ①구성은 등록청구범위의 전제부에 기재된 것으로서 출원인이 의식적으로 공지의 기술로 밝히고 있으므로 이 사건 등록고안의 구성요소가 될 수 없다는 취지로 주장하나, 위 ①구성 역시 이 사건 등록고안의 등록청구범위에 포함되어 있음이 명백한 이상 당연히 이 사건 등록고안의 구성요소에 해당하는 것으로 보아야 하고, 그것이 전제부가 기재되었다는 이유로 이를 구성요소에서 임의로 제외할 수는 없다고 할 것이므로, 위 주장은 이유 없다.

또한 원고는, 위 ①구성은 원적외선 방출과는 전혀 무관한 구성으로서 중요한 구성요소가 아니므로 이를 생략하더라도 이 사건 등록고안의 기술적 목적을 달성할 수 있고 그에 따라 이 사건 등록고안의 권리범위를 벗어나기 위해 위 구성을 생략한 확인대상고안은 이 사건 등록고안의 권리범위에 속한다고 주장하나, 실용신안등록청구범위의 청구항은 고안의 구성에 없어서는 아니 되는 사항만으로 기재하도록 규정하고 있고(실용신안법 제9조 제4항 제3호), 고안의 구성에 없어서는 아니 되는 사항으로서 어떠한 사항을 등록청구범위에 기재할 것인지는 출원인의 자유에 맡겨져 있으며,

등록고안의 기술적 범위는 그러한 등록청구범위에 기재된 사항에 의하여 정해지는 점(실용신안법 제42조에 의하여 준용되는 특허법 제97조) 등에 비추어 볼 때, 고안의 구성에 없어서는 아니 되는 사항의 하나로 등록청구범위에 기재하였음에도 권리행사의 단계에서 그 사항이 당해 고안의 구성요소 중 비교적 중요하지 않은 사항이라고 하여 이를 무시하는 것은 사실상 등록청구범위의 확장적 변경을 사후에 인정하는 것이 되어 허용될 수 없다고 할 것이고, 그에 따라 생략된 위 구성이 이 사건 등록고안에 있어서 중요한 여부, 이를 생략하는 것이 용이한지 여부 등에 관하여 더 살필 필요 없이 확인대상고안은 이 사건 등록고안의 권리범위에 속하지 않는다고 할 것이므로, 위 주장도 이유 없다

위 ②구성은 천연옥(5)을 합성수지원단(1)에 고정하기 위하여 천연옥(5)을 포장비닐지(6)로 감싼 후 이를 합성수지원단(1) 표면에 고주파 또는 초음파 접착 또는 봉착시킨 구성이고, 이에 대응하여 확인대상고안에는 세라믹판(34)을 매트(1)에 고정하기 위하여 세라믹판(34)을 동판 띠(32)가 구비된 포장부재(33)의 육각형 구멍에 위치되도록 한 후 포장부재(33)를 압착 및 고주파 가공에 의해 접합필름(31)에 접합시키고 다시 이를 압착 및 고주파 가공에 의해 시트(11)에 접합시킨 구성이 있는바, 위 각 구성 모두 천연옥(5) 또는 세라믹판(34) 등 원적외선을 방출하는 물체를 침구 표면에 고정함으로써 그 이탈을 방지하기 위한 것이고, 그 수단으로 포장비닐지(6) 또는 동판 띠(32)가 구비된 포장부재(33)와 접합필름(31)을 이용하여 위 물체를 감싼 후 이를 고주파 접착의 방법으로 침구 표면에 접합시킨 것이라는 점에서, 그 구성 및 효과에 별다른 차이가 없다고 할 것이다.

위 ③구성은 천연옥(5)을 감싼 포장비닐지(6)의 상면에 다수의 유통공(7)을 형성함으로써 원적외선과 인체에 유익한 다수의 성분이 방출되도록 한 것이고, 이에 대응하여 확인대상고안에는 띠 형태의 포장부재(33)를 고주파 가공으로 천공하여 형성한 육각형 구멍이 있는바, 양 구성 모두 천연옥(5) 또는 세라믹판(34)으로부터 방출되는 원적외선 등이 통과하기 위한 구멍을 형성한 것이라는 점에서 다소 공통점이 있으나, **이 사건 등록고안의 유통공(7)은 1개의 천연옥(5) 상면에 다수 형성된 것인 반면, 확인대상고안의 육각형 구멍은 세라믹판(34)의 단턱(34a) 안쪽에 1개만 형성된 것이므로 그 개수에 차이가 있고, 그로 인하여 이 사건 등록고안의 천연옥(5)은 유통공이 형성된 부분만 외부로 노출되어 있고 나머지 부분은 포장비닐지(6)로 덮여 있게 되어 천연옥(5)이 사람의 피부에 직접 닿지 않게 되는 반면**, 확인대상고안의 육각형 구멍은 별지 2의 도3에서 보는 바와 같이 세라믹판(34)의 단턱(34a)을 제외한 안쪽의 돌출된 부분에 비교적 크게 형성되어 있어 **피부에 직접 접촉하게 되는 것이므로 그 작용효과에 차이가 있다고 할 것**이고, 그에 따라 위 각 구성은 그 구성 및 작용효과가 상이하여 상호 균등관계에 있다고 볼 수도 없다고 할 것이다.

(3) 따라서 확인대상고안에는 이 사건 등록고안의 구성요소 중 **①구성이 결여되어 있고, 이 사건 등록고안의 ③구성과 그에 대응하는 확인대상고안의 구성이 상이하며 양 구성이 상호 균등관계에 있다고 볼 수도 없으므로**, 확인대상고안은 이 사건 등록고안의 권리범위에 속하지 않는다고 할 것이다.

나. 소결론

따라서 확인대상고안은 이 사건 등록고안과 구성이 상이하므로 이 사건 등록고안이 비교대상고안 1 내지 6에 의하여 공지되었는지 여부 등에 관하여 더 나아가 살필 필요 없이 확인대상고안은 이 사건 등록고안의 권리범위에 속하지 않는다고 할 것인바, 이와 결론을 같이 한 이 사건 심결은 정당하다.

Ⅱ. 대법원 판단

위와 같은 법리와 기록에 비추어 살펴보면, 원심의 사실인정과 판단은 정당하고, 거기에 상고이유의 주장과 같이 등록고안의 등록청구범위 해석 및 권리범위에 관한 법리를 오해하거나 심리를 미진한 등의 위법이 없다.

기출 여부 (48회 이후)	특허법 학회 TOP 10	중요도
–	2023	★★★

033 균등론의 제3 및 5 요건
대법원 2023. 2. 2. 선고 2022후10210 판결 [권리범위확인(특)]

판결요지

1. 확인대상 발명이 특허발명의 권리범위에 속하는지 판단하는 기준

특허발명과 대비되는 확인대상 발명이 특허발명의 권리범위에 속한다고 하기 위해서는 특허발명의 청구범위에 기재된 각 구성요소와 그 구성요소 간의 유기적 결합관계가 확인대상 발명에 그대로 포함되어 있어야 한다. 확인대상 발명에 특허발명의 청구범위에 기재된 구성 중 변경된 부분이 있는 경우에도 특허발명과 과제해결원리가 동일하고, 특허발명에서와 실질적으로 동일한 작용효과를 나타내며, 그와 같이 변경하는 것이 그 발명이 속하는 기술분야에서 통상의 지식을 가진 사람(이하 '통상의 기술자'라고 한다)이라면 누구나 쉽게 생각해 낼 수 있는 정도라면, 특별한 사정이 없는 한 확인대상 발명은 특허발명의 청구범위에 기재된 구성과 균등한 것으로서 여전히 특허발명의 보호범위에 속한다고 보아야 한다.

2. 구성 변경의 용이성 판단에 특허발명의 출원 이후 침해 시까지 공지된 자료를 참작할 수 있는지 여부

특허의 보호범위가 청구범위에 적혀 있는 사항에 의하여 정하여짐에도(특허법 제97조) 위와 같이 청구범위의 구성요소와 침해대상제품 등의 대응구성이 문언적으로 동일하지는 않더라도 서로 균등한 관계에 있는 것으로 평가되는 경우 이를 보호범위에 속하는 것으로 보아 침해를 인정하는 것은, 출원인이 청구범위를 기재하는 데에는 문언상 한계가 있기 마련인데 사소한 변경을 통한 특허 침해 회피 시도를 방치하면 특허권을 실질적으로 보호할 수 없게 되기 때문이다. 위와 같은 균등침해 인정의 취지를 고려하면, <u>특허발명의 출원 이후 침해 시까지 사이에 공지된 자료라도 구성 변경의 용이성 판단에 이를 참작할 수 있다고 봄이 타당하다.</u>

3. 권리범위 확인심판에서 확인대상 발명에 특허발명의 청구범위에 기재된 구성 중 변경된 부분이 있는 경우, 그와 같은 변경이 통상의 기술자라면 누구나 쉽게 생각해 낼 수 있는 정도인지 판단하는 기준 시점(=심결 시)

한편 특허법이 규정하고 있는 권리범위 확인심판은 특허권 침해에 관한 민사소송과 같이 침해금지청구권이나 손해배상청구권의 존부와 같은 분쟁 당사자 사이의 권리관계를 최종적으로 확정하는 절차가 아니고, 그 절차에서의 판단이 침해소송에 기속력을 미치는 것도 아니지만, 당사자 사이의 분쟁을 사전에 예방하거나 조속히 종결시키기 위하여 심결 시를 기준으로 간이하고 신속하게 확인대상 발명이 특허권의 객관적인 효력범위에 포함되는지를 확인하는 목적을 가진 절차이다. <u>이러한 제도의 취지를 고려하면 권리범위 확인심판에서는 확인대상 발명에 특허발명의 청구범위에 기재된 구성 중 변경된 부분이 있는 경우 심결 시를 기준으로 하여 특허발명의 출원 이후 공지된 자료까지 참작하여 그와 같은 변경이 통상의 기술자라면 누구나 쉽게 생각해 낼 수 있는 정도인지를 판단할 수 있다고 봄이 타당하다.</u>

4. 특허발명의 출원과정에서 어떤 구성이 청구범위에서 의식적으로 제외된 것인지 판단하는 방법

특허발명의 출원과정에서 어떤 구성이 청구범위에서 **의식적으로 제외된 것인지는 명세서뿐만 아니라 출원에서부터 특허될 때까지 특허청 심사관이 제시한 견해 및 출원인이 출원과정에서 제출한 보정서와 의견서 등에 나타난 출원인의 의도, 보정이유 등을 참작하여 판단하여야 한다.** 따라서 출원과정에서 청구범위의 감축이 이루어졌다는 사정만으로 **감축 전의 구성과 감축 후의 구성을 비교하여 그 사이에 존재하는 모든 구성이 청구범위에서 의식적으로 제외되었다고 단정할 것은 아니고**, 거절이유통지에 제시된 선행기술을 회피하기 위한 의도로 그 선행기술에 나타난 구성을 배제하는 감축을 한 경우 등과 같이 **보정이유를 포함하여 출원과정에 드러난 여러 사정을 종합**하여 볼 때 출원인이 어떤 구성을 권리범위에서 제외하려는 의사가 존재한다고 볼 수 있을 때에 이를 인정할 수 있다.

판결이유

피고가 '확인대상 발명은 이 사건 제1항 발명의 권리범위에 속하지 않는다'고 주장하며 소극적 권리범위확인심판을 청구한 사건에서, 권리범위 확인심판에서 균등 여부가 문제되었을 때 **변경용이성은 심결시를 기준으로 판단**하여야 하고, 그와 같은 전제에서 보았을 때 통상의 기술자가 이 사건 제1항 발명의 다파글리플로진을 확인대상 발명의 다파글리플로진 포메이트로 변경하는 것이 어렵지 않으며, 이 사건 특허발명의 출원과정에서 다파글리플로진 포메이트가 **이 사건 제1항 발명의 청구범위에서 의식적으로 제외되었다고 보기도 어려우므로** 확인대상발명은 이 사건 제1항 발명과 균등하여 그 권리범위에 속한다고 판단하여 상고기각한 사안임

기출 여부 (48회 이후)	특허법 학회 TOP 10	중요도
60회 (2023년) 문제 4	–	★★

034 선택침해 인정 여부
대법원 1991. 11. 12. 선고 90후960 판결 [권리범위확인]

판결요지

㈎호 발명의 출발물질에 작용하는 아실화제가 특허발명의 특허청구범위에 기재된 아실화제의 반응성유도체의 하나라 하더라도 **㈎호 발명이 특허발명에 비하여 아실화수율 등에 있어서 현저히 향상된 작용효과가 있어 ㈎호 발명이 특허발명과는 다른 발명**이라고 본 사례

판결이유

㈎호 발명에서 위 출발물질에 작용하는 1-하이드록시 벤조트리아졸을 갖는 1-[α-syn-메톡시이미노-α-(2-아미노-티아졸-4-일)-아세틸]-벤조트아졸-3 옥사이드의 DMF 용매화합물[위 ㈎호 아실화제]이 이 사건 특허청구범위에 기재된 2-(2-아미노(또는 보호된 아미노)-티아졸-4-일)-2-syn-메톡시이미노초산의 반응성유도체의 하나로서 ㈎호 발명이 이 사건 특허청구범위에 기재된 상위개념에 포함되는 것이라 하더라도 원심결 이유 및 기록에 의하면 이 사건 특허의 명세서에는 위 ㈎호 아실화제를 사용하는 것에 관한 기술이 전혀 없는 반면에 ㈎호 발명에서는 그 명세서에 위 ㈎호 아실화제를 특정하여 이를 제조 사용함으로서 **이 사건 특허에서 예상되지 아니한 것으로 보이는 위 원심인정과 같은 작용효과를 나타내고 있다고 명기**되어 있음을 알 수 있는 바, ㈎호 발명에 있어서 이 사건 특허에 비하여 위 원심인정과 같이 제조공정, 반응온도, 아실화수율 등에 차이가 있다면 이는 **㈎호 발명이 이 사건 특허에 존재하지 않는 현저히 향상된 작용효과를 드러내고 있다고 할 것**이므로 화학물질의 제조방법에 관한 발명에 해당하는 이 사건의 경우에 원심이 ㈎호 발명과 **이 사건 특허가 서로 다른 발명이라고 판단**한 것은 이를 수긍할 수 있고 거기에 소론이 주장하는 특허권의 권리범위 등에 관한 법리오해 등의 위법이 없으며 위와 같이 작용효과가 다른 이상 균등물의 변환에 관한 소론 주장 또한 이유없음에 돌아간다.

II 간접침해

기출 여부 (48회 이후)	특허법 학회 TOP 10	중요도
7-3-2-01	-	★★★

035 '특허 물건의 생산에만 사용하는 물건'에 해당하기 위한 요건
대법원 2009. 9. 10. 선고 2007후3356 판결 [권리범위확인(특)] [공2009하,1690]

판결요지

1. 간접침해에 관하여 규정하고 있는 특허법 제127조 제1호에서 정한 '생산'의 의미와 범위 및 '특허 물건의 생산에만 사용하는 물건'에 해당하기 위한 요건

   간접침해에 관하여 규정하고 있는 특허법 제127조 제1호 규정은 발명의 모든 구성요소를 가진 물건을 실시한 것이 아니고 그 전 단계에 있는 행위를 하였더라도 발명의 모든 구성요소를 가진 물건을 실시하게 될 개연성이 큰 경우에는 장래의 특허권 침해에 대한 권리 구제의 실효성을 높이기 위하여 일정한 요건 아래 이를 특허권의 침해로 간주하더라도 특허권이 부당하게 확장되지 않는다고 본 것이라고 이해된다.

   위 조항의 문언과 그 취지에 비추어 볼 때, 여기서 말하는 '생산'이란 발명의 구성요소 일부를 결여한 물건을 사용하여 발명의 모든 구성요소를 가진 물건을 새로 만들어내는 모든 행위를 의미하므로, 공업적 생산에 한하지 않고 가공, 조립 등의 행위도 포함된다.

   나아가 '특허 물건의 생산에만 사용하는 물건'에 해당하기 위하여는 사회통념상 통용되고 승인될 수 있는 경제적, 상업적 내지 실용적인 다른 용도가 없어야 하고, 이와 달리 단순히 특허 물건 이외의 물건에 사용될 이론적, 실험적 또는 일시적인 사용가능성이 있는 정도에 불과한 경우에는 간접침해의 성립을 부정할 만한 다른 용도가 있다고 할 수 없다.

2. 명칭이 "CMP용 연마 패드"인 확인대상발명의 물건은 명칭이 "개선된 연마패드 및 이의 사용방법"인 특허 물건의 생산에만 사용되는 것이므로, 업으로서 확인대상발명의 물건을 생산·판매한 행위는 권리범위확인심판의 심결시를 기준으로 위 특허권에 대한 간접침해에 해당한다고 한 사례.

3. 특허권의 권리범위확인심판을 청구하기 위한 요건으로서 심판청구의 대상이 되는 확인대상발명의 특정 정도

   특허권의 권리범위확인심판을 청구함에 있어서 심판청구의 대상이 되는 확인대상발명은 당해 특허발명과 서로 대비할 수 있을 만큼 구체적으로 특정되어야 한다. 그 특정을 위하여 대상물의 구체적인 구성을 전부 기재할 필요는 없지만, 적어도 특허발명의 구성요건과 대비하여 그 차이점을 판단함에 필요할 정도로 특허발명의 구성요건에 대응하는 부분의 구체적인 구성을 기재하여야 한다.

판결이유

1. 이 사건 특허발명의 신규성 유무에 대하여

원심은 명칭을 "개선된 연마패드 및 이의 사용방법"으로 하는 이 사건 특허발명(특허번호 제195831호)의 특허청구범위 제1, 2, 4, 6, 11, 16, 18항의 특징적 구성인 '슬러리 입자를 흡착하거나 이동시키는 고유한 성능이 없는 균일한 고체 중합체 시트'가 원심 판시 비교대상발명에 공지되어 있지 않고 주지관용기술이라고 볼 수도 없다는 등의 이유로 이들 청구항 발명의 신규성이 있다고 하면서 그 권리범위를 인정하였다.

기록에 비추어 살펴보면, 원심의 위와 같은 판단은 정당하다. 원심판결에는 상고이유의 주장과 같은 채증법칙 위반이나 발명의 신규성 판단에 관한 법리 오해 등의 위법이 없다.

2. 이 사건 특허권에 대한 간접침해의 해당 여부에 대하여

원심은 그 채택증거를 종합하여 판시와 같은 사실을 인정한 후에 다음과 같이 판단하였다. 즉 원고가 소극적 권리범위확인을 구하는 확인대상발명은 이 사건 특허발명의 특허청구범위 제1, 2, 4, 6, 11, 16, 18, 19항(이하 '이 사건 특허'라 한다)과 대비하여 볼 때, 이 사건 특허의 구성 중 대형유동채널 및 균일한 고체 중합체 시트와 동일한 구성을 가지면서 소형유동채널이 결여되어 있고 마이크로 홀이 부가되어 있는 점에서 차이가 있다. 그러나 확인대상발명의 물건을 공급받은 사람이 연마패드를 사용하여 화학적 기계적 평탄화(chemical mechanical planarization, 통상 'CMP'로 약칭된다) 공정을 수행하는 때에는 다수의 다이아몬드입자가 부착된 컨디셔너로 연마패드의 표면을 압착하여 문지르는 브레이크 인(break-in) 및 컨디셔닝(conditioning) 공정(이하 '컨디셔닝 공정'이라 약칭한다)이 필수적으로 부가되고, 이러한 컨디셔닝 공정을 수행하는 경우에 확인대상발명의 연마패드에는 이 사건 특허의 소형유동채널의 수치범위 내에 있는 폭과 길이 및 밀도를 가지고서 연마슬러리를 이동시키는 통로로 작용함으로써 이 사건 특허의 소형유동채널과 동일한 구조와 기능을 하는 원심 판시 줄무늬 홈이 반드시 형성된다. 그러므로 확인대상발명의 물건은 이 사건 특허 물건의 생산에만 사용되는 것이어서 원고가 업으로서 확인대상발명의 물건을 생산·판매한 행위는 이 사건 권리범위확인심판의 심결시를 기준으로 하여 이 사건 특허권에 대한 간접침해에 해당된다고 할 것이다. 그 외에 컨디셔닝이 연마패드의 표면에 미치는 영향 내지 변화의 유무와 정도는 컨디셔너의 종류, 연마패드의 경도, 사용하는 슬러리의 종류 및 슬러리에 포함된 연마입자의 종류, 컨디셔너에 의하여 연마패드에 가하여지는 압력의 정도 등 여러 가지 요소에 따라 달라질 수 있다는 점, 확인대상발명이 마이크로 홀이라는 기술수단에 의하여 이 사건 특허발명보다 더 우수한 작용효과를 기대할 수 있어 진보된 발명일 수 있다는 점 등의 사정은 그러한 결론에 영향이 없다는 것이다.

이러한 원심의 사실인정 및 판단은 앞서 본 법리 및 기록에 비추어 보면 정당하다. 원심판결에는 상고이유가 주장하는 바와 같이 특허권의 간접침해 판단 및 특허청구범위 해석에 관한 법리 오해, 채증법칙 위반, 심리미진 등의 위법이 없다.

3. 확인대상발명의 특정 여부에 대하여

위 법리와 기록에 비추어 살펴보면, 원심이 확인대상발명은 이 사건 특허발명의 특허청구범위 제20항 내지 제28항의 구성과 대응하는 구체적인 구성의 기재가 없으므로, 이들 청구항 발명과 대비할 수 있을 정도로 특정되지 않았다고 본 것은 정당하다. 원심판결에는 상고이유의 주장과 같은 확인대상발명의 특정에 관한 법리 오해의 위법이 없다.

기출 여부 (48회 이후)	특허법 학회 TOP 10	중요도
58회 (2021년) 문제 3	–	★★

036 소모부품이 특허권의 간접침해에서 말하는 '특허 물건의 생산에만 사용하는 물건'에 해당하기 위한 요건

대법원 2001. 1. 30. 선고 98후2580 판결 [권리범위확인(특)] [공2001.3.15.(126),574]

판결요지

특허발명의 대상이거나 그와 관련된 물건을 사용함에 따라 마모되거나 소진되어 자주 교체해 주어야 하는 소모부품일지라도, 특허발명의 본질적인 구성요소에 해당하고 다른 용도로는 사용되지 아니하며 일반적으로 널리 쉽게 구할 수 없는 물품으로서 당해 발명에 관한 물건의 구입시에 이미 그러한 교체가 예정되어 있었고 특허권자측에 의하여 그러한 부품이 따로 제조·판매되고 있다면, 그러한 물건은 특허권에 대한 이른바 간접침해에서 말하는 '특허 물건의 생산에만 사용하는 물건'에 해당하고, 위 '특허 물건의 생산에만 사용하는 물건'에 해당한다는 점은 특허권자가 주장·입증하여야 한다.

판결이유

같은 취지에서 원심이, ㈎호 발명의 감광드럼카트리지는 전체적으로 이 사건 특허발명을 채택한 레이저 프린터에 꼭 맞는 구성을 취하고 있고, 현재 ㈎호 발명의 감광드럼카트리지는 전량 이 사건 특허발명을 채택한 레이저 프린터에만 사용되고 있으며, 이 사건 특허발명을 채택하지 아니한 레이저 프린터 중 ㈎호 발명의 감광드럼카트리지를 사용할 수 있는 것은 없는 사실, 레이저 프린터에 있어서 인쇄되는 종이를 기준으로 할 때 레이저 프린터 자체의 수명은 약 300,000장이나, 그 중 토너카트리지는 약 3,000장, 감광드럼은 약 15,000장, 현상기는 약 50,000장의 수명을 가지고 있어 그 이후에는 새로운 것으로 교체해 주어야 하고, 이 사건 특허발명을 실시하고 있는 피고는 이 사건 특허발명을 채택한 레이저 프린터에 사용되는 각 부품을 별도로 생산하여 판매하고 있는 사실을 인정한 다음, 위 감광드럼카트리지는, 이 사건 특허발명의 본질적인 구성요소이고, 다른 용도로는 사용되지도 아니하며, 일반적으로 널리 쉽게 구입할 수도 없는 물품일 뿐만 아니라, 레이저 프린터의 구입시에 그 교체가 예정되어 있었고, 특허권자인 피고측에서 그러한 감광드럼카트리지를 따로 제조·판매하고 있으므로, 결국 ㈎호 발명의 감광드럼카트리지는 이 사건 특허발명의 물건의 생산에만 사용하는 물건에 해당하며, 원고의 주장과 같이 ㈎호 발명의 기술사상을 채택하되 설계변경에 의하여 ㈎호 발명과 다른 제품을 만드는 경우에 그것이 이 사건 특허발명의 실시물건 이외의 물건에 사용될 가능성이 있다는 것만으로는, ㈎호 발명이 이 사건 특허발명의 권리범위를 벗어날 수는 없다고 판단한 것은 정당하고, 거기에 상고이유의 주장과 같은 특허법 제127조에 관한 법리오해 등의 위법이 없다. 따라서 이 점 상고이유는 모두 받아들이지 아니한다.

㈎호 발명의 감광드럼카트리지가 이 사건 특허발명의 물건의 생산에만 사용되는 이상, ㈎호 발명이 공지의 감광드럼카트리지에 개선된 폐토너 회수통을 결합한 것이라고 하더라도, 위와 같은 간접침해의 성립에는 아무런 지장이 없다. 따라서 이 점 상고이유도 받아들이지 아니한다.

기출 여부 (48회 이후)	특허법 학회 TOP 10	중요도
53회 (2016년) 문제 2	2015	★★

037 간접침해 성립 여부가 문제된 사건
대법원 2015. 7. 23. 선고 2014다42110 판결 [손해배상(지)] [공2015하,1221]

판결요지

1. 특허법 제127조 제1호의 '그 물건의 생산에만 사용하는 물건'에서 말하는 '생산'이란 국내에서의 생산을 의미하는지 여부

간접침해 제도는 어디까지나 특허권이 부당하게 확장되지 아니하는 범위에서 그 실효성을 확보하고자 하는 것이다. 그런데 특허권의 속지주의 원칙상 물건의 발명에 관한 특허권자가 그 물건에 대하여 가지는 독점적인 생산·사용·양도·대여 또는 수입 등의 특허실시에 관한 권리는 특허권이 등록된 국가의 영역 내에서만 효력이 미치는 점을 고려하면, 특허법 제127조 제1호의 '그 물건의 생산에만 사용하는 물건'에서 말하는 '생산'이란 국내에서의 생산을 의미한다고 봄이 타당하다.

2. 물건의 생산이 국외에서 일어나고 그 전 단계의 행위가 국내에서 이루어진 경우, 간접침해가 성립하는지 여부

따라서 이러한 생산이 국외에서 일어나는 경우에는 그 전 단계의 행위가 국내에서 이루어지더라도 간접침해가 성립할 수 없다.

판결이유

1. N95와 N96의 각 반제품이 특허침해 제품에 해당하는지 여부에 관하여

가. 직접침해 제품인지 여부에 관하여

관련 법리와 기록에 비추어 원심판결 이유를 살펴보면, 원심이 그 판시와 같은 사정을 들어 피고가 생산하여 수출한 N95와 N96의 각 반제품은 명칭을 '양방향 멀티슬라이드 휴대단말기'로 하는 이 사건 특허발명(특허등록번호 생략)의 청구범위 제1항(이하 '이 사건 제1항 발명'이라고 한다) 및 제2항(이하 '이 사건 제2항 발명'이라고 한다)의 구성요소 일부를 갖추고 있지 아니하여 이를 생산하는 행위는 이 사건 제1항 및 제2항 발명의 각 특허권에 대한 직접침해로 되지 아니한다고 판단한 것은 정당하고, 거기에 상고이유 주장과 같이 특허발명의 청구범위 해석과 직접침해의 성립요건에 관한 법리를 오해하고 필요한 심리를 다하지 아니하여 판결에 영향을 미친 잘못이 없다.

나. 간접침해 제품인지 여부에 관하여

(1) 특허법 제127조 제1호는 이른바 간접침해에 관하여 '특허가 물건의 발명인 경우 그 물건의 생산에만 사용하는 물건을 생산·양도·대여 또는 수입하거나 그 물건의 양도 또는 대여의 청약을 하는 행위를 업으로서 하는 경우에는 특허권 또는 전용실시권을 침해한 것으로 본다.'고 규정하고 있다. 이는 발명의 모든 구성요소를 가진 물건을 실시한 것이 아니고 그 전 단계에 있는 행위를 하였더라도 발명의 모든 구성요소를 가진 물건을 실시하게 될 개연성이 큰 경우에는 장래의 특허권 침해에 대한 권리 구제의 실효성을 높이기 위하여 일정한 요건 아래 이를 특허권의 침해로 간주하려는 취지이다. 이와 같은 조항의 문언과 그 취지에 비추어 볼 때, 여기서 말하는 '생산'이란 발명의

구성요소 일부를 결여한 물건을 사용하여 발명의 모든 구성요소를 가진 물건을 새로 만들어내는 모든 행위를 의미하는 개념으로서, 공업적 생산에 한하지 아니하고 가공·조립 등의 행위도 포함한다(대법원 2009. 9. 10. 선고 2007후3356 판결 등 참조).

한편 간접침해 제도는 어디까지나 특허권이 부당하게 확장되지 아니하는 범위에서 그 실효성을 확보하고자 하는 것이다. 그런데 특허권의 속지주의 원칙상 물건의 발명에 관한 특허권자가 그 물건에 대하여 가지는 독점적인 생산·사용·양도·대여 또는 수입 등의 특허실시에 관한 권리는 특허권이 등록된 국가의 영역 내에서만 그 효력이 미치는 점을 고려하면, **특허법 제127조 제1호의 '그 물건의 생산에만 사용하는 물건'에서 말하는 '생산'이란 국내에서의 생산을 의미한다고 봄이 타당하다. 따라서 이러한 생산이 국외에서 일어나는 경우에는 그 전 단계의 행위가 국내에서 이루어지더라도 간접침해가 성립할 수 없다.**

(2) 위 법리와 기록에 비추어 원심판결 이유를 살펴보면, **원심이, 피고가 국내에서 생산하여 수출한 N95와 N96의 각 반제품은 모두 국외에서 완성품으로 생산되었으므로 이 사건 제1항 및 제2항 발명의 각 특허권에 대하여 특허법 제127조 제1호에 정한 간접침해 제품에 해당하지 아니한다고 판단한 것은 정당**하고, 거기에 상고이유 주장과 같이 특허발명의 청구범위 해석과 간접침해의 성립요건에 관한 법리를 오해하고 필요한 심리를 다하지 아니하여 판결에 영향을 미친 잘못이 없다.

그리고 상고이유에서 들고 있는 대법원판결들은 이 사건과 사안을 달리하는 것이어서 이 사건에 원용하기에 적절하지 아니하다.

2. 특허발명의 진보성 흠결에 기초한 권리남용 여부에 관하여

가. 어떤 발명의 진보성이 부정되는지 여부를 판단하기 위해서는 선행기술의 범위와 내용, 진보성 판단의 대상이 된 발명과 선행기술의 차이 및 그 발명이 속하는 기술분야에서 통상의 지식을 가진 사람(이하 '통상의 기술자'라고 한다)의 기술수준 등에 비추어 진보성 판단의 대상이 된 발명이 선행기술과 차이가 있음에도 그러한 차이를 극복하고 선행기술로부터 그 발명을 용이하게 도출할 수 있는지를 살펴보아야 한다. 그런데 이 경우 진보성 판단의 대상이 된 발명의 명세서에 개시되어 있는 기술을 알고 있음을 전제로 하여 사후적으로 통상의 기술자가 그 발명을 용이하게 발명할 수 있는지를 판단하여서는 아니 된다(대법원 2007. 8. 24. 선고 2006후138 판결, 대법원 2009. 11. 12. 선고 2007후3660 판결, 대법원 2011. 3. 24. 선고 2010후2537 판결 등 참조).

또한 청구범위에 기재된 청구항이 복수의 구성요소로 되어 있는 경우에는 각 구성요소가 유기적으로 결합한 전체로서의 기술사상이 진보성 판단의 대상이 되는 것이지 각 구성요소가 독립하여 진보성 판단의 대상이 되는 것은 아니므로, 그 발명의 진보성 여부를 판단함에 있어서는 청구항에 기재된 복수의 구성을 분해한 후 각각 분해된 개별 구성요소들이 공지된 것인지 여부만을 따져서는 안 되고, 특유의 과제 해결원리에 기초하여 유기적으로 결합된 전체로서의 구성의 곤란성을 따져 보아야 할 것이며, 이 때 결합된 전체 구성으로서의 발명이 갖는 특유한 효과도 함께 고려하여야 할 것이다. 그리고 여러 선행기술문헌을 인용하여 발명의 진보성이 부정된다고 하기 위해서는 그 인용되는 기술을 조합 또는 결합하면 해당 발명에 이를 수 있다는 암시·동기 등이 선행기술문헌에 제시되어 있거나 그렇지 않더라도 해당 발명의 출원 당시의 기술수준, 기술상식, 해당 기술분야의 기본적 과제, 발전경향, 해당 업계의 요구 등에 비추어 보아 통상의 기술자가 용이하게 그와 같은 결합에 이를 수 있다고 인정할 수 있는 경우이어야 한다(대법원 2007. 9. 6. 선고 2005후3284 판결 등 참조).

나. 위 법리와 기록에 비추어 살펴본다.

(1) (가) 이 사건 제2항 발명은 슬라이드형 휴대단말기[원심판시 '구성 (A)']로서, 디스플레이 창을 구비한 상부본체[원심판시 '구성 (B)']와 서로 다른 기능을 갖는 두 개 이상의 키패드를 갖는 하부본체[원심판시 '구성 (C)'], 상부본체가 하부본체에 대해 어느 한 방향으로 이동할 때, 하부본체의 다

른 방향에 있는 키패드 중 적어도 어느 하나가 개방[원심판시 '구성 (D)']되고, 상부본체가 하부본체에 대해 하측으로 상대 슬라이딩될 때, 디스플레이 창의 양쪽에 대칭이 되어 양손 조작이 가능하게 상부본체의 하측부에 제1기능 키패드부를 구비[원심판시 '구성 (E)']하는 것을 특징으로 하는 양방향 멀티슬라이드 휴대단말기에 관한 발명이다. 이와 같은 이 사건 제2항 발명은 그 구성 가운데 구성 (E)가 나머지 구성들과 유기적으로 결합함으로써, 상부본체가 하부본체에 대해 양방향으로 상대 슬라이딩될 때 고유의 통신기능 및 멀티미디어 기능을 적절히 사용하게 할 수 있는 인터페이스구조를 제공하고, 고유의 통신기능뿐만 아니라 게임이나 카메라 동영상을 디스플레이하는 엔터테인먼트 기능까지 각 모드에 맞추어 손쉽게 사용할 수 있어 멀티미디어화되는 휴대단말기를 제공할 수 있게 되는 특유의 효과를 가지게 된다.

(나) 이에 비하여 한손으로 기능키를 조작하는 사용방식을 전제로 하는 원심판시 비교대상발명 1, 4에는 이 사건 제2항 발명의 구성 (E)와 동일한 구성은 나타나 있지 아니하다. 다만 비교대상발명 1에는 이 사건 제2항 발명의 구성 중 구성 (D)와 마찬가지로 '덮개를 본체의 상단 방향으로 밀어 올리면 키버튼이 외부로 노출되고, 덮개를 본체의 하단부에 위치시키면 기능키가 외부로 노출되는 구성'이, 비교대상발명 4에는 이 사건 제2항 발명의 구성 중 '상부본체의 하측부에 제1기능 키패드부를 포함하는 구성'과 마찬가지로 '정면 폴더의 디스플레이부 하측부에 원형의 기능키와 기능버튼을 배열하는 구성'이 나타나 있기는 하다.

(다) 그런데 비교대상발명 1의 명세서에 "최근 통신기술의 비약적인 발전에 힘입어 이동통신단말기의 소형화가 이루어짐과 동시에 이동통신단말기 용도의 다양화가 이루어져, 이동통신단말기를 이용한 인터넷 검색, 동영상 재생, 각종 게임 등 다양한 기능수행이 가능해지고 있다. 따라서 이동통신단말기는 보다 많은 양의 정보를 한 번에 출력할 수 있도록 액정화면의 대형화가 요구되어지고 있고, 다양한 신호입력을 위하여 키버튼의 다양화가 요구되어지고 있다."라는 기재가 있으나, 이러한 기술적 과제에 대한 비교대상발명 1에서의 인식은, 위 기재에 이어지는 "폴더형 이동통신단말기의 경우에는 액정화면과 키버튼을 별도의 위치에 구비시킬 수 있으므로 액정화면의 대형화와 키버튼의 다양화를 이룰 수 있지만, 플립형 이동통신단말기나 바형 이동통신단말기의 경우에는 동일한 면에 액정화면과 키버튼이 위치되어야 하므로 액정화면의 대형화와 키버튼의 다양화를 동시에 만족시키는 데에는 한계가 있다."라는 기재 및 "액정화면과 키버튼을 겹치도록 구성하여 액정화면의 대형화와 키버튼의 다양화를 동시에 이룰 수 있는 이동통신단말기를 제공하는 데 목적이 있다."라는 기재에 비추어 보면, 한 손으로 기능키를 조작하는 사용방식을 벗어나 '디스플레이 창의 양쪽에 대칭이 되어 양손 조작이 가능하게 하도록 키버튼을 배치한다'라는 기술사상에는 전혀 미치지 못하고 있음을 알 수 있다.

또한 위에서 보는 바와 같이 **비교대상발명 1은 액정화면의 대형화를 기술적 과제의 한가지로 삼고 있는데, 비교대상발명 1에서 액정화면이 배치된 덮개에 기능키를 추가하는 시도는 이러한 기술적 과제에 반하는 것이다.** 따라서 **위와 같은 비교대상발명 1의 명세서 기재에 근거하여서는, 비교대상발명 1의 본체와 비교대상발명 4의 폴더부를 결합하면 이 사건 제2항 발명의 구성 (E)에 이를 수 있다는 암시·동기 등이 제시되어 있다거나,** 이 사건 특허발명의 출원 당시의 기술수준, 기술상식, 해당 기술분야의 기본적 과제, 발전경향, 해당 업계의 요구 등에 비추어 보아 **통상의 기술자가 '상부본체가 하부본체에 대해 하측으로 상대 슬라이딩될 때, 디스플레이 창의 양쪽에 대칭이 되어 양손 조작이 가능'하게 하기 위하여 용이하게 위와 같은 결합에 이를 수 있다고 인정할 수 없고,** 기록상 달리 이를 인정할 만한 뚜렷한 사정도 발견되지 아니한다.

(라) 그렇다면 **이 사건 특허발명의 명세서에 개시된 발명의 내용을 이미 알고 있음을 전제로 하여 사후적으로 판단하지 아니하는 한, 통상의 기술자가 비교대상발명 1, 4로부터 이 사건 제2항 발명의 구성 (E)를 용이하게 도출할 수 없다고 할 것**인데, 그러한 사후적 판단은 앞에서 본 것처럼 허용되지 아니한다. 결국 이 사건 제2항 발명은 비록 구성 (E)를 제외한 나머지 구성들이 비교대상발명

1, 4에 나타나 있다고 하더라도 위 비교대상발명들에 의하여 그 진보성이 부정되어 특허가 무효로 될 것임이 명백하다고 할 수 없다. 따라서 이 사건 제2항 발명의 특허권에 기초한 원고의 이 사건 청구는 권리남용에 해당하지 아니한다.

(2) 그런데도 원심은 이 사건 제2항 발명은 비교대상발명 1, 4에 의하여 그 진보성이 부정되어 특허가 무효로 될 것임이 명백하다고 판단하였으니, 이러한 원심판결에는 특허발명의 진보성 흠결에 기초한 권리남용 판단에 관한 법리를 오해하여 판결에 영향을 미친 잘못이 있다. 이 점을 지적하는 상고이유 주장은 이유 있다.

3. 결론

이 사건 청구는 N95 완성품, N95 반제품, N96 반제품 각각에 대한 손해배상청구가 단순병합된 것이고, 위 각 제품별로는 이 사건 제1항 또는 제2항 발명의 특허권에 기초한 손해배상청구가 선택적으로 병합된 것이다. 그런데 위에서 본 바와 같이 **N95와 N96의 각 반제품이 이 사건 제1항 및 제2항 발명의 각 특허권에 대한 침해제품이 아니라는 원심의 판단은 정당한 반면, N95 완성품에 대한 손해배상청구의 판단과 관련하여 이 사건 제2항 발명의 특허권에 기초한 원고의 청구가 권리남용에 해당한다는 원심의 판단은 잘못이다.** 따라서 원심판결 중 선택적으로 병합된 이 사건 제1항 및 제2항 발명에 기초한 N95 완성품에 대한 손해배상청구를 기각한 부분을 파기하고, 이 부분 사건을 다시 심리·판단하게 하기 위하여 원심법원에 환송하며, 나머지 상고를 기각하기로 하여, 관여 대법관의 일치된 의견으로 주문과 같이 판결한다.

기출 여부 (48회 이후)	특허법 학회 TOP 10	중요도
60회 (2023년) 문제 3	2019	★★
57회 (2020년) 문제 1		

038 특허권 침해금지 및 손해배상을 구하는 사건
대법원 2019. 10. 17. 선고 2019다222782, 2019다222799(병합) 판결 [특허권침해금지 등]

판결요지

1. 선 특허발명과 후 발명이 이용관계에 있는 경우, 후 발명이 선 특허발명의 권리범위에 속하는지 여부 및 이때 '두 발명이 이용관계에 있는 경우'의 의미

선 특허발명과 후 발명이 이용관계에 있는 경우에는 후 발명은 선 특허발명의 권리범위에 속하게 된다. 여기에서 두 발명이 이용관계에 있는 경우라고 함은 후 발명이 선 특허발명의 기술적 구성에 새로운 기술적 요소를 부가하는 것으로서, 후 발명이 선 특허발명의 요지를 전부 포함하고 이를 그대로 이용하되, 후 발명 내에서 선 특허발명이 발명으로서의 일체성을 유지하는 경우를 말한다.

2. 특허발명의 보호범위를 확정하는 기준 및 발명의 설명이나 도면 등으로 보호범위를 제한하거나 확장할 수 있는지 여부 / 청구범위에 적혀 있는 사항을 해석하는 방법

특허발명의 보호범위는 청구범위에 적혀 있는 사항에 따라 정해지고 발명의 설명이나 도면 등으로 보호범위를 제한하거나 확장하는 것은 원칙적으로 허용되지 않는다. 그러나 청구범위에 적혀 있는 사항은 발명의 설명이나 도면 등을 참작하여야 기술적인 의미를 정확하게 이해할 수 있으므로, 청구범위에 적혀 있는 사항의 해석은 문언의 일반적인 의미 내용을 기초로 하면서도 발명의 설명이나 도면 등을 참작하여 문언에 의하여 표현하고자 하는 기술적 의의를 고찰한 다음 객관적·합리적으로 하여야 한다.

3. 물건의 발명에 관한 특허권자가 물건에 대하여 가지는 독점적인 특허실시에 관한 권리가 특허권이 등록된 국가의 영역 내에서만 효력이 미치는지 여부 및 국내에서 특허발명의 실시제품이 생산된 것과 같이 보는 판단기준

특허권의 속지주의 원칙상 물건의 발명에 관한 특허권자가 물건에 대하여 가지는 독점적인 생산·사용·양도·대여 또는 수입 등의 특허실시에 관한 권리는 특허권이 등록된 국가의 영역 내에서만 효력이 미치는 것이 원칙이다. 그러나 국내에서 특허발명의 실시를 위한 부품 또는 구성 전부가 생산되거나 대부분의 생산단계를 마쳐 주요 구성을 모두 갖춘 반제품이 생산되고, 이것이 하나의 주체에게 수출되어 마지막 단계의 가공·조립이 이루어질 것이 예정되어 있으며, 그와 같은 가공·조립이 극히 사소하거나 간단하여 위와 같은 부품 전체의 생산 또는 반제품의 생산만으로도 특허발명의 각 구성요소가 유기적으로 결합한 일체로서 가지는 작용효과를 구현할 수 있는 상태에 이르렀다면, 예외적으로 국내에서 특허발명의 실시제품이 생산된 것과 같이 보는 것이 특허권의 실질적 보호에 부합한다.

4. 특허법 제130조의 규정 취지 및 타인의 특허발명을 허락 없이 실시한 자가 과실의 추정을 벗어나기 위하여 주장·증명하여야 할 사항

특허법 제130조는 타인의 특허권 또는 전용실시권을 침해한 자는 그 침해행위에 대하여 과실이 있는 것으로 추정한다고 정하고 있다. 그 취지는 특허발명의 내용은 특허공보 또는 특허등록원부 등에 의해 공시되어 일반 공중에게 널리 알려져 있을 수 있고, 또 업으로서 기술을 실시하는 사업자에게 당해 기술분야에서 특허권의 침해에 대한 주의의무를 부과하는 것이 정당하다는 데 있다. 위 규정에도 불구하고 타인의 특허발명을 허락 없이 실시한 자에게 과실이 없다고 하기 위해서는 **특허권의 존재를 알지 못하였다는 점을 정당화할 수 있는 사정이 있다거나 자신이 실시하는 기술이 특허발명의 권리범위에 속하지 않는다고 믿은 점을 정당화할 수 있는 사정이 있다는 것을 주장·증명하여야 한다.**

판결이유

1. 원고의 상고이유에 관한 판단

가. 카테터와 허브에 봉합사나 그 지지체를 조합한 제품에 관한 이 사건 특허발명의 특허청구범위 제1항 침해 여부

(1) 선 특허발명과 후 발명이 이용관계에 있는 경우에는 후 발명은 선 특허발명의 권리범위에 속하게 된다. 여기에서 두 발명이 이용관계에 있는 경우라고 함은 후 발명이 선 특허발명의 기술적 구성에 새로운 기술적 요소를 부가하는 것으로서, 후 발명이 선 특허발명의 요지를 전부 포함하고 이를 그대로 이용하되, 후 발명 내에서 선 특허발명이 발명으로서의 일체성을 유지하는 경우를 말한다(대법원 2001. 8. 21. 선고 98후522 판결, 대법원 2016. 4. 28. 선고 2015후161 판결 등 참조).

(2) 기록에 따르면 다음과 같은 사정을 알 수 있다.

㈎ 명칭을 '의료용 실 삽입장치 및 이를 구비한 의료용 실 삽입 시술 키트'로 하는 이 사건 특허발명(특허번호 생략, 특허심판원 2015. 8. 21.자 2015정68호 심결의 확정에 의해 정정된 것)은 외과적 수술에 사용되는 의료용 실을 체내에 삽입하고 고정하는 시술을 시행하는 데 사용된다.

㈏ 이 사건 특허청구범위 제1항(이하 '이 사건 제1항 발명'이라 하고, 나머지 청구항도 같은 방식으로 부른다)은 '의료용 실이 삽입될 경로를 형성하는 중공(中空)의 가요성(可撓性) 도관을 구비하는 관부재와 관부재의 도관 내부에 삽입되어 관부재보다 큰 강성을 가지는 지지로드를 포함하는 지지부재를 구비하는 삽입경로 형성수단(원심 판결 구성요소 1)'과 '삽입경로 형성수단에서 지지부재가 제거된 후에 관부재의 체결부에 연결되어 관부재를 통하여 의료용 실을 공급하는 의료용 실 공급수단을 구비하는 것을 특징으로 하는 의료용 실 삽입장치(원심 판결 구성요소 2)'로 구성된다.

㈐ 통상 삽입경로 형성수단의 관부재를 목표 지점까지 삽입한 후 지지부재를 제거하고, 남은 관부재의 체결부에 의료용 실 삽입장치를 체결하여 이를 통해 의료용 실을 고정시킬 지지체가 형성되어 있는 의료용 실을 관부재로 삽입하며, 관부재를 제거하고 의료용 실에 형성되어 있는 지지체를 목표 지점에 고정시킨 후 다른 쪽 실을 잡아당기는 등의 방법으로 위 발명을 이용한 시술이 이루어진다.

㈑ 피고 1, 피고 주식회사 씨에스아이엔씨, 피고 4(이하 '피고 1 등'이라 한다)는 일본에 있는 ○○○○ 병원에 판매하여 피부 리프팅 시술에 사용되도록 할 목적으로 피고 주식회사 덕우메디칼(이하 '피고 덕우메디칼'이라 한다) 등 하청업체들을 통하여 카테터와 허브(이하 '이 사건 카테터와 허브'라 한다)를 생산하였다(이하 피고 1 등이 이 사건 특허발명과 관련하여 생산한 제품을 '피고 실시 제품'이라 한다).

㈒ 이 사건 카테터와 허브는 이 사건 제1항 발명의 '삽입경로 형성수단'과 '의료용 실 삽입장치'에 각각 대응하고 그 구성과 효과가 동일하다.

㈓ 이 사건 제1항 발명은 위 '삽입경로 형성수단'과 '의료용 실 삽입장치'를 구성으로 할 뿐, 여기에 추가되는 의료용 실 또는 의료용 실 지지체의 결합관계에 대한 한정은 없다.

(3) 이러한 사정을 위에서 본 법리에 비추어 살펴보면, 피고 실시제품 중 이 사건 카테터와 허브에 의료용 실과 의료용 실 지지체에 각각 대응하는 봉합사와 봉합사 지지체(이하 '이 사건 봉합사', '이 사건 봉합사 지지체'라 한다)의 전부 또는 그중 하나를 조합한 제품은 이 사건 제1항 발명의 요지를 전부 포함하고 이를 그대로 이용하면서 그 일체성을 유지하는 경우에 해당하므로, 이 사건 제1항 발명에 대한 침해가 성립한다.

(4) 그런데도 원심은 이 사건 카테터와 허브가 이 사건 제1항 발명과 구성 및 효과가 동일하여 이를 침해한다고 하면서도 여기에 이 사건 봉합사 또는 봉합사 지지체를 조합한 제품은 의료용 실에 의료용 실 지지체를 형성하거나 의료용 실 공급수단의 내측에 의료용 실을 배치하는 등의 추가적인 가공·조립을 필요로 하므로 이 사건 제1항 발명에 대한 침해가 되지 않는다고 하였다. 원심 판단에는 특허발명의 권리범위 판단에 관한 법리를 오해하여 판결에 영향을 미친 잘못이 있다. 이 점을 지적하는 상고이유 주장은 정당하다.

나. 이 사건 제5항 발명 침해 여부

(1) 특허발명의 보호범위는 청구범위에 적혀 있는 사항에 따라 정해지고 발명의 설명이나 도면 등으로 보호범위를 제한하거나 확장하는 것은 원칙적으로 허용되지 않는다. 그러나 청구범위에 적혀 있는 사항은 발명의 설명이나 도면 등을 참작하여야 그 기술적인 의미를 정확하게 이해할 수 있으므로, 청구범위에 적혀 있는 사항의 해석은 문언의 일반적인 의미 내용을 기초로 하면서도 발명의 설명이나 도면 등을 참작하여 문언에 의하여 표현하고자 하는 기술적 의의를 고찰한 다음 객관적·합리적으로 하여야 한다(대법원 2009. 10. 15. 선고 2007다45876 판결 등 참조).

(2) 이러한 법리와 기록에 비추어 살펴본다.

(가) 이 사건 제5항 발명은 이 사건 제1항 발명의 종속항으로, '삽입될 의료용 실을 중공의 의료용 실 공급관 내측에 구비하는 의료용 실 보유부를 구비하는 의료용 실 공급수단(원심 판결 구성요소 2)'과 '의료용 실 보유부는 관부재의 장착홈에 체결되는 상보적인 형상으로 된 커넥터를 구비하는 것을 특징으로 하는 의료용 실 삽입장치(원심 판결 구성요소 3)'를 추가한 발명인데, 위 추가 구성들은 피고 1 등이 생산한 허브와 봉합사의 개별 제품에 대응한다.

(나) '의료용 실 삽입장치'에 대응하는 이 사건 허브가 '삽입경로 형성수단'에 대응하는 이 사건 카테터의 장착홈에 체결되는 커넥터를 구비하고 있음은 다툼이 없다.

(다) '구비하는'이라는 말은 통상 '갖추어진' 것을 의미할 뿐, 물리적으로 고정되거나 결합되어 있을 것을 의미하지는 않는다. 그리고 이 사건 특허발명이 속하는 기술 분야에서 통상의 지식을 가진 사람(이하 '통상의 기술자'라 한다)이 의료용 실을 중공의 의료용 실 공급수단인 허브의 안쪽에 배치하여 관부재에 삽입하여 사용하는 데 별다른 기술적 어려움이 없다.

(라) 결국 이 사건 **제5항 발명의 각 구성요소와 각 구성요소 간의 유기적 결합관계가 피고 1 등이 생산한 이 사건 카테터, 허브, 봉합사의 개별 제품에 그대로 포함되어 있으므로, 이 사건 제5항 발명에 대한 침해가 인정**된다.

(3) 그런데도 원심은 이 사건 봉합사가 이 사건 허브의 내부에 배치되려면 추가적 가공·조립이 필요하다고 보아 이 사건 허브와 봉합사의 개별 제품 구성의 이 사건 제5항 발명에 대한 침해를 부정하였다. 원심 판단에는 청구범위 해석에 관한 법리 등을 오해하여 판결에 영향을 미친 잘못이 있다. 이 점을 지적하는 상고이유 주장은 정당하다.

다. 이 사건 제6항 발명 침해 여부

(1) 특허권의 속지주의 원칙상 물건의 발명에 관한 특허권자가 물건에 대하여 가지는 독점적인 생산·사용·양도·대여 또는 수입 등의 특허실시에 관한 권리는 특허권이 등록된 국가의 영역 내에서만 그 효력이 미치는 것이 원칙이다. 그러나 국내에서 특허발명의 실시를 위한 부품 또는 구성 전부가 생산되거나 대부분의 생산단계를 마쳐 주요 구성을 모두 갖춘 반제품이 생산되고, 이것이

하나의 주체에게 수출되어 마지막 단계의 가공·조립이 이루어질 것이 예정되어 있으며, 그와 같은 가공·조립이 극히 사소하거나 간단하여 위와 같은 부품 전체의 생산 또는 반제품의 생산만으로도 특허발명의 각 구성요소가 유기적으로 결합한 일체로서 가지는 작용효과를 구현할 수 있는 상태에 이르렀다면, 예외적으로 국내에서 특허발명의 실시 제품이 생산된 것과 같이 보는 것이 특허권의 실질적 보호에 부합한다.

(2) 이와 같은 법리와 기록에 비추어 살펴본다.

다음과 같은 사정을 고려하면 **피고 1 등이 이 사건 카테터와 허브, 봉합사, 봉합사 지지체의 개별 제품을 생산한 것만으로도 국내에서 이 사건 제6항 발명의 각 구성요소가 유기적으로 결합한 일체로서 가지는 작용효과를 구현할 수 있는 상태가 갖추어진 것으로서 그 침해가 인정된다**고 보는 것이 타당하다.

㈎ 이 사건 제6항 발명은 이 사건 제5항과 제1항 발명을 순차로 인용하는 종속항으로, '의료용 실의 단부에는 의료용 실이 생체의 조직 내에 고정되도록 하기 위한 의료용 실 지지체가 형성되어 있는 것을 특징으로 하는 의료용 실 삽입장치(원심 판결 구성요소 4)'를 추가한 발명인데, 위 추가 구성 중 '의료용 실의 단부에 의료용 실 지지체가 형성되어 있는' 구성은 피고 실시제품 중 이 사건 봉합사와 봉합사 지지체의 개별 제품에 대응한다.

㈏ 피고 1 등은 이 사건 카테터와 허브, 봉합사, 봉합사 지지체의 개별 제품을 생산함으로써 이 사건 제6항 발명의 실시를 위한 구성 전부를 생산하였다. 위 개별 제품들은 애초부터 일본에 있는 ○○○○ 병원에 판매하여 동일한 피부 리프팅 시술 과정에서 함께 사용되도록 할 의도로 생산된 것이다.

㈐ 이 사건 특허발명의 명세서 기재에 따르면, 실시예의 하나로 의료용 실 단부에 매듭을 형성하여 지지체의 설치 위치를 지정하는 것을 제시하고 있기는 하나, 그 밖에 이를 고정하거나 결합하는 방법을 제시하고 있지 않다. 오히려 명세서에서는 지지체를 '배치'한다는 표현을 더 많이 사용하고 있는데, 이러한 이 사건 제6항 발명의 청구범위와 명세서의 기재를 종합하면, **의료용 실 지지체를 의료용 실의 단부에 결합·고정하는 방법은 통상의 기술자가 적절하게 선택할 수 있는 정도에 불과**하다.

㈑ 위 시술 전 또는 시술 과정에서 이와 같이 **의료용 실의 단부에 의료용 실 지지체를 배치하여 고정시키는 것은 통상의 기술자에게 자명하고, 통상의 기술자라면 별다른 어려움 없이 위 개별 제품들을 각 기능에 맞게 조립·결합하여 사용할 수 있다.**

(3) 그런데도 원심은 이 사건 봉합사 단부에 봉합사 지지체를 형성하려면 추가적인 가공·조립 등을 거쳐야 한다는 이유만으로 이 사건 제6항 발명에 대한 침해를 부정하였다. 원심 판단에는 특허권 침해에 관한 법리를 오해하여 판결에 영향을 미친 잘못이 있다. 이 점을 지적하는 상고이유 주장은 정당하다.

라. 피고 덕우메디칼에 대한 손해배상의 인정 여부

(1) 특허법 제130조는 타인의 특허권 또는 전용실시권을 침해한 자는 그 침해행위에 대하여 과실이 있는 것으로 추정한다고 정하고 있다. 그 취지는 특허발명의 내용은 특허공보 또는 특허등록원부 등에 의해 공시되어 일반 공중에게 널리 알려져 있을 수 있고, 또 업으로서 기술을 실시하는 사업자에게 당해 기술분야에서 특허권의 침해에 대한 주의의무를 부과하는 것이 정당하다는 데 있다. 위 규정에도 불구하고 타인의 특허발명을 허락 없이 실시한 자에게 과실이 없다고 하기 위해서는 특허권의 존재를 알지 못하였다는 점을 정당화할 수 있는 사정이 있다거나 자신이 실시하는 기술이 특허발명의 권리범위에 속하지 않는다고 믿은 점을 정당화할 수 있는 사정이 있다는 것을 주장·증명하여야 한다(대법원 2006. 4. 27. 선고 2003다15006 판결 등 참조).

(2) 원심은 **간접침해자인 피고 덕우메디칼**이 카테터 등 관련 의료기기 제작을 전문으로 하는 업체로서 단순히 피고 4의 요구에 따라 이 사건 카테터를 제작한 것으로 보이고, 원고의 특허를 알고 있었다거나 이 사건 카테터 등을 피고 4 이외의 일반에게 판매하였다고 볼 자료가 없다는 이유로 피고 덕우메디칼의 과실 추정이 번복되었다고 보아 위 피고에 대한 손해배상청구를 기각하였다.

그러나 위에서 본 법리에 비추어 보면, 원심이 든 이유만으로는 **피고 덕우메디칼이 원고의 특허권의 존재를 알지 못하였다는 점을 정당화할 수 있는 사정이나 이 사건 카테터가 이 사건 특허발명의 생산에만 사용된다는 점을 몰랐다는 것을 정당화할 수 있는 사정이 주장·증명되었다고 보기 어렵고, 기록상 이를 인정할 자료가 없다.**

원심 판단에는 특허법 제130조의 과실 추정에 관한 법리를 오해하여 판결에 영향을 미친 잘못이 있다. 이 점을 지적하는 상고이유 주장은 정당하다.

마. 나머지 상고이유 주장

(1) 원심은 피고 1 등이 원뿔형 봉합사 지지체를 업으로 생산하였다고 볼 수 없다고 하여 이 부분에 관한 원고의 청구를 배척하였다. 원심판결 이유를 관련 법리와 적법하게 채택한 증거에 비추어 살펴보면, 원심 판단에 상고이유 주장과 같이 특허법 제2조에서 정한 '업으로서의 실시행위'에 관한 법리를 오해하거나 논리와 경험의 법칙에 반하여 자유심증주의의 한계를 벗어난 잘못이 없다.

(2) 원고는 이 사건 제5, 6항 발명에 대한 침해가 인정될 것을 전제로 이와 같은 구성요소를 포함하고 있는 이 사건 제13항 발명에 대한 침해 주장을 철회하였는데, 원심이 이 사건 제5, 6항 발명에 대한 침해를 인정하지 않았으므로 원심으로서는 원고에게 이 사건 제13항 발명에 대한 침해 주장을 할 것인지에 대해 석명하고 이에 대하여 심리하였어야 한다고 주장한다. 그러나 위에서 보았듯이 이 사건 제5, 6항 발명에 대한 침해가 인정되어 이 부분에 대한 원심판결을 파기하므로, 이 부분 원심 판단이 유지됨을 전제로 한 위 주장은 나아가 판단할 필요가 없다.

(3) 원심은 피고 실시제품 중 이 사건 허브와 봉합사가 이 사건 제1, 5항 발명에 대한 간접침해가 아니라고 판단하였다. 원심판결 이유를 관련 법리와 적법하게 채택한 증거에 비추어 살펴보면, 원심 판단에 상고이유 주장과 같이 간접침해에 관한 법리를 오해하거나 논리와 경험의 법칙에 반하여 자유심증주의의 한계를 벗어난 잘못이 없다.

(4) 원심은 피고 1 등이 이 사건 카테터와 허브에 푸시로드 또는 천공수단이 추가된 제품의 개별 구성만으로는 이 사건 제14, 15항 발명에 대한 침해가 인정되지 않는다고 판단하여 이 부분에 관한 원고 청구를 배척하였다. 원심판결 이유를 관련 법리와 적법하게 채택한 증거에 비추어 살펴보면, 원심 판단에 상고이유 주장과 같이 청구범위 해석과 특허권 침해 판단에 관한 법리를 오해하거나 논리와 경험의 법칙에 반하여 자유심증주의의 한계를 벗어난 잘못이 없다.

(5) 원심은 피고 실시제품 중 이 사건 카테터와 허브 제품과 여기에 푸시로드 또는 천공수단이 조합된 제품의 이 사건 제1항 발명에 대한 침해로 인한 손해액에 관하여, 특허법 제128조 제2항 또는 제4항에 따라 산정하기는 곤란하다고 보아 특허법 제128조 제7항에 따라 상당한 손해액을 정하였다. 원심판결 이유를 관련 법리와 적법하게 채택된 증거에 비추어 살펴보면, 원심 판단에 상고이유 주장과 같이 필요한 심리를 다하지 않은 채 논리와 경험의 법칙에 반하여 자유심증주의의 한계를 벗어나거나 손해의 범위와 손해액의 산정에 관한 법리를 오해한 잘못이 없다.

2. 피고들의 상고이유에 관한 판단

원심은 피고 1 등이 피고 덕우메디칼 등을 통하여 이 사건 카테터와 허브, 여기에 푸시로드 또는 천공수단을 추가한 제품들을 생산함으로써 이 사건 제1항 발명을 침해하였고, 피고 1 등과 피고 덕우메디칼은 이 사건 카테터를 생산함으로써 이 사건 제1항 발명에 대한 간접침해를 하였다고 보아, 원심판결 주문과 같이 원고의 피고들에 대한 금지와 폐기 청구를 일부 인용하고, **과실 추정이 번복된다고 한 피고 덕우메디칼을 제외한 피고 1 등에 대하여 특허법 제128조 제7항에 따라 상당한 손해액을 정하여 손해배상청구를 일부 인용하였다.**

원심판결 이유를 관련 법리와 적법하게 채택된 증거에 비추어 살펴보면, 원심 판단에 상고이유 주장과 같이 필요한 심리를 다하지 않은 채 논리와 경험의 법칙에 반하여 자유심증주의의 한계를 벗어나거나, 청구범위 해석, 간접침해, 손해액의 산정 등에 관한 법리를 오해한 잘못이 없다.

3. 결론

원심판결의 원고 패소 부분 중 이 사건 제1항 발명을 이용하여 이 사건 카테터와 허브에 봉합사나 그 봉합사 지지체를 조합한 제품 관련 부분, 이 사건 제5, 6항 발명에 대한 부분과 피고 덕우메디칼에 대한 손해배상청구 부분을 파기하고, 이 부분 사건을 다시 심리·판단하도록 원심법원에 환송하며, 원고의 나머지 상고와 피고들의 상고는 이유 없어 이를 모두 기각하기로 하여, 대법관의 일치된 의견으로 주문과 같이 판결한다.

기출 여부 (48회 이후)	특허법 학회 TOP 10	중요도
60회 (2023년) 문제 3	2019	★★
56회 (2019년) 문제 3		

039 방법 발명에 있어서 간접침해 사건
대법원 2019. 2. 28. 선고 2017다290095 판결 [손해배상(지)] [공2019 상,807]

판결요지

1. 방법 발명에 있어서 간접 침해의 의의 및 취지

특허법 제127조 제2호는 특허가 방법의 발명인 경우 그 방법의 실시에만 사용하는 물건을 생산·양도·대여 또는 수입하거나 그 물건의 양도 또는 대여의 청약을 하는 행위를 업으로서 하는 경우에는 특허권 또는 전용실시권을 침해한 것으로 본다고 규정하고 있다. **이러한 간접침해 제도는 어디까지나 특허권이 부당하게 확장되지 아니하는 범위에서 그 실효성을 확보하고자 하는 것이** 다(대법원 2015. 7. 23. 선고 2014다42110 판결 등 참조).

2. 방법 발명에 있어서, 직접침해 대상행위자가 실시권자인 경우 그 실시권자에게 전용품을 제작·납품한 행위가 간접침해를 구성할 수 있는지 여부

방법의 발명(이하 '방법발명'이라고 한다)에 관한 **특허권자로부터 허락을 받은 실시권자가 제3자에게 그 방법의 실시에만 사용하는 물건(이하 '전용품'이라고 한다)의 제작을 의뢰하여 그로부터 전용품을 공급받아 방법발명을 실시하는 경우**에 있어서 그러한 제3자의 전용품 생산·양도 등의 행위를 특허권의 간접침해로 인정하면, **실시권자의 실시권에 부당한 제약을 가하게 되고, 특허권이 부당하게 확장되는 결과를 초래한다. 또한, 특허권자는 실시권을 설정할 때 제3자로부터 전용품을 공급받아 방법발명을 실시할 것까지 예상하여 실시료를 책정하는 등의 방법으로 당해 특허권의 가치에 상응하는 이윤을 회수할 수 있으므로, 실시권자가 제3자로부터 전용품을 공급받는다고 하여 특허권자의 독점적 이익이 새롭게 침해된다고 보기도 어렵다.** 따라서 방법발명에 관한 특허권자로부터 허락을 받은 실시권자가 제3자에게 전용품의 제작을 의뢰하여 그로부터 전용품을 공급받아 방법발명을 실시하는 경우에 있어서 **그러한 제3자의 전용품 생산·양도 등의 행위는 특허권의 간접침해에 해당한다고 볼 수 없다.**

판결이유

1. 상고이유 제2점에 관하여

가. 특허법 제127조 제2호는 특허가 방법의 발명인 경우 그 방법의 실시에만 사용하는 물건을 생산·양도·대여 또는 수입하거나 그 물건의 양도 또는 대여의 청약을 하는 행위를 업으로서 하는 경우에는 특허권 또는 전용실시권을 침해한 것으로 본다고 규정하고 있다. 이러한 간접침해 제도는 어디까지나 특허권이 부당하게 확장되지 아니하는 범위에서 그 실효성을 확보하고자 하는 것이다(대법원 2015. 7. 23. 선고 2014다42110 판결 등 참조).

방법의 발명(이하 '방법발명'이라고 한다)에 관한 특허권자로부터 허락을 받은 실시권자가 제3자에게 그 방법의 실시에만 사용하는 물건(이하 '전용품'이라고 한다)의 제작을 의뢰하여 그로부터 전용품을 공급받아 방법발명을 실시하는 경우에 있어서 그러한 제3자의 전용품 생산·양도 등의 행위를 특허권의 간접침해로 인정하면, 실시권자의 실시권에 부당한 제약을 가하게 되고, 특허권이 부당하게 확장되는 결과를 초래한다. 또한, 특허권자는 실시권을 설정할 때 제3자로부터 전용품을 공급받아 방법발명을 실시할 것까지 예상하여 실시료를 책정하는 등의 방법으로 당해 특허권의 가치에 상응하는 이윤을 회수할 수 있으므로, 실시권자가 제3자로부터 전용품을 공급받는다고 하여 특허권자의 독점적 이익이 새롭게 침해된다고 보기도 어렵다. 따라서 방법발명에 관한 특허권자로부터 허락을 받은 실시권자가 제3자에게 전용품의 제작을 의뢰하여 그로부터 전용품을 공급받아 방법발명을 실시하는 경우에 있어서 그러한 제3자의 전용품 생산·양도 등의 행위는 특허권의 간접침해에 해당한다고 볼 수 없다.

나. 원심은, 피고가 방법발명인 **이 사건 특허발명의 통상실시권자인 한라공조 주식회사(이하 '한라공조'라고 한다)로부터 의뢰를 받아 한라공조에게 이 사건 특허발명의 전용품인 마찰교반용접기를 제작·납품한 행위가 이 사건 특허발명에 관한 원고의 특허권을 간접침해하는 것으로 볼 수 없다**고 판단하였다.

다. 원심판결 이유를 앞서 본 법리와 기록에 비추어 살펴보면, 원심의 이러한 판단에 상고이유 주장과 같이 특허권 간접침해에 관한 법리를 오해하는 등의 잘못이 없다.

2. 상고이유 제1점에 관하여

원심은 피고가 한라공조에게 마찰교반용접기를 제작·납품하는 과정에서 마찰교반용접기의 성능을 확인할 목적으로 이 사건 특허발명을 사용하여 검수·시연행위를 한 사실을 인정하였다. 이어서 **피고가 이 사건 특허발명의 통상실시권자인 한라공조에게 마찰교반용접기를 제작·납품하는 행위가 이 사건 특허발명에 관한 원고의 특허권을 침해하는 것이라고 볼 수 없는 이상, 그러한 제작·납품행위에 필수적으로 수반되는 위와 같은 검수·시연행위가 별도로 이 사건 특허발명에 관한 원고의 특허권을 침해하는 것으로 보기는 어렵다**고 판단하였다.

원심판결 이유를 관련 법리와 기록에 비추어 살펴보면, 원심의 이러한 판단에 상고 이유 주장과 같이 특허권 침해에 관한 법리를 오해하는 등의 잘못이 없다.

기출 여부 (48회 이후)	특허법 학회 TOP 10	중요도
–	–	★★

040 간접침해 행위에 대해 특허법상 침해죄가 성립하는지 여부
대법원 1993. 2. 23. 선고 92도3350 판결 [특허법위반] [공1993.4.15.(942),1116]

판결요지

"침해로 보는 행위"(강학상의 간접침해행위)에 대하여 특허권 침해의 민사책임을 부과하는 외에 같은 법 제225조 제1항 제1호에 의한 형사처벌까지 가능한가가 문제될 수 있는데, **확장해석을 금하는 죄형법정주의의 원칙이나, 특허권 침해의 미수범에 대한 처벌규정이 없어 특허권 직접침해의 미수범은 처벌되지 아니함에도 특허권 직접침해의 예비단계행위에 불과한 간접침해행위를 특허권 직접침해의 기수범과 같은 벌칙에 의하여 처벌할 때 초래되는 형벌의 불균형성** 등에 비추어 볼 때, 제127조의 규정은 특허권자 등을 보호하기 위하여 특허권의 간접침해자에게도 민사책임을 부과시키는 정책적 규정일 뿐 이를 특허권 침해행위를 처벌하는 형벌법규의 구성요건으로서까지 규정한 취지는 아니다.

판결이유

생략

기출 여부 (48회 이후)	특허법 학회 TOP 10	중요도
–	–	★★★

041 간접침해와 권리범위확인심판
대법원 2005. 7. 15. 선고 2003후1109 판결 [권리범위확인(특)]

판결요지

특허법 제135조는 특허권자 또는 이해관계인은 특허발명의 보호범위를 확인하기 위하여 특허권의 권리범위확인심판을 청구할 수 있다고 규정하고 있고, 특허법 제127조 제2호는 특허가 방법의 발명인 때에는 그 방법의 실시에만 사용하는 물건을 생산·양도·대여 또는 수입하거나 그 물건의 양도 또는 대여의 청약을 하는 행위를 업으로서 하는 경우에 특허권 또는 전용실시권을 침해한 것으로 본다는 취지로 규정하고 있으므로, 특허권자 또는 이해관계인은 그 방법의 실시에만 사용하는 물건과 대비되는 물건을 심판청구의 대상이 되는 발명으로 특정하여 특허권의 보호범위에 속하는지 여부의 확인을 구할 수 있다.

판결이유

1. 원심의 판단

원심은, 피고가 실시하는 발명(이하 '확인대상발명'이라 한다)이 원고의 이 사건 특허발명(특허번호 제101374호)의 권리범위에 속하는지의 여부에 관하여, 이 사건 특허발명은 파라솔의 우산살과 우산포를 결합하는 방법에 관한 발명임이 명백함에 반하여, 확인대상발명은 그 설명서 및 도면의 기재와 같이 한편으로는 그 발명의 명칭을 '파라솔천 결합구'로 하여 파라솔천 결합구의 사시도, 정면도, 평면도, 측면도, 단면도들을 나타내면서 그 도면들을 참조하여 '파라솔천 결합구'의 구성을 상세하게 설명하고 있으나, 다른 한편으로는 '파라솔천 결합구'에 '파라솔천'을 결합하는 과정을 도면과 함께 상세하게 설명하고 있어, 그 설명서 및 도면의 내용만으로는 확인대상발명이 '파라솔천 결합구'라는 물건에 관한 발명인지, 아니면 파라솔천 결합구를 이용하여 파라솔천을 결합하는 방법에 관한 발명인지, 아니면 위 물건 및 방법 두 가지 모두에 관한 발명인지가 명확하지 아니하고, 그러한 이상 이 사건 심판청구의 대상인 확인대상발명의 기술내용이 방법의 발명에 해당하는 이 사건 특허발명과 목적·구성 및 효과를 대비할 수 있을 정도로 구체적으로 특정되어 있다고 볼 수 없으므로, 양 발명을 대비·판단할 수 없다는 취지로 판단하였다.

2. 대법원의 판단

가. 특허법 제135조는 특허권자 또는 이해관계인은 특허발명의 보호범위를 확인하기 위하여 특허권의 권리범위확인심판을 청구할 수 있다고 규정하고 있고, 특허법 제127조 제2호는 특허가 방법의 발명인 때에는 그 방법의 실시에만 사용하는 물건을 생산·양도·대여 또는 수입하거나 그 물건의 양도 또는 대여의 청약을 하는 행위를 업으로서 하는 경우에 특허권 또는 전용실시권을 침해한 것으로 본다는 취지로 규정하고 있으므로, 특허권자 또는 이해관계인은 그 방법의 실시에만 사용하는 물건과 대비되는 물건을 심판청구의 대상이 되는 발명으로 특정하여 특허권의 보호범위에 속하는지 여부의 확인을 구할 수 있다 할 것이다.

나. 기록에 비추어 살펴보면, 이 사건 특허발명은 우산살삽입구멍, 받침날개, 타정홈, 덮개날개, 절개부 등으로 구성된 홀더를 형성하고, 그 절개부에 우산포를 삽입하고, 타정홈에 스테이플러침

을 타정하여 우산포를 결합하고, 홀더와 우산살을 결합하는 단계로 되어있는 파라솔의 우산살과 우산포를 결합하는 방법에 관한 발명이라고 봄이 상당하고, 그리고 확인대상발명은 그 설명서에 발명의 명칭이 '파라솔천 결합구'로 표현되어 있고, 덮개부, 받침부, 고정돌기 등 파라솔천 결합구의 형상 및 구조가 도면을 참조하여 설명되어 있으며, 그 도면에 파라솔천 결합구의 사시도, 정면도, 평면도, 측면도, 단면도가 나타나 있는 등 그 설명서 및 도면의 내용에 비추어 볼 때 '파라솔천 결합구'라는 물건의 발명으로 봄이 상당하고, 다만 그 **설명서 및 도면에 파라솔천 결합구에 파라솔천 및 파라솔 살대를 결합하는 과정이 설명되어 있기는 하지만, 이는 확인대상발명의 구성요소가 아니라 확인대상발명인 '파라솔천 결합구'의 형상 및 구조에 대한 이해를 돕기 위하여 그 사용방법을 부연설명하고 있는 것에 불과**하여 이를 확인대상발명의 일부라고 할 수 없으므로 그 설명서 및 도면에 위와 같은 기재가 있다고 하여 확인대상발명이 원심판시와 같이 어느 발명에 속하는지가 명확하지 않다고 볼 수는 없고, 더구나 피고는 파라솔 완제품의 부품인 '파라솔천 결합구'를 생산하고 있을 뿐 피고가 파라솔천 결합구에 파라솔천 및 파라솔 살대를 결합하는 공정을 실시하고 있다고 볼만한 자료도 없다. 한편, 확인대상발명의 설명서 및 도면에는 이 사건 특허발명의 위 '홀더'와 대비하여 그 차이점을 판단함에 필요할 정도로 위 '홀더'의 구성에 대응하는 구성이 기재되어 있다.

다. 그렇다면 원심으로서는 확인대상발명과 **이 사건 특허발명을 대비하여 확인대상발명이 이 사건 특허발명의 방법의 실시에만 사용되는 물건에 해당하는지의 여부 등을 심리하여 확인대상발명이 이 사건 특허발명의 권리범위에 속하는지의 여부를 판단해 보아야 함**에도 불구하고, 확인대상발명이 어느 발명에 해당하는지가 명확하지 아니하다는 이유로 이 사건 특허발명과 대비할 수 있을 정도로 구체적으로 특정되어 있지 않다고 단정한 나머지 확인대상발명과 이 사건 특허발명을 대비·판단하지 아니하고 말았으니, 원심판결에는 확인대상발명의 특정에 관한 법리오해 및 심리미진으로 인하여 판결에 영향을 미친 위법이 있다. 이 점을 지적하는 상고이유의 주장은 이유 있으므로, 나머지 상고이유에 대하여는 더 나아가 판단할 필요 없이 원심판결은 더 이상 유지될 수 없다.

3. 결론

그러므로 원심판결을 파기하고, 사건을 다시 심리·판단하게 하기 위하여 원심법원에 환송하기로 하여 관여 대법관의 일치된 의견으로 주문과 같이 판결한다.

CHAPTER 04 침해주장에 대한 항변

기출 여부 (48회 이후)	특허법 학회 TOP 10	중요도
57회 (2020년) 문제 2 56회 (2019년) 문제 1	–	★★★

042 선사용권에 있어서 선의 판단 기준
대법원 2015. 6. 11. 선고 2014다79488 판결 [통상실시권확인청구] [공2015하,965]

판결요지

식물신품종 보호법 제64조는 같은 품종에 대하여 먼저 품종보호 출원을 한 자만이 품종보호를 받을 수 있는 선출원제도 아래에서 품종보호 출원 시에 대상인 보호품종의 실시사업을 하거나 사업을 준비하고 있는 선사용자와 품종보호권자 사이의 공평의 관점에 따른 이해관계 조정 등을 위한 것이다. 이와 같은 규정 취지와 문언의 내용 등에 비추어 볼 때, 특별한 사정이 없는 한 위 규정에 따라 **선사용에 의한 통상실시권을 취득할 수 있는 선사용자는 품종보호 출원된 보호품종의 육성자와는 기원을 달리하는 별개의 육성자이거나 이러한 별개의 육성자로부터 보호품종을 알게 된 자**를 의미한다.

판결이유

원심판결 이유에 의하면, 원심은 원고들이 그 판시 '안수황금송' 품종(이하 '이 사건 품종'이라 한다)에 관한 육성자인 피고의 품종보호 출원 이전부터 국내에서 이 사건 품종의 증식·판매 등의 행위를 하였더라도, 피고로부터 이 사건 품종의 묘목을 구입하였고 피고가 알려준 방법에 따라 이를 증식한 이상 '품종보호 출원 시에 그 품종보호 출원된 보호품종의 내용을 알지 못하고 그 보호품종을 육성하거나 육성한 자로부터 알게 된 자'에 해당하지 아니하므로, 위 품종보호 출원에 의하여 피고가 취득한 품종보호권에 대하여 선사용에 의한 통상실시권을 취득할 수 없다고 판단하였다.

앞서 본 법리와 기록에 비추어 살펴보면, 원심의 위와 같은 판단은 정당하고, 거기에 상고이유 주장과 같은 법리오해 등의 위법이 없다.

기출 여부 (48회 이후)	특허법 학회 TOP 10	중요도
57회 (2020년) 문제 2 53회 (2016년) 문제 1 51회 (2014년) 문제 4	-	★★★

043 특허권에 기초한 침해금지 또는 손해배상 등 청구가 권리남용에 해당하는지 여부

대법원 2012. 1. 19. 선고 2010다95390 전원합의체 판결 [특허권침해금지 및손해배상(기)] [공2012상,299]

판결요지

특허법은 특허가 일정한 사유에 해당하는 경우에 별도로 마련한 특허의 무효심판절차를 거쳐 무효로 할 수 있도록 규정하고 있으므로, 특허는 일단 등록된 이상 비록 진보성이 없어 무효사유가 존재한다고 하더라도 이와 같은 심판에 의하여 무효로 한다는 심결이 확정되지 않는 한 대세적(對世的)으로 무효로 되는 것은 아니다. 그런데 특허법은 제1조에서 발명을 보호·장려하고 이용을 도모함으로써 기술의 발전을 촉진하여 산업발전에 이바지함을 목적으로 한다고 규정하여 발명자뿐만 아니라 이용자의 이익도 아울러 보호하여 궁극적으로 산업발전에 기여함을 입법목적으로 하고 있는 한편 제29조 제2항에서 그 발명이 속하는 기술분야에서 통상의 지식을 가진 자(이하 '통상의 기술자'라 한다)가 특허출원 전에 공지된 선행기술에 의하여 용이하게 발명할 수 있는 것에 대하여는 특허를 받을 수 없다고 규정함으로써 사회의 기술발전에 기여하지 못하는 진보성 없는 발명은 누구나 자유롭게 이용할 수 있는 이른바 공공영역에 두고 있다. 따라서 진보성이 없어 본래 공중에게 개방되어야 하는 기술에 대하여 잘못하여 특허등록이 이루어져 있음에도 별다른 제한 없이 그 기술을 당해 특허권자에게 독점시킨다면 공공의 이익을 부당하게 훼손할 뿐만 아니라 위에서 본 바와 같은 특허법의 입법목적에도 정면으로 배치된다. 또한 특허권도 사적 재산권의 하나인 이상 특허발명의 실질적 가치에 부응하여 정의와 공평의 이념에 맞게 행사되어야 할 것인데, 진보성이 없어 보호할 가치가 없는 발명에 대하여 형식적으로 특허등록이 되어 있음을 기화로 발명을 실시하는 자를 상대로 침해금지 또는 손해배상 등을 청구할 수 있도록 용인하는 것은 특허권자에게 부당한 이익을 주고 발명을 실시하는 자에게는 불합리한 고통이나 손해를 줄 뿐이므로 실질적 정의와 당사자들 사이의 형평에도 어긋난다. 이러한 점에 비추어 보면, 특허발명에 대한 무효심결이 확정되기 전이라고 하더라도 특허발명의 진보성이 부정되어 특허가 특허무효심판에 의하여 무효로 될 것임이 명백한 경우에는 특허권에 기초한 침해금지 또는 손해배상 등의 청구는 특별한 사정이 없는 한 권리남용에 해당하여 허용되지 아니한다고 보아야 하고, 특허권침해소송을 담당하는 법원으로서도 특허권자의 그러한 청구가 권리남용에 해당한다는 항변이 있는 경우 당부를 살피기 위한 전제로서 특허발명의 진보성 여부에 대하여 심리·판단할 수 있다.

판결이유

1. 이 사건 제1 특허발명의 특허청구범위 제31항에 관한 상고이유에 대하여

   가. 특허법은 특허가 일정한 사유에 해당하는 경우에 별도로 마련한 특허의 무효심판절차를 거쳐 무효로 할 수 있도록 규정하고 있으므로, 특허는 일단 등록된 이상 비록 진보성이 없어 무효사유가

존재한다고 하더라도 이와 같은 심판에 의하여 무효로 한다는 심결이 확정되지 않는 한 대세적(對世的)으로 무효로 되는 것은 아니다.

그런데 특허법은 제1조에서 발명을 보호·장려하고 그 이용을 도모함으로써 기술의 발전을 촉진하여 산업발전에 이바지함을 목적으로 한다고 규정하여 발명자뿐만 아니라 그 이용자의 이익도 아울러 보호하여 궁극적으로 산업발전에 기여함을 입법목적으로 하고 있는 한편 제29조 제2항에서 그 발명이 속하는 기술분야에서 통상의 지식을 가진 자(이하 '통상의 기술자'라고 한다)가 특허출원 전에 공지된 선행기술에 의하여 용이하게 발명할 수 있는 것에 대하여는 특허를 받을 수 없다고 규정함으로써 사회의 기술발전에 기여하지 못하는 진보성 없는 발명은 누구나 자유롭게 이용할 수 있는 이른바 공공영역에 두고 있다. 따라서 진보성이 없어 본래 공중에게 개방되어야 하는 기술에 대하여 잘못하여 특허등록이 이루어져 있음에도 별다른 제한 없이 그 기술을 당해 특허권자에게 독점시킨다면 공공의 이익을 부당하게 훼손할 뿐만 아니라 위에서 본 바와 같은 특허법의 입법목적에도 정면으로 배치된다. 또한 특허권도 사적 재산권의 하나인 이상 그 특허발명의 실질적 가치에 부응하여 정의와 공평의 이념에 맞게 행사되어야 할 것인데, 진보성이 없어 보호할 가치가 없는 발명에 대하여 형식적으로 특허등록이 되어 있음을 기화로 그 발명을 실시하는 자를 상대로 침해금지 또는 손해배상 등을 청구할 수 있도록 용인하는 것은 특허권자에게 부당한 이익을 주고 그 발명을 실시하는 자에게는 불합리한 고통이나 손해를 줄 뿐이므로 실질적 정의와 당사자들 사이의 형평에도 어긋난다.

이러한 점들에 비추어 보면, 특허발명에 대한 무효심결이 확정되기 전이라고 하더라도 특허발명의 진보성이 부정되어 그 특허가 특허무효심판에 의하여 무효로 될 것임이 명백한 경우에는 **그 특허권에 기초한 침해금지 또는 손해배상 등의 청구는 특별한 사정이 없는 한 권리남용에 해당하여 허용되지 아니한다고 보아야 하고, 특허권침해소송을 담당하는 법원으로서도 특허권자의 그러한 청구가 권리남용에 해당한다는 항변이 있는 경우 그 당부를 살피기 위한 전제로서 특허발명의 진보성 여부에 대하여 심리·판단할 수 있다고 할 것이다.**

이와 달리 신규성은 있으나 진보성이 없는 경우까지 법원이 특허권 또는 실용신안권침해소송에서 당연히 권리범위를 부정할 수는 없다고 판시한 대법원 1992. 6. 2.자 91마540 결정 및 대법원 2001. 3. 23. 선고 98다7209 판결은 이 판결의 견해에 배치되는 범위에서 이를 변경하기로 한다.

나. 위 법리에 따라서, 명칭을 "드럼세탁기의 구동부 구조"로 하는 이 사건 제1 특허발명(특허등록번호 제457429호) 중 특허청구범위 제31항(이하 '이 사건 제31항 발명'이라고 한다)의 진보성이 부정되어 그 특허가 무효로 될 것임이 명백하여, 위 발명의 특허권에 기초한 원고의 이 사건 특허침해금지, 특허침해제품의 폐기 및 손해배상 청구가 권리남용에 해당하는지 여부를 기록에 비추어 살펴본다.

우선, 이 사건 제31항 발명의 구성들 중 '캐비닛 내측에 설치되는 플라스틱 재질의 터브, 터브 내측에 설치되는 드럼, 스테이터와 그 외주면을 감싸도록 형성된 로터로 이루어진 모터, 로터의 중심부와 드럼에 축으로 연결되어 모터의 구동력을 드럼에 전달하는 샤프트, 샤프트를 지지하기 위한 베어링, 베어링을 지지하기 위하여 중앙부가 원통형으로 형성된 금속 재질의 베어링하우징, 터브후벽부에 고정된 서포터의 구성'은 원심 판시 선행기술 1에 그대로 개시되어 있는 것들이다. 그리고 이 사건 제31항 발명의 구성들 중 '베어링하우징이 터브후벽부에 인서트 사출된 구성'은 통상의 기술자가 간접 구동식 드럼세탁기에 관하여 그와 같은 구성이 그대로 개시되어 있는 원심 판시 선행기술 2로부터 이를 채용하여 이 사건 제31항 발명과 같은 모터 직결식 드럼세탁기에 적용하여 구성하는 데에 별다른 기술적 어려움이나 결합의 곤란성이 없을 것으로 보인다.

다음으로, 이 사건 제31항 발명 중 '베어링하우징의 후단부 일부가 터브후벽부로부터 돌출되어 터브후벽부에 의해 감싸지지 못하고 외부로 노출되도록 하고, 노출된 베어링하우징의 후단부 외주면에 서포터의 후단부가 밀착되도록 하는 구성'(이하 '서포터·베어링하우징 밀착구성'이라고 한다)에 대하여 보면, 이 구성은 샤프트를 짧게 하여 동심도(同心度)를 유지하기 위해 터브후벽부의 일부를 제거함에 따라 터브후벽부에 인서트 사출성형된 베어링하우징 후단부가 터브후벽부 외부로 노출되어 진동이 발생하므로, 터브후벽부에 고정된 서포터 후단부를 노출된 베어링하우징 후단부 외주면에 밀착되도록 함으로써 베어링하우징 후단부의 진동을 감소시키는 작용효과를 가지는 구성이다. 이 사건 제31항 발명의 특허출원 전에 공지된 것으로서 서포터·베어링하우징 밀착구성에 대응시켜 볼 수 있는 구성으로는 원심 판시 선행기술 3에 개시되어 있는 '서포터가 베어링하우징에 밀착되어 있는 구성'이 있으나, 이 구성에서는 서포터가 터브후벽부가 아닌 베어링하우징 자체에 나사로 결합되어 있는 관계로 베어링하우징과 함께 일체로 진동하게 되기 때문에 베어링하우징의 진동을 감소시키는 작용효과가 발생하지 않으므로, 서포터·베어링하우징 밀착구성에서와 같은 기술사상은 전혀 개시 또는 암시되어 있지 아니하다. 따라서 서포터·베어링하우징 밀착구성은 통상의 기술자가 선행기술 3으로부터 용이하게 도출할 수 없는 것이고, 기록에 의하더라도 그 이외에 통상의 기술자가 이를 용이하게 도출할 수 있다고 볼 만한 선행기술은 나타나 있지 않다.

그렇다면 이 사건 **제31항 발명은 그 각각의 구성이 유기적으로 결합한 전체로 볼 때 선행기술 1, 2, 3에 비하여 구성의 곤란성 및 효과의 현저성이 인정되므로, 이들 선행기술에 의하여 진보성이 부정되어 그 특허가 무효로 될 것임이 명백하다고 할 수 없다.** 따라서 이 사건 제31항 발명의 특허권에 기초한 원고의 이 사건 청구는 권리남용에 해당하지 아니한다.

다. 그럼에도 불구하고 원심은 선행기술 1, 2, 3에 의하여 이 사건 제31항 발명의 진보성이 부정되어 그 특허가 무효로 될 것임이 명백하다고 보아 이에 기초한 원고의 이 사건 청구는 권리남용에 해당하여 허용되지 아니한다고 판단하였으니, 이러한 원심판결에는 진보성에 관한 법리를 오해하여 판결에 영향을 미친 위법이 있다. 이 점을 지적하는 상고이유의 주장은 이유 있다.

2. 이 사건 제1 특허발명의 특허청구범위 제5항, 제28항 및 이 사건 제2 특허발명의 특허청구범위 제1항, 제2항에 관한 상고이유에 대하여

원심판결 이유에 의하면, 원심은 이 사건 제1 특허발명의 특허청구범위 제5항, 제28항 및 명칭을 "세탁기의 구동부 지지구조"로 하는 이 사건 제2 특허발명(특허등록번호 434303호)의 특허청구범위 제1항, 제2항은 모두 선행기술 1, 2 등에 의하여 진보성이 부정되어 그 특허가 무효로 될 것임이 명백하다고 보아, 이러한 특허권에 기초한 원고의 이 사건 특허침해금지, 특허침해제품의 폐기 및 손해배상 청구는 권리남용에 해당하여 허용되지 아니한다고 판단하였다.

그러나 기록에 의하면, 원고의 정정심판청구에 의하여 원심판결 선고 이후인 2011. 7. 21. 위 각 발명의 청구범위를 정정하는 심결이 내려져 그 무렵 확정되었음을 알 수 있으므로, 이 사건 제1 특허발명의 특허청구범위 제5항, 제28항에 관하여는 구 특허법(2001. 2. 3. 법률 제6411호로 개정되기 전의 것) 제136조 제9항에 의하여, 이 사건 제2 특허발명의 특허청구범위 제1항, 제2항에 관하여는 특허법 제136조 제8항에 의하여, 위와 같이 정정된 후의 명세서에 의하여 특허출원 및 특허권의 설정등록이 된 것으로 보아야 한다.

따라서 정정 전의 위 각 발명을 대상으로 하여 원고의 이 사건 청구의 당부를 심리·판단한 원심판결에는 민사소송법 제451조 제1항 제8호에 규정된 재심사유가 있어 결과적으로 판결에 영향을 미친 법령위반의 위법이 있게 되었다.

3. 결론

선택적으로 병합된 수개의 청구를 모두 기각한 항소심판결에 대하여 원고가 상고한 경우, 상고법원이 **선택적 청구 중 일부라도 그에 관한 상고가 이유 있다고 인정할 때에는 원심판결을 전부 파기하여야 할 것이므로**(대법원 1993. 12. 21. 선고 92다46226 전원합의체 판결 참조), 선택적으로 병합된 수개의 이 사건 청구를 모두 기각한 원심판결을 전부 파기하고, 사건을 다시 심리·판단하도록 원심법원에 환송하기로 하여, 관여 대법관의 일치된 의견으로 주문과 같이 판결한다.

기출 여부 (48회 이후)	특허법 학회 TOP 10	중요도
-	-	★★★

044

등록된 특허발명 내지 후출원발명이 그 출원 전에 국내에서 공지되었거나 공연히 실시된 발명으로서 신규성이 없는 경우, 그 권리범위를 인정할 수 있는지 여부

대법원 2009. 9. 24. 선고 2007후2827 판결 [권리범위확인(특)] [공2009하,1794]

판결요지

등록된 특허발명이 그 출원 전에 국내에서 공지되었거나 공연히 실시된 발명으로서 신규성이 없는 경우에는 그에 대한 등록무효심판이 없어도 <u>그 권리범위를 인정할 수 없</u>으며, 특허무효사유에 있어서 <u>신규성 결여와 선원주의 위반은 특허발명 내지 후출원발명과 선행발명 내지 선출원발명의 동일성 여부가 문제된다는 점에서 다르지 않으므로, 위 법리는 후출원발명에 선원주의 위반의 무효사유가 있는 경우에도 그대로 적용</u>된다.

판결이유

1. 특허법 제36조 제1항은 동일한 발명에 대하여는 최선출원에 한하여 특허를 받을 수 있다고 규정하여 동일한 발명에 대한 중복등록을 방지하기 위하여 선원주의를 채택하고 있는바, 전후로 출원된 양 발명이 동일하다고 함은 그 기술적 구성이 전면적으로 일치하는 경우는 물론 그 범위에 차이가 있을 뿐 부분적으로 일치하는 경우라도 특별한 사정이 없는 한, 양 발명은 동일하고, 비록 양 발명의 구성에 상이점이 있어도 그 기술분야에 통상의 지식을 가진 자가 보통으로 채용하는 정도의 변경에 지나지 아니하고 발명의 목적과 작용효과에 특별한 차이를 일으키지 아니하는 경우에는 양 발명은 역시 동일한 발명이다 (대법원 1985. 8. 20. 선고 84후30 판결, 대법원 1991. 1. 15. 선고 90후1154 판결 참조).

그리고 특허법 제36조 제1항을 적용하기 위한 전제로서 두 발명이 서로 동일한 발명인지 여부를 판단함에 있어서는 대비되는 두 발명의 실체를 파악하여 따져보아야 할 것이지 표현양식에 따른 차이가 있는지 여부에 따라 판단할 것은 아니므로, 대비되는 두 발명이 각각 물건의 발명과 방법의 발명으로 서로 발명의 범주가 다르다는 사정만으로 곧바로 동일한 발명이 아니라고 단정할 수 없다 (대법원 1990. 2. 27. 선고 89후148 판결, 대법원 2007. 1. 12. 선고 2005후3017 판결 참조).

2. 등록된 특허발명이 <u>그 출원 전에 국내에서 공지되었거나 공연히 실시된 발명으로서 신규성이 없는 경우에는 그에 대한 등록무효심판이 없어도 그 권리범위를 인정할 수 없는 바</u>(대법원 1983. 7. 26. 선고 81후56 전원합의체 판결, 대법원 2003. 1. 10. 선고 2002도5514 판결 등 참조), 특허무효사유에 있어서 신규성 결여와 선원주의 위반은 특허발명 내지 후출원발명과 선행발명 내지 선출원발명의 동일성 여부가 문제된다는 점에서 다르지 않으므로, 위 법리는 후출원발명에 선원주의 위반의 무효사유가 있는 경우에도 그대로 적용된다.

3. 기록에 의하면, 이 사건 특허발명(특허번호 제91020호, 출원일 1987. 8. 5.)의 청구범위 제1항(이하 '이 사건 제1항 발명'이라 하고, 나머지 청구항도 같은 방법으로 부른다)은 "암로디핀의 베실레이트염"이고, 이 사건 선출원발명(특허번호 제90479호, 출원일 1987. 4. 4., 공개일 1987. 11. 30.)의 청구범위 제1항(이하 '이 사건 선출원 제1항 발명'이라 한다)은 "암로디핀 염기를 불활성 용매 중에서 벤젠설폰산 또는 그의 암모늄염의 용액과 반응시킨 후 암로디핀의 베실레이트염을 회수함을

특징으로 하여 암로디핀의 베실레이트염을 제조하는 방법"임을 알 수 있다. 그리고 두 발명은 발명의 상세한 설명이 서로 동일하다.

기록에 비추어 두 발명을 대비하여 보면, **두 발명은 암로디핀 염기와 벤젠설폰산의 반응에 의하여 생성되는 암로디핀의 베실레이트염을 내용으로 하는 점에서 동일한 반면에, 이 사건 제1항 발명은 물건의 발명이고 이 사건 선출원 제1항 발명은 방법의 발명인 점, 이 사건 선출원 제1항 발명은 이 사건 제1항 발명에 비하여 '불활성 용매 중'이라는 반응 조건과 '베실레이트염을 회수함'이라는 반응 후 조치가 부가되어 있는 점에서 일응 상이하다.**

이 사건 제1항 발명과 이 사건 선출원 제1항 발명의 상이점들에 관하여 살펴보건대, **이 사건 제1항 발명과 이 사건 선출원 제1항 발명이 물건의 발명과 방법의 발명으로 발명의 범주가 다르기는 하나, 그와 같이 발명의 범주가 다르다고 하여 곧바로 두 발명이 동일한 발명이 아니라고 단정할 수 없다.**

그리고 염의 생성은 용매 중에서만 가능하고, 만약 용매가 원료물질과 반응을 일으키면 목적하는 화합물을 얻을 수 없게 되기 때문에 용매가 원료물질 중 어느 하나의 성분과도 화학반응을 일으키지 않는 불활성 용매이어야 함은 그 발명이 속하는 기술분야에서 통상의 지식을 가진 자(이하 '통상의 기술자'라고 한다)에게 자명한 상식에 해당한다. 따라서 이 사건 **선출원 제1항 발명에서 원료물질을 반응시키기 위하여 용매에 관한 반응 조건을 부가하면서 구체적인 용매를 적시하지 않고 막연히 '불활성 용매'를 사용한다고만 기재한 데에 기술적 의미가 있다고 할 수 없다.**

다음으로, 염기의 양이온과 산의 음이온이 반응하여 생성되는 화합물을 염이라고 함은 통상의 기술자에게 자명한 사항인바, 이 사건 선출원 제1항 발명은 '암로디핀 염기를 벤젠설폰산과 반응시킨 후 베실레이트염을 회수함'을 특징으로 한다고 기재하고 있을 뿐이고 달리 베실레이트염을 회수하기 위한 구체적인 기술이나 방법에 대하여 아무런 기재가 없으므로, 이 사건 선출원 제1항 발명에서 **'베실레이트염을 회수함'이라는 문구를 기재한 데에 별다른 기술적 의미는 없다.**

따라서, 두 발명을 그 기술사상의 실체를 파악하여 이에 터잡아 대비하여 보면, **이들 발명은 암로디핀 염기와 벤젠설폰산의 반응에 의하여 생성되는 암로디핀의 베실레이트염을 내용으로 하는 점에서 동일하고**, 비록 이들 발명에 다소 상이한 부분이 있더라도 이는 단순한 범주의 차이에 불과하거나 통상의 기술자가 보통으로 채용할 수 있는 정도의 변경에 지나지 아니하고 발명의 작용효과에 특별한 차이를 일으킨다고 할 수 없으므로, 이 사건 제1항 발명과 이 사건 선출원 제1항 발명은 서로 동일한 발명이라고 봄이 옳다.

그리고 이 사건 선출원발명이 출원될 당시에 시행되던 구 특허법(1986. 12. 31. 법률 제3891호로 개정되기 전의 것) 제3조에 특허를 받을 수 없는 발명으로 "화학방법에 의하여 제조될 수 있는 물질의 발명"이 규정되어 있어서, 피고가 그 당시 '암로디핀의 베실레이트염'이라는 물건의 발명으로 특허를 출원할 수 없었다고 하더라도, 그러한 사정은 이 사건 제1항 발명과 이 사건 선출원 제1항 발명의 동일성 여부를 판단함에 있어 아무런 영향을 미치지 못한다.

나아가 이 사건 제2항 내지 제11항 발명은 이 사건 제1항 발명을 직접 또는 간접으로 인용하고 있는 종속항들로서 이 사건 특허발명의 출원 전에 약제학 교과서 등에 기재되고 일반적으로 사용되던 주지관용의 제조기술을 단순 부가한 것에 불과하여 이 사건 제1항 발명과 동일하다고 할 것이므로, 이 사건 제1항 발명에서 본 바와 같은 이유로 이 사건 제2항 내지 제11항 발명과 이 사건 선출원 제1항 발명은 서로 동일한 발명에 해당한다.

그렇다면, **이 사건 특허발명은 이 사건 선출원발명과 동일하여 특허법 제36조 제1항의 선원주의에 위반되어 등록된 발명이라 할 것이어서, 이 사건 특허발명은 그 등록이 무효로 되어야 하므로, 이 사건 특허발명은 그 권리범위가 부정**된다.

원심이 이와 같은 취지에서 확인대상발명이 이 사건 특허발명의 권리범위에 속하지 않는다고 판단한 것은 정당하고, 거기에 상고이유로 주장하는 바와 같은 발명의 동일성에 관한 법리오해 등의 위법이 없다.

기출 여부 (48회 이후)	특허법 학회 TOP 10	중요도
53회 (2016년) 문제 1	2014	★★★
60회 (2023년) 문제 1		

045 특허법 또는 실용신안법이 규정하고 있는 권리범위확인심판에서 특허발명 또는 등록실용신안의 진보성 여부를 심리·판단할 수 있는지 여부

대법원 2014. 3. 20. 선고 2012후4162 전원합의체 판결 [권리범위확인 (실)] [공2014상,977]

판결요지

[다수의견]

특허법은 특허가 일정한 사유에 해당하는 경우에 별도로 마련한 특허의 무효심판절차를 거쳐 무효로 할 수 있도록 규정하고 있으므로, **특허는 일단 등록이 되면 비록 진보성이 없어 당해 특허를 무효로 할 수 있는 사유가 있더라도 특허무효심판에 의하여 무효로 한다는 심결이 확정되지 않는 한 다른 절차에서 그 특허가 무효임을 전제로 판단할 수는 없다.**

나아가 특허법이 규정하고 있는 권리범위확인심판은 심판청구인이 그 청구에서 심판의 대상으로 삼은 확인대상발명이 특허권의 효력이 미치는 객관적인 범위에 속하는지 여부를 확인하는 목적을 가진 절차이므로, **그 절차에서 특허발명의 진보성 여부까지 판단하는 것은 특허법이 권리범위확인심판 제도를 두고 있는 목적을 벗어나고 그 제도의 본질에 맞지 않다.** 특허법이 심판이라는 동일한 절차 안에 권리범위확인심판과는 별도로 특허무효심판을 규정하여 특허발명의 진보성 여부가 문제되는 경우 특허무효심판에서 이에 관하여 심리하여 진보성이 부정되면 그 특허를 무효로 하도록 하고 있음에도 진보성 여부를 권리범위확인심판에서까지 판단할 수 있게 하는 것은 **본래 특허무효심판의 기능에 속하는 것을 권리범위확인심판에 부여함으로써 특허무효심판의 기능을 상당 부분 약화시킬 우려가 있다는 점**에서도 바람직하지 않다. 따라서 권리범위확인심판에서는 특허발명의 진보성이 부정된다는 이유로 그 권리범위를 부정하여서는 안 된다.

다만 대법원은 특허의 일부 또는 전부가 출원 당시 공지공용의 것인 경우까지 특허청구범위에 기재되어 있다는 이유만으로 권리범위를 인정하여 독점적·배타적인 실시권을 부여할 수는 없으므로 권리범위확인심판에서도 특허무효의 심결 유무에 관계없이 그 권리범위를 부정할 수 있다고 보고 있으나, **이러한 법리를 공지공용의 것이 아니라 그 기술분야에서 통상의 지식을 가진 자가 선행기술에 의하여 용이하게 발명할 수 있는 것뿐이어서 진보성이 부정되는 경우까지 확장할 수는 없다.** 위와 같은 법리는 실용신안의 경우에도 마찬가지로 적용된다.

[대법관 신영철, 대법관 민일영의 반대의견]

특허가 진보성이 없어 무효로 될 것임이 명백함에도 권리범위확인심판을 허용하는 것은 특허권에 관한 분쟁을 실효적으로 해결하는 데 도움이 되지 아니하고 당사자로 하여금 아무런 이익이 되지 않는 심판절차에 시간과 비용을 낭비하도록 하는 결과를 초래하며, 특허발명을 보호·장려하고 이용을 도모함으로써 기술의 발전을 촉진하고 산업발전에 이바지하고자 하는 특허법의 목적을 달성하기 위하여 권리범위확인심판 제도를 마련한 취지에 부합하지 않는다.

권리범위확인심판이 특허가 유효함을 전제로 하여서만 의미를 가질 수 있는 절차이므로 심판절차에서는 특허의 진보성 여부 등 무효사유가 있는지를 선결문제로서 심리한 다음 무효사유가 부정되는 경우에 한하여 특허발명의 권리범위에 관하여 나아가 심리·판단하도록 심판구조를 바꿀 필요가 있다.

이러한 사정들을 종합적으로 고려하면, 진보성이 없다는 이유로 특허발명에 대한 무효심결이 확정되기 전이라고 하더라도 적어도 특허가 진보성이 없어 무효로 될 것임이 명백한 경우라면, 그러한 특허권을 근거로 하여 적극적 또는 소극적 권리범위확인심판을 청구할 이익이 없다고 보아야 하고, 그러한 청구는 부적법하여 각하하여야 한다. 그리고 위와 같은 법리는 실용신안의 경우에도 마찬가지로 적용된다.

판결이유

1. 특허법은 특허가 일정한 사유에 해당하는 경우에 별도로 마련한 특허의 무효심판절차를 거쳐 무효로 할 수 있도록 규정하고 있으므로, 특허는 일단 등록이 되면 비록 진보성이 없어 당해 특허를 무효로 할 수 있는 사유가 있더라도 특허무효심판에 의하여 무효로 한다는 심결이 확정되지 않는 한 다른 절차에서 그 특허가 무효임을 전제로 판단할 수는 없다.

나아가 특허법이 규정하고 있는 권리범위확인심판은 심판청구인이 그 청구에서 심판의 대상으로 삼은 확인대상발명이 특허권의 효력이 미치는 객관적인 범위에 속하는지 여부를 확인하는 목적을 가진 절차이므로, 그 절차에서 특허발명의 진보성 여부까지 판단하는 것은 특허법이 권리범위확인심판 제도를 두고 있는 목적을 벗어나고 그 제도의 본질에 맞지 않다. 특허법이 심판이라는 동일한 절차 안에 권리범위확인심판과는 별도로 특허무효심판을 규정하여 특허발명의 진보성 여부가 문제되는 경우 특허무효심판에서 이에 관하여 심리하여 진보성이 부정되면 그 특허를 무효로 하도록 하고 있음에도 진보성 여부를 권리범위확인심판에서까지 판단할 수 있게 하는 것은 본래 특허무효심판의 기능에 속하는 것을 권리범위확인심판에 부여함으로써 특허무효심판의 기능을 상당 부분 약화시킬 우려가 있다는 점에서도 바람직하지 않다. 따라서 권리범위확인심판에서는 특허발명의 진보성이 부정된다는 이유로 그 권리범위를 부정하여서는 안 된다.

다만 대법원은 특허의 일부 또는 전부가 출원 당시 공지공용의 것인 경우까지 특허청구범위에 기재되어 있다는 이유만으로 권리범위를 인정하여 독점적·배타적인 실시권을 부여할 수는 없으므로 권리범위확인심판에서도 특허무효의 심결 유무에 관계없이 그 권리범위를 부정할 수 있다고 보고 있으나(대법원 1983. 7. 26. 선고 81후56 전원합의체 판결 등 참조), 이러한 법리를 공지공용의 것이 아니라 그 기술분야에서 통상의 지식을 가진 자가 선행기술에 의하여 용이하게 발명할 수 있는 것뿐이어서 진보성이 부정되는 경우까지 확장할 수는 없다.

위와 같은 법리는 실용신안의 경우에도 마찬가지로 적용된다.

이와 달리 특허발명 또는 등록실용신안이 신규성은 있으나 진보성이 없는 경우 이에 관한 권리범위확인심판에서 당연히 그 권리범위를 부정할 수 있다는 취지로 판시한 대법원 1991. 3. 12. 선고 90후823 판결, 대법원 1991. 12. 27. 선고 90후1468, 1475(병합) 판결, 대법원 1997. 7. 22. 선고 96후1699 판결, 대법원 1998. 2. 27. 선고 97후2583 판결 등을 비롯한 같은 취지의 판결들은 이 판결의 견해에 배치되는 범위 내에서 이를 모두 변경하기로 한다.

2. 원심은 그 판시와 같은 이유로 원고가 실시하고 있는 원심판시 확인대상고안이 명칭을 '사료운반차량용 사료 반송장치'로 하는 이 사건 등록고안(등록번호 생략)의 실용신안등록청구범위(특허심판원 2012. 9. 24.자 2012정83호 심결로 정정된 것) 제1항과 제3항의 권리범위에 속한다는 취지로 판단하면서, 위 각 고안은 진보성이 없어 무효이므로 그 권리범위가 인정될 수 없다는 원고의 주장을 권리범위확인심판에서는 진보성이 없는 경우라고 하더라도 그 권리범위를 부정할 수 없다는 이유로 배척하였다.

위 법리에 비추어 원심의 판단은 정당하고, 거기에 상고이유 주장과 같이 권리범위확인심판에서 진보성 여부를 심리·판단할 수 있는지에 관한 법리를 오해하는 등의 위법은 없다.

3. 그러므로 상고를 기각하고, 상고비용은 패소자가 부담하도록 하여, 주문과 같이 판결한다. 이 판결에는 대법관 신영철, 대법관 민일영의 반대의견이 있는 외에는 관여 법관의 의견이 일치되었고, 다수의견에 대한 대법관 고영한의 보충의견과 반대의견에 대한 대법관 신영철의 보충의견이 있다.

4. 대법관 신영철, 대법관 민일영의 반대의견은 다음과 같다.

가. 다수의견은 권리범위확인심판에서 특허발명 또는 등록실용신안의 진보성 여부에 관하여 심리·판단할 수 없다고 하고 있다. 그러나 이러한 다수의견에는 다음과 같은 이유로 찬성할 수 없다.

나. 특허권의 권리범위확인심판은 특허가 유효함을 전제로 하여 특허발명의 권리범위를 확인하는 심판절차이다. 특허권의 권리범위확인심판 청구는 현존하는 특허권의 범위를 확정하려는 데 그 목적이 있으므로 특허에 무효사유가 있어 특허법이 정한 특허무효심판 절차를 거쳐 무효로 된 경우에는 그에 관한 권리범위확인심판을 청구할 이익이 소멸한다(대법원 1996. 9. 10. 선고 94후2223 판결, 대법원 2007. 3. 29. 선고 2006후3595 판결 등 참조). 이러한 법리는, 특허는 일단 등록된 이상 비록 무효사유가 있다고 하더라도 특허무효심판 절차에서 무효로 한다는 심결이 확정되지 않는 한 대세적(對世的)으로 무효로 되지 아니한다는 법리를 전제로 하고 있는 것으로 이해될 수 있고, 그 결과 무효의 심결이 확정되기 전에는 권리범위확인심판을 청구할 이익이 인정되는 것처럼 보인다.

그런데 특허법이 정한 요건을 충족하지 못하여 특허를 받을 수 없는 발명에 대하여 잘못하여 특허등록이 이루어지는 경우가 있다. 그러한 특허는 특허의 외양을 하고 있을 뿐 무효사유가 있어 특허법에 의한 보호를 받을 자격이 없고 그 실체가 인정될 여지도 없어 애당초 그 특허발명의 권리범위를 상정할 수가 없다. 그러한 특허에 대하여 특허무효심판 절차를 거쳐 무효로 되지 아니하였다는 사정만으로 별다른 제한 없이 권리범위확인심판을 허용하게 되면, 특허등록이 형식적으로 유지되고 있다는 사정만으로 실체 없는 특허권을 마치 온전한 특허권인 양 그 권리범위를 확인해 주는 것이 되어 부당하다. 권리범위는 인정할 수 있지만 정작 그 권리는 부정된다고 하는 결론이 나오더라도 이를 수용하여야 한다고 하는 것은 건전한 상식과 법감정이 납득할 수 있는 한계를 벗어난다. 대법원이 일단 등록된 특허라도 신규성이 없어 무효사유가 존재하는 경우에 그 특허발명의 권리범위를 인정할 수 없다고 한 것(대법원 1983. 7. 26. 선고 81후56 전원합의체 판결 등 참조)은 바로 이 점을 밝히고 있는 것이다.

다수의견은 특허발명에 신규성이 없는 경우에는 권리범위확인심판에서도 특허무효의 심결 유무에 관계없이 그 권리범위를 부정할 수 있으나, 진보성이 부정되는 경우까지 그와 같이 볼 수는 없다고 한다. 그러나 신규성 결여와 진보성 결여는 모두 발명의 구성과 효과 등을 종합적으로 검토하여 판단할 것이 요구되는 특허의 무효사유라는 점에서 본질적으로 차이가 없으므로, 권리범위확인심판에서 권리범위를 판단하기 위한 전제로서 발명의 신규성을 심리·판단하는 것과 진보성을 심리·판단하는 것 사이에 차등을 둘 이유가 없다. 권리범위확인심판에서 특허의 신규성 여부는 판단할 수 있다고 하면서 진보성 여부는 판단할 수 없다고 하는 다수의견은 그 논리에 일관성이 결여되었다는 비판을 면하기 어렵다.

한편 대법원은 특허발명에 대한 무효심결이 확정되기 전이라고 하더라도 그 특허발명의 진보성이 없어 특허가 특허무효심판에 의하여 무효로 될 것임이 명백한 경우에는 그 특허권에 기초한 침해금지 또는 손해배상 등의 청구가 권리남용에 해당하여 허용되지 아니한다는 법리를 선언한 바 있다(대법원 2012. 1. 19. 선고 2010다95390 전원합의체 판결 참조). 특허가 특허무효심판에 의하여 무효로 될 것임이 명백한 경우라면 특허권의 침해가 인정될 수 없다는 것이 위 전원합의체 판결의 취지이고, 이러한 논리를 특허권의 권리범위확인심판에 대하여 적용하면 특허권의 침해 여부를 판단하기 위한 선결문제로서의 의미를 갖는 권리범위의 확인을 청구할 이익도 부정된다고 보아야 한다. 특허가 진보성이 없어 무효로 될 것임이 명백하여 특허권 침해가 인정될 여지가 없음에도 이를 도외시한 채 특허발명의 권리범위에 관하여 심판하는 것은 무효임이 명백한 특허권의 행사를 허용하는 것이나 다름없기 때문이다. 특허가 진보성이 없어 무효로 될 것임이 명백한 경우에는 그 특허권의 행사가 허용되지 아니한다는 법리가 침해금지 또는 손해배상 등의 청구에서만 존중되어야 하고 권리범위확인심판에서는 그럴 필요가 없다고 볼 납득할 만한 이유를 찾을 수 없다.

　이와 같이 특허가 진보성이 없어 무효로 될 것임이 명백함에도 권리범위확인심판을 허용하는 것은 특허권에 관한 분쟁을 실효적으로 해결하는 데 도움이 되지 아니하고 당사자로 하여금 아무런 이익이 되지 않는 심판절차에 시간과 비용을 낭비하도록 하는 결과를 초래하며, 특허발명을 보호·장려하고 그 이용을 도모함으로써 기술의 발전을 촉진하고 산업발전에 이바지하고자 하는 특허법의 목적을 달성하기 위하여 권리범위확인심판 제도를 마련한 취지에도 부합하지 않는다. 특허발명에 대한 특허무효심판이나 권리범위확인심판은 모두 특허심판원이 담당하므로 권리범위확인심판 절차에서 특허발명의 진보성 여부에 관하여 판단하는 것은 그 판단 주체의 면에서 보아 문제 될 것이 없다. 오히려 권리범위확인심판에서 특허가 진보성이 없어 무효로 될 것임이 명백하다는 이유로 특허권의 권리범위확인을 거절하게 되면, 권리범위확인심판에서는 확인대상발명이 특허발명의 권리범위에 속한다고 심결을 하여 확인대상발명이 특허권을 침해한다는 듯한 판단을 하면서 특허무효심판에서는 특허가 진보성이 없어 무효라고 심결을 하여 확인대상발명의 특허권 침해를 부정하는 듯한 판단을 함으로써 상호 모순되는 심결을 한 것과 같은 외관이 작출되는 불합리를 방지할 수 있다. 보다 근본적으로는 권리범위확인심판이 특허가 유효함을 전제로 하여서만 의미를 가질 수 있는 절차이므로 그 심판절차에서는 특허의 진보성 여부 등 무효사유가 있는지를 선결문제로서 심리한 다음 그 무효사유가 부정되는 경우에 한하여 특허발명의 권리범위에 관하여 나아가 심리·판단하도록 그 심판구조를 바꿀 필요가 있다.

　이러한 사정들을 종합적으로 고려하면, 진보성이 없다는 이유로 특허발명에 대한 무효심결이 확정되기 전이라고 하더라도 적어도 그 특허가 진보성이 없어 무효로 될 것임이 명백한 경우라면, 그러한 특허권을 근거로 하여 적극적 또는 소극적 권리범위확인심판을 청구할 이익이 없다고 보아야 하고, 그러한 청구는 부적법하여 각하하여야 한다.

　그리고 위와 같은 법리는 실용신안의 경우에도 마찬가지로 적용된다.

　다. 위와 같은 법리에 비추어 보면, 원심은 이 사건 등록고안이 진보성이 없어 특허무효심판에 의하여 무효로 될 것임이 명백한지 여부에 관하여 심리·판단하여 이 사건 권리범위확인심판 청구를 부적법하다는 이유로 각하할지 판단하여야 한다. 그럼에도 원심은 진보성이 없는 경우라고 하더라도 그 권리범위를 부정할 수 없다는 이유로 위와 같은 판단을 하지 아니하였는바, 이는 권리범위확인심판에서 진보성 여부를 심리·판단할 수 있는지에 관한 법리를 오해하여 판결의 결과에 영향을 미친 것이다. 따라서 이 사건을 다시 심리·판단하게 하기 위하여 원심법원에 파기환송함이 상당하다.

　라. 이상의 이유로 다수의견에 찬성할 수 없음을 밝힌다.

5. 다수의견에 대한 대법관 고영한의 보충의견은 다음과 같다.

　가. 특허에 무효사유가 있더라도 특허무효심판 절차에서 무효로 한다는 심결이 확정되지 않는 한 대세적으로 무효로 되는 것은 아니다(대법원 2012. 1. 19. 선고 2010다95390 전원합의체 판결 참조). 따라서 단순히 무효사유가 존재할 뿐 아직 무효로 되지 아니한 특허를 무효심결이 확정되어 무효로 된 특허와 동일하게 취급하여 곧바로 그 권리범위를 부정할 수는 없다. 위 2010다95390 전원합의체 판결도 특허권침해소송에서 무효사유가 있는 특허권의 행사가 권리남용에 해당하는지를 판단하기 위한 전제로서 그 특허에 무효사유가 있는지를 판단할 수 있다는 취지이지, **특허에 무효사유가 있다고 하여 바로 그 특허가 무효인 것으로 취급하여야 한다거나 권리범위 자체를 부정하여야 한다는 취지가 아님은 명백**하다.

　한편 **특허권의 권리범위확인심판은 확인대상발명이 특허권의 효력이 미치는 객관적인 범위에 속하는지 여부를 확인하는 제한적 목적을 가진 절차일 뿐** 침해금지청구권이나 손해배상청구권의 존부와 같은 권리관계까지 확인하거나 확정하는 절차가 아니고, 권리범위확인심판에서의 판단이 특허권

침해소송이나 특허무효심판에 기속력을 미치는 것도 아니다(대법원 2002. 1. 11. 선고 99다59320 판결 등 참조). 따라서 권리범위확인심판이 특허의 유효를 전제로 하여서만 의미를 가질 수 있다는 이유 등을 들어 **그 절차에서 특허의 무효 여부까지 판단하도록 하는 것은 위와 같은 제도의 목적과 본질에 맞지 않다**. 나아가 특허법은 특허무효심판 제도와 별개로 권리범위확인심판 제도를 두고 있는데, 권리범위확인심판 및 그에 대한 불복 소송에서 특허무효 여부를 권리범위확인의 전제로서 항상 먼저 심리하여야 한다면, **이는 특허무효심판 절차를 권리범위확인심판의 적법 요건을 심사하는 전심절차로 취급하는 것과 같이 되어 이들을 별개의 독립된 절차로 규정하고 있는 특허법 체계의 근간을 해치는 것**이다.

나아가 특허에 무효사유가 있는지를 판단하는 특허무효심판과 특허에 관한 권리범위확인심판이 각각 그 목적과 기능을 달리하는 별개의 절차로 병존하고 있는 이상, 권리범위확인심판에서 확인대상발명이 특허발명의 권리범위에 속한다고 판단하였다고 해서 그 후 특허무효심판에서 그 특허가 무효라고 판단하는 것과 서로 모순된다고 할 것은 아니다.

나. 한편 대법원은 특허권침해소송에서 특허권자의 침해금지 또는 손해배상 등의 청구가 권리남용에 해당한다는 항변이 있는 경우 그 당부를 살피기 위한 전제로서 특허발명의 진보성 여부에 대하여 심리·판단할 수 있다는 법리를 선언한 바 있다(위 2010다95390 전원합의체 판결 참조). 그런데 특허권침해소송에서 권리남용의 항변을 받아들여 특허권 침해를 부정하는 것은 권리의 부존재나 무효가 아닌 권리행사의 제한사유를 이유로 하여 분쟁 당사자 사이의 권리관계를 판단하는 것이고, 그 판결의 효력도 소송 당사자 사이에서만 미친다. 반면에 권리범위확인심판은 어디까지나 특허권의 효력이 미치는 객관적 범위를 대세적으로 확인하는 제한적인 의미를 가질 뿐 특허권침해를 둘러싼 분쟁 당사자 사이의 권리관계를 최종적으로 확인해주는 것이 아니고, 그 심결이 확정되면 심판의 당사자뿐만 아니라 제3자에게도 일사부재리의 효력이 미치는 대세적 효력을 가진다. 따라서 특허권침해소송에서 권리남용의 항변의 내용으로서 진보성이 없다는 주장을 인정하더라도 이는 특허의 대세적 효력을 특허무효심판에 의해서만 부정할 수 있도록 한 특허법의 기본 구조와 상충되지 않지만, 심결에 대세적 효력이 있는 권리범위확인심판에서 진보성 결여를 이유로 무효사유 주장을 인정하게 되면 이는 위와 같은 특허법의 기본 구조와 상충된다. 그러므로 **권리범위확인심판에서는 특허권침해소송에서와는 달리 진보성 여부를 특허무효사유로 주장할 수 없고, 이로 인하여 권리범위확인심판과 특허권침해소송에서의 결론이 마치 상반되는 듯이 보인다고 하여 서로 모순된다고 할 수는 없다**.

다. 또한 심판청구의 이익이 있는지는 직권조사사항이므로, 반대의견과 같이 특허가 진보성이 없어 특허무효심판에 의하여 무효로 될 것임이 명백한 경우에 그에 관한 권리범위확인심판 청구의 이익이 없다고 본다면, 모든 권리범위확인심판 및 이에 대한 불복절차에서 특허심판원이나 특허법원은 당사자의 주장과 관계없이 항상 직권으로 특허가 진보성이 없어 특허무효심판에 의하여 무효로 될 것이 명백한지 여부를 심리하여야 할 것이다. 이는 **특허심판원이나 특허법원에 과도한 심리 부담을 주는 것이 되어 부적절**하다. 반대의견과 같이 권리범위확인심판에서 진보성 여부를 판단할 수 있도록 한다면 당사자 사이의 분쟁이 사실상 종료되는 경우도 있을 수는 있으나, 권리범위확인심판에서의 판단이 특허권침해소송이나 특허무효심판에 기속력을 미치지 못하는 이상 그 판단에 불복한 당사자가 위와 같은 별도의 절차를 통한 분쟁을 계속할 경우에는 오히려 당사자들로 하여금 분쟁해결에 도움이 되지 아니하는 무용한 절차에 시간과 노력을 낭비하도록 하는 결과를 가져올 뿐이다.

라. 위와 같은 점들을 종합하여 보면, 반대의견과 같이 특허가 진보성이 없어 특허무효심판에 의하여 무효로 될 것임이 명백한 경우라도 그에 관한 권리범위확인심판 청구가 심판청구의 이익이 없어 부적법하다고 볼 수는 없고, 이와 같은 법리는 실용신안의 경우에도 마찬가지로 적용된다.

이상과 같이 다수의견에 대한 보충의견을 밝힌다.

6. 반대의견에 대한 대법관 신영철의 보충의견은 다음과 같다.

다수의견에 대한 보충의견이 지적하는 것처럼, 특허에 무효사유가 있더라도 특허무효심판 절차에서 무효로 한다는 심결이 확정되지 않는 한 특허가 무효로 되는 것은 아니다. 그렇다고 하여 그 특허에 대하여 예외 없이 무효사유가 없는 특허와 동일한 법적 지위나 효력을 부여하여야 하는 것은 아닙니다. 특허발명의 진보성이 없어 특허가 특허무효심판에 의하여 무효로 될 것임이 명백한 경우에는 그 특허권에 기초한 침해금지 등의 청구는 권리남용에 해당하여 허용되지 아니한다고 판시한 대법원 2012. 1. 19. 선고 2010다95390 전원합의체 판결이 바로 그러한 예외가 인정될 수 있음을 보여주는 예이다. 위 전원합의체 판결은 권리남용의 법리를 적용하여 특허권에 기초한 침해금지 등의 청구를 배척함으로써 마치 특허가 무효로 된 것이나 다름없는 효과를 내고 있다. 마찬가지로 권리범위확인심판에서도 특허가 특허무효심판에 의하여 무효로 될 것임이 명백한 경우에는 그 특허권의 효력이 미치는 범위에 관한 확인을 거부하여 위 전원합의체 판결이 추구하는 소송경제와 효율성을 권리범위확인심판에도 보완적용하자는 것이 반대의견의 기본취지이다.

특허권의 권리범위확인심판은 권리범위확인의 대상이 되는 특허권이 존재함을 당연한 논리적 전제로 하고 있다. 특허법이 권리범위확인심판 제도와는 별개로 특허무효심판 제도를 두고 있다고 하여 이러한 논리적 전제가 부정될 수는 없다. 이를 무시하면서까지 실체가 없는 특허권에 관하여도 형식적이나마 권리범위확인심판을 허용하는 것이 두 제도를 병치시켜 둔 특허법의 취지라고 볼 수는 없다.

특허에 무효사유가 있음이 명백함에도 이러한 사정을 특허무효심판 절차에 미루어 둔 채 확인대상발명이 그 특허의 권리범위에 속하는지 여부에 관한 심결을 하게 되면, 심판의 당사자는 물론 제3자조차 무효로 되어야 할 특허에 일정한 권리범위가 존재한다거나 특허법의 보호를 받을 수 있다는 그릇된 인식을 하고 이를 토대로 새로운 법률관계를 형성할 수 있어 바람직하지 아니하다. 또한 특허권의 권리범위확인심판은 그 심판의 당사자 이외의 제3자에게 일사부재리의 효력이 미치므로 특허에 무효사유가 있음이 명백한지를 심리한 후에 그 권리확정에 나아감이 타당하다. 그렇지 아니하면 심판의 당사자는 물론 제3자조차 일사부재리의 효력이 미치는 범위 내에서 권리범위확인심판 청구를 봉쇄당하게 되어 일반 제3자의 이익을 해치게 된다.

다수의견에 대한 보충의견은, 특허권의 권리범위확인심판에서 특허가 진보성이 없어 무효로 될 것이 명백한지를 살펴야 한다면 특허심판원이나 법원에 과도한 심리의 부담을 주고 당사자들로 하여금 시간과 비용을 낭비하도록 하게 된다는 것을 우려하고 있다. 그러나 심판청구의 이익의 유무는 직권조사사항이므로, 권리범위확인심판 사건에서 특허심판원이나 법원은 당사자의 주장 여부와 관계없이 언제나 특허에 무효사유가 있음이 명백한지를 심리·판단하여야 한다. 심판청구의 이익이 있는지를 심리하는 데 부담이 따른다고 하여 그 심리를 생략한 채 아무런 이익도 없는 심판청구를 허용할 수는 없으므로, 그러한 부담을 우려하여 권리범위확인심판에서는 특허의 무효사유에 관한 심리를 하는 것이 부적절하다고 하는 것은 본말이 전도되었다는 비판을 면할 수 없다. 오히려 특허무효심판과 권리범위확인심판을 준별하여 권리범위확인심판 절차에서는 특허의 무효 여부를 판단할 수 없도록 하는 것이야말로 단일한 분쟁을 여러 개의 소송사건으로 만들 수 있도록 허용하는 것으로서, 그 자체로 시간과 비용의 낭비와 당사자의 불편을 초래하고 특허심판원이나 법원의 부담을 가중시키는 것이 된다.

그리고 이와 같은 법리는 실용신안의 경우에도 마찬가지로 적용된다.

이상과 같이 반대의견에 대한 보충의견을 밝혀 둔다.

기출 여부 (48회 이후)	특허법 학회 TOP 10	중요도
−	−	★★★

046 자유실시기술에 해당하는지 여부
대법원 2011. 1. 27. 선고 2009후832 판결 [권리범위확인(특)]

판결요지

어느 발명이 특허발명의 권리범위에 속하는지를 판단함에 있어서 **특허발명과 대비되는 발명이 공지의 기술만으로 이루어지거나 그 기술분야에서 통상의 지식을 가진 자(이하 '통상의 기술자'라 한다)가 공지기술로부터 용이하게 실시할 수 있는 경우**에는 특허발명과 대비할 필요 없이 특허발명의 권리범위에 속하지 않게 된다(대법원 2001. 10. 30. 선고 99후710 판결 등 참조).

판결이유

위 법리와 기록에 비추어 살펴본다.
확인대상발명의 구성 중 '3방향 밸브(40)'에 관한 구성은 밸브의 개폐에 의해 약액을 약액저장수단에 주입하는 것을 허용하지만 역방향으로 흐르는 것을 방지하는 역할을 수행한다는 점에서 원심 판시 비교대상발명 1에 개시되어 있는 '압력에 의한 액체투입수단(means for receiving a liquid under pressure)(28)에 포함될 수 있는 1방향 밸브(one-way valve)'에 관한 구성과 동일한 것으로서, 밸브의 설치 위치와 밸브에 연결되는 약액 통로의 개수 및 그 기술분야의 기술상식을 참작하여 위 1방향 밸브로부터 손쉽게 도출할 수 있는 구성이고, '여과필터(30)'에 관한 구성은 비교대상발명 1의 '필터요소(filter element)(42)'에 그대로 개시되어 있는 구성이다. 그리고 **확인대상발명의 위 각 구성 이외의 나머지 구성들 역시 비교대상발명 1에 이미 개시되어 있거나 이로부터 별다른 기술적 어려움 없이 부가 또는 변경할 수 있는 정도에 불과한 것들이다. 나아가 작용효과에서도 확인대상발명은 일정량의 약액을 지속적으로 환자에게 투여할 수 있도록 하면서 환자의 상태에 따라 필요한 경우에 간단한 방법으로 일시적으로 약액을 늘려 투여할 수 있는 효과를 가진다는 점에서 비교대상발명 1과 아무런 차이가 없다.**
따라서 확인대상발명은 통상의 기술자가 비교대상발명 1로부터 용이하게 실시할 수 있으므로, 이 사건 특허발명(등록번호 제262930호)의 특허청구범위 제1, 2항과 대비할 필요도 없이 그 권리범위에 속하지 아니한다.
그럼에도 불구하고 원심은, '3방향 밸브'와 '여과필터'에 관한 구성의 곤란성과 이로 인한 효과의 현저성이 있다는 이유로 확인대상발명이 자유실시기술에 해당하지 않는다고 판단하고 말았으니, 원심판결에는 확인대상발명의 자유실시기술 여부의 판단에 관한 법리를 오해하여 판결에 영향을 미친 위법이 있다. 이 점을 지적하는 상고이유의 주장은 이유 있다.

기출 여부 (48회 이후)	특허법 학회 TOP 10	중요도
–	–	★★

047 청구범위의 일부가 불명료하게 표현되어 있거나 오기가 있는 경우에도 그 권리범위를 부정할 수 없는 경우

대법원 2008. 7. 10. 선고 2008후64 판결 [권리범위확인(실)]

판결요지

1. 등록실용신안의 실용신안등록 청구범위의 일부가 불명료하게 표현되어 있거나 오기가 있는 경우에도 그 권리범위를 부정할 수 없는 경우

등록실용신안의 실용신안등록청구범위의 일부가 불명료하게 표현되어 있거나 그 기재에 오기가 있다 하더라도, <u>고안의 상세한 설명과 도면 등을 참작하여 볼 때 그 기술분야에서 통상의 지식을 가진 자가 명확하게 이해할 수 있고 오기임이 명백하여 그 고안 자체의 보호범위를 특정할 수 있는 경우</u>에는 등록실용신안의 권리범위를 부정할 수 없다.

2. 권리범위확인 심판청구의 대상이 되는 확인대상고안의 진보성을 판단할 경우 등록실용신안의 실용신안등록 청구범위에 기재된 구성과 대비하는 방법

권리범위확인 심판청구의 대상이 되는 확인대상고안이 공지의 기술만으로 이루어지거나 그 기술분야에서 통상의 지식을 가진 자가 공지기술로부터 극히 용이하게 실시할 수 있는지 여부를 판단할 때에는, <u>확인대상고안을 등록실용신안의 실용신안등록청구범위에 기재된 구성과 대응되는 구성으로 한정하여 파악할 것은 아니고, 심판청구인이 특정한 확인대상고안의 구성 전체를 가지고 그 해당 여부를 판단하여야 한다.</u>

판결이유

1. 상고이유 제1점에 대하여

등록실용신안의 실용신안등록청구범위의 일부가 불명료하게 표현되어 있거나 그 기재에 오기가 있다 하더라도, 고안의 상세한 설명과 도면 등을 참작하여 볼 때 그 기술분야에서 통상의 지식을 가진 자가 명확하게 이해할 수 있고 오기임이 명백하여 그 고안 자체의 보호범위를 특정할 수 있는 경우에는 등록실용신안의 권리범위를 부정할 수 없다(대법원 2002. 6. 14. 선고 2000후235 판결, 대법원 2005. 11. 24. 선고 2003후2515 판결 등 참조).

위와 같은 법리와 기록에 비추어 살펴보면, 명칭을 "절첩식 게첨대 이동수단"으로 하는 이 사건 등록고안(등록번호 제340635호)의 실용신안등록청구범위 제1항, 제3항(이하 '이 사건 제1, 3항 고안'이라고 한다)에 기재된 "동력전달수단"은 고안의 상세한 설명과 도면 등을 참작하여 볼 때 "동력이동수단"의 오기임이 명백하여 그 고안 자체의 보호범위를 특정할 수 있으므로, 이 사건 제1, 3항 고안의 권리범위를 부정할 수는 없다. 같은 취지의 원심의 판단은 옳고, 거기에 상고이유의 주장과 같은 등록실용신안의 권리범위 해석에 관한 법리오해 등의 위법이 있다고 할 수 없다.

2. 상고이유 제2점에 대하여

기록에 비추어 살펴보면, 원심이 이 사건 제1, 3항 고안을 원심 판시의 확인대상고안과 비교한 다음, 확인대상고안은 이 사건 제1, 3항 고안과 그 구성 및 효과가 실질적으로 동일하여 이 사건 제1, 3항 고안의 권리범위에 속한다는 취지로 판단하였음은 옳은 것으로 수긍이 가고, 거기에 상고이유의 주장과 같은 등록실용신안의 권리범위 판단에 관한 법리오해 등의 위법이 있다고 할 수 없다.

3. 상고이유 제3, 4점에 대하여

권리범위확인 심판청구의 대상이 되는 확인대상고안이 공지의 기술만으로 이루어지거나 그 기술분야에서 통상의 지식을 가진 자가 공지기술로부터 극히 용이하게 실시할 수 있는지 여부를 판단할 때에는, 확인대상고안을 등록실용신안의 실용신안등록청구범위에 기재된 구성과 대응되는 구성으로 한정하여 파악할 것은 아니고, 심판청구인이 특정한 확인대상고안의 구성 전체를 가지고 그 해당 여부를 판단하여야 한다(대법원 1990. 10. 16. 선고 89후568 판결, 대법원 2001. 10. 30. 선고 99후710 판결 등 참조).

위와 같은 법리와 기록에 비추어 살펴보면, 원심이 '링크수단'에 관한 구성을 포함하는 것으로 특정된 확인대상고안을 원심 판시의 비교대상고안 1, 2, 3 등의 공지기술과 대비한 다음, 이러한 공지기술에는 확인대상고안의 '링크수단'에 관한 구성이 나타나 있지 아니하여 확인대상고안은 공지기술로부터 극히 용이하게 실시할 수 있는 고안에 해당하지 않는다는 취지로 판단하였음은 옳고, 거기에 상고이유의 주장과 같은 확인대상고안의 기술적 구성 파악과 자유실시기술 여부 판단에 관한 법리오해의 위법이 있다고 할 수 없다.

4. 결 론

그러므로 상고를 기각하고 상고비용은 패소자가 부담하도록 하여 관여 법관의 일치된 의견으로 주문과 같이 판결한다.

기출 여부 (48회 이후)	특허법 학회 TOP 10	중요도
–	–	★★

048 간접침해에서 심판청구의 대상이 되는 확인대상발명이 자유실시기술에 해당하는지 여부

특허법원 2009. 1. 23. 선고 2008허4523 판결 [권리범위확인(특)] [각공 2009상,439]

판결요지

간접침해를 전제로 한 적극적 권리범위확인심판 절차에서 심판청구의 대상이 되는 확인대상발명이 자유실시기술에 해당하는지 여부를 판단할 때에는, 피심판청구인이 실시하는 부분이 **특허발명에 대응하는 제품의 일부 구성에 불과하여 그 자체만으로는 침해가 성립되지 않는 경우**에도 그 실시 부분이 그 대응제품의 생산에만 사용되는 경우에는 침해로 의제되는 간접침해의 특성상, 확인대상발명을 위 실시 부분의 구성만으로 한정하여 파악할 것은 아니고, **그 실시 부분의 구성과 함께 심판청구인이 그 생산에만 사용되는 것으로 특정한 대응제품의 구성 전체**를 가지고 그 해당 여부를 판단하여야 한다.

판결이유

1. 기초 사실

가. 원고는 2001. 1. 11. 출원하여 2003. 8. 22. 등록번호 제396863호로 특허 등록받은, 명칭이 "인풋 디바이스가 부가된 평판 디스플레이"인 별지 1 기재 이 사건 특허발명의 특허권자이다.

나. 이 사건 특허발명은 인풋 디바이스(input device)로 터치스크린(touch screen)이 부가된 평판 디스플레이(flat panel display)에 관한 것으로, 일반적으로 터치스크린과 디스플레이는 별도의 컨트롤 보드(control board)를 통하여 구동되는바, 종래 기존의 디스플레이 위에 터치스크린을 부가하여 조립하는 과정에서 터치스크린과 디스플레이 구동부 아래에 위치하는 터치스크린 구동부 사이를 무리하게 직접 연결하는 방식을 사용함으로써 연결 배선이 복잡하고 신호의 왜곡이 생기는 등의 문제점을 개선하고자, 터치스크린에서 나온 배선이 가까운 위치의 디스플레이용 컨트롤 보드에 먼저 접촉한 다음 회로적 연결을 통하여 터치스크린용 컨트롤 보드에 연결하도록 함으로써, 조립성이 향상되고 간단한 배선을 통하여 신호의 왜곡을 줄일 수 있는 평판 디스플레이를 제공하는 것을 특징으로 하는 발명이다.

다. 원고는, 피고가 실시하고 있는 별지 2 기재의 확인대상발명이 간접침해의 법리에 의하여 이 사건 특허발명의 권리범위에 속한다는 이유로 적극적 권리범위확인심판을 청구하였는바, 특허심판원은, 확인대상발명이 그 출원 전에 이 발명이 속하는 기술분야에서 통상의 지식을 가진 자(이하 '통상의 기술자'라 한다)가 별지 3 기재의 비교대상발명으로부터 공지되거나 그로부터 용이하게 실시할 수 있는 자유실시기술이어서 이 사건 특허발명과 대비할 필요 없이 그 권리범위에 속하지 않는다는 이유로, 원고의 청구를 기각하는 청구취지 기재의 이 사건 심결을 하였다.

[인정 근거 : 다툼 없는 사실, 갑 제1 내지 45호증]

2. 이 사건의 쟁점

확인대상발명이 비교대상발명으로부터 공지되거나 그로부터 용이하게 실시할 수 있는 자유실시기술에 해당하는지 여부 및 이 사건 특허발명의 생산에만 사용되는 물건인지 여부이다.

3. 확인대상발명이 자유실시기술에 해당하는지 여부

[인정 근거 : 갑 제1 내지 16호증, 을 제1 내지 14호증(각 가지번호 포함), 경험칙, 변론 전체의 취지]

가. 판단 기준

간접침해를 전제로 한 적극적 권리범위확인심판 절차에서 심판청구의 대상이 되는 확인대상발명이 자유실시기술에 해당하는지 여부를 판단함에 있어서는, 피심판청구인이 실시하는 부분이 특허발명에 대응하는 제품의 일부 구성에 불과하여 그 자체만으로는 침해가 성립되지 않는 경우에도 그 실시 부분이 그 대응제품의 생산에만 사용되는 경우에는 침해로 의제되는 간접침해의 특성상, **확인대상발명을 위 실시 부분의 구성만으로 한정하여 파악할 것은 아니고, 위 실시 부분의 구성과 함께 심판청구인이 그 생산에만 사용되는 것으로 특정한 대응제품의 구성 전체**를 가지고 그 해당 여부를 판단하여야 할 것이다.

나. 이 사건 대비대상이 되는 확인대상발명의 구성

피고가 실시하는 부분의 확인대상발명은 별지 2 기재와 같이, 얼라인 홀(220)이 형성된 케이블(210)(이하 '구성요소 1'이라 한다)을 구비하는 터치패널(200)(이하 '구성요소 2'라 한다)인데, 위 터치패널은 위 케이블을 통하여 LCD 패널(300)에 직접 연결된 LCD 컨트롤보드(310)에 연결된 다음, **위 LCD 컨트롤보드로부터 연장된 연결부재(350)를 통하여 터치패널 컨트롤보드(400)에 전기적으로 연결됨으로써**(이하 '구성요소 3'이라 한다), 대응제품의 구성 전체를 이루고 있다.

다. 비교대상발명과의 대비

(1) 기술분야 및 목적 대비

확인대상발명과 비교대상발명은 모두 터치스크린을 구비한 평판 디스플레이에 관한 것이라는 점에서 그 기술분야가 동일하고, 터치스크린 구동부와 디스플레이 구동부를 회로적으로 연결하여 터치스크린의 연결 배선을 간단히 함으로써 조립성이 향상되고 신호의 왜곡을 줄일 수 있는 평판 디스플레이를 제공한다는 이 사건 특허발명의 목적은 비교대상발명에 나타나 있거나 내재되어 있는 목적에 불과하여, 목적의 특이성이 보이지 않는다.

(2) 구성 및 효과 대비

(가) **확인대상발명은 앞서 본 바와 같이 구성요소 1, 2, 3으로 이루어져 있는데**, 그 중 당사자 사이에 주로 쟁점이 된 것은 구성요소 1, 3에 관해서이다.

구성요소 2(터치패널)는 비교대상발명의 '터치스크린(100)'의 구성에 대응하는바, 양 구성은 모두 손가락 등이 접촉(touch)하는 위치를 확인하는 방법을 이용한 인풋 디바이스라는 점에서 실질적으로 동일하다.

(나) 구성요소 1(얼라인 홀이 형성된 케이블)은 비교대상발명의 '배선(110)' 구성에 대응하는바, 양 구성은 모두 터치스크린으로부터의 전기적인 신호를 구동부인 컨트롤보드로 전달하기 위한 것이라는 점에서 공통점이 있고, 다만 비교대상발명에는 얼라인 홀(align hole)에 대응하는 구성이 명시되어 있지 않은 점에 차이가 있다.

그러나 얼라인 홀이란 PCB 기판에 케이블을 연결할 때 정확한 연결위치를 확보하기 위한 구성으로, 을 제12, 13호증의 각 기재에 나타나듯이 다수 개의 PCB 기판이나 집적층으로 이루어진 전자

제품에서 상하기판의 위치를 정확하게 결합시키기 위하여 통상 사용되는 주지관용기술에 불과하다.

㈐ 구성요소 3은 비교대상발명의 LCD 패널(200)에 연결된 하부 PCB(300)와 터치스크린용 컨트롤 보드에 해당하는 시스템 보드(400)가 별개의 PCB(printed circuit board, 인쇄회로기판)로 나누어져 있고, '터치스크린(100)에서 나온 배선(110)이 시스템 보드에 직접 연결되지 않고 하부 PCB에 먼저 접촉한 다음에 인터페이스 매체(350)를 통하여 시스템 보드와 전기적으로 연결되는' 구성에 대응하는바, 양 구성은 모두 터치스크린(터치패널)이 그 구동부와 직접 연결되지 않고 양 구동부 사이에 인터페이스 매체(연결부재)를 통하여 전기적으로 연결되어 있는 디스플레이 구동부를 경유하여 간접 연결된다는 점에서 공통되고, 다만 비교대상발명의 하부 PCB(300)는 LCD 패널(200)에 전기적으로 TCP(Tape Carrier Package) 방식의 얇은 필름(210, 220, 230)을 통하여 연결되는 데 비하여, 구성요소 3은 LCD 패널(300)과 LCD 컨트롤보드(310)가 직접 연결된다는 점에서 차이가 있다.

그러나 이러한 차이는 디스플레이(LCD 패널)와 디스플레이용 컨트롤 보드의 연결방식에 있어서, 확인대상발명은 COB(Chip on Board) 방식이나 COG(Chip on Glass) 방식을 사용하는 데 비하여, 비교대상발명은 TCP(Tape Carrier Package) 방식을 사용하기 때문에 발생하는 차이점에서 발생하는바, 을 제6호증 등에 의하면 이 사건 특허발명의 출원 당시 구동 IC칩을 실장하는 방식으로 COG 방식이나 TCP 방식이 사용되고 있었고, TCP 방식의 경우 구동 IC칩은 필름 위에 실장되나 필름은 연질의 재료에 불과하여 LCD 구동과 관련된 다른 구성들은 별도의 PCB에 구현되어야 하는 특성상, 필름과 하부 PCB가 결합하여 디스플레이용 컨트롤 보드로 기능할 수 있으며, 비교대상발명은 구조적으로도 확인대상발명의 디스플레이용 컨트롤 보드와 마찬가지로 하부 PCB가 LCD 패널에 이격 공간 없이 바로 밀착하여 연결되어 있으므로, 위와 같은 연결방식의 차이는 통상의 기술자가 위 공지된 방식들을 적절하게 설계 변경하여 사용할 수 있는 사항에 불과하다고 할 것이다.

따라서 구성요소 3은 통상의 기술자가 위 비교대상발명의 대응 구성으로부터 용이하게 도출할 수 있는 것이다.

㈑ 이에 대하여 원고는, 비교대상발명의 하부 PCB에는 타이밍 컨트롤러가 존재하지 않으므로 이를 디스플레이용 컨트롤 보드로 볼 수는 없고, 양 발명의 조립과정에도 차이가 있다는 취지로 주장하나, 비록 타이밍 컨트롤러가 디스플레이용 컨트롤 보드를 이루는 주요 부품 중의 하나이긴 하지만, 그렇다고 하여 타이밍 컨트롤러의 존부만으로 디스플레이용 컨트롤 보드에 해당하는지 여부를 판단할 수는 없고(이 사건 특허발명의 명세서에도 반드시 타이밍 컨트롤러를 포함하여야 한다는 제한이 기재되어 있지 않다), 조립과정의 차이는 디스플레이에 디스플레이용 컨트롤 보드를 연결할 때 구동 IC칩의 실장방식의 차이에 따른 것에 불과하므로, 원고의 위 주장들은 모두 이유 없다.

라. 소 결

따라서 <u>확인대상발명(피고의 실시 부분 및 대응제품의 구성 전체)은 비교대상발명과 목적 또는 기술분야의 공통성이 있고, 비교대상발명에 의하여 공지되거나 용이하게 도출할 수 있는 구성을 단순 결합하고 있어 구성의 곤란성이 없으며, 그 효과의 현저성도 인정되지 아니하므로, 통상의 기술자가 비교대상발명으로부터 용이하게 실시할 수 있어서 자유실시기술</u>이라고 할 것이다.

4. 결 론

그렇다면 확인대상발명은 이 사건 특허발명과 대비할 필요도 없이 그 권리범위에 속하지 아니하고, 이와 결론이 같은 이 사건 심결은 적법하므로, 그 취소를 구하는 원고의 이 사건 청구는 이유 없어 기각한다.

기출 여부 (48회 이후)	특허법 학회 TOP 10	중요도
-	2023	★★★

049 확인대상디자인이 이 사건 등록디자인의 권리범위에 속하는지 여부가 문제된 사건

대법원 2023. 2. 23. 선고 2022후10012 판결 [권리범위확인(디)]

판결요지

1. 권리범위 확인심판에서 신규성 상실 예외 규정 적용의 근거가 된 선행디자인에 기초하여 자유실시디자인 주장을 할 수 있는지 여부

  디자인보호법의 신규성 상실 예외 규정 등 관련규정의 문언과 내용, 그 입법 취지, 자유실시디자인 법리의 본질 및 기능 등을 종합하여 보면, **확인대상디자인이 등록디자인의 권리범위에 속하는지를 판단할 때 신규성 상실 예외 규정의 적용 근거가 된 공지디자인 또는 이들의 결합에 따라 쉽게 실시할 수 있는 디자인이 누구나 이용할 수 있는 공공의 영역에 있음을 전제로 한 자유실시디자인 주장은 허용되지 않고, 확인대상디자인과 등록디자인을 대비하는 방법에 의하여야 한다.**

  1) 디자인보호법은 출원 전에 공지·공용된 디자인이나 이와 유사한 디자인, 공지·공용된 디자인으로부터 쉽게 창작할 수 있는 디자인은 원칙적으로 디자인등록을 받을 수 없도록 규정하고 있다(디자인보호법 제33조). 그러나 이러한 신규성 및 창작비용이성에 관한 원칙을 너무 엄격하게 적용하면 디자인등록을 받을 수 있는 권리를 가진 자에게 지나치게 가혹하여 형평성을 잃게 되거나 산업의 발전을 도모하는 디자인보호법의 취지에 맞지 않는 경우가 생길 수 있으므로, 예외적으로 디자인등록을 받을 수 있는 권리를 가진 자가 일정한 요건과 절차를 갖춘 경우에는 디자인이 출원 전에 공개되었다고 하더라도 그 디자인은 신규성 및 창작비용이성을 상실하지 않는 것으로 취급하기 위하여 신규성 상실의 예외 규정(디자인보호법 제36조)을 두었다(대법원 2017. 1. 12. 선고 2014후1341 판결 참조).

  2) 신규성 상실 예외 규정의 적용을 받아 디자인으로 등록되면 위 예외 규정의 적용 없이 디자인등록된 경우와 동일하게 디자인권자는 업으로서 등록디자인 또는 이와 유사한 디자인을 실시할 권리를 독점한다(디자인보호법 제92조). 즉, 디자인등록출원 전 공공의 영역에 있던 디자인이라 하더라도 신규성 상실 예외 규정의 적용을 받아 등록된 디자인과 동일 또는 유사한 디자인이라면 등록디자인이 등록무효로 확정되지 않는 한 등록디자인의 독점·배타권의 범위에 포함되는 것이다.

  3) 신규성 상실의 예외를 인정함으로써 그 근거가 된 공지디자인을 기초로 등록디자인과 동일 또는 유사한 디자인을 실시한 제3자가 예기치 않은 불이익을 입는 경우가 있을 수 있는데 디자인보호법은 위와 같은 입법적 결단을 전제로 제3자와 디자인등록을 받을 수 있는 권리를 가진 자 사이의 이익균형을 도모하기 위하여 제36조 제2항에서 신규성 상실 예외 규정을 적용받아 디자인등록을 받을 수 있는 권리를 가진 자가 준수해야 할 시기적·절차적 요건을 정하고 있고, 신규성 상실 예외 규정을 적용받더라도 출원일 자체가 소급하지는 않는 것으로 하였다.

  4) 한편 등록디자인과 대비되는 확인대상디자인이 등록디자인의 출원 전에 그 디자인이 속하는 분야에서 통상의 지식을 가진 사람이 공지디자인 또는 이들의 결합에 따라 쉽게 실시할 수 있는 것인 때에는 등록디자인과 대비할 것도 없이 그 등록디자인의 권리범위에 속하지 않는다고 볼 수 있는데(대법원 2016. 8. 29. 선고 2016후878 판결 참조), 이는 등록디자인이 공지디자인으로부터 쉽게 창작 가능하여 무효에 해당하는지 여부를 직접 판단하지 않고 확인대상디자인을 공지디자인과 대

비하는 방법으로 확인대상디자인이 등록디자인의 권리범위에 속하는지를 결정함으로써 신속하고 합리적인 분쟁해결을 도모하기 위한 것이다(대법원 2017. 11. 14. 선고 2016후366 판결 참조).

5) 이와 같은 자유실시디자인 법리는 기본적으로 등록디자인의 출원 전에 그 디자인이 속하는 분야에서 통상의 지식을 가진 사람이 공지디자인 또는 이들의 결합에 따라 쉽게 실시할 수 있는 디자인은 공공의 영역에 있는 것으로 누구나 이용할 수 있어야 한다는 생각에 기초하고 있다. 그런데 디자인등록출원 전 공공의 영역에 있던 디자인이라고 하더라도 신규성 상실 예외 규정의 적용을 받아 등록된 디자인과 동일 또는 유사한 디자인이라면 등록디자인의 독점·배타권의 범위에 포함되게 된다. 그렇다면 이와 같이 신규성 상실 예외 규정의 적용 근거가 된 공지디자인 또는 이들의 결합에 따라 쉽게 실시할 수 있는 디자인이 누구나 이용할 수 있는 공공의 영역에 있다고 단정할 수 없으므로, 신규성 상실 예외 규정의 적용 근거가 된 공지디자인을 기초로 한 자유실시디자인 주장은 허용되지 않는다.

6) 제3자의 보호 관점에서 보더라도 디자인보호법이 정한 시기적·절차적 요건을 준수하여 신규성 상실 예외 규정을 받아 등록된 이상 입법자의 결단에 따른 제3자와의 이익균형은 이루어진 것으로 볼 수 있다. 또한 신규성 상실 예외 규정의 적용 근거가 된 공지디자인을 기초로 한 자유실시디자인 주장을 허용하는 것은 디자인보호법이 디자인권자와 제3자 사이의 형평을 도모하기 위하여 선사용에 따른 통상실시권(디자인보호법 제100조) 등의 제도를 마련하고 있음에도 공지디자인에 대하여 별다른 창작적 기여를 하지 않은 제3자에게 법정 통상실시권을 넘어서는 무상의 실시 권한을 부여함으로써 제3자에 대한 보호를 법으로 정해진 등록디자인권자의 권리에 우선하는 결과가 된다는 점에서도 위와 같은 자유실시디자인 주장은 허용될 수 없다.

판결이유

- 대법원은, 확인대상디자인이 등록디자인의 권리범위에 속하는지를 판단할 때 신규성 상실 예외 규정의 적용 근거가 된 공지디자인 또는 이들의 결합에 따라 쉽게 실시할 수 있는 디자인이 누구나 이용할 수 있는 공공의 영역에 있음을 전제로 한 자유실시디자인 주장은 허용되지 않고, 확인대상디자인과 등록디자인을 대비하는 방법에 의하여야 한다고 판단한 뒤, 원심이 **확인대상디자인이 이 사건 등록디자인에 신규성 상실의 예외 규정 적용의 근거가 된 이 사건 공지디자인으로부터 쉽게 창작할 수 있는 자유실시디자인이므로 이 사건 등록디자인의 권리범위에 포함되지 않는다고 판단한 것에는 신규성 상실의 예외 규정과 자유실시디자인에 관한 법리를 오해한 잘못이 있으나,** 확인대상디자인과 이 사건 등록디자인을 대비한 결과 확인대상디자인은 이 사건 등록디자인과 유사하지 않아 이 사건 등록디자인의 권리범위에 속하지 않으므로 결국 원심의 결론은 정당하다고 보아 상고를 기각함
- **특허법의 공지예외주장(제30조)에도 동일한 법리가 적용될 수 있다는 점에서 의의가 있음.**

기출 여부 (48회 이후)	특허법 학회 TOP 10	중요도
54회 (2017년) 문제 2	–	★★

050 특허권의 행사가 권리남용에 해당하는지 여부
서울중앙지방법원 2012. 8. 24. 선고 2011가합39552 판결 [특허침해금지 등]

판결요지

특허권은 업으로서 특허발명을 실시할 권리를 독점하는 배타적인 권리로서, 특허발명의 실시에 대한 독점적 권리를 부여함으로써 발명을 보호·권장하고 그 이용을 도모함으로써 기술의 발전을 촉진하여 산업발전에 이바지하려는 것인데, 특허권도 기본적으로는 사적 재산권의 성질을 가지지만 그 보호범위는 필연적으로는 사회적 제약을 받는다고 할 것인바, **상대방에 대한 특허권의 행사가 특허제도의 목적이나 기능을 일탈하여 공정한 경쟁질서와 거래 질서를 어지럽히고 수요자 또는 상대방에 대한 관계에서 신의성실의 원칙에 위배되는 등 법적으로 보호받을 만한 가치가 없다고 인정되는 경우**에는, 그 특허권의 행사는 설령 권리행사의 외형을 갖추었다 하더라도 등록특허에 관한 권리를 남용하는 것으로서 허용될 수 없고, **특허권의 행사를 제한하는 위와 같은 근거에 비추어 볼 때 특허권의 행사의 목적이 오직 상대방에게 고통을 주고 손해를 입히려는 데 있을 뿐 이를 행사하는 사람에게는 아무런 이익이 없어야 한다는 주관적 요건을 반드시 필요로 하는 것은 아니다**(대법원 2007. 1. 25. 선고 2005다67223 판결 참조).

판결이유

권리남용 해당 여부

가) 판단기준

일반적으로 권리행사가 권리의 남용에 해당한다고 할 수 있으려면 <u>주관적으로 그 권리행사의 목적이 오직 상대방에게 고통을 주고 손해를 입히려는 데 있을 뿐 행사하는 사람에게 아무런 이익이 없을 경우이어야 하고, 객관적으로는 그 권리행사가 사회질서에 위반된다고 볼 수 있어야</u> 하며, 이러한 경우에 해당하지 않는 한 비록 그 권리행사로 권리행사자가 얻는 이익보다 상대방이 잃을 손해가 현저히 크다 하여도 그 사정만으로는 이를 권리남용이라 할 수 없다(대법원 2011. 4. 28. 선고 2011다12163 판결 등 참조).

한편, 특허권은 업으로서 특허발명을 실시할 권리를 독점하는 배타적인 권리로서, 특허발명의 실시에 대한 독점적 권리를 부여함으로써 발명을 보호·권장하고 그 이용을 도모함으로써 기술의 발전을 촉진하여 산업발전에 이바지하려는 것인데, 특허권도 기본적으로는 사적 재산권의 성질을 가지지만 그 보호범위는 필연적으로는 사회적 제약을 받는다고 할 것인바, <u>상대방에 대한 특허권의 행사가 특허제도의 목적이나 기능을 일탈하여 공정한 경쟁질서와 거래 질서를 어지럽히고 수요자 또는 상대방에 대한 관계에서 신의성실의 원칙에 위배되는 등 법적으로 보호받을 만한 가치가 없다고 인정되는 경우</u>에는, 그 특허권의 행사는 설령 권리행사의 외형을 갖추었다 하더라도 등록특허에 관한 권리를 남용하는 것으로서 허용될 수 없고, 특허권의 행사를 제한하는 위와 같은 근거에 비추어 볼 때 <u>특허권의 행사의 목적이 오직 상대방에게 고통을 주고 손해를 입히려는 데 있을 뿐 이를 행사하는 사람에게는 아무런 이익이 없어야 한다는 주관적 요건을 반드시 필요로 하는 것은 아니다</u>(대법원 2007. 1. 25. 선고 2005다67223 판결 참조).

나) FRAND 선언 이후 성실한 협상의무를 준수하였는지 여부

(1) FRAND 선언을 한 표준특허권자는 그 표준특허를 실시하고자 하는 자에게 공정하고 합리적이고 비차별적인 FRAND 조건으로 라이센스를 허여하겠다는 명시적인 의사표시로서, FRAND 선언을 한 이후에는 표준특허 실시를 요구하는 자와 성실하게 협상하여야 할 의무를 부담한다고 할 것이고, 이러한 의무는 상대방이 명시적, 묵시적으로 협상거절 내지 포기의 의사표시를 하기 전까지는 라이센스 계약 대상인 당해 표준특허에 기하여 침해금지청구권을 행사하지 아니할 의무도 포함한다고 할 것이다. 그러나 이러한 FRAND 선언을 한 표준특허권자의 의무는 정상적으로 표준특허에 대한 실시 요구를 하는 잠재적 실시권자 또는 표준특허의 유효성을 전제로 FRAND 조건에 의한 표준특허에 대한 실시료 부담의사를 표시한 실시권자와 같은 이와 동일시 할 수 있는 제3자에게 부담하는 것이라고 봄이 상당하다.

(2) 한편, 원고가 애플에 대하여 FRAND 선언에 따른 성실한 협상을 하였는지 여부에 대하여 살피건대, 원고와 피고의 모회사인 애플은 이 사건 소 제기 이전에 원고의 애플에 대한 표준특허 침해 문제를 제기하였고, 원고의 이 사건 소제기 이후 별지 원고와 애플의 협상 경과 기재와 같이 서신을 통하여 표준특허에 대한 실시료율에 대한 협의를 한 사실은 앞서 인정한 바와 같고(갑 제115호증의 1 내지 7, 을 제76호증의 1 내지 16), 그 밖에 원고가 애플과의 협상 경과 및 그 과정, 변론 전체의 취지에 의한 다음과 같은 사정들 즉, 원고의 실시료율(2.4%)을 제시한 시기, 그 이후 표준특허에 대한 다른 실시료율을 제시한 바 없으며, 원고의 표준특허에 대한 실시료율에 대한 정보가 없는 애플의 인텔, 퀄컴 등에 대한 라이센스 정보공개 요구에 제대로 응하지 않은 점66), 원고가 제안한 실시료율의 구체적인 산정근거 등을 애플에 제공한 바도 없고, 증거로 제출한 실시료율에 관한 진술서(피터 그린들리)(갑 제105호증)에 의하더라도 실시료 산정근거를 파악하기 어려웠으며, 표준특허에 대한 필수요소 여부, 기술적 가치 등을 분석, 평가한 것을 토대로 한 협상을 시도하였는지 의문이고, 이를 전제로 한 실질적인 제안이나 협상을 하였다고 볼 자료는 없는 점, 원고로서는 애플의 디자인권, 비표준특허 침해에 관한 소 제기에 대응하는 차원에서 이 사건 소를 제기한 측면이 있고, 디자인권이나 비표준특허에 대하여는 FRAND 조건에 따른 라이센스 계약의 대상이 아님에도 애플과의 크로스 라이센싱 등을 통한 분쟁의 일괄 해결을 시도하려는 의도도 있었던 것으로 보이는 점 등에 비추어 보면, 원고가 비록 표준특허의 침해나 유효성을 인정하지는 않고 있는 애플의 FRAND 조건에 따른 실시료율 요구에 대해 표준특허에 대한 실시료율을 제시한 이후 애플이 제시한 실시료율과의 격차를 차이를 줄이거나 해소하기 위한 적극적이고 성실한 노력이나 실질적인 협상을 진행하였다고 보기는 어렵다고 할 것이다.

나아가, 애플이 원고에 대하여 표준특허에 대한 실시료율과 관련한 성실한 협상을 하였는지 여부에 대하여 살피건대, 앞서 본 바와 같은 원고와의 협상 경과 및 변론 전체의 취지에 비추어 본 다음과 같은 사정들 즉, 애플은 이 사건 소제기 이후 원고에게 표준특허의 유효나 침해를 인정하는 것이 아님을 전제로, 개별 표준특허 및 전체 포트폴리오에 대한 실시료율을 요구한 점, 애플은 그 과정에서 원고에게 비밀유지의무가 없는 정보제공을 요구하여 비밀유지약정까지 협상이 공전되기도 한 점, 원고의 표준특허에 대한 실시료율 제안에 대하여 표준특허 포트폴리오 전체에 대하여 0.275%(개별 특허 1건당 0.000738%)를 제시하여 원고의 제시한 실시료율과 현저한 차이가 발생하였는데, 그 이후에 별다른 수정 제안 없이 기존의 실시료율을 유지하였고, 위 표준특허와 관련한 분쟁이 발생된 국가에서만 조건부 금전예탁 개시 의사를 밝히는 등 개별적으로 대응한 점, 애플도 이 사건 표준특허를 비롯한 원고의 표준특허에 대한 필수요소 여부, 기술적 가치 등을 분석, 평가한 것을 토대로 한 제안이나 협상을 하였는지 의문이고, 이를 전제로 한 실질적인 제안이나 협상을 하였다고 볼 만한 자료는 없는 점, 국내에 특허 등록된 이 사건 표준특허의 라이센스와 관련하여 이 사건 변론종결 시까지 위 표준특허 유효와 침해를 전제로 한 협상은 이루어지지 않은 것으로 보이는 점, 애플은 일부 표준특허의 유효 및 침해를 전제로 실시료 지급의사를 밝히기도 하였으나, 그 범위 등에 비추어 보면 실시료 협상을 통한 라이센스 계약 체결 보다는 오히려 최종적인 소송 결과에 따라 그 이후 실시료 협상을 진행할 의도가 있었던 것으로 보이는 점, 그 후 애플은 제품가격이 아닌 모뎀칩 가격을 기준으로 한 애플의 표준특허에 대한 실시료율(물품 1개당 0.33$)을 제안하면서 동일한 조건에 의한 실시료율 적용을 제안하기도 한 점 등의 사정에 비추어 보면, **이 사건 표준특허의 실시권 허여 요청 없이 실시하여 오던 애플이 원고와 표준특허 전체에 대한 협상을 하거나 적정한 실시료율의 산정 등을 위한 다른 업체에 대한 라이센스 정보 요구 등의 행위가 있었다고 하더라도 원고가 제시한 실시료율과의 격차를 해소하기 위한 적극적인 노력이나 실질적인 협상을 하였다고 보기도 어렵다.**

다) 권리남용 해당 여부

(1) 민법상 권리남용 해당 여부

앞서 본 바와 같이 원고가 FRAND 선언 이후 애플과 사이에 표준특허에 관한 실시료율에 대하여 성실하게 협상한 것으로 보기는 어려우나, FRAND 조건에 부합하지 않는 과도한 실시료를 요구하였다고 단정하기는 어렵고, 나아가 이 사건 소제기에 이르게 된 경위와 원고와 애플 사이의 협상결과 등에 비추어 보면, 애플의 원고에 대한 디자인 등 비표준특허에 대한 침해금지 요구 및 소송의 제기에 대응하기 위하여 원고가 피고를 상대로 침해금지청구의 소를 제기한 사정은 있지만, **원고가 이 사건 표준특허를 보유하고, 피고가 그 중 일부 특허를 임의로 실시하여 침해하고 있는 점, 원고가 피고의 위와 같은 표준특허 침해행위로 인하여 원고에게 손해가 발생한 점, 또한 통신기술 분야는 많은 재정적 투자와 기술적인 노력이 필요한 분야로서, 전문화된 기술에 바탕을 둔 다양한 발명과 기술 표준화가 진행되는 등 통신 관련 특허의 기술적, 재산적 가치가 다른 분야에 비하여 소홀히 취급될 수는 없는 점**, 이 사건 소를 제기하게 된 경위와 실시료율 협상 경과 등을 종합하면, 원고가 피고에 대하여 이 사건 표준특허의 침해를 주장하면서 침해금지청구를 하는 것이 오로지 피고에게 고통을 주고 손해를 입히려고 하는 것으로서, 원고에게 아무런 이익은 없는 것이라고 할 수는 없으므로, 민법상의 권리남용에 해당한다고 할 수는 없다.

(2) 특허권 남용 해당 여부

특허권의 성질 및 특성상 그 특허발명에 대하여 존속기간 동안 독점적·배타적으로 실시할 수 있는 권리를 가지지만, 표준특허와 같이 특정 기술분야에서 해당 기술 발명을 실시하지 않고서는 표준 기술이나 규격에 맞는 장치나 방법을 구현할 수 없게 되거나 매우 곤란한 경우 또는 표준화기구에서 표준으로 채택한 규격을 기술적으로 구현하는 과정에서 필수적으로 이용, 실시해야 하는 표준선언 특허에 대하여 FRAND 선언을 한 경우에는 그 표준특허에 대하여는 산업발전이라는 특허법의 목적과 이념 등에 비추어 표준특허권자의 권리행사를 제한할 필요성이 있는바, **이러한 관점에서 원고가 위에서 본 바와 같이 FRAND 선언 이후 애플과의 실시료 협상을 성실하게 하지 않은 사정이 있더라도 그러한 사정이 상대방에 대한 표준특허권의 행사가 표준특허 제도의 목적이나 기능을 일탈하여 공정한 경쟁질서와 거래 질서를 어지럽히고, 수요자 또는 상대방에 대한 관계에서 신의성실의 원칙에 위배되는 등 법적으로 보호받을 만한 가치가 없는 경우에 해당하는지** 살펴본다.

위 인정사실 및 앞서든 각 증거에 의하여 인정되는 다음과 같은 사정들을 종합하면, **원고가 이 사건 표준특허에 관한 FRAND 선언 후 애플과의 성실한 실시료 협상을 소홀히 하면서 피고를 상대로 이 사건 소를 제기하고 유지하는 것이 표준특허제도의 목적이나 기능을 일탈하여 공정한 경쟁질서와 거래 질서를 어지럽히고, 상대방 등에 대한 관계에서 신의성실의 원칙에 위배 내지 사회질서에 반하는 정도에 이른 것이라고 단정할 수는 없으므로,** 특허권 남용 주장도 이유 없다.

㈎ 원고가 표준선언 특허에 대하여 FRAND 선언을 한 이상 표준특허를 실시하려는 자에게 FRAND 조건에 따른 실시권을 허여하고 성실하게 협상할 의무가 있으나, 표준화기구인 ESTI는

그 표준특허에 대한 실시권 허여(라이센스) 계약의 조건은 당사자 사이의 협상을 통해 정하도록 하고 있고, 표준특허라고 하더라도 실시권에 대한 허여 요구 없이 이를 무단으로 사용하는 실시권자에게 침해금지를 구하는 것이 표준특허제도의 목적이나 기능을 일탈한 것으로는 보기 어렵다.

(나) 피고의 모회사인 애플은 피고 제품의 생산, 판매 등을 위해서 3GPP 표준특허에 대한 존재와 피고 제품의 생산을 위하여 원고의 표준선언 특허에 대한 실시의 불가피성, 표준선언 특허에 대한 실시권 허여 방식 등을 충분히 검토하거나 인식하고 있었을 것인데, 이 사건 표준특허에 대하여 원고에게 사전에 또는 표준특허 실시과정에서 실시권 허여를 요구하거나 표준특허의 사용에 대한 협의 없이 사용하여 왔다.

(다) 애플은 2010. 7. 원고에 대한 디자인권 등의 침해 중지 요구 이후 원고로부터 표준특허에 대한 침해 문제를 제기 받았으나 협의가 이루어지지 않았고, 원고의 이 사건 소 제기 이후부터 원고에게 개별적인 표준특허 및 표준특허 포트폴리오 전체에 대한 FRAND 조건에 따른 실시료율 등을 요청하였으나, 위와 같은 실시료율의 요청 등은 표준특허의 유효성과 특허 침해의 인정을 전제로 한 것은 아니었으며, 이 사건 변론 종결시까지 이 사건 표준특허에 대하여도 같은 입장을 유지하고 있다.

(라) 원고가 제안한 표준특허에 대한 실시료율은 다른 표준특허를 보유 특허권자들의 통상적인 최초 제안 실시료율과 차이는 있었으나, 애플이 제안한 최초 실시료율과도 현저한 차이가 있었고, 비밀유지약정 체에 대한 논의 등으로 협상이 지연되기도 하였으며, 소 제기 이후 이 사건 변론종결시까지 1년 2개월 이상 협의하였으나 합의에는 이르지 못하였고, 협상 진행경과에 비추어 보면 그 원인이 원고가 일방적으로 성실한 실시료 협상에 응하지 않은 것이라고 단정할 수는 없다.

(마) 원고와 애플 사이의 쌍방 간의 서신을 통한 협상과정은 실시료율에 대한 의사확인을 하는 정도의 협상을 하였을 뿐이고, 위에서 본 바와 같은 이 사건 소 제기 경위, 원고가 제시한 실시료율과 협상 과정, 애플에게 제시한 실시료율이 FRAND 조건에 부합하는 것인지도 불명하고 산정근거 등을 제시한 바도 없으며, 그 이후 추가적인 제안을 이루어진 바도 없는 사정 등에 비추어 원고가 애플과 FRAND 선언에 따른 실시료 협상을 성실하게 하였다고 단정하기도 어렵다.

그러나 위에서 본 바와 같은 애플의 협상 태도와 진행 경과, 애플이 제시한 실시료율은 통상적인 협상과정에서 최초 제안하는 실시료율과도 차이가 있고, 그 산정근거에 비추어 보면 통신기술에 관한 표준특허의 가치를 매우 저평가한 것으로 보이는 점, 원고와 애플 사이의 거래관계 및 규모 등에 비추어 보면, 애플의 소송 제기에 대한 대응 내지 방어적인 차원에서 이 사건 소를 제기한 측면은 있으나, 원고가 애플이나 피고를 관련시장에서 배제시키거나 시장진입의 제한 등으로 공정한 경쟁을 제한하거나 거래질서를 혼란시키기 위한 의도나 목적에서 이 사건 소를 제기하거나 유지한 것으로는 보기는 어렵다.

(바) 라이센스 계약은 일반적으로는 실시권자가 특허의 유효성을 인정하는 것을 제로 실시료 협상을 하여 계약을 체결하지만, 그 특허의 효력이나 침해에 대한 다툼이 있는 실시권자에게 특허의 효력 등을 다투지 못하도록 부쟁의무(不爭義務)를 부과하는 것은 신의성실의 원칙에 반할 여지가 있는데, ESTI 지적재산권 가이드 4.5조에서도 표준 특허 침해 여부가 불분명한 경우에 리스크를 최소화하기 위한 금전적 대가 기탁 방안 등을 예시하고 있다.

그런데 애플은 이 사건 변론종결 시까지 이 사건 표준특허에 관하여 유효성이나 침해의 인정을 전제로 한 FRAND 조건에 따른 실시권 허여를 요구한 바도 없고, 일본, 네덜란드 등에서의 표준특허 침해 분쟁에서는 침해라고 주장하는 표준특허에 대하여 가정적으로 유효성과 침해를 인정하는 것을 전제로 자신의 기준에 의해 산정한 예상 실시료액 내지 침해로 인한 금전적인 대가를 기탁을 하거나 기탁의 의사68)를 밝히기도 하였는데, 국내에 등록된 이 사건 표준특허에 대하여는 쟁송과정에서 이러한 제안이나 조치를 취한 바도 없었고, 개별적인 특허에 대한 협상이 진행되었다고 볼 만한 자료도 없다.

㈏ 애플이 원고를 상대로 침해금지 청구를 제기한 디자인권 등은 비표준특허로서 FRAND 선언을 한 표준특허와 달리 대체 기술의 채택이 가능하고 원칙적으로 제3자에 대한 실시권 허여 의무를 부담하지 아니하여 원고를 상대로 한 위와 같은 소 제기가 신의성실의 원칙에 반한다고 할 수 없고, 소 제기 자체를 협상에 대한 포기로 단정할 수도 없으며, 애플로서는 다른 사업자로부터 이 사건 표준특허가 구현된 이 사건 모뎀칩을 구매하여 사용하고 있고, 구체적인 실시료율 산정에 대한 어려움 등으로 다른 실시권자와의 표준특허에 관한 라이센스 계약 정보의 공개 등을 요구한 사정도 있다.

그러나 일반적으로 라이센스 계약을 체결하면서 비밀유지약정을 체결하고, 애플로서도 이러한 사정을 충분히 알고 있는 것으로 보이며, 이 사건 소제기 이후의 협상과정, 애플이 제시하는 실시료율과 산정근거 등에 비추어 보면 애플에서도 이 사건 표준특허에 대한 합리적인 평가와 검증 등을 통한 실시료율의 산정 등을 위한 성실한 협상을 하기 보다는 FRAND 선언을 한 표준특허에 대한 침해금지청구를 회피하려는 의도도 있는 것으로 보이며, 라이센스 계약의 체결을 통한 표준특허의 사용보다는 FRAND 선언을 한 표준특허에 대하여 해당 특허의 유효 및 침해를 인정하지 않은 채 소송과정을 거쳐 실시료를 지급하려는 의사도 있었던 것으로 보인다.

㈐ 표준화기구(ESTI)의 정책 목적, 표준화의 이념 등에 비추어 보면 특허권자는 FRAND 선언을 한 후 향후 표준특허에 대하여 실시권 허여를 요청하는 제3자에 대하여 성실하게 실시료 등을 FRAND 조건에 따라 협상할 의무가 있는 반면에, 반면에 표준특허를 실시하고자 하는 잠재적 실시권자 내지 제3자로서 필수적인 표준특허를 이용하려면 정당하게 실시권 허여를 요청하고, 특허권자와 실시료에 대한 협상을 해야할 의무를 함께 부담한다고 할 것인데, 특허권자에게 실시권의 허여 요청 등도 없이 일방적으로 표준특허를 실시하는 경우까지 침해금지 등을 청구할 수 없도록 하는 것은 악의적인 실시권자 내지 잠재적 실시권자를 더 보호하는 결과가 되어 특허제도의 본질에도 반한다.

라) 소결론

따라서 원고가 이 <u>사건 표준특허의 침해를 전제로 한 침해금지청구를 하는 것이 FRAND 선언에 위반한 행위로서 권리남용에 해당한다고 할 수 없으므로</u>, 피고의 위 주장은 이유 없다.

기출 여부 (48회 이후)	특허법 학회 TOP 10	중요도
58회 (2021년) 문제 2	–	★★

051 종전 무효심판청구의 청구사유와 동일한 사유를 들어 심판청구를 한 것이 권리남용에 해당하는지 여부

특허법원 2016. 9. 30. 선고 2016허4405 판결 [등록무효(특)]

판결요지

일반 민사소송절차에서 패소한 당사자가 동일 당사자를 상대로 동일 청구에 대하여 다시 소를 제기하는 경우가 종종 있으나, 이러한 경우 확정판결의 기판력의 법리에 따라 판결하는 것이 보통이고, **수회에 걸쳐 같은 이유로 청구가 기각당하여 확정되었음에도 법률상 받아들일 수 없음이 명백한 이유를 들어 거듭 청구하는 등의 특별한 사정이 없는 한 이를 권리남용 또는 소권 남용으로 의율하지는 아니한다.** 이는 패소 확정판결을 받은 당사자가 억울하다고 여기는 부분이 있어 권리구제를 받기 위하여 동일 당사자를 상대로 다시 소 제기를 하는 것을 가리려 곧바로 그릇된 재판청구권의 행사라고 보기는 어렵기 때문이다.

판결이유

이 사건 심판청구가 권리남용에 해당하는지 여부

피고는, 이 사건 특허발명에 대하여 8개의 무효심판을 거쳤고, 무효심판청구시로부터 위 대법원 판결이 선고되기까지 5년의 기간이 소요되었음에도, 원고가 자기에게 불리한 판결이 내려질 것으로 예상하고 **위 대법원 판결 선고기일을 통지받은 후 선고일 바로 전날에 다시 종전 무효심판청구의 청구사유와 동일한 사유를 들어 이 사건 심판청구를 한 것**은 권리남용에 해당한다고 주장한다.

그러나 피고가 주장하는 바와 같은 사정을 감안하더라도, 다음과 같은 점들에 비추어 보면 원고의 이 사건 심판청구가 권리남용에 해당한다고 단정하기는 어려우므로, 피고의 위 주장은 받아들일 수 없다.

① 일반 민사소송절차에서 패소한 당사자가 동일 당사자를 상대로 동일 청구에 대하여 다시 소를 제기하는 경우가 종종 있으나, **이러한 경우 확정판결의 기판력의 법리에 따라 판결하는 것이 보통**이고, 수회에 걸쳐 같은 이유로 청구가 기각당하여 확정되었음에도 **법률상 받아들일 수 없음이 명백한 이유를 들어 거듭 청구하는 등의 특별한 사정이 없는 한 이를 권리남용 또는 소권 남용으로 의율하지는 아니한다.** 이는 패소 확정판결을 받은 당사자가 억울하다고 여기는 부분이 있어 권리구제를 받기 위하여 **동일 당사자를 상대로 다시 소 제기를 하는 것을 가리려 곧바로 그릇된 재판청구권의 행사라고 보기는 어렵기** 때문이다.

② 기초사실에서 본 바와 같이 원고가 종전 무효심판청구에서 진보성 부정뿐만 아니라 기재불비 등의 사유를 들어 이 사건 특허가 무효라고 주장하였으나 1차 심결에서 그 주장이 모두 배척되었음에도, **1차 심결에 대한 심결취소소송에서는 진보성 부정만을 특허무효사유로 다투었다가 패소하였다.** 그런데 원고는 **이 사건 심판청구에서 심결취소소송에서는 주장하지 아니한 기재불비 사유만을 특허무효사유로 주장**하고 있으며, 이 사건 심판청구를 제기한 이유는 1차 심결취소소송에서 기재불비 사유를 주장하지 아니하여 그에 대한 법원의 판단을 받지 아니하였으므로 그에 대한 판단을 받기 위해서라는 것이다.

기출 여부 (48회 이후)	특허법 학회 TOP 10	중요도
56회 (2019년) 문제 3	2019	★★

052 방법발명의 특허권 소진 사건
대법원 2019. 1. 31. 선고 2017다289903 판결 [손해배상(지)] [공2019상,622]

판결요지

1. 특허권 소진의 인정 여부

특허법 제2조 제3호는 발명을 '물건의 발명', '방법의 발명', '물건을 생산하는 방법의 발명'으로 구분하고 있다. '물건의 발명'(이하 '물건발명'이라고 한다)에 대한 **특허권자 또는 특허권자로부터 허락을 받은 실시권자**(이하 '특허권자 등'이라고 한다)**가 우리나라에서 그 특허발명이 구현된 물건을 적법하게 양도하면, 양도된 당해 물건에 대해서는 특허권이 이미 목적을 달성하여 소진된다.** 따라서 양수인이나 전득자(이하 '양수인'이라고 한다)가 그 물건을 사용, 양도하는 등의 행위에 대하여 특허권의 효력이 미치지 않는다. **'물건을 생산하는 방법의 발명'에 대한 특허권자 등이 우리나라에서 그 특허방법에 의하여 생산한 물건을 적법하게 양도한 경우에도 마찬가지이다.** '물건을 생산하는 방법의 발명'을 포함한 '방법의 발명'(이하 통틀어 '방법발명'이라고 한다)에 대한 특허권자 등이 우리나라에서 그 특허방법의 사용에 쓰이는 물건을 적법하게 양도한 경우로서 **그 물건이 방법발명을 실질적으로 구현한 것이라면, 방법발명의 특허권은 이미 목적을 달성하여 소진**되었으므로, 양수인 등이 그 물건을 이용하여 방법발명을 실시하는 행위에 대하여 특허권의 효력이 미치지 않는다.

2. 방법발명에 대한 특허권 소진의 인정 근거

방법발명도 그러한 방법을 실시할 수 있는 장치를 통하여 물건에 특허발명을 실질적으로 구현하는 것이 가능한데, **방법발명이 실질적으로 구현된 물건을 특허권자 등으로부터 적법하게 양수한 양수인 등이 그 물건을 이용하여 방법발명을 실시할 때마다 특허권자 등의 허락을 받아야 한다면, 그 물건의 자유로운 유통 및 거래안전을 저해할 수 있다.** 그리고 특허권자는 특허법 제127조 제2호에 의하여 방법발명의 실시에만 사용되는 물건을 양도할 권리를 사실상 독점하고 있는 이상 **양수인 등이 그 물건으로 방법발명을 사용할 것을 예상하여 그 물건의 양도가액 또는 실시권자에 대한 실시료를 결정할 수 있으므로, 특허발명의 실시 대가를 확보할 수 있는 기회도 주어져 있다.** 또한, 물건발명과 방법발명은 실질적으로 동일한 발명일 경우가 적지 않고, 그러한 경우 특허권자는 필요에 따라 특허청구항을 물건발명 또는 방법발명으로 작성할 수 있으므로, **방법발명을 특허권 소진 대상에서 제외할 합리적인 이유가 없다.** 오히려 방법발명을 일률적으로 특허권 소진 대상에서 제외한다면 특허권자는 특허청구항에 방법발명을 삽입함으로써 특허권 소진을 손쉽게 회피할 수 있게 된다.

3. 실질적 구현 여부의 판단 기준

어떤 물건이 방법발명을 실질적으로 구현한 것인지 여부는 **사회통념상 인정되는 그 물건의 본래 용도가 방법발명의 실시뿐이고 다른 용도는 없는지 여부, 그 물건에 방법발명의 특유한 해결수단이 기초하고 있는 기술사상의 핵심에 해당하는 구성요소가 모두 포함되었는지 여부, 그 물건을 통해서 이루어지는 공정이 방법발명의 전체 공정에서 차지하는 비중 등 위의 각 요소들을 종합적으로 고려하여** 사안에 따라 구체적·개별적으로 판단하여야 한다. 사회통념상 인정되는 물건의 본래 용도가 방법발명의 실시뿐이고 다른 용도는 없다고 하기 위해서는, **그 물건에 사회통념상 통용되고**

승인될 수 있는 경제적, 상업적 또는 실용적인 다른 용도가 없어야 한다. 이와 달리 단순히 특허방법 이외의 다른 방법에 사용될 이론적, 실험적 또는 일시적 사용가능성이 있는 정도에 불과한 경우에는 그 용도는 사회통념상 인정되는 그 물건의 본래 용도라고 보기 어렵다.

4. **당사자가 주장한 사항에 대한 구체적·직접적인 판단이 판결 이유에 표시되어 있지 않지만 판결 결과에 영향이 없는 경우, 판단누락의 위법이 있다고 할 수 있는지 여부**

당사자가 주장한 사항에 대한 구체적·직접적인 판단이 판결 이유에 표시되어 있지 않았더라도 판결 결과에 영향이 없다면 판단누락의 위법이 있다고 할 수 없다.

판결이유

1. 상고이유 제1점, 제2점, 제3점에 관하여

가. 특허권 소진의 인정 여부

특허법 제2조 제3호는 발명을 '물건의 발명', '방법의 발명', '물건을 생산하는 방법의 발명'으로 구분하고 있다.

'물건의 발명'(이하 '물건발명'이라고 한다)에 대한 특허권자 또는 특허권자로부터 허락을 받은 실시권자(이하 '특허권자 등'이라고 한다)가 우리나라에서 그 특허발명이 구현된 물건을 적법하게 양도하면, 양도된 당해 물건에 대해서는 특허권이 이미 목적을 달성하여 소진된다. 따라서 양수인이나 전득자(이하 '양수인 등'이라고 한다)가 그 물건을 사용, 양도하는 등의 행위에 대하여 특허권의 효력이 미치지 않는다. '물건을 생산하는 방법의 발명'에 대한 특허권자 등이 우리나라에서 그 특허방법에 의하여 생산한 물건을 적법하게 양도한 경우에도 마찬가지이다.

'물건을 생산하는 방법의 발명'을 포함한 '방법의 발명'(이하 통틀어 '방법발명'이라고 한다)에 대한 특허권자 등이 우리나라에서 그 특허방법의 사용에 쓰이는 물건을 적법하게 양도한 경우로서 그 물건이 방법발명을 실질적으로 구현한 것이라면, 방법발명의 특허권은 이미 목적을 달성하여 소진되었으므로, 양수인 등이 그 물건을 이용하여 방법발명을 실시하는 행위에 대하여 특허권의 효력이 미치지 않는다.

나. 방법발명에 대한 특허권 소진의 인정 근거

방법발명도 그러한 방법을 실시할 수 있는 장치를 통하여 물건에 특허발명을 실질적으로 구현하는 것이 가능한데, 방법발명이 실질적으로 구현된 물건을 특허권자 등으로부터 적법하게 양수한 양수인 등이 그 물건을 이용하여 방법발명을 실시할 때마다 특허권자 등의 허락을 받아야 한다면, 그 물건의 자유로운 유통 및 거래안전을 저해할 수 있다. 그리고 특허권자는 특허법 제127조 제2호에 의하여 방법발명의 실시에만 사용되는 물건을 양도할 권리를 사실상 독점하고 있는 이상 양수인 등이 그 물건으로 방법발명을 사용할 것을 예상하여 그 물건의 양도가액 또는 실시권자에 대한 실시료를 결정할 수 있으므로, 특허발명의 실시 대가를 확보할 수 있는 기회도 주어져 있다. 또한, 물건발명과 방법발명은 실질적으로 동일한 발명일 경우가 적지 않고, 그러한 경우 특허권자는 필요에 따라 특허청구항을 물건발명 또는 방법발명으로 작성할 수 있으므로, 방법발명을 특허권 소진 대상에서 제외할 합리적인 이유가 없다. 오히려 방법발명을 일률적으로 특허권 소진 대상에서 제외한다면 특허권자는 특허청구항에 방법발명을 삽입함으로써 특허권 소진을 손쉽게 회피할 수 있게 된다.

다. 실질적 구현 여부의 판단 기준

어떤 물건이 방법발명을 실질적으로 구현한 것인지 여부는 사회통념상 인정되는 그 물건의 본래 용도가 방법발명의 실시뿐이고 다른 용도는 없는지 여부, 그 물건에 방법발명의 특유한 해결수단이 기초하고 있는 기술사상의 핵심에 해당하는 구성요소가 모두 포함되었는지 여부, 그 물건을 통해서 이루어지는 공정이 방법발명의 전체 공정에서 차지하는 비중 등 위의 각 요소들을 종합적으로 고려하여 사안에 따라 구체적·개별적으로 판단하여야 한다.

사회통념상 인정되는 물건의 본래 용도가 방법발명의 실시뿐이고 다른 용도는 없다고 하기 위해서는, 그 물건에 사회통념상 통용되고 승인될 수 있는 경제적, 상업적 또는 실용적인 다른 용도가 없어야 한다. 이와 달리 단순히 특허방법 이외의 다른 방법에 사용될 이론적, 실험적 또는 일시적 사용가능성이 있는 정도에 불과한 경우에는 그 용도는 사회통념상 인정되는 그 물건의 본래 용도라고 보기 어렵다(대법원 2009. 9. 10. 선고 2007후3356 판결 참조).

라. 이 사건에 대한 판단

(1) 원심은 다음과 같은 사정 등을 들어, 이 사건 각 용접기가 이 사건 특허발명을 실질적으로 구현한 물건에 해당하고, 피고 주식회사 티티에스(이하 '피고 회사'라고 한다)가 적법하게 이 사건 각 용접기의 소유권을 취득하였으므로, 이 사건 각 용접기에 대해서는 이 사건 특허발명의 특허권이 소진되었다고 판단하였다.

㈎ 이 사건 **각 용접기의 본래 용도는 이 사건 특허발명을 실시하는 것뿐이고, 이 사건 각 용접기에 사회통념상 통용되고 승인될 수 있는 경제적, 상업적 또는 실용적인 다른 용도가 존재한다고 보기 어렵다.**

㈏ 이 사건 각 용접기를 통해서 이루어지는 용접 공정은 이 사건 특허발명의 전체 공정에 걸쳐 있고, **이 사건 각 용접기의 프로브와 프로브 핀이 이 사건 특허발명에서 한정한 형상 및 기울기를 모두 구비하고 있으며, 이 사건 각 용접기가 이 사건 특허발명에 의하여 달성되는 작용효과를 나타내므로, 이 사건 각 용접기는 이 사건 특허발명의 특유한 해결수단이 기초한 기술사상의 핵심에 해당하는 구성요소를 모두 포함**한 것으로 볼 수 있다.

㈐ 원고는 원고 보조참가인(이하 '참가인'이라고 한다)과 사이에 이 사건 실시계약을 체결하면서 이 사건 특허발명을 실시하는 데 **적합한 장비를 제조·판매할 권한을 참가인에게 명시적으로 부여하였으므로, 참가인이 피고 회사에 이 사건 각 용접기를 판매한 것은 특허권자인 원고의 허락하에 이루어진 적법한 양도에 해당**한다.

(2) 원심판결 이유를 앞서 본 법리와 기록에 비추어 살펴보면, 원심의 이러한 판단에 상고이유 주장과 같이 특허법 제2조 및 특허권 소진에 관한 법리를 오해하거나 논리와 경험의 법칙을 위반하여 자유심증주의의 한계를 벗어나는 등의 잘못이 없다.

2. 상고이유 제4점에 관하여

원심은, 원고가 제1심 제1차 변론기일에서 소장의 진술을 통하여 이 사건 각 용접기가 오로지 이 사건 특허발명의 실시를 위한 장비 **즉, 이 사건 특허발명의 실시를 위한 전용품임을 스스로 인정함으로써 재판상 자백이 성립하였다고 판단**한 다음, 위 자백이 진실에 반하고 착오에 의한 것임을 인정하기 어렵다는 이유로 원고의 자백취소에 관한 주장을 배척하였다.

원심판결 이유를 관련 법리와 기록에 비추어 살펴보면, 원심의 이러한 판단에 상고 이유 주장과 같이 자백의 구속력 및 자백취소에 관한 법리를 오해한 잘못이 없다.

3. 상고이유 제5점에 관하여

당사자가 주장한 사항에 대한 구체적·직접적인 판단이 판결 이유에 표시되어 있지 않았더라도 판결 결과에 영향이 없다면 판단누락의 위법이 있다고 할 수 없다(대법원 2002. 12. 26. 선고 2002다56116 판결 등 참조).

피고 회사가 이 사건 각 용접기의 일부를 사용하는지 여부에 관하여 원심이 아무런 판단을 하지 않았음은 상고이유 주장과 같으나, 앞서 본 바와 같은 이유로 **이 사건 각 용접기에 대하여 특허권이 소진되어 특허권 침해가 성립하지 않는 이상**, 원심의 이러한 판단누락은 판결의 결과에 영향을 미치는 것이라고 할 수 없으므로, 이에 관한 원고의 상고이유 주장은 받아들일 수 없다.

4. 결론

그러므로 상고를 모두 기각하고, 상고비용은 보조참가로 인한 부분을 포함하여 패소자가 부담하기로 하여, 관여 대법관의 일치된 의견으로 주문과 같이 판결한다.

기출 여부 (48회 이후)	특허법 학회 TOP 10	중요도
60회 (2023년) 문제 1	–	★★★

053 특허권 소진과 권리범위확인심판 간 관계
대법원 2010. 12. 9. 선고 2010후289 판결 [권리범위확인(특)] [공2011상,146]

판결요지

특허권의 적극적 권리범위 확인심판은 특허발명의 보호범위를 기초로 하여 심판청구인이 확인대상발명에 대하여 특허권의 효력이 미치는가를 확인하는 권리확정을 목적으로 한 것이므로, 설령 확인대상발명의 실시와 관련된 특정한 물건과의 관계에서 특허권이 소진되었다 하더라도 그와 같은 사정은 **특허권 침해소송에서 항변으로 주장함은 별론으로 하고 확인대상발명이 특허권의 권리범위에 속한다는 확인을 구하는 것과는 아무런 관련이 없다**.

판결이유

1. 균등론에 관한 상고이유에 대하여

원심판결 이유를 기록에 비추어 살펴보면, 원심이 명칭을 '유기성 폐기물을 순간 고온처리하여 사료를 제조하는 방법'으로 하는 이 사건 특허발명(특허번호 제178505호) 특허청구범위 제1, 2항(이하 '이 사건 제1, 2항 발명'이라 한다)의 원심 판시 구성요소 2는 임펠라의 회전속도가 3,000rpm으로 한정되어 있는 반면, 이에 대응하는 원심 판시 확인대상발명의 구성은 프로펠러(임펠라)의 회전속도가 1,450rpm인 점에서 차이가 있기는 하지만, **위와 같은 임펠라 회전속도의 차이는 그 판시와 같은 이유로 균등한 기술구성의 범위 내에 있다고 본 다음, 확인대상발명은 이 사건 제1, 2항 발명의 각 구성과 동일하거나 균등한 구성을 포함하고 있어 그 권리범위에 속한다는 취지로 판단하였음은 정당**하고, 원심판결에 상고이유의 주장과 같은 균등론에 관한 법리오해 등의 위법이 없다.

2. 특허권 소진에 관한 상고이유에 대하여

특허권의 적극적 권리범위 확인심판은 특허발명의 보호범위를 기초로 하여 심판청구인이 그 청구에서 심판의 대상으로 삼은 발명(이하 '확인대상발명'이라 한다)에 대하여 특허권의 효력이 미치는가를 확인하는 권리확정을 목적으로 한 것이므로, 설령 확인대상발명의 실시와 관련된 특정한 물건과의 관계에서 특허권이 소진되었다 하더라도 그와 같은 사정은 특허권 침해소송에서 항변으로 주장함은 별론으로 하고 확인대상발명이 특허권의 권리범위에 속한다는 확인을 구하는 것과는 아무런 관련이 없다고 할 것이다(대법원 1974. 8. 30. 선고 73후8 판결, 대법원 1982. 10. 26. 선고 82후24 판결 등 참조).

원심판결 이유에 의하면, 방법의 발명인 이 사건 제1, 2항 발명의 실시에만 사용되는 것으로서 이 사건 특허권의 공유자 중 1인이던 소외 1의 소유였던 **사료제조설비(이하 '이 사건 설비'라 한다)가 소외 2를 거쳐 피고에게 양도된 이상 원고들의 이 사건 제1, 2항 발명에 대한 특허권은 피고가 이 사건 설비를 사용하여 확인대상발명을 실시하는 것과 관련해서는 이미 소진**되었으므로, 원고들이 이러한 소진된 특허권을 근거로 하여 이 사건 권리범위 확인심판 청구를 하는 것은 확인의 이익이 없어 부적법하다는 피고의 주장에 대하여, 원심은 그 판시와 같은 이유로 피고가 이 사건 설비를 이용하여 확인대상발명을 실시하는 것과 관련하여 원고들의 이 사건 제1, 2항 발명에 대한 특허권이 소진되지 않았다고 판단하여 피고의 위 주장을 배척하였다.

위 법리와 기록에 비추어 살펴보면, 피고가 이 사건 설비를 이용하여 확인대상발명을 실시하는 것과 관련하여 원고들의 **이 사건 제1, 2항 발명에 대한 특허권이 소진되었는지 여부는 확인대상발명이 그 권리범위에 속한다는 확인을 구하는 것과는 아무런 관련이 없어**, 원고들의 이 사건 제1, 2항 발명에 대한 특허권이 소진되지 않았다는 원심판단의 당부는 판결 결과에 영향을 미칠 수 없는 것이므로, 이에 관한 상고이유의 주장은 더 나아가 살펴 볼 필요 없이 받아들일 수 없다.

3. 결론

그러므로 상고를 모두 기각하고, 상고비용은 패소자가 부담하기로 하여 관여 대법관의 일치된 의견으로 주문과 같이 판결한다.

기출 여부 (48회 이후)	특허법 학회 TOP 10	중요도
56회 (2019년) 문제 1	2017	★★★

054 문언 침해와 자유실시기술 사건
대법원 2017. 11. 14. 선고 2016후366 판결 [권리범위확인(특)] [공2017하,2359]

판결요지

1. 특허발명의 진보성이 부정되는 경우, 특허권의 권리범위 확인심판에서 등록되어 있는 특허권의 효력을 부인할 수 있는지 여부

특허법은 권리범위 확인심판과 특허 무효심판을 별도로 규정하고 있다. 특허권의 권리범위 확인심판은 심판청구인이 그 청구에서 심판의 대상으로 삼은 확인대상 발명이 등록된 특허발명의 보호범위에 속하는지를 확인하는 절차이다(특허법 제135조). 특허 무효심판은 등록된 특허에 무효 사유가 있는지를 판단하는 절차로서 특허를 무효로 한다는 심결이 확정되면 특허권은 소급적으로 소멸한다(특허법 제133조). **특허가 진보성이 없어 무효 사유가 있는 경우에도 특허 무효심판에서 무효 심결이 확정되지 않으면, 특별한 사정이 없는 한 다른 절차에서 그 특허가 무효임을 전제로 판단할 수는 없다**. 특허발명의 보호범위를 판단하는 절차로 마련된 권리범위 확인심판에서 특허의 진보성 여부를 판단하는 것은 권리범위 확인심판의 **판단 범위를 벗어날 뿐만 아니라, 본래 특허 무효심판의 기능에 속하는 것을 권리범위 확인심판에 부여하는 것이 되어 위 두 심판 사이의 기능 배분에 부합하지 않는다**.

따라서 특허발명이 공지의 기술인 경우 등을 제외하고는 특허발명의 진보성이 부정되는 경우에도 권리범위 확인심판에서 등록되어 있는 특허권의 효력을 당연히 부인할 수는 없다.

2. 권리범위 확인심판에서 확인대상 발명이 이른바 자유실시기술인 경우 특허발명과 대비할 필요 없이 특허발명의 권리범위에 속하지 않는다고 보아야 하는지 여부 및 확인대상 발명이 이른바 문언 침해에 해당하는 경우에도 이러한 자유실시기술 법리가 적용되는지 여부

권리범위 확인심판에서 특허발명과 대비되는 확인대상 발명이 공지의 기술만으로 이루어진 경우뿐만 아니라 그 기술분야에서 통상의 지식을 가진 자가 공지기술로부터 쉽게 실시할 수 있는 경우에는 이른바 자유실시기술로서 특허발명과 대비할 필요 없이 특허발명의 권리범위에 속하지 않는다고 보아야 한다. 이러한 방법으로 **특허발명의 무효 여부를 직접 판단하지 않고 확인대상 발명을 공지기술과 대비하여 확인대상 발명이 특허발명의 권리범위에 속하는지를 결정함으로써 신속하고 합리적인 분쟁해결을 도모**할 수 있다.

자유실시기술 법리의 본질, 기능, 대비하는 대상 등에 비추어 볼 때, 위 법리는 특허권 침해 여부를 판단할 때 일반적으로 적용되는 것으로, 확인대상 발명이 결과적으로 특허발명의 청구범위에 나타난 모든 구성요소와 그 유기적 결합관계를 그대로 가지고 있는 이른바 문언 침해(literal infringement)에 해당하는 경우에도 그대로 적용된다.

판결이유

1. 특허법은 권리범위 확인심판과 특허 무효심판을 별도로 규정하고 있다. 특허권의 권리범위 확인심판은 심판청구인이 그 청구에서 심판의 대상으로 삼은 확인대상 발명이 등록된 특허발명의 보호범위에 속하는지 여부를 확인하는 절차이다(특허법 제135조). 특허 무효심판은 등록된 특허에 무효

사유가 있는지를 판단하는 절차로서 특허를 무효로 한다는 심결이 확정되면 그 특허권은 소급적으로 소멸한다(특허법 제133조). 특허가 진보성이 없어 무효 사유가 있는 경우에도 특허 무효심판에서 무효 심결이 확정되지 않으면, 특별한 사정이 없는 한 다른 절차에서 그 특허가 무효임을 전제로 판단할 수는 없다. 특허발명의 보호범위를 판단하는 절차로 마련된 권리범위 확인심판에서 특허의 진보성 여부를 판단하는 것은 권리범위 확인심판의 판단 범위를 벗어날 뿐만 아니라, 본래 특허 무효심판의 기능에 속하는 것을 권리범위 확인심판에 부여하는 것이 되어 위 두 심판 사이의 기능 배분에 부합하지 않는다(대법원 2014. 3. 20. 선고 2012후4162 전원합의체 판결 참조).

따라서 특허발명이 공지의 기술인 경우 등을 제외하고는 특허발명의 진보성이 부정되는 경우에도 권리범위 확인심판에서 등록되어 있는 특허권의 효력을 당연히 부인할 수는 없다(대법원 1983. 7. 26. 선고 81후56 전원합의체 판결, 대법원 2002. 6. 14. 선고 2000후235 판결, 대법원 1998. 10. 27. 선고 97후2095 판결, 위 대법원 2012후4162 전원합의체 판결 등 참조).

그러나 권리범위 확인심판에서 특허발명과 대비되는 확인대상 발명이 공지의 기술만으로 이루어진 경우뿐만 아니라 그 기술분야에서 통상의 지식을 가진 자가 공지기술로부터 쉽게 실시할 수 있는 경우에는 이른바 자유실시기술로서 특허발명과 대비할 필요 없이 특허발명의 권리범위에 속하지 않는다고 보아야 한다(대법원 2001. 10. 30. 선고 99후710 판결 등 참조). 이러한 방법으로 특허발명의 무효 여부를 직접 판단하지 않고 확인대상 발명을 공지기술과 대비하는 방법으로 확인대상 발명이 특허발명의 권리범위에 속하는지를 결정함으로써 신속하고 합리적인 분쟁해결을 도모할 수 있다.

자유실시기술 법리의 본질, 기능, 대비하는 대상 등에 비추어 볼 때, 위 법리는 특허권 침해 여부를 판단할 때 일반적으로 적용되는 것으로, 확인대상 발명이 결과적으로 특허발명의 청구범위에 나타난 모든 구성요소와 그 유기적 결합관계를 그대로 가지고 있는 이른바 문언 침해(literal infringement)에 해당하는 경우에도 그대로 적용된다.

2. 그런데도 원심은 자유실시기술의 법리는 확인대상 발명이 특허발명의 권리범위를 문언 침해하는 경우에는 적용되지 않는다는 이유로 이 사건 특허발명(특허번호 생략)의 청구범위 제1항과의 관계에서 확인대상 발명이 자유실시기술인지 여부를 판단하지 않은 채 피고의 자유실시기술 주장을 배척하였다. 이러한 원심판결에는 자유실시기술에 관한 법리를 오해하여 필요한 심리를 다하지 않는 등으로 판결에 영향을 미친 잘못이 있다.

CHAPTER 05 특허권 침해로 인한 손해배상

기출 여부 (48회 이후)	특허법 학회 TOP 10	중요도
-	-	★★

055 단위수량당 이익액 판단기준
특허법원 2017. 4. 28. 선고 2016나1424 판결 [특허권침해금지등]

판결요지

특허법 제128조 제2항은 특허권자 또는 전용실시권자는 고의나 과실로 자기의 특허권 또는 전용실시권을 침해한 자에 대하여 그 침해에 의하여 자기가 입은 손해의 배상을 청구하는 경우 그 권리를 침해한 자가 그 침해행위를 하게 한 물건을 양도하였을 때에는 그 물건의 양도수량에 특허권자 또는 전용실시권자가 그 침해행위가 없었다면 판매할 수 있었던 물건의 단위수량당 이익액을 곱한 금액을 특허권자 또는 전용실시권자가 입은 손해액으로 할 수 있다. 라고 규정하고 있는바, **여기서 단위수량당 이익액 은 침해가 없었다면 특허권자가 판매할 수 있었을 것으로 보이는 특허권자 제품의 단위당 판매가액에서 그 증가되는 제품의 판매를 위하여 추가로 지출하였을 것으로 보이는 제품 단위당 비용을 공제한 금액**을 말한다(대법원 2006. 10. 13. 선고 2005다36830 판결 등 참조).

판결이유

1) 원고의 주장 요지

피고들이 2013년경부터 2015년경까지 사이에 피고 실시 제품을 총 13대 제조 판매하였는데, 원고는 피고들의 위 특허권 침해행위가 없었다면 위 기간 동안 이 사건 특허발명을 실시하여 제조한 제품을 13대 더 판매할 수 있었다고 할 것이고, 원고 제품 1대당 한계이익액이 2013년도에 4,920,000원, 2015년도에 4,290,000원이므로, 특허법 제128조 제2항에 따라 산정한 피고들의 위 특허권 침해행위로 인한 원고의 손해액은 57,660,000원{(= 4,920,000원 3대 + 4,290,000원 10대)}이다.

2) 판단

가) 특허법 제128조 제2항은 특허권자 또는 전용실시권자는 고의나 과실로 자기의 특허권 또는 전용실시권을 침해한 자에 대하여 그 침해에 의하여 자기가 입은 손해의 배상을 청구하는 경우 그 권리를 침해한 자가 그 침해행위를 하게 한 물건을 양도하였을 때에는 그 물건의 양도수량에 특허권자 또는 전용실시권자가 그 침해행위가 없었다면 판매할 수 있었던 물건의 단위수량당 이익액을 곱한 금액을 특허권자 또는 전용실시권자가 입은 손해액으로 할 수 있다. 라고 규정하고 있는바, 여기서 단위수량당 이익액 은 침해가 없었다면 특허권자가 판매할 수 있었을 것으로 보이는 특허권자 제품의 단위당 판매가액에서 그 증가되는 제품의 판매를 위하여 추가로 지출하였을 것으로 보이는 제품 단위당 비용을 공제한 금액을 말한다(대법원 2006. 10. 13. 선고 2005다36830 판결 등 참조).

나) 갑 제4, 8, 9호증의 각 기재 및 변론 전체의 취지에 의하면, 피고들은 2013. 4. 12., 2013. 10. 25. 및 2013. 11. 28. 주식회사 원익아이피에스에게 피고 실시 제품을 각 1대씩 총 3대를 판매하였고, 2015. 7. 31. 주식회사 에스케이하이닉스에게 피고 실시 제품 10대를 판매한 사실) 피고 주식회사 프라임솔루션이 피고 엠아이티에스 솔루션으로부터 공급받아 판매한 것이다.

, 원고가 위 기간 동안 이 사건 특허발명을 실시하여 제조한 제품을 판매함으로써 얻은 1대당 한계이익액은 2013년도에 4,920,000원(원고의 주장에 따라 만 원 이하 버림, 이하 같음), 2015년도에 4,290,000원인 사실을 인정할 수 있다.

위 인정사실에 의하면 원고는 피고들의 위 특허권 침해행위가 없었다면 위 기간 동안 이 사건 특허발명을 실시하여 제조한 제품을 13대 더 판매할 수 있었다고 봄이 경험칙에 부합한다 할 것이고, 피고들의 특허권 침해가 없었다면 원고가 판매할 수 있었을 것으로 보이는 원고 제품의 단위당 판매가액에서 그 증가되는 제품의 판매를 위하여 추가로 지출하였을 것으로 보이는 제품 단위당 비용을 공제한 금액은 위 인정의 한계이익액으로 봄이 상당하므로, 특허법 제128조 제2항에 따라 산정한 피고들의 위 특허권 침해행위로 인한 원고의 손해액은 57,660,000원[= (2013년도 한계이익액 4,920,000원 3대) + (2015년도 한계이익액 4,290,000원 10대) = 14,760,000원 + 42,900,000원]이 된다.

다) 따라서 피고들은 공동하여 원고에게 손해배상금 57,660,000원 및 이에 대하여 침해행위일 이후로서 원고가 구하는 바에 따라 피고 주식회사 엠아이티에스솔루션은 이 사건 소장 부본 송달 다음날인 2015. 9. 19.부터, 피고 주식회사 프라임솔루션은 이 사건 소장 부본 송달 다음날인 2015. 9. 18.부터 각 이 판결 선고일인 2017. 4. 28.까지는 민법이 정한 연 5%, 그 다음날부터 다 갚는 날까지는 소송촉진 등에 관한 특례법이 정한 연 15%의 각 비율에 의한 지연손해금을 지급할 의무가 있다.

기출 여부 (48회 이후)	특허법 학회 TOP 10	중요도
-	-	★★

056 기여율을 고려한 손해배상액 산정
특허법원 2019. 8. 29. 선고 2018나1893 판결 [특허권침해금지 등 청구의 소]

판결요지

특허법 제128조 제4항은 특허권자가 고의 또는 과실에 의하여 자기의 특허권을 침해한 자에 대하여 그 침해에 의하여 자기가 받은 손해의 배상을 청구하는 경우 특허권을 침해한 자가 그 침해행위로 인하여 얻은 이익액을 특허권자가 입은 손해액으로 추정한다고 규정하고 있는데, 이 때 '침해자가 그 침해행위로 얻은 이익액'은 특별한 사정이 없는 이상 침해제품의 총 판매수익에서 침해제품의 제조·판매를 위하여 추가로 투입된 비용을 공제한 한계이익으로 산정된다.

한편, 특허발명의 실시 부분이 제품의 전부가 아니라 일부에 그치는 경우이거나 침해자가 침해한 특허기술 외에도 침해자의 자본, 영업능력, 상표, 기업신용, 제품의 품질, 디자인 등의 요소가 침해자의 판매이익의 발생 및 증가에 기여한 것으로 인정되는 경우, 침해자가 그 물건을 생산·판매함으로써 얻은 이익 전체를 침해행위에 의한 이익이라고 할 수는 없고, 침해자가 그 물건을 제작·판매함으로써 얻은 전체 이익에 대한 당해 특허권의 침해행위에 관계된 부분의 기여율을 산정하여 그에 따라 침해행위에 의한 이익액을 산출하여야 할 것이다. 그러한 기여율은 침해자가 얻은 전체 이익에 대한 특허권의 침해에 관계된 부분의 불가결성, 중요성, 가격비율, 양적비율 등을 참작하여 종합적으로 평가할 수밖에 없다(대법원 2004. 6. 11. 선고 2002다18244 판결 등 참조). 기여율을 산정함에 있어 특허발명의 실시 외에 침해자의 판매이익의 발생 및 증가에 기여한 요소 및 그와 같은 요소가 기여한 정도에 관한 입증책임은 침해자에게 있다(대법원 2006. 10. 13. 선고 2005다36830 판결, 대법원 2008. 3. 27. 선고 2005다75002 판결 등 참조).

판결이유

기여율의 산정

가) 이 사건 특허발명의 기술적 의의 및 기여율 고려의 필요성

(1) 앞서 본 바와 같이 이 사건 특허발명은 안전장치가 구비된 내솥 뚜껑 분리형 전기 압력 조리기에 관한 것으로 본체 뚜껑으로부터 내솥 뚜껑이 분리가 가능하여 세척이 용이하고, 내솥 뚜껑이 분리된 상태에서는 본체 뚜껑의 탄성부재가 잠금테의 회전을 방해하여 기기가 작동되는 것을 저해하는 안전장치를 구비하여 조리에서 발생한 고온고압의 증기가 불특정한 부위에서 배출되는 것을 방지하고 고온 증기로 인한 화상 등의 안전사고 위험성을 줄이는 것을 특징으로 한다.

(2) 이 사건 특허발명의 청구범위는 '본체 뚜껑에 의해 상부가 개폐되는 본체; 상기 본체 내에 수용되는 내솥; 상기 본체 뚜껑에 분리 가능하게 결합되어 내솥을 개폐하는 내솥 뚜껑; 상기 본체 뚜껑의 내측에 회전 가능하게 설치되어 회전조작에 따라 내솥과 잠금결합되며, 일측에 로킹홈이 구비된 잠금테; 상기 잠금테와 연결되어 잠금테를 회전시키는 잠금손잡이; 및 상기 본체 뚜껑에 설치되어, 상기 내솥 뚜껑이 본체 뚜껑과 분리되었을 때 상기 로킹홈에 로킹되어 상기 잠금테의 회전을 저지하는 로킹수단을 포함하여 이루어진 안전장치가 구비된 내솥 뚜껑 분리형 전기 압력 조리기'로서 전기 압력 조리기의 일부 부품이 아닌 전기 압력 조리기 전체를 그 청구범위로 기재하고 있기는 하나, 을 제27, 31 내지 93호증의 각 기재에 변론 전체의 취지를 종합하면, 피고 실시제

품이 이 사건 특허발명의 기술만으로 이루어진 것은 아니고, 전기 압력 조리기의 주된 기능인 취사와 보온, 그 밖의 부가기능 등에 필요한 피고의 특허 및 실용신안 기술들이 다수 적용된 사실이 인정되고, 이 사건 특허발명 기술 외에 다른 기술적 특징들도 소비자가 피고 실시제품을 구매하는 요인이 되었을 것으로 인정되므로, 피고의 이익액 중 이 사건 특허발명의 침해와 관계된 부분의 기여율이 100%라는 원고의 주장은 받아들일 수 없다.

(3) 따라서 이하 피고가 얻은 전체 이익에 대한 이 사건 특허발명의 침해에 관계된 부분의 불가결성, 중요성, 가격비율, 양적비율 등을 종합적으로 평가하여 이 사건 특허침해로 인한 기여율을 산정하기로 한다.

나) 불가결성

피고 실시제품은 전기압력밥솥으로서 그 본연의 목적이 취사기능이라고 할 수 있는 한편, 피고 실시제품에 적용된 이 사건 특허발명은 분리형 내솥 뚜껑(클린커버)과 관련된 안전장치로서 세척의 편의와 관련된 기능을 한다. 세척 편의 기능이 취사기능과 그 기능적 일체성이 있다고는 보기 어렵고, 구조적으로도 이 사건 특허발명의 실시와 관련된 부분이 없더라도 전기압력밥솥을 제조하는 것이 불가능한 것은 아니므로, 이 사건 특허발명과 관계된 부분이 피고 실시제품의 판매로 인한 전체 이익에 불가결한 요소였다고 보기는 어렵다.

다) 중요성

(1) 갑 제2, 6, 7, 21, 22, 32 내지 39, 42, 44, 내지 46, 68, 81호증, 을 170 내지 172, 174호증의 각 기재에 변론 전체의 취지를 종합하여 인정되는 아래와 같은 사정들에 비추어 보면, 이 사건 특허발명은 전기 압력 조리기의 위생과 안전에 관한 소비자의 요구에 부응한 것으로서 피고가 피고 실시제품을 생산・판매하기 시작한 2010년경에는 피고 실시제품에서 차지하는 기능적 중요성이 상당하였던 것으로 판단된다.

(가) 전기밥솥은 밥솥 밑에 설치된 전열선으로 된 열판에서 발생하는 열로 밥을 짓는 가전 기기로서 조리가 간편하고, 내솥 뚜껑을 분리해서 세척할 수 있어 위생적이라는 장점이 있었다. 한편, 압력밥솥은 밥솥 내부에 강한 압력을 가하여 밥을 짓는 형태로, 일반 전기밥솥에 비해 밥물의 끓는점을 높임으로써 더 높은 온도에서 밥을 짓는 것이 특징이다.

(나) 국내에서는 1995년 H가 전기밥솥과 압력밥솥의 장점을 결합한 전기압력밥솥을 개발하여 출시하였으나, 안전사고에 대한 우려 등으로 내솥 뚜껑을 분리할 수 없는 구조로 되어 있었다. 이와 같이 내솥 뚜껑을 분리할 수 없는 구조 하에서는 취사 후 내솥 뚜껑에 조리 부산물과 찌꺼기가 남는 경우 청결하게 세척하기 어려운 문제점이 있어 분리형 내솥 뚜껑을 가진 전기압력밥솥에 대한 소비자들의 요구가 있었다.

(다) 2004년 H에서 출시한 전기 압력 조리기는 두 달 사이 7건의 폭발사고가 발생하여 대규모 리콜을 진행하였는데, 이는 내솥의 돌출부가 규격보다 작게 제작되어 내솥과 본체 뚜껑의 체결이 정확히 맞물리지 않아 취사도중 높아지는 내압을 견디지 못한 것에 그 폭발의 원인이 있었다. 전기밥솥 관련 기업들은 H의 폭발문제의 원인이 본체 뚜껑과 내솥이 완전히 체결되지 않은데 있었으므로 쉽게 내솥의 뚜껑을 본체와 분리하고자 하는 시도를 하지 못하고 있었고, 소비자의 요구에 부응하면서도 안전성을 만족시키기 위해서는 내솥 뚜껑을 분리할 수 있도록 하면서도 조리를 시작하기 전에 내솥 뚜껑이 완전히 체결되었음을 확인하는 안전장치가 필요하게 되었다.

(라) 원고는 분리형 내솥 뚜껑의 장점을 살리면서도 내솥 뚜껑을 본체 덮개에 제대로 장착되지 아니한 상태에서 전기 압력 조리기를 작동할 경우의 문제점을 해결하기 위한 기술을 연구하였고 2007년경에 이 사건 특허발명을 완성하였다.

(마) 원고는 2008. 7.경 이 사건 특허발명을 실시한 전기압력밥솥 제품을 국내 최초로 출시하면서 '분리형 커버'로 세척이 편리하다는 점을 부각하여 광고를 하였다. 위 제품은 전기 압력 조리기의

위생과 안전에 관한 소비자의 요구에 부응하여 소비자들의 좋은 반응을 얻었다. 원고가 2010년경 서울 및 수도권에 거주하는 주부 1,200명을 대상으로 자체적으로 실시한 소비자 조사에서 '분리형 커버'가 전기압력밥솥 구매이유와 관련된 1순위 기능으로 선정되기도 하였다.

(㉧) 한편, 피고는 2010년부터 2017년까지 이 사건 특허발명을 침해하는 안전장치를 포함한 내솥 뚜껑 분리형 전기압력밥솥을 생산·판매하였다.

(㉦) 원고와 피고는 전기압력밥솥의 제품 설명에 세척이 편리한 분리형 커버를 강조하였고, '내솥 뚜껑 분리형 전기 압력 조리기'인지 여부는 소비자들이 전기 압력 조리기를 구매함에 있어 고려하여야 할 중요한 요소 중의 하나가 되었다.

(2) 이에 대하여 피고는, 아래 표에서 보는 바와 같이 분리형 커버는 전기밥솥에서 오래 전부터 사용되어 온 기술로서 이 사건 특허의 권리범위는 분리형 커버 자체가 아니라 내솥 뚜껑이 분리되었을 때 잠금링 회전이 안 되는 방식으로 탈착 여부를 확인하는 기계식 걸쇠 방식의 탈착 확인 장치에 불과함을 전제로, 위와 같은 탈착 확인 장치는 소비자들의 관심사도 아니고 원고와 피고가 소비자들에게 홍보한 적도 없으므로 그 중요성이 미미하다고 주장한다.

그러나 분리형 커버 자체가 전기밥솥 분야에서 기존에 사용되어 온 기술이라고 하더라도, 전기압력밥솥에 분리형 커버를 채택한 제품은 2008. 7.경 출시된 원고의 제품이 국내 최초인 것으로 보인다. 앞서 본 바와 같이 전기압력밥솥 내부는 고온·고압을 유지해야 하기 때문에 본체와 뚜껑 간의 밀착이 밥맛을 결정하는 중요한 요인인데 내솥 뚜껑이 움직이면 압력을 유지하는 데 문제가 발생하고, 안전과 관련된 우려도 있어 국내에서 분리형 커버를 가진 전기압력밥솥이 출시되지 못하고 있던 상황에서, **이 사건 특허발명은 내솥 뚜껑이 본체 덮개에 제대로 장착되지 아니한 상태에서는 조리기가 작동하지 아니하도록 하는 기계식 안전장치를 제공함으로써 국내에서 분리형 커버를 가진 전기압력밥솥이 출시될 수 있도록 하는데 중요한 역할을 하였다고 판단**된다. 즉, 원고나 피고가 이 사건 특허의 탈착 확인 장치 자체를 광고한 사실이 없고, 소비자들이 탈착 확인 장치의 구조에 관심을 가진 것이 아니라고 하더라도, 분리형 커버를 가진 전기압력밥솥의 안전성과 품질의 보장이 분리형 커버 전기압력밥솥을 소비자들에게 판매하기 위한 전제조건이라는 점을 감안하면, 분리형 커버 자체의 중요성과 소비자의 관심을 기초로 이 사건 특허발명에 대한 중요성을 판단하는 것은 부당하지 않다. 따라서 피고의 주장은 이유 없다.

(3) 한편, 을 제27, 32 내지 37, 41, 42, 62호증의 각 기재 및 변론 전체의 취지에 의하면, 2010년 이후 피고 실시제품에는 앞서 본 클린커버 기능 외에도, 3중 파워패킹 기능(을 제32호증, 2014. 1. 9. 특허등록), 슬로우 오픈기능(을 제33호증, 2012. 10. 18. 특허등록), 클린 캡 기능(을 제34호증, 2013. 8. 1. 특허등록), 원터치 분리형 커버 기능(을 제35호증, 2014. 4. 21. 특허등록), 2중 구조 클린커버(을 제36호증, 2014. 11. 10. 특허등록), 오토 세이프 락 기능(을 제37호증, 2016. 2. 24. 특허등록), 자주 행해지는 메뉴들의 즐겨찾기 메뉴 등록 기능(을 제41호증, 2015. 7. 3. 특허등록), 애니메이션 디스플레이 기능(을 제42호증, 2015. 7. 3. 특허등록), 죽 조리 기능(을 제62호증, 2016. 4. 26. 특허등록) 등을 구현하기 위한 다양한 특허 및 실용신안 기술이 새롭게 적용된 사실을 인정할 수 있고, 이와 같은 추가된 기능들이 소비자의 구매 동기에 새롭게 기여하는 만큼 과거에 적용되었던 클린커버 관련 기능의 중요성은 시간이 지남에 따라 점차적으로 낮아지게 되었을 것으로 보인다.

라) 가격 비율 및 양적비율

(1) 가격 비율

(㉮) 을 제182호증에는, 이 사건 특허발명이 적용된 부품은 'FIX BUTTON, FIX SPRING, TAPPING SCREW'의 3개 부품으로 이 부품의 총 단가합계는 98원이고, 피고 실시제품 제조원가 119,471원~169,063원인 점을 참작하면 부품 가격을 기준으로 한 가격비율은 0.06~0.08%에 해당한다고 기재되어 있다(을 제182호증 53쪽).

(나) 을 제186호증에는, 이 사건 특허발명이 적용된 부품은 'FIX BUTTON, FIX SPRING, TAPPING SCREW'의 3개 부품으로 이 부품의 총 단가합계는 98원이고, 피고 실시제품 제조원가가 120,519원인 점을 참작하면 부품 가격을 기준으로 한 가격비율은 0.08%에 해당한다고 기재되어 있다(을 제186호증 30쪽).

(2) 양적비율

(가) 을 제182호증에는, 이 사건 특허발명이 적용된 부품은 'FIX BUTTON, FIX SPRING, TAPPING SCREW'의 3개 부품으로 피고 실시제품의 총 부품개수가 226~252개인 점을 참작하면 부품 개수를 기준으로 한 양적비율은 1.2~1.3%에 해당한다고 기재되어 있다(을 제182호증 59쪽).

(나) 을 제186호증에는, 이 사건 특허발명이 적용된 기술은 'FIX BUTTON, FIX SPRING'의 2개 기술인데, 피고 실시제품은 ① 기구, ② 전기전자 부품, ③ 전기 전자 부품 제어 프로그램, ④ 조리법 구현 알고리즘으로 분류되고, 그 중 기구는 BODY SUB ASSY, TOP COVER ASSY 등 13개의 부품으로 분류되는데, 그 중 TOP COVER ASSY는 43개의 세부 부품으로 분류되는 점을 참작하면 기술 개수를 기준으로 한 양적비율은 0.09%(1/4×1/13×2/43)에 해당한다고 기재되어 있다(을 제186호증, 29쪽).

(3) 가격 비율과 양적비율에 대한 을 제182, 186호증의 기재에 대한 평가

을 제182, 186호증은 이 사건 특허발명에 해당하는 부품이 'FIX BUTTON, FIX SPRING, TAPPING SCREW' 뿐임을 전제로 위와 같이 가격 비율과 양적비율을 산정하였으나, 앞서 본 바와 같이 이 사건 특허발명은 안전장치가 구비된 내솥 뚜껑 분리형 전기 압력 조리기 전체를 청구범위로 하고 있고, 청구범위에 기재된 본체, 내솥 뚜껑, 잠금테, 잠금손잡이, 로킹수단 등의 구성요소가 유기적으로 결합되어 이 사건 특허발명이 목적하는 효과가 나타나는 것이라고 할 것이어서 이 사건 특허발명에 해당하는 부품이 'FIX BUTTON, FIX SPRING, TAPPING SCREW' 뿐이라고 단정할 수 없다. 따라서 을 제182, 186호증과 같이 위 3개의 부품을 기준으로 가격 비율과 양적비율을 산정하는 것은 적절하지 않고, 달리 이 사건 특허발명의 가격 비율과 양적비율을 산정할 수 있는 객관적 자료가 나타나 있지 않다.

마) 특허발명의 실시 외에 판매이익의 발생 및 증가에 기여한 기타 요소

(1) 을 제29호증, 을 제30호증, 을 제98호증의 5, 6, 을 제103호증의 7, 을 제105호증의 1, 을 제107호증의 1, 을 제109호증의 7, 을 제114호증의 1 내지 9, 을 제115 내지 145호증, 을 제164호증의 1, 을 제165호증의 1 내지 3, 을 제166호증의 각 기재 및 변론 전체의 취지에 의하여 인정되는 아래와 같은 사정들에 비추어 보면, 피고의 홍보활동 및 피고 실시제품에 적용된 디자인 등의 요소도 피고의 판매이익의 발생 및 증가에 기여한 것으로 인정되므로, 이와 같은 요소도 기여율 판단에 고려하여야 한다.

… 중략 (광고 개시 사실)

위와 같은 사정을 고려하면, 피고의 자본, 영업능력, 상표, 기업신용, 제품의 품질, 디자인 등의 요소가 원고의 영업능력, 디자인 등과 차별화된 요소로서 침해제품 판매이익의 발생 및 증가에 기여할 소지가 크지 않은 것은 사실이나, 앞서 본 바와 같은 피고의 광고 활동이나 우수한 디자인의 적용 등의 요소가 원고의 광고 및 디자인 등 요소와 차별화된 요소로서 침해제품 판매이익의 발생 및 증가에 기여한 부분이 없다고까지 볼 수는 없는바, 손해액 산정에 있어서 피고의 광고 활동 및 디자인 등의 요소를 고려하지 않아야 한다는 취지의 원고의 위 주장은 이유 없다.

기출 여부 (48회 이후)	특허법 학회 TOP 10	중요도
–	–	★★★

057 부품에 대한 침해여부 판단 및 손해의 발생에 관한 주장·증명의 정도

대법원 2006. 10. 12. 선고 2006다1831 판결 [특허권침해금지등]
[공2006.11.15.(262),1889]

판결요지

1. **특허발명의 기술적 특징을 갖춘 감광드럼을 특허권자의 허락 없이 업(業)으로서 생산하였다면 그 감광드럼을 화상형성장치 등에 결합하여 사용하지 않았더라도 특허침해가 성립하는지 여부**

   감광드럼에 관한 물건의 발명인 특허발명의 청구항의 기재에 의하면 감광드럼을 실제로 사용함에 있어서 이를 부품으로 하는 화상형성장치 또는 주조립체에 결합하여 사용할 것이 분명하더라도, **특허발명의 기술적 특징을 갖춘 감광드럼을 특허권자의 허락 없이 업(業)으로서 생산하였다면 바로 특허침해가 완성되고**, 그 감광드럼을 생산한 후에 현실적으로 이를 부품으로 하는 화상형성장치 등에 결합하여 사용하여야만 비로소 특허침해가 성립하는 것은 아니라고 본 사례.

2. **특허권 등의 침해로 인한 손해액의 추정에 관한 특허법 제128조 제4항의 적용에 있어서 손해의 발생에 관한 주장·증명의 정도**

   특허권 등의 침해로 인한 손해액의 추정에 관한 특허법 제128조 제4항에서 말하는 이익은 침해자가 침해행위에 따라 얻게 된 것으로서 그 내용에 특별한 제한은 없으나, 이 규정은 특허권자에게 손해가 발생한 경우에 그 손해액을 평가하는 방법을 정한 것에 불과하여 침해행위에도 불구하고 특허권자에게 손해가 없는 경우에는 적용될 여지가 없으며, 다만 손해의 발생에 관한 주장·입증의 정도에 있어서는 **경업관계 등으로 인하여 손해 발생의 염려 내지 개연성이 있음을 주장·입증하는 것으로 충분**하다.

3. **특허법 제128조 제4항에 의한 특허권자의 손해액을 산정함에 있어서 위 비용산출의 계산방식이 자백의 대상인지 여부**

   특허침해행위로 인한 수입액에서 그에 상응하는 비용을 공제하는 방법으로 **특허법 제128조 제4항에 의한 특허권자의 손해액을 산정함에 있어서 위 비용산출의 계산방식이 자백의 대상이 아니라**고 한 사례.

판결이유

1. 피고의 상고이유에 대한 판단

   가. 상고이유 제1점(특허침해 성립 관련)에 대하여

   기록에 비추어 살펴보면, 전자사진 감광드럼 등에 관한 이 사건 특허발명(등록번호 제258609호)의 청구범위 제25항 및 제26항(이 사건 제25항, 제26항 발명)은 화상형성장치 내지 주조립체의 복수 개의 코너부가 있는 비원형 횡단면(실질적으로 삼각형의 횡단면)을 가진 비틀린 구멍에 결합되어 회전구동력을 전달받을 수 있도록 비원형 횡단면을 가진(실질적으로 삼각형 프리즘의 형상으로 마련된) 돌출부를 갖춘 것을 기술적 특징으로 하는 감광드럼에 관한 발명으로서, 이러한 감광드럼을 실제로 사용함에 있어서는 위와 같은 구멍을 갖춘 화상형성장치 내지 주조립체에 결합되어 사용될 것임이 위 각 청구항의 기재에 의하여 분명하다고 하더라도, 이 사건 제25항, 제26항 발명은 감광드럼에 관한 물건의 발명으로서, **위와 같은 기술적 특징을 갖춘 감광드럼을 특허권자인 원고의 허락 없이 업으로서 생산하였다면 바로 특허침해가 완성된다고 할 것**이고, 위 감광드럼을 생산한 후에 현실적으로 위와 같은 구멍을 갖춘 화상형성장치 내지 주조립체에 결합되어 사용되어야만 비로소 특허침해가 성립하는 것은 아니라고 할 것이므로(실제로 피고가 생산·판매한 감광드럼은 원고가 생산·판매하는 감광드럼의 대체품으로서 위와 같이 사용된 것으로 보인다), 이와 결론을 같이한 원심의 판단은 그 이유 설시에 있어서 다소 부적절한 점은 있으나 결론에 있어서 옳고, 거기에 상고이유에서 주장하는 바와 같은 법리오해 등의 위법이 있다고 할 수 없다.

나. 상고이유 제2점 내지 제4점에 대하여

기록에 비추어 살펴보면, 이 사건 제25항, 제26항 발명의 구성과 그에 따른 작용효과는 원심 판시의 인용발명들에서는 찾아보기 어려운 것이고, **위 각 청구항이 산업상 이용가능성이 없는 발명이라고 할 수 없으며, 청구항의 기재불비가 있다고도 할 수 없어 위 각 청구항의 권리범위가 부정된다고 할 수 없고, 나아가 위 각 청구항에 기한 원고의 이 사건 청구가 권리남용에 해당한다고 할 수 없으므로**, 원고의 청구를 일부 인용한 원심의 조치는 옳고, 거기에 상고이유에서 주장하는 바와 같은 심리미진 등으로 인한 사실오인이나 법리오해 등의 위법이 있다고 할 수 없다.

다. 상고이유 제5점(특허법 제128조 제4항의 적용에 있어서 손해의 발생에 관한 주장·증명의 정도 관련)에 대하여

위 법리와 기록에 비추어 살펴보면, 원고는 이 사건 제25항, 제26항 발명의 특허권자로서 국외에서 레이저프린터의 부품이자 이 사건 특허제품인 감광드럼을 생산하여 레이저프린터 제조회사에 공급함으로써, 원고의 특허제품이 장착된 레이저프린터와 카트리지가 국내는 물론 미국에서도 판매되어 왔는데, 피고는 원고의 허락 없이 이 사건 제25항, 제26항 발명을 실시하여 감광드럼을 국내에서 생산함으로써 원고의 특허권을 침해하고 그 침해제품을 국내에서 판매하거나 미국에 수출함으로써 이익을 얻었으며, 피고의 침해제품은 원고의 특허제품과 동일한 기술적 특징을 가지고 서로 완벽하게 호환되는 것으로서 **국내 및 미국 시장에서 직접적으로, 또는 원고의 특허제품을 채택한 카트리지를 통하여 간접적으로 서로 경쟁하는 결과가 된 것**으로 보이므로, **피고의 침해제품 일부가 미국으로 수출되었다거나 원고의 특허제품은 레이저프린터 제조회사가 인증한 정품이었음에 반하여 피고의 침해제품은 그렇지 아니하였다는 등의 사정이 있다고 하더라도 여전히 원고에게는 피고의 이 사건 특허침해행위로 인한 손해발생의 염려나 개연성이 인정된다**고 할 것이고, 피고의 침해행위에 따른 이익에 비례하여 원고에게 손해가 발생한다는 점에 대한 주장·입증이 없다고 하여 달리 볼 것은 아니므로, 피고의 이익액 전체를 원고의 손해액으로 인정한 원심의 조치는 옳은 것으로 수긍이 가고, 거기에 상고이유에서 주장하는 바와 같은 법리오해 등의 위법이 있다고 할 수 없다.

2. 원고의 상고이유에 대한 판단

가. 상고이유 제1점(자백의 대상 관련)에 대하여

자백의 구속법칙은 권리의 발생소멸이라는 법률효과의 판단에 직접 필요한 주요사실에 대해서만 적용되는 것이다(대법원 1994. 11. 4. 선고 94다37868 판결, 2002. 6. 28. 선고 2000다62254 판결 등 참조).

기록에 의하면, 원심은 특허법 제128조 제2항을 적용하여 피고의 특허침해행위로 인한 수입액에서 그에 상응하는 비용을 공제하는 방법으로 원고의 손해액을 산정함에 있어서 피고의 비용은 여러

가지 항목으로 구성되어 있으나 어느 항목도 이를 정확하게 산정할 수 있는 증거가 제출되지 아니하여 피고의 비용을 구성하는 각 항목을 추산할 수밖에 없었는데, 피고는 2004. 5. 18.자 준비서면에서 자신이 지출한 비용 중 임차료 비용과 인건비 항목은 전체 임차료와 인건비에 피고의 전사업부문의 매출액에서 이 사건 침해제품의 매출액이 차지하는 비율을 곱하여 계산하더라도 무방할 것이라고 주장하면서 동시에 피고가 특허침해행위에 의하여 받은 이익액의 크기에 대해서는 원고의 주장에 못 미치는 금액을 주장하였고, 원고가 위 계산방식을 이익으로 원용한 후에 피고는 다시 위 비용항목들에 대하여 위 방식과는 다른 비용산출 계산방식(유기감광체 드럼 사업부만의 임차료 및 인건비 × 이 사건 감광드럼 매출액/유기감광체 드럼 사업부 매출액)을 적용할 것을 주장하면서 그 이익액에 있어서는 일관하여 원고의 주장보다 적은 금액을 주장하였음을 알 수 있는바, **이러한 비용산출 계산방식이 특허법 제128조 제4항의 적용에 있어서 주요사실에 해당한다고는 할 수 없을 뿐만 아니라 피고의 위 준비서면은 그 전체의 취지에 있어서 원고가 주장하는 특허침해행위로 인한 이익액을 다투는 것으로 볼 수 있으므로**, 재판상 자백이 성립되지 않았음을 전제로 한 원심의 판단은 옳고, 이를 탓하는 상고이유의 주장은 받아들일 수 없다.

나. 상고이유 제2점에 대하여

증거의 취사와 사실의 인정은 사실심의 전권에 속하는 것으로 자유심증주의의 한계를 벗어나지 않는 한 적법한 상고이유로 삼을 수 없는 것인바(대법원 1988. 11. 8. 선고 87다카683 판결, 2006. 5. 25. 선고 2005다77848 판결 등 참조), 기록에 비추어 살펴보면, 피고의 비용 중 임차료와 인건비에 관한 원심의 사실인정은 모두 옳은 것으로 수긍이 가고, 거기에 상고이유에서 주장하는 바와 같은 채증법칙 위배 또는 심리미진으로 인한 사실오인의 위법이 있다고 할 수 없다.

기출 여부 (48회 이후)	특허법 학회 TOP 10	중요도
-	-	★★

058 특허법 제130조의 규정 취지 및 합리적 실시료 판단 방법
대법원 2006. 4. 27. 선고 2003다15006 판결 [손해배상(기)] [집54(1) 민,143;공2006.6.1.(251),879]

판결요지

1. 특허법 제130조의 규정 취지 및 타인의 특허발명을 허락 없이 실시한 자가 과실의 추정을 벗어나기 위하여 주장·증명하여야 할 사항

특허법 제130조는 타인의 특허권 또는 전용실시권을 침해한 자는 그 침해행위에 대하여 과실이 있는 것으로 추정한다고 규정하고 있고, 그 취지는 특허발명의 내용은 특허공보 또는 특허등록원부 등에 의해 공시되어 일반 공중에게 널리 알려져 있을 수 있고, 또 업으로서 기술을 실시하는 사업자에게 당해 기술분야에서 특허권의 침해에 대한 주의의무를 부과하는 것이 정당하다는 데 있는 것이고, 위 규정에도 불구하고 <u>타인의 특허발명을 허락 없이 실시한 자에게 과실이 없다고 하기 위해서는 특허권의 존재를 알지 못하였다는 점을 정당화할 수 있는 사정이 있다거나 자신이 실시하는 기술이 특허발명의 권리범위에 속하지 않는다고 믿은 점을 정당화할 수 있는 사정이 있다는 것을 주장·입증</u>하여야 할 것이다.

2. 특허법 제128조 제5항에 의한 손해배상액의 산정 방법

특허법 제128조 제5항에 의하여 특허발명의 실시에 대하여 통상 받을 수 있는 금액에 상당하는 액을 결정함에 있어서는, <u>특허발명의 객관적인 기술적 가치, 당해 특허발명에 대한 제3자와의 실시계약 내용, 당해 침해자와의 과거의 실시계약 내용, 당해 기술분야에서 같은 종류의 특허발명이 얻을 수 있는 실시료, 특허발명의 잔여 보호기간, 특허권자의 특허발명 이용 형태, 특허발명과 유사한 대체기술의 존재 여부, 침해자가 특허침해로 얻은 이익 등 변론종결시까지 변론과정에서 나타난 여러 가지 사정을 모두 고려하여 객관적, 합리적인 금액으로 결정하여야 하고, 특히 당해 특허발명에 대하여 특허권자가 제3자와 사이에 특허권 실시계약을 맺고 실시료를 받은 바 있다면 그 계약 내용을 침해자에게도 유추적용하는 것이 현저하게 불합리하다는 특별한 사정이 없는 한 그 실시계약에서 정한 실시료를 참작하여 위 금액을 산정</u>하여야 하며, 그 유추적용이 현저하게 불합리하다는 사정에 대한 입증책임은 그러한 사정을 주장하는 자에게 있다.

3. 특허침해로 인한 손해액의 증명이 어려운 경우, 손해액의 산정 방법

특허침해로 손해가 발생된 것은 인정되나 특허침해의 규모를 알 수 있는 자료가 모두 폐기되어 그 손해액을 입증하기 위하여 필요한 사실을 입증하는 것이 어렵게 된 경우에는 특허법 제128조 제7항을 적용하여 상당한 손해액을 결정할 수 있고, <u>이 경우에는 그 기간 동안의 침해자의 자본, 설비 등을 고려하여 평균적인 제조수량이나 판매수량을 가늠하여 이를 기초로 삼을 수 있다고 할 것이며, 특허침해가 이루어진 기간의 일부에 대해서만 손해액을 입증하기 어려운 경우 반드시 손해액을 입증할 수 있는 기간에 대하여 채택된 손해액 산정 방법이나 그와 유사한 방법으로만 상당한 손해액을 산정하여야만 하는 것은 아니고, 자유로이 합리적인 방법을 채택하여 변론 전체의 취지와 증거조사의 결과에 기초하여 상당한 손해액을 산정할 수 있다.</u>

판결이유

1. 피고의 상고이유 제1점 및 제2점에 대한 판단

가. 원심은, 그 채택 증거들을 종합하여, 피고는 자신이 직접 CD 제작을 기획하거나 음반기획사 등 고객으로부터 의뢰를 받아 CD를 제작·판매하여야 할 필요가 있는 경우에 CD에 담길 노래·연주 등 음원이 담긴 마스터테이프 등을 주식회사 에스케이씨(이하 'SKC'라고만 한다) 등 음반제작업체들에게 건네주면서 CD 제작에 필요한 스탬퍼를 제작하도록 하고, 그들로부터 이 사건 특허발명을 실시하는 단계를 거쳐 만들어진 스탬퍼를 공급받아 CD를 제작·판매한 사실을 인정한 다음, 피고가 SKC 등에게 스탬퍼를 제작하게 한 경위나 제반 사정 등에 비추어 보면, SKC 등 음반제작업체들이 스탬퍼를 제작하기 위하여 이 사건 특허발명을 실시하는 것은 피고가 이 사건 특허발명을 실시하는 것으로 평가하여야 할 것이고, 설사 그렇지 않다고 하더라도 피고는 SKC 등 음반제작업체들의 스탬퍼 제작행위를 교사한 자로서 그들과 함께 공동불법행위자로서의 책임을 부담할 것이라고 판단하였다.

나. 기록에 비추어 살펴보면, **이 사건 특허발명은 CD를 제작하기 위해서는 반드시 실시하여야 하는 필수적인 공정에 관한 것으로서 CD 제작을 위한 스탬퍼를 제작함에 있어서는 이 사건 특허발명을 실시하지 아니할 수 없다는 점** 등을 고려할 때 원심의 위와 같은 판단은 옳은 것으로 수긍이 가고, 거기에 채증법칙 위배 및 심리미진으로 인한 사실오인이나 법리오해 등의 위법이 있다고 할 수 없다.

2. 피고의 상고이유 제3점에 대한 판단

가. 특허법 제130조는 타인의 특허권 또는 전용실시권을 침해한 자는 그 침해행위에 대하여 과실이 있는 것으로 추정한다고 규정하고 있고, 그 취지는 특허발명의 내용은 특허공보 또는 특허등록원부 등에 의해 공시되어 일반 공중에게 널리 알려져 있을 수 있고, 또 업으로서 기술을 실시하는 사업자에게 당해 기술분야에서 특허권의 침해에 대한 주의의무를 부과하는 것이 정당하다는 데 있는 것이고 (대법원 2003. 3. 11. 선고 2000다48272 판결 참조), 위 규정에도 불구하고 타인의 특허발명을 허락 없이 실시한 자에게 과실이 없다고 하기 위해서는 특허권의 존재를 알지 못하였다는 점을 정당화할 수 있는 사정이 있다거나 자신이 실시하는 기술이 특허발명의 권리범위에 속하지 않는다고 믿은 점을 정당화할 수 있는 사정이 있다는 것을 주장·입증하여야 할 것이다.

나. 위 법리와 기록에 비추어 살펴보면, **피고가 이 사건 특허발명의 존재를 모르고 고가의 CD복제용 기계를 구입하여 설명서대로 조작한 것뿐이라거나 이 사건 특허발명을 실시한 결과물이 유형적 형상으로 남아 있지 아니하다는 등의 사정만으로 피고가 이 사건 특허발명의 존재를 몰랐다는 점, 또는 자신이 실시하도록 한 기술이 이 사건 특허발명의 권리범위에 속하지 아니한다고 믿었던 점을 정당화할 수 있는 사정이 입증되었다고 할 수 없으므로**, 피고에 대해서는 여전히 특허침해에 관하여 과실이 있는 것으로 추정된다고 판단한 원심의 조치는 옳은 것으로 수긍이 가고, 거기에 심리미진 등의 위법이 있다고 할 수 없다.

3. 피고의 상고이유 제4점에 대한 판단

원심은, 1993. 1. 1.부터 2001. 7. 11.까지 사이에 이루어진 피고의 이 사건 특허발명의 침해행위에 대한 손해배상책임을 인정한 다음, 원고가 이 사건 소를 제기하기 전 이미 피고의 이 사건 특허권침해사실 및 그로 인한 손해의 발생사실을 알았다고 인정할 아무런 증거가 없다고 판단하였는바, 기록에 비추어 살펴보면 원심의 이러한 판단은 옳은 것으로 수긍이 가고, 거기에 심리미진이나 채증법칙 위배 등의 위법이 있다고 할 수 없다.

4. 피고의 상고이유 제5점에 대한 판단

가. 특허법 제128조 제5항에 의하여 특허발명의 실시에 대하여 통상 받을 수 있는 금액에 상당하는 액을 결정함에 있어서는, **특허발명의 객관적인 기술적 가치, 당해 특허발명에 대한 제3자와의**

실시계약 내용, 당해 침해자와의 과거의 실시계약 내용, 당해 기술분야에서 같은 종류의 특허발명이 얻을 수 있는 실시료, 특허발명의 잔여 보호기간, 특허권자의 특허발명 이용 형태, 특허발명과 유사한 대체기술의 존재 여부, 침해자가 특허침해로 얻은 이익 등 변론종결시까지 변론과정에서 나타난 여러 가지 사정을 모두 고려하여 객관적, 합리적인 금액으로 결정**하여야 하고, 특히 당해 특허발명에 대하여 **특허권자가 제3자와 사이에 특허권 실시계약을 맺고 실시료를 받은 바 있다면 그 계약 내용을 침해자에게도 유추적용하는 것이 현저하게 불합리하다는 특별한 사정이 없는 한 그 실시계약에서 정한 실시료를 참작하여 위 금액을 산정**하여야 하며 (대법원 2001. 11. 30. 선고 99다69631 판결 참조), 그 유추적용이 현저하게 불합리하다는 사정에 대한 **입증책임은 그러한 사정을 주장하는 자에게 있다고 할 것**이다.

나. 원심은, 1996. 1. 1.부터 2001. 7. 11.까지 피고의 이 사건 특허발명에 대한 침해행위로 인한 손해배상액을 결정하면서, 그 채택 증거에 의하여, 원고가 장기간에 걸쳐 이 사건 특허발명을 비롯하여 CD의 제조에 필요한 특허발명의 실시를 허락하는 계약을 다수 체결하면서 실시를 허락하는 특허발명의 수에 관계없이 특허발명들을 실시하여 제조한 CD의 수량을 기준으로 하여 정형적으로 실시료를 정하여 온 사실과 피고가 제조·판매한 CD의 경우 실시료로 CD 1장당 미화 3센트를 받아 온 사실을 각 인정한 다음, 피고에 대해서도 위 실시계약의 내용을 그대로 유추적용하여 피고가 제조·판매한 CD의 수량에 위 실시료 및 위 기간 중 달러에 대한 원화의 월별 최저기준 환율을 곱하여 8억 32,129,970원을 위 기간에 대한 손해배상액으로 산정하였다.

다. 위 법리와 기록에 비추어 살펴보면, 피고의 이 사건 특허발명에 대한 침해가 시작된 이래 원심 변론종결 당시까지도 이 사건 특허발명의 잔여 보호기간이 줄어듦에 따라 실시료가 큰 폭으로 감액되었다거나 그 밖에 위 기간 동안 피고의 특허침해에 대하여 위 실시료를 유추적용함이 현저하게 불합리하다는 사정에 관한 입증이 부족한 이 사건에서 원심의 위와 같은 조치는 옳은 것으로 수긍이 가고, 거기에 채증법칙 위배나 법리오해 등의 위법이 있다고 할 수 없다.

5. 지연손해금 부분에 대한 직권 판단

직권으로 살피건대, 개정 전 '소송촉진 등에 관한 특례법'(2003. 5. 10. 법률 제6868호로 개정되기 전의 것) 제3조 제1항 본문 중 '대통령령으로 정하는 이율' 부분에 대해서는 2003. 4. 24. 헌법재판소의 위헌결정이 있었고, 그 후 개정된 위 법률 조항과 그에 따라 개정된 '소송촉진 등에 관한 특례법 제3조 제1항 본문의 법정이율에 관한 규정'(2003. 5. 29. 대통령령 제17981호로 개정된 것)은 2003. 6. 1. 이후에 적용할 법정이율을 연 2할로 한다고 규정하고 있으므로, 원심이 인용한 금원에 대하여 위 개정 법률이 시행되기 전인 2003. 5. 31.까지는 민사 법정이율인 연 5푼의, 2003. 6. 1.부터 다 갚는 날까지는 위 개정 법률에 따른 연 2할의 각 비율에 의한 지연손해금의 지급을 명하여야 할 것인데, 위 개정 전의 법률 규정을 적용하여 연 2할 5푼의 비율에 의한 지연손해금을 인용한 원심판결에는 결과적으로 지연손해금의 이율을 잘못 적용하여 판결에 영향을 미친 위법이 있게 되었다.

6. 원고의 부대상고이유에 대한 판단

가. 특허침해로 손해가 발생된 것은 인정되나 특허침해의 규모를 알 수 있는 자료가 모두 폐기되어 그 손해액을 입증하기 위하여 필요한 사실을 입증하는 것이 어렵게 된 경우에는 특허법 제128조 제7항을 적용하여 상당한 손해액을 결정할 수 있고, **이 경우에는 그 기간 동안의 침해자의 자본, 설비 등을 고려하여 평균적인 제조수량이나 판매수량을 가늠하여 이를 기초로 삼을 수 있다고 할 것이며, 특허침해가 이루어진 기간의 일부에 대해서만 손해액을 입증하기 어려운 경우 반드시 손해액을 입증할 수 있는 기간에 대하여 채택된 손해액 산정 방법이나 그와 유사한 방법으로만 상당한 손해액을 산정하여야만 하는 것은 아니고**, 자유로이 합리적인 방법을 채택하여 변론 전체의 취지와 증거조사의 결과에 기초하여 상당한 손해액을 산정할 수 있다.

나. 위 법리와 기록에 비추어 살펴보면, 원심이 피고의 CD 제조·판매량에 관한 기록이 폐기되어 이를 알 수 없게 된 1993. 1. 1.부터 1995. 12. 31.까지의 상당한 손해액을 산정함에 있어서 특허법 제128조 제5항을 적용하여 그 동안의 환율의 변동추이, 피고가 1996. 1. 1.부터 2001. 7. 11.까지 사이에 제조·판매한 CD의 수량 및 그 밖에 이 사건 변론에 나타난 여러 사정과 관련 증거를 종합하여 5,000만 원을 상당한 손해액으로 산정한 조치는 수긍이 가고, 거기에 부대상고이유에서 주장하는 바와 같은 법리오해 등의 위법이 없다.

기출 여부 (48회 이후)	특허법 학회 TOP 10	중요도
-	-	★★★

059 특허법 제128조 제7항에 의한 구체적 손해액 산정 방법
대법원 2011. 5. 13. 선고 2010다58728 판결 [특허전용실시권침해금지등]
[공2011상,1156]

판결요지

1. 처분문서에 나타난 당사자 의사의 해석 방법

처분문서의 진정성립이 인정되면 법원은 기재 내용을 부인할 만한 분명하고도 수긍할 수 있는 반증이 없는 한 원칙적으로 처분문서에 기재되어 있는 문언대로 의사표시의 존재와 내용을 인정하여야 하고, 당사자 사이에 계약 해석을 둘러싸고 이견이 있어 처분문서에 나타난 당사자의 의사해석이 문제되는 경우에는 <u>문언의 내용, 그러한 약정이 이루어진 동기와 경위, 약정에 의하여 달성하려는 목적, 당사자의 진정한 의사 등을 종합적으로 고찰하여 논리와 경험칙에 따라 합리적으로 해석</u>하여야 한다.

2. 특허권 또는 전용실시권 침해에 관한 소송에서 손해 발생 사실은 인정되나 손해액을 증명하기가 곤란한 경우, 특허법 제128조 제7항에 의한 구체적 손해액 산정 방법

법원은 특허권 또는 전용실시권 침해에 관한 소송에서 손해 발생 사실은 입증되었으나 사안의 성질상 손해액에 대한 입증이 극히 곤란한 경우 특허법 제128조 제2항 내지 제6항의 규정에도 불구하고 같은 조 제7항에 의하여 변론 전체의 취지와 증거조사 결과에 기초하여 상당한 손해액을 인정할 수 있으나, 이는 자유심증주의하에서 손해가 발생된 것은 인정되나 손해액을 입증하기 위하여 필요한 사실을 입증하는 것이 해당 사실의 성질상 극히 곤란한 경우에는 증명도·심증도를 경감함으로써 손해의 공평·타당한 분담을 지도원리로 하는 손해배상제도의 이상과 기능을 실현하고자 하는 데 취지가 있는 것이지, <u>법관에게 손해액 산정에 관한 자유재량을 부여한 것은 아니므로, 법원이 위와 같은 방법으로 구체적 손해액을 판단할 때에는 손해액 산정 근거가 되는 간접사실들의 탐색에 최선의 노력을 다해야 하고, 그와 같이 탐색해 낸 간접사실들을 합리적으로 평가하여 객관적으로 수긍할 수 있는 손해액을 산정</u>해야 한다.

판결이유

1. 상고이유 제1점에 대하여

처분문서의 진정성립이 인정되면 법원은 그 기재 내용을 부인할 만한 분명하고도 수긍할 수 있는 반증이 없는 한 원칙적으로 그 처분문서에 기재되어 있는 문언대로의 의사표시의 존재와 내용을 인정하여야 하고, 당사자 사이에 계약의 해석을 둘러싸고 이견이 있어 처분문서에 나타난 당사자의 의사해석이 문제되는 경우에는 그 문언의 내용, 그러한 약정이 이루어진 동기와 경위, 그 약정에 의하여 달성하려는 목적, 당사자의 진정한 의사 등을 종합적으로 고찰하여 논리와 경험칙에 따라 합리적으로 해석하여야 한다(대법원 2002. 2. 26. 선고 2000다48265 판결, 대법원 2005. 5. 27. 선고 2004다60065 판결 등 참조).

원심은, 원고와 피고 동양종합건업 주식회사(이하 '피고 회사'라고만 한다) 사이에 2005. 9. 21.

체결된 대구광역시 및 경상북도 지역에서의 원심판결 별지 특허목록 기재 각 특허(이하 '이 사건 특허'라 한다)에 관한 전용사용승인계약(이하 '이 사건 전용사용승인계약'이라 한다)은, 이 사건 특허의 등록원부에 원고의 전용실시권 기간이 위 전용사용승인계약에 기재된 전용사용승인기간과 달리 2009. 1. 11.로 등록된 점과 원고가 이 사건 소송에서 위 전용사용승인계약의 종료를 전제로 하여 보증금을 정산대상에 포함하여 계산하고 있는 점에 비추어, 원고의 전용실시권 기한인 2009. 1. 11.이 경과함으로써 그 계약기간이 만료되었다고 판단하였다.

그러나 원심의 판단은 다음과 같은 이유에서 그대로 수긍하기 어렵다.

원심이 인정한 사실 및 기록에 의하면, 이 사건 전용사용승인계약의 계약 내용이 기재된 전용사용승인서(갑 제2호증의 1)에는 원고에 대한 이 사건 특허의 전용사용승인기간이 "2005년 9월 ~ 2022년 특허보호기간 만료 시"까지로 기재되어 있고, 그 별지 계약 내용(갑 제2호증의 2) 제2조 제1항에도 "계약기간은 계약체결일부터 특허기간 만료 시까지로 한다."라고 명확히 기재되어 있을 뿐이며, 위 계약관련 서류상 이 사건 전용사용승인계약의 기간을 2009. 1. 11. 또는 전용실시권이 등록되는 기간으로 제한하기로 하는 내용의 기재가 전혀 없는 사실, 피고는 2005. 9.경부터 같은 해 11월경까지 에스종합건설 유한회사 등 다수의 회사들과 이 사건 특허에 관하여 승인지역 등을 달리하는 전용사용승인계약을 체결하면서 그 계약기간을 3년으로 정한 바 있는데, 그 계약들에 있어서는 이 사건 전용사용승인계약과 달리 그 전용사용승인서와 별지 계약 내용에 계약기간이 3년으로 명시되어 있을 뿐 아니라 실시료 지급방식 등도 이 사건 전용사용승인계약과 달랐던 사실, 원고는 2007. 10. 8.자 소장을 통해 이 사건 전용사용승인계약에 의하여 이 사건 특허의 존속기간 만료일까지 대구·경북지역에서의 전용실시권을 취득하였다고 주장하면서 피고들에 대하여 전용실시권 침해금지 등을 청구하였고, 2008. 7. 15.에는 피고 회사에게 이 사건 특허의 등록원부상 전용실시권 기간이 전용사용승인계약과 달리 등록되었으니 이를 특허권 존속기간 만료일까지로 변경해달라고 서면요청한 바 있음에도, 피고 회사는 위 소송상 주장이나 서면요청에 대하여 별달리 반박을 하지 아니하다가 원심 5차 변론기일인 2009. 9. 11.에 이르러서야 비로소 같은 달 10일자 준비서면을 통하여 위 전용사용승인계약의 기간이 만료하였다고 주장하였으며, 그 이유도 특허등록원부상 원고의 전용실시권이 만료되었기 때문에 전용사용승인계약의 기간도 만료되었다고 보아야 한다는 정도에 불과했던 사실, 원고가 이 사건 소송과정에서 이 사건 전용사용승인계약에 따라 지급한 보증금 2억 원을 정산금 청구 시 정산대상으로 포함하기는 하였으나 그 이유는 위 전용사용승인계약이 종료하였기 때문이 아니라 그 보증금에서 공제될 특허사용료가 더 이상 존재하지 아니하므로 위 보증금이 반환되어야 한다는 취지에 불과했던 사실 등을 알 수 있다.

이를 위 법리에 비추어 살펴 보면, **이 사건 전용사용승인계약의 계약기간은 2022년경 특허권의 존속기간까지라고 보는 것이 상당하고, 이는 이 사건 특허등록원부에 등록된 원고의 전용실시권 기간이 위 전용사용승인계약의 계약기간과 달리 기재되어 있다고 하여 달리 볼 것이 아니다.**

그럼에도 원심은 이와 달리 그 판시와 같은 사정만을 이유로 이 사건 전용사용승인계약의 계약기간이 이 사건 특허등록원부에 등록된 전용실시권 부여 기간과 동일하다고 보아 2009. 1. 11.에 만료되었다고 판단하였으니, 이러한 원심 판단에는 처분문서의 해석에 관한 법리를 오해하고 채증법칙을 위반하여 판결에 영향을 미친 위법이 있다. 이 점을 지적하는 상고이유의 주장은 이유 있다.

2. 상고이유 제2점에 대하여

법원은 특허권 또는 전용실시권의 침해에 관한 소송에 있어서 손해의 발생 사실은 입증되었으나 사안의 성질상 손해액에 대한 입증이 극히 곤란한 경우 특허법 제128조 제2항 내지 제6항의 규정에 불구하고 같은 조 제7항에 의하여 변론 전체의 취지와 증거조사의 결과에 기초하여 상당한 손해액을 인정할 수 있으나, 이는 자유심증주의하에서 손해가 발생된 것은 인정되나 그 손해액을 입증하기 위하여 필요한 사실을 입증하는 것이 해당 사실의 성질상 극히 곤란한 경우에는 증명도·심증도를 경감함으로써 손해의 공평·타당한 분담을 지도원리로 하는 손해배상제도의 이상과 기능을 실현하고자 함에 그 취지가 있는 것이지, 법관에게 손해액의 산정에 관한 자유재량을 부여한 것은 아니므로, 법원이 위와 같은 방법으로 구체적 손해액을 판단함에 있어서는, 손해액 산정의 근거가 되는 간접사실들의 탐색에 최선의 노력을 다해야 하고, 그와 같이 탐색해 낸 간접사실들을 합리적으로 평가하여 객관적으로 수긍할 수 있는 손해액을 산정해야 한다 (대법원 2007. 11. 29. 선고 2006다3561 판결, 대법원 2009. 9. 10. 선고 2006다64627 판결 등 참조).

원심은, 피고 회사가 원고의 전용실시권 등록기간 중에 대구광역시·경상북도 지역에서 이 사건 특허에 관한 실시권을 부여함에 따라 ① 신진종합건설 주식회사(이하 '신진종합건설'이라고만 한다)가 2007. 2. 2.(원심판결의 2007. 2. 5.은 오기로 보인다) 공사계약금액(공급가액)을 8억 2,000만 원으로 하는 군위 봉황지구 교량개체공사를, ② 주식회사 대림종합건설(이하 '대림종합건설'이라고만 한다)이 2007. 1. 31.(원심판결의 2007. 11. 12.은 오기로 보인다) 공사계약금액(공급가액)을 22억 원으로 하는 상주 국도25호선 도로공사를 각 시행한 사실을 인정한 다음, 그로 인해 원고가 입은 손해액은, 원고가 손해액으로 추정된다고 주장한 피고 회사가 위 전용실시권 침해행위로 얻은 공사이윤액을 인정할 만한 증거가 부족하고 달리 그 손해액을 추정할 수 있는 주장·입증이 없으므로, 특허법 제128조 제5항에 따라 산정하되, 그 금액은 피고 회사가 2004. 12. 7. 대림종합건설에 통상실시권을 부여하면서 대림종합건설로부터 수주한 도급금액(공급가액)의 5%를 실시료로 받기로 약정한 사실에 비추어 위 공사들 각각의 공급가액에 5%를 곱한 금액의 합계액으로 본다고 판단하였다.

그러나 원심의 위와 같은 손해액의 인정은 위에서 본 법리에 비추어 다음과 같은 이유에서 그대로 수긍하기 어렵다.

기록에 의하면, 원고는 이 사건 특허기술이 적용된 공사를 직접 수주받아 시공함으로써 이익을 얻고자 이 사건 전용실시권을 취득하였는데 피고 회사가 위 전용실시권을 침해하여 신진종합건설 등으로 하여금 위 각 공사를 수주하도록 한 후 이를 하도급받아 시공함으로써 원고가 위 각 공사를 수주받아 시공할 수 없게 된 사실을 알 수 있으므로, 피고 회사의 이러한 행위로 인하여 원고가 입은 손해는, 원심 판시와 같이 특허법 제128조 제7항에 의하여 손해액을 산정할 수밖에 없다고 하더라도, 특별한 사정이 없는 한 위 전용실시권 침해로 인하여 원고가 위 각 공사를 수주·시공하지 못함으로 인하여 얻지 못하게 된 이익을 기준으로 산정하는 것이 합리적이고, 위 2004. 12. 7.자 약정과 같이 피고 회사가 이 사건 특허기술이 적용되어 설계된 공사를 수주한 회사로부터 받기로 한 실시료를 기준으로 산정할 것은 아니다.

그럼에도 원심은 이와 달리 합리적이라고 할 수 없는 앞에서 본 바와 같은 기준에 의하여 원고의 손해액을 인정하고 말았으니, 원심판결에는 불법행위로 인한 손해배상액의 인정에 관한 법리를 오해하거나 필요한 심리를 다하지 아니하여 판결에 영향을 미친 위법이 있다고 할 것이다. 이에 관한 상고이유의 주장은 이유 있다.

3. 상고이유 제3점에 대하여

원심은 그 판시와 같은 사정에 비추어 원고가 2005. 3. 31. 피고 회사에 대여한 2억 원의 대여금 채권은 이 사건 전용사용승인계약이 체결되던 무렵 원고와 피고 회사가 채권·채무 관계를 변제 또는 정산하는 과정에서 소멸한 것으로 보아야 한다고 판단하였다.

관련 법리와 기록에 비추어 살펴보면, 원심의 판단은 정당하고, 거기에 상고이유로 주장하는 바와 같은 채증법칙 위반이나 심리미진의 위법이 없다.

4. 상고이유 제4점에 대하여

민법 제35조 제1항은 "법인은 이사 기타 대표자가 그 직무에 관하여 타인에게 가한 손해를 배상할 책임이 있다. 이사 기타 대표자는 이로 인하여 자기의 손해배상책임을 면하지 못한다."고 규정하고 있다.

원심은, 피고 2도 피고 회사와 함께 이 사건 특허에 관한 원고의 전용실시권을 침해하였으니 그로 인해 원고가 입은 손해를 배상하여야 한다는 원고의 청구에 대하여, 대림종합건설, 신진종합건설과 금마종합건설 주식회사(이하 '금마종합건설'이라고만 한다)가 피고 회사와의 계약에 기하여 이 사건 특허를 사용했을 뿐이고, 비록 피고 2가 피고 회사의 대표이사로서 위 회사들과 사이에 계약행위를 했다고 하더라도 이는 어디까지나 피고 회사를 대표해서 한 행위이지 개인 자격으로 한 행위라고 볼 수는 없으며, 달리 피고 2가 개인으로서 원고의 전용실시권을 침해하는 행위를 했다고 볼 증거는 없다는 이유로 위 청구를 배척하였다.

그러나 원심의 판단은 다음과 같은 이유에서 그대로 수긍하기 어렵다.

원심이 인정한 사실과 기록에 의하면, **피고 2는 피고 회사의 대표이사로서 직접 피고 회사와 원고 사이의 이 사건 전용사용승인계약을 체결하고 원고에게 이 사건 특허의 전용실시권을 설정하였음에도 불구하고 이후 대림종합건설, 신진종합건설, 금마종합건설에 이 사건 특허에 관한 통상실시권을 설정하여 이 사건 특허기술이 적용된 공사를 수주할 수 있도록 해주었고, 나아가 신진종합건설과 대림종합건설로부터는 앞서 본 군위 봉황지구 교량개체공사와 상주 국도25호선 도로공사를 하도급받기까지 한 사실, 피고 2는 신진종합건설과 대림종합건설에 대한 위 통상실시권 부여와 관련하여 특허법 위반죄로 형사처벌(서울중앙지방법원 2007고약42405호)을 받기도 한 사실** 등을 알 수 있다.

이를 위 법리에 비추어 살펴보면, **피고 2는 원고의 이 사건 전용실시권을 침해하는 불법행위를 한 자로서 원고에 대하여 그로 인한 손해를 배상할 책임이 있다**고 할 것이고, 위 피고의 행위가 피고 회사의 직무에 관하여 이루어진 것이라고 하여 원고에 대한 손해배상책임을 면하는 것도 아니다.

그럼에도 원심은 이와 달리 그 판시와 같은 사정만으로 피고 2에게는 불법행위책임이 성립하지 아니한다고 판단하였는바, 원심판결에는 법인 대표자의 불법행위책임에 관한 법리를 오해하여 판결에 영향을 미친 위법이 있다. 이 점을 지적하는 상고이유의 주장은 이유 있다.

5. 결론

그러므로 원심판결의 원고 패소 부분 중 피고 회사에 대한 영업활동 등 금지청구에 관한 부분, 군위 봉황지구 교량개체공사·상주 국도25호선 도로공사와 관련한 각 전용실시권 침해로 인한 손해배상청구 부분 및 피고 2에 대한 부분을 각 파기하고, 이 부분 사건을 다시 심리·판단하도록 원심법원에 환송하되, 나머지 상고는 기각하기로 하여 관여 대법관의 일치된 의견으로 주문과 같이 판결한다.

기출 여부 (48회 이후)	특허법 학회 TOP 10	중요도
-	-	★★★

060 특허법 제128조 제7항이 보충적으로 적용되는지 여부
대법원 2014. 5. 29. 선고 2013다208098 판결 [실용신안권침해금지 등]

판결요지

원심으로서는 먼저 원고의 주장에 따라 특허법 제128조 제2항에 기하여 손해액을 인정하는 것이 가능한지부터 심리하였어야 할 것이고, 특허법 제128조 제7항에 기하여 손해액을 인정하고자 하는 경우에도 먼저 특허법 제128조 제2항에 기한 손해액에 관한 심리를 거쳐 그 손해액의 입증이 극히 곤란하다는 점이 인정되었어야 할 것이다.

판결이유

가. 원고의 상고이유에 대하여

원심판결 이유에 의하면 원심은, 손해배상의 범위를 판단하는 근거조항으로 실용신안법 제30조, 특허법 제128조 제4항, 제7항을 각 적시하고, 원고의 주장을 '피고의 매출액 중 추가 비용에 해당하는 원단구입비와 전기료만을 공제한 나머지가 모두 이익에 해당하고, 전체 임가공 공정 중 권취공정이 매출에 기여하는 비율이 적어도 95%에 이르므로, 이를 기초로 하여 피고의 이익을 산정한 다음 이를 원고가 입은 손해로 추정하여야 한다'는 것으로 정리하였다. 나아가 원심은, 이 사건 등록고안의 침해기간으로 인정되는 2005. 1. 1.부터 2007. 4.경까지 피고의 매출액을 정확히 산정할 자료가 없고, 원고 주장처럼 원단구입비와 전기료만을 피고의 지출 비용으로 보기도 곤란하며, 달리 피고의 지출 비용을 인정할 자료가 없고, 전체 임가공 공정 중 권취공정이 매출에 기여하는 비율 또한 원고 주장처럼 95%에 이른다고 단정할 수도 없어, 피고가 받은 이익의 액을 기준으로 원고의 손해를 추정하기는 어려우므로, 이 사건에서는 손해액을 입증하기 위하여 필요한 사실을 입증하는 것이 해당 사실의 성질상 어렵다고 판단한 다음, 특허법 제128조 제7항에 기하여 원고가 입은 손해액을 산정하였다.

그러나 기록에 의하면, 원고는 당초 실용신안법 제30조에 의하여 준용되는 **특허법 제128조 중 제4항에 기하여 피고가 받은 이익의 액을 기준으로 한 손해배상액을 주장하다가, 2013. 3. 5. 원심 제2차 변론기일에서 진술한 청구취지 및 원인변경신청서에서 청구취지 및 청구원인을 변경**하여, 특허법 제128조 제2항에 규정된 '당해 권리를 침해한 자가 그 침해행위를 하게 한 물건을 양도한 때에는 그 물건의 양도수량에 특허권자 또는 전용실시권자가 당해 침해행위가 없었다면 판매할 수 있었던 물건의 단위수량당이익액을 곱한 금액'에 기하여 손해액을 산정하여야 한다고 주장한 사실을 알 수 있다.

그렇다면 <u>원심으로서는 먼저 원고의 주장에 따라 특허법 제128조 제2항에 기하여 손해액을 인정하는 것이 가능한지부터 심리하였어야 할 것</u>이고, 특허법 제128조 제7항에 기하여 손해액을 인정하고자 하는 경우에도 먼저 특허법 제128조 제2항에 기한 손해액에 관한 심리를 거쳐 그 손해액의 입증이 극히 곤란하다는 점이 인정되었어야 할 것이다.

그럼에도 원심은 특허법 제128조 제2항에 관한 원고의 주장에 대하여 심리·판단하지 아니한 채 특허법 제128조 제4항에 기한 손해액 인정이 가능한지 여부만을 심리한 후 이에 기한 손해배상액 산정이 곤란하다는 이유로 특허법 제128조 제7항에 기하여 손해배상액을 산정하고 말았다. 이러한 원심판결에는 실용신안권 침해로 인한 손해배상의 범위에 관한 법리를 오해하고 필요한 심리를 다하지 아니하여 판결 결과에 영향을 미친 위법이 있다.

나. 피고의 상고이유에 대하여

원심판결 이유에 의하면 원심은, <u>원고가 현재 실제로 제품을 생산하지 아니하고 있다고 하더라도 반드시 그 손해액이 실시료 상당으로 제한되어야 한다고 볼 수는 없</u>을 뿐만 아니라, 원고는 아버지인 J 명의의 K를 통하여 이 사건 등록고안을 실시하여 온 것으로 보인다는 이유로, 손해배상액이 실시료 상당 액수로 제한되어야 한다는 피고의 주장을 배척하였다. 관련 법리와 기록에 비추어 살펴보면 원심의 위와 같은 판단은 정당하고, 거기에 상고이유 주장과 같이 손해배상액 산정에 관한 법리를 오해한 위법이 없다.

기출 여부 (48회 이후)	특허법 학회 TOP 10	중요도
-	2021	★★★

061 증액배상의 대상이 되는 고의적 침해 여부
서울중앙지방법원 2021. 5. 27. 선고 2020가합505891 판결 [손해배상(지)]

판결요지

원고 제품의 존재를 알았거나 알 수 있었다고 하여 당연히 그 제품이 원고 특허발명의 실시품임을 알았던 사정이 된다고 보기는 어렵다.

판결이유

1. 청구원인

주위적 청구원인으로, 이 사건 제1항 발명에 관한 특허권 침해를 원인으로 침해금지(폐기)를 구하고, 특허법 제128조 제2항 및 제8항에 따른 손해배상금액 24,026,820원(= 원고 실시제품 1개당 이익액 9,767원 × 피고가 침해대상제품을 수입하여 판매한 개수 820개 × 징벌적 손해배상금 비율 3)과 민법 제751조 제1항 및 특허법 제128조 제7항에 따른 손해배상금액 10,000,000원을 합산하여 손해배상금 총 34,026,820원을 구한다. 예비적 청구원인으로, 이 사건 등록디자인에 관한 디자인권 침해를 원인으로 침해금지(폐기)를 구하고, 디자인보호법 제115조 제1항에 따른 손해배상금액 8,008,940원(= 원고 실시제품 1개당 이익액 9,767원 × 피고가 침해대상제품을 수입하여 판매한 개수 820개)과 민법 제751조 제1항 및 디자인보호법 제115조 제6항에 따른 손해배상금액 10,000,000원을 합산하여 손해배상금 총 18,008,940원을 구한다.

2. 주위적 청구원인에 관하여

가. 침해금지(폐기) 부분

이 사건 제1항 발명의 구성요소를 모두 구비하고 있는 피고 제품을 수입·판매하는 행위는 원고의 특허권을 침해하는 행위에 해당한다.

피고가 이 사건 소장부본을 송달받고 판매행위를 중지한 것으로 보이기는 하나, 과거에 수입·판매 행위를 한 이상 향후의 침해 우려가 없다고 보기는 어려우므로, 피고는 원고가 구하는 바에 따라 피고 제품을 제조, 생산, 사용, 판매, 양도, 대여, 수입, 양도 또는 대여하기 위한 청약(양도나 대여를 위한 전시를 포함)을 하여서는 아니 되고, 피고의 사무소, 공장, 창고, 영업소에 보관 중인 피고 제품의 완제품 및 반제품(완성품의 구조를 구비하고 있는 것으로 아직 완성에 이르지 아니한 물건)을 모두 폐기하여야 한다.

나. 손해배상 부분

1) 원고의 구체적인 주장 요지

가) 특허법 제128조 제2항 및 제8항에 따른 손해배상금액

피고는 수입한 피고 제품 820개를 전량 판매하였다.

침해행위 기간이 속하는 2019년에 이 사건 제1항 발명의 실시품인 원고 실시제품에 대한 1개당 평균 매출액은 25,281원이고, 1개를 제작해서 판매하기 위하여 투입한 비용은 15,514원이므로, 원고 실시제품 1개당 이익액은 9,767원이다.

원고는 2018. 1.경부터 2018. 10.경까지 피고에게 원고 실시제품을 납품한 사실이 있었고, 이 외에도 원고 실시제품은 2015년경부터 대대적으로 언론에 보도되고 수상까지하였으므로, 피고는 원고 실시제품의 존재에 대해서 익히 알고 있었다. 그럼에도 불구하고, 피고는 원고 실시제품과 거의 동일한 피고 제품을 중국으로부터 수입하여 판매하였으므로, 고의로 원고의 특허권을 침해한 것이다.

또한 피고는 원고에 비하여 규모가 크고 매출액도 상당히 큰 기업으로서 원고는 상품 매출의 상당부분을 피고에 의존하였으므로 피고는 원고에 대한 우월적 지위에 있고 이러한 지위를 이용하여 특허권 침해를 하였으므로 그 불법성은 보다 높게 평가되어야 한다.

원고는 피고의 특허권 침해행위로 인하여 일반 소비자로부터 피고의 제품을 모방하였다는 오명까지 입었고, 2020년 원고의 식기건조대 매출은 2019년 대비 69%나 감소하였다. 피고의 특허권 침해로 인한 원고 제품의 매출 하락은 제품 이미지 실추로 인하여 향후에도 상당 기간 지속될 것으로 예상된다.

따라서 특허법 제128조 제2항에 따른 손해액 8,008,940원에, 같은 조 제8항에 따른 징벌적 손해배상금 비율 3을 곱한 24,026,820원을 특허권 침해로 인한 손해배상액으로 보아야 한다.

나) 민법 제751조 제1항 및 특허법 제128조 제7항에 따른 손해배상금액

원고는 이 사건 특허발명을 개발하기 위해서 많은 노력을 쏟아 부었고, 그 노력을 인정받아 ① 2015년에 세계적으로 권위 있는 독일의 "J상"을 수상하였고, ② 수차례공영홈쇼핑에 방영되며 최다 판매 물건으로 등극하며 수많은 언론의 극찬을 받기도 했으며, ③ 2018. 1. 28.에는 유명 프로그램 "K"에 자연적으로 노출되기도 하였고, ④ 원고 실시제품을 출시하기 전과 후를 비교했을 때 원고 회사의 전체 매출액이 약 60%가량 증가하기도 하였다. 원고 실시제품은 이처럼 원고가 많은 공을 들인 제품이었고, 원고에게 있어서 소위 '효자 상품'이었으므로, 원고는 원고 실시제품에 대하여 각별한 애정을 갖고 있었다. 그러나 피고는 동종 업계 종사자로서 원고 실시제품이 이처럼 소위 '잘 나가는 상품'이라는 것을 알고 있음에도 불구하고, 유사 상품을 수입하여 판매하였다. 특히 원고는, 원고 실시제품을 상당한 수량 납품받은 이력이 있는, 협력 관계인 피고가 이러한 침해행위를 했다는 사실에 대해 배우 강한 배신감을 느낄 수밖에 없었다. 이러한 사정들을 고려하면, 민법 제751조 제1항에 의한 비재산적 손해에 대한 배상금 및 특허법 제128조 제7항에 의한 재량 손해배상으로 10,000,000원을 추가하여야 한다.

2) 판단

가) 특허법 제128조 제8항에 따른 손해배상금액 주장에 관하여

피고가 피고 제품을 수입・판매함으로써 이 사건 제1항 발명에 관한 원고의 특허권을 침해한 데 대하여 과실이 있음은 추정된다. 그런데 과거 피고가 원고로부터 원고가 이 사건 특허발명을 실시한 제품을 납품받은 일이 있다고 하여 그 제품에 관하여 원고가 특허권을 보유하고 있었음을 당연히 알았다고 보기는 어렵고, 달리 피고가 피고 제품을 수입・판매하면서 이 사건 제1항 발명에 관한 원고의 특허권을 침해한다는 점에 관한 고의가 있었다고 인정할 만한 증거는 없다(원고 제품의 존재를 알았거나 알 수 있었다고 하여 당연히 그 제품이 원고 특허발명의 실시품임을 알았던 사정이 된다고 보기는 어렵고, 원가가 과거에 홈쇼핑에 방영한 광고영상에 특허권에 관한 언급이 있었다고 하더라도 마찬가지이다. **피고 제품 수입・판매에 대하여 원고가 유선으로든 서면으로든 피고에게 경고를 한 일은 없이 이 사건 소를 제기하였음은 원고 스스로도 인정**하고 있다). 따라서 피고에게 특허권 침해의 고의가 있었음을 전제로 특허법 제128조 제8항에 따른 손해배상을 구하는 원고의 주장을 받아들일 수 없다.

나) 추가적인 손해배상으로서 구하는 민법 제751조 제1항 및 특허법 제128조 제7항에 따른 주장에 관하여

또한 일반적으로 타인의 불법행위에 의하여 재산권이 침해된 경우에는 그 재산상 손해의 배상에 의하여 정신상 고통도 회복된다고 보아야 하므로 재산상 손해의 배상에 의하여 회복할 수 없는 정신적 손해가 발생하였다면 이는 특별한 사정으로 인한 손해로서 가해자가 그러한 사정을 알았거나 알 수 있었을 경우에 한하여 그 손해에 대한 위자료를 인정할 수 있고, 이는 특허권 침해의 경우에도 마찬가지이다. 그런데 원고가 주장하는 사유들을 원고가 제출한 모든 증거에 의하여 보더라도 이 사건 제1항 발명에 관한 특허권 침해로 인한 재산적 손해의 배상에 의하여 회복할 수 없는 추가적인 손해가 발생하였고 이를 피고가 알았거나 알 수 있었으리라고 인정하기에 부족하고 달리 이를 인정할 만한 증거가 없다(원고가 상품 매출의 상당 부분을 피고에 의존하였다거나 피고의 특허권 침해행위로 인하여 원고가 일반 소비자로부터 피고의 제품을 모방하였다는 오명까지 입었다는 점에 관하여 이를 인정할 만한 증거도 없다). 따라서 원고가 특허법 제128조 제2항 및 제8항에 따른 손해배상금액 외에 추가로 구하는 민법 제751조 제1항 및 특허법 제128조 제7항에 따른 손해배상에 관한 주장을 받아들일 수 없다.

다) 이 사건 제1항 발명에 관한 특허권 침해로 인한 손해배상액의 산정

(1) 특허법 제128조 제2항에 의한 산정 가부

피고가 2019. 7. 6.경 피고 제품 820개를 수입하여 그 중 613개를 개당 14,900원 내지 29,900원에 판매한 사실은 위에서 본 바와 같고, 원고는 위 820개를 피고가 모두 판매하였음을 전제로 특허법 제128조 제2항에 의한 손해배상액을 주장하나 613개를 초과하는 수량에 관하여 판매가 이루어졌음을 인정할 만한 증거는 없다.

원고는 2019년 원고의 실시제품은 원재료 구매부터 포장 등 모든 제작 및 가공공정에 대해서 베트남에 있는 협력업체가 진행하였는데 원고가 위 협력업체에 지급한 비용에는 이 사건 제1항 발명을 실시한 제품 외에도 다른 제품들에 대한 비용이 포함되어 있고 각 제품 별로 회계장부를 별도로 관리하는 것은 사실상 불가능하다고 하면서도 원고가 2019년에 원고 실시제품 1개를 제작해서 판매하기 위하여 투입한 비용은 15,514원으로 계산할 수 있다고 주장한다.

이러한 사정을 종합하면, 원고가 주장하는 피고 제품 양도수량에 원고 실시제품의 단위수량당 이익액을 곱한 금액을 계산하는 방식으로는 이 사건 제1항 발명에 관한 특허권 침해로 인한 손해배상액을 산정하기가 극히 곤란하다고 판단된다.

(2) 특허법 제128조 제7항의 의한 산정

이 사건은 특허권 침해로 손해가 발생된 것은 인정되나 그 손해액을 증명하기 위하여 필요한 사실을 증명하는 것이 해당 사실의 성질상 극히 곤란한 경우에 해당하여 변론 전체의 취지와 증거조사의 결과에 기초하여 상당한 손해액을 산정하여야 한다.

위에서 본 피고 제품 수입 수량과 판매 수량, 갑 제14호증의 1의 기재에 의하여 알 수 있는 원고 전체 제품 2019년 매출내역, 갑 제14호증의 2의 기재에 의하여 알 수 있는 이 가운데 원고의 L 식기건조대의 2019년 매출내역, 갑 제15호증의 1, 2의 각 기재에 의하여 알 수 있는 원고 전체 제품 2019년 비용내역과 그 가운데 베트남 협력업체에 지급한 내역 등을 종합하면, 손해배상금을 8,000,000원 정도로 정함이 타당하다.

3) 소결론

피고는 원고에게 손해배상금 8,000,000원 및 이에 대하여 침해행위일 이후로서 원고가 구하는 이 사건 소장부본이 피고에게 송달된 날의 다음날인 2020. 2. 13.부터 피고가 항쟁함이 타당하다고 인정되는 이 판결 선고일인 2021. 5. 27.까지는 민법에서 정한 연 5%의, 그 다음날부터 다 갚는 날까지는 소송촉진 등에 관한 특례법에서 정한 연 12%의 각 비율에 의한 지연손해금을 지급할 의무가 있다.

기출 여부 (48회 이후)	특허법 학회 TOP 10	중요도
–	–	★★

062 침해로 인한 손해배상청구권의 소멸시효 기산점
대법원 1997. 2. 14. 선고 96다36159 판결 [손해배상(기)]

판결요지

불법행위에 의한 손해배상청구권의 단기소멸시효의 기산점이 되는 민법 제766조 제1항 소정의 '손해 및 가해자를 안 날'이라 함은 **현실적으로 손해의 발생과 가해자를 알아야 할 뿐만 아니라 그 가해행위가 불법행위로서 이를 이유로 손해배상을 청구할 수 있다는 것을 안 때**라고 할 것인데, 의장권자의 의장권침해물품의 제조, 판매 등의 중지요청에 대하여 침해행위를 한 자가 자신이 제조, 판매하는 물품은 그 의장권을 침해한 것이 아니라고 주장하면서 특허청 심판소에 그러한 내용의 **소극적 권리범위확인심판과 그 의장권의 등록무효심판을 청구한 경우, 의장권자는 대법원에서 그 심판이 확정된 때에 비로소 불법행위를 알았다고 봄이 상당하므로 그 날부터 손해배상청구권의 단기소멸시효가 진행**한다.

판결이유

생략

기출 여부 (48회 이후)	특허법 학회 TOP 10	중요도
-	-	★★

063 특허권 침해의 고의가 있는지 판단하는 기준
대법원 2010. 1. 14. 선고 2008도639 판결 [특허법위반]

판결요지

특허권자로부터 납품받은 특허발명의 실시품을 개량하여 그 구성에서 일부 차이가 있는 실용신안등록을 하거나 등록실용신안의 실시품을 제작·납품한 사안에서, 특허권 침해의 고의가 있다고 단정한 원심판결에 **특허권침해죄의 범의에 관한 법리오해 또는 사실오인의 위법이 있다고 한 사례**

판결이유

원심은, 피고인 1이 이 사건 특허발명의 존재를 명확히 알고 있었음에도 이 사건 특허발명의 일부 부품을 치환하여 원심 판시 이 사건 장치를 개발한 후 특허보다 손쉽게 등록할 수 있는 실용신안등록을 한 점, 이 사건 특허발명과 이 사건 장치 간에 본질적인 차이가 없고 실질적으로 균등한 구성인 점, 피고인 2도 특허권자인 피해자의 경고장을 보았음에도 계속 이 사건 장치를 제작하여 납품한 점 등을 근거로 피고인들에게 특허권 침해의 고의가 있다고 판단하였다.

그러나 원심이 적법하게 채택한 증거에 의하여 인정되는 다음과 같은 사정, 즉, 피고인 1이 피해자인 이 사건 특허권자로부터 납품받은 이 사건 특허발명의 실시품이 회전판과 꼬챙이의 결합이 견고하지 못하여 고기가 이탈되고 화재가 발생하는 등의 문제가 발생함에 따라 피고인 1의 남편인 공소외인이 이 사건 특허발명을 개량하여 실용신안등록출원을 한 점, 공소외인의 등록실용신안의 고안의 상세한 설명에서도 이 사건 특허발명을 종래기술로 언급하면서 그 문제점을 지적하고 있는 점, 이 사건 특허발명과 공소외인의 등록실용신안의 실시품인 이 사건 장치는 그 구성에서 일부 차이가 있고, 균등관계에 있는지 여부의 판단은 통상의 기술자에게도 쉽지 않으며, 일반인의 경우는 매우 어려운 점, **이 사건 장치를 개발한 후 피고인 1이 변리사에게 문의하였을 때, 이 사건 장치가 이 사건 특허발명을 침해하지 않는다는 의견을 들은 점**, 공소외인의 등록실용신안의 고안의 상세한 설명에 이 사건 특허발명이 종래기술로 기재되어 있음에도 심사관이 기술평가절차에서 공소외인의 등록실용신안에 대하여 실용신안등록 유지결정을 한 점, 이 사건 장치가 이 사건 특허발명의 일부 청구항의 권리범위에 속한다는 특허심판원의 심결이 2006. 2. 28. 무렵에야 이루어진 점 등에 비추어 보면, **특허심판원의 심결 이전인 이 사건 범죄일시에 피고인들에게 이 사건 장치가 이 사건 특허발명을 침해한다는 인식과 용인이 있었다고 보기는 어렵다.**

그런데도 그 판시와 같은 사정만으로 피고인들에게 특허권 침해의 고의가 있다고 단정한 원심에는 특허권침해죄의 범의에 관한 법리를 오해하거나 채증법칙을 위반하여 사실을 오인함으로써 판결에 영향을 미친 위법이 있다.

그러므로 나머지 상고이유에 대한 판단을 생략한 채, 원심판결을 파기하고, 사건을 원심법원으로 환송하기로 관여 대법관의 의견이 일치되어 주문과 같이 판결한다.

CHAPTER 06 복수 주체에 의한 침해

기출 여부 (48회 이후)	특허법 학회 TOP 10	중요도
-	2017	★★★

064 복수 주체에 의한 특허 침해 성립 여부

특허법원 2019. 2. 19. 선고 2018나1220, 2018나1237(병합) 판결 [특허권침해금지 등, 특허권침해금지등],
서울고등법원 2017. 8. 21.자 2015라20296 결정 [특허권침해금지가처분]

판결요지

특허발명의 청구항을 복수의 구성요소로 구성한 경우에는 그 각 구성요소가 유기적으로 결합한 전체로서의 기술사상을 보호하는 것이지 각 구성요소를 독립하여 보호하는 것은 아니어서, 특허발명과 대비되는 발명이 특허발명의 청구항에 기재된 필수적 구성요소들 중 일부만을 갖추고 있고 나머지 구성요소가 없는 경우에는 원칙적으로 그에 대비되는 발명은 특허발명의 권리범위에 속하지 않으므로(대법원 2017. 9. 26. 선고 2014다27425 판결 등 참조),

원칙적으로 단일 주체가 모든 구성요소가 유기적으로 결합한 전체로서의 특허발명을 실시하여야 그 특허발명에 관한 특허권을 침해한 것이 되고, 단일 주체가 필수적 구성요소들 중 일부만을 갖추고 나머지 구성요소를 갖추지 아니한 경우에는 다른 주체가 결여된 나머지 구성요소를 갖춘 경우라고 하더라도 양 주체 모두의 행위가 당해 특허발명에 대한 침해로 인정되지 아니한다.

그러나 복수의 주체가 단일한 특허발명의 일부 구성요소를 각각 분담하여 실시하는 경우라고 하더라도 **복수의 주체가 각각 다른 주체의 실시행위를 인식하고 이를 이용할 의사, 즉 서로 다른 주체의 실시행위를 이용하여 공동으로 특허발명을 실시할 의사를 가지고, 전체 구성요소의 전부 또는 일부를 함께 또는 서로 나누어서 유기적인 관계에서 특허발명의 전체 구성요소를 실시하는 경우**에 해당한다면, 이들 복수 주체를 전체적으로 하나의 주체로 보아 복수 주체가 실시한 구성요소 전부를 기준으로 당해 특허발명을 침해하였는지 여부를 판단하여야 할 것이고, **복수 주체 중 어느 한 단일 주체가 다른 주체의 실시를 지배·관리하고 그 다른 주체의 실시로 인하여 영업상의 이익을 얻는 경우에는 다른 주체의 실시를 지배·관리하면서 영업상 이익을 얻는 어느 한 단일 주체가 단독으로** 특허침해를 한 것으로 봄이 타당하다.

판결이유

나. 침해주체의 특정

1) 특허발명의 청구항을 복수의 구성요소로 구성한 경우에는 그 각 구성요소가 유기적으로 결합한 전체로서의 기술사상을 보호하는 것이지 각 구성요소를 독립하여 보호하는 것은 아니어서, 특허발명과 대비되는 발명이 특허발명의 청구항에 기재된 필수적 구성요소들 중 일부만을 갖추고 있고 나머지 구성요소가 없는 경우에는 원칙적으로 그에 대비되는 발명은 특허발명의 권리범위에 속하지 않으므로(대법원 2017. 9. 26. 선고 2014다27425 판결 등 참조), 원칙적으로 단일 주체가 모든

구성요소가 유기적으로 결합한 전체로서의 특허발명을 실시하여야 그 특허발명에 관한 특허권을 침해한 것이 되고, 단일 주체가 필수적 구성요소들 중 일부만을 갖추고 나머지 구성요소를 갖추지 아니한 경우에는 다른 주체가 결여된 나머지 구성요소를 갖춘 경우라고 하더라도 양 주체 모두의 행위가 당해 특허발명에 대한 침해로 인정되지 아니한다. 그러나 복수의 주체가 단일한 특허발명의 일부 구성요소를 각각 분담하여 실시하는 경우라고 하더라도 복수의 주체가 각각 다른 주체의 실시행위를 인식하고 이를 이용할 의사, 즉 서로 다른 주체의 실시행위를 이용하여 공동으로 특허발명을 실시할 의사를 가지고, 전체 구성요소의 전부 또는 일부를 함께 또는 서로 나누어서 유기적인 관계에서 특허발명의 전체 구성요소를 실시하는 경우에 해당한다면, 이들 복수 주체를 전체적으로 하나의 주체로 보아 복수 주체가 실시한 구성요소 전부를 기준으로 당해 특허발명을 침해하였는지 여부를 판단하여야 할 것이고, 복수 주체 중 어느 한 단일 주체가 다른 주체의 실시를 지배·관리하고 그 다른 주체의 실시로 인하여 영업상의 이익을 얻는 경우에는 다른 주체의 실시를 지배·관리하면서 영업상 이익을 얻는 어느 한 단일 주체가 단독으로 특허침해를 한 것으로 봄이 타당하다.

2) 위 인정사실 및 앞서 든 증거에 의하여 인정되는 여러 사정들을 종합하면, **피고 C은 위 가.1).의 나) 내지 마)항 기재 각 제품의 제작을 피고 H에게 의뢰하였고, 피고 H로부터 위 각 제품을 납품받아 자신의 지배하에 있는 피고 D 또는 그 직원들, 형제들의 개인 명의를 이용하여 O 병원에 직접 납품하거나 싱가포르의 Z를 경유하여 O 병원에 수출하는 방법으로 납품하였음을 알 수 있는바, 피고 C은 위 가.1).의 나) 내지 마)항 기재 각 제품의 생산에 관여함으로써 피고 D의 대표자로서 뿐만 아니라 그 범위를 넘어서 개인적인 지위에서도 위 각 제품의 생산에 관여하였다고 봄이 상당**하다.

또한, 피고 H는 당초 의료용 실 제조업체인 주식회사 스킨라이프를 운영하던 자임에도 피고 C과 함께 위 가.1).의 나) 내지 마)항 기재 각 제품을 납품할 목적으로 자신의 배우자를 대표로 하여 새로운 업체(T)를 설립하였고, 위 각 제품의 생산을 위하여 여러 생산업자들을 물색하여 그 제작을 의뢰하였으며(갑 제65호증의 기재에 의하면 피고 H는 자신의 본래 업체와 관련시키고 싶지 않다는 이유로 피고 E에 생산을 의뢰한 페이스 업 캐뉼러와 스타터[Starter(Wire&Punch)]에 피고 C, 피고 D, 피고 H가 운영하는 주식회사 스킨라이프 또는 T도 아닌 "WOOIL MEDI"라는 불상의 상호를 그 제조자로 표시하도록 요구한 사실이 인정된다), 그들로부터 제품을 납품받아 피고 D에 T 명의로 납품하였음을 알 수 있는바, **피고 H는 피고 C과 공동의 의사 아래 유기적으로 분담하여 위 각 제품의 생산에 관여하였다고 할 것이다.**

한편, **피고 D는 피고 E, H 등이 제작한 위 가.1).의 나) 내지 마)항 기재 각 제품을 납품받아 그 명의로 O 병원에 직접 납품하거나 싱가포르의 Z를 경유하여 O 병원에 수출하는 방법으로 납품하였는바, 피고 C이 피고 D의 대표이사로서 위와 같이 위 각 제품의 생산에 관여함으로써 위 각 제품의 제작을 지배·관리하고 이를 수출함으로써 영업상 이익을 얻었으므로, 피고 D는 위 각 제품을 단독으로 생산한 것으로 봄이 타당**하다.

그렇다면, **피고 D는 단독으로, 피고 C, H는 공동으로** 가.1).의 나) 내지 마)항 기재 각 제품을 생산함으로써 위 각 제품이 원고의 제3특허를 침해하였는지 여부를 판단함에 있어 각각 하나의 주체로 봄이 타당하다(이하 위와 같이 생산된 각 제품을 통틀어 '피고 실시제품'이라 한다).

CHAPTER 07 특허권 침해에 대한 그 밖의 구제방법

기출 여부 (48회 이후)	특허법 학회 TOP 10	중요도
–	2016	★★★

065 특허법 위반 사건에서 공소사실이 특정되었다고 하기 위한 요건
대법원 2016. 5. 26. 선고 2015도17674 판결 [특허법위반] [공2016하,905]

판결요지

1. 형사소송법 제254조 제4항의 취지 및 공소사실의 특정 정도

형사소송법 제254조 제4항이 "공소사실의 기재는 범죄의 시일, 장소와 방법을 명시하여 사실을 특정할 수 있도록 하여야 한다."라고 규정한 취지는, 심판의 대상을 한정함으로써 심판의 능률과 신속을 꾀함과 동시에 방어의 범위를 특정하여 피고인의 방어권 행사를 쉽게 해 주기 위한 것이므로, 검사로서는 위 세 가지 특정요소를 종합하여 다른 사실과의 식별이 가능하도록 범죄 구성요건에 해당하는 구체적 사실을 기재하여야 한다.

2. 특허법 위반 사건에서 공소사실이 특정되었다고 하기 위한 요건

피고인이 생산 등을 하는 물건 또는 사용하는 방법(이하 '침해제품 등'이라고 한다)이 특허발명의 특허권을 침해하였는지가 문제로 되는 특허법 위반 사건에서 다른 사실과 식별이 가능하도록 범죄 구성요건에 해당하는 구체적 사실을 기재하였다고 하기 위해서는, 침해의 대상과 관련하여 특허등록번호를 기재하는 방법 등에 의하여 침해의 대상이 된 특허발명을 특정할 수 있어야 하고, 침해의 태양과 관련하여서는 침해제품 등의 제품명, 제품번호 등을 기재하거나 침해제품 등의 구성을 기재하는 방법 등에 의하여 침해제품 등을 다른 것과 구별할 수 있을 정도로 특정할 수 있어야 한다.

판결이유

그런데 이 사건 공소사실에는 범죄의 방법에 대하여, "피고인은 2013. 1.경 ○○목재에서, 피해자 공소외 주식회사가 대한민국 특허청에 (특허등록번호 생략)로 등록한 '팔레타이저용 조립형 포장박스'와 그 구성요소가 동일하고, 위 특허의 권리범위에 속하는 포장박스를 제작, 생산 및 판매함으로써 피해자 회사의 특허권을 침해하였다."라고만 기재하고 있어서, **피고인이 제작, 생산 및 판매하였다는 침해제품인 포장박스가 어떠한 것인지 명확하게 적시되어 있지 아니하여 이를 특정할 수 없고, 그와 함께 기재된 공소사실의 다른 사항을 고려하더라도 마찬가지**이므로, 이 사건 공소는 그 공소사실이 특정되었다고 할 수 없다.

그렇다면 이 사건은 공소사실이 특정되지 않아 공소제기의 절차가 법률의 규정에 위반된다고 할 것임에도, 이 사건 공소사실이 특정되었다고 보아 공소사실을 유죄로 인정한 원심에는 공소사실의 특정에 관한 법리를 오해하여 판결에 영향을 미친 잘못이 있다.

기출 여부 (48회 이후)	특허법 학회 TOP 10	중요도
–	–	★★

066 특허권침해죄에 해당하는지 여부를 판단함에 있어 정정 전의 특허청구범위를 침해대상 특허발명으로 해야 하는지 여부

대법원 2005. 10. 14. 선고 2005도1262 판결 [특허법위반] [공2005.11.15.(238),1821]

판결요지

피고인의 행위가 특허권침해죄에 해당하는지 여부를 판단함에 있어 정정 후의 특허청구범위를 침해대상 특허발명으로 삼는 것이 **피고인에게 불리한 결과를 가져오는 경우까지도 정정의 소급적 효력이 당연히 미친다고 할 수는 없다.**

판결이유

기록에 의하면, 피고인의 위 제조, 판매행위 이후에 원심 판시와 같은 경위로 이 사건 특허발명의 특허청구범위를 정정하는 심결이 확정된 사실이 인정되고, 피고인이 제조, 판매한 제품이 정정 후의 특허청구범위와 동일 또는 균등한 관계에 있는 물건일 수도 있으며, 이와 같은 정정심결이 확정된 경우 그 정정이 별도의 정정무효심판절차에 의하여 무효로 되지 아니하는 한, 그 특허발명은 처음부터 정정된 특허청구범위에 의하여 특허권 설정등록이 된 것으로 보아야 하지만, **헌법 제13조 제1항, 형법 제1조 제1항의 입법 취지 및 특허발명의 특허청구범위는 특허권자가 독점하여 실시할 수 있는 영역과 제3자가 침해해서는 아니 되는 영역을 객관적으로 확정하여 대외적으로 공시하는 규범적 효력이 있는 점**에 비추어 보면, 피고인의 행위가 특허권침해죄에 해당하는지 여부를 판단함에 있어 정정 후의 특허청구범위를 침해대상 특허발명으로 삼는 것이 피고인에게 불리한 결과를 가져오는 경우까지도 정정의 소급적 효력이 당연히 미친다고 할 수는 없는 법리이고, 그 결과 원심이 정정 전의 **특허청구범위를 침해대상 특허발명으로 삼아 피고인이 그 특허발명의 침해죄를 범하였는지 여부를 판단한 것은 정당**하고, 거기에 상고이유로 주장하는 바와 같은 특허발명의 정정의 소급적 효력 및 특허권침해죄의 범의에 관한 법리오해 등의 위법이 없다.

기출 여부 (48회 이후)	특허법 학회 TOP 10	중요도
-	-	★★

067 전용실시권 설정계약상 제한을 등록하지 않은 경우, 그 제한을 위반하여 특허발명을 실시한 전용실시권자에게 특허법 위반죄가 성립하는지 여부

대법원 2013. 1. 24. 선고 2011도4645 판결 [특허법위반] [공2013상,419]

판결요지

특허법 제101조 제1항은 "다음 각 호에 해당하는 사항은 이를 등록하지 아니하면 그 효력이 발생하지 아니한다."고 하면서, 제2호에 "전용실시권의 설정·이전(상속 기타 일반승계에 의한 경우를 제외한다)·변경·소멸(혼동에 의한 경우를 제외한다) 또는 처분의 제한"을 규정하고 있다. 따라서 설정계약으로 전용실시권의 범위에 관하여 특별한 제한을 두고도 이를 등록하지 않으면 그 효력이 발생하지 않는 것이므로, **전용실시권자가 등록되어 있지 않은 제한을 넘어 특허발명을 실시하더라도, 특허권자에 대하여 채무불이행 책임을 지게 됨은 별론으로 하고 특허권 침해가 성립하는 것은 아니다.**

판결이유

원심은, 피고인이 공소외 주식회사로부터 명칭을 "공기정화제"로 하는 이 사건 특허권(특허번호 생략)에 대하여 전용실시권을 설정받으면서 공소외 주식회사에 **"귀하의 승낙 없이 특허를 임의대로 사용하지 않겠다."**고 약속하였지만 이와 같은 제한을 등록하지 아니한 이상 특허법상 효력이 발생하지 아니하므로, 피고인이 전용실시권을 설정받은 이 사건 특허발명을 실시하였다고 하더라도 **특허권을 침해하였다고 볼 수 없다고 판단한 후, 무죄를 선고한 제1심을 그대로 유지하였다.**

앞서 본 법리와 기록에 비추어 살펴보면, 원심의 위와 같은 판단은 정당한 것으로 수긍이 되고, 거기에 상고이유로 주장하는 특허법상 등록의 효력에 관한 법리오해의 위법이 없다.

기출 여부 (48회 이후)	특허법 학회 TOP 10	중요도
–	2015	★★★

068 특허법 제224조(허위표시의 금지) 위반으로 볼 수 있는지 여부
대법원 2015. 8. 13. 선고 2013도10265 판결 [특허법위반]

판결요지

1. 특허법 제224조 제3호의 의의 및 취지

특허법 제224조 제3호는 같은 조 제1호의 특허된 것이 아닌 물건, 특허출원 중이 아닌 물건, 특허된 것이 아닌 방법이나 특허출원 중이 아닌 방법에 의하여 생산한 물건을 생산·사용·양도하기 위하여 광고 등에 그 물건이 특허나 특허출원된 것 또는 특허된 방법이나 특허출원 중인 방법에 따라 생산한 것으로 표시하거나 이와 혼동하기 쉬운 표시(이하 '특허된 것 등으로 표시'라 한다)를 하는 행위를 금지하고 있다.

위 규정의 취지는 <u>특허로 인한 거래상의 유리함과 특허에 관한 공중의 신뢰를 악용하여 공중을 오인시키는 행위를 처벌함으로써 거래의 안전을 보호</u>하는 데 있다.

2. 청구범위에 기재된 발명의 구성을 일부 변경한 것인데도, 허위표시행위에 해당하지 않는 경우

이러한 취지에 비추어 볼 때, 특허된 것 등으로 표시한 물건의 기술적 구성이 청구범위에 기재된 발명의 구성을 일부 변경한 것이라고 하더라도, <u>그러한 변경이 해당 기술분야에서 통상의 지식을 가진 사람이 보통 채용하는 정도로 기술적 구성을 부가·삭제·변경한 것에 지나지 아니하고 그로 인하여 발명의 효과에 특별한 차이가 생기지도 아니하는 등 공중을 오인시킬 정도에 이르지 아니한 경우</u>에는, 위 물건에 특허된 것 등으로 표시를 하는 행위가 위 규정에서 금지하는 표시행위에 해당한다고 볼 수 없다.

판결이유

1. 원심판결 이유와 원심이 적법하게 채택한 증거들에 의하면 다음과 같은 사정들을 알 수 있다.

(1) 피고인 1은 2003. 12. 16. 명칭을 '납골함 안치대'로 하는 이 사건 특허발명을 발명자 피고인 1, 출원인 피고인 2 주식회사로 출원하여 2004. 2. 6. 특허등록(특허등록번호 생략)을 받았다.

(2) 이 사건 특허발명의 청구범위 제9항(이하 '이 사건 제9항 발명'이라 한다)은 일면이 개방된 수용공간부로 유골이 넣어진 납골함을 안치한 후, 위 수용공간부의 전면으로 그 수용공간부와 대응되는 개폐판이 결합되는 본체로 구성된 납골함 안치대에 있어서, 위 개폐판과 수용공간부의 테두리 본체 사이에는 기밀부재를 구비하여 위 개폐판이 볼트에 의해 결합되고, 위 수용공간부의 본체 후방면에는 그 수용공간부와 통하도록 돌출되게 형성된 주입구와, 위 주입구에 중앙으로 그 주입구와 통하여 가스가 주입되어 지는 주입밸브가 결합되는 장착부재가 장착되는 것을 특징으로 하는 납골함 안치대에 관한 발명이다.

(3) 피고인들이 실제 제조한 물건을 이 사건 제9항 발명과 대비하여 보면 가스주입구와 주입밸브가 수용공간부 '전방면'에 형성되어 있다는 점에서만 차이가 있고 나머지 구성은 동일하다.

(4) 피고인 1은 2009. 12. 15.경 피고인 2 주식회사의 홈페이지(주소 생략)에 "진공 후 질소충전 안치시스템을 완벽하게 실현하였으며", "진공 후 질소충전 납골함 안치대 특허등록(발명특허등록번호 생략)을 통하여 인정받았으며"라는 내용의 광고를 게시하였다.

(5) 이 사건 제9항 발명의 **핵심적인 기술적 과제는** 간이한 구조로 납골함 보관공간을 진공 또는 고압력 상태로 유지하여 유골의 부패와 변질을 최소화하는 데에 있고, **가스주입구와 주입밸브의 설치 위치 변경은** 통상의 기술자가 보통 채용하는 정도의 기술적 구성의 변경에 불과하며, 그로 인하여 발명의 효과에 특별한 차이가 생기지도 아니한다고 보인다.

2. 이러한 사정들을 앞에서 본 법리에 따라 살펴보면, 이 사건 제9항 발명과 대비하여 피고인들이 **실제 제조한 물건에 이루어진 기술적 구성의 변경은 특허로 인한 거래상의 유리함과 특허에 대한 공중의 신뢰를 악용하여 공중을 오인시킬 정도에 이르지 아니하였다고 할 것이므로**, 피고인들이 위 물건을 특허 받은 것으로 광고하였다고 하더라도 이러한 행위가 특허법 제224조에서 금지하는 표시행위에 해당한다고 볼 수 없다. 피고인들이 광고에서 '진공 후 질소충전 안치시스템'이라는 표현을 사용하였다거나, 피고인들이 제조한 물건이 공지기술을 사용하여 생산된 물건에 해당될 가능성이 있다는 사정만으로 이와 달리 볼 수도 없다.

같은 취지의 원심판단은 정당하고, 거기에 상고이유의 주장과 같이 특허법 제224조에 관한 법리를 오해하거나 판단을 누락하는 등의 위법이 없다.

기출 여부 (48회 이후)	특허법 학회 TOP 10	중요도
-	-	★★

069 특허된 방법을 사용하면서 다른 특허방법을 사용하는 것으로 표시한 경우 특허침해죄의 성부

대법원 1983. 7. 26. 선고 83도1411 판결 [특허법위반] [집31(4)형,59;공1983.10.1.(713),1381]

판결요지

이미 특허된 방법을 사용하여 물건을 제조하면서 광고, 간판 또는 표찰류에 그 특허가 아닌 다른 특허의 방법을 사용하여 제조한 것처럼 표시한 경우에는 **특허권자의 특허권을 침해하는 행위로써 특허법 제225조 제1항의 특허침해죄에 해당하고 특허법 제224조 제4호에 해당하지 않는다.**

판결이유

(1) 전항에서 본 사실외에 1심판결은 그 거시증거에 의하여 피고인이 그 판시기간중 위 특허 5814호의 제조방법으로 옥수수차를 제조하지 아니하고 피해자 조원식이 보유한 특허 제4221호 옥수수차 제조방법으로 1일평균 400킬로그램 싯가 180,000원 상당을 제조한 후 상품포장지에는 "발명특허 제5814호"라는 내용을 인쇄하여 포장판매함으로써 특허된 것이 아닌 방법을 사용 제조하여 특허된 것으로 허위표시하였다는 사실을 인정하고, 피고인의 위 행위에 대하여 특허법 제224조 제4호를 적용 처단하고 있으며 원심은 이를 그대로 유지하고 있다.

(2) 그러나 특허법 제224조 제4호는 특허 또는 특허출원된 것이 아닌 방법을 사용하기 위하여 광고, 간판 또는 표찰류에 그 방법이 특허 또는 특허출원된 것으로 표시하는 행위를 처벌대상으로 하는 것이므로, 이미 특허된 방법을 사용하여 제조하면서도 광고, 간판 또는 표찰류에 그 특허가 아닌 다른 특허의 방법을 사용하여 제조하는 것처럼 표시한 경우에는 특허권자의 특허권을 침해하는 행위로써 특허법 제225조 제1항에 해당할지언정 특허된 것이 아닌방법을 사용한 경우에 관한 특허법 제224조 제4호에 해당한다고는 볼 수 없는 것이다.

위 1심판시 사실자체에 의하더라도 **피고인은 특허된 것이 아닌 제조방법을 사용한 것이 아니라 피해자가 보유한 특허 제4221호의 제조방법을 사용하여 제조하였고 다만 포장지에 위 특허가 아닌 특허 제5814호의 제조방법에 의한 것처럼 표시하였다는 것이므로, 위 판시 행위는 위 피해자의 특허권을 침해하는 행위로써 특허법 제225조 제1항 제1호에 해당함은 모르되 특허된 것이 아닌 방법을 사용하는 경우에 관한 특허법 제224조 제4호에는 해당한다고 볼 수 없음이 분명하니**, 이 점에서 원심은 법률적용의 잘못을 간과한 위법이 있다고 할 것이다.

(3) 더구나 기록에 의하여 1심판결 채용의 증거내용을 살펴보면 피고인이 그 판시와 같이 위 피해자가 보유한 특허 제4221호의 제조방법에 의하여 제조하였다는 사실에 부합하는 증거로는 주로 1심 증인 박만서, 정기림의 증언과 위 박만서의 감정서 및 위 정기림에 대한 검사 및 사법경찰관 사무취급작성의 진술조서가 있는바, 위 박만서는 위 피해자의 특허대리인일 뿐 아니라 그 감정도 위 피해자가 제시한 물품을 감정시료로 하여 이루어진 것으로써 그 신빙성을 인정하기 어렵고, 위 정기림도 위 피해자의 사용인으로서 만연히 피고인이 위 피해자 보유의 특허방법에 따라 제조하였다고 진술하고 있을 뿐 구체적으로 그와 같이 보는 근거를 알 수 없으므로 선뜻 믿기 어려우며 그밖에 위 사실

을 인정할 만한 증거가 없음에도 불구하고, 원심이 위와 같은 증거만으로 위 피해자 보유의 특허방법에 따라 제조하였다고 인정하였음은 증거가치의 판단을 그르친 위법이 있다고 보지 않을 수 없다.

기출 여부 (48회 이후)	특허법 학회 TOP 10	중요도
–	–	★★

070 신규성 위반의 사유를 알고 있었던 경우 사위행위죄에 해당하는지 여부

대법원 2004. 2. 27. 선고 2003도6283 판결 [무고·특허법위반] [공2004.4.1.(199),574]

판결요지

1. 특허법 제229조에서 정한 '사위 기타 부정한 행위로써 특허를 받은 자'의 의미

특허법 제229조에 정한 '사위 기타 부정한 행위로써 특허를 받은 자'라고 함은 정상적인 절차에 의하여서는 특허를 받을 수 없는 경우임에도 불구하고 위계 기타 사회통념상 부정이라고 인정되는 행위로써 그 특허를 받은 자를 가리킨다고 할 것인데, 우선 '특허출원 전에 국내에서 공지되었거나 공연히 실시된 발명'이거나 '특허출원 전에 국내 또는 국외에서 반포된 간행물에 게재된 발명' 등으로서 특허를 받을 수 없는 발명임에도 불구하고 특허출원을 하였다는 사실만으로는 그 '사위 기타 부정한 행위'가 있었다고 볼 수 없을 뿐만 아니라, 특허출원인에게 특허출원시 관계 법령상 그러한 사정을 특허관청에 미리 알리도록 강제하는 규정 등도 없는 이상, 특허출원시 이를 특허관청에 알리거나 나아가 그에 관한 자료를 제출하지 않은 채 특허출원을 하였다고 하여 이를 가리켜 위계 기타 사회통념상 부정이라고 인정되는 행위라고 볼 수도 없다.

판결이유

1. 원심판결 이유에 의하면, 원심은 먼저, 이 사건 기록에 나타난 증거들을 종합하여 보면, 피고인은 1996. 6.경 '대성정밀'이라는 상호로 자동차용 키 제조장치를 제작·판매하던 정광수로부터 자동차용 키 제조장치의 제조시설과 제조기술을 양도받아 황창길, 박효근 등이 운영하는 '금와기연'에 그 제작을 의뢰하여 자동차용 키 제조장치를 제작·판매하던 중, 그 과정에서 일부 수정·제작된 자동차용 키 제조장치(이하 '이 사건 자동차용 키 제조장치'라고 한다)를 특허출원하기로 하고 변리사 등의 도움을 받아 1996. 9. 11. 출원인을 공소외인(피고인의 동생), 발명자를 피고인, 박효근, 황창길, 이상용(박효근, 황창길은 '금와기연'에서 이 사건 자동차용 키 제조장치를 제작하여 피고인에게 납품하던 자들이고, 이상용은 '금와기연'의 직원이다.)으로 하여 특허출원하였고, 그 자동차용 키 제조장치가 1998. 6. 25. 특허공보에 공개된 뒤, 1999. 1. 21. 특허결정되어 1999. 2. 24. 특허 제0197463호로 특허설정등록을 마친 사실 등을 인정하였다.

기록에 나온 증거에 비추어 살펴보면, 이러한 원심의 사실인정은 옳은 것으로 수긍이 가고, 거기에 채증법칙을 위배하여 사실을 오인한 위법이 있다고 할 수 없다.

2. 특허법 제229조에 정한 '사위 기타 부정한 행위로써 특허를 받은 자'라고 함은 정상적인 절차에 의하여서는 특허를 받을 수 없는 경우임에도 불구하고 위계 기타 사회통념상 부정이라고 인정되는 행위로써 그 특허를 받은 자를 가리킨다고 할 것이다.

그런데 우선, '특허출원 전에 국내에서 공지되었거나 공연히 실시된 발명'이거나 '특허출원 전에 국내 또는 국외에서 반포된 간행물에 게재된 발명' 등으로서 특허를 받을 수 없는 발명임에도 불구하고 특허출원을 하였다는 사실만으로는 그 '사위 기타 부정한 행위'가 있었다고 볼 수 없을 뿐만

아니라, 특허출원인에게 특허출원시 관계 법령상 그러한 사정을 특허관청에 미리 알리도록 강제하는 규정 등도 없는 이상, 특허출원시 이를 특허관청에 알리거나 나아가 그에 관한 자료를 제출하지 않은 채 특허출원을 하였다고 하여 이를 가리켜 위계 기타 사회통념상 부정이라고 인정되는 행위라고 볼 수도 없다고 할 것이다.

그렇다면 **피고인이 특허출원 전에 국내에서 공지되었거나 공연히 실시된 발명 또는 특허출원 전에 국내 또는 국외에서 반포된 간행물에 기재된 발명으로서 특허를 받을 수 없는 발명임에도 불구하고 특허출원을 하여 특허를 받았다거나, 또는 그 특허출원시 이를 특허관청에 알리거나 나아가 그에 관한 자료를 제출하지 않은 채 특허출원을 하여 특허를 받았다고 하더라도**, 이것만으로 위계 기타 사회통념상 부정이라고 인정되는 행위로써 특허를 받았다고 볼 수는 없고, 기록상 달리 피고인이 사위 기타 부정한 행위로써 특허를 받았다고 인정할 만한 증거를 찾아 볼 수 없다.

원심이 같은 취지에서, 이 사건 특허법위반죄의 공소사실에 대하여, 유죄를 인정한 제1심판결을 파기하고 무죄를 선고한 조치는 옳은 것으로 수긍이 가고, 거기에 법리를 오해한 위법이 있다고 할 수 없다.

기출 여부 (48회 이후)	특허법 학회 TOP 10	중요도
–	–	★

071 타인의 시험성적서로써 특허를 취득한 행위의 사위행위 해당 여부
대법원 1983. 12. 27. 선고 82도3238 판결 [특허법위반] [공1984.2.15.(722),280]

판결요지

소외인 명의의 시험성적서를 마치 피고인의 것인양 특허청에 제출하는등 하여 위 소외인이 특허를 받을 수 있는 권리를 피고인 자신이 발명한 것처럼 모인하여 특허를 받았다면 피고인의 소위는 사위의 행위로서 특허권을 받는 경우에 해당한다.

판결이유

원신이 유지한 제1심 판결이 든 증거에 의하면 소외 강길훈 명의의 시험성적서를 마치 피고인의 것인양 특허청에 제출하는등 하여 위 강길훈이 특허를 받을 수 있는 권리를 피고인 자신이 발명한 것처럼 모인하여 특허를 받았다는 그 판시의 범죄사실을 인정할 수 있고 그 거친 채증의 과정에 소론과 같은 심리미진, 채증법칙 위배로 인한 사실오인 그밖에 피해자의 권리를 특정하지 아니하고, 인과관계를 잘못 인정한 위법 등이 있다 할 수 없다.

그리고 이와 같은 피고인의 소위는 사위의 행위로서 특허권을 받는 경우에 해당한다 할것이므로 같은 취지에서 제1심 판결을 유지한 원심의 조처는 정당하고, 거기에 소론과 같은 특허법에 대한 법리오해, 공지사실을 잘못 해석한 위법 등도 있다 할 수 없다. 논지는 모두 이유없다.

CHAPTER 08 특허의 등록무효를 둘러싼 민사상 법률관계

기출 여부 (48회 이후)	특허법 학회 TOP 10	중요도
60회 (2023년) 문제 1	2014	★★★
57회 (2020년) 문제 1		
56회 (2019년) 문제 2		
52회 (2015년) 문제 4		

072 특허 무효 심결 확정시 실시권자로부터 이미 지급받은 특허실시료를 부당이득으로 반환할 의무가 있는지 여부

대법원 2014. 11. 13. 선고 2012다42666,42673 판결 [주식양도등·계약무효확인] [공2014하,2323]

판결요지

1. 특허발명 실시계약의 체결 이후 계약의 대상이 된 특허가 무효로 확정된 경우 특허권자가 실시권자로부터 이미 지급받은 특허실시료를 부당이득으로 반환할 의무가 있는지 여부

특허발명 실시계약이 체결된 이후에 계약 대상인 특허가 무효로 확정되면 특허권은 특허법 제133조 제3항의 규정에 따라 같은 조 제1항 제4호의 경우를 제외하고는 처음부터 없었던 것으로 간주된다. 그러나 특허발명 실시계약에 의하여 특허권자는 실시권자의 특허발명 실시에 대하여 특허권 침해로 인한 손해배상이나 금지 등을 청구할 수 없게 될 뿐만 아니라 특허가 무효로 확정되기 이전에 존재하는 특허권의 독점적·배타적 효력에 의하여 제3자의 특허발명 실시가 금지되는 점에 비추어 보면, **특허발명 실시계약의 목적이 된 특허발명의 실시가 불가능한 경우가 아닌 한** 특허무효의 소급효에도 불구하고 그와 같은 특허를 대상으로 하여 체결된 **특허발명 실시계약이 계약 체결 당시부터 원시적으로 이행불능 상태에 있었다고 볼 수는 없고, 다만 특허무효가 확정되면 그때부터 특허발명 실시계약은 이행불능 상태에 빠지게 된다고 보아야 한다.** 따라서 특허발명 실시계약 체결 이후에 특허가 무효로 확정되었더라도 특허발명 실시계약이 원시적으로 이행불능 상태에 있었다거나 그 밖에 특허발명 실시계약 자체에 별도의 무효사유가 없는 한 **특허권자가 특허발명 실시계약에 따라 실시권자로부터 이미 지급받은 특허실시료 중 특허발명 실시계약이 유효하게 존재하는 기간에 상응하는 부분을 실시권자에게 부당이득으로 반환할 의무**가 있다고 할 수 없다.

2. 특허발명 실시계약의 체결 이후 계약의 대상이 된 특허가 무효로 확정된 경우 착오를 이유로 특허발명 실시계약을 취소할 수 있는지 여부

특허는 성질상 특허등록 이후에 무효로 될 가능성이 내재되어 있는 점을 감안하면, 특허발명 실시계약 체결 이후에 계약 대상인 특허의 무효가 확정되었더라도 **특허의 유효성이 계약 체결의 동기로서 표시되었고 그것이 법률행위의 내용의 중요부분에 해당하는 등의 사정이 없는 한**, 착오를 이유로 특허발명 실시계약을 취소할 수는 없다.

판결이유

(1) 이 사건 계약이 무효라는 주장에 관하여

(가) 민법 제103조의 반사회질서의 법률행위, 민법 제104조의 불공정한 법률행위 주장에 관하여

원심은, 이 사건 계약 기간이 장기간이고 이 사건 계약상 원고에게만 해지권이 주어져 있으며 피고들에 대하여만 의무 위반에 대한 손해배상책임과 위약벌이 규정되어 있으나, 이 사건 계약 체결 경위와 원고가 피고 회사에 원고가 그 당시 보유하고 있는 특허기술뿐만 아니라 향후 추가로 출원·등록할 특허기술도 실시할 수 있는 권한을 부여한 사정 등에 비추어 이 사건 계약이 민법 제103조가 규정한 반사회질서의 법률행위에 해당하지 아니한다고 판단하고, 나아가 원고가 피고들에 대한 채권 확보를 위하여 피고 회사의 조달청에 대한 물품대금 등 채권을 가압류한 사실 등만으로는 피고들이 경제적 궁박상태에 있었다거나 원고에게 피고들의 궁박을 이용하여 폭리를 취하려는 의사가 있었다고 인정하기에 부족하다고 보아 이 사건 계약이 민법 제104조가 규정한 불공정한 법률행위에도 해당하지 아니한다고 판단하였다.

원심판결 이유를 관련 법리와 기록에 비추어 살펴보면 원심의 판단은 정당하고, 거기에 상고이유의 주장과 같이 반사회질서의 법률행위 또는 불공정한 법률행위에 관한 법리를 오해하거나 이에 대한 판단을 누락하는 등으로 판결 결과에 영향을 미친 위법이 있다고 할 수 없다.

(나) 「약관의 규제에 관한 법률」(이하 '약관법'이라 한다) 위반 주장에 관하여

원심은, 이 사건 계약이 원고와 피고들 사이에 구체적인 계약 내용을 개별적으로 정한 것으로서 약관에 의한 계약에 해당하지 아니하므로 약관법을 위반하여 무효라고 볼 수는 없다고 판단하였다.

원심판결 이유를 관련 법리와 기록에 비추어 살펴보면 원심의 판단은 정당하고, 거기에 상고이유의 주장과 같이 약관에 관한 법리를 오해하거나 이에 대한 판단을 누락하는 등으로 판결 결과에 영향을 미친 위법이 있다고 할 수 없다.

(다) 특허의 소급적 무효에 따른 계약의 원시적 이행불능 주장에 관하여

특허발명 실시계약이 체결된 이후에 그 계약 대상인 특허가 무효로 확정되면 특허권은 특허법 제133조 제3항의 규정에 따라 같은 조 제1항 제4호의 경우를 제외하고는 처음부터 없었던 것으로 간주된다. 그러나 특허발명 실시계약에 의하여 특허권자는 실시권자의 특허발명 실시에 대하여 특허권 침해로 인한 손해배상이나 그 금지 등을 청구할 수 없게 될 뿐만 아니라 특허가 무효로 확정되기 이전에 존재하는 특허권의 독점적·배타적 효력에 의하여 제3자의 특허발명 실시가 금지되는 점에 비추어 보면, 특허발명 실시계약의 목적이 된 특허발명의 실시가 불가능한 경우가 아닌 한 특허무효의 소급효에도 불구하고 그와 같은 특허를 대상으로 하여 체결된 특허발명 실시계약이 그 계약의 체결 당시부터 원시적으로 이행불능 상태에 있었다고 볼 수는 없고, 다만 특허무효가 확정되면 그때부터 특허발명 실시계약은 이행불능 상태에 빠지게 된다고 보아야 한다. 따라서 특허발명 실시계약 체결 이후에 특허가 무효로 확정되었더라도 앞서 본 바와 같이 특허발명 실시계약이 원시적으로 이행불능 상태에 있었다거나 그 밖에 특허발명 실시계약 자체에 별도의 무효사유가 없는 한 특허권자가 특허발명 실시계약에 따라 실시권자로부터 이미 지급받은 특허실시료 중 특허발명 실시계약이 유효하게 존재하는 기간에 상응하는 부분을 실시권자에게 부당이득으로 반환할 의무가 있다고 할 수 없다.

기록에 의하면, 이 사건 계약 체결 이후 그 대상인 이 사건 특허들 중에서 (특허번호 1 생략) 특허에 대하여는 2010. 6. 23., (특허번호 2 생략) 특허에 대하여는 2010. 9. 30. 각기 진보성이 없다는 이유로 무효심결이 내려져 그 무렵 심결이 확정된 사실(무효로 된 위 특허들을 이하 '이 사건 계쟁특허들'이라 한다), **피고 회사는 이 사건 계쟁특허들에 관한 등록무효가 확정되기 이전에 이 사건 특허들에 관한 실시의 대가로 특허기술사용료 133,762,490원을 원고에게 지급한 사실**을 알 수 있다. 이러한 사정을 위에서 본 법리에 비추어 살펴보면, 이 사건 계약 체결 이후 이 사건 특허들 중 일부인 이 사건 계쟁특허들이 무효로 되었더라도 그러한 사정만으로는 이 사건 계약이 원시적으로 이행불능으로서 무효라고 할 수는 없고, **또한 원고가 피고 회사로부터 지급받은 특허기술사용료는 이 사건 계약이 유효하게 존속하는 기간에 상응하는 특허실시료이므로, 피고 회사의 주장과 같이 원고가 특허기술사용료 중 이 사건 계쟁특허들이 이 사건 특허들에서 차지하는 비중에 해당하는 돈을 피고 회사에 부당이득으로 반환할 의무가 있다고 볼 수는 없다.**

같은 취지의 원심판단은 정당하고, 거기에 상고이유의 주장과 같이 특허발명 실시계약의 원시적 이행불능에 관한 법리를 오해하는 등의 위법이 있다고 할 수 없다.

그 밖에 피고 회사는 이 사건 계약이 원시적으로 이행불능이므로 2010. 9. 17.자 반소장의 송달로 이를 해제하였다는 취지로도 주장하나, 앞서 본 바와 같이 이 사건 계약이 원시적 이행불능 상태에 있다고 볼 수 없는 이상 이를 전제로 한 상고이유의 주장은 이유 없다.

(2) **이 사건 계약이 취소되어야 한다는 주장에 관하여**

(개) **기망 또는 강박 주장에 관하여**

원심은, 원고가 이 사건 계쟁특허들이 무효로 될 수 있다는 사정을 알고 있었음에도 마치 진정한 특허인 것처럼 피고들을 기망하였을 뿐만 아니라 채권가압류 그 밖의 악의적인 행태로 피고들에게 이 사건 계약 체결을 강요하였다는 피고 회사의 주장에 대하여 이를 인정할 증거가 부족하다는 이유로 이를 모두 배척하였다.

원심판결 이유를 관련 법리와 기록에 비추어 살펴보면 원심의 판단은 정당하고, 거기에 상고이유의 주장과 같이 기망 또는 강박에 의한 의사표시에 관한 법리를 오해하거나 이에 대한 판단을 누락하는 등의 위법이 있다고 할 수 없다.

(나) **특허의 소급적 무효에 따른 착오 주장에 관하여**

특허는 그 성질상 특허등록 이후에 무효로 될 가능성이 내재되어 있는 점을 감안하면, 특허발명 실시계약 체결 이후에 계약의 대상인 특허의 무효가 확정되었더라도 그 특허의 유효성이 계약 체결의 동기로서 표시되었고 그것이 법률행위의 내용의 중요부분에 해당하는 등의 사정이 없는 한, 착오를 이유로 특허발명 실시계약을 취소할 수는 없다고 할 것이다.

이러한 법리에 비추어 살펴보면, **기록에 의하더라도 이 사건 계약 체결 과정에서 이 사건 계쟁특허들의 유효성이 계약 체결의 동기로서 표시되었고 그것이 이 사건 계약의 내용의 중요부분이라고 볼만한 사정은 나타나 있지 아니하므로**, 이 사건 계쟁특허들이 무효로 되었더라도 착오를 이유로 이 사건 계약을 취소할 수는 없다.

같은 취지의 원심판단은 정당하고, 거기에 상고이유의 주장과 같이 착오에 의한 의사표시에 관한 법리를 오해하는 등의 위법이 있다고 할 수 없다.

(3) **사정변경을 이유로 한 해제 주장에 관하여**

기록에 의하면 이 사건 계약 체결 이후 계약의 대상인 이 사건 계쟁특허들이 무효로 되었고 원고와 피고 회사가 이 사건 계약의 효력을 다투며 상호 형사고소 및 민원제기를 거듭하고 있는 사정을 알 수 있으나, **이러한 사정만으로는 피고 회사가 원고에 대하여 이 사건 계약의 효력을 소급적으로 소멸시키는 해제를 할 수는 없다고 할 것이다.** 같은 취지의 원심판단은 정당하고, 거기에 상고이유의 주장과 같은 위법이 없다.

기출 여부 (48회 이후)	특허법 학회 TOP 10	중요도
57회 (2020년) 문제 1		★★
56회 (2019년) 문제 2		

073 특허가 무효로 확정된 경우 특허발명 실시계약에 미치는 영향이 쟁점이 된 사안

대법원 2019. 4. 25. 선고 2018다287362 판결 [손해배상(지)]

판결요지

특허가 무효로 확정되면 특허권은 특허법 제133조 제1항 제4호의 경우를 제외하고는 처음부터 없었던 것으로 간주된다(특허법 제133조 제3항). 그러나 **특허발명 실시계약이 체결된 이후에 계약의 대상인 특허권이 무효로 확정된 경우 특허발명 실시계약이 계약 체결 시부터 무효로 되는지는 특허권의 효력과는 별개로 판단**하여야 한다.

특허발명 실시계약을 체결하면 특허권자는 실시권자의 특허발명 실시에 대하여 특허권 침해로 인한 손해배상이나 그 금지 등을 청구할 수 없고, 특허가 무효로 확정되기 전에는 특허권의 독점적·배타적 효력에 따라 제3자의 특허발명 실시가 금지된다. 이러한 점에 비추어 특허발명 실시계약의 목적이 된 특허발명의 실시가 불가능한 경우가 아니라면 특허 무효의 소급효에도 불구하고 **그와 같은 특허를 대상으로 하여 체결된 특허발명 실시계약이 그 계약의 체결 당시부터 원시적으로 이행불능 상태에 있었다고 볼 수는 없고, 다만 특허 무효가 확정되면 그때부터 특허발명 실시계약은 이행불능 상태에 빠지게 된다**고 보아야 한다(대법원 2014. 11. 13. 선고 2012다42666, 42673 판결 등 참조).

따라서 특허발명 실시계약 체결 이후에 특허가 무효로 확정되었더라도 특허발명 실시계약이 원시적으로 이행불능 상태에 있었다거나 그 밖에 특허발명 실시계약 자체에 별도의 무효사유가 없는 한, **특허권자는 원칙적으로 특허발명 실시계약이 유효하게 존재하는 기간 동안 실시료의 지급을 청구할 수 있다.**

판결이유

원심은 다음 사실을 인정하고 있다. 원고와 피고는 2011년 6월경 구두로 "원고는 피고에게 이 사건 발명에 관한 통상실시권을 허락하고, 피고는 원고에게 실시료로 월 650만 원을 지급한다."는 이 사건 약정을 하였다. 피고가 2014. 3. 1.부터 실시료 지급을 지체하여 원고는 2014. 5. 21. 이 사건 약정을 해지하였다.

원심은 이러한 사실관계를 기초로, 그 이후에 **이 사건 발명이 무효로 확정되었다는 사정만으로는 이 사건 약정이 원시적으로 이행불능 상태에 있었다고 볼 수 없어 원고와 원고 승계참가인의 미지급 실시료 청구가 권리남용에 해당하지 않고, 피고는 2014. 3. 1.부터 계약이 해지된 2014. 5. 21.까지 미지급 실시료 17,403,225원을 지급할 의무가 있다**고 판단하였다. 그 밖에 이 사건 약정 자체에 별도의 무효사유가 있었다고 볼 만한 사정도 없다.

원심의 판단은 위에서 본 법리에 비추어 정당하고, 상고이유 주장과 같이 특허권 남용에 관한 법리를 오해하거나 전부명령의 효력을 잘못 판단하는 등으로 판결에 영향을 미친 잘못이 없다.

PART 08

특허심판제도

CHAPTER 1 _ 총 칙
CHAPTER 2 _ 심판의 종류와 내용
CHAPTER 3 _ 일사부재리, 중복심판의 금지, 및 재심

THE PATENT LAW

CHAPTER 01 총칙

기출 여부 (48회 이후)	특허법 학회 TOP 10	중요도
48회 (2011년) 문제 4	–	★★★

001 특허권자가 공동심판청구인 중 일부만을 상대로 제기한 심결취소소송에서 당사자추가신청이 허용되는지 여부

대법원 2009. 5. 28. 선고 2007후1510 판결 [등록무효(특)] [공2009하,1036]

판결요지

1. 동일한 특허권에 관하여 2인 이상의 자가 공동으로 특허의 무효심판을 청구하여 승소한 경우, 특허권자가 공동심판청구인 중 일부만을 상대로 제기한 심결취소소송에서 당사자추가신청이 허용되는지 여부

   이른바 고유필수적 공동소송이 아닌 사건에서 소송 도중에 당사자를 추가하는 것은 허용될 수 없고, 동일한 특허권에 관하여 2인 이상의 자가 공동으로 특허의 무효심판을 청구하여 승소한 경우에 그 특허권자가 제기할 심결취소소송은 심판청구인 전원을 상대로 제기하여야만 하는 고유필수적 공동소송이라고 할 수 없으므로, 위 소송에서 당사자의 변경을 가져오는 당사자추가신청은 명목이 어떻든 간에 부적법하여 허용될 수 없다.

2. 동일한 특허권에 관하여 2인 이상의 자가 공동으로 특허의 무효심판을 청구하는 경우, 그 심판의 법적 성격(=유사필수적 공동심판) 및 특허권자가 공동심판청구인 중 일부만을 상대로 심결취소소송을 제기한 때 그 심결 중 심결취소소송이 제기되지 않은 나머지 공동심판청구인에 대한 부분만이 제소기간의 도과로 분리 확정되는지 여부

   특허를 무효로 한다는 심결이 확정된 때에는 당해 특허는 제3자와의 관계에서도 무효로 되므로, 동일한 특허권에 관하여 2인 이상의 자가 공동으로 특허의 무효심판을 청구하는 경우 그 심판은 심판청구인들 사이에 합일확정을 필요로 하는 이른바 유사필수적 공동심판에 해당한다. 위 법리에 비추어 보면, 당초 청구인들이 공동으로 특허발명의 무효심판을 청구한 이상 청구인들은 유사필수적 공동심판관계에 있으므로, 비록 위 심판사건에서 패소한 특허권자가 공동심판청구인 중 일부만을 상대로 심결취소소송을 제기하였다 하더라도 그 심결은 청구인 전부에 대하여 모두 확정이 차단되며, 이 경우 심결취소소송이 제기되지 않은 나머지 청구인에 대한 제소기간의 도과로 심결 중 그 나머지 청구인의 심판청구에 대한 부분만이 그대로 분리·확정되었다고 할 수 없다.

판결이유

1. 이 사건 당사자추가신청의 적법 여부에 관하여

   기록에 의하면, 피고와 소외 주식회사가 2005. 8. 31. 공동으로 명칭을 "테이퍼 로울러 베어링용 리테이너 제조장치에 적용되는 반전장치"로 하는 원고의 이 사건 특허발명(특허번호 제433153호)

의 무효심판을 청구하여 2006. 5. 19. 특허심판원에서 청구인용 심결을 받았는데, 원고는 2006. 6. 23. 공동심판청구인 중 피고만을 상대로 심결취소소송을 제기하였다가, 제소기간이 도과한 이후인 2006. 7. 20. 소외 주식회사를 당사자로 추가하는 당사자추가신청을 하였다.

그러나 이른바 고유필수적 공동소송이 아닌 사건에서 소송 도중에 당사자를 추가하는 것은 허용될 수 없다 할 것인데(대법원 1993. 9. 28. 선고 93다32095 판결, 대법원 1998. 1. 23. 선고 96다41496 판결 등 참조), 동일한 특허권에 관하여 2인 이상의 자가 공동으로 특허의 무효심판을 청구하여 승소한 경우에 그 특허권자가 제기할 심결취소소송은 심판청구인 전원을 상대로 제기하여야만 하는 고유필수적 공동소송이라고 할 수 없으므로, 고유필수적 공동소송이 아닌 이 사건에서 당사자의 변경을 가져오는 당사자추가신청은 명목이 어떻든 간에 부적법하여 허용될 수 없다.

같은 취지에서 원심이 이 사건 당사자추가신청을 기각한 조치는 정당한 것으로 수긍할 수 있고, 거기에 원고가 상고이유로 주장하는 바와 같은 필수적 공동소송에 관한 법리 또는 공동소송인의 추가에 관한 법리오해 등의 위법이 없다.

2. 이 사건 소의 적법 여부에 관하여

특허를 무효로 한다는 심결이 확정된 때에는 당해 특허는 제3자와의 관계에서도 무효로 되는 것이므로, 동일한 특허권에 관하여 2인 이상의 자가 공동으로 특허의 무효심판을 청구하는 경우 그 심판은 심판청구인들 사이에 합일확정을 필요로 하는 이른바 유사필수적 공동심판에 해당한다 할 것이다.

위 법리에 비추어 보면, 피고와 소외 주식회사가 당초 공동으로 이 사건 특허발명의 무효심판을 청구한 이상 피고와 소외 주식회사는 유사필수적 공동심판관계에 있다고 할 것이므로, 비록 위 심판사건에서 패소한 원고가 공동심판청구인 중 피고만을 상대로 심결취소소송을 제기하였다 하더라도 그 심결은 피고와 소외 주식회사에 대하여 모두 확정이 차단된다고 할 것이며, **이 경우 소외 주식회사에 대한 제소기간의 도과로 심결 중 소외 주식회사의 심판청구에 대한 부분만이 그대로 분리 확정되었다고 할 수 없다**.

그럼에도 원심은, 소외 주식회사에 대하여 그 제소기간 내에 심결취소소송이 제기되지 아니한 이상 이 사건 심결 중 소외 주식회사의 심판청구에 대한 부분은 분리 확정되어 이 사건 특허권은 처음부터 없었던 것으로 보게 되었음을 전제로, 원고로서는 더 이상 그 심결의 취소를 구할 법률상 이익이 없어졌다고 하여 이 사건 소를 각하하고 말았으니, 원심판결에는 필수적 공동심판에 관한 법리를 오해하여 판결에 영향을 미친 위법이 있다. 이 점에 관한 상고이유의 주장은 이유 있다.

기출 여부 (48회 이후)	특허법 학회 TOP 10	중요도
-	-	★★

002 특허법 제159조의 직권심리가 문제된 사건
대법원 2006. 6. 27. 선고 2004후387 판결 [취소결정(특)] [공2006.8.15.(256),1442]

판결요지

특허심판원의 심판절차에서 당사자 또는 참가인에게 직권으로 심리한 이유에 대하여 의견진술의 기회를 주도록 한 특허법 제159조 제1항의 규정은 심판의 적정을 기하여 심판제도의 신용을 유지하기 위하여 준수하지 않으면 안 된다는 공익상의 요구에 기인하는 이른바 강행규정이므로, 특허심판원이 직권으로 심리한 이유에 대하여 당사자 또는 참가인에게 의견진술의 기회를 주지 않은 채 이루어진 심결은 원칙적으로 위법하여 유지될 수 없지만, <u>형식적으로는 이러한 의견진술의 기회가 주어지지 아니하였어도 실질적으로는 이러한 기회가 주어졌다고 볼 수 있을 만한 특별한 사정이 있는 경우에는 심판절차에서의 직권심리에 관한 절차위반의 위법이 없다고 보아야 한다.</u>

판결이유

1. 이 사건 심판절차의 직권심리에 관한 절차위반 여부에 관하여

가. 특허심판원의 심판절차에서 당사자 또는 참가인에게 직권으로 심리한 이유에 대하여 의견진술의 기회를 주도록 한 구 특허법(2001. 2. 3. 법률 제6411호로 개정되기 전의 것) 제159조 제1항의 규정은 심판의 적정을 기하여 심판제도의 신용을 유지하기 위하여 준수하지 않으면 안 된다는 공익상의 요구에 기인하는 이른바 강행규정이므로, 특허심판원이 직권으로 심리한 이유에 대하여 당사자 또는 참가인에게 의견진술의 기회를 주지 않은 채 이루어진 심결은 원칙적으로 위법하여 유지될 수 없지만 (대법원 1990. 11. 27. 선고 90후496 판결 참조), 형식적으로는 이러한 의견진술의 기회가 주어지지 아니하였어도 실질적으로는 이러한 기회가 주어졌다고 볼 수 있을 만한 특별한 사정이 있는 경우에는 심판절차에서의 직권심리에 관한 절차위반의 위법이 없다고 보아야 한다(대법원 1996. 2. 9. 선고 94후241 판결 참조).

나. 위 법리와 기록에 비추어 살펴보면, 특허심판원이 이 사건 심판절차에서 심리를 한 이 사건 특허발명의 명세서의 기재불비 여부가 특허이의신청절차에서 제출된 특허이의신청서나 적법한 보정기간 내에 제출된 보정서에 기재된 이유에 해당하지 아니함에도 특허심판원이 아무런 조치 없이 그에 대하여 심리를 하였다면 형식적으로는 직권심리이유에 대하여 원고에게 의견진술의 기회를 주지 아니한 것처럼 보이지만, <u>피고 보조참가인이 특허이의신청절차에서 특허이의신청의 보정기간이 지난 후에 이 사건 특허발명의 명세서의 기재불비 여부를 다투는 내용의 서면을 제출함으로써 특허이의신청절차와 연속선상에 있는 이 사건 심판절차에도 이 사건 특허발명의 명세서의 기재불비 여부가 이의신청의 이유 중 하나로 드러나 있었고, 원고가 특허이의신청절차에서 이 사건 특허발명의 명세서의 기재불비 여부에 대하여 피고보조참가인의 주장에 대한 답변 형식으로 의견을 진술하였으며, 이 사건 심판절차에서 원고가 이 사건 특허발명의 명세서의 기재불비 여부에 대하여 새로이 의견진술의 기회를 부여받았더라도 특허이의신청절차에서와 같은 취지의 의견을 진술하는 것 이외에 정정청구 등의 다른 방어수단이 있는 것도 아니어서, 이 사건 심판절차에서 이 사건 특허발명의 명세서의 기재불비를 이유로 원고의 청구를 기각하더라도 원고에게 예측할 수 없었던 불의의 타격을 주는 것은 아니므로,</u> 실질적으로는 의견진술의 기회가 주어졌다고 보아야 한다.

다. 따라서 이 사건 심판절차에는 직권심리를 하면서 의견진술의 기회를 주지 않은 절차위반의 위법이 없다고 할 것이므로, 같은 취지로 판단한 원심은 정당하고, 거기에 상고이유로 주장하는 바와 같은 심판절차에서의 직권심리에 관한 법리오해의 위법이 없다.

2. 이 사건 특허발명의 명세서의 기재불비 여부에 관하여

가. 구 특허법(1990. 1. 13. 법률 제4207호로 전문 개정되기 전의 것, 이하 같다) 제8조 제3항에서는 '… 발명의 상세한 설명에는 그 발명이 속하는 기술분야에서 통상의 지식을 가진 자가 용이하게 실시할 수 있을 정도로 그 발명의 목적·구성·작용 및 효과를 기재하여야 한다'고 규정하고 있는바, 이러한 규정의 취지는 특허출원된 발명의 내용을 제3자가 명세서만으로 쉽게 알 수 있도록 공개하여 특허권으로 보호받고자 하는 기술적 내용과 범위를 명확하게 하기 위한 것으로서, 구 특허법 제8조 제3항의 규정상 '그 발명이 속하는 기술분야에서 통상의 지식을 가진 자가 용이하게 실시할 수 있을 정도'라 함은 그 발명이 속하는 기술분야에서 보통 정도의 기술적 이해력을 가진 자, 평균적 기술자가 당해 발명을 명세서 기재에 의하여 출원시의 기술수준으로 보아 특수한 지식을 부가하지 않고서도 정확하게 이해할 수 있고 동시에 재현할 수 있는 정도를 뜻한다 (대법원 2005. 11. 25. 선고 2004후3362 판결 참조).

나. 원심판결 이유를 위 법리와 기록에 비추어 살펴보면, 원심이 그 판시와 같은 이유로 명칭을 '치수안정성 폴리에스테르사의 제조방법'으로 하는 이 사건 특허발명(등록번호 제140230호)의 명세서의 발명의 상세한 설명에 그 발명이 속하는 기술분야에서 통상의 지식을 가진 사람이 용이하게 실시할 수 있을 정도로 그 발명의 목적·구성 및 효과가 기재되어 있지 않다는 취지로 판단하였음은 정당하고, 거기에 상고이유로 주장하는 바와 같은 특허발명의 명세서의 기재불비 여부에 관한 심리미진 및 법리오해의 위법이 없다.

3. 결 론

그러므로 상고를 기각하고, 상고비용은 패소자가 부담하는 것으로 하여 관여 대법관의 일치된 의견으로 주문과 같이 판결한다.

기출 여부 (48회 이후)	특허법 학회 TOP 10	중요도
–	–	★★

003 특허법 제157조(증거조사 및 증거보전)의 강행규정성
대법원 1996. 2. 9. 선고 94후241 판결 [권리범위확인] [공1996.4.1.(7),954]

판결요지

특허법 제157조 제5항은 심판의 적정을 기하여 심판제도의 신용을 유지하기 위하여 준수하지 않으면 안된다는 공익상의 요구에 기인하는 이른바 강행규정이라 할 것이므로 의견서 제출의 기회가 주어지지 아니한 채 **직권으로 이루어진 증거조사나 증거보전은 형식상으로는 이러한 의견서 제출의 기회가 주어지지 아니하였어도 실질적으로는 이러한 기회가 주어졌다고 볼 수 있을 만한 특별한 사정이 없는 한** 위법한 것으로서 허용되지 않는다.

판결이유

그런데 원심심결 이유를 기록에 비추어 보면 원심은 이 사건 (가)호 발명이 이 사건 특허발명의 균등발명에 해당하지 아니한다는 자료로서 직권으로 그 설시의 갑 제7호증을 인용하면서 당사자인 피심판청구인에게 그 증거조사의 결과를 송달하고 상당한 기일을 지정하여 이에 대한 의견서 제출의 기회를 준 흔적을 찾아볼 수 없고, **다만 피심판청구인이 원심 심판 계속 중 이 사건과 동시에 진행된 같은 특허발명에 관한 권리범위확인을 구하는 관련사건(94후258호 권리범위확인사건)으로 인하여 위 갑 제7호증의 존재 및 내용을 사실상 알고 있었던 사정**은 엿보이나 **이 정도의 사정만으로는 실질적으로 피심판청구인에게 의견서 제출의 기회가 주어졌다고 보기는 어렵다 할 것**이고, 달리 피심판청구인에게 실질적으로 위 갑 제7호증에 대한 의견서 제출의 기회가 주어졌다고 볼 자료가 없는 이상 원심의 위와 같은 조치에는 구 특허법 제116조 제6항의 강행규정을 위반한 위법이 있다고 할 것이다. 이 점을 지적하는 상고이유의 주장은 이유 있다.

CHAPTER 02 심판의 종류와 내용

I 특허거절결정에 대한 불복심판(제132조의17)

II 특허등록무효심판(제133조)

기출 여부 (48회 이후)	특허법 학회 TOP 10	중요도
–	–	★★★

004 특허등록의 무효심판을 청구할 수 있는 이해관계인의 의미 및 이에 해당하는지 여부의 판단 기준 시기(=심결시)
대법원 2009. 9. 10. 선고 2007후4625 판결 [등록무효(특)]

판결요지

특허등록의 무효심판을 청구할 수 있는 이해관계인이라 함은 **당해 특허발명의 권리존속으로 인하여 그 권리자로부터 권리의 대항을 받거나 받을 염려가 있어 그 피해를 받는 직접적이고도 현실적인 이해관계가 있는 사람**을 말하고, 이에는 당해 특허발명과 같은 종류의 물품을 제조·판매하거나 제조·판매할 자도 포함되며, **이해관계인에 해당하는지 여부는 심결 당시를 기준으로 판단**하여야 한다(대법원 1984. 3. 27. 선고 81후59 판결, 대법원 1987. 7. 7. 선고 85후46 판결 등 참조).

판결이유

1. 특허등록의 무효심판을 청구할 수 있는 이해관계인이라 함은 당해 특허발명의 권리존속으로 인하여 그 권리자로부터 권리의 대항을 받거나 받을 염려가 있어 그 피해를 받는 직접적이고도 현실적인 이해관계가 있는 사람을 말하고, 이에는 당해 특허발명과 같은 종류의 물품을 제조·판매하거나 제조·판매할 자도 포함되며, 이해관계인에 해당하는지 여부는 심결 당시를 기준으로 판단하여야 한다(대법원 1984. 3. 27. 선고 81후59 판결, 대법원 1987. 7. 7. 선고 85후46 판결 등 참조).

위 법리와 기록에 비추어 살펴보면, 피고는 이 사건 심결 당시 사업장 소재지를 평택시 청북면 (이하 생략), 사업종류를 제조업 등, 사업종목을 수문관련제품 등으로 하여 사업자등록이 되어 있었음을 알 수 있으므로, **피고는 업으로서 명칭을 "수문권양기"로 하는 이 사건 특허발명(특허번호 제0552713호)과 같은 종류의 물품인 수문관련제품을 제조·판매하거나 제조·판매할 자로서 이 사건 특허발명의 무효심판을 청구할 수 있는 이해관계인에 해당한다 할 것**이고, 그 후 피고가 국외로 이주하거나 위 사업장 소재지에서 수문관련제품을 **제조·판매하고 있지 않더라도, 위와 같은 사정만으로 피고의 무효심판에 관한 이해관계가 소멸하였다고 볼 수 없다.** 따라서 이 사건 심판청구가 이해관계 없는 자의 청구이거나 심판청구인의 무효심판에 관한 이해관계가 소멸하였다는 취지의 상고이유의 주장은 받아들일 수 없다.

2. 원심판결 이유를 기록에 비추어 살펴보면, 원심이 이 사건 특허발명 특허청구범위 제1항(이하 '이 사건 제1항 발명'이라 한다) 중 원심 판시 구성요소 8을 제외한 나머지 구성요소들은 그 출원 전에 원심 판시의 비교대상발명들에 의하여 공지된 기술이거나 그 기술분야의 주지관용기술이고, 구성요소 8은 비교대상발명 2 중 원심 판시의 대응구성과 감속기와 출력축의 결합관계에 있어 구성요소 8은 출력축이 감속기의 중공부 중 일측에만 삽입되어 있는 반면, 비교대상발명 2의 대응구성은 출력축이 웜감속기의 중공부를 완전히 관통하고 있는 점에서 다소 차이가 있지만, 위와 같은 차이는 그 기술분야에서 통상의 지식을 가진 자(이하 '통상의 기술자'라 한다)가 쉽게 생각할 수 있는 범위 내에서의 구성의 변경에 지나지 않으므로, 이 사건 제1항 발명은 통상의 기술자가 비교대상발명들과 주지관용기술로부터 용이하게 발명할 수 있어 진보성이 부정된다는 취지로 판단한 것은 정당하고, 거기에 상고이유의 주장과 같은 발명의 진보성 판단에 관한 법리오해의 위법이 없다.

기출 여부 (48회 이후)	특허법 학회 TOP 10	중요도
57회 (2020년) 문제 1	2019	★★
52회 (2015년) 문제 4		

005 실시권자가 특허무효심판의 이해관계인이 될 수 있는지
대법원 2019. 2. 21. 선고 2017후2819 전원합의체 판결 [등록무효(특)] [공2019상,830]

판결요지

1. **특허법 제133조 제1항 전문에서 정한 '이해관계인'의 의미 및 당해 특허발명과 같은 종류의 물품을 제조·판매하거나 제조·판매할 사람도 이에 포함되는지 여부**

   구 특허법(2013. 3. 22. 법률 제11654호로 개정되기 전의 것) 제133조 제1항 전문은 "이해관계인 또는 심사관은 특허가 다음 각호의 어느 하나에 해당하는 경우에는 무효심판을 청구할 수 있다."라고 규정하고 있다. **여기서 말하는 이해관계인이란 당해 특허발명의 권리존속으로 인하여 법률상 어떠한 불이익을 받거나 받을 우려가 있어 그 소멸에 관하여 직접적이고도 현실적인 이해관계를 가진 사람을 말하고, 이에는 당해 특허발명과 같은 종류의 물품을 제조·판매하거나 제조·판매할 사람도 포함**된다. 이러한 법리에 의하면 특별한 사정이 없는 한 특허권의 실시권자가 특허권자로부터 권리의 대항을 받거나 받을 염려가 없다는 이유만으로 무효심판을 청구할 수 있는 이해관계가 소멸되었다고 볼 수 없다.

   그 이유는 다음과 같다.

   특허권의 실시권자에게는 실시료 지급이나 실시 범위 등 여러 제한 사항이 부가되는 것이 일반적이므로, 실시권자는 무효심판을 통해 특허에 대한 무효심결을 받음으로써 이러한 제약에서 벗어날 수 있다. 그리고 특허에 무효사유가 존재하더라도 그에 대한 무효심결이 확정되기까지는 특허권은 유효하게 존속하고 함부로 그 존재를 부정할 수 없으며, 무효심판을 청구하더라도 무효심결이 확정되기까지는 상당한 시간과 비용이 소요된다. 이러한 이유로 **특허권에 대한 실시권을 설정받지 않고 실시하고 싶은 사람이라도 우선 특허권자로부터 실시권을 설정받아 특허발명을 실시하고 무효 여부에 대한 다툼을 추후로 미루어 둘 수 있으므로, 실시권을 설정받았다는 이유로 특허의 무효 여부를 다투지 않겠다는 의사를 표시하였다고 단정할 수도 없다.**

2. **법원이 당사자의 변론재개신청을 받아들일지 여부를 재량으로 결정할 수 있는지 여부 및 법원이 당사자의 변론재개신청을 받아들여 변론을 재개할 의무가 있는 예외적인 경우**

   당사자가 변론종결 후 주장·증명을 제출하기 위하여 변론재개신청을 한 경우 당사자의 변론재개신청을 받아들일지 여부는 **원칙적으로 법원의 재량에 속한다**. 그러나 변론재개신청을 한 당사자가 변론종결 전에 그에게 책임을 지우기 어려운 사정으로 주장·증명을 제출할 기회를 제대로 갖지 못하였고, 그 주장·증명의 대상이 판결의 결과를 좌우할 수 있는 주요한 요증사실에 해당하는 경우 등과 같이, **당사자에게 변론을 재개하여 그 주장·증명을 제출할 기회를 주지 않은 채 패소의 판결을 하는 것이 행정소송법 제8조 제2항에서 준용하도록 규정하고 있는 민사소송법이 추구하는 절차적 정의에 반하는 경우에는 법원은 변론을 재개하고 심리를 속행할 의무가 있다.** 따라서 법원이 변론을 재개할 의무가 있는지 여부는 위와 같은 예외적인 요건 등을 갖추고 있는지 여부에 의하여 판단하여야 한다.

판결이유

1. 상고이유 제2점에 관하여

가. (1) 구 특허법(2013. 3. 22. 법률 제11654호로 개정되기 전의 것, 이하 같다) 제133조 제1항 전문은 "이해관계인 또는 심사관은 특허가 다음 각 호의 어느 하나에 해당하는 경우에는 무효심판을 청구할 수 있다."라고 규정하고 있다. 여기서 말하는 이해관계인이란 당해 특허발명의 권리존속으로 인하여 법률상 어떠한 불이익을 받거나 받을 우려가 있어 그 소멸에 관하여 직접적이고도 현실적인 이해관계를 가진 사람을 말하고, 이에는 당해 특허발명과 같은 종류의 물품을 제조·판매하거나 제조·판매할 사람도 포함된다. 이러한 법리에 의하면 특별한 사정이 없는 한 특허권의 실시권자가 특허권자로부터 권리의 대항을 받거나 받을 염려가 없다는 이유만으로 무효심판을 청구할 수 있는 이해관계가 소멸되었다고 볼 수 없다.

(2) 그 이유는 다음과 같다.

특허권의 실시권자에게는 실시료 지급이나 실시 범위 등 여러 제한 사항이 부가되는 것이 일반적이므로, 실시권자는 무효심판을 통해 특허에 대한 무효심결을 받음으로써 이러한 제약에서 벗어날 수 있다.

그리고 특허에 무효사유가 존재하더라도 그에 대한 무효심결이 확정되기까지는 그 특허권은 유효하게 존속하고 함부로 그 존재를 부정할 수 없으며, 무효심판을 청구하더라도 무효심결이 확정되기까지는 상당한 시간과 비용이 소요된다. 이러한 이유로 특허권에 대한 실시권을 설정받지 않고 실시하고 싶은 사람이라도 우선 특허권자로부터 실시권을 설정받아 특허발명을 실시하고 그 무효 여부에 대한 다툼을 추후로 미루어 둘 수 있으므로, 실시권을 설정받았다는 이유로 특허의 무효 여부를 다투지 않겠다는 의사를 표시하였다고 단정할 수도 없다.

(3) 이와 달리 **실시권자라는 이유만으로 무효심판을 청구할 수 있는 이해관계인에 해당하지 않는다는 취지로 판시한 대법원 1977. 3. 22. 선고 76후7 판결, 대법원 1983. 12. 27. 선고 82후58 판결을 비롯한 같은 취지의 판결들은 이 판결의 견해에 배치되는 범위 내에서 이를 모두 변경**하기로 한다.

나. 위 법리와 기록에 비추어 살펴본다.

(1) 원심판결 이유와 기록에 의하면 다음의 사실을 알 수 있다.

㈎ 원고는 명칭을 'AMVP 모드에서 영상 부호화 방법'으로 하는 이 사건 특허발명(특허등록번호 생략)의 특허권자로서, 동영상 관련 표준특허풀인 MPEG LA(www.mpegla.com)의 'HEVC Patent Portfolio License' 프로그램(이하 'HEVC 라이선스 프로그램'이라 한다)에 이 사건 특허권을 등재하여 라이선서(Licensor)로 등록되어 있다.

㈏ 피고는 HEVC 라이선스 프로그램에 자신의 특허권을 등재한 라이선서(Licensor)임과 동시에 위 특허풀 목록에 있는 특허발명을 실시할 권리를 가진 라이선시(Licensee)로 등록된 자로서, 이 사건 특허발명과 같은 종류의 동영상 압축기술을 사용한 영상 관련 물품을 제조·판매하는 자이다.

㈐ 이 사건 **특허발명에 대한 무효심결이 확정되는 경우에는 HEVC 라이선스(license) 계약 제6.1조에 따라 원고와 MPEG LA 사이의 계약은 실효되고, 이 사건 특허발명은 HEVC 라이선스 프로그램에서 제외되므로, 피고로서는 아무런 제약 없이 이 사건 특허발명을 실시할 수 있게 된다.**

(2) 이러한 사실관계를 앞서 본 법리에 비추어 보면, 피고는 이 사건 특허발명의 실시권자로서 특허발명의 권리존속으로 인하여 법률상으로 불이익을 입어 그 소멸에 관하여 직접적이고도 현실적인 이해관계를 가진 자에 해당한다.

따라서 **피고가 이 사건 특허발명에 대한 무효심판을 청구할 수 있는 이해관계인에 해당한다고 판단한 원심판결은** 정당하고, 거기에 상고이유 주장과 같이 무효심판을 청구할 수 있는 이해관계인에 관한 법리를 오해하는 등의 잘못이 없다.

2. 상고이유 제1점에 관하여

당사자가 변론종결 후 주장·증명을 제출하기 위하여 변론재개신청을 한 경우 당사자의 변론재개신청을 받아들일지 여부는 원칙적으로 법원의 재량에 속한다. 그러나 변론재개신청을 한 당사자가 변론종결 전에 그에게 책임을 지우기 어려운 사정으로 주장·증명을 제출할 기회를 제대로 갖지 못하였고, 그 주장·증명의 대상이 판결의 결과를 좌우할 수 있는 주요한 요증사실에 해당하는 경우 등과 같이, 당사자에게 변론을 재개하여 그 주장·증명을 제출할 기회를 주지 않은 채 패소의 판결을 하는 것이 행정소송법 제8조 제2항에서 준용하도록 규정하고 있는 민사소송법이 추구하는 절차적 정의에 반하는 경우에는 법원은 변론을 재개하고 심리를 속행할 의무가 있다. 따라서 법원이 변론을 재개할 의무가 있는지 여부는 위와 같은 예외적인 요건 등을 갖추고 있는지 여부에 의하여 판단하여야 한다(대법원 2018. 7. 26. 선고 2016두45783 판결, 대법원 2013. 4. 11. 선고 2012후436 판결 등 참조).

위 법리와 기록에 비추어 살펴보면, **변론종결 전에 원고에게 책임을 지우기 어려운 사정으로 원고가 주장·증명을 제출할 기회를 제대로 갖지 못하였고, 그 주장·증명의 대상이 판결의 결과를 좌우할 만큼 주요한 요증사실에 해당하는 등 원심 법원이 변론을 재개하여 심리를 속행해야 할 예외적인 사정이 있었다고 보기 어렵다.**

따라서 원고가 원심 변론종결 후 참고서면을 제출하였음에도 원심이 변론을 재개하지 않았다 하더라도 거기에 상고이유 주장과 같이 변론재개의 필요성에 관한 법리를 오해하는 등의 잘못이 없다.

기출 여부 (48회 이후)	특허법 학회 TOP 10	중요도
–	–	★★

006 특허무효심판절차에서 정정청구가 있는 경우 정정의 확정 시기 및 정정의 허용 여부를 일체로 판단하여야 하는지 여부

대법원 2011. 2. 10. 선고 2010후2698 판결 [등록무효(특)] [공2011상,589]

판결요지

특허무효심판절차에서 정정청구가 있는 경우, 정정의 인정 여부는 무효심판절차에서 함께 심리되는 것이므로, 독립된 정정심판청구의 경우와 달리 정정청구 부분은 따로 확정되지 아니하고 무효심판의 심결이 확정되는 때에 함께 확정된다.

판결이유

특허무효심판절차에서 정정청구가 있는 경우, 정정의 인정 여부는 무효심판절차에서 함께 심리되는 것이므로, 독립된 정정심판청구의 경우와 달리 정정청구 부분은 따로 확정되지 아니하고 무효심판의 심결이 확정되는 때에 함께 확정된다(대법원 2008. 6. 26. 선고 2006후2912 판결, 대법원 2009. 1. 15. 선고 2007후1053 판결 등 참조).

원심판결 중 정정된 이 사건 제2항 발명의 특허무효에 관한 부분은 위에서 본 바와 같은 이유로 파기되어야 할 것인데, 이 사건 정정청구는 그 정정사항이 이 사건 제1항 내지 제7항 발명에 걸쳐 있으므로, 위 법리에 따라 원심판결 중 정정된 이 사건 제1항, 제3항 내지 제7항 발명의 특허무효에 관한 부분도 함께 파기되어야 한다.

기출 여부 (48회 이후)	특허법 학회 TOP 10	중요도
-	-	★★

007 특허권자에게 의견서 제출 기회를 부여한 바 없는 별개의 사유를 들어 정정청구를 받아들이지 않는 심결을 하거나 심결에 대한 취소청구를 기각할 수 있는지 여부

대법원 2012. 7. 12. 선고 2011후934 판결 [등록무효(특)심결취소의소] [공2012하,1458]

판결요지

특허권자는 특허무효심판청구가 있는 경우 심판청구서 부본을 송달받은 날이나 직권심리 이유를 통지받은 날로부터 일정한 기간 내에, 또는 심판청구인의 증거서류 제출로 인하여 심판장이 허용한 기간 내에 특허발명의 명세서 또는 도면의 정정을 청구할 수 있고[구 특허법(2009. 1. 30. 법률 제9381호로 개정되기 전의 것, 이하 같다) 제133조의2 제1항 참조], 이러한 정정은 특허발명의 명세서 또는 도면에 기재된 사항의 범위 내에서 이를 할 수 있으며, 심판관은 정정청구가 특허발명의 명세서 또는 도면에 기재된 사항의 범위를 벗어난 것일 때에는 특허권자에게 그 이유를 통지하고 의견서를 제출할 수 있는 기회를 주어야 하는바(구 특허법 제133조의2 제4항, 제136조 제2항, 제5항 참조), 의견서 제출 기회를 부여하게 한 위 규정은 정정청구에 대한 심판의 적정을 기하고 심판제도의 신용을 유지하기 위한 공익상의 요구에 기인하는 이른바 강행규정이다. **따라서 정정청구의 적법 여부를 판단하는 특허무효심판이나 심결취소소송에서 정정의견제출통지서에 기재된 사유와 다른 별개의 사유가 아니고 주된 취지에 있어서 정정의견제출통지서에 기재된 사유와 실질적으로 동일한 사유로 정정청구를 받아들이지 않는 심결을 하거나 심결에 대한 취소청구를 기각하는 것은 허용**되지만, 정정의견제출통지서를 통하여 특허권자에게 의견서 제출 기회를 부여한 바 없는 별개의 사유를 들어 정정청구를 받아들이지 않는 심결을 하거나 심결에 대한 취소청구를 기각하는 것은 위법하다.

판결이유

원심판결 이유에 의하면 원심은, 이 사건 특허발명(특허번호 생략)에 대하여 원심판시 이 사건 정정청구 전 특허청구범위 제1항(이하 '이 사건 제1항 발명'이라 하고, 나머지 청구항도 같은 방식으로 부른다)의 '맞대기 접합'을 이 사건 정정청구 후 특허청구범위 제1항(이하 '이 사건 제1항 정정발명'이라 하고, 나머지 청구항도 같은 방식으로 부른다)의 '열융착 방식으로 맞대기 접합'으로 정정하는 것은 특허청구범위를 감축하는 경우에 해당하나, 이 사건 제2항 정정발명은 이 사건 제1항 정정발명의 종속항으로서 이 사건 정정청구에 의하여 '초음파 접합을 하는 것'에서 '열융착 방식에 의한 맞대기 접합과 초음파 접합을 함께 사용하는 것'으로 정정되는데, **이러한 정정은 이 사건 특허발명의 명세서 또는 도면에 기재되지 않은 사항이 추가되는 결과가 되므로, 이 사건 정정청구는 구 특허법 제133조의2 제4항, 제136조 제2항에 위배되어 받아들여질 수 없다는 취지**로 판단하였다. 아울러 원심은, 심판관이 이 사건 심판절차가 계속 중이던 2010. 5. 19. 원고에게 **열융착 방식은 초음파 접합과 그 목적이나 기술적 사상이 달라 이 사건 특허발명의 명세서에 기재되지 않은 것이라고 원고에게 통지한 이상, 이 사건 제2항 정정발명과 같이 이를 함께 사용하는 것이 불가능하다는 취지도 통지한 것**이므로, 이 사건 정정청구에 따르면 특허청구범위 제2항에 이 사건 특허발명의 명세서에 기재되지 않은 사항이 추가되어 구 특허법 제136조 제2항에 위배된다는 점을 원고에게 통지하고 의견서를 제출할 기회를 준 것이라는 취지로 판단하였다.

그러나 이러한 원심의 판단은 다음과 같은 이유로 수긍하기 어렵다.

먼저, 기록에 의하면, 이 사건 정정청구에 대하여 심판관은 2010. 5. 19. 청구항 1의 정정사항 중 '맞대기 접합'을 '열융착 방식으로 맞대기 접합'으로 정정한 것은 이 사건 특허발명의 명세서에 기재되지 않은 것이어서 적법한 정정으로 인정되지 아니한다는 취지로 정정의견제출통지를 한 사실을 알 수 있는바, 이러한 사정과 원심판결 이유를 앞서 본 법리에 비추어 살펴보면, **이 사건에서 정정불인정 이유의 판단대상으로 삼은 청구항이 원심판결에서는 이 사건 제2항 정정발명인 반면에 심판관의 정정의견제출통지서에서는 이 사건 제1항 정정발명이었고, 정정불인정의 구체적인 이유도 원심판결에서는 열융착 방식과 초음파 방식을 함께 사용하는 구성이 명세서에 없어 신규사항 추가라는 취지인 반면에 심판관의 정정의견제출통지서에서는 열융착 방식을 사용하는 구성이 명세서에 없어 신규사항 추가라는 취지**이므로, 결국 원심은 심판관의 정정의견제출통지서에 기재된 사유와 다른 별개의 사유를 들어 이 사건 정정청구가 받아들여질 수 없다고 판단한 것이다. 그뿐만 아니라, 특허청구범위에 있어서 다른 청구항을 인용하지 않는 청구항이 독립항이 되고 다른 독립항이나 종속항을 인용하여 이를 한정하거나 부가하여 구체화하는 청구항이 종속항이 되는 것이 원칙이지만, 독립항과 종속항의 구분은 단지 청구항의 문언이 나타내고 있는 기재형식에 의해서만 판단할 것은 아니므로, 인용하고 있는 청구항의 구성 일부를 생략하거나 다른 구성으로 바꾼 청구항은 이를 독립항으로 보아야 할 것인바(대법원 2005. 11. 10. 선고 2004후3546 판결 등 참조), **이 사건 제2항 정정발명은 그 기재형식은 "제1항에 있어서"라는 표현을 사용하여 마치 이 사건 제1항 정정발명의 종속항인 양 기재되어 있으나 그 발명의 내용은 이 사건 제1항 정정발명의 '열융착 방식으로 맞대기 접합'하는 구성을 '초음파 접합'하는 구성으로 바꾸고 있어 이를 독립항으로 보아야 한다.** 결국 이 사건 제2항 정정발명은 '열융착 방식에 의한 맞대기 접합과 초음파 접합을 함께 사용하는 것'이 아니라 '초음파 접합만을 사용하는 것'을 그 발명의 구성으로 하는 것이니, 원심은 잘못된 특허청구범위 해석을 전제로 하여 이 사건 제2항 정정발명에 신규사항 추가가 있다고 판단한 것이다.

다만 기록에 의하면, 이 사건 특허발명의 명세서에는 열융착 방식을 이 사건 특허발명의 접착방식으로부터 배제하고 초음파 접합을 채택하였다는 취지가 기재되어 있는 점, 열융착 방식은 열을 가하여 접합하는 방식인 반면에 초음파 접합은 열을 가하지 않고 초음파를 가하여 접합하는 방식으로서 서로 다른 접합방식인 점 등을 알 수 있는데, 이 사건 정정청구에 의하여 이 사건 **제1항 발명의 '맞대기 접합'이 이 사건 제1항 정정발명의 '열융착 방식으로 맞대기 접합'으로 정정된다면, 이는 이 사건 특허발명의 명세서에서 배제되어 있었던 열융착 방식을 추가하는 정정으로서 신규사항 추가에 해당한다고 할 것이다.** 따라서 이 사건 정정청구는 위와 같이 정정의견제출통지서에 기재된 사유에 의하여 살펴보면 구 특허법 제133조의2 제4항, 제136조 제2항에 위배되어 받아들여질 수 없다.

그렇다면 **원심의 이 부분에 관한 이유 설시에서 부적절한 점은 있으나, 이 사건 정정청구가 받아들여질 수 없다고 판단한 것은 결론에 있어서는 정당**하므로, 판결 결과에 영향을 미친 위법이 없다.

Ⅲ 권리범위확인심판(제135조)

기출 여부 (48회 이후)	특허법 학회 TOP 10	중요도
−	−	★★★

008 특허권이 소멸된 이후에는 그에 대한 권리범위확인을 구할 이익이 없는지 여부
대법원 2010. 8. 19. 선고 2007후2735 판결 [권리범위확인(특)]

판결요지

1. **특허권이 소멸된 이후에는 그에 대한 권리범위확인을 구할 이익이 없는지 여부**
   특허권의 권리범위확인심판의 청구는 현존하는 특허권의 범위를 확정하려는 데 그 목적이 있으므로, 일단 적법하게 발생한 특허권이라 할지라도 그 권리가 소멸된 이후에는 그에 대한 권리범위확인을 구할 이익이 없어진다(대법원 2003. 11. 28. 선고 2003후1581 판결 등 참조).

2. **소극적 권리범위확인심판청구에서 심판청구인이 현실적으로 실시하는 기술이 심판청구에서 심판의 대상으로 삼은 구체적인 발명과 다른 경우의 심판 대상**
   권리범위확인심판은 권리의 효력이 미치는 범위를 대상물과의 관계에서 구체적으로 확정하는 것이어서 특허권 권리범위확인심판 청구의 심판대상은 심판청구인이 그 청구에서 심판의 대상으로 삼은 구체적인 발명이라고 할 것이다(대법원 1991. 3. 27. 선고 90후373 판결 등 참조). 그리고 소극적 권리범위확인심판에서는 심판청구인이 현실적으로 실시하는 기술이 심판청구에서 심판의 대상으로 삼은 구체적인 발명과 다르다고 하더라도 심판청구인이 특정한 발명이 실시가능성이 없을 경우 그 청구의 적법 여부가 문제로 될 수 있을 뿐이고, 여전히 심판의 대상은 심판청구인이 특정한 확인대상발명을 기준으로 특허발명과 대비하여 그 권리범위에 속하는지 여부를 판단하여야 한다(대법원 1990. 2. 9. 선고 89후1431 판결, 대법원 2002. 10. 22. 선고 2001후1549 판결 등 참조).

판결이유

1. **확인대상발명이 특허청구범위 제1항의 권리범위에 속하는지에 관하여**
   특허권의 권리범위확인심판의 청구는 현존하는 특허권의 범위를 확정하려는 데 그 목적이 있으므로, 일단 적법하게 발생한 특허권이라 할지라도 그 권리가 소멸된 이후에는 그에 대한 권리범위확인을 구할 이익이 없어진다(대법원 2003. 11. 28. 선고 2003후1581 판결 등 참조).
   기록에 의하면, 명칭을 "X선 발생장치 및 이것을 사용한 정전기 제어기"로 하는 이 사건 특허발명(특허번호 제465346호)의 특허청구범위 제1항(이하 '이 사건 제1항 발명'이라고 한다)은 이 사건 소가 상고심에 계속 중이던 2009. 9. 24. 진보성이 인정되지 아니한다는 이유로 그 특허가 무효로 확정되었음을 알 수 있다. 그렇다면 이 사건 제1항 발명에 대한 특허권은 처음부터 없었던 것이 되었다고 할 것이다. 이와 같이 이 사건 제1항 발명의 특허권이 소멸된 결과 이 사건 심판의 심결 중 이 사건 제1항 발명에 관한 부분은 그 취소를 구할 법률상 이익이 없어졌다고 할 것이므로 이 사건 소 중 이 사건 제1항 발명에 관한 부분은 부적법하게 되었다.
   결국 원심판결 중 이 사건 제1항 발명에 대한 부분은 그대로 유지될 수 없다.

2. 확인대상발명이 이 사건 제5항, 제8항, 제11항 발명의 권리범위에 속하는지에 관하여

기록에 의하면, 피고는 이 사건 제5항, 제8항, 제11항 발명(이하 '이 사건 제5항 등 발명'이라고 한다)에서 이 사건 제1항 발명 또는 제2항 발명을 인용하던 부분을 이 사건 제2항 발명만을 인용하는 것으로 정정심판청구를 하였고, 원심판결 선고 이후인 2010. 6. 4. 위 정정을 인용하는 심결이 내려지고 그 무렵 위 심결이 확정되었음을 알 수 있다. 그렇다면 이 사건 제5항 등 발명은 구 특허법(2001. 2. 3. 법률 제6411호로 개정되기 전의 것) 제136조 제9항에 의하여 정정 후의 명세서대로 특허출원이 되고 특허권의 설정등록이 된 것으로 보아야 한다.

따라서 정정 전의 이 사건 제5항 등 발명의 권리범위를 대상으로 하여 확인대상발명이 그 권리범위에 속하는지 여부를 심리·판단한 원심판결에는 민사소송법 제451조 제1항 제8호 소정의 재심사유가 있으므로, 결과적으로 판결에 영향을 끼친 법령위반의 위법이 있다.

이 점을 지적하는 상고이유의 주장은 이유 있다.

3. 확인대상발명이 나머지 청구항의 권리범위에 속하는지에 관하여

가. 확인대상발명이 자유실시기술인지에 관하여

기록을 살펴보면, 원심이 확인대상발명은 원심 판시 비교대상발명 4 내지 6으로부터 용이하게 발명할 수 있는 자유실시기술에 해당하지 아니한다고 판단한 것은 정당한 것으로 수긍할 수 있고, 거기에 상고이유의 주장과 같이 자유실시기술 여부 판단에 관한 법리를 오해한 위법이 있다고 할 수 없다.

나. 확인대상발명이 이 사건 제2항 발명의 권리범위에 속하는지에 관하여

기록에 비추어 살펴보면 다음을 인정할 수 있다. 즉 이 사건 제2항 발명과 확인대상발명은 모두 소형의 X-선 발생장치에 관한 것으로 그 기술분야가 동일하고, X-선 발생장치에서 생기는 열을 냉각시키고 X-선 발생장치의 소형화에 따른 장착의 용이성을 향상시키고자 하는 점에서 목적에 공통점이 있다. 이 사건 제2항 발명의 원심 판시 구성 ③에서 '전원부를 수용하는 전용용기에 X-선관 수용부를 설치하는 구성'은 '전원용기 내에 X-선관 수용부를 설치하는 구성' 뿐만 아니라 'X-선관 수용부를 전원용기 측면에 인접하여 설치하는 구성'도 포함한다. 그러므로 이 사건 제2항 발명의 구성 ③은 확인대상발명의 원심 판시 구성 ⓒ와 실질적으로 동일하고, 그 밖에 이 사건 제2항 발명의 원심 판시 구성 ①, ②도 확인대상발명의 원심 판시 구성 ⓐ, ⓑ와 실질적으로 동일하다. 그리고 확인대상발명은 이 사건 제2항 발명의 위 대응구성에 원심 판시 구성 ⓓ, ⓔ, ⓕ를 부가하고 있어서 이 사건 제2항 발명과 이용관계에 있다.

따라서 원심이 확인대상발명은 이 사건 제2항 발명의 권리범위에 속한다고 판단한 것은 정당한 것으로 수긍할 수 있고, 거기에 상고이유의 주장과 같이 이 사건 제2항 발명의 권리범위 해석에 관한 법리를 오해하는 등의 위법이 있다고 할 수 없다.

다. 확인대상발명이 이 사건 제3항 발명의 권리범위에 속하는지에 관하여

1) 권리범위확인심판은 권리의 효력이 미치는 범위를 대상물과의 관계에서 구체적으로 확정하는 것이어서 특허권 권리범위확인심판 청구의 심판대상은 심판청구인이 그 청구에서 심판의 대상으로 삼은 구체적인 발명이라고 할 것이다(대법원 1991. 3. 27. 선고 90후373 판결 등 참조). 그리고 소극적 권리범위확인심판에서는 심판청구인이 현실적으로 실시하는 기술이 심판청구에서 심판의 대상으로 삼은 구체적인 발명과 다르다고 하더라도 심판청구인이 특정한 발명이 실시가능성이 없을 경우 그 청구의 적법 여부가 문제로 될 수 있을 뿐이고, **여전히 심판의 대상은 심판청구인이 특정한 확인대상발명을 기준으로 특허발명과 대비하여 그 권리범위에 속하는지 여부를 판단하여야 한다**(대법원 1990. 2. 9. 선고 89후1431 판결, 대법원 2002. 10. 22. 선고 2001후1549 판결 등 참조).

2) 원심은 확인대상발명의 '충격흡수부'는 그 설명서에 '열전도성과 전기전도성을 갖지 않는다'라고 기재되어 있더라도 실제로는 열전도성 및 전기전도성을 가지는 구성이라는 전제 아래 이 사건 제3항 발명 중 '열전도성을 가지는 중간부재'에 관한 구성과 실질적으로 동일한 것으로 보아, 확인대상발명이 이 사건 제3항 발명의 권리범위에 속한다고 판단하고 있다.

3) 그러나 위 법리에 비추어 기록을 살펴보건대, 확인대상발명의 설명서에 의하면 '충격흡수부는 그 재질이 실리콘 스펀지이고 외부로부터의 진동 및 충동을 받더라도 이를 흡수할 수 있고 열전도성과 전기전도성을 갖지 아니하는 구성'임을 알 수 있다. 그렇다면 이 경우 설령 확인대상발명의 '충격흡수부'가 열전도성과 전기전도성을 가지고 있어야 하고 그렇지 아니한 구성으로는 실시될 가능성이 없어서 심판청구의 적법 여부가 문제로 될 수 있음은 별론으로 하고, 심판의 대상으로서는 여전히 심판청구인이 특정한 확인대상발명을 기준으로 하여야 하고 이를 특허발명과 대비하여 그 권리범위에 속하는지 여부를 판단하여야 하는 것이다.

그리하여 이 사건 제3항 발명의 '중간부재'와 확인대상발명의 설명서에 의하여 특정된 '충격흡수부'를 대비해 보면, 이 사건 제3항 발명의 '중간부재'는 높은 열전도성을 가지고 있어 플랜지부와 정면판 사이의 열전도를 확장시킴으로써 보호용기를 통한 열의 발산을 촉진시킬 수 있는 반면, 확인대상발명의 '충격흡수부'는 외부로부터의 진동 및 충동을 받더라도 이를 흡수할 수 있고 열전도성과 전기전도성을 갖지 아니하는 점에서 그 구성 및 작용효과에서 차이가 있어서, 이들이 균등관계에 있다고 할 수 없다. 따라서 나머지 구성에 대하여 살필 것도 없이 확인대상발명은 이 사건 제3항 발명의 권리범위에 속하지 아니한다고 할 것이다.

그렇다면 원고가 특정한 것과 다른 내용을 기준으로 특허발명과 대비하여 그 권리범위에 속하는지 여부를 판단한 이 부분 원심판결에는 권리범위확인심판의 대상에 관한 법리를 오해하여 판결에 영향을 미친 위법이 있다. 이 점에 관한 상고이유의 주장은 이유 있다.

라. 확인대상발명이 이 사건 제4항, 제6항, 제7항, 제9항, 제10항, 제12항, 제13항 발명의 권리범위에 속하는지에 관하여

이 사건 제4항, 제6항, 제7항 발명은 이 사건 제3항 발명을 직접 또는 간접으로 인용하고 있는 종속항이므로, 확인대상발명이 앞서 본 대로 이 사건 제3항 발명의 권리범위에 속하지 아니하는 이상 확인대상발명은 이 사건 제4항, 제6항, 제7항 발명의 권리범위에도 속하지 아니한다. 또한 이 사건 제9항, 제10항, 제12항, 제13항 발명은 각각 이 사건 제3항, 제4항, 제6항, 제7항 발명의 X-선 발생장치를 이용한 정전기 제거장치이므로, 마찬가지의 이유로 확인대상발명은 이 사건 제9항, 제10항, 제12항, 제13항 발명의 권리범위에도 속하지 아니한다고 할 것이다. 이 점에 관한 상고이유의 주장도 이유 있다.

기출 여부 (48회 이후)	특허법 학회 TOP 10	중요도
–	–	★★★

009 적극적 권리범위확인심판에서 심판청구인이 특정한 확인대상발명과 피심판청구인이 실시하고 있는 발명 사이에 동일성이 인정되지 않는 경우

대법원 2012. 10. 25. 선고 2011후26266 판결 [권리범위확인(특)]

판결요지

특허권자가 심판청구의 대상이 되는 확인대상발명이 특허발명의 권리범위에 속한다는 내용의 적극적 권리범위확인심판을 청구한 경우, 심판청구인이 특정한 확인대상발명과 피심판청구인이 실시하고 있는 발명 사이에 동일성이 인정되지 아니하면, 확인대상발명이 특허발명의 권리범위에 속한다는 심결이 확정된다고 하더라도 **그 심결은 심판청구인이 특정한 확인대상발명에 대하여만 효력을 미칠 뿐 실제 피심판청구인이 실시하고 있는 발명에 대하여는 아무런 효력이 없으므로, 피심판청구인이 실시하지 않고 있는 발명을 대상으로 한 그와 같은 적극적 권리범위확인 심판청구는 확인의 이익이 없어 부적법하여 각하**되어야 한다(대법원 2003. 6. 10. 선고 2002후2419 판결 등 참조). 그리고 이 경우 확인대상발명과 피심판청구인이 실시하고 있는 발명의 동일성은 피심판청구인이 확인대상발명을 실시하고 있는지 여부라는 사실확정에 관한 것이므로 **이들 발명이 사실적 관점에서 같다고 보이는 경우에 한하여 그 동일성을 인정**하여야 한다.

판결이유

위 법리와 기록에 비추어 살펴보면, 원심 판시 확인대상발명의 금형은 철판소재가 투입되는 입구 측에 배치된 연결핀 삽입구멍 펀칭기(A)에 의해서만 거푸집 간격유지구의 연결핀 삽입구멍을 펀칭하는 형태로 되어 있음에 반하여, 원심 판시 실시주장발명의 금형은 철판소재가 투입되는 입구 측에 배치된 제1 커터군(51) 및 철판소재의 양측 외면부와 중앙부에 배치된 제2 커터군(52)에 의해서 거푸집 간격유지구의 통공부를 펀칭하는 형태로 되어 있는 등의 차이가 있고, **이에 따라 철판소재가 가공되어 가는 패턴 및 간격유지구의 각 부분별 가공 순서에도 차이가 있으므로, 확인대상발명은 실시주장발명과 동일하다고 할 수 없다**. 따라서 원고의 이 사건 적극적 권리범위확인 심판청구는 피고가 실시하고 있다고 할 수 없는 발명을 대상으로 한 것으로서 확인의 이익이 없으므로 부적법하여 각하되어야 한다.

그럼에도 원심은, 확인대상발명의 금형에는 펀칭기(A), 절단기(B)(C), 절단칼(D)이, 실시주장발명의 금형에는 제1, 2, 3, 4 커터군(51)(52)(53)(54)이 각 일체로 형성되어 있는 점 및 철판소재가 위 각 금형에서 순차적으로 이동하면서 거푸집 간격유지구가 제조되는 점 등에서 차이가 없으므로 **이들 발명이 실질적으로 동일하다는 이유를 들어 원고의 이 사건 심판청구에 확인의 이익이 있다고 판단하였으니, 이러한 원심판결에는 확인대상발명과 실시주장발명 사이의 동일성 판단에 관한 법리를 오해하여 판결에 영향을 미친 위법이 있다**. 이 점을 지적하는 상고이유의 주장은 이유 있다.

기출 여부 (48회 이후)	특허법 학회 TOP 10	중요도
–	–	★★★

010 특허발명과 대비되는 확인대상발명을 실시하고 있다는 점에 대한 입증책임 및 직권조사사항

특허법원 2014. 5. 8. 선고 2013허5452 판결 [권리범위확인(특)]

판결요지

적극적 권리범위확인 심판청구에 대한 심판사건에서 피심판청구인이 특허발명과 대비되는 확인대상발명을 실시하고 있다는 점에 대한 **입증책임은 심판청구인**에게 있고, 확인대상발명이 피심판청구인이 실시하고 있는 발명과 동일하여 **확인의 이익이 있는지는 심판의 적법요건으로서 특허심판원이 직권으로 이를 조사하여 밝혀야 할 사항**에 해당한다.

판결이유

생략

기출 여부 (48회 이후)	특허법 학회 TOP 10	중요도
60회 (2023년) 문제 1	2016	★★★
56회 (2019년) 문제 1		

011 소극적 권리범위확인심판에서의 심판청구의 이익에 관한 사건
대법원 2016. 9. 30. 선고 2014후2849 판결 [권리범위확인(특)] [공2016하,1645]

판결요지

1. **소극적 권리범위확인심판에서 장래 실시 예정인 것을 심판대상으로 삼을 수 있는지 여부**
   소극적 권리범위확인심판에서는 현재 실시하는 것만이 아니라 장래 실시 예정인 것도 심판대상으로 삼을 수 있다.

2. **심판청구인이 장래 실시할 예정이라고 주장하면서 소극적 권리범위확인심판의 심판대상으로 특정한 확인대상발명이 특허권의 권리범위에 속하지 않는다는 점에 관하여 당사자 사이에 아무런 다툼이 없는 경우, 심판청구의 이익이 있는지**
   그러나 당사자 사이에 심판청구인이 현재 실시하고 있는 기술이 특허권의 권리범위에 속하는지에 관하여만 다툼이 있을 뿐이고, 심판청구인이 장래 실시할 예정이라고 주장하면서 심판대상으로 특정한 확인대상발명이 특허권의 권리범위에 속하지 않는다는 점에 관하여는 아무런 다툼이 없는 경우라면, 그러한 확인대상발명을 심판대상으로 하는 소극적 권리범위확인심판은 심판청구의 이익이 없어 허용되지 않는다.

판결이유

1. **확인대상발명과 실시제품의 동일성 판단에 관한 상고이유에 대하여**
   원심판결 이유를 원심이 적법하게 채택한 증거에 비추어 살펴보면, 원심이 이 사건 확인대상발명은 피고가 현재 실시하고 있지도 않고, 원고가 주장하는 피고의 실시제품과도 구성상 차이가 있다고 인정한 다음, 이 사건 확인대상발명을 판단대상으로 삼은 조치는 타당하고, 거기에 상고이유 주장과 같이 논리와 경험의 법칙에 반하여 자유심증주의의 한계를 벗어나거나 필요한 심리를 다하지 아니한 잘못이 없다.

2. **심판청구의 이익에 관한 법리오해의 잘못이 있는지**
   소극적 권리범위확인심판에서는 현재 실시하는 것만이 아니라 장래 실시 예정인 것도 심판대상으로 삼을 수 있다. 그러나 당사자 사이에 심판청구인이 현재 실시하고 있는 기술이 특허권의 권리범위에 속하는지에 관하여만 다툼이 있을 뿐이고, 심판청구인이 장래 실시할 예정이라고 주장하면서 심판대상으로 특정한 확인대상발명이 특허권의 권리범위에 속하지 않는다는 점에 관하여는 아무런 다툼이 없는 경우라면, 그러한 확인대상발명을 심판대상으로 하는 소극적 권리범위확인심판은 심판청구의 이익이 없어 허용되지 않는다.
   원심판결 이유와 원심이 적법하게 채택한 증거에 의하면, ① 피고가 특정한 이 사건 확인대상발명은 약쑥 및 참나무숯을 사용하지 않고 부유물이 부착되지 않은 훈연제로서, 원고가 주장하는 피고 실시제품과는 구성상 차이가 있는 점, ② 피고는 현재 이 사건 확인대상발명을 실시하고 있지는 않지만 향후 이 사건 확인대상발명을 실시할 계획이라고 주장하는 점, ③ 원고는 원고가 주장하는 피고 실시제품에 대해서는 피고에게 경고장을 보내고 형사고소를 하는 등 이 사건 특허발명(특허등록번호 생략)의 특허권 침해를 주장하면서 다투고 있는 반면, 이 사건 확인대상발명에 대해서는 특허권 침해를 주장한 적이 없고, 향후에도 이를 주장할 의사가 없다고 진술한 점 등을 알 수 있다.

앞에서 본 법리에 비추어 이러한 사정을 살펴보면, 이 사건 확인대상발명을 심판대상으로 하는 이 사건 소극적 권리범위확인심판은 심판청구의 이익이 있다고 할 수 없다.

같은 취지의 원심판단은 정당한 것으로 수긍이 가고, 거기에 상고이유 주장과 같이 심판청구의 이익에 관한 법리를 오해하여 판결에 영향을 미친 잘못이 없다.

기출 여부 (48회 이후)	특허법 학회 TOP 10	중요도
–	–	★★

012 심판청구를 취하하기로 약정한 경우, 심판을 유지할 법률상의 이익 유무

[대법원 1997. 9. 5. 선고 96후1743 판결 [권리범위확인(특)] [공1997.10.15.(44),3101]

판결요지

특허권의 권리범위 확인의 심판청구를 제기한 이후에 당사자 사이에 심판을 취하하기로 한다는 내용의 합의가 이루어졌다면 그 취하서를 심판부(또는 기록이 있는 대법원)에 제출하지 아니한 이상 심판청구취하로 인하여 사건이 종결되지는 아니하나, **당사자 사이에 심판을 취하하기로 하는 합의를 함으로써 특별한 사정이 없는 한 심판이나 소송을 계속 유지할 법률상의 이익은 소멸되었다 할 것이어서 당해 청구는 각하되어야 한다.**

판결이유

기록에 의하면, 이 사건 권리범위 확인심판의 당사자들은 <u>상고심 계속중인 1997. 2. 17. 이 사건 심판청구를 취하하기로 약정한 사실이 분명</u>하므로, 이로써 심판청구인으로서는 이 사건 심판이나 소송을 계속 유지할 법률상의 이익이 없게 되었다 할 것이고, 따라서 원심심결과 특허청 심판소의 초심심결(1995. 3. 15.자 94당270 심결)은 이 점에서 그대로 유지될 수 없으므로 이를 모두 파기하고, 이 법원이 직접 심판하기로 하여 위와 같이 법률상 이익이 없음을 이유로 하여 이 사건 심판청구를 각하하며, 심판총비용과 상고비용은 심판청구인의 부담으로 하기로 하여 관여 법관의 일치된 의견으로 주문과 같이 판결한다.

기출 여부 (48회 이후)	특허법 학회 TOP 10	중요도
-	-	★★

013 침해가 되는 물품을 생산하지 않겠다는 약속을 한 것만으로 권리범위확인심판을 청구할 이해관계가 소멸하는지 여부

대법원 2002. 4. 12. 선고 99후2853 판결 [권리범위확인(실)] [공2002.6.1.(155),1161]

판결요지

등록고안의 침해가 되는 물품을 생산하지 않겠다는 약속을 한 것만으로는 등록고안이 공지공용의 고안으로서 권리범위를 인정할 수 없거나 (가)호 고안이 공지공용의 고안이어서 등록고안의 침해로 되지 아니하는 경우에까지 (가)호 고안을 생산하지 않겠다는 약속을 한 것으로 볼 수는 없다고 보아 권리범위확인심판을 청구할 이해관계가 소멸하지 않는다

판결이유

원심판결 이유에 의하면, 원심은, 그 판시 증거에 의하여 피고가 원고의 의뢰를 받고 이 사건 등록고안 제품을 제작하여 원고에게 납품을 하여 오다가 원고와 거래가 중단되어 1996. 1. 11. 위 제품의 제작금형을 반납하고 거래비용을 정산하였으며 1996. 1. 17.에는 이 사건 등록고안의 침해가 되는 물건에 대하여는 생산하지 않을 것을 약속한 서약서를 원고에게 교부한 사실, 원고는 그 이후 피고가 이 사건 등록고안을 침해하는 물건을 생산, 판매한다는 이유로 제주지방법원에 손해배상청구소송을 제기하여 현재에 이르기까지 이 사건 등록고안에 관한 분쟁이 있어온 사실을 각 인정한 후, 위 서약서의 취지는 피고가 이 사건 등록고안의 침해가 되는 물품을 생산하지 않겠다는 약속을 한 것에 불과할 뿐, 이 사건 등록고안이 공지공용의 고안으로서 그 권리범위를 인정할 수 없거나 (가)호 고안이 공지공용의 고안이어서 이 사건 등록고안의 침해로 되지 아니하는 경우에까지 (가)호 고안을 생산하지 않겠다는 약속을 한 것으로 볼 수는 없으므로 결국 위와 같은 사정만으로 동종의 영업에 종사하고 있는 피고에게 이 사건 권리범위확인심판을 청구할 이해관계가 없다고 할 수는 없다는 취지로 판단하였다.

기록에 비추어 살펴보면, 위와 같은 원심의 판단은 정당하고, 거기에 상고이유에서 지적한 바와 같은 심판청구의 이해관계인에 관한 법리오해의 위법이 있다고 할 수 없다.

기출 여부 (48회 이후)	특허법 학회 TOP 10	중요도
–	–	★★

014 선등록 특허권자가 후등록 특허권자를 상대로 제기하는 적극적 권리범위확인심판

대법원 2016. 4. 28. 선고 2013후2965 판결 [권리범위확인(특)]

판결요지

1. 선등록 특허권자가 후등록 특허권자를 상대로 제기하는 적극적 권리범위확인심판이 적법한지 여부

특허권의 권리범위확인은 등록된 특허권을 중심으로 어떠한 확인대상발명이 적극적으로 등록 특허발명의 권리범위에 속한다거나 소극적으로 이에 속하지 아니함을 확인하는 것인데, **선등록 특허권자가 후등록 특허권자를 상대로 제기하는 적극적 권리범위확인심판은 등록무효절차 이외에서 등록된 권리의 효력을 부인하는 결과가 되어 부적법하다**(대법원 1996. 12. 20. 선고 95후1920 판결, 대법원 2007. 10. 11. 선고 2007후2766 판결 등 참조).

2. 이러한 법리가 후등록 특허발명의 신규성 인정 여하에 따라 적용 여부가 달라지는지 여부

이와 같이 선등록 특허권자가 후등록 특허권자를 상대로 제기하는 적극적 권리범위확인심판이 허용되지 아니하는 이유에 비추어 볼 때 **이러한 법리는 후등록 특허발명의 신규성 인정 여하에 따라 그 적용 여부가 달라지는 것은 아니다.**

판결이유

원심판결 이유와 기록에 의하면, 심판청구인인 피고가 명칭을 '면포걸레 청소기'로 하는 이 사건 특허발명(2003. 5. 19. 출원, 2005. 3. 9. 등록, 특허등록번호 1 생략)의 청구범위 제1항(이하, '이 사건 제1항 발명'이라 한다)의 권리범위에 속하는 것이라고 주장하는 원심판시 확인대상발명은 원고가 2004. 10. 22. 출원하여 2007. 2. 20. 등록을 마친 특허발명(특허등록번호 2 생략)의 청구범위 제2항(이하, '후등록 특허'라고 한다)과 실질적으로 동일한 발명인 사실을 알 수 있으므로, 이 사건 심판청구는 원고의 후등록 특허가 피고의 선등록 특허의 권리범위에 속한다는 확인을 구하는 적극적 권리범위확인심판으로서 부적법하다고 할 것이다.

그렇다면 이 사건 심판청구를 각하하지 않고 본안으로 나아가 이를 인용한 특허심판원의 심결에는 잘못이 있고, 원심 역시, **원고의 후등록 특허가 원심판시 을 제19호증의 선행 등록고안에 의하여 신규성이 부정되어 그 보호범위를 인정할 수 없으므로 이 사건 심판청구가 후등록 특허권자를 상대로 제기하는 적극적 권리범위확인심판에 해당하지 않는다고 전제한 다음 본안에 나아가 확인대상발명이 이 사건 제1항 발명의 권리범위에 속한다고 판단하였으니, 원심판결에는 권리범위확인심판의 적법요건에 관한 법리를 오해하여 판결 결과에 영향을 미친 잘못이 있다.**

[특허법원 판단]

우선, 적극적 권리범위확인심판 사건에서 확인대상발명과 동일한 피심판청구인의 특허발명이 신규성이 없음을 이유로 그 권리를 부정할 수 있는지 여부에 관하여 보건대,

1) 특허권은 신규성이 있는 발명에 대하여 부여되는 것으로, 그의 기술적 범위를 정함에 있어서는 출원 당시의 기술수준이 무효심판의 유무에 구애됨이 없이 고려되어야 할 것이어서, **특허발명이 출**

원당시 그 전부가 공지공용의 것인 경우에는 무효심판에 의하지 않더라도 그 권리의 효력을 부정할 수 있다고 할 것이고(대법원 1983. 7. 26. 선고 81후56 전원합의체 판결, 대법원 2000. 11. 10. 선고 2000후1283 판결 참조).

2) 적극적 권리범위확인심판에서 권리자의 특허발명이 신규성이 없는 경우 그 특허발명의 보호범위를 부정하고 있음에도, **피심판청구인의 특허발명이 신규성이 없는 경우에는 달리 취급하여 그 보호범위를 부정하지 말아야 할 만한 근거도 찾아볼 수 없으며,**

3) 피심판청구인의 특허발명이 신규성이 없어 보호범위가 부정됨에도 권리 대 권리의 적극적 권리범위확인심판에 해당한다고 하여 확인의 이익이 없음으로 이유로 **각하하고 다시 피심판청구인의 특허발명에 대하여 등록무효심판절차를 거치도록 한 이후에 권리범위확인심판을 허용하는 것은 소송경제에도 반할 뿐만 아니라 사건을 해결하기 위한 근본적인 해결책이 될 수 없다고 할 것이므로,** 권리 대 권리의 적극적 권리범위확인심판에서 피심판청구인의 특허발명이 그 신규성이 부정되는 경우에는 피심판청구인의 특허발명의 보호범위를 부정할 수 있다고 할 것이다. 더구나, 앞서 이 사건 심결의 경위 부분에서 본 바와 같이 피고의 적극적 권리범위확인심판 청구가 제1, 2차 심결에서 확인대상발명이 원고의 등록고안과 실질적으로 동일하여 권리 대 권리의 적극적 권리범위확인심판에 해당한다는 이유로 모두 각하되어, 원고의 등록고안에 대한 등록무효심결이 확정되기까지 본안판단을 받지 못한 이 사건에서, 또다시 신규성이 부정되는 원고의 특허발명이 존재한다는 이유만으로 권리 대 권리의 적극적 권리범위확인심판에 해당한다고 하여 확인의 이익이 없음을 이유로 이를 각하하고, 피고로 하여금 원고의 특허발명에 대한 등록무효심판절차를 거치도록 한 이후에 권리범위확인심판을 하게 하는 것은 문제해결에 아무런 도움 없이 절차만을 강요하여 피고에게 지나치게 가혹한 처사라고 할 것이다.

기출 여부 (48회 이후)	특허법 학회 TOP 10	중요도
–	–	★★

015 후등록 특허권자가 선등록 특허권자를 상대로 제기하는 소극적 권리범위확인심판

대법원 2007. 10. 11. 선고 2007후2766 판결 [권리범위확인(특)]

판결요지

특허권의 권리범위확인은 등록된 특허권을 중심으로 어떠한 확인대상발명이 적극적으로 등록 특허발명의 권리범위에 속한다거나 소극적으로 이에 속하지 아니함을 확인하는 것인바, 선등록 특허권자가 후등록 특허권자를 상대로 제기하는 적극적 권리범위확인심판은 등록무효절차 이외에서 등록된 권리의 효력을 부인하는 결과가 되어 부적법하나, **후등록 특허권자가 선등록 특허권자를 상대로 제기하는 소극적 권리범위확인심판은 후등록 특허권자 스스로가 자신의 등록된 권리의 효력이 부인되는 위험을 감수하면서 타인의 등록된 권리의 범위에 속하는지 여부에 대한 판단을 구하는 것이어서 적법하다고 할 것이다**(대법원 1985. 4. 23. 선고 84후19 판결, 대법원 1996. 7. 30. 선고 96후375 판결 등 참조).

판결이유

위 법리와 기록에 비추어 살펴보면, 원심이 심판청구인인 원고가 피심판청구인인 피고를 상대로 권리 대 권리 간의 소극적 권리범위확인심판을 청구할 수 있음을 전제로 명칭을 "물품 포장구"로 하는 이 사건 특허발명(등록번호 제181977호)의 특허청구범위 제1, 2항(아래에서는 '이 사건 제1, 2항 발명'이라 한다)을 원심 판시의 확인대상발명과 비교한 다음, 확인대상발명이 이 사건 제1, 2항 발명의 필수적 구성요소를 모두 가지고 있어서 이 사건 제1, 2항 발명의 권리범위에 속한다는 취지로 판단하였음은 정당하고, 거기에 상고이유에서 주장하는 바와 같은 특허발명의 권리범위 판단에 관한 판단누락, 채증법칙 위반, 심리미진, 판례위반 및 법리오해 등의 위법이 없다.

기출 여부 (48회 이후)	특허법 학회 TOP 10	중요도
49회 (2012년) 문제 2	-	★★★

016 권리범위확인심판을 청구함에 있어 심판청구의 대상이 되는 확인대상발명의 특정 정도

대법원 2005. 4. 29. 선고 2003후656 판결 [권리범위확인(특)] [공2005.6.1.(227),868]

판결요지

1. **특허발명의 권리범위확인심판을 청구함에 있어 심판청구의 대상이 되는 확인대상발명의 특정 정도**

   특허발명의 권리범위확인심판을 청구함에 있어 심판청구의 대상이 되는 확인대상발명은 당해 특허발명과 서로 대비할 수 있을 만큼 구체적으로 특정되어야 하는 것인바, 그 특정을 위하여 대상물의 구체적인 구성을 전부 기재할 필요는 없다고 하더라도 <u>특허발명의 구성요건에 대응하는 부분의 구체적인 구성을 기재하여야 하며, 그 구체적인 구성의 기재는 특허발명의 구성요건에 대비하여 그 차이점을 판단함에 필요한 정도</u>는 되어야 한다.

2. **확인대상발명이 특허발명과 대비할 수 있을 정도로 구체적으로 특정되어 있지 않은 경우 특허심판원이 취해야 할 조치 및 확인대상발명의 특정 여부가 특허심판의 적법요건으로서 직권조사 사항인지 여부**

   확인대상발명이 불명확하여 특허발명과 대비대상이 될 수 있을 정도로 구체적으로 특정되어 있지 않다면, <u>특허심판원으로서는 요지변경이 되지 아니하는 범위 내에서 확인대상발명의 설명서 및 도면에 대한 보정을 명하는 등의 조치</u>를 취하여야 할 것이며, 그럼에도 불구하고 그와 같은 특정에 미흡함이 있다면 심판청구를 각하하여야 할 것인바, <u>확인대상발명이 적법하게 특정되었는지 여부는 특허심판의 적법요건으로서 당사자의 명확한 주장이 없더라도 의심이 있을 때에는 특허심판원이나 법원이 이를 직권으로 조사하여 밝혀보아야 할 사항이다.</u>

3. **특허발명의 청구범위가 일정한 범위의 수치로 한정한 것을 구성요소의 하나로 하고 있는 경우 확인대상발명이 특정되었다고 하기 위한 요건**

   특허발명의 청구범위가 일정한 범위의 수치로 한정한 것을 구성요소의 하나로 하고 있는 경우에는 그 범위 밖의 수치가 균등한 구성요소에 해당한다는 등의 특별한 사정이 없는 한 특허발명의 청구범위에서 한정한 범위 밖의 수치를 구성요소로 하는 확인대상발명은 원칙적으로 특허발명의 권리범위에 속하지 아니한다고 할 것이므로, <u>확인대상발명이 특정되었다고 하기 위하여는 확인대상발명이 당해 특허발명에서 수치로 한정하고 있는 구성요소에 대응하는 요소를 포함하고 있는지 여부 및 그 수치는 어떠한지</u> 등이 설명서와 도면 등에 의하여 특정되어야 할 것이다.

판결이유

(1) 기록에 의하면, 원심은 원고가 소극적으로 권리범위확인을 구하는 확인대상발명이 이 사건 특허발명과 대비할 수 있을 만큼 적법하게 특정되었음을 전제로 하여, 피고의 이 사건 특허발명(명칭 : 라벨이 내장된 투명 비누의 제조방법, 특허번호 : 제183332호)과 확인대상발명의 구성요소는 모두 동일하거나 서로 구별되는 기술적 특징이라고 볼 수 없는 구성요소뿐이며, 다만 이 사건 특허

발명의 구성 중 '라벨이 삽입된 한 쌍의 투명비누편을 40~50℃의 온도로 상승시켜 차례로 몰드 체이스에 넣고 프린팅(성형)하는 단계'와 확인대상발명의 '라벨이 삽입된 한 쌍의 투명 비누편을 겹쳐 금형에 넣고 가압성형하는 단계'의 차이점이 있으나, 확인대상발명의 위 구성은 투명비누편의 경도를 낮아지게 한 후 투명 비누편의 성형을 용이하게 하기 위한 목적을 달성하기 위한 것으로서 투명비누편을 금형에 넣고 성형할 경우 가압함에 따라 금형 내의 온도가 올라가 성형이 용이하게 되는 것은 자명한 사실이어서, 확인대상발명에서 투명 비누편을 가압성형하는 것은 이 사건 특허발명의 위 구성에서 투명 비누의 온도를 실온과 큰 차이가 없는 40~50℃로 상승시키는 것과 동일성의 범주 내에 속하는 구성이라고 할 것이므로 확인대상발명은 이 사건 특허발명의 권리범위에 속한다고 판단하였다.

(2) 그러나 <u>확인대상발명의 위 구성에 관한 설명서에는 위 가압성형 공정을 하기 전에 투명 비누편의 온도를 상승시키는 과정이 포함되었는지 여부는 물론 위 가압성형 공정에 제공하는 투명 비누편의 온도에 대하여 아무런 기재를 하지 아니하고 있으므로</u>, 확인대상발명은 위와 같이 성형에 제공하는 투명 비누편의 온도상승 범위를 수치한정하고 있는 이 사건 특허발명과 대비하여 그 권리범위에 속하는지 여부를 판단할 수 있을 만큼 구체적으로 특정되었다고 할 수 없다고 할 것이다.

(3) 그렇다면 특허심판원으로서는 확인대상발명에 대한 보정을 명하는 등의 조치를 취하였어야 함에도 불구하고 본안으로 나아가 이 사건 심결에 이른 잘못이 있다 할 것이며, 원심으로서는 당사자의 명시적인 주장이 없더라도 의심이 있을 때에는 이를 직권으로 조사하여 밝혀보았어야 할 것임에도 이를 간과하고 본안에 관하여 판단한 것은 특허발명의 권리범위와 권리범위확인심판에서의 확인대상발명의 특정에 관한 법리를 오해하여 판결 결과에 영향을 미친 잘못이 있다고 할 것이다.

기출 여부 (48회 이후)	특허법 학회 TOP 10	중요도
49회 (2012년) 문제 2	–	★★★

017 특허발명의 권리범위확인심판 청구에서 심판청구대상이 되는 확인대상발명의 특정 정도

대법원 2011. 9. 8. 선고 2010후3356 판결 [권리범위확인(특)] [공2011하,2150]

판결요지

1. **특허발명의 권리범위확인심판 청구에서 심판청구대상이 되는 확인대상발명의 특정 정도**

    특허권의 권리범위확인심판을 청구할 때 심판청구의 대상이 되는 확인대상발명은 당해 특허발명과 서로 대비할 수 있을 만큼 구체적으로 특정되어야 할 뿐만 아니라, **그에 앞서 사회통념상 특허발명의 권리범위에 속하는지를 확인하는 대상으로서 다른 것과 구별될 수 있는 정도로 구체적으로 특정**되어야 한다.

2. **확인대상발명의 일부 구성이 불명확하여 다른 것과 구별될 수 있는 정도로 구체적으로 특정되어 있지 않은 경우, 특허심판원이 취해야 할 조치**

    만약 확인대상발명의 일부 구성이 불명확하여 다른 것과 구별될 수 있는 정도로 구체적으로 특정되어 있지 않다면, 특허심판원은 요지변경이 되지 아니하는 범위 내에서 확인대상발명의 설명서 및 도면에 대한 보정을 명하는 등 조치를 취해야 하며, 그럼에도 그와 같은 특정에 미흡함이 있다면 심판의 심결이 확정되더라도 일사부재리의 효력이 미치는 범위가 명확하다고 할 수 없으므로, **나머지 구성만으로 확인대상발명이 특허발명의 권리범위에 속하는지를 판단할 수 있는 경우라 하더라도 심판청구를 각하**하여야 한다.

판결이유

위 법리와 기록에 비추어 살펴보면, 원심 판시 확인대상발명의 설명서에 기재된 구성 중 'HFC, CDMA, 광 등 간선망을 이용한 데이터 통신'에 관한 부분은 명시적으로 기재된 HFC, CDMA, 광 이외에 간선망을 이용한 다른 방식의 데이터 통신의 실시형태까지도 포함하는 것이라고 볼 것이다. 그런데 간선망은 여러 계층 구조로 이루어진 전체 망에서 중추 회선의 기능을 하는 것을 의미할 뿐 구체적인 데이터 통신 방식을 지칭하는 용어는 아니어서, '**간선망을 이용한 데이터 통신**'이라는 기재 자체만으로는 데이터 통신을 위하여 어떠한 방식을 이용하는지 객관적·일의적으로 알 수 없고, 따라서 확인대상발명은 일부 구성이 불명확하여 사회통념상 다른 것과 구별될 수 있는 정도로 구체적으로 특정되었다고 할 수 없다.

원심판단은 그 이유 설시가 다소 부적절하나, **확인대상발명이 적법하게 특정되었다고 할 수 없음에도 그 보정을 명하는 등의 조치를 취하지 아니한 채 피고들의 이 사건 권리범위확인심판 청구를 인용한 심결을 취소한 결론에 있어서는 정당**하고, 거기에 상고이유의 주장과 같이 확인대상발명의 특정에 관한 법리를 오해하여 판결에 영향을 미친 위법이 없다.

그리고 이 사건 적극적 권리범위확인심판 청구가 원고들이 실시하지 않고 있는 것이 포함된 확인대상발명을 대상으로 한 것이어서 확인의 이익이 없어 부적법하다거나, 확인대상발명은 이 사건 특허발명(특허번호 제416926호) 특허청구범위 제1항과 구성이 달라 그 권리범위에 속하지 아니한다는 취지의 원심 판단은 확인대상발명이 적법하게 특정되었음을 전제로 한 가정적·부가적 판단에 불과한데, 위에서 본 바와 같이 **확인대상발명이 적법하게 특정되었다고 할 수 없다는 원심 판단이 정당한 이상 위와 같은 가정적·부가적 판단의 당부는 판결 결과에 영향을 미칠 수 없다.** 더욱이 확인대상발명이 사회통념상 다른 것과 구별될 수 있는 정도로 구체적으로 특정되었다고 할 수 없는 이 사건에서 불명확한 구성을 제외한 나머지 구성만으로 확인대상발명이 특허발명의 권리범위에 속하는지 여부를 판단할 수 있는 경우라 하더라도 이와 달리 볼 수 없다. 따라서 이 점에 관한 상고이유의 주장은 더 나아가 살펴볼 필요 없이 받아들일 수 없다.

기출 여부 (48회 이후)	특허법 학회 TOP 10	중요도
-	2020	★★★

018 확인대상 발명이 특허발명의 권리범위에 속하는지 여부에 관한 사건

대법원 2020. 5. 28. 선고 2017후2291 판결 [권리범위확인(특)]

판결요지

특허권의 권리범위 확인심판을 청구함에 있어 심판청구의 대상이 되는 확인대상 발명은 당해 특허발명과 서로 대비할 수 있을 만큼 구체적으로 특정되어야 할 뿐만 아니라, 그에 앞서 사회통념상 특허발명의 권리범위에 속하는지를 확인하는 대상으로서 다른 것과 구별될 수 있는 정도로 구체적으로 특정되어야 한다(대법원 2011. 9. 8. 선고 2010후3356 판결 등 참조). 다만, **확인대상 발명의 설명서에 불명확한 부분이 있거나 설명서의 기재와 일치하지 않는 일부 도면이 있더라도, 확인대상 발명의 설명서에 기재된 나머지 내용과 도면을 종합적으로 고려하여 확인대상 발명이 특허발명의 권리범위에 속하는지 여부를 판단할 수 있는 경우에는 확인대상 발명은 특정**된 것으로 보아야 한다(대법원 2011. 9. 8. 선고 2010후3356 판결, 대법원 2010. 5. 27. 선고 2010후296 판결 등 참조).

판결이유

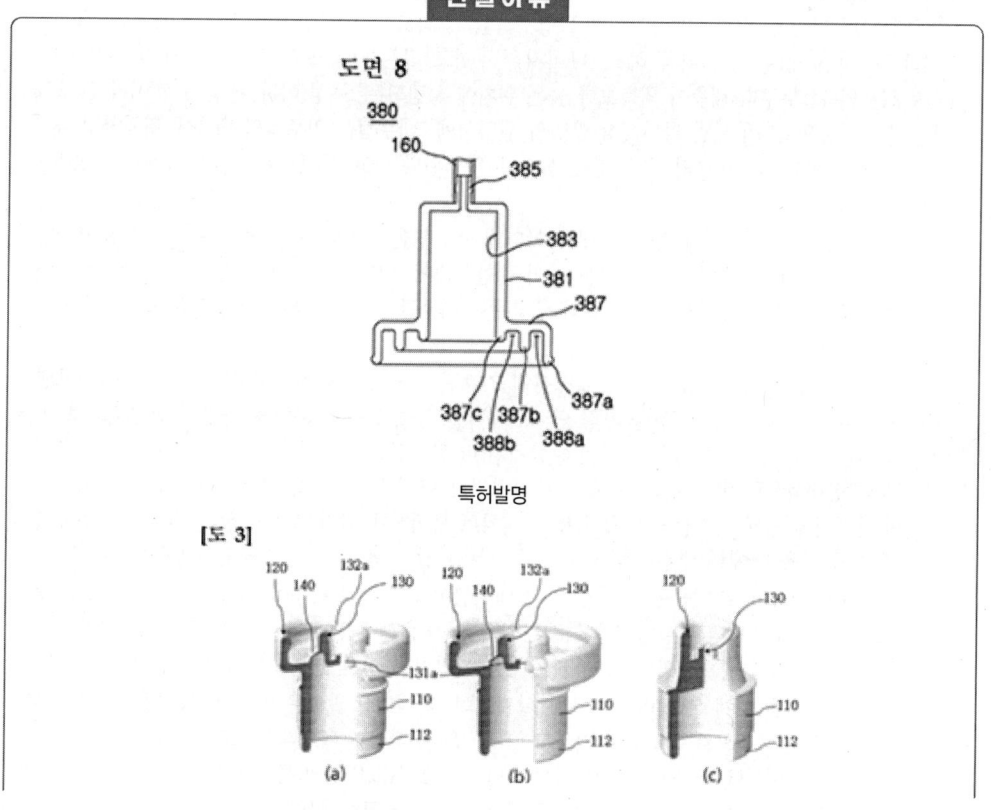

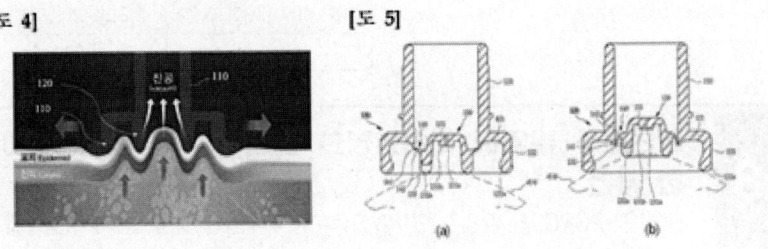

확인대상발명

1. 상고이유 제1점에 관하여

가. 특허권의 권리범위 확인심판을 청구함에 있어 심판청구의 대상이 되는 확인대상 발명은 당해 특허발명과 서로 대비할 수 있을 만큼 구체적으로 특정되어야 할 뿐만 아니라, 그에 앞서 사회통념상 특허발명의 권리범위에 속하는지를 확인하는 대상으로서 다른 것과 구별될 수 있는 정도로 구체적으로 특정되어야 한다(대법원 2011. 9. 8. 선고 2010후3356 판결 등 참조). 다만, 확인대상 발명의 설명서에 불명확한 부분이 있거나 설명서의 기재와 일치하지 않는 일부 도면이 있더라도, 확인대상 발명의 설명서에 기재된 나머지 내용과 도면을 종합적으로 고려하여 확인대상 발명이 특허발명의 권리범위에 속하는지 여부를 판단할 수 있는 경우에는 확인대상 발명은 특정된 것으로 보아야 한다(대법원 2011. 9. 8. 선고 2010후3356 판결, 대법원 2010. 5. 27. 선고 2010후296 판결 등 참조).

나. 기록에 의하면 다음과 같은 사정을 알 수 있다.

1) 피고는 원고를 상대로 "마사지장치용 진공컵"이라는 이름의 이 사건 확인대상 발명이 "마사지장치용 이중 구조 마사지 컵"이라는 이름의 이 사건 특허발명(특허번호 생략)의 권리범위에 속한다고 주장하며 적극적 권리범위 확인심판을 청구하였다. 피고는 이 사건 특허발명의 청구범위 제1항(이하 '이 사건 제1항 발명'이라 하고, 나머지 청구항도 같은 방식으로 표시한다)의 "다수의 피부밀착부는 외측으로부터 내측이 외측보다 높은 위치에 설정되는" 구성(이하 '쟁점 구성'이라 한다)과 대응되는 내용으로, **이 사건 확인대상 발명의 설명서에 "내부컵은 외부컵의 내측에 위치하고 내부컵의 단부는 외부컵의 단부와 대략 같은 높이로 형성된다"라고 기재하여, '대략'이라는 불명확한 단어를 사용**하였다.

2) 피고는 원고의 실시제품 등을 토대로 확인대상 발명을 특정하였고, 원심은 확인대상 발명을 "평소에는 내부컵과 외부컵이 대략 같은 높이로 형성되어 있다가, 피부에 사용되는 경우에는 탄성연결막의 작용에 의해 피부의 다양한 굴곡에 맞추어 내부컵의 단부가 외부컵의 단부보다 높은 곳에 위치하게" 된다고 파악하였다.

3) 피고가 특정한 확인대상 발명의 설명서에 기재된 내용과 도면에 도시된 내용을 종합해보면, 확인대상 발명의 내부컵은 탄성을 가진 탄성연결막을 통해 원통형 본체의 하부에 연결되므로, 내부컵이 피부 접촉에 의해 작용하는 힘의 방향에 따라 탄성연결막이 꺾이면서 고정되어 있는 외부컵의 위치와 상대적으로 비교하여 내부컵이 올라가거나 내려갈 수 있고, 내부컵에 작용하는 힘이 사라지면 탄성력에 의해 내부컵의 위치가 초기 위치로 복귀하게 되며, 확인대상 발명의 내부컵에 힘이 작용하지 않을 때에는 내부컵과 외부컵의 단부가 같은 높이에 있는 것임을 알 수 있다.

4) 확인대상 발명의 도면들 중 도 3의 (c)는 내부컵이 외부컵의 위쪽에 위치하고 있는 것으로 볼 수 있으나, 확인대상 발명의 설명서에 기재된 나머지 내용과 도면에 비추어 보면, 위 도 3의 (c)만으로 위와 같은 기술적 내용과 다르게 확인대상 발명이 특정되었다고 보기는 어렵다.

다. 이러한 사정을 앞서 본 법리에 비추어 살펴보면, **확인대상 발명은 이 사건 특허발명과 대비할 수 있을 정도로 구체적으로 특정되어 있다고 볼 수 있다.** 따라서 확인대상 발명이 적법하게 특정된 것을 전제로 권리범위에 판단에 나아간 원심 판단에 확인대상 발명의 특정에 관한 법리를 오해하거나 필요한 심리를 다하지 아니하여 판결에 영향을 미친 잘못이 없다.

2. 상고이유 제2점에 관하여

특허발명과 확인대상 발명이 이용관계에 있는 경우에는 확인대상 발명은 특허발명의 권리범위에 속하게 된다. 여기서 두 발명이 이용관계에 있는 경우라고 함은 확인대상 발명이 특허발명의 기술적 구성에 새로운 기술적 요소를 부가하는 것으로서, 확인대상 발명이 특허발명의 권리범위에 기재된 구성요소와 구성요소들 사이의 유기적 결합관계를 그대로 포함하고 이를 그대로 이용하되, 확인대상 발명 내에서 특허발명이 발명으로서의 일체성을 유지하는 경우를 말한다(대법원 2001. 8. 21. 선고 98후522 판결, 대법원 2016. 4. 28. 선고 2015후161 판결 등 참조).

원심은, 확인대상 발명이 실시 과정에서 쟁점 구성과 유사한 기능·작용을 포함하게 되더라도, **양 발명에서 쟁점 구성과 관련된 차이는 과제해결을 위한 구체적 수단에서 주지·관용기술의 부가·삭제·변경 등에 지나지 아니하여 새로운 효과가 발생하지 않는 정도를 넘어서므로**, 확인대상 발명이 이 사건 제1항 발명의 구성요소들과 그 구성요소들 사이의 유기적 결합관계를 그대로 포함하고 있다고 보기 어렵고, 확인대상 발명이 이 사건 제1항 발명과 균등한 발명을 이용하는 경우에 해당한다고 보기 어렵다고 보아, 확인대상 발명은 이 사건 제1항 발명의 권리범위에 속하지 않고, 이 사건 제1항 발명의 구성요소를 그대로 포함하고 있는 종속항인 이 사건 제4항 발명의 권리범위에도 속하지 않는다고 판단하였다.

원심판결 이유를 앞서 본 법리와 기록에 비추어 살펴보면, 원심 판단에 이 사건 제4항 발명의 권리범위 해석에 관한 법리를 오해하거나 필요한 심리를 다하지 아니하여 판결에 영향을 미친 잘못이 없다.

기출 여부 (48회 이후)	특허법 학회 TOP 10	중요도
49회 (2012년) 문제 2	-	★★

019 발명의 동일성이 유지되는 정도의 심판청구서 보정이 특허법 제140조 제2항에서 정한 요지의 변경에 해당하는지 여부
대법원 2014. 2. 13. 선고 2012후610 판결 [권리범위확인(특)]

판결요지

특허법 제140조 제2항 본문은 "제1항의 규정에 따라 제출된 심판청구서의 보정은 그 요지를 변경할 수 없다"고 규정하고 있다. 이 규정의 취지는 요지의 변경을 쉽게 인정할 경우 심판절차의 지연을 초래하거나 피청구인의 방어권행사를 곤란케 할 우려가 있다는 데 있으므로, <u>그 보정의 정도가 확인대상발명에 관하여 심판청구서에 첨부된 설명서 및 도면에 표현된 구조의 불명확한 부분을 구체화한 것이거나 처음부터 당연히 있어야 할 구성 부분을 부가한 것에 지나지 아니하여 심판청구의 전체 취지에 비추어 볼 때 그 발명의 동일성이 유지된다고 인정되는 경우에는 위 규정에서 말하는 요지의 변경에 해당하지 아니한다</u>(대법원 2012. 5. 24. 선고 2012후344 판결 등 참조).

판결이유

이 사건 권리범위확인심판의 심판청구서에 첨부된 원심 판시 '확인대상발명의 설명서 및 도면'을 종합하여 보면, 명칭을 '회전 대칭형의 광각 렌즈를 이용하여 전방위 영상 및 직선수차보정 영상을 얻는 방법 및 그 영상 시스템'으로 하는 이 사건 특허발명(특허번호 제898824호)의 특허권자인 원고가 청구의 대상으로 삼았던 최초 확인대상발명은, 피고가 판매하는 제품으로서 '화각 180° 이상의 어안영상을 획득하여 MPEG 4로 압축하여 네트워크 케이블로 전송하는 전방위 카메라 NCAM-180, 실시간 또는 저장된 어안영상에서 전방위 영상이나 왜곡이 없는 광각 영상을 추출하여 보여 주고 디지털 팬·틸트 효과를 구현하는 뷰어 소프트웨어(viewer SW)가 동작하는 피씨(PC) 또는 사실상 피씨(PC)인 NVR(Network Video Recorder)로 이루어진 감시시스템'이다.

원심 판시 2010. 10. 27.자 보정(2010. 12. 27.자 보정의 오기이다)과 원심 판시 2011. 5. 3.자 보정을 거치면서, 확인대상발명 설명서와 도면은 ① 어안렌즈를 구비한 네트워크 카메라, 전원공급기, 구동 프로그램으로 FishCamDIY360Recorder 및 FishCamDIY360Player로 이루어지는 구성, ② 어안렌즈, CMOS 센서, 메인프로세서, 제1, 2, 3 디램(DRAM) 및 플래시메모리(Flash Memory), 이더넷 인터페이스(Ethernet Interface), 유에스비 인터페이스(USB Interface), NTSC/PAL 인코더, 동작감지기로 이루어지는 구성, ③ 화각 180° 이상의 어안영상을 획득하여 MPEG4로 압축하여 네트워크 케이블로 전송하는 수단, 실시간 또는 저장된 어안영상에서 전방위 영상이나 왜곡이 없는 광각 영상을 추출하고 디지털 팬·틸트 효과를 구현하는 구동 소프트웨어 FishCamDIY360Recorder와 FishCamDIY360Player가 동작하는 피씨 또는 사실상 피씨인 NVR로 이루어지는 구성이 추가·변경되는 등으로 보정되었다.

그런데 심판청구서의 청구의 이유와 심판청구서와 함께 제출된 '피고가 판매하고 있는 NCAM-180을 이용한 제품의 카탈로그, 그 사용설명서, 피고의 인터넷 웹사이트(www.mnctek.com)에 게재된 샘플 동영상의 발췌 화면' 등 증거에 비추어 보면, 위 ①의 '어안렌즈를 구비한 네트워크 카메라', ②의 '어안렌즈, CMOS 센서' 및 ③의 '화각 180° 이상의 어안영상을 획득하여 MPEG4로 압축한 후 네트워크 케이블을 통하여 전송하는 수단'은 모두 최초 확인대상발명의 도면 또는 위 제출된 증거에 기재되어 있었던 것으로서 '화각 180° 이상의 어안영상을 획득하여 MPEG4로 압축한 후 네트워크 케이블을 통하여 전송하는 NCAM-180' 구성을 구체화하는 것이다. 그리고 위 ①, ③의 '구동 프로그램인 FishCamDIY360Recorder라는 프로그램과 FishCamDIY360Player라는 프로그램'과 ②의 '메인프로세서, 제1, 2, 3 디램 및 플래시메모리' 또한 최초 확인대상발명의 도면이나 위 제출된 증거에 기재되어 있었던 것 또는 프로그램을 구동하기 위해 필요한 것 등으로서 '피씨 혹은 사실상 피씨인 NVR에서 동작하고 디지털 팬·틸트 효과를 구현하는 뷰어 소프트웨어'의 구성을 하드웨어나 소프트웨어적으로 더욱 구체화하는 것이다. 또한, 위 ①의 '전원공급기'와 ②의 '이더넷 인터페이스, 유에스비 인터페이스, NTSC/PAL 인코더'는 변환된 영상을 컴퓨터 화면으로 보여주거나 저장장치에 저장하기 위해 필요한 것들이므로 **처음부터 당연히 있어야 할 구성 부분을 부가한 것에 지나지 않고, ②의 '동작감지기'는 위 제출된 증거에 기재되어 있었던 것으로서 확인대상발명을 더욱 구체화한 것에 불과**하다.

그리고 확인대상발명이 앞서와 같이 위 ① 내지 ③의 각 구성들로 다르게 표현되어 있다 하더라도, **위 각 보정의 전체적인 취지에 비추어 볼 때, 이는 확인대상발명의 동일한 구성의 구체화 정도를 다르게 기재한 것이거나 하나의 발명을 이루는 구성 중 일부를 설명하다가 전체를 설명하는 등으로 생겨난 차이에 불과**하므로, 그로 인하여 확인대상발명이 한 개가 아니라 세 개가 된다고 할 수 없다.

그 외 위 각 보정으로 변경·추가된 나머지 내용들도 당초 심판청구서나 위 제출된 증거에 기재되어 있었던 것으로서 확인대상발명을 더욱 상세하게 설명하는 것이거나 명백한 오기를 바로잡는 것에 지나지 않는다.

그렇다면 <u>위 각 보정은 최초의 확인대상발명에 관하여 심판청구서에 첨부된 설명서 및 도면에 표현된 구조의 불명확한 부분을 구체화한 것이거나 처음부터 당연히 있어야 할 구성 부분을 부가한 것에 지나지 아니하여 심판청구의 전체 취지에 비추어 볼 때 그 발명의 동일성이 유지된다고 인정되므로 요지의 변경이라고 할 수 없다.</u> 이 사건 심결이 이와 달리 위 각 보정으로 최초 한 개이던 확인대상발명이 세 개로 변경됨으로써 보정 전후로 확인대상발명이 달라져 그 요지가 변경되었다는 이유로 위 각 보정을 각하한 후 최초 확인대상발명을 기준으로 볼 때 심판청구가 부적법하다는 이유로 이를 각하한 것은 위법하므로 취소되어야 한다.

원심의 이유 설시에 부적절한 점이 없지 아니하나 결론적으로 이 사건 심결은 위법하므로 취소되어야 한다고 한 것은 정당하고, 거기에 요지 변경에 관한 법리를 오해하는 등으로 판결에 영향을 미친 잘못이 없다.

기출 여부 (48회 이후)	특허법 학회 TOP 10	중요도
-	2022	★★★

020 권리범위 확인심판의 대상인 확인대상 발명의 파악이 문제된 사건

대법원 2022. 1. 14. 선고 2019후11541 판결 [권리범위확인(특)] [공2022상,375]

판결요지

1. **물건발명의 특허권자가 피심판청구인이 실시한 물건을 제조방법과 관계없이 확인대상 발명으로 특정하여 특허권의 권리범위에 속하는지 확인을 구할 수 있는지 여부**

    특허법 제135조가 규정하고 있는 권리범위 확인심판은 특허권의 효력이 미치는 범위를 대상물과의 관계에서 구체적으로 확정하는 것으로, <u>그 대상물은 심판청구인이 심판의 대상으로 삼은 구체적인 실시 형태인 확인대상 발명</u>이다. 특허권자는 업으로서 특허발명을 실시할 권리를 독점하고(특허법 제94조 제1항), 특허발명이 물건발명인 경우에는 그 물건을 생산·사용·양도·대여 또는 수입하거나 그 물건의 양도 또는 대여의 청약을 하는 행위가 물건발명의 실시이므로[특허법 제2조 제3호 (가)목], 물건발명의 특허권은 물건발명과 동일한 구성을 가진 물건이 실시되었다면 제조방법과 관계없이 그 물건에 효력이 미친다. 따라서 <u>물건발명의 특허권자는 피심판청구인이 실시한 물건을 제조방법과 관계없이 확인대상 발명으로 특정하여 특허권의 권리범위에 속하는지 확인을 구할 수 있다.</u>

2. **이때 확인대상 발명의 설명서나 도면에 제조방법을 부가적으로 기재한 경우, 그러한 제조방법으로 제조한 물건만이 심판의 대상인 확인대상 발명이 되는지 여부**

    이때 확인대상 발명의 설명서나 도면에 확인대상 발명의 이해를 돕기 위한 부연 설명으로 <u>제조방법을 부가적으로 기재하였다고 하여 그러한 제조방법으로 제조한 물건만이 심판의 대상인 확인대상 발명이 된다고 할 수는 없다.</u>

판결이유

가. 이 사건 특허발명(특허번호 생략)은 총 39개의 청구항으로 이루어진 '3차원 입체형상 직물 및 이의 제조방법'이라는 명칭의 발명인데, 특허권자인 피고들이 보호범위를 확인하려는 특허발명은 그 중 청구범위 제1항(이하 '이 사건 제1항 발명'이라고 한다)이다. 이 사건 제1항 발명은 3차원 입체형상 직물에 관한 것으로 물건발명에 해당한다.

나. 이 사건 제1항 발명의 청구범위에는 '직조', '제직', '전모' 등 제직 공정과 관련된 기재가 있으나, 이는 물건발명인 3차원 입체형상 직물의 구조나 형상, 상태를 구체적으로 표현한 것일 뿐 그 물건을 제조하기 위한 일련의 과정이나 단계를 나타냈다고 할 수 없어 이를 제조방법의 기재로 보기는 어렵다. <u>설령 제조방법의 기재로 보더라도 그 방법이 이 사건 제1항 발명에서 청구하는 3차원 입체형상 직물의 구조나 성질에 영향을 미친다고 할 수 없어</u> 이 사건 제1항 발명의 권리범위는 3차원 입체형상 직물이라는 물건 자체에 관한 것으로 보아야 한다.

다. 피고들은 원고를 상대로 '확인대상 발명의 설명서와 도면에 기재한 3차원 입체형상 직물'을 심판의 대상인 확인대상 발명으로 삼아, 확인대상 발명이 이 사건 제1항 발명의 권리범위에 속한다는 확인을 구하는 적극적 권리범위 확인심판을 청구하였다. 피고들은 그 설명서와 도면에서 확인대상 발명 중 이 사건 제1항 발명의 구성요소에 대응하는 부분의 구체적인 구성을 기재하고 설명하고 있어, 이를 통해 이 사건 제1항 발명의 특허권 효력이 확인대상 발명에 미치는지 여부를 확인할 수 있다.

라. 한편 피고들은 확인대상 발명의 설명서에 도면 3을 참조하여 확인대상 발명의 3차원 입체형상 직물을 제직하는 방법을 설명하는 내용도 부가적으로 기재하였으나, **이 부분은 이 사건 제1항 발명의 구성요소에 대응하는 부분이 아니라 확인대상 발명의 이해를 돕기 위해 추가한 부연 설명에 불과하고, 확인대상 발명이 그러한 부연 설명에 따른 제조방법으로 제조한 물건인지에 따라 물건발명인 이 사건 제1항 발명의 특허권 효력이 미치는지 여부가 달라지지도 않는다.** 따라서 위와 같이 부가적으로 기재한 제조방법으로 제조한 물건만이 심판의 대상인 확인대상 발명이 된다고 할 수는 없다.

그럼에도 원심은, 위와 같이 부가적으로 기재한 제조방법으로 제조한 물건만이 심판의 대상인 확인대상 발명이라고 한정하여 파악한 다음, 원고가 생산한 제품(갑 제4호증 사진의 실물 제품)이 그와 같은 제조방법으로 제조한 제품이라는 점을 인정할 증거가 없다는 등의 이유로 원고가 확인대상 발명을 실시하고 있지 않다고 판단하였다. 이러한 원심의 판단에는 확인대상 발명의 파악에 관한 법리를 오해하고 필요한 심리를 다하지 아니하여 판결에 영향을 미친 잘못이 있다. 이를 지적하는 취지의 상고이유 주장은 이유 있다.

기출 여부 (48회 이후)	특허법 학회 TOP 10	중요도
−	−	★★

021 권리범위확인심판사건 등의 확정심결에서 인정된 사실의 관련 민사재판에서의 증명력 유무

대법원 2002. 1. 11. 선고 99다59320 판결 [손해배상(지)] [집50(1)민,31;공2002.3.1.(149),454]

판결요지

민사재판에 있어서 이와 관련된 다른 권리범위확인심판사건 등의 확정심결에서 인정된 사실은 특별한 사정이 없는 한 유력한 증거자료가 되는 것이나, 당해 민사재판에서 제출된 다른 증거내용에 비추어 관련 권리범위확인심판사건 등의 확정심결에서의 사실판단을 그대로 채용하기 어렵다고 인정될 경우에는 이를 배척할 수 있다.

판결이유

생략

기출 여부 (48회 이후)	특허법 학회 TOP 10	중요도
–	–	★★★

022 침해소송 계속 중 동일한 확인대상 발명을 심판대상으로 하여 별도로 청구된 권리범위 확인심판 사건

대법원 2018. 2. 8. 선고 2016후328 판결 [권리범위확인(특)] [공2018상,581]

판결요지

1. 권리범위확인심판의 성질 및 기능

특허법 제135조가 규정하고 있는 권리범위확인심판은 특허권 침해에 관한 민사소송(이하 '침해소송'이라고 한다)과 같이 침해금지청구권이나 손해배상청구권의 존부와 같은 분쟁 당사자 사이의 권리관계를 최종적으로 확정하는 절차가 아니고, 그 절차에서의 판단이 침해소송에 기속력을 미치는 것도 아니지만(대법원 2002. 1. 11. 선고 99다59320 판결, 대법원 2014. 3. 20. 선고 2012후4162 전원합의체 판결의 다수의견에 대한 보충의견 등 참조), 간이하고 신속하게 확인대상발명이 특허권의 객관적인 효력범위에 포함되는지를 판단함으로써 당사자 사이의 분쟁을 사전에 예방하거나 조속히 종결시키는 데에 이바지한다는 점에서 고유한 기능을 가진다.

2. 침해소송 계속 중 피고가 실시제품과 동일한 확인대상발명을 심판대상으로 하는 권리범위확인심판을 별도로 청구한 경우, 심판청구의 이익 인정 여부

특허법 제164조 제1항은 심판장이 소송절차가 완결될 때까지 심판절차를 중지할 수 있다고 규정하고, 제2항은 법원은 특허에 관한 심결이 확정될 때까지 소송절차를 중지할 수 있다고 규정하며, 제3항은 법원은 침해소송이 제기되거나 종료되었을 때에 그 취지를 특허심판원장에게 통보하도록 규정하고, 제4항은 특허심판원장은 제3항에 따른 특허권 또는 전용실시권의 침해에 관한 소에 대응하여 그 특허권에 관한 무효심판 등이 청구된 경우에는 그 취지를 제3항에 해당하는 법원에 통보하여야 한다고 규정하고 있다. 이와 같이 특허법이 권리범위확인심판과 소송절차를 각 절차의 개시 선후나 진행경과 등과 무관하게 별개의 독립된 절차로 인정됨을 전제로 규정하고 있는 것도 앞서 본 권리범위확인심판 제도의 기능을 존중하는 취지로 이해할 수 있다.

이와 같은 <u>권리범위확인심판 제도의 성질과 기능, 특허법의 규정내용과 취지</u> 등에 비추어 보면, <u>침해소송이 계속 중이어서 그 소송에서 특허권의 효력이 미치는 범위를 확정할 수 있다고 하더라도 이를 이유로 침해소송과 별개로 청구된 권리범위확인심판의 심판청구의 이익이 부정된다고 볼 수는 없다.</u>

판결이유

생략

기출 여부 (48회 이후)	특허법 학회 TOP 10	중요도
–	–	★★

023 적극적 권리범위확인심판에서 복수의 확인대상발명 허용 여부
특허법원 2010. 11. 3. 선고 2010허111 판결 [권리범위확인(특)]

판결요지

적극적 권리범위확인심판에서 심판청구인이 특정한 확인대상발명 즉, 심판대상물이 형식상으로는 1개인 것처럼 기재되어 있으나, 확인대상발명의 설명이나 도면에 특허발명의 특정한 구성과 대응되는 구성에 대하여 둘 이상의 서로 다른 구조로 설명되어 있거나 도시되어 있다면, 위 서로 다른 구조로 되어 있는 것들의 작동원리가 동일한지 여부에 관하여 판단하기에 앞서서, 적극적 권리범위확인심판청구는 어디까지나 한 개의 특허발명의 권리범위에 속하는지의 확인을 청구하는 일건의 청구인데도 불구하고 **확인대상발명에 각기 서로 다른 구조의 구성들이 포함되어 있는 것이어서, 이는 확인대상발명이 1개로 기재된 것이 아닌 부적법한 심판청구로서 그 흠결을 보정할 수 없는 경우에 해당한다**(대법원 1971. 6. 22. 선고 69후18 판결 등 참조).

판결이유

(1) 쟁점 부분

확인대상발명에서 특정의 적법 여부가 문제되어 당사자 간에 크게 다툼이 있는 부분은 이 사건 1항 발명의 구성요소 3의 "이동통신"에 대응되는 확인대상발명의 "HFC, CDMA, 광 등 간선망을 이용한 데이터 통신"에 관한 기재 부분이다.

(2) 피고들의 주장

피고들은 위 쟁점 부분과 관련해서, 2010. 9. 27.자 준비서면 5면에서는 "확인대상발명에 기재된 위 'HFC, CDMA, 광 등'은 간선망의 예시로서 기재한 것일 뿐이므로, 이 사건 1항 발명의 구성요소 3의 이동통신에 대응되는 확인대상발명의 구성은 이들을 모두 포함하는 상위개념인 '간선망'이다"라는 취지로 기재하고 있고, 2010. 9. 29.자 변론준비기일에서도 같은 취지로 주장하였으나(이하 '종전 주장'이라 한다), 그 후의 2010. 10. 5.자 준비서면에서는 "확인대상발명에서 'HFC, CDMA, 광 등 간선망을 이용한 데이터 통신'이라고 기재한 의미는 이 사건 1항 발명의 구성요소 3의 '이동통신'에 대응되는 구성으로서 'HFC, CDMA, 광 통신'의 3가지 중의 어느 하나를 선택적으로 특정한 것이다"라는 취지로 기재하고 있고, 2010. 10. 5.자 변론준비기일 및 같은 일자의 변론기일에서도 그와 같은 취지로 주장하면서 종전 주장을 변경하였다.

따라서 피고들의 위 주장 내용을 정리하면, 이 사건 1항 발명의 구성요소 3의 "이동통신"에 직접적으로 대응되는 확인대상발명의 구성요소에 대하여, 종전에는 HFC, CDMA, 광 통신 등을 아우르는 상위개념인 "간선망"이라고 주장하다가, **다시 "HFC", "CDMA", "광 통신"의 3가지 통신방식 가운데 선택된 어느 하나가 이 사건 1항 발명의 구성요소 3의 "이동통신"에 대응되는 구성요소라고 주장 내용을 변경한 것**으로 정리할 수가 있다.

(3) 확인대상발명의 구성이 선택적 구성 또는 포괄적인 상위개념으로 기재된 경우에 특정의 적법 여부

㈎ 피고들의 주장대로 이 사건 1항 발명의 구성요소 3의 "이동통신"에 대응되는 확인대상발명의

대응구성이 "HFC, CDMA, 광 통신"의 세 가지 가운데 선택된 어느 하나이고, 확인대상발명이 이들 중 어느 한 구성을 채택하더라도 이 사건 1항 발명의 권리범위에 속한다는 취지라면, 확인대상발명은 결국 ① AMR서버와 데이터전송장치 사이에는 "HFC"를 이용한 데이터 통신", 데이터전송장치들 서로 간에는 "동축케이블 등 유선망 통신", 데이터전송장치와 전자식전력량계 사이는 "PLC방식의 데이터 통신"이 유기적으로 결합된 발명(이하 "확인대상 1발명"이라 한다), ② AMR서버와 데이터전송장치 사이에는 "CDMA"를 이용한 데이터 통신", 데이터전송장치들 서로 간에는 "동축케이블 등 유선망 통신", 데이터전송장치와 전자식전력량계 사이는 "PLC방식의 데이터 통신"이 유기적으로 결합된 발명(이하 "확인대상 2발명"이라 한다), ③ AMR서버와 데이터전송장치 사이에는 "광 통신"을 이용한 데이터 통신", 데이터전송장치들 서로 간에는 "동축케이블 등 유선망 통신", 데이터전송장치와 전자식전력량계 사이는 "PLC방식의 데이터 통신"이 유기적으로 결합된 발명(이하 "확인대상 3발명"이라 한다)의 **이 3가지 발명이 모두 포함되어 있는 것으로 보아야 하므로, 형식상으로는 확인대상발명이 1개인 것처럼 설명서에 기재되어 있지만, 실제로는 위 세 가지의 발명을 확인대상발명으로 삼아서 적극적 권리범위확인심판을 청구하고 있는 것이 된다** 할 것이다.

(나) 그러나 이론적인 관점에서 살펴보더라도, 확인대상발명이 형식적으로는 1개인 것처럼 되어 있으나 사실상 복수의 발명에 속하는 것을 한 개의 심판대상물로 삼아서 청구하는 적극적 권리범위확인심판은 그 자체로서 부적법한 심판청구로서 그 흠결을 보정할 수 없는 경우에 해당하고(대법원 1971. 6. 22. 선고 69후 판결 참조), 특히 이 사건처럼 복수의 확인대상발명을 선택적 병합의 형태로 청구하면서 그 모두가 특허발명의 권리범위에 속한다는 취지가 아니라 그 중 선택된 일부만이 특허발명의 권리범위에 속한다는 취지로 청구하는 것은 **심판의 대상 자체가 불분명하고, 확인대상발명은 특허발명의 청구범위에 대응하여 명확하고 간결하게 기재되어야 한다는 점에 위배**되며, 더구나 특허법 140조 2항 3호가 적극적 권리범위확인심판의 경우에는 상대방의 실시주장발명에 대응하여 확인대상발명을 보정하는 것을 요지 변경과 관계없이 사실상 무제한적으로 허용하고 있는데도 불구하고 이 사건처럼 확인대상발명을 모색적 내지 탐색적으로 선택적인 구성 또는 종전 주장대로 포괄적인 상위개념으로 기재하여 특정하는 행위를 허용하게 된다면, 이는 **사실상 피심판청구인에게 심판의 대상을 특정할 책임을 전가하는 결과**에 이르게 될 뿐 아니라, 피심판청구인으로서는 선택적으로 기재된 확인대상발명의 모든 구성요소 또는 포괄적인 상위개념에 속하는 세부적인 구성요소 모두를 실시하지 않는다고 일일이 대응하여야만 비로소 확인대상발명의 불실시 요건을 충족하는 결과가 되는바, **이는 피심판청구인의 방어권 행사에 현저한 지장을 초래하게 되어 매우 불합리하므로 형평의 관념상으로도 허용될 수 없다** 할 것이다.

(다) 따라서 이 사건 적극적 권리범위확인심판청구는 형식적으로는 한 개의 확인대상발명을 심판대상물로 삼고 있으나, **실질적으로는 복수 개의 심판대상물을 판단의 대상으로 구하고 있는 것이므로 그 자체로서 부적법**하고(위 대법원 1971. 6. 22. 선고 69후18 판결 참조), **가사 원고들이 위 선택적인 세 가지 구성으로 이루어지는 확인대상 1, 2, 3발명 가운데 어느 하나를 실시하고 있다 하더라도, 확인대상 1, 2, 3발명 가운데 원고들이 실제로 실시하고 있지 아니한 나머지 두 개의 확인대상발명과 관련해서는 원고들이 실시하고 있지도 아니한 것을 확인대상발명의 구성에 포함시켜 특정하여 적극적 권리범위확인심판을 청구하는 것에도 해당**하므로, 그 역시 확인의 이익이 없어서 부적법함을 면치 못한다 할 것이다(대법원 2003. 6. 10. 선고 2002후2419 판결 등 참조).

다. 소결론

따라서 이 사건 적극적 권리범위확인심판청구는 확인대상발명이 부적법하게 특정되거나, 확인의 이익이 흠결된 경우에 해당한다 할 것이다.

[비교 - 특허심판원 2021. 2. 16.자 2019당3820 심결]

가. 확인대상고안의 실시 여부

갑 제6-1호증, 갑 제6-2호증, 갑 제7호증, 갑 제8호증에 의하면 피청구인은 온라인쇼핑몰에서 '신가 고리형 조끼자석'을 판매한 사실이 있음을 확인할 수 있고, '신가 고리형 조끼자석'은 확인대상고안과 같으므로 피청구인은 확인대상고안을 실시한 것으로 인정된다.

나. 확인대상고안의 특정 여부

확인대상고안에는 '고정부재에 직접 연결되거나 연결부재를 통해 연결되어 사용자가 착용한 의류의 고리에 용이하게 체결되거나 분리될 수 있는 고리 형상의 걸이구'라고 개시되어 있어, 확인대상고안이 '고정부재에 직접 연결된 걸이구'와 '고리를 통하여 고정부재에 연결된 걸이구'를 모두 포함하고 있으므로, 확인대상고안의 개수가 복수 개라고 볼 여지가 있다.

그러나, 확인대상발명이 복수 개라는 사실만으로 확인대상발명이 명확하게 특정되지 않았다고 할 수 없다고 판시한 사례가 있는바(특허법원 2013.11.7. 선고 2013허4954판결), 확인대상고안이 복수 개라는 이유만으로 확인대상고안이 특정되지 않았다고 볼 수는 없다.

게다가, 확인대상고안에 대비되는 이 사건 등록고안에서도 '고정부재에 직접 연결되거나 연결부재를 통해 연결되어 사용자가 착용한 의류의 고래에 용이하게 체결되거나 분리될 수 있는'이라고 기재되어 있어, '고정부재에 직접 연결된 걸이구'와 '고리를 통하여 고정부재에 연결된 걸이구'를 모두 포함하고 있으므로, 확인대상고안은 이 사건 제1항 등록고안과 대비하여 차이점을 판단할 수 있을 정도로 적법하게 특정된 것으로 인정된다.

기출 여부 (48회 이후)	특허법 학회 TOP 10	중요도
-	-	★★★

024 소극적 권리범위확인심판에서 복수의 확인대상발명 허용 여부
특허법원 2013. 11. 7. 선고 2013허4954 판결 [권리범위확인(특)]

판결요지

1) 권리범위확인심판에서 확인대상발명은 한 개여야 한다는 특허심판원의 심판편람 규정은 그 규정의 성질과 내용상 **행정기관 내부의 사무처리준칙을 정한 것에 불과**하여 대내적으로 행정기관을 기속함은 별론으로 하고 대외적으로 법원이나 일반 국민을 기속하는 효력은 없는 점,

2) 특허법은 특허권자 전용실시권자 또는 이해관계인은 특허발명의 보호범위를 확인하기 위하여 특허권의 권리범위 확인심판을 청구할 수 있다고 규정하고 있을 뿐(제135조 제1항), **특허권의 권리범위를 확인하기 위한 확인대상발명의 개수를 특별히 제한하고 있지는 않은 점**,

3) 확인대상발명을 복수로 하여 권리범위확인심판을 청구하는 것은 결국 두 개의 청구를 병합하는 것인데, 특허법상의 심판절차와 성질이 유사한 일반 행정심판 절차를 규정하고 있는 **행정심판법은 관련 청구의 병합을 인정하고 있는 점**(행정심판법 제37조 참조),

4) 관련되는 복수의 청구를 하나의 심판절차에서 해결하는 것이 **분쟁의 일회적 해결이나 심판경제상 바람직한 점** 등을 종합하여 보면, **특별한 사정이 없는 한 확인대상발명이 복수라는 것만으로 바로 권리범위확인심판청구가 위법하다고 볼 수는 없다.**

판결이유

확인대상발명이 이 사건 제1항 발명과 대비할 수 있을 만큼 특정되었는지 여부

1) 원고들은, 피고가 이 사건 제1항 발명의 하나의 수평강판 에 대응되는 확인대상발명의 상현보강재에 사용되는 강재에 관하여 I형 또는 ㅍ형 단면 을 가진다고 선택적으로 특정하여 확인대상발명을 두 개로 한 것은 확인대상발명이 1개여야 한다는 특허심판원의 심판편람 규정을 위반한 것이고, 가사 확인대상발명이 1개라 하더라고 위와 같은 선택적인 기재로 인하여 상현보강재에 사용되는 강재가 이 사건 제1항 발명과 대비할 수 있을 정도로 명확하게 특정된 것도 아니라고 주장한다.

살피건대, 원고들의 위 주장과 같이 **확인대상발명의 설명서에는 상현보강재에 사용되는 강재가 I형 또는 ㅍ형 단면 이라고 선택적으로 기재되어 있으므로, 확인대상발명은 두 개**라 할 것이다.

한편,

가. 확인대상발명의 설명서에, 상현보강재에 사용되는 강재로는 상현보강재의 내부에 콘크리트를 충진할 수 있는 **I형 또는 ㅍ형 강재가 바람직하다고 기재**되어 있는 점,

나. 이 사건 심판청구는 **소극적 권리범위확인심판청구인 점**,

다. 확인대상발명의 설명서에는 I형 및 ㅍ형 상현보강재를 사용하는 예가 모두 도시되어 있고, 피고가 2013. 10. 1. 이 사건 제1차 **변론기일에 상현보강재에 사용되는 강재가 I형 단면이거나 ㅍ형 단면인 경우 모두를 실시할 예정이라고 진술한 점** 등을 종합하여 보면, 확인대상발명의 설명서에 상현보강재에 사용되는 강재를 선택적 형식으로 기재한 부분이 있다고 하더라도 이는 I형 단면의 강재와 ㅍ형 단면의 강재 중 하나만을 확인대상발명으로 하는 취지가 아니라, 하나의 수평강판만을 사용하는 **이 사건 제1항 발명과 대비하여 상현보강재의 내부에 콘크리트 충진이 편리한 I형 또는**

ㄱㄷ형 단면의 강재 어느 것을 사용하든 이 사건 특허발명의 권리범위에 속하지 않으므로 그 모두에 대하여 권리범위확인심판을 구한다는 취지로 해석**된다고 할 것이니, 이 사건 심판청구에서 확인대상발명이 복수여서 이 사건 제1항 발명과 대비할 수 있을 정도로 **명확하게 특정되지 않았다고 할 수도 없다.**

따라서 원고들의 위 주장 역시 이유 없다.

Ⅳ 정정심판

기출 여부 (48회 이후)	특허법 학회 TOP 10	중요도
-	2020	★★★

025 특허무효심판에 대한 심결취소소송의 사실심 변론종결 이후에 정정심결이 확정된 것이 재심사유에 해당하는지 여부

대법원 2020. 1. 22. 선고 2016후2522 전원합의체 판결 [등록무효(특)] [공2020상,483]

판결요지

[다수의견]

재심은 확정된 종국판결에 대하여 판결의 효력을 인정할 수 없는 중대한 하자가 있는 경우 예외적으로 판결의 확정에 따른 법적 안정성을 후퇴시켜 그 하자를 시정함으로써 구체적 정의를 실현하고자 마련된 것이다. <u>행정소송법 제8조</u>에 따라 심결취소소송에 준용되는 민사소송법 <u>제451조 제1항 제8호</u>는 '판결의 기초로 된 행정처분이 다른 행정처분에 의하여 변경된 때'를 재심사유로 규정하고 있다. 이는 판결의 심리·판단 대상이 되는 행정처분 그 자체가 그 후 다른 행정처분에 의하여 확정적·소급적으로 변경된 경우를 말하는 것이 아니고, 확정판결에 법률적으로 구속력을 미치거나 또는 그 확정판결에서 사실인정의 자료가 된 행정처분이 다른 행정처분에 의하여 확정적·소급적으로 변경된 경우를 말하는 것이다. 여기서 '사실인정의 자료가 되었다'는 것은 <u>그 행정처분이 확정판결의 사실인정에서 증거자료로 채택되었고 그 행정처분의 변경이 확정판결의 사실인정에 영향을 미칠 가능성이 있는 경우를 말한다</u>. 이에 따르면 특허권자가 정정심판을 청구하여 특허무효심판에 대한 심결취소소송의 사실심 변론종결 이후에 특허발명의 명세서 또는 도면(이하 '명세서 등'이라 한다)에 대하여 <u>정정을 한다는 심결(이하 '정정심결'이라 한다)이 확정되더라도 정정 전 명세서 등으로 판단한 원심판결에 민사소송법 제451조 제1항 제8호가 규정한 재심사유가 있다고 볼 수 없다.</u>

[대법관 조희대, 대법관 박정화의 별개의견]

특허권자가 정정심판을 청구하여 특허의 무효심판에 대한 심결취소소송의 사실심 변론종결 이후에 특허발명의 명세서 등에 대하여 정정심결이 확정되면 정정 전 명세서 등으로 판단한 원심판결에 민사소송법 제451조 제1항 제8호가 규정한 재심사유가 있다고 보아야 한다. 다수의견의 논리는 특허법과 일반 소송의 원칙에 반하므로 동의하기 어렵다.

판결이유

그 이유는 다음과 같다.

가) 심판은 특허심판원에서의 행정절차이고 심결은 행정처분에 해당하며, 그에 대한 불복의 소송인 심결취소소송은 항고소송에 해당하여 그 소송물은 심결의 실체적·절차적 위법성 여부이다(대법원 2009. 5. 28. 선고 2007후4410 판결 등 참조). 특허법 제186조 제6항은 "특허취소를 신청할 수 있는 사항 또는 심판을 청구할 수 있는 사항에 관한 소는 특허취소결정이나 심결에 대한 것이 아니면 이

를 제기할 수 없다."라고 규정하고, 같은 조 제1항은 그와 같은 소로 "특허취소결정 또는 심결에 대한 소 및 특허취소신청서·심판청구서나 재심청구서의 각하결정에 대한 소"를 규정하고 있다.

심사관은 특허출원에 대하여 신규성이나 진보성 등을 심사한 후 거절이유를 발견할 수 없으면 특허결정을 하여야 하는데(특허법 제66조 참조), 이러한 특허결정에 대하여 불복하고자 할 때는 위 규정들로 인해 특허결정 자체를 소의 대상으로 삼을 수 없고, 반드시 특허심판원의 심판을 거쳐 그 심결에 대해서만 소를 제기할 수 있다. 특허결정의 당부를 다투는 심결취소소송에서 특허법이 위와 같이 채택한 필수적 행정심판전치주의와 재결주의로 인해 당사자는 심결의 취소를 구할 수밖에 없게 되었다. 이와 같이 심결과의 관계에서 원처분으로 볼 수 있는 특허결정은 심결취소소송에서 심리·판단해야 할 대상일 뿐 판결의 기초가 된 행정처분으로 볼 수는 없다. 따라서 사실심 변론종결 후에 특허발명의 명세서 등에 대하여 정정을 한다는 심결이 확정되어 그 정정 후의 명세서 등에 따라 특허결정, 특허권의 설정등록이 된 것으로 보더라도(특허법 제136조 제10항), 판결의 기초가 된 행정처분이 변경된 것으로 볼 것은 아니다.

나) 특허권자는 특허권 설정등록 후 특허발명의 명세서 등에 불완전한 것이 있을 때에는 명세서 등에 대하여 정정심판을 청구할 수 있다(특허법 제136조 제1항). 이러한 정정심판제도는 특허발명의 청구범위가 지나치게 넓거나 명세서 등에 잘못된 기재 또는 불분명한 기재 등의 사유로 특허등록이 무효가 되거나 특허권 행사에 제약을 받게 될 우려가 있을 때 이를 바로 잡아 특허무효를 미리 방지하고 특허권의 권리관계를 명확하게 하기 위하여 마련된 제도이다.

특허법은 특허권자와 제3자의 이익을 균형 있게 조화시키기 위해 명세서 등의 기재 범위 내에서 ① 청구범위의 감축, ② 잘못 기재된 사항의 정정, ③ 분명하지 아니하게 기재된 사항을 명확하게 하는 경우에만 정정을 허용하되, 청구범위를 실질적으로 확장·변경하는 것을 금지하고, 위 ①, ②의 경우에는 정정된 청구범위가 특허출원을 한 때 특허요건을 구비할 것을 요구하고 있다(특허법 제136조 제1, 4, 5항).

그런데 특허권자가 특허청장을 상대방으로 하여 특허발명의 명세서 등에 대하여 정정심판을 청구하는 경우, 정정을 인정하는 내용의 **정정심결은 별도의 불복절차가 없으므로 심판청구인에게 송달됨으로써 확정된다고 볼 수 있지만, 당사자 대립구조에 의한 심리·판단이 이루어지지 않는 정정심결이 확정되었다고 하여 특허법 제163조가 규정하는 일사부재리의 효력을 상정하기 어렵다**. 또한 이해관계인이나 심사관은 정정심결이 확정된 후에야 정정을 인용한 심결에 대해 정정의 무효심판을 청구할 수 있는데(특허법 제137조 제1항), 정정을 무효로 한다는 심결이 확정되었을 때에는 그 정정은 처음부터 없었던 것으로 본다(특허법 제137조 제5항). 정정의 무효심판은 특허권이 소멸된 후에도 청구할 수 있다(특허법 제137조 제2항, 제133조 제2항).

이러한 특허법의 관련 규정과 법리에 비추어 보면, **특허의 정정제도는 종전 특허발명과 실질적 동일성을 유지하는 것을 전제로 하는 것으로 정정사항은 정정 후 명세서 등의 내용을 구성하고, 정정심결이 심결취소소송의 사실심 변론종결 전에 이루어진 경우 그와 같이 정정된 명세서 등이 사실심 법원의 심리·판단의 대상**이 된다. 정정심결은 심판청구인인 특허권자에게 송달됨으로써 확정되지만, 이해관계인이나 심사관은 그 때부터 정정의 무효심판을 청구할 수 있게 된다. 이러한 이유로 특허의 정정은 특허무효 절차에서 특허권자의 주된 방어방법으로 활용되고 있고, **특허무효 분쟁은 필연적으로 정정의 무효심판절차까지 이어지게 마련이다. 결국 정정 전의 명세서 등에 따른 특허의 무효 여부는 여전히 특허권자와 제3자 사이에는 계속하여 특허무효 분쟁의 대상으로 남아 있는 것**이므로, 정정을 인정하는 내용의 심결이 확정되었다고 하여, 정정 전의 명세서 등에 따른 특허발명의 내용이 그에 따라 '확정적으로' 변경되었다고 단정할 수는 없다.

또한 특허법 제136조 제10항은 "특허발명의 명세서 또는 도면에 대하여 정정을 한다는 심결이 확정되었을 때에는 그 정정 후의 명세서 또는 도면에 따라 특허출원, 출원공개, 특허결정 또는 심결 및 특허권의 설정등록이 된 것으로 본다."라고 규정하고 있다. 이 규정은 사후적으로 명세서 등을 정정하더라도 이미 진행된 특허심사·심판절차의 내용과 효력을 정정 후 명세서 등에 **일체성을 유지하면서 승계시킴으로써 특허심사·심판절차와 조화를 유지하면서 정정제도의 실효성을 추구하고 특허권자가 정정으로 인해 불이익을 받지 않도록 한 것**이지, 정정 전의 명세서 등에 따라 발생된 **모든 공법적, 사법적 법률관계를 소급적으로 변경시킨다는 취지로 해석하기 어렵다.**

다) 민사소송법 제1조 제1항은 "법원은 소송절차가 공정하고 신속하며 경제적으로 진행되도록 노력하여야 한다."라고 하여 민사소송의 이상을 공정·신속·경제에 두고 있는데, 그 중에서도 신속·경제의 이념을 실현하기 위해서는 당사자에 의한 소송지연을 적절히 방지할 필요가 있다. 이에 따라 원고는 청구의 기초가 바뀌지 않는 한도에서 변론을 종결할 때까지 청구의 취지 또는 원인을 바꿀 수 있지만, 소송절차를 현저히 지연시키는 경우에는 허용되지 않는다(민사소송법 제262조 제1항, 대법원 2017. 5. 30. 선고 2017다211146 판결 등 참조). 특허권자는 특허무효심판절차에서는 정정청구를 통해, 그 심결취소소송의 사실심에서는 정정심판청구를 통해 얼마든지 특허무효 주장에 대응할 수 있다. 그럼에도 특허권자가 사실심 변론종결 후에 확정된 정정심결에 따라 청구의 원인이 변경되었다는 이유로 사실심 법원의 판단을 다툴 수 있도록 하는 것은 **소송절차뿐만 아니라 분쟁의 해결을 현저하게 지연시키는 것으로 허용되지 않는다.**

3) 이러한 법리는 특허권의 권리범위 확인심판에 대한 심결취소소송과 특허권 침해를 원인으로 하는 민사소송에서도 그대로 적용되어야 한다. **특히, 특허권에 기초한 침해금지 또는 손해배상 등을 구하는 소송에서 그 특허가 무효로 될 것임이 명백하여 특허권자의 청구가 권리남용에 해당한다는 항변이 있는 경우 특허권자로서는 특허권에 대한 정정심판청구, 정정청구를 통해 정정을 인정받아 그러한 무효사유를 해소했거나 해소할 수 있다는 사정을 그 재항변으로 주장할 수 있다.** 특허권 침해를 원인으로 하는 민사소송의 종국판결이 확정되거나 그 확정 전에 특허권자가 정정의 재항변을 제출하지 않았음에도 사실심 변론종결 후에 정정심결의 확정을 이유로 사실심 법원의 판단을 다투는 것은 허용되지 않는다.

4) 특허권자는 정정심판청구뿐만 아니라 특허무효심판절차 및 정정무효심판절차 내에서 정정청구의 형식으로 명세서 등을 정정할 수도 있다(특허법 제133조의2, 제137조). 이러한 정정청구에 대한 심판은 특허무효심판절차에서 함께 심리되므로, **독립된 정정심판청구와 달리 정정무효심판의 심결이 확정되는 때에 함께 확정**되고(대법원 2011. 2. 10. 선고 2010후2698 판결 등 참조), 확정된 정정심결과 동일한 효력이 있다(특허법 제133조의2 제4항, 제136조 제10항). 앞서 살펴본 법리는 정정청구에 대한 심결이 확정된 경우에도 마찬가지로 적용되어야 한다. 따라서 **특허무효심판이나 권리범위 확인심판 등에 대한 심결취소소송과 별개로 진행되던 특허무효심판 절차에서 정정청구에 대한 심결이 확정되더라도, 정정 전 명세서 등으로 판단한 판결에 민사소송법 제451조 제1항 제8호의 재심사유가 있다고 볼 수 없다.**

5) 이와 달리 정정심결의 확정이 민사소송법 제451조 제1항 제8호에 규정된 재심사유에 해당한다는 취지로 판시한 심결취소소송에 관한 대법원 2001. 10. 17. 선고 99후598 판결, 대법원 2008. 7. 24. 선고 2007후852 판결, 대법원 2010. 9. 9. 선고 2010후36 판결, 특허권 침해를 원인으로 하는 민사소송에 관한 대법원 2004. 10. 28. 선고 2000다69194 판결뿐만 아니라, 특허무효심판절차에서의 정정청구에 대한 심결의 확정이 민사소송법 제451조 제1항 제8호에 규정된 재심사유에 해당한다는 취지로 판시한 대법원 2006. 2. 24. 선고 2004후3133 판결을 비롯한 같은 취지의 판결들은 이 판결의 견해에 배치되는 범위 내에서 이를 모두 변경하기로 한다.

나. 위에서 본 사실관계와 법리에 따르면, 피고가 원심판결 선고 후에 정정심판을 청구하여 상고심 진행 중에 정정심결이 확정되었다 하더라도 이는 민사소송법 제451조 제1항 제8호가 규정한 재심사유에 해당한다고 볼 수 없다. 또한 사실심의 변론종결 후에 이루어진 정정심결의 확정이라는 사정은 원심의 심판대상이 되지 않은 사유로서 상고심에 이르러 새로이 내세우는 주장이고, 특허발명의 진보성 등 특허요건을 직권조사사항이라고 볼 수도 없다. 따라서 원심의 판단에 상고이유 주장과 같이 재심사유에 관한 법리 등을 오해하여 판결에 영향을 미친 잘못이 없다.

기출 여부 (48회 이후)	특허법 학회 TOP 10	중요도
-	-	★★★

026 특허무효심판에 대한 심결취소소송의 상고심 계속 중 정정심결이 확정된 경우 상고이유로 주장할 수 있는지 여부

대법원 2022. 6. 16. 선고 2019후10456 판결 [등록무효(특)]

판결요지

특허권자가 정정심판을 청구하여 특허무효심판에 대한 심결취소소송의 사실심 변론종결 이후에 특허발명의 명세서 또는 도면(이하 '명세서 등'이라 한다)을 정정한다는 심결(이하 '정정심결'이라 한다)이 확정되더라도 정정 전 명세서 등으로 판단한 원심판결에 민사소송법 제451조 제1항 제8호가 규정한 재심사유가 있다고 볼 수 없다. **따라서 원심 변론종결 후 정정심결이 확정되었더라도 이를 상고이유로 주장할 수 없고, 상고심은 정정심결이 확정되기 전의 정정 전 명세서 등을 대상으로 진보성을 판단하여야 한다**(대법원 2020. 1. 22. 선고 2016후2522 전원합의체 판결, 대법원 2021. 12. 30. 선고 2019후10296 판결 등 참조).

판결이유

기록에 따르면, 명칭을 '신장 질환용 진단 표지로서의 호중구 젤라티나제 결합리포칼린(NGAL)의 측정'으로 하는 이 사건 특허발명[특허번호 제(번호 생략)호]의 청구범위 제1항(이하 '이 사건 제1항 발명'이라 하고, 다른 청구항도 같은 방식으로 표시한다)에 관하여 원심 변론종결 후인 2019. 4. 26. 정정심판이 청구되었으나, **앞서 본 것처럼 원심 변론종결 후 정정심결이 확정되더라도 이를 상고이유로 주장할 수 없고 상고심은 정정심결이 확정되기 전의 정정 전 명세서 등을 대상으로 진보성을 판단**하여야 하며, 더욱이 위 정정심판청구는 2021. 11. 26. 취하되었으므로, 이 부분 상고이유 주장은 받아들일 수 없다.

기출 여부 (48회 이후)	특허법 학회 TOP 10	중요도
−	−	★★

027 원심 변론종결 후 정정심결이 확정된 사안에서 정정 전 청구항을 대상으로 진보성 부정 여부를 판단한 사건

대법원 2020. 11. 26. 선고 2017후2055 판결 [등록무효(특)]

판결요지

1. 원심 변론종결 후 정정심결이 확정된 경우 이러한 사정을 상고이유로 주장할 수 있는지 및 이때 진보성 판단의 대상(정정 전 명세서)

특허권자가 정정심판을 청구하여 특허무효심판에 대한 심결취소소송의 사실심 변론종결 이후에 특허발명의 명세서 또는 도면(이하 '명세서 등'이라고 한다)에 대하여 정정을 한다는 심결(이하 '정정심결'이라고 한다)이 확정되더라도 정정 전 명세서 등으로 판단한 원심판결에 민사소송법 제451조 제1항 제8호가 규정한 재심사유가 있는 것은 아니다(대법원 2020. 1. 22. 선고 2016후2522 전원합의체 판결).

따라서 원심 변론종결 후 정정심결이 확정되었더라도 이를 상고이유로 주장할 수 없고, 상고심은 정정심결이 확정되기 전의 정정 전 명세서 등을 대상으로 진보성을 판단하여야 한다.

2. 이 사건 제1항 발명의 진보성이 부정되지 않는다는 원심 판단에 잘못이 있는지

원심판결 이유를 관련 법리와 기록에 비추어 살펴보면, 원심의 판단에 상고이유 주장과 같이 진보성 판단에 관한 법리를 오해하거나 필요한 심리를 다하지 않는 등으로 판결에 영향을 미친 잘못이 없다.

3. 특허심판원의 심결을 취소하는 원심판결이 확정된 이후의 심리절차

이 사건 상고기각에 따라 **특허심판원의 심결을 취소하는 원심판결**이 그대로 확정되고, **특허심판원은 정정심결이 확정된 정정 후의 청구항을 대상으로 심리를 진행**하게 될 것이다.

판결이유

1. 정정심결의 확정에 따른 재심사유가 있다는 주장(상고이유 제3점)에 대하여

특허권자가 정정심판을 청구하여 특허무효심판에 대한 심결취소소송의 사실심 변론종결 이후에 특허발명의 명세서 또는 도면(이하 '명세서 등'이라고 한다)에 대하여 정정을 한다는 심결(이하 '정정심결'이라고 한다)이 확정되더라도 정정 전 명세서 등으로 판단한 원심판결에 민사소송법 제451조 제1항 제8호가 규정한 재심사유가 있는 것은 아니다(대법원 2020. 1. 22. 선고 2016후2522 전원합의체 판결).

따라서 원심 변론종결 후 정정심결이 확정되었더라도 이를 상고이유로 주장할 수 없고, 상고심은 정정심결이 확정되기 전의 정정 전 명세서 등을 대상으로 진보성을 판단하여야 한다.

이 사건에서, 명칭을 '안전보호대의 제조방법 및 그 제조방법에 의하여 제작된 안전보호대'로 하는 이 사건 특허발명(특허번호 생략)의 청구범위 제1항(2015. 5. 28. 정정 청구된 것, 이하 '이 사건 제1항 발명'이라고 한다)에 관하여 원심 변론종결 후인 2017. 9. 5. 정정심판이 청구되고 2018. 3.

22. 정정심결이 내려져 그 심결이 확정되었으나, 정정심결이 확정되기 전의 이 사건 제1항 발명을 대상으로 진보성 부정 여부를 판단하여야 한다. 이 부분 상고이유 주장은 받아들일 수 없다.

2. 이 사건 제1항 발명의 진보성이 부정되지 않는다는 주장(상고이유 제1, 2점)에 대하여

원심은 이 사건 제1항 발명의 진보성이 부정된다고 판단하였다. 그 이유는, 이 사건 제1항 발명과 선행발명 3의 대응 구성 사이에 존재하는 차이점들은 그 발명이 속하는 기술분야에서 통상의 지식을 가진 사람(이하 '통상의 기술자'라고 한다)이 선행발명 3에 주지관용기술을 결합하여 쉽게 극복할 수 있고, 그로 인한 작용효과 역시 충분히 예측 가능한 것이어서 현저하다고 할 수 없으므로, 통상의 기술자가 선행발명 3과 주지관용기술에 의하여 이 사건 제1항 발명을 쉽게 발명할 수 있다는 것이다.

원심판결 이유를 관련 법리와 기록에 비추어 살펴보면, 원심의 판단에 상고이유 주장과 같이 진보성 판단에 관한 법리를 오해하거나 필요한 심리를 다하지 않는 등으로 판결에 영향을 미친 잘못이 없다.

3. 결론

그러므로 상고를 모두 기각하고(이에 따라 특허심판원의 심결을 취소하는 원심판결이 그대로 확정되고, 특허심판원은 정정심결이 확정된 정정 후의 청구항을 대상으로 심리를 진행하게 될 것이다) 상고비용은 패소자가 부담하기로 하여, 관여 대법관의 일치된 의견으로 주문과 같이 판결한다.

기출 여부 (48회 이후)	특허법 학회 TOP 10	중요도
-	-	★★

028 '오기의 정정'의 의미
대법원 2005. 9. 30. 선고 2004후2451 판결 [정정(특)] [공2005.11.1.(237),1728]

판결요지

1. 특허청구범위의 독립항은 그대로 두고 그 독립항을 기술적으로 한정하고 구체화하는 종속항만을 추가하는 정정심판청구의 허용 여부

특허청구범위는 각 항이 상호 독립되어 있는 이상 그 독립항은 그대로 두고, <u>그 독립항을 기술적으로 한정하고 구체화하는 종속항만을 추가하는 것은 실질적으로 권리범위를 확장하거나 변경하는 것</u>이어서 그와 같은 정정심판청구는 허용될 수 없다.

2. 특허법 제136조 제1항 제2호의 '오기의 정정'의 의미

특허법 제136조 제1항 제2호의 '오기의 정정'이라 함은 '명세서 또는 도면 중의 기재 내용이 명세서 전체의 기재에 비추어 보아 **명백히 잘못 기재된 것을 본래의 올바른 기재로 정정하는 것**'을 의미한다.

판결이유

1. 원심판결 이유에 의하면, 원심은 원고가 이 사건 정정심판청구에 의하여 명칭을 '신규 종말분화의 잠재성 유도체 및 그것의 이용방법'으로 하는 이 사건 특허발명(특허번호 제263264호)의 특허청구범위에 추가하고자 하는 특허청구범위 제34항 내지 제37항은 이 사건 특허발명의 출원과정에서 1997. 10. 2.자 보정에 의하여 그 특허청구범위에 추가되었다가 1999. 10. 30.자 보정에 의하여 누락된 사실, 그 후 2000. 1. 24.자 보정에서도 이에 관하여 아무런 언급 없이 다른 청구항에 대하여만 보정이 된 후에 이 사건 특허발명에 대한 특허등록이 이루어진 사실을 인정한 다음, <u>위 특허청구범위 제34 내지 제37항을 추가하는 형태의 정정은 등록된 특허청구범위에서 탈루된 청구항을 새로이 추가하는 것이어서 오기의 정정에 해당하지 아니할 뿐만 아니라</u>, 위 추가 청구항이 이 사건 특허발명의 특허청구범위 제1항에 일반식으로 표현된 화합물에 속하는 화합물들이라 할지라도 위 추가 청구항을 이 사건 특허발명의 특허청구범위에 추가하는 이 사건 정정청구는 이미 제3자에게 특허공보를 통하여 알려진 <u>이 사건 특허발명의 특허청구범위에 신규사항을 추가하는 것이므로 특허청구범위를 실질적으로 확장하거나 변경하는 것에 해당</u>되고, 그에 따라 이 사건 정정심판청구를 기각한 심결이 적법하다는 취지로 판단하였다.

2. 원심의 위와 같은 판단은 정당하고, 거기에 정정에 관한 법리를 오해하거나 심리미진 내지 판단누락의 위법이 있다고 할 수 없다.

기출 여부 (48회 이후)	특허법 학회 TOP 10	중요도
–	2016	★★★

029 정정요건인 '분명하지 아니한 기재를 명확하게 하는 경우' 판단기준

대법원 2016. 11. 25. 선고 2014후2184 판결 [등록무효(특)] [공2017상,47]

판결요지

1. 특허청구범위에 기재되어 있지 아니한 사항을 발명의 상세한 설명에서 삭제하는 정정청구가 '분명하지 아니한 기재를 명확하게 하는 경우'에 해당하는지 여부

특허법 제133조의2, 제136조 제4항의 규정취지에 비추어보면, 오류의 정정에는 특허청구범위에 관한 기재 자체가 명료하지 아니한 경우 그 의미를 명확하게 하든가 기재상의 불비를 해소하는 것 및 발명의 상세한 설명과 특허청구범위가 일치하지 아니하거나 모순이 있는 경우 이를 통일하여 모순이 없게 하는 것 등이 포함된다고 해석된다(대법원 2006. 7. 28. 선고 2004후3096 판결, 대법원 2013. 2. 28. 선고 2011후3193 판결 등 참조). 한편, 특허청구범위는 발명의 상세한 설명에 기재된 기술적 사상의 전부 또는 일부를 특허발명의 보호범위로 특정한 것이고, 발명의 상세한 설명에 기재된 모든 기술적 사상이 반드시 특허청구범위에 포함되어야 하는 것은 아니므로, 특별한 사정이 없는 한 특허청구범위에 기재되어 있지 아니한 사항이 발명의 상세한 설명에 포함되어 있다고 하여 발명의 상세한 설명과 특허청구범위가 일치하지 아니하거나 모순이 있는 경우라고 보기는 어렵다.

2. 발명의 진보성 유무를 판단하는 방법 및 사후적 고찰에 해당하는지 여부

발명의 진보성 유무를 판단함에 있어서는, 적어도 선행기술의 범위와 내용, 진보성 판단의 대상이 된 발명과 선행기술의 차이 및 그 발명이 속하는 기술분야에서 통상의 지식을 가진 사람(이하 '통상의 기술자'라고 한다)의 기술수준에 대하여 증거 등 기록에 나타난 자료에 기하여 파악한 다음, 이를 기초로 하여 통상의 기술자가 특허출원 당시의 기술수준에 비추어 진보성 판단의 대상이 된 발명이 선행기술과 차이가 있음에도 그러한 차이를 극복하고 선행기술로부터 그 발명을 쉽게 발명할 수 있는지를 살펴보아야 하는 것이다. 이 경우 진보성 판단의 대상이 된 발명의 명세서에 개시되어 있는 기술을 알고 있음을 전제로 하여 사후적으로 통상의 기술자가 그 발명을 쉽게 발명할 수 있는지를 판단하여서는 아니 된다.

판결이유

위 법리와 기록에 비추어 살펴본다.

(1) 명칭을 '열 저장 팁을 구비한 디스펜서'로 하는 이 사건 특허발명(특허등록번호 생략)에 대한 특허무효심판절차에서 피고는 원심 판시 정정사항 1 내지 4와 같은 내용으로 이 사건 정정청구를 하였다.

(2) 이 사건 특허발명의 특허청구범위 제1항(이하 '이 사건 제1항 발명'이라 하고, 다른 청구항도 같은 방식으로 표시한다) 등에는 열 저장 팁의 재질로서 금속 또는 세라믹이 기재되어 있는데, 발명의 상세한 설명에는 열 저장 팁의 재질로서 금속 또는 세라믹뿐만 아니라, 고밀도 플라스틱, 복합물 등도 포함되는 것으로 기재되어 있다. 이 사건 정정청구는 이와 같이 열 저장 팁의 재질로서 특허청

구범위에 기재되어 있지 아니한 고밀도 플라스틱, 복합물 등을 발명의 상세한 설명에서 삭제하는 것을 내용으로 한다.

(3) 그런데 **발명의 상세한 설명에 기재된 고밀도 플라스틱, 복합물 등은 그 기재 자체가 명료하지 아니한 것이라고 볼 수 없다.** 또한, **특허청구범위에 기재되어 있지 아니한 고밀도 플라스틱, 복합물 등이 발명의 상세한 설명에 포함되어 있다고 하여 발명의 상세한 설명과 특허청구범위가 일치하지 아니하거나 모순이 있는 경우라고 보기도 어렵다.**

다. 이와 같은 사정과 앞서 본 법리에 비추어 원심판결 이유를 살펴보면, 원심이 이 사건 정정청구는 '분명하지 아니한 기재를 명확하게 하는 경우'에 해당하지 아니한다고 판단한 것은 정당하고, 거기에 상고이유의 주장과 같이 정정요건에 관한 법리를 오해하는 등의 잘못이 없다.

기출 여부 (48회 이후)	특허법 학회 TOP 10	중요도
59회 (2022년) 문제3	–	★★★

030 의약용도발명의 특허청구범위에 기재되어 있는 '약리기전'의 의미 및 '약리기전'이 발명의 구성요소로 의미를 가지는 경우

대법원 2014. 5. 16. 선고 2012후238,245(공동소송참가) 판결 [등록무효(특)]

판결요지

의약용도발명에서는 특정 물질과 그것이 가지고 있는 의약용도가 발명을 구성한다.(대법 2006후3564) 약리기전은 특정 물질에 불가분적으로 내재된 속성에 불과하므로, 의약용도발명의 특허청구범위에 기재되는 약리기전은 특정 물질이 가지고 있는 의약용도를 특정하는 한도 내에서만 발명의 구성요소로서 의미를 가질 뿐, 약리기전 그 자체가 특허청구범위를 한정하는 구성요소라고 볼 수 없다.

판결이유

명칭을 '알레르기성 안질환을 치료하기 위한 독세핀 유도체를 함유하는 국소적 안과용 제제'로 하는 이 사건 특허발명(특허등록번호 생략)에 대한 특허무효심판절차에서, 피고들은 이 사건 특허발명 중 특허청구범위 제1항(이하 '이 사건 제1항 발명'이라고 하고, 나머지 청구항도 같은 방식으로 부른다)의 '앨러지성 안질환을 치료하기 위한 국소적으로 투여할 수 있는 안과용 조성물'을 '인간 결막 비만세포(肥滿細胞)를 안정화하여 인간에서 알러지성 결막염을 치료하기 위한 국소 투여 안과용 조성물'로 정정하는 내용으로 이 사건 정정청구를 하였음을 알 수 있다(이하 '앨러지'와 '알러지'는 국어사전상의 용어인 '알레르기'로 고쳐 쓴다).

그런데 이 사건 제1항 발명의 유효성분 중 하나인 올로파타딘은 그 고유한 특성으로서 '항히스타민' 약리기전과 '인간 결막 비만세포 안정화' 약리기전을 가지는 것이고, 위 두 가지 약리기전은 모두 올로파타딘에 불가분적으로 내재되어 올로파타딘이 '인간 알레르기성 결막염 치료'의 의약용도로 사용될 수 있도록 하는 속성에 불과하다. 따라서 이 사건 정정청구에서 부가된 '인간 결막 비만세포 안정화'라는 약리기전은 올로파타딘의 '인간 알레르기성 결막염 치료'라는 의약용도를 특정하는 이상의 의미를 갖지 아니한다. 그렇다면 이 사건 정정청구는 전체적으로 특허청구범위에 '인간 알레르기성 결막염 치료'라는 의약용도를 부가하면서 '인간 결막 비만세포 안정화'라는 약리기전을 덧붙여 동일한 의약용도를 또다시 기재하는 내용으로 되어 있어, 특허법 제136조 제1항 각 호에서 특허발명의 명세서 등에 대하여 정정심판을 청구할 수 있는 요건으로 정한 특허청구범위를 감축하는 경우, 잘못 기재된 것을 정정하는 경우, 또는 분명하지 아니하게 기재된 것을 명확하게 하는 경우에 해당한다고 볼 수 없다.

따라서 이 사건 정정청구가 특허법 제136조 제1항 각 호에 규정된 정정요건에 해당하지 아니한다고 본 원심은 위에서 본 법리에 따른 것으로서, 거기에 상고이유 주장과 같이 정정요건 판단 및 특허청구범위 감축에 관한 법리를 오해하는 등의 위법이 없다.

상고이유로 들고 있는 대법원 판결은 이 사건과 사안이 다르므로 이 사건에 원용하기에 적절하지 않다.

또한 정정청구가 특허법 제136조 제1항에 규정된 정정요건에 해당하는지 여부는 법적 판단의 문제

로서 자백의 대상이 되지 아니하므로, 원고 측이 이 사건 정정청구가 특허청구범위의 감축에 해당함을 인정하였음에도 원심이 이와 달리 판단함으로써 변론주의를 위반하였다는 취지의 피고들의 상고이유 주장은 받아들이지 아니한다.

기출 여부 (48회 이후)	특허법 학회 TOP 10	중요도
−	−	★★★

031 정정에서의 신규사항 추가 금지의 범위
대법원 2014. 2. 27. 선고 2012후3404 판결 [정정무효(특)심결취소의소]
[공2014상,778] 판시사항

판결요지

특허발명의 명세서 또는 도면의 정정은 그 명세서 또는 도면에 기재된 사항의 범위 이내에서 할 수 있다(특허법 제136조 제3항). 여기서 '명세서 또는 도면에 기재된 사항'이라 함은 거기에 **명시적으로 기재되어 있는 것뿐만 아니라 기재되어 있지는 않지만 출원 시의 기술상식으로 볼 때 그 발명이 속하는 기술분야에서 통상의 지식을 가진 사람이면 명시적으로 기재되어 있는 내용 자체로부터 그와 같은 기재가 있는 것과 마찬가지라고 명확하게 이해할 수 있는 사항을 포함**하지만, 그러한 사항의 범위를 넘는 신규사항을 추가하여 특허발명의 명세서 또는 도면을 정정하는 것은 허용될 수 없다.

판결이유

1. 원심은, 명칭을 '시공석 고정방법 및 이를 위한 시공석 고정구조물'로 하는 이 사건 특허발명(특허등록번호 생략)에 대하여 원심판시 이 사건 정정청구 전 특허청구범위 제1항의 '시공석을 덮는 덮개망'을 '각각의 시공석을 일부가 돌출되도록 덮는 덮개철망'으로, '시공석을 고정시키는 연결유니트'를 '각각의 시공석을 일부가 돌출되도록 고정시키는 연결유니트'로 정정한 것은, 아래와 같은 이유로 이 사건 특허발명의 명세서 등에 기재된 범위를 넘는 신규사항의 추가에 해당하므로, 특허법 제136조 제3항에 위배되어 부적법하다고 판단하였다.

가. 이 사건 특허발명의 명세서에는 '연결유니트의 사이 사이에 배치되는 복수 개의 시공석' 및 '덮개철망 위로 시공석의 일부가 돌출되어'라는 기재가 있으나, 여기에는 연결유니트 사이에 시공석이 하나씩 있는 경우뿐만 아니라 여러 개 있는 경우, 즉 연결유니트에 의하여 시공석을 개별적으로 고정하는 경우뿐만 아니라 시공석을 전체적으로 고정하는 경우도 포함되고, 덮개철망 위로 각각의 시공석의 일부가 돌출되는 경우뿐만 아니라 일부 시공석만 돌출되는 경우도 포함된다. 또한 특허발명의 도면에도 일부 시공석의 시공상태나 개략적인 구성만이 나타나 있을 뿐 각각의 시공석의 일부가 돌출되는 것은 나타나 있지 않다.

나. 그 밖에 이 사건 특허발명의 명세서 등을 전체적으로 살펴보더라도, **각각의 시공석이 덮개철망 위로 일부씩 돌출되거나 연결유니트를 각각의 시공석의 일부가 돌출되도록 고정한다는 취지의 기재는 찾아볼 수 없고, 달리 통상의 기술자가 명세서 등의 내용으로부터 그와 같이 설치하는 것으로 이해하기는 어렵다.**

2. 상고이유 주장은, 당초의 특허발명의 명세서 및 도면의 기재는 시공석이 연결유니트에 의하여 전체적으로 고정되는 경우와 개별적으로 고정되는 경우를 모두 포함하는 것이고, 각각의 시공석 일부가 돌출되는 경우뿐 아니라 일부 시공석만 돌출되는 경우도 함께 포함되어 있던 것인데 이 사건 정정에 의하여 시공석이 개별적으로 고정되는 경우 및 각각의 시공석의 일부가 돌출되는 경우로 한정하는 것이므로, 이는 신규사항의 추가에 해당하지 않는다는 취지이다.

그러나 앞서 본 바와 같이, **명세서 또는 도면에 명시적으로 기재되어 있거나 통상의 기술자가 그와 같은 기재가 있는 것과 마찬가지라고 명확하게 이해할 수 있는 사항의 범위 이내에서만 정정이 허용될 뿐이므로, 상위개념을 하위개념으로 정정하였다고 하더라도 그 정정이 위 범위를 넘어서는 경우에는 신규사항의 추가에 해당하여 허용될 수 없다.** 기록에 의하여 알 수 있는 당초의 이 사건 특허발명의 명세서와 도면의 기재 및 이 사건 정정청구의 내용을 대비하여 보면, 원심이 앞서 본 바와 같은 이유로 이 사건 정정이 신규사항의 추가에 해당한다고 판단한 것은 정당하다. 원심판결에는 상고이유 주장과 같은 명세서 등의 정정요건에 관한 법리오해 등의 위법이 있다고 할 수 없다.

기출 여부 (48회 이후)	특허법 학회 TOP 10	중요도
-	-	★★★

032 실질적 변경 판단기준
대법원 2011. 12. 13. 선고 2011후2060 판결 [등록무효(특)]

판결요지

특허법 제133조의2 및 제136조 제4항은, 특허무효심판의 피청구인은 특허청구범위를 실질적으로 확장하거나 변경하지 아니할 것 등을 요건으로 명세서 또는 도면에 대하여 정정을 청구할 수 있다고 규정하고 있는바, 여기서 말하는 특허청구범위를 실질적으로 확장하거나 변경하는 경우에 해당하는지 여부를 판단할 때에는 **특허청구범위 자체의 형식적인 기재만을 가지고 대비할 것이 아니라 발명의 상세한 설명을 포함한 명세서 및 도면의 전체내용을 실질적으로 대비하여 판단하는 것이 합리적이다.** 그리고 특허청구범위의 정정이 청구범위의 감축에 해당되고, 그 목적이나 효과에 어떤 변경이 있다고 할 수 없으며, **발명의 상세한 설명 및 도면에 기재되어 있는 내용을 그대로 반영한 것이어서 제3자에게 불측의 손해를 줄 염려가 없는 경우**에는 특허청구범위의 실질적인 변경에 해당되지 아니한다고 할 것이다(대법원 2005. 4. 15. 선고 2003후2010 판결, 대법원 2009. 5. 28. 선고 2009후498 판결 등 참조).

판결이유

명칭을 "전기 침술기 및 전기 침술 시스템"으로 하는 이 사건 특허발명(특허번호 제856736호)에 대한 특허무효심판절차에서의 정정청구에서 특허청구범위의 실질적 변경 여부가 문제되는 원심 판시 정정사항 2는 이 사건 특허발명의 특허청구범위 제1항 내지 제4항에 기재되어 있지 않았던 '피시술자의 피부에서의 피부 개선용 물질의 흡수율을 높이기 위해, 상기 복수개의 금속성 극미세 침체는 상기 피시술자의 피부에 마이크로 홀을 형성하고, 상기 복수개의 금속성 극미세 침체는 상기 전기발생장치로부터의 전기에 의해 상기 피시술자의 피부 진피층에 전기적 자극을 가하는 것'이라는 기재를 추가한 것이다.

그런데 이 사건 특허발명의 명세서 중 발명의 상세한 설명에 '다수의 극미세 침체(151)를 환자의 시술부위에 대고 압력을 가한다. 이러한 과정의 반복을 통해 환자의 시술부위에는 무수히 많은 미세 상처(마이크로 홀)가 생기게 되고, 이러한 마이크로 홀 내의 극미세 침체(151) 끝에서는 소정의 주파수의 전류가 주위의 피부조직으로 전도되며, 이와 같은 피부 진피층에서의 전기적인 진동 자극을 통해서, 피부조직의 효과적인 재생을 위해 피부층에서의 용액, 크림, 젤, 연고제 등의 흡수율을 획기적으로 높여 환자의 피부 조직은 빠른 속도로 새로운 조직을 형성하게 된다', '전기발생 장치(200)로부터 입력된 전기는 복수개의 극미세 침체로 전달되어, 환자의 시술부위의 진피층에 이온 자극 및 전기적인 자극을 가하게 된다'고 기재되어 있어 **위 정정사항 2에 의하여 추가된 내용은 이 사건 특허발명의 명세서 중 발명의 상세한 설명에 기재되어 있던 '침체의 기능'을 특허청구범위에 추가한 것에 불과하고,** 이 사건 특허발명의 특허청구범위 제1항 내지 제4항에는 '침체'의 구성이 이미 기재되어 있다. 결국 위 정정사항 2는 이 사건 특허발명의 명세서 중 발명의 상세한 설명에 있던 '침체의 기능'을 특허청구범위에 기재하여 **이미 특허청구범위에 기재되어 있던 '침체'의 기능을 명확하게 한 것에 불과할 뿐 정정 전의 명세서에 없던 새로운 구성을 특허청구범위에 추가한 것이라고 할 수 없다.** 또한 위 정정사항 2의 정정으로 인하여 정정 전 침체가 가지고 있던 목적 및 효과를 벗어나 새로운 목적 및 효과가 발생하였다고 볼 수 없고, 제3자에게 예상하지 못한 손해를 입힐 염려가 있다고 볼 수도 없다. 따라서 위 정정사항 2는 특허청구범위를 실질적으로 확장하거나 변경한 경우에 해당되지 아니한다.

그럼에도 불구하고 이와 달리 위 정정사항 2가 특허청구범위를 실질적으로 확장하거나 변경한 경우에 해당한다고 판단한 원심판결에는 정정에서 특허청구범위의 실질적 변경 여부 판단에 관한 법리를 오해하여 판결에 영향을 미친 잘못이 있고, 이 점을 지적하는 상고이유 주장은 이유 있다.

기출 여부 (48회 이후)	특허법 학회 TOP 10	중요도
57회 (2020년) 문제 1	–	★★

033 정정고안의 진보성이 문제된 사건
대법원 2019. 7. 25. 선고 2018후12004 판결 [등록정정(실)]

판결요지

1. 실용신안의 진보성 판단 기준 및 사후적 고찰 금지의 원칙

고안의 진보성이 부정되는지 여부를 판단하기 위해서는 선행기술의 범위와 내용, 진보성 판단의 대상이 된 고안과 선행기술의 차이 및 그 고안이 속하는 기술분야에서 통상의 지식을 가진 사람(이하 '통상의 기술자'라고 한다)의 기술수준 등에 비추어 진보성 판단의 대상이 된 고안이 선행기술과 차이가 있음에도 그러한 차이를 극복하고 선행기술로부터 그 고안을 극히 쉽게 도출할 수 있는지를 살펴보아야 한다. 이 경우 진보성 판단의 대상이 된 고안의 명세서에 개시되어 있는 기술을 알고 있음을 전제로 하여 사후적으로 통상의 기술자가 그 고안을 극히 쉽게 고안할 수 있는지를 판단해서는 안된다(대법원 2015. 11. 27. 선고 2013후3326 판결, 대법원 2016. 11. 25. 선고 2014후2184 판결 등 참조).

2. 정정심판이나 그 심결취소소송에서 정정의견제출 통지서를 통하여 심판청구인에게 의견서 제출 기회를 부여한 바 없는 사유를 들어 정정심판청구를 기각하는 심결을 하거나, 심결취소청구를 기각할 수 있는지 여부

실용신안법 제33조에서 준용하는 특허법 제136조 제6항은 정정심판에서 심판청구인에게 의견서 제출기회를 부여함으로써 정정심판청구에 대한 심사의 적정을 기하고 심사제도의 신용을 유지한다는 공익상의 요구에 기인하는 강행규정이다. 따라서 **정정심판이나 그 심결취소소송에서 정정의견제출 통지서를 통하여 심판청구인에게 의견서 제출 기회를 부여한 바 없는 사유를 들어 정정심판청구를 기각하는 심결을 하거나, 심결취소청구를 기각하는 것은 위법하다**(대법원 2007. 4. 27. 선고 2006후2660 판결, 대법원 2012. 7. 12. 선고 2011후934 판결 등 참조).

3. 선행고안에 의하여 고안의 진보성이 부정된다는 취지로 정정심판을 기각한 경우, 특허청장이 취소소송절차에 이르러 비로소 제출한 자료들을 판단의 근거로 삼을 수 있는지 여부 (한정 적극)

특히 정정심판을 기각하는 이유가 선행고안에 의하여 고안의 진보성이 부정된다는 취지라면 특허청장이 취소소송절차에 이르러 비로소 제출한 자료들은, **선행고안을 보충하여 출원 당시 해당 고안과 동일한 기술분야에 널리 알려진 주지관용기술을 증명하기 위한 것이거나, 정정의견제출 통지서에 기재된 선행고안의 기재를 보충 또는 뒷받침하는 것에 불과한 경우라고 인정될 때** 판단의 근거로 삼을 수 있다.

판결이유

가. 명칭을 "홀 아이씨(Hall IC) 구동용 차폐자석이 구비된 휴대폰 케이스"로 하는 이 사건 고안의 청구범위(2016. 11. 4. 특허심판원 2016정124호로 정정심판 청구된 것) 제1항(이하 '이 사건 제1항 고안'이라고 한다)의 '전면 및 후면, 일측면을 감싸는 형태의 구성'과 '자석을 통해 휴대폰의 홀 아이씨에 자력신호를 보내 휴대폰을 제어하는 구성'은 선행고안 1과 공통된다. 그러나 선행고안 1은 휴대

폰 케이스가 후면부 뒤로 젖혀 질 수 없는 데 비하여 이 사건 제1항 고안은 후면부 뒤로 젖혀질 수 있고(차이점 1), 선행고안 1은 차폐기능이 없는 자석을 사용하나 이 사건 제1항 고안은 영구자석과 요크를 매개로 구현되어 자력 차폐기능이 있는 차폐자석을 사용한다는 차이점(차이점 2)이 있다.

나. 한편, 위 차이점 1은 뒤로 젖혀지는 형태의 휴대폰 케이스인 선행고안 3에 나타나 있고, 차이점 2는 차폐자석 그 자체인 선행고안 2에 나타나 있다.

다. 그런데, 이 사건 제1항 고안은, 그 청구범위를 뒤로 젖혀지는 구성으로 한정하여 '휴대폰 케이스 전면부의 휴대폰에 내장된 홀 아이씨와 대응되는 지점에 차폐자석을 사용함으로써 휴대폰 케이스의 전면부를 후면부 뒤로 젖힘에 따라 발생할 수 있는 센서의 오동작 방지'를 기술적 과제로 한다. 반면, 선행고안 1은 휴대폰 케이스가 닫혀 있을 때 외부 압력으로 휴대폰 키입력부가 눌려져 휴대폰이 켜지는 등의 오작동을 방지하는 것을 기술적 과제로 하여, 물리적 자극이 아닌 자력과 자력에 대한 홀센서의 반응만으로 그 작동을 조절하는 것을 해결수단으로 한다. 그리고 선행고안 3은 휴대폰의 구동과는 무관하게 휴대폰 자체를 물리적으로 보호하기 위한 케이스이고, 선행고안 2는 일반적인 전기·전자 분야에서 사용될 수 있는 차폐자석이다.

라. 이러한 선행고안들의 내용에 이들을 결합할 동기나 암시가 나타나 있지 않고, 전자 제품 부품에서 차폐판 또는 요크를 사용한 자력 차폐기술이 나타나 있는 을 제3 내지 5호증의 각 기재만으로는 통상의 기술자가 영구자석과 요크를 일체화한 차폐자석을 휴대폰 케이스에 극히 쉽게 적용할 수 있다고 보기 어렵다.

마. 원심은 피고가 원심에서 비로소 제출한 이 사건 출원 전 유튜브에 게시된 동영상(을 제9호증)을 주지관용기술에 대한 증거로 보아 진보성 부정의 근거로 삼았다. 그러나 위 동영상은 홀 아이씨 내장 휴대폰을 대상으로, 선행고안 3과 같은 휴대폰 케이스의 전면부에 영구자석을 부착하고, 이를 뒤로 젖혔을 때 영구자석에 대응하는 위치에 차폐판을 부착하여 일명 '스마트 케이스'를 만드는 과정을 담고 있는바, 이는 새로운 공지기술에 대한 것일 뿐, 정정심판청구 기각의 근거가 된 선행고안들을 보충하는 취지의 주지관용기술에 대한 증거라거나, 정정의견제출 통지서에 기재된 선행고안의 기재를 보충 또는 뒷받침하는 것에 불과하다고 보기 어렵다. 따라서 이를 심결의 당부를 판단하는 근거로 삼을 수 없다.

바. 결국 선행고안들의 결합에 의하여 이 사건 제1항 고안을 극히 쉽게 고안할 수 있다고 보기 어렵다. 그럼에도 원심은 선행고안들의 결합이 극히 쉽다고 보아 이 사건 제1항 고안의 진보성을 부정하였다. 이러한 원심의 판단에는 실용신안의 진보성 판단과 심결취소소송의 심리 범위에 관한 법리를 오해하여 판결에 영향을 미친 위법이 있다. 이를 지적하는 상고이유 주장은 이유 있다.

기출 여부 (48회 이후)	특허법 학회 TOP 10	중요도
–	–	★★★

034 정정명세서 등에 관한 보정의 허용 범위
대법원 2013. 2. 28. 선고 2011후3643 판결 [등록무효(특)] [공2013상,595]

판결요지

특허법 제136조 제1항, 제11항, 제140조 제5항에 의하면 정정심판 청구인은 심판장의 심리종결 통지가 있기 전에 심판청구서에 첨부된 정정한 명세서 또는 도면(이하 '정정명세서 등'이라고 한다)에 관하여 보정할 수 있도록 하고 있는데, 구 특허법 제140조 제2항에 의하면 위와 같은 정정명세서 등에 관한 보정은 정정청구취지의 요지를 변경하지 않는 범위 내에서만 허용되고, 이는 특허법 제133조의2 제4항에 의하여 특허무효심판 절차에서의 정정청구에도 그대로 준용된다. 그런데 이러한 정정명세서 등의 보정제도는 등록된 특허발명에 대한 정정의 개념을 제대로 이해하지 못한 특허권자가 명세서나 도면의 일부분만을 잘못 정정하였음에도 불구하고 정정청구 전체가 인정되지 않게 되는 것을 방지하기 위하여 도입된 제도로서, **실질적으로 새로운 정정청구에 해당하는 정정명세서 등의 보정을 허용하게 되면 정정청구의 기간을 제한한 구 특허법의 취지를 몰각시키는 결과가 되고, 정정청구가 받아들여질 때까지 정정명세서 등의 보정서 제출이 무한히 반복되어 행정상의 낭비와 심판절차의 지연이 초래될 우려가 있는 점을 고려할 때, 정정명세서 등에 관한 보정은 당초의 정정사항을 삭제하거나 정정청구의 내용이 실질적으로 동일하게 되는 범위 내에서 경미한 하자를 고치는 정도에서만 정정청구취지의 요지를 변경하지 않는 것으로서 허용된다**고 보아야 한다.

판결이유

원심판결 이유에 의하면, 명칭을 "녹색 발광 화합물 및 이를 발광재료로서 채용하고 있는 발광소자"로 하는 이 사건 특허발명(특허등록번호 생략)에 대한 등록무효심판 절차에서, 원고는 이 사건 특허발명 중 특허청구범위 제5항에 관하여, 인용 청구항을 '제1항'에서 '제2항'으로, '유기 발광화합물'을 '발광층 도판트용 유기 발광화합물'로 각 변경하고, 선택 가능한 14개의 화합물 중 원심 판시 화합물 (1), (4)를 삭제하는 내용 등으로 이 사건 정정청구를 하였다가, 위 변경된 인용 청구항인 제2항에 포함되지 않으면서도 이 사건 정정청구에서 삭제되지 않고 남아 있던 원심 판시 화합물 (9)를 추가로 삭제하는 내용으로 그 정정명세서를 보정하였음을 알 수 있다.

그런데 위와 같은 보정은 **당초의 정정사항을 삭제하는 것에는 해당하지 아니함이 분명하고, 화합물 (9)를 삭제한다는 정정사항을 새롭게 추가함으로써 이 사건 정정청구의 내용을 실질적으로 변경한 것**이므로, 정정청구취지의 요지를 변경하는 보정에 해당하여 부적법하다고 할 것이며, 그것이 이 사건 정정청구 당시 착오로 삭제되지 않고 남아 있던 화합물 (9)를 삭제하는 보정이라고 해서 달리 볼 수는 없다.

같은 취지의 원심판단은 정당하고, 거기에 정정의 보정과 정정청구에 관한 법리를 오해한 잘못이 없다.

기출 여부 (48회 이후)	특허법 학회 TOP 10	중요도
–	–	★★

035 특허법 제130조의 법리는 정정을 전·후하여 그대로 유지되는지 여부

대법원 2009. 10. 15. 선고 2009다19925 판결 [손해배상등]

판결요지

원심판결 이유를 기록에 비추어 살펴보면, 피고가 원심 판시 실시제품들을 생산, 판매하여 원고의 특허권을 침해하였으므로 「특허법」제130조에 의하여 피고는 그 침해행위에 과실이 있는 것으로 추정되는바, 피고가 원심 판시 실시제품들을 생산, 판매한 이후에 원심 판시와 같은 경위로 이 사건 제1항 발명의 특허청구범위를 정정하는 심결(2002당2405)이 확정되었더라도, **이 사건 제1항 발명은 정정심결의 확정 전·후로 특허청구범위에 실질적인 변경이 없었으므로, 이 사건 제1항 발명의 특허권을 침해한 피고의 행위에 과실이 있는 것으로 추정하는 법리는 정정을 전·후하여 그대로 유지된다**고 봄이 옳다.

판결이유

가. 원심판결 이유를 기록에 비추어 살펴보면, 원심이, 피고 주장과 같이 원고와 소외 1, 2와 사이에 1990년경부터 이 사건 특허발명과 관련한 분쟁이 있었더라도 이러한 사정만으로 피고가 설립된 무렵인 1999. 12. 24.경에 원고가 피고의 특허침해사실을 알았다고 인정할 수 없다고 판단한 다음, 소멸시효 항변을 배척한 것은 정당하다.

원심판결에는 피고가 상고이유로 주장하는 바와 같은 단기소멸시효의 기산점에 관한 법리오해 등의 위법이 없다.

나. 원심판결 이유를 기록에 비추어 살펴보면, 피고가 원심 판시 실시제품들을 생산, 판매하여 원고의 특허권을 침해하였으므로 「특허법」 제130조에 의하여 피고는 그 침해행위에 과실이 있는 것으로 추정되는바, 피고가 원심 판시 실시제품들을 생산, 판매한 이후에 원심 판시와 같은 경위로 이 사건 제1항 발명의 특허청구범위를 정정하는 심결(2002당2405)이 확정되었더라도, 이 사건 제1항 발명은 정정심결의 확정 전·후로 특허청구범위에 실질적인 변경이 없었으므로, 이 사건 제1항 발명의 특허권을 침해한 피고의 행위에 과실이 있는 것으로 추정하는 법리는 정정을 전·후하여 그대로 유지된다고 봄이 옳다.

따라서 원심이 이러한 사정들을 고려하여 **피고가 정정심결 이전이라도 이 사건 특허침해로 인한 손해배상책임을 진다는 취지로 판단한 것은 정당**하다.

원심판결에는 피고가 상고이유로 주장하는 바와 같은 손해배상의 범위에 관한 법리오해 등의 위법이 없다.

기출 여부 (48회 이후)	특허법 학회 TOP 10	중요도
–	–	★★★

036 정정심결이 확정된 경우 발명의 내용에 영향을 미치는지 여부
대법원 2011. 6. 30. 선고 2011후620 판결 [취소결정(특)심결취소의소]

판결요지

1. **특허를 무효로 하는 심결이 확정되었음에도 정정무효심판청구에 대한 기각 심결의 취소를 구할 법률상 이익이 있는지 여부**

   특허를 무효로 한다는 심결이 확정된 때에는 그 특허권은 처음부터 없었던 것으로 보게 되므로, 무효로 된 특허에 대한 정정의 무효를 구하는 심판은 그 정정의 대상이 없어지게 된 결과 정정 자체의 무효를 구할 이익도 없어진다고 할 것이다.

2. **특허법 제136조 제10항에 의하여 정정심결이 확정된 경우 정정내용이 조약에 의한 우선권 주장의 기초가 된 발명 내용 또는 신규성·진보성 판단에 제공되는 선행기술로서 발명 내용에 영향을 미칠 수 있는지 여부**

   정정심결이 확정된 때에는 정정 후의 명세서 또는 도면에 의하여 특허출원되고 이후 이에 입각하여 특허권 설정등록까지의 절차가 이루어진 것으로 간주하는 것은 무효 부분을 포함하는 특허를 본래 유효로 되어야 할 범위 내에서 존속시키기 위한 것이므로, 조약에 의한 우선권 주장의 기초가 된 최초의 출원서 또는 출원공개된 출원서에 첨부한 명세서 또는 도면에 기재된 사항이 그 후 정정되었다 하더라도, 그 정정내용이 조약에 의한 우선권 주장의 기초가 된 발명의 내용 또는 신규성·진보성 판단에 제공되는 선행기술로서의 발명의 내용에 영향을 미칠 수 없다.

판결이유

특허를 무효로 한다는 심결이 확정된 때에는 그 특허권은 처음부터 없었던 것으로 보게 되므로, 무효로 된 특허에 대한 정정의 무효를 구하는 심판은 그 정정의 대상이 없어지게 된 결과 정정 자체의 무효를 구할 이익도 없어진다고 할 것이다.

위 법리와 기록에 비추어 살펴보면, 이 사건 특허발명(특허번호 제699769호)에 대한 정정무효심판청구가 기각되고 난 후 위 기각 심결의 취소를 구하는 이 사건 소송이 원심에 계속되던 중 원심 판시와 같은 경위로 이 사건 특허발명에 대한 무효심결이 확정되었으므로 이 사건 특허권은 처음부터 없었던 것으로 되었고, 따라서 이 사건 심판은 그 정정의 대상이 없어지게 된 결과 정정 자체의 무효를 구할 이익도 없어져 위법하게 되었지만, 한편 이 사건 특허발명의 특허가 무효로 된 이상 원고로서는 그 심결의 취소를 구할 법률상 이익도 없어졌다고 봄이 상당하므로 이 사건 소는 부적법하게 되었다. 같은 취지의 원심판단은 정당하고, 거기에 정정의 무효를 구할 법률상 이익에 관한 법리오해의 위법이 없다.

나아가 특허법 제136조 제10항에 의하여 정정심결이 확정된 때에는 정정 후의 명세서 또는 도면에 의하여 특허출원되고 이후 이에 입각하여 특허권 설정등록까지의 절차가 이루어진 것으로 간주하는 것은 무효 부분을 포함하는 특허를 본래 유효로 되어야 할 범위 내에서 존속시키기 위한 것이므로, 조약에 의한 우선권 주장의 기초가 된 최초의 출원서 또는 출원공개된 출원서에 첨부한 명세서 또는 도면에 기재된 사항이 그 후 정정되었다 하더라도, 그 정정내용이 조약에 의한 우선권 주장의 기초가 된 발명의 내용 또는 신규성·진보성 판단에 제공되는 선행기술로서의 발명의 내용에 영향을 미칠 수 없고, 따라서 이와 다른 전제에서 특허가 무효로 된 이후에도 여전히 그 정정의 무효심판을 청구할 이익이 있다는 상고이유의 주장은 받아들일 수 없다.

그러므로 상고를 기각하고 상고비용은 패소자가 부담하도록 하여 관여 대법관의 일치된 의견으로 주문과 같이 판결한다.

기출 여부 (48회 이후)	특허법 학회 TOP 10	중요도
–	–	★

037 동일한 특허발명에 대하여 정정심판 사건이 특허심판원에 계속 중인 경우, 특허무효심결에 대한 취소소송의 심리를 중단하여야 하는지 여부

대법원 2007. 11. 30. 선고 2007후3394 판결 [등록무효(특)]

판결요지

동일한 특허발명에 대하여 정정심판 사건이 특허심판원에 계속 중에 있다는 이유로 상고심에 계속 중인 그 특허발명에 관한 특허무효심결에 대한 취소소송의 심리를 중단하여야 하는 것은 아니다.

판결이유

생략

기출 여부 (48회 이후)	특허법 학회 TOP 10	중요도
–	–	★★

038 무효로 된 특허의 정정을 구하는 심판의 적법 여부
대법원 2005. 3. 11. 선고 2003후2294 판결 [정정(특)] [공2005.4.15.(224),609]

판결요지

1. 무효로 된 특허의 정정을 구하는 심판의 적법 여부

특허무효심결이 확정되었을 때에는 특허권은 처음부터 존재하지 아니한 것으로 보므로, 무효로 된 특허의 정정을 구하는 심판은 그 정정의 대상이 없어지게 되어 그 정정을 구할 이익도 없으므로 부적법하다.

2. 특허법 제136조 제7항 규정의 취지

특허법 제136조 제7항에서 '정정심판은 특허권이 소멸된 후에도 청구할 수 있다. 다만, 특허취소결정이 확정되거나 특허를 무효(제133조 제1항 제4호에 의한 무효는 제외한다)로 한다는 심결이 확정된 후에는 그러하지 아니하다'고 규정한 것은 유효하게 존속하였던 특허권이 존속기간의 만료, 등록료의 불납 등의 사유로 소멸한 후에도 특허를 무효로 할 수 있도록 한 규정(제133조 제2항)에 대응하여, 특허권자에게 정정에 의하여 특허의 무효사유를 소급적으로 해소할 수 있는 권한을 예외적으로 부여한 것이고, 위 규정의 단서 조항은 그러한 취지에서 무효 심결이 확정된 경우 더 이상 정정을 할 수 없다는 취지를 명확히 한 것일 뿐, 무효심결의 확정 전에 청구된 정정의 허가 여부를 판단하여야 한다는 취지의 규정이라고 할 수는 없다.

판결이유

원심은, 원고가 이 사건 특허발명의 정정심판청구를 기각한 심결의 취소를 구하는 데 대하여, 주식회사 한국미생물연구소가 원고를 상대로 제기한 2001당110 등록무효심판 사건에서 특허심판원이 2001. 10. 31. 이 사건 특허발명의 특허청구범위 모두가 무효라는 심결을 하자, 원고가 위 심결에 대한 취소소송을 제기하여 특허법원이 2002. 8. 16. 그 중 특허청구범위 제2항에 대한 위의 무효심결을 취소하고, 나머지 청구를 기각하는 판결을 선고하였으며, 원고가 위 판결에 불복하여 상고하였으나 2002. 12. 27. 대법원에서 상고가 기각됨으로써, 이 사건 특허발명의 특허청구범위 제1항, 제3항 내지 제6항에 대한 무효가 확정되었으므로, 원고로서는 소멸된 위 특허청구범위 제1항, 제3항 내지 제6항에 대한 이 사건 심결의 취소를 구할 법률상의 이익이 없어서 위 특허청구범위 제1항, 제3항 내지 제6항에 대한 소는 부적법하다는 취지로 판단하였다.

기록과 위 법리에 의하면, 원고가 2001. 12. 6. 이 사건 특허발명에 대한 정정심판을 청구하였다가 2002. 6. 28. 그 심판청구가 기각되고 난 후, 위 기각 심결의 취소를 구하는 소송이 원심에 계속되던 중 원심 판시와 같은 경위로 특허청구범위 제1항, 제3항 내지 제6항에 대한 무효심결이 확정되자, 원심이 위 특허청구범위 제1항, 제3항 내지 제6항에 대한 소가 부적법하다고 판단한 것은 정당하고, 거기에 정정심판에 관한 법리오해나 심리미진 또는 판단누락 등의 위법이 없다.

기출 여부 (48회 이후)	특허법 학회 TOP 10	중요도
–	–	★★★

039 정정을 구하고 있는 특허발명의 특허청구범위의 일부 항에 대하여 등록무효가 확정된 경우

특허법원 2003. 8. 29. 선고 2002허4989 판결 [정정(특)] [각공2003.10.10. (2),419]

판결요지

비록 정정심판에 있어서 그 일부 항에 정정불허사유가 존재하는 한 전체로서의 모든 정정이 허용될 수 없다고는 하더라도, 이는 하나의 기술사상에 기초한 특허발명에 대한 정정사건에서 일부에 대하여는 정정을 허용하고 일부에 대하여는 정정을 불허하는 심결을 할 수 없다는 취지에 지나지 않아 **특허발명의 특허청구범위의 일부 항이 등록무효로 되어 그 무효로 된 특허청구범위의 정정 가능 여부에 관하여는 실체판단에 나아갈 필요가 없어서, 일부에 대하여는 정정을 허용하고 일부에 대하여는 정정을 불허하는 문제가 발생되지 아니하는 경우에까지 일체로서 판단하여야 하는 것은 아니어서 정정의 소 전부가 부적법하다고 볼 수는 없다.**

판결이유

1. 기초사실

가. 정정을 구하는 특허청구범위

청구항 1.의 "무기 또는 유기염기"를 "과량의 NaOH 또는 KOH"로, "일반식(Ⅰ) 또는 (Ⅱ)의 카복실산"을 "리터당 0.01 내지 100밀리당량 과량의 염기를 함유하고 염기성염의 농도가 0.5 내지 10%인 1-사이클로프로필-7-(4-에틸-1-피페라진일)-6-플루오로-1, 4-디하이드로-4-옥소-3-퀴놀린카복실산"으로 정정하고,

청구항 2.의 "무기 또는 유기염기"를 "과량의 NaOH 또는 KOH"로, "일반식(Ⅰ) 또는 (Ⅱ)의 카복실산"을 "리터당 0.01 내지 100밀리당량 과량의 염기를 함유하고 염기성염의 농도가 0.5 내지 10%인 1-사이클로프로필-7-(4-에틸-1-피페라진일)-6-플루오로-1, 4-디하이드로-4-옥소-3-퀴놀린카복실산"으로 정정하고,

청구항 3.의 "일반식(Ⅰ) 또는 (Ⅱ)의 화합물"을 "1-사이클로프로필-7-(4-에틸-1-피페라진일)-6-플루오로-1,4-디하이드로-4-옥소-3-퀴놀린카복실산"으로, "염기"를 "NaOH 또는 KOH"로, "일반식(Ⅰ) 또는 (Ⅱ)의 카복실산"을 "리터당 0.01 내지 100밀리당량 과량의 염기를 함유하고 염기성염의 농도가 0.5 내지 10%인 1-사이클로프로필-7-(4-에틸-1-피페라진일)-6-플루오로-1, 4-디하이드로-4-옥소-3-퀴놀린카복실산"으로 정정하고,

청구항 4. 내지 6.을 삭제한다.

나. 인용발명의 요지

… (중략)

다. 이 사건 심결이유의 요지

정정을 구하고 있는 이 사건 특허발명의 특허청구범위 제1항은 이 사건 특허발명의 출원 전에 반

포된 인용발명의 "항균성 나프티리딘 및 퀴놀린 화합물의 염 및 그 제조방법"에 관한 발명과 비교하여 리터당 0.01 내지 100밀리당량으로 과량의 NaOH 또는 KOH를 사용하는 차이가 있으나, 그에 따른 안정성의 효과가 인정되지 않는 범위의 발명까지 권리청구를 하고 있어서 **진보성이 없어 특허출원을 한 때에 특허를 받을 수 없는 것이므로 정정이 허용되지 않고, 특허청구범위의 일부 항에 정정불허사유가 존재하는 한 전체에 대한 정정을 허용할 수 없다.**

2. 이 사건 소의 적법 여부

가. 피고의 주장

원고가 정정을 구하고 있는 이 사건 특허발명의 특허청구범위의 일부 항에 대하여 등록무효가 확정되었고, 정정심판은 그 일부 항에 정정불허사유가 존재하는 한 전체로서 모두 허용될 수 없는 것이므로 이 사건 소는 전체로서 부적법하여 각하되어야 한다.

나. 인정 사실

주식회사 한국미생물연구소가 원고를 상대로 제기한 2001당110 등록무효심판 사건에서 특허심판원이 2001. 10. 31. 이 사건 특허발명의 특허청구범위 모두가 무효라는 심결을 하자, 원고가 위 심결에 대한 취소소송을 제기하여 특허법원이 2002. 8. 16. 이 사건 특허발명의 특허청구범위 제2항(아래에서는 '이 사건 제2항 발명'이라 한다)에 대한 심결을 취소하고, 나머지 청구를 기각하는 판결을 선고하였으며, 원고가 위 판결에 불복하여 상고하였으나 2002. 12. 27. 대법원에서 상고가 기각됨으로써, 이 사건 특허발명의 특허청구범위 **제1항, 제3항 내지 제6항(아래에서는 '이 사건 제1항, 제3항 내지 제6항 발명'이라 한다)에 대한 무효가 확정**되었다.

다. 판단

특허법 제136조 제6항에서는 " 제1항의 정정심판은 특허권이 소멸된 후에도 이를 청구할 수 있다. 다만, 취소결정에 의하여 특허가 취소되거나 심결에 의하여 특허가 무효로 된 후에는 그러하지 아니하다."고 규정하고 있고, 이 사건 특허발명의 특허청구범위 제1항, 제3항 내지 제6항에 대한 무효심결이 확정된 사실은 위에서 본 바와 같아 원고로서는 소멸된 **이 사건 제1항, 제3항 내지 제6항 발명에 대한 이 사건 심결의 취소를 구할 법률상의 이익이 없어서 이 사건 제1항, 제3항 내지 제6항 발명에 대한 소는 부적법**하다고 할 것이나, 나아가 이 사건 소가 전체로서 부적법한 것인가에 관하여 살펴보건대, 비록 정정심판에 있어서 그 일부 항에 정정불허사유가 존재하는 한 전체로서의 모든 정정이 허용될 수 없다고는 하더라도, 이는 하나의 기술사상에 기초한 특허발명에 대한 정정사건에서 일부에 대하여는 정정을 허용하고 일부에 대하여는 정정을 불허하는 심결을 할 수 없다는 취지에 지나지 않아 **이 사건에 있어서와 같이 특허발명의 특허청구범위의 일부 항이 등록무효로 되어 그 무효로 된 특허청구범위의 정정 가능 여부에 관하여는 실체판단에 나아갈 필요가 없어서, 일부에 대하여는 정정을 허용하고 일부에 대하여는 정정을 불허하는 문제가 발생되지 아니하는 경우**에까지 일체로서 판단하여야 하는 것은 아니어서 이 사건 소 전부가 부적법하다는 피고의 주장은 이유 없다.

3. 이 사건 제2항 발명에 대한 판단

가. 원고가 주장하는 심결취소사유

이 사건 제2항 발명에 대한 정정심판청구는 특허청구범위를 감축하는 것이고, 정정 후 특허청구범위에 기재된 사항도 인용발명과 비교하여 보았을 때 그 목적, 구성 및 효과가 달라 특허출원을 한 때에 특허를 받을 수 있는 것이므로 이 사건 심결은 취소되어야 한다.

나. 판단

(1) 특허청구범위를 감축하는 경우인지 여부

이 사건 제2항 발명에서 정정을 청구하고 있는 사항은, 정정 전 이 사건 제2항 발명의 "무기 또는 유기염기"를 "과량의 NaOH 또는 KOH"로, "일반식(Ⅰ) 또는 (Ⅱ)의 카복실산"을 "리터당 0.01 내지 100밀리당량 과량의 염기를 함유하고 염기성염의 농도가 0.5 내지 10%인 1-사이클로프로필-7-(4-에틸-1-피페라진일)-6-플루오로-1, 4-디하이드로-4-옥소-3-퀴놀린카복실산"으로 정정하는 것인데, 위 정정하고자 하는 사항은 모두 이 사건 특허발명의 발명의 상세한 설명에 기재된 내용으로서, 염기의 종류, 사용량, 농도, 목적물질 등을 구체적으로 한정하는 것이어서 특허청구범위를 감축하는 경우에 해당된다.

(2) 특허출원시 특허를 받을 수 있는 것인지 여부

이 사건 제2항 발명의 국내 우선권 주장일 전에 반포된 간행물에 게재된 인용발명과 이 사건 제2항 발명을 비교하여 본다.

… (중략)

따라서 정정 후 이 사건 제2항 발명은 인용발명과 비교하여 보았을 때, 그 목적과 구성이 유사하고, 그 효과에 있어서도 현저한 차이가 있다고 볼 수 없어서 이 기술분야에서 통상의 지식을 가진 자가 인용발명으로부터 용이하게 발명할 수 있어 **진보성이 없으므로 특허출원을 한 때에 특허를 받을 수 없다고 할 것이다.**

4. 결론

그렇다면 원고의 **이 사건 제1항, 제3항 내지 제6항 발명에 대한 소는 부적법하여 이를 각하하고, 이 사건 제2항 발명에 대한 청구는 이유 없어 이를 기각**한다.

기출 여부 (48회 이후)	특허법 학회 TOP 10	중요도
54회 (2017년) 문제 3	–	★★

040 동일한 특허발명에 대하여 특허무효심판과 정정심판이 특허심판원에 동시에 계속 중에 있는 경우, 심리·판단의 우선 순위 및 그 판단 대상

대법원 2002. 8. 23. 선고 2001후713 판결 [등록무효(특)] [공2002.10.1.(163),2247]

판결요지

동일한 특허발명에 대하여 특허무효심판과 정정심판이 특허심판원에 동시에 계속중에 있는 경우에는 정정심판제도의 취지상 정정심판을 특허무효심판에 우선하여 심리·판단하는 것이 바람직하나, **그렇다고 하여 반드시 정정심판을 먼저 심리·판단하여야 하는 것은 아니고, 또 특허무효심판을 먼저 심리하는 경우에도 그 판단대상은 정정심판청구 전 특허발명**이며, 이러한 법리는 특허무효심판과 정정심판의 심결에 대한 취소소송이 특허법원에 동시에 계속되어 있는 경우에도 적용된다고 볼 것이다.

판결이유

원심판결 이유에 의하면, 원심은 원고는 "두꺼운 오스테나이트 스테인레스 강철제품과 그 제조방법"에 관한 이 사건 특허발명(1985. 3. 16. 출원, 1991. 11. 5. 등록, 특허번호 제45737호)의 특허청구범위에 대하여 정정심판(특허심판원 99당918호)을 청구하였고 그 청구가 기각되어 심결취소소송이 당원에 2000허1559호 사건으로 계류중에 있기는 하나, 그 정정심결의 확정을 기다리지 아니하고 정정심판청구 전 특허청구범위를 대상으로 하여 이 사건 특허발명의 무효 여부를 살펴볼 수 있다고 전제한 다음 이 사건 특허발명의 무효 여부를 판단하였다.

기록과 위 법리에 비추어 살펴보면, 원심의 위와 같은 판단은 정당하고, 거기에 상고이유에서 주장하는 바와 같은 이 사건 특허무효사건의 판단대상에 관한 법리오해 등의 위법이 없다.

기출 여부 (48회 이후)	특허법 학회 TOP 10	중요도
-	-	★★

041 특허발명이 특허청구범위를 실질적으로 변경한 내용으로 정정된 특허발명을 당연무효라고 할 수 있는지 여부

대법원 2003. 1. 10. 선고 2002후1829 판결 [등록무효(특)] [공2003.3.1.(173),651]

판결요지

특허법 제137조 제1항은 특허발명의 명세서 또는 도면의 정정이 같은 법 제136조 제1항 내지 제3항의 규정에 위반된 경우에는 그 정정의 무효심판을 청구할 수 있다고 규정하고 있으므로, 가사 **특허발명이 특허청구범위를 실질적으로 변경한 내용으로 정정된 것이라고 하더라도, 정정의 무효심판에서 그 위법여부를 다툴 수 있음은 별론으로 하고, 정정된 특허발명을 당연무효라고 할 수 없다.**

판결이유

원심은, 이 사건 특허발명은 그 정정자체가 무효인데, 정정 이전의 특허청구범위도 공지기술만으로 구성된 것이어서 역시 무효라는 원고의 주장에 대하여, 특허법 제137조 제1항은 특허발명의 명세서 또는 도면의 정정이 같은 법 제136조 제1항 내지 제3항의 규정에 위반된 경우에는 그 정정의 무효심판을 청구할 수 있다고 규정하고 있으므로, 가사 원고의 주장과 같이 이 사건 특허발명이 특허청구범위를 실질적으로 변경한 내용으로 정정된 것이라고 하더라도, 정정의 무효심판에서 그 위법 여부를 다툴 수 있음은 별론으로 하고, 이를 당연무효라고 할 수 없다 고 하여, 원고의 위 주장을 배척하였다.

원심판결 이유를 관련 법규정과 기록에 비추어 살펴보면, 원심의 위와 같은 판단은 옳고, 거기에 상고이유에서 주장하는 바와 같은 정정무효에 관한 법리오해 등의 위법이 없다.

CHAPTER 03 일사부재리, 중복심판의 금지, 및 재심

기출 여부 (48회 이후)	특허법 학회 TOP 10	중요도
59회 (2022년) 문제 2	–	★★★

042 일사부재리 위반을 이유로 한 각하심결이 특허법 제163조의 일사부재리 원칙 적용을 위한 확정 심결에 해당하는지 문제된 사건

대법원 2021. 6. 3. 선고 2021후10077 판결 [등록무효(특)] [공2021하,1258]

판결요지

일사부재리 원칙에 관한 특허법 제163조는 "이 법에 따른 심판의 심결이 확정되었을 때에는 그 사건에 대해서는 누구든지 동일 사실 및 동일 증거에 의하여 다시 심판을 청구할 수 없다. 다만 확정된 심결이 각하심결인 경우에는 그러하지 아니하다."라고 규정하고 있다. 따라서 확정된 심결이 심판청구의 적법요건을 갖추지 못하여 각하된 심결인 경우에는 특허법 제163조 단서에 따라 일사부재리의 효력이 없다.

다음과 같은 점을 고려하면, **위 단서 규정은 새로 제출된 증거가 선행 확정 심결을 번복할 수 있을 만큼 유력한 증거인지에 관한 심리·판단이 이루어진 후 선행 확정 심결과 동일 증거에 의한 심판청구라는 이유로 각하된 심결인 경우에도 동일하게 적용된다고 보아야 한다.**

① 종래 심판청구의 적법요건을 갖추지 못해 각하된 심결이 확정된 경우에 일사부재리의 효력이 있는지에 관하여 견해대립이 있었으나, 2001. 2. 3. 법률 제6411호로 일부 개정된 특허법에서 위 단서 규정을 신설함으로써, 각하심결에 대하여는 일사부재리의 효력이 없음을 명확히 하였다.

② 특허법 제163조의 '동일 증거'라 함은 전에 확정된 심결의 증거와 동일한 증거만이 아니라 그 심결을 번복할 수 있을 정도로 유력하지 않은 증거가 부가되는 것도 포함한다. 이에 따라 후행 심판에서 새로 제출된 증거가 확정된 심결의 증거와 동일 증거인지 판단하기 위해서는 선행 확정 심결을 번복할 수 있을지를 심리·판단하게 되고, 그 과정에서 본안에 관한 판단이 선행되는 것과 같은 결과가 발생하기도 한다. 하지만 일사부재리 원칙은 심판청구의 적법요건일 뿐이어서, 위와 같은 경우라도 일사부재리 원칙을 위반하여 심판청구가 부적법하다고 한 각하심결을 본안에 관한 실체심리가 이루어진 기각심결과 동일하게 취급하는 것은 문언의 가능한 해석 범위를 넘어선다.

③ 심판청구의 남용을 막고, 모순·저촉되는 복수의 심결이 발생하는 것을 방지하고자 하는 일사부재리 제도의 취지를 고려하더라도, 심판청구권 보장 역시 중요한 가치인 점, 현행 특허법 제163조는 일사부재리 효력이 제3자에게까지 미치도록 하고 있다는 점에서 특허법 제163조 단서의 예외를 인정하여 그 적용 범위를 확대하는 것은 정당화되기 어렵다.

판결이유

그럼에도 원심은 일사부재리 원칙 위반을 이유로 각하된 확정 심결에서 동일 증거에 의한 심판청구인지가 문제되어 진보성 부정 여부에 관하여 실체 판단이 이루어진 경우에는 그 각하심결을 일사부재리 효력을 가지는 확정 심결로 볼 수 있다고 보아, 이 사건 심판청구는 그 확정 심결의 일사부재리 효력에 따라 부적법하다고 판단하였다. 이러한 원심판결에는 일사부재리 원칙에 관한 법리를 오해하여 판결에 영향을 미친 잘못이 있고, 이를 지적하는 상고이유 주장은 이유 있다.

기출 여부 (48회 이후)	특허법 학회 TOP 10	중요도
–	–	★★

043 등록상표에 대한 적극적 권리범위확인심판의 심결이 확정 등록된 경우, 그 일사부재리의 효력이 소극적 권리범위확인심판 청구에도 그대로 미치는지 여부

대법원 2006. 5. 26. 선고 2003후427 판결 [권리범위확인(상)] [공2006.7.1.(253),1190]

판결요지

등록상표에 대한 권리범위확인심판에서 확정이 요구되는 구체적인 사실은 적극적 권리범위확인심판에서의 그것과 소극적 권리범위확인심판에서의 그것을 달리 볼 것이 아니므로 **적극적 권리범위확인심판의 심결이 확정 등록된 때에는 그 일사부재리의 효력이 소극적 권리범위확인심판 청구에 대해서도 그대로 미치는 것**이라고 볼 것이다.

판결이유

생략

기출 여부 (48회 이후)	특허법 학회 TOP 10	중요도
–	–	★★★

044 일사부재리 원칙에 있어서 '동일사실'

특허법원 2006. 11. 17. 선고 2006허1513 판결 [권리범위확인(실)] [각공 2007.1.10.(41),254]

판결요지

권리범위확인심판에서 심판대상물은 심판청구인이 확인대상으로 특정한 고안 자체에 의하여 곧바로 정해지고 대비되는 등록고안의 실용신안등록청구범위에 기재된 필수적 구성요소에 대응하는 구성으로 한정되지 않으며, 등록청구범위에 기재된 필수적 구성요소 외에 새로운 구성이 추가된 경우에 그 필수적 구성요소와 유기적으로 결합하여 전체로서 새로운 기술사상을 표현한 별개의 고안이 성립할 수도 있는바, 그러한 경우에는 실체에 관한 본안 판단이 필요하고, 그와 같이 실체에 관한 본안 판단에 들어간다고 하여 심결의 모순·저촉과 남소를 방지하고자 하는 일사부재리 원칙의 인정근거가 희생된다고 할 수 없는 점 등을 종합하여 볼 때, 등록된 실용신안에 관한 권리범위확인심판의 일사부재리 원칙에 있어서 구 실용신안법(2006. 3. 3. 법률 제7872호로 전문 개정되기 전의 것) 제56조에서 준용하는 **특허법 제163조의 '동일사실'**이 등록고안의 실용신안등록청구범위에 기재된 필수적 구성요소에 대응하는 구성이 같은 경우로 한정되거나 동일한 사실 외에 확정된 심결의 결론에 영향을 미치지 아니하는 정도의 사실까지 포함한다고 할 수 없다.

판결이유

가. 일사부재리에 관한 판단

(1) 판단 기준

구 실용신안법(2006. 3. 3. 법률 제7872호로 전문 개정되기 전의 것) 제56조에서 준용하는 특허법 제163조는 "이 법에 의한 심판의 심결이 확정된 때에는 그 사건에 대하여는 누구든지 동일사실 및 동일증거에 의하여 다시 심판을 청구할 수 없다."고 규정하고 있는데, **여기서 동일사실이라 함은 당해 등록권리와의 관계에서 확정이 요구되는 구체적인 사실, 즉 청구원인사실 내지 심판대상물이 동일한 것을 말하는바, 등록된 실용신안의 권리범위확인 심판에서 권리범위의 확인을 구하는 대상고안이 서로 동일하여야만 동일사실에 해당하여 일사부재리 원칙에 위배된다고 할 것이다**(대법원 1987. 7. 7. 선고 86후107 판결, 1991. 11. 26. 선고 90후1840 판결, 2006. 5. 26. 선고 2003후427 판결 등 참조). 그리고 동일사실을 등록고안의 실용신안등록청구범위에 기재된 필수적 구성요소에 대응하는 구성이 같은 경우로 한정하거나 동일한 사실 이외에 확정된 심결의 결론에 영향을 미치지 아니하는 정도의 사실까지 포함하는 것은, **실용신안권의 존부나 권리범위에 관한 심결이 확정되면 원칙적으로 소송의 당사자 사이에만 기판력이 미치는 민사판결과 달리 심판의 당사자 이외의 제3자에게도 효력이 미치는 대세적 효력**을 가지게 되고, 일사부재리 원칙의 해당 여부를 판단하는 기준시점인 심결시까지 국내외 공지문헌 등의 증거를 완벽하게 제출하는 것이 현실적으로 어려운 점 등을 고려하여 확정된 심결에 대하여 일사부재리의 효력이 미치는 범위를 동일사실과 동일증거로 제한한 입법 취지에 부합하지 않는 해석일 뿐만 아니라(동일증거의 의미에 관하여, 확정된 심결의 증거와 동일한 증거뿐만 아니라 그 확정된 심결을 번복할 수 있을 정도로 유력하지 아니한 증거까지 포함하는 것으로 해석하는 것은 판례법으로 형성된 법리이고 **동일사실의 경우에도 이와 같은 법리를 그대로 적용할 이론적 근거와 현실적 필요는 없다**), 권리범위확인 심판에서 심판대상물은 심판청구인이 확인대상으로 특정한 고안 자체에 의하여 곧바로 정해지는 것이고 대비되는 등록고안의 실용신안등록청구범위에 기재된 필수적 구성요소에 대응하는 구성으로 한정되는 것이 아니며, **등록청구범위에 기재된 필수적 구성요소 이외에 새로운 구성이 추가된 경우에 단순한 부가에 머무르지 않고 나아가 그 필수적 구성요소와 유기적으로 결합하여 전체로서 새로운 기술사상을 표현한 별개의 고안이 성립할 수도 있는바, 그러한 경우에는 실체에 관한 본안 판단이 필요하다고 할 것이고**, 그와 같이 실체에 관한 본안 판단에 들어간다고 하여서 심결의 모순·저촉과 남소를 방지하고자 하는 일사부재리 원칙의 인정근거가 희생된다고 할 수 없으며, 그 밖에 권리범위확인 심판과 같은 당사자계 사건에서 심판의 당사자가 공모하여 일사부재리의 원칙을 악용한 경우에 대한 구제수단인 특허법 제179조에 정한 사해판결에 대한 재심의 청구는 적용요건과 청구기간 등의 여러 제약이 따르는 점 등을 종합적으로 고려하여 볼 때, 합당한 해석이 아니라고 판단된다.

(2) 이 사건 심판청구가 동일사실에 의한 청구인지에 대한 판단

㈎ 앞서의 판단 기준에 의하면, 일사부재리의 원칙을 적용하기 위한 동일사실 여부는 이 사건 심결에서의 확인대상고안 1과 확정된 종전 심결에서의 확인대상고안 2가 동일한지에 달려 있으므로, 확인대상고안 1, 2의 기술적 구성을 서로 대비하여 본다.

㈏ 확인대상고안 1의 설명서에는 "부이관(100)은 중공의 관체이다. 브래킷(200)은 하부에 복수의 부이관 삽입구멍(210)이 형성되며, 상기 복수의 부이관 삽입구멍(210)에 각각 삽입된 복수의 부이관(100)을 지지한다. 또한, 브래킷(200) 상부에는 세로난간대(300)가 삽입되기 위한 결합구멍(220)과, 발판부재(500)를 고정하기 위한 복수의 가이드편(230)이 형성된다. 상기 결합구멍(220)은 상하방향으로 형성되며, 측면으로부터 수평방향으로 고정구멍(221)이 형성되어 있다. 세로난간대(300)는 봉재로서, 하단부에 수평방향으로 하나의 관통구멍(310)이 형성되어 있고, 브래킷(200)의 결합구멍(220)에 수직방향으로 삽입되어 상기 관통구멍(310)이 브래킷(200)의 고정구멍(221)과 연통되도록 설치된다. 연통된 세로난간대(300)의 관통구멍(310)과 브래킷(200)의 고정구멍(221)에는 고정핀(222)이 삽입되는데, 고정핀(222)은 세로난간대(300)와 브래킷(200)의 결합력을 강화시키기 위한 것이다. 또한, 세로난간대(300)의 상부에는 하나의 가로난간대 삽입구멍(320)이 수평방향으로 형성되어 있으며, 상기 가로난간대 삽입구멍(320)에는 봉재인 가로난간대(400)가 수평방향으로 삽입된다."라고 기재되어 있다. 그리고 그 도면에는 도면부호가 지정되어 있지는 않지만, 브래킷(200)의 상단 일측으로 고정로프가 설치되는 로프고정홀이 도시되어 있고, 부이관 삽입구멍(210)의 상측과 중앙 및 하측으로 설치된 가로 및 세로 보강대가 도시되어 있다.

㈐ 확인대상고안 2의 설명서에는 "상기 파이프 브래킷(2)는 양측으로 부이 파이프(3)가 관통되는 파이프 조립홀(20, 20')이 원형으로 형성되며, 파이프 조립홀(20, 20')의 상측과 중앙 및 하측으로 가로 보강대(22)가 연결되고 상단과는 다수개의 세로 보강대(21)를 통하여 설치된다. 파이프 브래킷(2)는 상단의 일측으로 가두리 고정 로프(7)가 설치되는 로프 고정홀(23)이 형성되며, 그 상측으로 손잡이 포스트(12)가 삽입되어 고정되는 구멍(28)이 형성된 포스트 연결공(26)이 설치된다. 손잡이 포스트(12)의 하단에는 구멍(28)과 일치되도록 구멍이 형성되며, 구멍(28)에는 합성수지로 이루어진 포스트 고정핀(27)이 삽입되어 포스트 고정핀(27)과 손잡이 포스트(12)와 포스트 연결공(26)이 만나는 부분에 합성수지 용융물을 공급하여 마감 연결되도록 한다. 포스트 연결공(26)의 일측에는 발판 고정턱(25)이 설치되고 파이프 브래킷(2)의 상측으로 적어도 2곳에 발판 고정대(24, 24')를 돌출시켜 그 상측에 발판(4)을 설치한다. 발판(4)의 하측에 위치하는 발판 고정대(24, 24')의 양측에는 발판 받침목(40, 40')이 설치되어 발판(4)과 못 또는 고정핀을 이용하여 고정시킨다. 결국, 발판(4)는 하측의 발판 받침목(40, 40')이 발판 고정대(24, 24')와 발판 고정턱(25)의 양측에서 유동을 방지하며 고정되도록 하는 것이다. 이러한 구성으로 이루어진 본 고안은 부이 파이프(3)를 파이프

조립홀(20, 20')에 삽입하여 일정한 간격으로 파이프 브라켓트(2)를 설치한다. 파이프 브라켓트(2)의 포스트 연결공(26)에는 손잡이 포스트(12)를 삽입하고 성형된 포스트 고정핀(27)에 열을 가하여 약간 부드럽게 한 후 구멍(28)을 통하여 삽입한다. 이 때 포스트 고정핀(27)을 강제로 삽입하고, 구멍(28)의 외측 주변과 손잡이 포스트(12)와 포스트 연결공(26)이 만나는 부분에 용융된 수지를 공급하여 냉각된 후 상호 일체형이 되도록 연결되는 것이다. 손잡이 포스트(12)를 설치한 후에는 상측에 손잡이 연결 정티(13)를 조립하고 손잡이 포스트(14)가 부이 파이프(3)와 동일한 방향으로 연결되도록 한다. 파이프 브라켓트(2)의 상측으로 형성된 발판 고정대(24, 24')와 발판 고정턱(25)에는 길이 방향으로 발판(4)을 설치하고, 발판(4)의 하측에서 발판 고정대(24, 24')의 양측으로 발판 받침목(40, 40')이 위치하도록 못 또는 고정핀을 이용하여 발판(4)과 발판 받침목(40, 40')을 고정시킨다."라고 기재되어 있다.

㈐ 확인대상고안의 1의 중공의 관체인 부이관(100)이 브래킷(200)의 하부에 형성된 부이관 삽입구멍(210)에 삽입되는 구성은, 확인대상고안 2의 양측으로 부이 파이프(3)가 관통되는 파이프 조립홀(20, 20')이 원형으로 형성된 파이프 브라켓트(2)의 구성과 동일하고, 확인대상고안 1의 브래킷(200)의 상단 일측으로 고정로프가 설치되는 로프고정홀이 형성되고 브래킷(200)의 상부에 세로난간대(300)가 삽입되는 구성은, 확인대상고안 2의 상단의 일측으로 가두리 고정 로프(7)가 설치되는 로프 고정홀(23)이 형성되며 그 상측으로 손잡이 포스트(12)가 삽입되는 파이프 브라켓트(2)의 구성과 동일하고, 확인대상고안 1의 고정구멍(221)이 형성된 결합구멍(220)이 브래킷(200)의 상부에 형성된 구성은, 확인대상고안 2의 고정되는 구멍(28)이 형성된 포스트 연결공(26)이 파이프 브라켓트(2)에 설치된 구성과 동일하며, 확인대상고안 1의 부이관 삽입구멍(210)의 상측과 중앙 및 하측으로 가로 및 세로 보강대가 설치된 구성은, 확인대상고안 2의 파이프 조립홀(20, 20')의 상측과 중앙 및 하측으로 가로 보강대(22)가 연결되고 상단과는 다수개의 세로 보강대(21)가 설치된 구성과 동일하다.

㈑ 그러나 확인대상고안 1은 "세로난간대(300)의 상부에는 하나의 가로난간대 삽입구멍(320)이 수평방향으로 형성되어 있으며, 상기 가로난간대 삽입구멍(320)에는 봉재인 가로난간대(400)가 수평방향으로 삽입"되는 구성임에 반하여, 확인대상고안 2는 "손잡이 포스트(12)를 설치한 후에는 상측에 손잡이 연결 정티(13)를 조립하고 손잡이 포스트(14)가 부이 파이프(3)와 동일한 방향으로 연결"되도록 하는 구성이므로, 양 고안의 위 대응 구성은 세로난간대(손잡이 포스트(12))와 가로난간대(손잡이 포스트(14))의 설치방법에서 차이가 있을 뿐만 아니라, 확인대상고안 1은 각봉인 발판부재(500)를 브래킷(200)의 상부에 형성된 가이드편(230)의 사이에 삽입하여 브래킷(200)의 상부에 발판을 형성하는 구성인 반면, 확인대상고안 2는 포스트 연결공(26)의 일측에 발판 고정턱(25)이 설치되고 파이프 브라켓트(2)의 상측으로 적어도 두 곳에 돌출시킨 발판 고정대(24, 24')의 상측에 발판(4)을 설치하고 발판(4)의 하측에 위치하는 발판 고정대(24, 24')의 양측에는 발판 받침목(40, 40')을 설치하여 발판(4)과 못 또는 고정핀을 이용하여 고정시키는 구성이므로, 양 고안의 위 대응 구성은 발판의 형성방법이 달라서 동일하지 않다.

㈒ 따라서 **확인대상고안 1, 2의 사이에는 위와 같은 기술구성상 차이가 있으므로 이 사건 심결과 종전심결에서 이 사건 등록고안과의 관계에서 요구되는 구체적 사실이 달라서 동일사실에 해당하지 않고**, 설사 확인대상고안 1, 2가 이 사건 등록고안의 필수적 구성요소를 공통으로 가지고 있어서 이 사건 등록고안의 권리범위에 속하는지의 결론에 영향을 미치지 못할 가능성이 매우 높다고 하더라도 달리 볼 것은 아니다.

나. 소결론

이 사건 심판청구는 심결이 확정된 2002당3352호 심판사건과 그 심판대상물이 달라 동일사실에 의한 동일한 심판청구라고 할 수 없으므로 일사부재리의 원칙이 적용될 수 없다고 할 것인바, 이와 결론을 달리하여 이 사건 심판청구를 각하한 이 사건 심결은 나머지 쟁점에 관하여 나아가 살필 필요 없이 위법하여 취소되어야 한다(특허법원은 심결에 대한 소가 제기된 경우에 그 청구가 이유 있다고 인정한 때에는 판결로써 당해 심결을 취소할 수 있을 뿐이므로, 확인대상고안 1이 이 사건 등록고안의 권리범위에 속하는지 여부를 직접 판단할 수 없다).

기출 여부 (48회 이후)	특허법 학회 TOP 10	중요도
–	–	★★★

045 전에 확정된 심결의 증거를 후행 심판청구의 증거로 들어 판단하는 경우 일사부재리 원칙에 반하는지 여부

대법원 2013. 9. 13. 선고 2012후1057 판결 [등록무효(특)] [공2013하,1851]

판결요지

1. **확정된 심결의 결론을 번복할 만한 유력한 증거가 새로 제출된 경우, 구 특허법 제163조에서 정한 일사부재리의 원칙에 저촉되는지 여부**

   일사부재리의 원칙을 정한 특허법 제163조는 '심판의 심결이 확정 등록되거나 판결이 확정된 때에는 누구든지 동일사실 및 동일증거에 의하여 그 심판을 청구할 수 없다.'고 하여 일사부재리의 원칙을 규정하고 있으나, <u>확정된 심결의 결론을 번복할 만한 유력한 증거가 새로이 제출된 경우에는 위와 같은 일사부재리의 원칙에 저촉되지 아니한다.</u>

2. **후행 심판청구에 대한 판단 내용이 확정된 심결의 기본이 된 이유와 실질적으로 저촉된다고 할 수 없는 경우, 일사부재리 원칙에 반하는지 여부**

   동일사실에 의한 동일한 심판청구에 대하여 전에 확정된 심결의 증거에 대한 해석을 다르게 하는 등으로 그 심결의 기본이 된 이유와 실질적으로 저촉되는 판단을 하는 것은 특허법 제163조가 정한 일사부재리 원칙의 취지에 비추어 허용되지 않으나, <u>전에 확정된 심결의 증거를 그 심결에서 판단하지 않았던 사항에 관한 증거로 들어 판단하거나 그 증거의 선행기술을 확정된 심결의 결론을 번복할 만한 유력한 증거의 선행기술에 추가적, 보충적으로 결합하여 판단하는 경우 등과 같이 후행 심판청구에 대한 판단 내용이 확정된 심결의 기본이 된 이유와 실질적으로 저촉된다고 할 수 없는 경우</u>에는, 확정된 심결과 그 결론이 결과적으로 달라졌다고 하더라도 일사부재리 원칙에 반한다고 할 수 없다.

판결이유

(1) 기록에 의하면 다음과 같은 사정들을 알 수 있다.

① 원고는 2005. 3. 3. 명칭을 "정제 포장장치"로 하는 이 사건 특허발명(특허등록번호 생략)의 진보성이 1990. 11. 1. 공개된 일본 공개실용신안공보(공개번호 평2-131903호)에 실린 기술(이하 '이전 비교대상발명'이라고 한다)과 원심판시 비교대상발명 2에 의하여 부정된다는 이유 등으로 이 사건 특허발명에 대한 등록무효심판을 청구하였다. ② 이에 대하여, 특허심판원은 2006. 1. 27. 이전 비교대상발명과 비교대상발명 2에는 이 사건 특허발명의 '다른 정제피이더(73)가 동작 중에도 인출랙(71)을 인출하지 않고도 정제카트리지(11)를 장착할 수 있도록 인출랙(71)의 정면 측에 설치한 부정제피이더(72)'를 그 기술내용으로 하는 원심판시 구성 2에 대응하는 구성이 나타나 있지 않아 이 사건 특허발명의 진보성이 부정되지 않는다는 이유 등으로 원고의 심판청구를 기각하는 심결(심판번호는 2005당459이다, 이하 '이전 확정심결'이라고 한다)을 하여 그 무렵 확정되었다. ③ 그런데 원고는 다시 2010. 5. 17. 이 사건 특허발명은 원심판시 비교대상발명 1에 의하여 그 진보성이 부정된다는 이유 등으로 이 사건 등록무효심판을 청구하였고, 이를 기각한 심결의 취소소송절차에서 원

심은, 비교대상발명 1이 실려 있는 갑 제8호증은 이전 확정심결의 증거와 다른 것으로서 그 결론을 번복할 만한 유력한 증거에 해당하므로 이 사건 등록무효심판청구는 일사부재리의 원칙에 저촉되지 아니한다는 취지로 판단하였다.

(2) 위와 같은 사정들을 앞서 본 법리에 비추어 보면, 비교대상발명 1이 실려 있는 갑 제8호증이 이전 확정심결에 관한 절차에서 제출된 증거와 다른 것으로서 그 결론을 번복할 만한 유력한 증거인지는 <u>비교대상발명 1에 의하여 이 사건 특허발명의 진보성을 부정할 수 있는지 여부의 판단을 거친 후에야 비로소 알 수 있다</u>. 그런데 뒤에서 보는 바와 같이, 이 사건 특허발명 중 특허청구범위 제1항(이하 '이 사건 제1항 발명'이라고 하고, 다른 청구항도 같은 방식으로 표시한다)은 <u>비교대상발명 1에 의하여, 이 사건 제3항 발명은 비교대상발명 1, 2에 의하여 각 그 진보성이 부정</u>되므로, 이 사건 등록무효심판청구가 일사부재리의 원칙에 어긋나는 부적법한 청구라는 피고의 주장을 배척한 원심의 판단은 정당하다.

(3) 한편 동일사실에 의한 동일한 심판청구에 대하여 전에 확정된 심결의 증거에 대한 해석을 다르게 하는 등으로 그 심결의 기본이 된 이유와 실질적으로 저촉되는 판단을 하는 것은 구 특허법 제163조가 정한 일사부재리 원칙의 취지에 비추어 허용되지 아니한다고 할 것이나(대법원 1990. 7. 10. 선고 89후1509 판결 등 참조), 전에 확정된 심결의 증거를 그 심결에서 판단하지 아니하였던 사항에 관한 증거로 들어 판단하거나 그 증거의 선행기술을 확정된 심결의 결론을 번복할 만한 유력한 증거의 선행기술에 추가적, 보충적으로 결합하여 판단하는 경우 등과 같이 후행 심판청구에 대한 판단 내용이 확정된 심결의 기본이 된 이유와 실질적으로 저촉된다고 할 수 없는 경우에는, 확정된 심결과 그 결론이 결과적으로 달라졌다고 하더라도 일사부재리 원칙에 반한다고 할 수 없다.

원심판결 이유에 의하면, 원심은 이 사건 특허발명의 진보성이 비교대상발명 1에 의해서 부정된다고 판단하고, 부가적으로 비교대상발명 1과 이전 확정심결의 선행기술이었던 비교대상발명 2(원심 절차에서 추가되었다)의 결합에 의해서도 그 진보성이 부정된다고 판단하였다. 그런데 원심의 위 부가적 판단은 전체적으로, <u>그 발명이 속하는 기술분야에서 통상의 지식을 가진 사람(이하 '통상의 기술자'라고 한다)이 이전 비교대상발명과는 달리 비교대상발명 1에 추가로 구비되어 있는 '보조인출체(8)에 설치된 보조피이더(9)' 구성으로부터 이 사건 특허발명의 기술적 특징을 이루는 구성 2의 '부정제피이더(72)' 구성을 용이하게 도출할 수 있다는 전제 아래</u>, 통상의 기술자라면 여기에 <u>비교대상발명 2를 추가적, 보충적으로 결합함으로써 이 사건 특허발명을 용이하게 발명할 수 있으므로 그 진보성이 부정된다는</u> 취지라고 할 것이다. 따라서 원심의 이 부분 판단 내용은 앞서 본 바와 같은 이전 확정심결의 기본이 된 이유와 <u>실질적으로 저촉된다고 할 수 없으므로,</u> 비록 비교대상발명 2에 의하여 이 사건 특허발명의 진보성이 부정되지 아니한다고 판단한 이전 확정심결과는 그 결론이 결과적으로 달라졌다고 하더라도 일사부재리 원칙에 반한다고 할 수 없다.

기출 여부 (48회 이후)	특허법 학회 TOP 10	중요도
58회 (2021년) 문제 2 59회 (2022년) 문제 2	–	★★★

046 특허법 제163조에서 정한 일사부재리의 원칙에 따라 심판청구가 부적법하게 되는지 판단하는 기준 시점(=심판 청구시)

대법원 2012. 1. 19. 선고 2009후2234 전원합의체 판결 [등록무효(특)] [공2012상,387]

판결요지

종래 대법원은 구 특허법(2001. 2. 3. 법률 제6411호로 개정되기 전의 것, 이하 같다) 제163조에서 정한 일사부재리의 원칙에 해당하는지는 심판의 청구시가 아니라 심결시를 기준으로 판단해야 한다고 해석하였다. 이와 같은 종래의 대법원판례에 따르면, 동일특허에 대하여 동일사실 및 동일증거에 의한 복수의 심판청구가 각각 있은 경우에 어느 심판의 심결(이를 '제1차 심결'이라고 한다)에 대한 심결취소소송이 계속하는 동안 다른 심판의 심결이 확정 등록된다면, 법원이 당해 심판에 대한 심결 취소의 청구가 이유 있다고 하여 제1차 심결을 취소하더라도 특허심판원이 그 심판청구에 대하여 특허법 제189조 제1항 및 제2항에 의하여 다시 심결을 하는 때에는 일사부재리의 원칙에 의하여 그 심판청구를 각하할 수밖에 없다. 그러나 이는 **관련 확정 심결의 등록이라는 우연한 사정에 의하여 심판청구인이 자신의 고유한 이익을 위하여 진행하던 절차가 소급적으로 부적법하게 되는 것으로 헌법상 보장된 국민의 재판청구권을 과도하게 침해할 우려**가 있고, 그 심판에 대한 특허심판원 심결을 취소한 법원 판결을 무의미하게 하는 불합리가 발생하게 된다. 나아가 구 특허법 제163조는 **일사부재리의 효력이 미치는 인적 범위에 관하여 "누구든지"라고 정하고 있어서 확정 등록된 심결의 당사자나 그 승계인 이외의 사람이라도 동일사실 및 동일증거에 의하여 동일심판을 청구할 수 없으므로, 함부로 그 적용의 범위를 넓히는 것은 위와 같이 국민의 재판청구권의 행사를 제한하는 결과**가 될 것이다. 그런데 구 특허법 제163조는 '그 심판을 청구할 수 없다'라고 규정하고 있어서, 위 규정의 문언에 따르면 심판의 심결이 확정 등록된 후에는 앞선 심판청구와 동일사실 및 동일증거에 기초하여 새로운 심판을 청구하는 것이 허용되지 않는다고 해석될 뿐이다. 그러함에도 이를 넘어서 심판청구를 제기하던 당시에 다른 심판의 심결이 확정 등록되지 아니하였는데 그 심판청구에 관한 심결을 할 때에 다른 심판의 심결이 확정 등록된 경우에까지 그 심판청구가 일사부재리의 원칙에 의하여 소급적으로 부적법하게 될 수 있다고 하는 것은 합리적인 해석이라고 할 수 없다. **그렇다면 일사부재리의 원칙에 따라 심판청구가 부적법하게 되는지 여부를 판단하는 기준시점은 심판청구를 제기하던 당시로 보아야 할 것**이고, 심판청구 후에 비로소 동일사실 및 동일증거에 의한 다른 심판의 심결이 확정 등록된 경우에는 당해 심판청구를 일사부재리의 원칙에 의하여 부적법하다고 할 수 없다.

판결이유

1. 환송 후 원심판결의 이유 및 기록에 의하면 다음과 같은 사실을 알 수 있다.

원고는 2003. 12. 2. 피고들을 상대로 이 사건 특허발명(특허번호 제317059호)은 갑 제7호증 및 제8호증의 각 1, 2(원심의 서증번호에 의한 것이고 나머지 서증번호도 마찬가지이다. 이하 가지번호는 생략한다) 등에 의하여 진보성 등이 부정된다는 이유로 등록무효심판을 청구(이하 '이 사건 심판청구'라고 한다)하였는데, **특허심판원은 2004. 10. 30. 원고의 위 심판청구를 기각하는 심결을**

하였고, 환송 전 원심은 2006. 1. 12. 원고의 청구를 기각하였다. 원고가 이에 불복하여 상고하자 대법원은 2008. 11. 13. 이 사건 특허발명의 특허청구범위 제1항(이하 '이 사건 제1항 발명'이라고 하고, 나머지 청구항도 같은 방식으로 부른다)은 갑 제7호증 및 제8호증에 의하여 진보성이 부정된다는 이유로, 이와 다른 전제에서 이 사건 제1항 발명은 물론 이 사건 제2항 내지 제7항 발명의 진보성도 부정되지 아니한다고 판단한 환송 전 원심판결을 파기하고 사건을 원심법원에 환송하였다.

한편 주식회사 작은 거인(이하 '소외 회사'라고 한다)은 2006. 2. 17. 피고들을 상대로 이 사건 제1항, 제3항, 제6항 및 제7항 발명(이하 '이 사건 제1항 등 발명'이라고 한다)에 대한 등록무효심판을 청구하였고, **특허심판원은 2006. 7. 25. 위의 이 사건 제1항 등 발명은 갑 제7호증, 제8호증과 갑 제20호증 및 제23호증에 의하여 그 진보성이 부정된다는 이유로 그 심판청구를 인용하는 심결**을 하였다. 그러나 특허법원은 2007. 5. 4. 이 사건 제1항 등 발명은 갑 제7호증 및 제8호증에 의하여(갑 제20호증 및 제23호증은 제출되지 아니하였다) 그 진보성이 부정되지 아니한다는 이유로 심결을 취소하였고 위 판결은 그대로 확정되었다. **그 후 특허심판원은 2007. 8. 30. 위 특허법원의 취소판결에 따라 소외 회사의 심판청구를 기각하는 심결을 하였고, 위 심결은 2007. 10. 6. 확정**되어(이하 '이 사건 외 확정심결'이라고 한다) 2007. 11. 20. 특허등록원부에 등록되었다.

2. 한편 환송 후 원심은 아래와 같이 판단하였다.

이 사건 외 확정심결은 **이 사건 심판청구에 대한 심결 당시인 2004. 10. 30.에는 등록되어 있지 아니하였고, 갑 제20호증 및 제23호증은 이 사건 외 확정심결을 번복할 수 있는 유력한 증거에 해당**하여 구 특허법 제163조에 규정된 '동일증거'에 해당하지 아니하므로 이 사건 심판청구는 일사부재리의 원칙에 위배되지 아니하며, 나아가 이 사건 특허발명은 갑 제7호증, 제8호증, 제20호증 및 제23호증에 의하여 진보성이 부정된다.

3. 위와 같은 사정을 위 법리에 비추어 살펴본다.

이 사건 심판청구와 이 사건 외 확정심결의 대상이 된 소외 회사의 심판청구는 **이 사건 제1항 등 발명에 대한 진보성이 갑 제7호증 및 제8호증에 의하여 부정된다는 심판을 구하는 것인 점**에서 위 발명들에 관한 부분은 구 특허법 제163조의 **'동일사실 및 동일증거'**에 의한 심판청구에 해당하고, **한편 이 사건 제1항 등 발명은 위 환송판결이 판단한 바대로 갑 제7호증 및 제8호증만에 의하여서도 그 진보성이 부정되므로 갑 제20호증 및 제23호증은 이 사건 외 확정심결을 번복할 만한 유력한 증거라고 할 수 없다.** 다만 이 사건 외 확정심결은 이 사건 **심판청구 당시인 2003. 12. 2.**에는 등록되어 있지 아니하였으므로, 앞서 본 법리에 따르면 이 사건 심판청구는 구 특허법 제163조에 정한 일사부재리의 원칙에 위배된다고 할 수 없다.

이와 같이 환송 후 원심이 일사부재리 원칙의 판단기준시점을 심결시로 본 점과 갑 제20호증 및 제23호증을 구 특허법 제163조 소정의 '동일증거'에 해당하지 아니한다고 본 점은 잘못이나, 이 사건 심판청구가 일사부재리의 원칙에 위배되지 아니하고 또 이 사건 특허발명의 진보성이 부정된다고 판단한 것은 결과적으로 정당하다. 거기에 상고이유로 주장하는 바와 같이 일사부재리의 원칙에 관한 법리를 오해하는 등으로 판결 결과에 영향을 미친 위법이 있다고 할 수 없다.

기출 여부 (48회 이후)	특허법 학회 TOP 10	중요도
58회 (2021년) 문제 2 59회 (2022년) 문제 2	2020	★★★

047 일사부재리원칙 위반 여부의 판단 기준시점과 각하심결 취소소송의 심리범위 등이 문제된 사건

대법원 2020. 4. 9. 선고 2018후11360 판결 [등록무효(특)] [공2020상,939]

판결요지

특허법 제163조는 "이 법에 따른 심판의 심결이 확정되었을 때에는 그 사건에 대해서는 누구든지 동일 사실 및 동일 증거에 의하여 다시 심판을 청구할 수 없다. 다만 확정된 심결이 각하 심결인 경우에는 그러하지 아니하다."라고 확정 심결의 일사부재리 효력을 정하고 있다. 따라서 위 규정을 위반한 심판청구는 누가 청구한 것이든 부적법하여 각하하여야 한다.

심판청구인은 심판청구서를 제출한 후 요지를 변경할 수 없으나 청구의 이유를 보정하는 것은 허용된다(특허법 제140조 제2항 참조). 따라서 특허심판원은 심판청구 후 심결 시까지 보정된 사실과 이에 대한 증거를 모두 고려하여 **심결 시를 기준으로 심판청구가 선행 확정 심결과 동일한 사실·증거에 기초한 것이라서 일사부재리 원칙에 위반되는지 여부**를 판단하여야 한다.

대법원 2012. 1. 19. 선고 2009후2234 전원합의체 판결은 '일사부재리의 원칙에 따라 심판청구가 부적법하게 되는지를 판단하는 기준 시점은 심판청구를 제기하던 당시로 보아야 한다.'고 하였는데, 이는 선행 심결의 확정을 판단하는 기준 시점이 쟁점이 된 사안에서 **특허법상 일사부재리 원칙의 대세효로 제3자의 권리 제한을 최소화하기 위하여 부득이하게 선행 심결의 확정과 관련해서만 기준 시점을 심결 시에서 심판청구 시로 변경한 것이다.**

심판은 특허심판원에서 진행하는 행정절차로서 심결은 행정처분에 해당한다. 그에 대한 불복 소송인 **심결 취소소송은 항고소송에 해당하여 그 소송물은 심결의 실체적·절차적 위법성 여부**이므로, 당사자는 심결에서 판단되지 않은 처분의 위법사유도 심결 취소소송 단계에서 주장·입증할 수 있고, **심결 취소소송의 법원은 특별한 사정이 없는 한 제한 없이 이를 심리·판단하여 판결의 기초로 삼을 수 있다.** 이와 같이 본다고 해서 심급의 이익을 해친다거나 당사자에게 예측하지 못한 불의의 손해를 입히는 것이 아니다.

위에서 보았듯이 **일사부재리 원칙 위반을 이유로 등록무효 심판청구를 각하한 심결에 대한 취소소송에서 심결 시를 기준으로 동일 사실과 동일 증거를 제출한 것인지를 심리하여 일사부재리 원칙 위반 여부를 판단하여야 한다.** 이때 심판청구인이 심판절차에서 주장하지 않은 새로운 등록무효 사유를 주장하는 것은 허용되지 않는다. 따라서 이러한 새로운 등록무효 사유의 주장을 이유로 각하 심결을 취소할 수 없고, 새로운 등록무효 사유에 대하여 판단할 수도 없다.

판결이유

1. 원심 판단

원심은 다음과 같이 판단하였다. ① 이 사건 심결이 원고의 이 사건 등록무효 심판청구가 선행 확정 심결과 동일한 사실·증거에 의한 것이어서 일사부재리 원칙에 위반 된다는 이유로 이를 각하한 것은 정당하다. ② 대법원 2012. 1. 19. 선고 2009후2234 전원합의체 판결에 따르면 일사부재리의 원칙 위반 여부를 판단하는 기준 시점은 심판청구 시이므로, 선행 확정 심결과 이 사건 등록무효 심판절차에서는 주장되지 않았으나 원심에 이르러 비로소 주장된 새로운 무효사유는 그 자체로 이유 없다고 보아 원고 의 청구를 기각하였다. ③ 예비적으로 위와 같은 새로운 무효사유를 판단하더라도 이유 없다.

2. 일사부재리 원칙과 심결취소소송의 심리범위에 관한 법리오해 여부(상고이유 제1점)

위에서 본 법리에 비추어 보면, 이 사건 심판청구가 동일한 사실·증거에 기초한 것이라서 일사부재리 원칙에 위배되는지는 심결 시를 기준으로 판단하여야 한다. 원심이 위 2009후2234 전원합의체 판결을 들어 심판청구 시를 기준으로 이 사건 등록무효 심판청구가 동일한 사실·증거에 기초한 것이라서 일사부재리 원칙에 위배되어 부적법한지를 판단하여야 한다고 한 것은 잘못이다.

그러나 이 사건 심결에 대한 취소소송에서 새로운 무효 사유가 주장되었다고 해서 이를 이유로 각하 심결을 취소하지 않고 원고 청구를 기각한 원심의 결론은 옳다. 원심 판단에 상고이유 주장과 같이 일사부재리 원칙과 심결취소소송의 심리범위에 관한 법리를 오해하여 판결 결과에 영향을 미친 잘못이 없다.

3. 무효 사유 존부 판단의 당부(상고이유 제2점)

이 부분 상고이유 주장은 원심의 가정적·부가적 판단에 관한 것이다.

위에서 본 법리에 비추어 살펴보면, 원심이 각하 심결의 당부를 넘어 심판청구의 기각 또는 인용 사유인 무효 사유까지 판단한 것은 잘못이나, 원심의 결론이 옳은 이상 그 당부는 판결 결과에 영향을 미치지 않으므로, 이 부분 상고이유 주장은 받아들이지 않는다.

기출 여부 (48회 이후)	특허법 학회 TOP 10	중요도
58회 (2021년) 문제 2	2020	★★

048 중복심판청구 금지에 위반되는지의 판단 기준시점이 문제된 사건
대법원 2020. 4. 29. 선고 2016후2317 판결 [등록무효(특)] [공2020상,1025]

판결요지

민사소송법 제259조는 "법원에 계속되어 있는 사건에 대하여 당사자는 다시 소를 제기하지 못한다."라고 규정하고, 2006. 3. 3. 법률 제7871호로 개정된 특허법 제154조 제8항은 심판에 관하여 민사소송법 제259조를 준용하고 있다. 이러한 관련 법령의 내용에 다음의 사정을 고려하면, 특허심판원에 계속 중인 심판(이하 '전심판'이라 한다)에 대하여 동일한 당사자가 동일한 심판을 다시 청구한 경우(이하 '후심판'이라 한다), 후심판의 심결 시를 기준으로 한 전심판의 심판계속 여부에 따라 후심판의 적법 여부를 판단하여야 한다.

① 민사소송에서 중복제소금지는 소송요건에 관한 것으로서 사실심의 변론종결 시를 기준으로 판단하여야 하므로, 전소가 후소의 변론종결 시까지 취하·각하 등에 의하여 소송계속이 소멸되면 후소는 중복제소금지에 위반되지 않는다. **마찬가지로 특허심판에서 중복심판청구 금지는 심판청구의 적법요건으로, 심결 시를 기준으로 전심판의 심판계속이 소멸되면 후심판은 중복심판청구 금지에 위반되지 않는다고 보아야 한다.**

② 대법원 2012. 1. 19. 선고 2009후2234 전원합의체 판결은 '특허법 제163조의 일사부재리의 원칙에 따라 심판청구가 부적법하게 되는지 여부를 판단하는 기준 시점은 심판청구를 제기하던 당시로 보아야 한다'고 하였는데, 이는 선행 심결의 확정을 판단하는 기준 시점이 쟁점이 된 사안에서 특허법상 일사부재리 원칙의 대세효로 인한 제3자의 권리 제한을 최소화하기 위하여 부득이하게 일사부재리 원칙의 요건 중 선행 심결의 확정과 관련해서만 기준 시점을 심결 시에서 심판청구 시로 변경한 것이다. **중복심판청구 금지는 동일 당사자에 의한 심판청구권 남용을 방지함으로써 심결의 모순·저촉을 방지하고 심판절차의 경제를 꾀하기 위한 것이어서, 일사부재리 원칙과 일부 취지를 같이하지만 요건 및 적용범위에 차이가 있으므로, 후심판이 중복심판청구에 해당하는지 여부까지 위 전원합의체 판결을 들어 후심판 청구 시를 기준으로 판단할 것은 아니다.**

판결이유

가. 원심판결 이유와 원심이 적법하게 채택한 증거들에 의하면 아래와 같은 사실을 알 수 있다.
1) 씨제이제일제당 주식회사(이하 '씨제이제일제당'이라 한다)는 2011. 3. 7. 피고를 상대로 특허심판원 2011당490호로 이 사건 특허발명(특허번호 생략)의 특허청구범위 전부에 대하여 등록무효심판을 청구하였고(이하 '1차 무효심판청구'라 한다), 특허심판원은 2012. 10. 31. 무효심판청구를 모두 기각하는 심결을 하였다. 씨제이제일제당은 심결취소의 소를 제기하였는데, 특허법원은 위 청구를 모두 기각하였고, 대법원은 2016. 1. 14. 씨제이제일제당의 상고를 기각하였다.
2) 원고는 위 상고심 계속 중인 2014. 4. 1. 씨제이제일제당으로부터 분할·설립되면서 1차 무효심판청구와 관련된 일체의 권리·의무를 인수한 후, 대법원이 상고기각 판결을 하기 하루 전인 2016. 1. 13. 다시 피고를 상대로 이 사건 심판청구를 하였다. 특허심판원은 2016. 5. 20. '1차 무효심판청구와 이 사건 심판청구는 모두 당사자와 청구가 동일하고, 이 사건 심판청구일인 2016. 1. 13.를 기준으로 중복심판청구에 해당하여 부적법하다.'는 이유로 이 사건 심판청구를 각하하였다.

나. 위와 같은 사실관계에 기초하여 원심은 다음과 같은 이유로 이 사건 심판청구를 각하한 특허심판원의 심결을 취소하였다. ① 이 사건과 같이 전심판의 계속 중 후심판이 청구되었는데 후심판의 심결 시에는 전심판이 확정되어 중복상태가 해소된 경우, 중복심판청구에 해당하지 않고 일사부재리 원칙도 적용되지 않아 심결의 모순, 저촉이 발생할 여지가 생기는 것은 일사부재리의 판단기준시를 심판청구 시로 보게 됨으로써 발생하는 불가피한 공백이다. ② 이러한 공백을 메우기 위하여 중복심판청구의 판단 기준 시점을 심판청구 시로 볼 이익이, 그로 인해 전심판 계속 중 동일 당사자에 의한 후심판 청구가 심결 전에는 전심판 계속이 소멸될 여지가 있음에도 전면적으로 제한되는 문제보다 크다고 할 수 없다. 따라서 후심판의 청구 당시에 동일한 전심판이 계속 중이었더라도 후심판의 심결 시에 전심판의 계속이 소멸되었으면 후심판은 중복심판청구에 해당하지 않는다.

다. 원심의 판단은 앞서 본 법리에 기초한 것으로서, 상고이유 주장과 같이 중복심판청구 금지에 관한 법리를 오해하는 등의 잘못이 없다.

PART 09

심결취소소송

1 심결취소소송의 당사자적격 및 소의 이익

기출 여부 (48회 이후)	특허법 학회 TOP 10	중요도
–	–	★★

001 전속관할이 문제된 사건
대법원 2011. 4. 28. 선고 2009다19093 판결 [특허권이전등록] [공2011상,1007]

판결요지

1. **외국 법원의 관할을 배제하고 대한민국 법원을 관할법원으로 하는 전속적 국제관할의 합의가 유효하기 위한 요건**

   외국 법원의 관할을 배제하고 대한민국 법원을 관할법원으로 하는 전속적인 국제관할의 합의가 유효하기 위해서는, 당해 사건이 외국 법원의 전속관할에 속하지 아니하고, 대한민국 법원이 대한민국법상 당해 사건에 대하여 관할권을 가져야 하는 외에, 당해 사건이 대한민국 법원에 대하여 합리적인 관련성을 가질 것이 요구되며, 그와 같은 전속적인 관할 합의가 현저하게 불합리하고 불공정하여 공서양속에 반하는 법률행위에 해당하지 않는 한 그 관할 합의는 유효하다.

2. **등록을 요하는 특허권의 성립, 유·무효 또는 취소 등을 구하는 소가 등록국 또는 등록이 청구된 국가 법원의 전속관할인지 여부**

   당해 사건이 외국 법원의 전속관할에 속하는지 여부와 관련하여 특허권은 등록국법에 의하여 발생하는 권리로서 법원은 다른 국가의 특허권 부여행위와 그 행위의 유효성에 대하여 판단할 수 없으므로 등록을 요하는 특허권의 성립에 관한 것이거나 유·무효 또는 취소 등을 구하는 소는 일반적으로 등록국 또는 등록이 청구된 국가 법원의 전속관할에 속하는 것으로 볼 수 있다.

3. **주된 분쟁 및 심리의 대상이 특허권 등을 양도하는 계약의 해석과 효력의 유무일 뿐 특허권의 성립, 유·무효 또는 취소와 관계없는 경우에도 위 양도계약의 이행을 구하는 소가 등록국이나 등록이 청구된 국가 법원의 전속관할에 속하는지 여부**

   그러나, <u>그 주된 분쟁 및 심리의 대상이 특허권의 성립, 유·무효 또는 취소와 관계없는 특허권 등을 양도하는 계약의 해석과 효력 유무일 뿐인 그 양도계약의 이행을 구하는 소는 등록국이나 등록이 청구된 국가 법원의 전속관할에 속하는 것으로 볼 수 없다.</u>

판결이유

甲이 乙에게서, 乙이 특허권자 또는 출원인으로 된 일본국 내 특허권 또는 특허출원과 그 특허발명들에 대응하는 일본국 외에서의 특허출원 및 등록된 특허권 일체와 관련한 모든 권리를 무상양도받기로 하는 계약을 체결하면서, 위 양도계약과 관련한 분쟁이 발생할 경우 관할법원을 대한민국 법원으로 하기로 약정한 사안에서, 위 양도계약에 기하여 특허권의 이전등록 또는 특허출원인 명의변경을 구하는 소는 주된 분쟁 및 심리의 대상이 위 양도계약의 해석 및 효력의 유무일 뿐 위 특허권의 성립, 유·무효 또는 취소를 구하는 것과 무관하므로 위 특허권의 등록국이나 출원국인 일본국 등법원의 전속관할에 속한다고 볼 수 없고, 또한 대한민국법상 당사자 사이에 전속적 국제관할합의를 하는 것이 인정되고 당해 사건이 대한민국 법원과 합리적 관련성도 있으며, 달리 위 전속적 국제관할합의가 현저하게 불합리하거나 불공정하여 공서양속에 반한다고 볼 수 없으므로, 위 전속적 국제관할합의가 유효하다고 한 사례.

기출 여부 (48회 이후)	특허법 학회 TOP 10	중요도
–	–	★★★

002 특허심판원의 심결에 대한 소의 제소기간 경과 전에 부가기간 지정신청을 하였다 하여 당연히 제소기간이 연장되는지 여부

대법원 2008. 9. 11. 선고 2007후4649 판결 [거절결정(상)] [공2008하,1391]

판결요지

특허법 제186조 제5항에 의하면 심판장은 원격 또는 교통이 불편한 지역에 있는 자를 위하여 직권으로 심결취소소송을 제기할 수 있는 기간에 대하여 부가기간을 정할 수 있으나, 같은 조 제4항이 심결취소소송의 제소기간은 불변기간으로 한다고 규정하고 있는 점에 비추어, **제소기간의 연장을 위한 부가기간의 지정은 제소기간 내에 이루어져야만 효력이 있고, 단순히 부가기간지정신청이 제소기간 내에 있었다는 점만으로는 불변기간인 제소기간이 당연히 연장되는 것이라고 할 수 없다.**

판결이유

위 법리와 기록에 의하여 살펴보면, 심결취소소송의 제소기간을 넘긴 후에 제기된 이 사건 소에 있어서 원심이 원고의 특허심판원에 대한 부가기간지정신청이 제소기간 경과 전에 있었다고 할지라도 제소기간 경과 후에 이루어진 부가기간의 지정은 효력이 없어 이 사건 소는 부적법하다는 취지로 판단하였음은 정당하고, 거기에 상고이유에서 주장하는 바와 같은 취소소송의 제소기간에 관한 법리오해의 위법이 없다.

기출 여부 (48회 이후)	특허법 학회 TOP 10	중요도
-	-	★★

003 근로자의 날을 공휴일로 보는 구 특허법 제14조 제4호 소정의 '특허에 관한 절차'에 심결취소소송도 포함되는지 여부

대법원 2014. 2. 13. 선고 2013후1573 판결 [등록무효(실)] [공2014상,631]

판결요지

구 특허법 제14조 제4호는 '특허에 관한 절차에 있어서 기간의 말일이 공휴일(「근로자의 날 제정에 관한 법률」에 의한 근로자의 날을 포함한다)에 해당하는 때에는 기간은 그 다음날로 만료한다.'고 규정하고 있다. 구 특허법 제3조 제1항에 의하면 특허에 관한 절차란 특허에 관한 출원·청구 기타의 절차를 말하는데, 구 특허법 제5조 제1항, 제2항에서 특허에 관한 절차와 특허법 또는 특허법에 의한 명령에 의하여 행정청이 한 처분에 대한 소의 제기를 구별하여 규정하고 있는 점, 특허에 관한 절차와 관련된 구 특허법의 제반 규정이 특허청이나 특허심판원에서의 절차에 관한 사항만을 정하고 있는 점, 구 특허법 제15조에서 특허에 관한 절차에 관한 기간의 연장 등을 일반적으로 규정하고 있음에도, 구 특허법 제186조에서 심결에 대한 소의 제소기간과 그에 대하여 부가기간을 정할 수 있음을 별도로 규정하고 있는 점 등에 비추어 보면, 여기에는 심결에 대한 소에 관한 절차는 포함되지 아니한다고 할 것이다.

따라서 심결에 대한 소의 제소기간 계산에는 구 특허법 제14조 제4호가 적용되지 아니하고, 그에 관하여 특허법이나 행정소송법에서 별도로 규정하고 있는 바도 없으므로, 결국 행정소송법 제8조에 의하여 준용되는 민사소송법 제170조에 따라 민법 제161조가 적용된다고 할 것이다.

판결이유

기록에 의하면, 원고는 2013. 4. 1. 이 사건 심결등본을 송달받고, 그때부터 31일이 되는 날인 2013. 5. 2. 원심법원에 이 사건 소장을 제출하였음을 알 수 있다. 그런데 구 실용신안법 제56조에 의하여 실용신안에 관한 소송에 준용되는 구 특허법 제186조 제3항에서 '심결에 대한 소'는 심결의 등본을 송달받은 날부터 30일 이내에 제기하여야 한다고 규정하고 있고, 「근로자의 날 제정에 관한 법률」에서 정한 '근로자의 날'은 민법 제161조 소정의 '토요일 또는 공휴일'에 해당하지 아니하므로, 2013. 4. 1.부터 30일이 되는 날인 2013. 5. 1.(이 날은 수요일이다)이 '근로자의 날'이기는 하지만, 이 사건 심결의 취소를 구하는 이 사건 소는 그 제소기간이 2013. 5. 1.에 만료한다고 할 것이다.

따라서 이 사건 소는 제소기간을 도과하여 제기된 것이어서 부적법하므로, 같은 취지에서 이 사건 소를 각하한 원심판결은 정당하고, 거기에 상고이유의 주장과 같은 법리오해 등의 위법이 없다.

기출 여부 (48회 이후)	특허법 학회 TOP 10	중요도
60회 (2023년) 문제 2	–	★★★

004 특허출원인변경신고를 하지 않은 경우 심결취소의 소의 원고적격
대법원 2017. 11. 23. 선고 2015후321 판결 [거절결정(특)] [공2018상,97]

판결요지

1. 특허를 받을 수 있는 권리에 대한 특허출원인변경신고를 하지 않은 자가 심결 취소의 소를 제기할 수 있는지 여부

특허법 제186조는 제2항에서 특허심판원의 심결에 대한 취소의 소는 당사자, 참가인, 해당 심판이나 재심에 참가신청을 하였으나 신청이 거부된 자가 제기할 수 있다고 규정하고, 제3항에서 그 취소의 소는 심결의 등본을 송달받은 날부터 30일 이내에 제기하여야 한다고 규정하고 있다. 한편 특허법 제38조 제4항은 특허출원 후에는 특허를 받을 수 있는 권리의 승계는 상속, 그 밖의 일반승계의 경우를 제외하고는 특허출원인변경신고를 하여야만 그 효력이 발생한다고 규정하고 있다.

이러한 규정들에 의하면, 특허출원인으로부터 특허를 받을 수 있는 권리를 양수한 <u>특정승계인은 특허출원인변경신고를 하지 않은 상태에서는 그 양수의 효력이 발생하지 않아서 특허심판원의 거절결정 불복심판 심결에 대하여 취소의 소를 제기할 수 있는 당사자 등에 해당하지 아니하므로, 그가 제기한 취소의 소는 부적법</u>하다.

2. 제소기간 경과후 위 신고를 한 경우 그 소가 적법해질 수 있는지 여부

특정승계인이 취소의 소를 제기한 후 특허출원인변경신고를 하였더라도, <u>그 변경신고 시기가 취소의 소 제기기간이 지난 후라면 제기기간 내에 적법한 취소의 소 제기는 없었던 것이므로, 취소의 소가 부적법하기는 마찬가지</u>이다.

판결이유

1. 원심판결의 이유에 의하면 다음과 같은 사정을 알 수 있다.

(1) 미국 법인인 와이엘엑스 코퍼레이션(YLX CORP. 이하 '양도인 회사'라 한다)은 2010. 2. 23. (출원번호 1 생략)로 명칭을 '파장 변환 물질을 갖는 이동 평판을 이용한 다색 조명 장치(Multicolor Illumination Device Using Moving Plate With Wavelength Conversion Materials)'로 하는 발명을 출원한 후, 2010. 5. 5. 원고에게 위 출원 및 그에 관한 분할출원으로 특허를 받을 수 있는 권리를 양도하였다.

(2) 양도인 회사는 2012. 8. 20. 위 출원을 원출원으로 한 (출원번호 2 생략)의 이 사건 분할출원을 하였고, 특허청 심사관은 2013. 5. 13. 이 사건 분할출원에 대하여 거절결정을 하였다. 양도인 회사는 2013. 7. 31. 위 거절결정에 불복하는 심판청구(2013원5717호)를 하였으나, 특허심판원은 2014. 6. 11. 양도인 회사의 심판청구를 기각하는 이 사건 심결을 하였다.

(3) 양도인 회사는 2014. 6. 12. 이 사건 심결문 등본을 송달받았다. 원고는 2014. 7. 10. 특허법원에 이 사건 심결에 대한 취소의 소를 제기하고, 2014. 8. 19. 특허청에 '양도인 회사가 원고에게 이 사건 분할출원으로 특허를 받을 수 있는 권리를 양도하였다'는 내용의 특허출원인변경신고를 하였다.

2. 원심은, 원고가 심결취소의 소 제기기간인 이 사건 심결문 등본 송달일부터 30일이 지난 후 특허출원인변경신고를 하여 그때에서야 비로소 권리 양도의 효력이 발생하였으므로, 그 권리 양도의 효력이 발생하기 전인 2014. 7. 10. 제기된 이 사건 소는 원고적격이 없는 자가 제기한 것으로서 부적법하고, 그 흠결은 심결취소의 소 제기기간 경과 후에는 보정될 수 없다는 이유로 이를 각하하였다.

원심의 위와 같은 판단은 앞서 본 법리에 따른 것으로서 정당하다. 거기에 심결취소의 소의 원고적격에 관한 법리를 오해하는 등으로 판결에 영향을 미친 잘못이 없다.

기출 여부 (48회 이후)	특허법 학회 TOP 10	중요도
–	–	★★

005 특허를 무효로 한다는 심결에 대한 취소소송의 계속중 다른 사건에서 그 특허를 무효로 하는 심결이 확정된 경우, 위 취소소송이 부적법하게 되는지 여부

대법원 2009. 8. 20. 선고 2007후289 판결 [등록무효(특)]

판결요지

특허를 무효로 한다는 심결이 확정된 때에는 그 특허권은 처음부터 없었던 것으로 보게 되므로, 결과적으로 존재하지 아니하는 특허를 대상으로 판단한 이 사건 심결은 위법하게 되지만, 이 사건 특허발명의 특허가 무효로 확정된 이상, <u>원고로서는 그 심결의 취소를 구할 법률상 이익도 없어졌다고 봄이 상당하므로 이 사건 소는 부적법하게 되었다 할 것</u>이다.

판결이유

기록에 의하면, 이 사건 특허발명(특허번호 제465463호)의 특허무효를 구하는 이 사건 심판에서 그 청구를 기각하는 심결(특허심판원 2005. 11. 29. 2005당906호)이 이루어지고 그 심결의 취소를 구하는 이 사건 소송에서도 원고의 청구가 기각되어 상고심에 계속중, 원고가 이와 별도로 2007. 1. 30. 이 사건 특허발명의 특허무효를 구하는 심판을 청구한 사건에서 이를 기각하는 심결과 그에 대한 심결취소 판결을 거쳐 특허심판원이 이 사건 특허발명의 특허를 무효로 하는 심결[2009당(취소판결)29]을 하였고, 그 심결은 2009. 4. 19. 확정되었음을 알 수 있는바, 이와 같이 특허를 무효로 한다는 심결이 확정된 때에는 그 특허권은 처음부터 없었던 것으로 보게 되므로, 결과적으로 존재하지 아니하는 특허를 대상으로 판단한 이 사건 심결은 위법하게 되지만, 이 사건 특허발명의 특허가 무효로 확정된 이상, 원고로서는 그 심결의 취소를 구할 법률상 이익도 없어졌다고 봄이 상당하므로 이 사건 소는 부적법하게 되었다 할 것이다.

따라서 원심판결은 이 점에서 그대로 유지될 수 없으므로 이를 파기하되, 이 사건은 이 법원이 직접 재판하기에 충분하므로 자판하기로 하는바, 이 사건 소를 각하하고 소송총비용은 각자가 부담하도록 정하여, 관여 대법관의 일치된 의견으로 주문과 같이 판결한다.

기출 여부 (48회 이후)	특허법 학회 TOP 10	중요도
–	–	★★★

006 심결취소소송 제기 후 소취하 합의를 한 사건

대법원 2007. 5. 11. 선고 2005후1202 판결 [권리범위확인(상)] [공2007.6.15.(276),920]

판결요지

1. 심결취소소송 제기 후 소취하 합의를 하였다면 소송을 유지할 법률상 이익이 소멸하는지 여부

심결취소소송을 제기한 후에 당사자 사이에 소를 취하하기로 하는 합의가 이루어졌다면 특별한 사정이 없는 한 소송을 계속 유지할 법률상의 이익이 소멸하여 당해 소는 각하되어야 한다.

2. 계약의 묵시적 합의해제를 인정할 수 있는 경우

계약의 합의해제는 **명시적으로 뿐 아니라 묵시적으로도 이루어질 수 있으므로**, 계약의 성립 후에 당사자 쌍방의 계약실현 의사의 결여 또는 포기로 인하여 쌍방 모두 이행의 제공이나 최고에 이름이 없이 장기간 이를 방치하였다면, 그 계약은 당사자 쌍방이 계약을 실현하지 아니할 의사가 일치함으로써 묵시적으로 합의해제되었다고 해석함이 상당하다.

판결이유

기록에 의하면, 원고 1 주식회사와 피고 등은 이 사건 소송이 대법원에 계속중이던 2004. 6. 1. 원고 1 주식회사가 이 사건 소를 취하하기로 합의하였음에도 불구하고, 원고 1 주식회사는 소 취하서를 대법원에 제출하지 아니하고 피고도 소취하 합의서를 대법원에 제출하지 아니한 상태에서, 대법원은 2004. 12. 9. 원심판결을 파기하고 사건을 특허법원으로 환송한다는 이 사건 환송판결을 선고한 사실, 환송 후 특허법원에서 2005. 3. 11. 열린 제2차 변론기일에서도 원고 1 주식회사는 위 계약에 따라 소를 취하하지 않고 이를 그대로 유지하였고, 피고도 위 소송에서 그 변론종결일에 이르기까지 원고 1 주식회사와의 소취하 합의 사실을 주장하지 않은 채 본안에 관하여 변론하는 등 계속 응소한 사실을 알 수 있는바, 이러한 위 합의약정 후의 여러 가지 정황에 비추어 볼 때 원고 1 주식회사와 피고 등은 위 합의약정이 성립된 후 그 실현을 포기하려는 의사로 이를 방치하였다고 할 것이므로, 위 합의약정은 특별한 사정이 없는 한 묵시적으로 합의해제되었다고 봄이 상당하다.

따라서 원고 1 주식회사와 피고 사이의 위 2004. 6. 1.자 소취하 합의가 아직도 유효함을 전제로 하는 피고의 상고이유는 받아들일 수 없다.

기출 여부 (48회 이후)	특허법 학회 TOP 10	중요도
–	–	★★★

007 권리확인심판절차에서 심결을 받은 경우 심결취소소송의 근거와 소의 이익 판단 기준

대법원 2011. 2. 24. 선고 2008후4486 판결 [권리범위확인(상)]

판결요지

상표에 관한 권리범위확인심판의 심결이 확정된 경우 그 심결이 민사·형사 등 침해소송을 담당하는 법원을 기속하지는 못한다고 하더라도, 상표법 제75조가 "상표권자·전용사용권자 또는 이해관계인은 등록상표의 권리범위를 확인하기 위하여 상표권의 권리범위 확인심판을 청구할 수 있다."고 규정하고, 상표법 제86조 제2항에 의하여 준용되는 특허법 제186조 제2항은 "심결에 대한 소는 당사자, 참가인 또는 당해 심판이나 재심에 참가신청을 하였으나 그 신청이 거부된 자에 한하여 이를 제기할 수 있다."고 규정하여 권리범위확인심판과 그 심결취소소송을 명문으로 인정하고 있는 이상, 상표에 관한 권리범위확인심판절차에서 불리한 심결을 받은 당사자가 유효하게 존속하고 있는 심결에 불복하여 심결의 취소를 구하는 것은 위 상표법의 규정에 근거한 것으로서, 상표권이 소멸되거나 당사자 사이의 합의로 이해관계가 소멸하는 등 심결 이후의 사정에 의하여 심결을 취소할 법률상 이익이 소멸되는 특별한 사정이 없는 한 심결의 취소를 구할 소의 이익이 있다.

판결이유

甲 회사가 乙 회사를 상대로 특허심판원에 상표권에 관한 소극적 권리범위확인심판을 제기하였으나 특허심판원이 확인대상표장이 등록상표의 권리범위에 속한다는 이유로 청구를 기각하는 심결을 하였는데, 이후 乙 회사가 위 등록상표의 상표권 침해와 관련하여 제기한 민사소송에서 甲 회사 승소판결이 선고되었고, 심결취소소송의 상고심 계속 중 위 민사판결이 그대로 확정된 사안에서, 확정된 위 민사판결은 위 심결취소소송을 담당하는 법원에 대하여 법적 기속력이 없으므로 甲 회사에 위 민사판결이 확정되었음에도 불구하고 자신에게 불리한 위 심결을 취소할 법률상 이익이 있고, 달리 위 심결 이후 위 등록상표의 상표권이 소멸되었다거나 당사자 사이의 합의로 이해관계가 소멸되었다는 등 위 심결 이후 심결을 취소할 법률상 이익이 소멸되었다는 사정도 보이지 아니하므로, 甲 회사에 위 심결의 취소를 구할 소의 이익이 있다고 한 사례.

⑪ 심결취소소송의 심리범위 등

기출 여부 (48회 이후)	특허법 학회 TOP 10	중요도
53회 (2016년) 문제 1	–	★★★

008 심결취소소송의 심리범위 (당사자계, 무제한설)
대법원 2009. 5. 28. 선고 2007후4410 판결 [권리범위확인(특)] [공2009하,1043]

판결요지

1. 심결취소소송의 심리 범위

심판은 특허심판원에서의 행정절차이며 심결은 행정처분에 해당하고, 그에 대한 불복의 소송인 심결취소소송은 항고소송에 해당하여 <u>그 소송물은 심결의 실체적·절차적 위법 여부이므로, 당사자는 심결에서 판단되지 않은 처분의 위법사유도 심결취소소송단계에서 주장·입증할 수 있고, 심결취소소송의 법원은 특별한 사정이 없는 한 제한 없이 이를 심리·판단하여 판결의 기초로 삼을 수 있으며,</u> 이와 같이 본다고 하여 심급의 이익을 해한다거나 당사자에게 예측하지 못한 불의의 손해를 입히는 것이 아니다.

2. 특허심판 단계에서 하지 않았던 주장이라도 심결취소소송 단계에서 이를 심결의 위법사유로 주장할 수 있는지 여부

특허심판단계에서 소극적으로 하지 않았던 주장을 <u>심결취소소송단계에서 하였다는 사정만으로 금반언 내지 신의칙에 위반된다고 볼 수 없으므로,</u> 특허심판단계에서 확인대상발명을 실시하고 있지 않다는 주장을 하지 않았다고 하더라도 심결취소소송단계에서 이를 심결의 위법사유로 주장할 수 있다

판결이유

원심판결 이유를 위 법리에 비추어 살펴보면, 원심은 원고가 특허심판단계에서 다른 주장은 하면서 확인대상발명을 실시하고 있지 않다는 주장을 하지 않은 점 등을 들어 이와 같은 주장을 심결취소소송단계에서 하는 것이 금반언 내지 신의칙에 반하여 허용되지 않는다고 보았으나, 특허심판단계에서 소극적으로 하지 않았던 주장을 심결취소소송단계에서 하였다는 사정만으로 금반언 내지 신의칙에 위반된다고 볼 수 없을 뿐만 아니라, 이를 금반언 내지 신의칙 위반으로 보는 것은 심결취소소송의 심리범위에 관한 위 법리와 양립될 수 없어서 허용될 수 없다.

따라서 특허심판단계에서 확인대상발명을 실시하고 있지 않다는 주장을 하지 않았다고 하더라도 심결취소소송단계에서 이를 심결의 위법사유로 주장할 수 있다고 할 것임에도, 이와 같은 주장이 금반언 내지 신의칙에 반하여 허용되지 않는다고 본 원심에는 심결취소소송의 심리범위에 관한 법리를 오해하여 판결에 영향이 있는 원고의 주장에 대한 판단을 누락한 잘못이 있다.

이 점을 지적하는 상고이유의 주장은 이유 있다.

기출 여부 (48회 이후)	특허법 학회 TOP 10	중요도
–	–	★★★

009 심결취소소송의 심리범위 (결정계, 제한설)
대법원 2003. 12. 26. 선고 2001후2702 판결 [거절사정(특)]

판결요지

1. **특허발명의 신규성·진보성 판단에 제공되는 인용발명은 반드시 기술 구성 전체가 명확하게 표현된 것이어야 하는지 여부**

   발명의 신규성 또는 진보성 판단에 제공되는 인용발명은 **기술 구성 전체가 명확하게 표현된 것뿐만 아니라, 표현이 불충분하더라도 그 기술 분야에서 통상의 지식을 가진 사람이 그 인용발명을 공개할 당시의 기술상식이나 경험칙에 의하여 쉽게 기술 내용을 파악할 수 있다면** 대비 대상이 될 수 있다(대법원 2000. 12. 8. 선고 98후270 판결 참조).

2. **거절결정에 대한 심판에서 거절결정의 이유와 다른 거절이유를 발견한 경우, 거절이유의 통지를 하여 새로운 거절이유에 대한 의견서 제출의 기회를 주어야 하는지 여부 및 거절결정에서의 거절이유와 실질적으로 동일한 사유로 심결을 한 경우에도 출원인에게 의견서 제출의 기회를 주어야 하는지 여부**

   특허법 제62조는 심사관은 특허출원이 소정의 거절사유에 해당하는 때에는 거절결정을 하여야 하고, 제63조는 심사관은 제62조의 규정에 의하여 거절결정을 하고자 할 때에는 그 특허출원인에게 거절이유를 통지하고 기간을 정하여 의견서를 제출할 수 있는 기회를 주어야 한다고 규정하고 있으며, **같은 법 제170조 제2항은 거절결정에 대한 심판에서 그 거절결정의 이유와 다른 거절이유를 발견한 경우에 제63조의 규정을 준용한다고 규정하고 있고, 이들 규정은 이른바 강행규정**이므로, 거절결정에 대한 심판청구를 기각하는 심결 이유는 적어도 그 주된 취지에 있어서 거절이유통지서의 기재 이유와 부합하여야 하고, 거절결정에 대한 심판에서 그 거절결정의 이유와 다른 거절이유를 발견한 경우에는 거절이유의 통지를 하여 특허출원인에게 새로운 거절이유에 대한 의견서 제출의 기회를 주어야 하지만(대법원 2003. 10. 10. 선고 2001후2757 판결 참조), **거절결정에서와 다른 별개의 새로운 이유로 심결을 한 것이 아니고, 거절결정에서의 거절이유와 실질적으로 동일한 사유로 심결을 하는 경우에는 특허출원인에게 그 거절이유를 통지하여 그에 대한 의견서 제출의 기회를 주어야 하는 것은 아니다**(대법원 1997. 11. 28. 선고 97후341 판결 참조).

판결이유

(1) 발명의 신규성 또는 진보성 판단에 제공되는 인용발명은 기술 구성 전체가 명확하게 표현된 것뿐만 아니라, 표현이 불충분하더라도 그 기술 분야에서 통상의 지식을 가진 사람이 그 인용발명을 공개할 당시의 기술상식이나 경험칙에 의하여 쉽게 기술 내용을 파악할 수 있다면 대비 대상이 될 수 있다(대법원 2000. 12. 8. 선고 98후270 판결 참조).

이 사건에서 보면, 인용발명 1은 추가 염소화 대상과 관련하여 그 분해 생성물이 경급인지, 중급인지, 경급과 중급을 모두 포함하는 것인지 명백하게 밝히고 있지는 아니하나, 벤젠은 비점이 80.1℃인 경급 부산물이고, 트리클로로에틸렌은 비점이 87.2℃이지만 디클로로에탄과 혼합상태에 있을 경우 공비(共沸) 혼합물을 형성하여 비점이 83.7℃ 이하인 경급 부산물에 속하는 것으로 볼 수 있으므로, 인용발명 1에서 구체적인 분해 생성물로 든 것은 모두 출원발명의 명세서에서 경급 부산물로 분류하고 있는 물질이며, 또한 디클로로에탄의 열분해 과정의 부산물을 염소와 다시 반응시키는 목적이 경급 부산물을 중급 부산물로 전환시킴으로써 분별 증류 공정에서 반응하지 아니한 디클로로에탄을 효율적으로 분리하여 디클로로에탄의 손실을 줄이는 데 있는 것은 인용발명 1이 공개될 당시 그 분야의 기술상식에 해당하는 것으로 볼 수 있으므로(출원발명의 명세서에 적힌 종래 기술들에서도 디클로로에탄의 열분해 과정 후의 부산물 중에서 분리·제거·전환의 대상으로 삼고 있는 물질은 모두 경급 부산물이다), 그 발명이 속하는 기술분야에서 통상의 지식을 가진 사람의 입장에서는 중급 부산물을 추가 염소화할 특별한 기술적 이유가 제시되어 있지 아니한 인용발명 1에서 염소화 대상으로 삼고 있는 "분해 생성물"은 디클로로에탄과 비점이 유사하여 일반적인 분별 증류방법으로 분리하기 어려운 경급 부산물이라고 할 수 있다.

이와 달리 인용발명 1의 분해생성물을 중급 화합물을 포함한 모든 부산물을 말하는 것으로 보고 출원발명의 진보성을 판단한 원심의 판단에는 인용발명 1의 기술내용의 인정을 잘못하여 발명의 진보성에 관한 구 특허법(2001. 2. 3. 법률 제6411호로 개정되기 전의 것, 이하 같다) 제29조 제2항의 해석 적용을 그르친 법령위반의 위법이 있고, 이는 판결결과에 영향을 미쳤으므로 이 점에서 원심판결은 파기를 면할 수 없다.

(2) 구 특허법 제62조 는 심사관은 특허출원이 소정의 거절사유에 해당하는 때에는 거절결정을 하여야 하고, 같은 법 제63조 는 심사관은 제62조 의 규정에 의하여 거절결정을 하고자 할 때에는 그 특허출원인에게 거절이유를 통지하고 기간을 정하여 의견서를 제출할 수 있는 기회를 주어야 한다고 규정하고 있으며, 같은 법 제170조 제2항 은 거절결정에 대한 심판에서 그 거절결정의 이유와 다른 거절이유를 발견한 경우에 제63조 의 규정을 준용한다고 규정하고 있고, 이들 규정은 이른바 강행규정이므로, 거절결정에 대한 심판청구를 기각하는 심결 이유는 적어도 그 주된 취지에 있어서 거절이유통지서의 기재 이유와 부합하여야 하고, 거절결정에 대한 심판에서 그 거절결정의 이유와 다른 거절이유를 발견한 경우에는 거절이유의 통지를 하여 특허출원인에게 새로운 거절이유에 대한 의견서 제출의 기회를 주어야 하지만(대법원 2003. 10. 10. 선고 2001후2757 판결 참조), 거절결정에서와 다른 별개의 새로운 이유로 심결을 한 것이 아니고, 거절결정에서의 거절이유와 실질적으로 동일한 사유로 심결을 하는 경우에는 특허출원인에게 그 거절이유를 통지하여 그에 대한 의견서 제출의 기회를 주어야 하는 것은 아니다(대법원 1997. 11. 28. 선고 97후341 판결 참조).

이 사건에서 보면, 심사관은 출원발명이 인용발명 1에 비하여 진보성이 없다는 취지로 거절결정을 하였고, 심결에서는 인용발명 1의 전문에 해당하는 인용발명 2에 비하여 출원발명이 진보성이 없다는 이유로 거절결정이 정당하다고 판단하였는바, 일반적으로 두 문헌이 초록(abstract)과 전문의 관계에 있다는 것만으로 동일한 자료라거나 그 기재 내용의 요지가 같다고 단정할 수 없으나, 인용발명 1의 분해 생성물은 디클로로에탄과 비점이 유사하여 일반적인 분별 증류로 분리하기가 어려운 경급 부산물이라고 봄이 상당하므로, 인용발명 1과 인용발명 2는 출원발명과의 대비와 관련된 구성에 있어서 실질적으로 동일하여 그와 같은 심결의 이유는 거절결정의 이유와 그 주된 취지에 있어서 서로 부합하여 실질적으로 동일하고, 따라서 특허심판원이 거절결정에 대한 심판절차에서 원고에게 인용발명 2에 관하여 특허출원인에게 거절이유를 통지하고 의견서를 제출할 수 있는 기회를 주지 아니하였다고 하더라도 위법하다고 할 수 없다.

이와 달리 인용발명 1과 인용발명 2는 그 발명의 요지가 다르므로 인용발명 2에 의하여 거절이유를 통지하여 의견서 제출의 기회를 주지 아니하고 그 거절결정이 정당하다는 심결은 위법하다고 한 원심의 판단에는 구 특허법 제63조, 제170조의 해석 적용을 그르친 법령위반의 위법이 있고, 이는 판결 결과에 영향을 미쳤으므로 이 점에서도 원심판결은 파기를 면할 수 없다.

기출 여부 (48회 이후)	특허법 학회 TOP 10	중요도
57회 (2020년) 문제 1	–	★★★

010 거절결정불복심판청구 기각 심결에 대한 취소소송의 심리범위
대법원 2013. 9. 26. 선고 2013후1054 판결 [거절결정(특)]

판결요지

1. **거절결정에 대한 특허심판원의 심판절차에서 의견제출의 기회를 부여하지 않은 새로운 거절이유를 들어 거절결정불복심판청구를 기각할 수 있는지 여부**

    특허출원에 대한 심사 단계에서 거절결정을 하려면 그에 앞서 출원인에게 거절이유를 통지하여 의견제출의 기회를 주어야 하고, 거절결정에 대한 특허심판원의 심판절차에서 그와 다른 사유로 거절결정이 정당하다고 하려면 먼저 그 사유에 대해 의견제출의 기회를 주어야만 이를 심결의 이유로 할 수 있다(특허법 제62조, 제63조, 제170조). 위와 같은 절차적 권리를 보장하는 특허법의 규정은 강행규정이므로 의견제출의 기회를 부여한 바 없는 새로운 거절이유를 들어서 거절결정이 결과에 있어 정당하다는 이유로 거절결정불복심판청구를 기각한 심결은 위법하다.

2. **거절결정불복심판청구 기각 심결에 대한 취소소송절차에서 특허청장이 심사 또는 심판 단계에서 의견제출의 기회를 부여한 적 없는 새로운 거절이유를 주장할 수 있는지 여부 및 심결 취소소송절차에서 특허청장이 새로 주장하는 사유가 예외적으로 허용되는 경우**

    같은 취지에서 거절결정불복심판청구 기각 심결의 취소소송절차에서도 특허청장은 심사 또는 심판 단계에서 의견제출의 기회를 부여한 바 없는 새로운 거절이유를 주장할 수 없다고 보아야 한다. 다만 거절결정불복심판청구 기각 심결의 취소소송절차에서 특허청장이 비로소 주장하는 사유라고 하더라도 심사 또는 심판 단계에서 의견제출의 기회를 부여한 거절이유와 주요한 취지가 부합하여 이미 통지된 거절이유를 보충하는 데 지나지 아니하는 것이면 이를 심결의 당부를 판단하는 근거로 할 수 있다 할 것이다. (대법원 2003. 2. 26. 선고 2001후1617 판결, 대법원 2003. 10. 10. 선고 2001후2757 판결 등 참조)

3. **통지된 거절이유가 비교대상발명에 의하여 출원발명의 진보성이 부정된다는 취지인 경우, 심결취소소송의 법원이 비교대상발명을 보충하여 주지관용기술의 존재를 증명하기 위한 자료를 진보성을 부정하는 판단의 근거로 채택하는 것이 새로운 거절이유를 판결의 기초로 삼은 것인지 여부**

    특허 이미 통지된 거절이유가 비교대상발명에 의하여 출원발명의 진보성이 부정된다는 취지인 경우에, 위 비교대상발명을 보충하여 **특허출원 당시 그 기술분야에 널리 알려진 주지관용기술의 존재를 증명하기 위한 자료는 새로운 공지기술에 관한 것에 해당하지 아니하므로, 심결취소소송의 법원이 이를 진보성을 부정하는 판단의 근거로 채택하였다고 하더라도 이미 통지된 거절이유와 주요한 취지가 부합하지 아니하는 새로운 거절이유를 판결의 기초로 삼은 것이라고 할 수 없다.** (대법원 2013. 2. 15. 선고 2012후1439 판결 등 참조)

판결이유

원심판결 이유와 기록에 의하면, ① 원고의 이 사건 출원발명(출원번호 제10-2004-51508호)에 대하여 특허청 심사관은 원심 판시 비교대상발명으로부터 그 발명이 속하는 기술분야에서 통상의 지식을 가진 사람(이하 '통상의 기술자'라고 한다)이 용이하게 발명할 수 있는 것이어서 진보성이 부정된다는 취지로 의견제출통지를 하였고, 이후 같은 이유로 거절결정을 한 점, ② 이에 원고가 특허심판원에 위 거절결정에 대한 불복심판을 청구하였으나 기각되자 심결취소의 소를 제기하였는데, 위 심결취소소송절차에서 피고는 이 사건 출원발명의 특허청구범위 제1항(이하 '이 사건 제1항 발명'이라고 한다)의 '절개부 및 연결마디 구성'은 주지관용기술에 해당하여 이 사건 제1항 발명은 비교대상발명에 주지관용기술을 더하여 보더라도 진보성이 부정되므로 거절결정을 유지한 이 사건 심결의 결론이 정당하다는 취지로 주장하면서 주지관용기술을 보여주기 위한 자료로 을 제4호증 및 을 제5호증 등을 추가로 제출한 점, ③ 이에 대하여 원심은 이들 증거를 근거로 '절개부 및 연결마디 구성'이 주지관용기술이라고 인정하면서 이 사건 제1항 발명은 비교대상발명과 위 주지관용기술에 의하여도 진보성이 부정되므로 거절결정을 유지한 이 사건 심결은 결론에 있어 정당하다는 취지로 판단한 점 등을 알 수 있다.

위와 같은 사실관계 및 원심에 이르기까지의 판단 경과 등에 비추어 보면, 원심 심리과정에서 새로이 채택된 증거들은 모두 심사 단계에서 이미 거절이유로 통지되었던 비교대상발명을 보충하기 위하여 이 사건 출원발명의 특허출원 당시 그 기술분야에 널리 알려진 주지관용기술의 존재를 증명하는 자료로 제출된 것에 지나지 아니한다 할 것이다. 따라서 원심이 이에 의하여 주지관용기술을 인정하고 그 점까지 이 사건 제1항 발명의 진보성을 부정하는 판단의 근거로 삼은 조처가 이미 통지된 거절이유와 주요한 취지가 부합하지 아니하는 새로운 거절이유를 판결의 기초로 삼은 것이라고 할 수 없다. 원심이 거절결정을 유지한 이 사건 심결이 결론에 있어 정당하다고 한 것은 위 법리에 따른 것으로서 정당하고, 거기에 상고이유 주장과 같은 절차상의 위법 사유는 없다.

기출 여부 (48회 이후)	특허법 학회 TOP 10	중요도
–	–	★★★

011 심결취소소송에서 법원이 자유로운 심증에 의하여 증거 등 기록에 나타난 자료를 통하여 주지관용의 기술을 인정할 수 있는지 여부

대법원 2013. 4. 11. 선고 2012후436 판결 [등록무효(실)] [공2013상,885]

판결요지

어느 주지관용의 기술이 소송상 공지 또는 현저한 사실이라고 볼 수 있을 만큼 일반적으로 알려져 있지 아니한 경우에 그 주지관용의 기술은 심결취소소송에 있어서는 증명을 필요로 하고, 이때 **법원은 자유로운 심증에 의하여 증거 등 기록에 나타난 자료를 통하여 주지관용의 기술을 인정할 수 있으나, 변론종결 후 제출된 참고자료까지 여기의 '증거 등 기록에 나타난 자료'에 포함된다고 볼 수는 없다.**

판결이유

한편 기록에 의하면, 원고가 변론종결 이후인 2011. 12. 13. 이 사건 제7항 내지 제10항, 제14항 내지 제18항 고안의 '강관 버팀보에 대하여 하나의 관형 보강재가 내삽되고, 다른 하나의 관형 보강재가 외삽되어 일체로 형성된 구성'(이하 '이 사건 구성 1'이라고 한다)이 주지관용기술에 해당한다는 취지를 담아 참고서면과 첨부 참고자료 1 내지 7을 제출하였음을 알 수 있다.

그런데 어느 주지관용의 기술이 소송상 공지 또는 현저한 사실이라고 볼 수 있을 만큼 일반적으로 알려져 있지 아니한 경우에 그 주지관용의 기술은 심결취소소송에 있어서는 증명을 필요로 하고, 이때 법원은 자유로운 심증에 의하여 증거 등 기록에 나타난 자료를 통하여 주지관용의 기술을 인정할 수 있다 할 것이나(대법원 2008. 5. 29. 선고 2006후3052 판결 등 참조), 변론종결 후 제출된 참고자료까지 여기의 '증거 등 기록에 나타난 자료'에 포함된다고 볼 수는 없다. 따라서 원심이 위 참고자료 1 내지 7의 내용을 고려하지 아니한 채 이 사건 구성 1을 주지관용기술로 인정하지 아니한 것은 위 법리에 따른 것으로서, 거기에 원고의 상고이유 주장과 같은 위법이 없다.

기출 여부 (48회 이후)	특허법 학회 TOP 10	중요도
–	–	★★★

012 심결취소소송에서 법원이 당사자가 주장하지도 않은 법률요건에 관하여 판단하는 것이 변론주의 원칙에 위배되는지 여부

대법원 2011. 3. 24. 선고 2010후3509 판결 [등록무효(디)심결취소의소] [공2011상,842]

판결요지

행정소송의 일종인 심결취소소송에 직권주의가 가미되어 있다고 하더라도 여전히 변론주의를 기본 구조로 하는 이상, 심결의 위법을 들어 그 취소를 청구할 때에는 **직권조사사항을 제외하고는** 그 취소를 구하는 자가 위법사유에 해당하는 구체적 사실을 먼저 주장하여야 하고, 따라서 **법원이 당사자가 주장하지도 않은 법률요건에 관하여 판단하는 것은 변론주의 원칙에 위배되는 것이다.**

판결이유

'화장용 팩 마스크'에 관한 등록디자인이 그 출원 전에 국내에서 공지된 비교대상디자인 등으로부터 용이하게 창작할 수 있는 디자인에 해당한다는 이유로 그 등록을 무효로 한다는 내용의 특허심판원 심결에 대한 심결취소소송에서, 당사자가 심결의 위법사유로서 등록디자인이 비교대상디자인 등으로부터 용이하게 창작할 수 있는 디자인에 해당하지 않으므로 디자인보호법 제5조 제2항에서 정한 등록무효사유가 존재하지 않는다는 주장만을 하였음에도, 그에 관하여 아무런 판단도 하지 않은 채 당사자가 주장하지도 않은 사유에 기초하여 등록디자인이 비교대상디자인과 유사한 디자인에 해당하므로 디자인보호법 제5조 제1항 제3호에서 정한 등록무효사유가 있다고 본 원심판결에 변론주의 원칙을 위반한 위법이 있다고 한 사례.

기출 여부 (48회 이후)	특허법 학회 TOP 10	중요도
-	-	★★★

013 심결취소소송에서 당사자가 명백하게 주장하지 않은 것을 법원이 직권으로 조사하고 이를 토대로 판단할 수 있는지 여부

대법원 2010. 1. 28. 선고 2007후3752 판결 [등록무효(특)]

판결요지

당사자의 주장사실에 대한 유일한 증거가 아닌 한 증거의 채부는 법원이 자유로이 결정할 수 있는 재량사항이며(대법원 1991. 7. 26. 선고 90다19121 판결, 대법원 2006. 11. 23. 선고 2004다60447 판결 등 참조), 행정소송의 일종인 심결취소소송에서 법원이 필요하다고 인정할 때에는 **당사자가 명백하게 주장하지 않는 것도 기록에 나타난 자료를 기초로 하여 직권으로 조사하고 이를 토대로 판단할 수 있는다**(대법원 2008. 5. 15. 선고 2007후2759 판결 참조).

판결이유

당사자의 주장사실에 대한 유일한 증거가 아닌 한 증거의 채부는 법원이 자유로이 결정할 수 있는 재량사항인바(대법원 1991. 7. 26. 선고 90다19121 판결, 대법원 2006. 11. 23. 선고 2004다60447 판결 등 참조), 기록에 의하면, **이 사건 특허발명(특허번호 제368432호)의 진보성 판단을 위한 증거로 원고가 다수의 서증을 제출하였음**을 알 수 있으므로, 원고 신청의 검증신청은 유일한 증거에 해당하지 아니하여 그 채부는 법원의 재량사항에 불과하고 따라서, 원심이 이를 불필요하다고 보아 채택하지 아니한 것을 잘못이라고 할 수 없다.

또한, 행정소송의 일종인 심결취소소송에서 법원이 필요하다고 인정할 때에는 당사자가 명백하게 주장하지 않는 것도 기록에 나타난 자료를 기초로 하여 직권으로 조사하고 이를 토대로 판단할 수 있는바(대법원 2008. 5. 15. 선고 2007후2759 판결 참조), **설사 피고들이 원심 판시의 비교대상발명 1을 선행기술 중의 하나로 주장하지 아니하였다 하더라도, 원심이 기록에 나타난 비교대상발명 1을 기초로 이 사건 특허발명 특허청구범위 제1, 2항**(이하 '이 사건 제1, 2항 발명'이라 한다)의 진보성 유무를 판단한 것이 잘못이라고 할 수 없다.

기출 여부 (48회 이후)	특허법 학회 TOP 10	중요도
59회 (2022년) 문제 4	–	★★★

014 특허침해소송에서 상대방이 제조하는 제품이 어떤 구성요소를 가지고 있는지가 재판상 자백의 대상이 될 수 있는지 여부

대법원 2022. 1. 27. 선고 2019다277751(본소) 판결 [특허권 침해금지 청구의 소]

판결요지

1. 당사자 및 소송물이 동일한 소가 시간을 달리하여 제기된 경우, 나중에 제기된 소가 적법한지 여부

당사자 및 소송물이 동일한 소가 시간을 달리하여 제기된 경우 시간적으로 나중에 제기된 소는 중복제소금지의 원칙에 위배되어 부적법하다(대법원 2006. 4. 13. 선고 2003다70331 판결 등 참조).

2. 특허침해소송에서 상대방이 제조하는 제품이 어떤 구성요소를 가지고 있는지가 재판상 자백의 대상이 될 수 있는지 여부 및 그 판단 기준 / 재판상 자백이 성립한 경우, 법원이 이에 배치되는 사실을 증거에 의하여 인정할 수 있는지 여부

특허침해소송에서 상대방이 제조하는 제품(이하 '침해대상제품'이라 한다)이 어떤 구성요소를 가지고 있는지는 침해판단의 전제가 되는 주요사실로서 재판상 자백의 대상이 될 수 있다(대법원 2006. 8. 24. 선고 2004후905 판결 등 참조). "침해대상제품 등이 어떤 구성요소를 가지고 있다."는 표현이 사실에 대한 진술인지, 아니면 그 구성요소가 특허발명의 구성요소와 동일 또는 균등하다는 법적 판단 내지 평가에 관한 진술인지는 당사자 진술의 구체적 내용과 경위, 변론의 진행 경과 등을 종합적으로 고려하여 판단하여야 한다. 그리고 일단 재판상 자백이 성립하면 그것이 적법하게 취소되지 않는 한 법원은 이에 구속되므로 법원은 자백과 배치되는 사실을 증거에 의하여 인정할 수 없다(대법원 2018. 10. 4. 선고 2016다41869 판결 등 참조).

판결이유

1. 원심판결 별지 목록 제2 내지 5항 기재 물건 부분

가. 원심판결 별지 목록 제5항 기재 물건

당사자 및 소송물이 동일한 소가 시간을 달리하여 제기된 경우 시간적으로 나중에 제기된 소는 중복제소금지의 원칙에 위배되어 부적법하다(대법원 2006. 4. 13. 선고 2003다70331 판결 등 참조).

원고는 피고를 상대로 원심판결 별지 목록(이하 '별지 목록'이라 한다) 제1 내지 4항 기재 물건에 관하여 생산, 양도 등의 금지 및 폐기를 구하는 이 사건 소를 제기하였다가 원심에 이르러 별지 목록 제5항 기재 물건에 관하여 동일한 청구를 추가하였다. 그런데 별지 목록 제5항 기재 물건은 별지 목록 제1항 기재 물건 중 일부를 제품번호로 한정한 것이어서, 위 추가된 청구는 별지 목록 제1항 기재 물건에 관한 청구와 소송물이 동일한 청구라고 볼 수 있다. 따라서, 이 부분 청구는 중복제소금지의 원칙에 위배되어 부적법하다.

원심은 같은 취지에서 원고가 원심에서 추가한 별지 목록 제5항 기재 물건에 관한 각 청구는 별지 목록 제1항 기재 물건에 관한 각 청구와 소송물이 동일하여 중복제소에 해당한다고 보아 각하하였다. 이러한 원심판결에 중복제소금지에 관한 법리를 오해하여 판결에 영향을 미친 잘못이 없다.

나. 별지 목록 제2 내지 4항 기재 물건

원고는 별지 목록 제2 내지 4항 기재 물건에 관하여 소를 각하한 부분에 대해서도 상고를 제기하였으나, 상고장에 상고이유를 적지 않고 상고이유서에도 불복이유를 적지 않았다.

2. 별지 목록 제1항 기재 물건에 관한 (특허번호 1 생략) 특허발명에 기한 청구 부분

가. 자백의 성립

(1) 특허침해소송에서 상대방이 제조하는 제품(이하 '침해대상제품'이라 한다)이 어떤 구성요소를 가지고 있는지는 침해판단의 전제가 되는 주요사실로서 재판상 자백의 대상이 될 수 있다(대법원 2006. 8. 24. 선고 2004후905 판결 등 참조). "침해대상제품 등이 어떤 구성요소를 가지고 있다."는 표현이 사실에 대한 진술인지, 아니면 그 구성요소가 특허발명의 구성요소와 동일 또는 균등하다는 법적 판단 내지 평가에 관한 진술인지는 당사자 진술의 구체적 내용과 경위, 변론의 진행 경과 등을 종합적으로 고려하여 판단하여야 한다. 그리고 일단 재판상 자백이 성립하면 그것이 적법하게 취소되지 않는 한 법원은 이에 구속되므로 법원은 자백과 배치되는 사실을 증거에 의하여 인정할 수 없다(대법원 2018. 10. 4. 선고 2016다41869 판결 등 참조).

(2) 위 법리 및 기록에 비추어 살펴본다.

(가) 피고는 피고의 침해대상제품이 명칭을 "복합 구조물"로 하는 원고의 (특허번호 1 생략) 특허발명(이하 '486 특허'라 한다) 청구범위 제1항(이하 '제1항 발명'이라 한다)을 침해하지 않는다고 주장하면서도, 제1심 제1회 변론기일에서 위 특허발명 중 구성요소 B-2를 제외한 나머지 구성요소를 모두 구비하고 있다고 진술하였다. 원고가 침해대상제품에 대하여 위 특허발명의 구성요소 B-3인 "단부와 최외부 사이의 거리가 평균 막 두께의 10배 이상 10,000배 이하"를 구비하고 있는지에 관하여 감정신청을 하자 피고는 '이 부분에 관하여 다투지 않아 감정이 필요하지 않다'는 의견을 제출하여 원고의 감정신청이 철회되기도 하였다.

(나) 그런데, 피고가 원고를 상대로 486 특허의 기재불비, 신규성 및 진보성 부정 등을 주장하며 제기한 등록무효 심판청구 기각 심결에 대한 심결취소소송에서 위와 같은 무효 사유가 인정되지 않는다는 이유로 청구기각 판결이 내려지자(특허법원 2017. 5. 19. 선고 2016허4948 판결), 피고는 제1심 제9회 변론기일에서 구성요소 B-3에 관한 종전 진술을 번복하였다. 또한 피고는 침해대상제품의 구성요소 B-3 포함 여부에 관한 감정신청을 하였으나, 제10회 변론기일에서 쌍방 모두 감정신청을 하지 않아 변론이 종결되었다.

(다) 이와 같은 피고의 진술 내용 및 변론의 진행 경과에 비추어 보면, 침해대상 제품이 구성요소 B-3를 구비하였다는 피고의 진술은, 위 제품의 대응구성이 구성요소 B-3과 동일 또는 균등한지 등의 법적 판단 내지 평가가 아닌, 구성요소 B-3 자체를 구비하였다는 사실에 대한 진술로서 재판상 자백이 성립하였다고 봄이 타당하다.

(3) 그럼에도 원심은, 위 2004후905 판결의 법리를 전제로 침해 물건이 특정 구성요소를 구비하였는지가 사실로서 자백의 대상이 된다고 하면서도, 이 사건에서 피고의 진술은 침해 물건의 어떤 구성요소가 이에 대응하는 특허발명의 특정 구성요소와 동일하거나 균등하다는 법적 판단 내지 평가에 해당한다고 보아 자백이 성립하지 않는다고 판단하였다. 이러한 원심판결에는 자백의 성립에 관한 법리를 오해한 잘못이 있다. 이 점을 지적하는 상고이유 주장은 이유 있다.

나. 자백의 취소

원심은 앞서 본 바와 같이 '침해대상제품이 구성요소 B-3을 구비하였다'는 피고의 진술은 자백의 대상이 되지 않는다고 잘못 판단하고, 가정적으로 피고의 진술이 자백에 해당한다고 하더라도 피고가 그 자백이 진실에 반하고 착오에 의한 것이라는 이유로 취소하였는데, 제1심에서 이루어진 감정 결과에 의하면 그 자백이 진실에 반하고, 따라서 자백은 적법하게 취소되었다고 판단하였다.

그런데, 제1심에서 이루어진 감정은 침해대상제품이 486 특허 제1항 발명이 아닌 (특허번호 2 생략) 특허발명(이하 '395 특허'라 한다) 청구범위 제1, 3항(이하 '제1, 3항 발명'이라 한다)을 침해하는지를 대상으로 한 것이어서 침해대상제품의 평균 막 두께가 측정되지 않았다. 따라서, 위 감정 결과에서 나타난 침해대상제품의 특정 지점들의 두께 편차 범위가, 원고의 486 특허 제1항 발명 침해 주장의 근거이자 피고의 자백의 계기가 된 <u>원고의 자체 실험 결과(갑 제8호증)에 나타난 평균 막 두께 산정의 근거가 된 두께 편차의 범위와 차이가 난다는 점만으로는 그 자백이 진실에 반하는지 여부를 알기 어렵다.</u>

이러한 사정에 비추어 보면, 원심은 그 자백이 진실에 반하는지 여부에 관하여 필요한 심리를 다하지 않은 채 자백이 취소되었다고 판단을 하여 판결에 영향을 미친 잘 못이 있다. 이점을 지적하는 상고이유 주장은 이유 있다.

기출 여부 (48회 이후)	특허법 학회 TOP 10	중요도
–	–	★★★

015 행정소송인 심결취소소송에서 자백 대상
대법원 2000. 12. 22. 선고 2000후1542 판결 [등록무효(상)]

판결요지

행정소송인 심결취소소송에서도 원칙적으로 변론주의가 적용되므로 자백 또는 의제자백도 인정되나, 자백의 대상은 사실이고, 이러한 사실에 대한 법적 판단 내지 평가는 자백의 대상이 되지 아니한다.

판결이유

기록에 비추어 보면, 이 사건 등록서비스표가 상표법 제7조 제1항 제11호에서 정하고 있는 서비스업의 품질오인을 일으키게 할 염려가 있다는 원고의 주장에 대하여, 피고는 공시송달에 의하지 아니한 소환을 받고도 사실심 변론기일에 출석하지 않고 답변서 등을 제출하지 아니하였음을 이유로 원심은 행정소송법 제8조 제2항, 민사소송법 제139조 제1항에 따라 이 사건 등록서비스표의 구성('○○곰탕'), 그 지정서비스업(곰탕전문음식점경영업, 곰탕전문식당체인업, 음식조리대행업, 음식조리지도업) 및 출원등록에 대하여 의제자백에 인한 사실인정을 한 다음, **이 사건 등록서비스표가 상표법에서 규정하는 서비스업의 품질오인을 일으키게 할 염려가 있는지 여부에 대하여는 의제자백으로 처리하지 아니하고 지정서비스업 별로 품질오인의 염려가 있는지 여부를 검토하여** 이에 해당하는 '음식조리대행업' 및 '음식조리지도업'에 대한 등록만이 무효라고 본 조치는 정당하고, 거기에 의제자백에 관한 법리오해 등의 위법이 있다고 볼 수 없다. 상고이유에서 들고 있는 대법원판결은 사안을 달리하여 이 사건에서 원용하기에 적절하지 아니하다.

기출 여부 (48회 이후)	특허법 학회 TOP 10	중요도
−	−	★★★

016 진보성 판단에서 선행발명이 어떤 구성요소를 가지고 있는지가 자백의 대상인지 여부

대법원 2006. 8. 24. 선고 2004후905 판결 [등록무효(특)]

판결요지

행정소송의 일종인 심결취소소송에서도 원칙적으로 변론주의가 적용되어 주요사실에 대해서는 당사자의 불리한 진술인 자백이 성립하는바, 특허발명의 진보성 판단에 제공되는 선행발명이 어떤 구성요소를 가지고 있는지는 주요사실로서 당사자의 자백의 대상이 된다.

판결이유

원심판결 이유에 의하면, 원심은 명칭을 '음악연출 게임기, 음악연출 게임용 연출조작지시 시스템 및 게임용 프로그램이 기록된 컴퓨터 판독 가능한 기억매체'로 하는 이 사건 특허발명(제294603호)과 1996. 11. 22. 공개된 일본 공개특허 평8-305356호에 게재된 발명(선행발명 1) 및 1997. 1.경 국내에 반입되어 1997. 2.경 실시된 '파라파 라파 게임 체험판 CD'에 의하여 공연히 실시된 발명(선행발명 2)을 대비하여 이 사건 특허발명의 진보성 유무를 판단함에 있어서, 위 '체험판 CD'를 제출받은 바 없이 이 사건 특허발명이 출원된 후에 공지된 파라파 라파 게임 '정본 CD'만을 검증한 후, 일반적으로 게임의 정본 CD와 그 체험판 CD는 그 기본내용에 있어서 동일할 것이라고만 설시하고, 이 사건 특허발명의 특허청구범위 제1항을 그 판시와 같이 11개의 구성요소로 나눈 후 그 중 구성 11은 위 게임의 정본 CD에 포함된 스테이지 2에 나타난 기술구성과 실질적으로 동일한 구성이라고 인정한 다음, 그 판시와 같은 이유로 이 사건 특허청구범위 제1항은 물론 제2항, 제5항, 제8항 내지 제15항, 제17항 내지 제23항, 제27항, 제31항, 제33항 내지 제53항도 이 사건 특허발명이 속하는 기술분야에서 통상의 지식을 가진 자가 선행발명 1, 2에 의하여 용이하게 발명할 수 있다고 판단하였다.

그러나 기록에 비추어 살펴보면, 어떤 게임의 '체험판 CD'가 그 후 발매된 '정본 CD'의 기술구성 중 특허발명과 대비되는 내용을 모두 갖고 있을 것이라고 단정할 수 없을 뿐 아니라, 피고는 원심 제2차 변론기일에서 '인용발명 1, 4는 위 구성 11을 구비하고 있지 않다'는 취지로 진술한 바 있고 피고가 말하는 인용발명 1, 4는 이 사건 특허발명의 진보성 판단에 제공된 원심 판시의 선행발명 1, 2를 가리키는 것으로 볼 여지가 있으므로, 원심으로서는 피고의 위 진술이 원심 판시의 선행발명 1, 2의 기술내용에 관한 것인지를 살펴, 만일 그렇다면 피고의 자백에 반하는 판단을 하여서는 아니 된다 할 것이다. 그럼에도 원심이 이를 생략한 채 위와 같이 판단한 것은 발명의 진보성 판단 및 자백의 구속력에 관한 법리를 오해하고 심리미진의 위법을 저질러 판결의 결과에 영향을 미쳤다고 할 것이다. 이 점을 지적하는 상고이유의 주장은 이유 있다.

III 확정된 판결의 효력

기출 여부 (48회 이후)	특허법 학회 TOP 10	중요도
–	–	★★

017 특허심판원이 취소판결의 소송절차에서 제출되었던 증거를 다시 제출하도록 통지하였으나 그 제출이 없어 실제로 증거를 제출받지 아니한 채 심결을 한 경우

대법원 2010. 2. 11. 선고 2009후2975 판결 [등록무효(특)] [공2010상,589]

판결요지

특허심판원이 특허법원의 취소판결에 따라 다시 심판을 진행하면서 당사자로 하여금 취소판결의 소송절차에서 제출되었던 **증거를 다시 제출하도록 통지하였으나 당사자로부터의 증거제출이 없어 이를 실제로 제출받지 아니한 채 심결을 하였더라도,** 그러한 사정만으로 곧바로 당사자에게 증거조사 결과에 대한 의견을 제출할 기회를 주지 않았다거나 증거의 제출로 인한 정정청구의 기회를 박탈한 위법이 있다고 할 수 없다.

판결이유

1. 기록에 비추어 살펴보면, 원심이 그 판시와 같은 이유로, 대법원의 상고기각 판결(2006후688)에 의해 확정된 특허법원의 취소판결(2004허8749)에 따라 다시 열린 이 사건 심판절차에서 특허심판원이 이 사건 심결이유로 "특허법원 취소판결의 기본이유와 같이 이 사건 특허발명의 특허청구범위 제1, 4, 7, 11, 14, 15, 21, 23 및 24항에 기재된 발명은 신규성 내지 진보성이 없고, 제9항에 기재된 발명은 진보성이 없는 것으로 구 특허법(1998. 9. 23. 법률 제5574호로 개정되기 전의 것) 제29조 제1항, 제2항 및 제133조 제1항 제1호의 규정에 의하여 무효가 되어야 한다"라고 기재한 데에 심결 이유 기재방식에 관한 위법이 없다고 판단하였음은 정당하고, 상고이유로 주장하는 바와 같은 판결에 영향을 미친 법리오해 등의 위법이 없다.

2. 기록에 비추어 살펴보면, 원심이 그 판시와 같은 이유로, **특허심판원이 특허법원의 취소판결에 따라 다시 심판을 진행하면서 당사자로 하여금 취소판결의 소송절차에서 제출되었던 증거를 다시 제출하도록 통지하였으나 당사자로부터의 증거제출이 없어 이를 실제로 제출받지 아니한 채 이 사건 심결**을 하였더라도, 그러한 사정만으로 곧바로 원고에게 증거조사결과에 대한 의견을 제출할 기회를 주지 않았다거나 증거의 제출로 인한 정정청구의 기회를 박탈한 위법이 있다고 할 수 없다는 취지로 판단하였음은 정당하고, 상고이유로 주장하는 바와 같은 판결에 영향을 미친 법리오해 등의 위법이 없다.

기출 여부 (48회 이후)	특허법 학회 TOP 10	중요도
-	2021	★★★

018 확정된 심결취소판결의 기속력이 미치는 범위
대법원 2021. 1. 14. 선고 2017후1830 판결 [등록무효(특)]

판결요지

심결을 취소하는 판결이 확정된 경우, 그 취소의 기본이 된 이유는 그 사건에 대하여 특허심판원을 기속하는 것이고, **이 경우의 기속력은 취소의 이유가 된 심결의 사실상 및 법률상 판단이 정당하지 않다는 점에서 발생한다**(대법원 2002. 1. 11. 선고 99후2860 판결, 대법원 2002. 12. 26. 선고 2001후96 판결 등 참조).

판결이유

1. 확정된 취소판결의 개요

가. 명칭을 '금속판재의 절개홈 이격장치'로 하는 이 사건 특허발명(특허번호 생략)에 관한 무효심판사건에서, 특허심판원은 그 무효심판절차 내에서의 2015. 9. 3.자 정정청구를 적법한 것으로 인정하면서 이 사건 특허발명의 청구범위 제1항(2015. 9. 3.자로 정정청구된 것, 이하 '이 사건 제1항 정정발명'이라 하고, 나머지 청구항도 같은 방식으로 표시한다), 제3항 내지 제5항이 모두 진보성이 부정되지 않는다는 이유로 무효심판청구를 기각하는 심결을 하였다(이하 '이 사건 원심결'이라 한다).

나. 이 사건 원심결에 대한 심결취소소송에서 특허법원은, 이 사건 원심결 중 이 사건 제1항 정정발명에 관한 부분은 위법하고 이 사건 제3항 내지 제5항 정정발명에 관한 부분은 적법하다고 판단하였다. 다만, 특허무효심판절차에서의 정정청구는 특별한 사정이 없는 한 불가분의 관계에 있어 일체로서 허용 여부를 판단하여야 하고, **이 사건 정정청구는 이 사건 제1항 정정발명뿐만 아니라 그 종속항인 이 사건 제3항 내지 제5항 정정발명에도 모두 걸쳐 있는 것**이어서, 이 사건 원심결 중 이 사건 제3항 내지 제5항 정정발명의 특허무효 여부에 관한 부분도 따로 확정되지 못한 채 이 사건 정정청구에 관한 부분과 함께 취소되어야 한다는 이유로 이 사건 제3항 내지 제5항 정정발명에 관한 부분까지 포함하여 이 사건 원심결을 전부 취소하였다(특허법원 2016. 6. 17. 선고 2015허8226 판결). 이에 대한 피고의 상고가 기각됨으로써 위 판결은 확정되었다(이하 위 특허법원 판결을 '확정된 취소판결'이라 한다).

2. 확정된 취소판결의 기속력이 미치는 범위

심결을 취소하는 판결이 확정된 경우, 그 취소의 기본이 된 이유는 그 사건에 대하여 특허심판원을 기속하는 것이고, 이 경우의 기속력은 취소의 이유가 된 심결의 사실상 및 법률상 판단이 정당하지 않다는 점에서 발생한다(대법원 2002. 1. 11. 선고 99후2860 판결, 대법원 2002. 12. 26. 선고 2001후96 판결 등 참조).

위 법리에 비추어 이 사건에서 확정된 취소판결의 기속력이 미치는 범위에 관하여 본다. 확정된 취소판결은 정정청구가 **이 사건 제1항 정정발명뿐만 아니라 이 사건 제3항 내지 제5항 정정발명에도 모두 걸쳐 있다는 이유로 이 사건 제3항 내지 제5항 정정발명에 관한 부분까지 포함하여 이 사건 원심결을 전부 취소하기는 하였으나**, 취소의 기본이 된 이유는 이 사건 제1항 정정발명에 관한

<u>원심결의 위법성 부분이라고 할 것이다.</u> 따라서 확정된 취소판결의 기속력은 이 사건 제1항 정정발명에 관한 원심결의 사실상 및 법률상 판단이 정당하지 않다는 점에서 발생한다.

3. 상고이유에 관한 판단

원심은 판시와 같은 이유로, 이 사건 제3항 정정발명은 그 기술분야에서 통상의 지식을 가진 사람이 선행발명 5, 7의 결합 등에 의하여 쉽게 발명할 수 있다고 보기 어려워 진보성이 부정되지 않는다고 판단하고, 이를 전제로 <u>이 사건 제3항 정정발명에 대하여 진보성이 부정되지 않는다고 판단한 이 사건 심결은 확정된 취소판결의 기속력에 따른 것이어서 적법하다고 판단하였다.</u>

원심판결 이유를 관련 법리와 기록에 비추어 살펴보면, 취소판결의 기속력과 관련된 원심의 이유 설시에 일부 부적절한 부분이 있지만 원심의 위와 같은 판단에 청구범위 해석 및 진보성 판단에 관한 법리를 오해하거나 선행발명의 내용에 관한 사실을 오인하고 필요한 심리를 다하지 않은 등으로 판결에 영향을 미친 잘못이 없다.

기출 여부 (48회 이후)	특허법 학회 TOP 10	중요도
-	-	★★★

019 심결취소판결의 특허심판원에 대한 기속력 및 심결취소 후 제출된 새로운 증거의 의미

대법원 2002. 12. 26. 선고 2001후96 판결 [등록취소(상)] [공2003.2.15.(172),540]

판결요지

심결을 취소하는 판결이 확정된 경우, 그 취소의 기본이 된 이유는 그 사건에 대하여 특허심판원을 기속하는 것인바, 이 경우의 기속력은 취소의 이유가 된 심결의 사실상 및 법률상 판단이 정당하지 않다는 점에 있어서 발생하는 것이므로, 취소 후의 심리과정에서 새로운 증거가 제출되어 기속적 판단의 기초가 되는 증거관계에 변동이 생기는 등의 특단의 사정이 없는 한, **특허심판원은 위 확정된 취소판결에서 위법이라고 판단된 이유와 동일한 이유로 종전의 심결과 동일한 결론의 심결을 할 수 없고, 여기에서 새로운 증거라 함은 적어도 취소된 심결이 행하여진 심판절차 내지는 그 심결의 취소소송에서 채택, 조사되지 않은 것으로서 심결취소판결의 결론을 번복하기에 족한 증명력을 가지는 증거**라고 보아야 한다.

판결이유

등록취소심판청구에 대하여 상표권자가 심판청구일 전 3년 이내에 등록상표를 정당하게 사용한 바 있고 구 상표법(1997. 8. 22. 법률 제5355호로 개정되기 전의 것) 제73조 제1항 제1호 소정의 이유가 없다는 이유로 심판청구가 기각되었고, 항고심판청구 역시 기각되었으나, 상고심에서 당사자 부적격을 이유로 특허법원에 환송되어 위 심결을 취소하는 판결이 선고·확정된 후 재심리과정에서 위 심결의 심판단계에서는 제출되었으나 위 심결취소소송에서는 제출되지 않은 등록상표의 사용증거를 다시 제출하는 것은 새로운 증거의 제출이라고 보기 어렵고, 또 직권탐지주의를 이유로 취소 전 심판단계에서 제출되어 재심리하는 심판기록에 그대로 편철되어 있는 증거를 다시 원용하여 취소 전 심결과 같은 결론에 이르는 것은 심결취소판결의 기속력에 반하는 것으로서 위법하다고 한 사례.

PART 10

특허협력조약(PCT) 및 그에 따른 국제출원절차

기출 여부 (48회 이후)	특허법 학회 TOP 10	중요도
-	-	★★★

001 국제특허출원 과정에서 제출한 번역문 등을 반려한 처분의 취소를 구하는 사건

대법원 2017. 4. 28. 선고 2014두42490 판결 [반려처분 취소청구] [공2017상,1141]

판결요지

1. **출원인이 국제특허출원을 하면서 선출원에 의한 우선권을 주장하는 경우, 구 특허법 제201조 제1항 본문의 우선일은 우선권을 주장한 선출원의 제출일인지 여부**

   구 특허법(2014. 6. 11. 법률 제12753호로 개정되기 전의 것)은 제201조 제1항 본문에서 국제특허출원을 외국어로 출원한 출원인은 특허협력조약 제2조(xi)의 우선일(이하 '우선일'이라 한다)부터 2년 7개월 이내에 국제출원일에 제출한 명세서·청구의 범위·도면(도면 중 설명부분에 한한다) 및 요약서의 국어 번역문을 특허청장에게 제출하여야 한다고 규정하면서, 같은 조 제2항에서 제1항의 규정에 의한 기간 내에 명세서 및 청구의 범위의 번역문의 제출이 없는 경우에는 그 국제특허출원은 취하된 것으로 본다고 규정하고 있다.

   그리고 특허협력조약(Patent Cooperation Treaty)은 제2조(xi)에서 우선일에 대하여, 국제특허출원이 제8조의 우선권 주장을 수반하는 경우에는 그 우선권이 주장되는 출원의 제출일, 국제특허출원이 제8조의 규정에 의한 두 개 이상의 우선권의 주장을 수반하는 경우에는 우선권을 가장 먼저 주장한 출원의 제출일, 국제특허출원이 제8조의 규정에 의한 우선권의 주장을 수반하지 아니하는 경우에는 그 국제특허출원의 제출일을 의미한다고 규정하고 있다.

   이러한 구 특허법과 특허협력조약의 규정들에 의하면, 출원인이 국제특허출원을 하면서 파리협약의 당사국에서 행하여진 선출원에 의한 우선권을 주장하였다면 구 <u>특허법 제201조 제1항 본문의 우선일은 국제특허출원의 제출일이 아니라 우선권을 주장한 선출원의 제출일이 된다.</u>

2. **국제특허 출원인이 우선권을 주장하는 날을 기준으로 특허협력조약 및 구 특허법에서 정한 절차를 진행해야 하는지 여부 및 우선권 주장의 실체적 효력 유무에 따라 달리 보아야 하는지 여부**

   그리고 우선일은 특허협력조약과 그 규칙에서 국제특허출원의 국제공개, 국제조사, 국제예비심사 청구 등 국제단계를 구성하는 각종 절차들의 기한을 정하는 기준으로 되어 있고, 구 특허법에서도 <u>명세서 및 청구의 범위 등에 관한 번역문의 제출기한의 기준일로 되어 있는 등, 출원 관계 기관의 업무와 관련자들의 이해관계에 중대한 영향을 미치게 되므로, 우선일은 일률적으로 정하여질 필요가 있다.</u> 따라서 국제특허 출원인의 우선권 주장에 명백한 오류가 없다면 그 주장하는 날을 우선일로 보아 이를 기준으로 특허협력조약 및 구 특허법에서 정한 절차를 진행하여야 하며, <u>그 우선권 주장의 실체적 효력 유무에 따라 달리 볼 것은 아니다.</u>

판결이유

원고는 2009. 5. 18. '플래시 X선 조사기'라는 명칭의 발명에 대하여 한국을 지정국으로 국제특허출원을 하면서, 그보다 앞선 2008. 5. 16.[9)] 파리협약의 당사국인 미국에서 선출원한 특허에 터잡아 특허협력조약 제8조의 우선권을 주장한 후, 2011. 12. 16. 국제특허출원의 국내단계 진입을 위하여 번역문을 피고에게 제출하였는데, 피고는 원고가 2008. 5. 16.부터 2년 7개월 안에 번역문을 제출하지 아니하여 구 특허법 제201조 제2항에 따라 국제특허출원이 취하간주되었다며, 이를 반려하는 이 사건 처분을 한 사안에서, 원고가 국제특허출원을 하면서 선출원에 의한 우선권을 주장하였으므로 그 선출원 제출일인 2008. 5. 16.을 우선일로 보아야 하고, 원고는 위 우선일부터 구 특허법 제201조 제1항 본문에서 정한 2년 7개월 이내에 번역문을 제출하여야 함에도 그 기간을 준수하지 못하였다는 이유로 위 번역문을 반려한 이 사건 처분이 적법하다고 판단하여 상고기각한 사안임

---

9) 국제특허원일인 2009. 5. 18.은 선출원일인 2008. 5. 16.과 대비할 때 이미 1년이 지난 것처럼 보이나, 2009.5.16.~17.은 주말이어서 월요일인 2009. 5. 18.에 출원한 것임. 따라서, 시기적 문제는 없다.

기출 여부 (48회 이후)	특허법 학회 TOP 10	중요도
–	–	★

002 국제출원 단계에서 명세서에 대한 정정신청의 적법성이 문제된 사건

대법원 2018. 9. 13. 선고 2016두45745 판결 [기타(명백한잘못의정정신청에대한결정취소)]

판결요지

1. 특허청장이 특허협력조약(PCT)에 따라 국제출원에 대한 국제조사기관으로서 한 정정신청불허결정의 통지가 항고소송의 대상인지 여부

특허협력조약(Patent Cooperation Treaty)에 의한 국제특허출원은 출원인이 수리관청에 하나의 국제출원서류를 제출하면서 다수의 체약국(Contracting States)을 지정하면, 지정된 모든 체약국에서 국제출원일에 직접 출원한 것과 같은 효과를 인정하여 주고, 국제조사기관(International Searching Authority)에 의한 국제조사를 받을 수 있는 제도이다.

대한민국은 1984. 5. 10. 특허협력조약에 가입하였고, 특허청은 1999. 12. 1.부터 특허협력조약 제2조 제14호의 세계지식재산권기구(World Intellectual Property Organization, WIPO) 국제사무국과 체결하는 협정에 따라 국제출원에 대한 국제조사기관으로서의 업무를 수행해오고 있다(특허법 제198조의2 제1항 참조). 국제조사기관은 수리관청에 접수된 국제출원 명세서와 도면을 고려하여 청구범위에 기초하여 선행기술을 발견하는 것을 목적으로 국제조사를 수행한 후(특허협력조약 제15조 제2, 3항), 국제조사보고서를 작성하여 세계지식재산권기구에 송부한다.

국제출원을 한 출원인이 특허협력조약 규칙(Regulations Under the Patent Cooperation Treaty, 이하 '조약 규칙'이라고 한다) 91.1(a)에 따라 국제출원의 출원시 또는 그 보정서에 명백한 잘못이 있어 이를 정정하고자 할 때에는, 특허청장이 해당 국제출원에 관하여 특허협력조약 제15조에 따른 국제조사업무 또는 특허협력조약 제33조에 따른 국제예비심사업무를 수행하는 경우에 한정하여 특허청장에게 그 정정을 신청할 수 있다(특허법 시행규칙 제84조 제1, 2항). 특허청장은 이러한 정정신청에 대해 관할 기관으로서 그 허가 여부를 신속히 결정하고 출원인 및 국제사무국에 허가 또는 거부사실 및 정정을 거부하는 이유를 신속히 통지하여야 한다[조약 규칙 91.3(a) 참조].

이러한 특허법과 특허협력조약 및 조약 규칙의 규정 등에 의하면, **국제출원의 출원서에 명백한 잘못이 있음을 이유로 하는 정정신청에 대한 특허청장의 거부사실의 통지는 국제출원에 대한 국제조사기관으로서의 지위에서 한 것으로 볼 수 있다.** 국제출원에서 국제조사기관의 지위에서 한 특허청장의 행위가 항고소송의 대상이 될 수 있는지는, **출원인의 권리의무에 직접적으로 영향을 미칠 가능성이 있는지 여부, 다른 권리구제수단이 마련되어 있는지 여부와 함께 특허협력조약의 취지 및 국제출원에서 국제조사절차가 갖는 의미와 역할 등을 종합적으로 고려하여 결정하여야 한다.**

판결이유

– 원고가 특허협력조약(PCT)에 따라 국제출원을 하면서 지정국에서 대한민국을 제외하였는데, 그 이후 피고에게 출원명세서의 내용을 아래와 같이 정정하겠다는 이 사건 신청을 하였음

명세서 위치	정정 전	정정 후
[39]문단 7행	어떤 게임 어떤 한글 학습에 취약한지	어떤 게임 어떤 언어 학습에 취약한지
[40]문단 3행	더 넓은 범위로의 한글 학습을	더 넓은 범위로의 언어 학습을
[40문단] 4행	더욱 쉽고 재미있게 한글을 읽고	더욱 쉽고 재미있게 언어를 읽고
[40문단] 5행	시스템은 사용자들이 외국어 학습을	시스템은 사용자들이 언어학습을

- 피고가 위 정정내용은 특허협력조약 규칙 91.1(c)에서 규정하는 명백한 잘못의 정정사유에 해당하지 않는다는 취지로 이 사건 신청을 허가하지 않는다는 이 사건 통지를 하자, 원고는 이 사건 통지의 취소를 구하는 이 사건 소를 제기하였음
- 피고는 세계지식재산권기구의 국제사무국과 체결한 협정에 따라 특허협력조약의 국제조사기관으로서의 지위에서 원고와 국제사무국에 원고의 이 사건 신청에 대한 거부사실 및 거부이유를 통지해야 하는데, 원고가 취소를 구하는 이 사건 통지와 피고가 국제사무국에 대해 한 통지는 별개이므로, 이 사건 청구가 인용되어도 피고의 국제사무국에 대한 통지의 효력에는 영향을 미칠 수 없고, 이 사건 통지가 국제출원에서 원고의 실체상의 권리관계에 직접적인 변동을 일으키거나 원고가 권리를 행사함에 중대한 지장을 초래한다고 보기 어려우므로, 이 사건 통지는 항고소송의 대상이 된다고 볼 수 없다고 보아 원고의 청구를 기각한 원심을 수긍하였음

PART 11

판례색인

대법원 결정

대결 1992.6.2. 91마540 ·················· 313
대결 2012.4.16. 2011마2412 ············ 238

대법원 판결

대판[전합] 1983.7.26. 81후56
················ 315, 318, 319, 344, 409
대판[전합] 1993.12.21. 92다46226 ········· 314
대판[전합] 2012.1.19. 2009후2234
··················· 466, 468, 469, 470
대판[전합] 2012.1.19. 2010다95390
··················· 312, 319, 320, 322
대판[전합] 2014.3.20. 2012후4162
························· 317, 344, 423
대판[전합] 2015.1.22. 2011후927
······································ 69, 71
대판[전합] 2015.5.21. 2014후768 ············ 18
대판[전합] 2019.2.21. 2017후2819 ········· 393
대판[전합] 2020.1.22. 2016후2522
················ 71, 138, 429, 432, 433
대판[전합] 2021.3.18. 2018다253444 ······ 284

대판 1971.6.22. 69후18 ············· 424, 425
대판 1974.8.30. 73후8 ······················ 341
대판 1977.3.22. 76후7 ······················ 394
대판 1982.10.26. 82후24 ···················· 341
대판 1983.7.26. 83도1411 ·················· 376
대판 1983.12.27. 82도3238 ················ 380
대판 1983.12.27. 82후58 ···················· 394
대판 1984.3.27. 81후59 ····················· 391
대판 1985.4.23. 84후19 ····················· 410
대판 1985.8.20. 84후30 ············ 177, 315
대판 1985.12.24. 85후47 ···················· 105
대판 1987.7.7. 85후46 ······················ 391
대판 1987.7.7. 86후107 ···················· 460
대판 1988.4.25. 87다카1682 ··············· 235
대판 1988.11.8. 87다카683 ········ 256, 353
대판 1989.2.14. 87다카3073 ··············· 235
대판 1990.2.9. 89후1431 ············ 399, 400
대판 1990.2.27. 89후148 ············ 177, 315
대판 1990.7.10. 89후1509 ················· 465
대판 1990.10.16. 89후568 ·················· 325
대판 1990.11.27. 90후496 ·················· 388
대판 1991.1.15. 90후1154 ·········· 177, 315
대판 1991.3.12. 90후250 ········· 86, 88, 91
대판 1991.3.12. 90후823 ···················· 318
대판 1991.3.27. 90후373 ············ 399, 400
대판 1991.4.23. 90후489 ···················· 134
대판 1991.7.26. 90다19121 ················ 490
대판 1991.10.8. 91다22018·22025 ······ 232, 234
대판 1991.10.8. 91후59 ······················ 170
대판 1991.11.8. 91후110 ···················· 140
대판 1991.11.12. 90후960 ·················· 292
대판 1991.11.26. 90후1840 ················ 460
대판 1991.12.27. 90후1468·1475 ······· 318
대판 1992.2.14. 91후1410 ·················· 105
대판 1992.2.25. 91후578 ···················· 186
대판 1992.5.8. 91후1656 ········ 6, 10, 50, 107
대판 1993.2.12. 92다40563 ········· 26, 246
대판 1993.2.23. 92도3350 ·················· 308
대판 1993.9.28. 93다32095 ················ 387
대판 1994.5.13. 93후657 ····················· 26
대판 1994.11.4. 94다37868 ········ 255, 352
대판 1994.12.27. 93후 1810 ················· 88
대판 1995.10.13. 94후2018 ················ 186
대판 1995.12.26. 94후203 ·················· 186
대판 1996.2.9. 94후241 ············· 388, 390
대판 1996.2.9. 94후258 ···················· 390
대판 1996.5.10. 95다26735 ················ 243
대판 1996.6.14. 95후19 ····················· 114
대판 1996.7.30. 96후375 ···················· 410
대판 1996.9.10. 94후2223 ················· 319
대판 1996.10.11. 96후559 ·················· 132
대판 1996.12.20. 95후1920 ················ 408
대판 1997.2.14. 96다36159 ················ 367
대판 1997.4.25. 96후603 ···················· 186
대판 1997.7.22. 96후1699 ·················· 318
대판 1997.9.5. 96후1743 ···················· 406
대판 1997.9.26. 96후825 ···················· 166
대판 1997.11.28. 97후341 ·········· 484, 485
대판 1998.1.23. 96다41496 ················ 387
대판 1998.2.27. 97후2583 ·················· 318
대판 1998.4.10. 96후1040 ············ 66, 252
대판 1998.10.27. 97후2095 ················ 344
대판 1999.3.26. 97다41295 ········ 236, 238
대판 2000.10.13. 98다55659 ·············· 235
대판 2000.11.10. 2000후1283 ············ 409
대판 2000.12.8. 98후270 ············ 105, 484
대판 2000.12.22. 2000후1542 ············ 494

대판 2001.1.30. 98후2580 ················· 295
대판 2001.3.23. 98다7209 ··················· 313
대판 2001.6.15. 2000후617 ················· 260
대판 2001.7.13. 99후1522 ··················· 134
대판 2001.7.27. 2000후747 ················· 210
대판 2001.8.21. 98후522 ····· 279, 281, 301, 417
대판 2001.9.7. 99후1584 ············· 287, 288
대판 2001.10.17. 99후598 ····················· 431
대판 2001.10.30. 99후710 ········ 323, 325, 344
대판 2001.11.30. 2001후65 ················ 24, 25
대판 2001.11.30. 99다69631 ················ 356
대판 2001.12.24. 99후2181 ···················· 186
대판 2002.1.11. 99다59320 ····· 321, 422, 423
대판 2002.1.11. 99후2860 ···················· 497
대판 2002.2.26. 2000다48265 ··············· 358
대판 2002.4.12. 99후2853 ···················· 407
대판 2002.6.14. 2000후1238 ··········· 100, 103
대판 2002.6.14. 2000후235 ············ 324, 344
대판 2002.6.14. 2000후2712 ··················· 78
대판 2002.6.28. 2000다62254 ········ 255, 352
대판 2002.6.28. 2002다23482 ················ 232
대판 2002.6.28. 99후2433 ····················· 279
대판 2002.8.13. 2001후492 ······················ 11
대판 2002.8.23. 2000후3234 ············ 32, 131
대판 2002.8.23. 2001후713 ···················· 455
대판 2002.9.24. 2000다46184 ················ 248
대판 2002.10.22. 2001후1549 ·········· 399, 400
대판 2002.12.26. 2001후2375 ··················· 29
대판 2002.12.26. 2001후96 ············ 497, 499
대판 2002.12.26. 2002다56116 ················ 339
대판 2003.1.10. 2002도5514 ···················· 315
대판 2003.1.10. 2002후1829 ···················· 456
대판 2003.2.26. 2001후1617 ···················· 486
대판 2003.3.11. 2000다48272 ·················· 355
대판 2003.3.14. 2001후2801 ······················ 84
대판 2003.3.25. 2001후1044 ····················· 185
대판 2003.4.25. 2001후2740 ······················ 32
대판 2003.5.16. 2001후3149 ························ 2
대판 2003.5.16. 2001후3262 ···················· 252
대판 2003.6.10. 2002후2419 ··········· 402, 425
대판 2003.7.11. 2001후2856 ···················· 249
대판 2003.8.22. 2002후2600 ···················· 134
대판 2003.10.10. 2001후2757 ····· 484, 485, 486
대판 2003.10.24. 2002후1935 ······················ 14
대판 2003.11.28. 2002후130 ······················· 66
대판 2003.11.28. 2003후1581 ····················· 399
대판 2003.12.26. 2001후2702 ···················· 484

대판 2004.2.26. 2002도7166 ··················· 143
대판 2004.2.27. 2003도6283 ··················· 378
대판 2004.3.12. 2002후2778 ··················· 207
대판 2004.6.11. 2002다18244 ················· 347
대판 2004.10.28. 2000다69194 ················ 431
대판 2004.10.28. 2002후2488 ·················· 88
대판 2004.12.23. 2003후1550 ·················· 25
대판 2005.2.18. 2003후2218 ··················· 103
대판 2005.3.11. 2003후2294 ··················· 451
대판 2005.3.25. 2003후373 ···················· 150
대판 2005.4.15. 2003후2010 ··················· 442
대판 2005.4.29. 2003후656 ··············· 46, 411
대판 2005.5.27. 2003후182 ············· 167, 170
대판 2005.5.27. 2004다60065 ·················· 358
대판 2005.7.15. 2003후1109 ···················· 309
대판 2005.9.29. 2004후486 ················ 66, 253
대판 2005.9.30. 2004후2451 ··················· 435
대판 2005.9.30. 2004후3553 ··················· 287
대판 2005.10.14. 2005도1262 ··················· 372
대판 2005.11.10. 2004후3546 ············ 135, 398
대판 2005.11.24. 2003후2515 ··················· 324
대판 2005.11.25. 2004후3362 ············· 43, 389
대판 2005.12.23. 2004후2031 ···················· 78
대판 2006.1.13. 2005도1264 ···················· 142
대판 2006.2.24. 2004후3133 ···················· 431
대판 2006.4.13. 2003다70331 ··················· 491
대판 2006.4.27. 2003다15006 ··········· 303, 354
대판 2006.5.11. 2004후1120 ················ 43, 62
대판 2006.5.25. 2005다77848 ······· 66, 256, 353
대판 2006.5.26. 2003후427 ············· 459, 460
대판 2006.6.27. 2004후387 ······················ 388
대판 2006.6.29. 2004후3416 ······················ 69
대판 2006.7.28. 2004후3096 ···················· 436
대판 2006.8.24. 2004후905 ········ 491, 492, 495
대판 2006.10.12. 2006다1831 ············ 254, 351
대판 2006.10.13. 2004후776 ················ 43, 62
대판 2006.10.13. 2005다36830 ··········· 345, 347
대판 2006.11.23. 2004다60447 ················· 490
대판 2006.11.24. 2003후2072
················· 43, 56, 63, 64, 71
대판 2006.12.22. 2006후2240 ····· 66, 252, 253
대판 2007.1.12. 2005후3017 ········ 174, 177, 315
대판 2007.1.25. 2004후3508 ··················· 170
대판 2007.1.25. 2005다67223 ·················· 331
대판 2007.2.8. 2005후3130 ···················· 179
대판 2007.3.15. 2006후3588 ····················· 62
대판 2007.3.29. 2006후3595 ···················· 319

대판 2007. 3. 30. 2005후1417 ·················· 25
대판 2007. 4. 27. 2006후2660 ········ 94, 125, 444
대판 2007. 5. 11. 2005후1202 ·················· 481
대판 2007. 5. 11. 2007후449 ··················· 69
대판 2007. 6. 14. 2007후883 ··················· 66
대판 2007. 7. 26. 2006후2523 ·················· 24
대판 2007. 8. 24. 2006후138 ·················· 297
대판 2007. 9. 6. 2005후3284
·················· 20, 31, 119, 122, 297
대판 2007. 9. 6. 2005후3338 ··················· 29
대판 2007. 9. 20. 2006후1100 ··················· 70
대판 2007. 10. 11. 2007후2766 ········· 408, 410
대판 2007. 11. 16. 2007후1299 ············ 26, 41
대판 2007. 11. 29. 2006다3561 ················ 360
대판 2007. 11. 30. 2007후3394 ················ 450
대판 2008. 2. 28. 2005다77350·77367 ········ 66
대판 2008. 3. 13. 2006도3558 ················· 143
대판 2008. 3. 27. 2005다75002 ················ 347
대판 2008. 4. 10. 2006다35308 ················ 275
대판 2008. 4. 11. 2008도254 ·················· 143
대판 2008. 5. 15. 2007후2759 ················· 490
대판 2008. 5. 29. 2006후3052 ·········· 134, 488
대판 2008. 6. 26. 2006후2912 ················· 396
대판 2008. 7. 10. 2006후2059 ················· 136
대판 2008. 7. 10. 2008후64 ··················· 324
대판 2008. 7. 24. 2007후852 ·················· 431
대판 2008. 8. 21. 2006후3472 ··················· 70
대판 2008. 9. 11. 2007후4649 ················· 476
대판 2008. 12. 11. 2007후494 ········· 2, 77, 117
대판 2008. 12. 24. 2006도1819 ················ 244
대판 2008. 12. 24. 2007후265 ············· 49, 50
대판 2009. 1. 15. 2007후1053 ············ 70, 396
대판 2009. 1. 30. 2006후3564 ······ 26, 28, 438
대판 2009. 3. 26. 2006후3250 ··················· 70
대판 2009. 5. 28. 2007후1510 ················· 386
대판 2009. 5. 28. 2007후4410 ·········· 429, 483
대판 2009. 5. 28. 2009후498 ·················· 442
대판 2009. 7. 23. 2007후4977 ··················· 54
대판 2009. 8. 20. 2007후289 ·················· 480
대판 2009. 9. 10. 2006다64627 ················ 360
대판 2009. 9. 10. 2007후3356 ····· 293, 297, 339
대판 2009. 9. 10. 2007후4625 ················· 391
대판 2009. 9. 24. 2007후2797 ················· 177
대판 2009. 9. 24. 2007후2827 ················· 315
대판 2009. 9. 24. 2007후4328 ··················· 70
대판 2009. 10. 15. 2007다45876 ········· 253, 302
대판 2009. 10. 15. 2008후736·743 ······· 29, 31
대판 2009. 10. 15. 2009다19925 ··············· 447
대판 2009. 11. 12. 2007후3660 ····· 35, 138, 297
대판 2009. 12. 10. 2007후3820 ················ 209
대판 2009. 12. 24. 2009다72056 ··············· 101
대판 2010. 1. 14. 2008도639 ·················· 368
대판 2010. 1. 28. 2007후3752 ················· 490
대판 2010. 2. 11. 2009후2975 ················· 496
대판 2010. 3. 25. 2008후3469·3476 ··········· 29
대판 2010. 5. 27. 2010후296 ············ 415, 416
대판 2010. 8. 19. 2007후2735 ················· 399
대판 2010. 8. 19. 2008후4998 ··················· 39
대판 2010. 9. 9. 2010후36 ···················· 431
대판 2010. 12. 9. 2010후289 ·················· 341
대판 2011. 1. 27. 2009후832 ·················· 323
대판 2011. 2. 10. 2010후2698 ··········· 396, 431
대판 2011. 2. 24. 2008후4486 ················· 482
대판 2011. 3. 24. 2010후2537 ················· 297
대판 2011. 3. 24. 2010후3509 ················· 489
대판 2011. 4. 8. 2011다12163 ················· 331
대판 2011. 4. 28. 2009다19093 ················ 474
대판 2011. 5. 13. 2010다58728 ················ 358
대판 2011. 6. 30. 2011후620 ·················· 448
대판 2011. 7. 14. 2010후2865 ············· 35, 36
대판 2011. 7. 28. 2009다75178 ················ 153
대판 2011. 7. 28. 2010후67 ··················· 265
대판 2011. 9. 8. 2009후2371 ·················· 202
대판 2011. 9. 8. 2010도10171 ················· 143
대판 2011. 9. 8. 2010후3356 ········ 413, 415, 416
대판 2011. 9. 8. 2011다17090 ················· 257
대판 2011. 9. 29. 2009후2463 ················· 161
대판 2011. 9. 29. 2010다65818 ················ 262
대판 2011. 10. 13. 2010후2582 ············ 38, 43
대판 2011. 11. 10. 2011다55405 ··············· 103
대판 2011. 12. 13. 2011후2060 ················ 442
대판 2012. 3. 29. 2010후2605 ··················· 26
대판 2012. 4. 26. 2011후4011 ················· 103
대판 2012. 5. 10. 2010도5964 ············· 87, 88
대판 2012. 5. 24. 2012후344 ·················· 418
대판 2012. 6. 28. 2011후1722 ················· 144
대판 2012. 7. 12. 2011후934 ······· 125, 397, 444
대판 2012. 8. 23. 2010후3424 ··················· 34
대판 2012. 10. 25. 2011도16580 ··············· 143
대판 2012. 10. 25. 2011후26266 ··············· 402
대판 2012. 11. 15. 2012도6676 ················ 228
대판 2012. 11. 29. 2012후2586 ··················· 80
대판 2012. 12. 27. 2011다67705·67712 ········ 157
대판 2013. 1. 24. 2011도4645 ············ 239, 373

대판 2013.2.14. 2012후146 ········· 5	대판 2017.11.14. 2016후366 ········· 330, 343
대판 2013.2.15. 2012후1439 ········· 486	대판 2017.11.23. 2015후321 ········· 478
대판 2013.2.28. 2011후3193 ········· 436	대판 2017.11.29. 2017후844·2017후851(병합)·
대판 2013.2.28. 2011후3643 ········· 446	2017후868(병합)·2017후875(병합) ········· 218
대판 2013.4.11. 2012후436 ········· 395, 488	대판 2017.11.29. 2017후882·899 ········· 222
대판 2013.5.24. 2011후2015 ········· 40	대판 2018.2.8. 2016후328 ········· 423
대판 2013.9.13. 2012후1057 ········· 464	대판 2018.6.28. 2014후553 ········· 189
대판 2013.9.26. 2013후1054 ········· 64, 486	대판 2018.7.12. 2015후2259 ········· 191
대판 2014.2.13. 2012후610 ········· 418	대판 2018.7.12. 2016후380 ········· 41
대판 2014.2.13. 2013후1573 ········· 477	대판 2018.7.26. 2016두45783 ········· 395
대판 2014.2.27. 2012후3404 ········· 440	대판 2018.8.1. 2015다244517 ········· 276
대판 2014.5.16. 2012다11310 ········· 163	대판 2018.9.13. 2016두45745 ········· 504
대판 2014.5.16. 2012후238·245 ········· 26, 438	대판 2018.10.4. 2016다41869 ········· 491, 492
대판 2014.5.29. 2013다208098 ········· 362	대판 2018.12.13. 2016다1840 ········· 127
대판 2014.7.10. 2012후3121 ········· 183	대판 2018.12.27. 2018후10800 ········· 51
대판 2014.7.10. 2013후2101 ········· 187, 189, 191	대판 2019.1.17. 2017다245798 ········· 222
대판 2014.7.24. 2012후1132 ········· 268, 271	대판 2019.1.17. 2017후523 ········· 3
대판 2014.7.24. 2012후1613 ········· 63, 64, 71	대판 2019.1.31. 2016후502 ········· 20
대판 2014.7.24. 2013도9228 ········· 142	대판 2019.1.31. 2017다289903 ········· 337
대판 2014.8.20. 2013다41578 ········· 225	대판 2019.1.31. 2017후424 ········· 268, 277
대판 2014.11.13. 2011다77313·77320 ········· 227	대판 2019.1.31. 2018다267252 ········· 271
대판 2014.11.13. 2012다42666·42673 ········· 381, 384	대판 2019.2.28. 2017다290095 ········· 306
대판 2015.1.15. 2012후2432 ········· 230	대판 2019.4.25. 2018다287362 ········· 384
대판 2015.1.15. 2012후2999 ········· 193, 195, 199	대판 2019.6.13. 2018후11681 ········· 127
대판 2015.2.12. 2013후1726 ········· 74	대판 2019.7.10. 2017다209761 ········· 253
대판 2015.4.23. 2013후730 ········· 24	대판 2019.7.25. 2018다12004 ········· 125, 444
대판 2015.6.11. 2014다79488 ········· 311	대판 2019.10.17. 2017후1274 ········· 196
대판 2015.7.23. 2014다42110 ········· 296, 306	대판 2019.10.17. 2019다222782·222799 ········· 300
대판 2015.8.13. 2013도10265 ········· 374	대판 2019.10.31. 2015후2341 ········· 123
대판 2015.11.27. 2013후3326 ········· 125, 444	대판 2020.4.9. 2018후11360 ········· 468
대판 2016.1.14. 2013후2873·2880 ········· 129	대판 2020.4.29. 2016후2317 ········· 470
대판 2016.1.14. 2015후1447 ········· 88, 90	대판 2020.4.29. 2016후2546 ········· 277
대판 2016.4.28. 2013후2965 ········· 408	대판 2020.5.14. 2017후2543 ········· 122
대판 2016.4.28. 2015후161 ········· 279, 301, 417	대판 2020.5.14. 2020후10087 ········· 155
대판 2016.5.26. 2014후2061 ········· 38, 59	대판 2020.5.28. 2017후2291 ········· 415
대판 2016.5.26. 2015도17674 ········· 371	대판 2020.8.27. 2019다225255 ········· 232
대판 2016.8.29. 2016후878 ········· 329	대판 2020.11.26. 2017후2055 ········· 71, 433
대판 2016.9.30. 2014후2849 ········· 404	대판 2020.11.26. 2018다221676 ········· 240
대판 2016.11.25. 2014후2184 ········· 31, 35, 119, 125, 127, 436, 444	대판 2021.1.14. 2017후1830 ········· 497
대판 2017.1.12. 2014후1341 ········· 329	대판 2021.1.28. 2020후11059 ········· 76
대판 2017.4.7. 2014후1563 ········· 63, 64, 71	대판 2021.2.25. 2019후10265 ········· 193
대판 2017.4.26. 2014후638 ········· 273	대판 2021.4.8. 2019후10609 ········· 31, 36
대판 2017.4.28. 2014두42490 ········· 502	대판 2021.4.8. 2019후11756 ········· 119
대판 2017.5.30. 2017다211146 ········· 431	대판 2021.4.29. 2017후1854 ········· 16
대판 2017.9.26. 2014다27425 ········· 369	대판 2021.6.3. 2021후10077 ········· 457
	대판 2021.9.16. 2017후2369·2017후2376 ········· 92

대판 2021.12.10. 2018후11728 ············· 138
대판 2021.12.30. 2017후1298 ··············· 38
대판 2021.12.30. 2019후10296 ····· 63, 71, 432
대판 2022.1.13. 2021후10732 ············· 110
대판 2022.1.14. 2019후11541 ············· 420
대판 2022.1.14. 2021후10589 ············· 271
대판 2022.1.27. 2019다277751 ············ 491
대판 2022.3.31. 2018후10923 ··············· 35
대판 2022.6.16. 2019후10456 ············· 432
대판 2022.8.31. 2020후11479 ············· 204
대판 2022.10.14. 2022다223358 ··········· 277
대판 2022.11.17. 2019후11268 ············· 148
대판 2023.2.2. 2022후10210 ················ 290
대판 2023.2.23. 2022후10012 ·············· 329

하급심 판례

서울고등법원 2014.4.10. 2013나5383 ············· 47
서울고등법원 2017.8.21. 2015라20296 ··········· 369
서울중앙지방법원 2012.8.24. 2011가합39552 ···· 331
서울중앙지방법원 2021.5.27. 2020가합505891 ··· 364

특허법원 판결

특허법원 2001.1.18. 2000허1559 ············· 455
특허법원 2001.7.20. 2000허7038 ··············· 8
특허법원 2003.8.29. 2002허4989 ············· 452
특허법원 2005.6.23. 2004허7142 ········ 86, 87
특허법원 2006.11.17. 2006허1513 ············ 460
특허법원 2009.1.23. 2008허4523 ············· 326
특허법원 2010.6.11. 2009허9693 ············· 116
특허법원 2010.11.3. 2010허111 ················ 424
특허법원 2013.11.7. 2013허4954 ········ 426, 427
특허법원 2014.5.8. 2013허5452 ··············· 403
특허법원 2014.12.4. 2014허4555 ············· 142
특허법원 2016.6.17. 2015허8226 ············· 497
특허법원 2016.9.30. 2016허4405 ············· 336
특허법원 2016.10.20. 2015허7308 ············ 112
특허법원 2017.4.28. 2016나1424 ············· 345
특허법원 2017.5.19. 2016허4948 ············· 492
특허법원 2017.11.17. 2017허4501 ············· 88
특허법원 2018.10.11. 2018허4874 ············· 13
특허법원 2018.12.14. 2018허3062 ············· 86
특허법원 2019.2.19. 2018나1220 · 2018나1237
··· 369
특허법원 2019.8.29. 2018나1893 ············· 347
특허법원 2020.2.14. 2019허4833 ··············· 96
특허법원 2020.12.4. 2019허8118 ············· 215
특허법원 2021.2.3. 2020허127 ················ 211

신信新 특허법
판례

신信新 특허법 판례

편저자 남 솔 잎

- **약 력**
  - 인천과학고 조기 졸업
  - 연세대학교 전기전자공학과 졸업
  - 변리사 56회 합격
  - 現) 엔와이즈특허법률사무소 파트너 변리사
    윌비스변리사학원 특허법 전임강사
  - 前) 인텔렉추얼디스커버리(NPE) 선임심사역 / 변리사
    윤앤리특허법인 통신표준팀 변리사
    한빛변리사학원 특허법 전임강사

- **주요저서**
  - 신 특허법(2차 대비) (윌비스)
  - 신 특허법 중급(1차 대비) (윌비스)
  - 특허법공방 연습(1차 대비) (윌비스)
  - 신 특허법 조문정리[조문 / 기출지문 / 중요판례](1차 대비) (윌비스)
  - 신 특허법 판례(2차 대비) (윌비스)
  - 신 특허법 사례(2차 대비) (윌비스)

신 **특허법** 판례(제2판)

초 판 발행 2023년 03월 09일

제2판 인쇄 2024년 04월 26일
제2판 발행 2024년 05월 02일

편저자 남 솔 잎
발행인 송 주 호
발행처 ㈜윌비스
등 록 119-85-23089
주 소 서울시 관악구 신림로 129-1
전 화 02)883-0202 / Fax 02)883-0208

저자와의 협의에 의해 인지를 생략합니다.

ISBN 979-11-6618-749-0 / 13360   정가 32,000원

이 책은 도서출판 윌비스가 저작권자와의 계약에 따라 발행하였습니다.
저작권법에 의해 보호를 받는 저작물이므로 본사의 허락 없는 무단 전재와 무단 복제를 금합니다.

신信新 특허법
판례